図説

日本木造建築事典

構法の歴史

坂本　功

［総編集］

大野　敏

大橋好光

腰原幹雄

後藤　治

清水真一

藤田香織

光井　渉

［編集］

朝倉書店

ま え が き

　日本の建築は，古来ほぼすべてが木造であったといってよい．そして，法隆寺の金堂や五重塔をあげるまでもなく，非常に多くの古い木造建築が現在まで残されている．これら現存するものは，その創建時やその後の修理などの際の様式や架構の方法，細部の技法，あるいは平面や断面などが研究されてきている．このような研究は，主に建築史家によってなされてきた．

　これらの木造建築は，古ければ古いほど度重なる大小の修理を受けてきている．そして，明治以降にももちろん修理工事はひんぱんに行われてきている．その際，たわんだり折れたりした梁や垂下した軒などが補強されているが，東大寺の大仏殿の大修理が行われた明治の後半以降では，西洋近代科学技術の一分野である構造工学が応用されている．さらに近年，特に阪神・淡路大震災以降は，修理工事の一環として耐震補強が行われることが一般的になっている．そしてもちろん，その技術的な検討は，構造工学・耐震工学の専門家によってなされている．

　このように，これまで歴史の専門家と構造の専門家がそれぞれに，日本古来の木造建築を研究してきた．本書は，このような状況を背景に，「建築構法」の観点から，日本の木造建築の姿を見極めるべく企画されたものである．建築構法とは，いわば作り方であって，どのような材料でどのような形状寸法の部材を作り，それをどのように組み合わせて接合し，建物の部分または全体を作るかということである．さらにやや広い意味では，その生産組織も含み，例えば大工職人の技能や組織も対象とする．

　ところで，このように日本建築を構法的な観点からみることは，学問的な専門分野としては，いまだ確立していない．したがって，本書の各部分の執筆者には，この構法的観点ということを念頭におきながら，自分の専門分野（歴史，構造）からみた日本建築の特徴について蘊蓄を傾けていただくこととした．そのため，各部分の書きぶりが必ずしも統一されていないが，そのぶん日本の木造建築の構法に関するさまざまな知見がちりばめられているといえる．

　本書が建築の歴史や構造の研究者はもちろん，建築を学ぶ学生や文化財建造物などの修理に携わる設計者・施工者，さらには日本文化に興味をもつ一般の方々にとって，日本の木造建築の理解に役立つことを期待したい．

　最後に，本書の刊行にご尽力いただいた執筆者各位，ならびに朝倉書店の編集担当者に深くお礼申し上げる．

2018 年 10 月

総編集者　坂 本　　功

■編集者・執筆者一覧

総編集者

坂 本　　功　東京大学名誉教授

編集者（五十音順）

大 野　　敏　横浜国立大学都市科学部

大 橋 好 光　東京都市大学工学部

腰 原 幹 雄　東京大学生産技術研究所

後 藤　　治　工学院大学総合研究所

清 水 真 一　徳島文理大学文学部

藤 田 香 織　東京大学大学院工学系研究科

光 井　　渉　東京藝術大学美術学部

執筆者（五十音順）

青 木 繁 夫　東京藝術大学社会連携センター

上 野 勝 久　文化庁文化財部

大 野　　敏　横浜国立大学都市科学部

大 橋 好 光　東京都市大学工学部

岡　　信 治　文化財建造物保存技術協会

春日井 道 彦　文化財建造物保存技術協会

金 子 隆 之　奈良県教育委員会

河 合 直 人　工学院大学建築学部

木 林 長 仁　日本建築センター

窪 寺　　茂　建築装飾技術史研究所

熊 本 達 哉　前文化庁文化財部

黒 坂 貴 裕　文化庁文化財部

腰 原 幹 雄　東京大学生産技術研究所

後 藤　　治　工学院大学総合研究所

坂 本　　功　東京大学名誉教授

澤 田 浩 和　工学院大学大学院

澤 野 堅太郎　工学院大学大学院

島 田 敏 男　国立文化財機構奈良文化財研究所

清 水 陽 芳　コクヨ(株)ステーショナリー事業本部

清 水 重 敦　京都工芸繊維大学大学院

清 水 真 一　徳島文理大学文学部

菅 澤　　茂　環境文化保存計画

鈴 木 徳 子　東京都教育庁

竹 村 雅 行　岩瀬建築(有)

豊 城 浩 行　文化庁文化財部

鳴 海 祥 博　前和歌山県文化財センター

西 澤 英 和　関西大学環境都市工学部

二 村　　悟　工学院大学総合研究所

野 尻 孝 明　文化財建造物保存技術協会

箱 崎 和 久　国立文化財機構奈良文化財研究所

花 里 利 一　三重大学工学研究科

平 井 俊 行　京都府立京都学・歴彩館

平 山 育 男　長岡造形大学建築・環境デザイン学科

福 濱 嘉 宏　岡山県立大学デザイン学部

藤 田 香 織　東京大学大学院工学系研究科

前 川 秀 幸　職業能力開発総合大学校

前 川　　康　(株)前川建築研究室

光 井　　渉　東京藝術大学美術学部

源　　愛日児　武蔵野美術大学建築学科

御 船 達 雄　和歌山県教育庁

武 藤 正 幸　文化財建造物保存技術協会

山 口 俊 浩　文化庁文化財部

山 﨑　　泉　関東職業能力開発促進センター

大 和　　智　元文化庁

山之内　　誠　神戸芸術工科大学大学院

山 本 克 巳　前奈良県

渡 邉　　晶　建築技術史研究所

渡 邉 薫 子　(有)木匠

目　次

序　章　構造から見た日本の木造建築

0.1　軸組構法の変遷……………………[坂本　功]‥2
　0.1.1　軸組構法の構造形式……………………2
　0.1.2　掘立柱………………………………………2
　0.1.3　礎石建………………………………………3
　0.1.4　耐力壁としての土壁……………………3
　0.1.5　長押による半剛節ラーメン………………4
　0.1.6　貫による半剛節ラーメン………………4
　0.1.7　筋かい入り………………………………5
　0.1.8　面材張り………………………………7

0.2　屋根と軒の支え方………………[坂本　功]‥8
　0.2.1　屋根の支え方………………………………8
　0.2.2　軒の支え方………………………………8
0.3　伝統構法の地震・台風被害………[坂本　功]‥10
　0.3.1　歴史的被害………………………………10
　0.3.2　阪神・淡路大震災とそれ以降の被害……10
0.4　構造・耐震補強………………………[坂本　功]‥11
　0.4.1　補強の略史………………………………11
　0.4.2　最近の補強例……………………………13
　0.4.3　伝統構法の補強と新築の問題点………14

第1章　社寺建築の発達1—仏堂

1.1　軸　組………………………………16
　1.1.1　掘立柱から礎石建へ………[島田敏男]‥16
　1.1.2　身舎・庇による構成……………………18
　1.1.3　頭貫の工法………………………………22
　1.1.4　長押による軸組…………………………25
　1.1.5　床　組……………………………………28
　1.1.6　貫の導入……………………[上野勝久]‥32
　1.1.7　筋かいの採用……………………………35
　1.1.8　懸　造……………………………………37
　1.1.9　見せる架構………………………………40
　1.1.10　建登せ柱の架構………………………42
1.2　小屋組と軒…………………………45
　1.2.1　化粧屋根裏の基本構造……[熊本達哉]‥45

　1.2.2　天井裏の架構……………………………48
　1.2.3　双堂の屋根………………………………50
　1.2.4　野屋根の成立………………[清水真一]‥54
　1.2.5　桔木の導入………………………………56
　1.2.6　束立ての小屋組…………………………58
　1.2.7　二重小屋構造……………………………61
　1.2.8　小屋筋かいの使用………………………63
　1.2.9　小屋貫の導入……………………………66
　1.2.10　桁行小屋梁の出現（小屋組の変化）……68
　1.2.11　和小屋の発展……………………………71
　1.2.12　組　物………………………[熊本達哉]‥74
　1.2.13　垂　木……………………………………82

第2章　社寺建築の発達2 ── 神社本殿・塔・門，ほか

2.1　神社本殿‥‥‥‥‥‥‥‥‥‥‥‥‥90
　2.1.1　神社本殿建築の特異性‥‥‥[豊城浩行]‥90
　2.1.2　身舎庇構造と固有形式‥‥‥‥‥‥91
　2.1.3　複合化の進展と屋根形態の複雑化‥‥‥103
　　　　[a,c：豊城浩行/b：渡邉薫子]
2.2　塔‥‥‥‥‥‥‥‥‥‥‥‥‥‥‥110
　2.2.1　日本における木造仏塔の基本形式と
　　　　その起源‥‥‥‥‥‥[大野　敏]‥110
　2.2.2　層塔の構造とその変化‥‥‥‥‥112
　2.2.3　木造檐塔の構造：
　　　　唯一の遺構─談山神社十三重塔‥‥‥126

　2.2.4　宝塔・多宝塔の構造‥‥‥‥‥‥‥128
　　　　[a〜c：大野　敏/d：岡　信治]
2.3　門‥‥‥‥‥‥‥‥‥‥‥‥‥‥‥140
　2.3.1　二重門‥‥‥‥‥‥‥[箱崎和久]‥140
　2.3.2　楼　門‥‥‥‥‥‥‥‥‥‥‥‥150
　2.3.3　単層門‥‥‥‥‥‥‥[春日井道彦]‥158
2.4　各種建造物：鐘楼・校倉・回廊，ほか‥‥‥172
　2.4.1　門以外の楼造‥‥‥‥‥[金子隆之]‥172
　2.4.2　鐘　楼‥‥‥‥‥‥‥‥‥‥‥‥178
　2.4.3　校　倉‥‥‥[a：金子隆之/b,c：清水陽芳]‥186
　2.4.4　板　倉‥‥‥‥‥‥‥‥[金子隆之]‥192
　2.4.5　回廊・築地‥‥‥‥‥‥‥‥‥‥197

第3章　住宅系建築の構造

3.1　縄文・弥生・古墳時代の建築構法
　　　　‥‥‥‥‥‥‥‥‥‥[清水重敦]‥212
　3.1.1　縄文・弥生・古墳時代建築の
　　　　類型と共通性‥‥‥‥‥‥‥‥‥212
　3.1.2　構法上の特徴‥‥‥‥‥‥‥‥‥214
　3.1.3　歴史時代へ‥‥‥‥‥‥‥‥‥‥217
3.2　農家建築の構法‥‥‥‥‥‥‥‥‥219
　3.2.1　棟持柱構造と垂木構造‥‥‥[光井　渉]‥219
　3.2.2　扠首構造‥‥‥‥‥‥‥‥‥‥‥224
　3.2.3　上屋と下屋‥‥‥‥‥‥‥‥‥‥228
　3.2.4　構法の進展：柱の移動‥‥‥‥‥234
　3.2.5　構法の進展：構造のブロック化‥‥‥240

　3.2.6　構法の進展：軸組と小屋組‥‥‥‥248
　3.2.7　曲家（接合の構法）‥‥‥‥[平山育男]‥255
　3.2.8　多層化の構法‥‥‥‥‥‥‥‥‥258
3.3　町家建築の構法‥‥‥‥‥‥[光井　渉]‥262
　3.3.1　農家・武士住宅・城郭と類似する構法‥‥262
　3.3.2　側壁と通柱を用いた構法‥‥‥‥‥270
　3.3.3　高層化の手法‥‥‥‥‥‥‥‥‥278
3.4　各種住宅建築の構法‥‥‥‥‥‥‥286
　3.4.1　貴族と僧侶の住宅‥‥‥‥[山口俊浩]‥286
　3.4.2　書院造‥‥‥‥‥[大和　智・光井　渉]‥292
　3.4.3　武家住宅‥‥‥‥‥‥‥[御船達雄]‥301

第4章　城郭建築の構造

4.1　天守・櫓‥‥‥‥‥‥‥[後藤　治]‥308
4.2　城郭の門と塀‥‥‥‥‥[箱崎和久]‥312
　4.2.1　城　門‥‥‥‥‥‥‥‥‥‥‥‥312
　4.2.2　塀‥‥‥‥‥‥‥‥‥‥‥‥‥‥316

4.3　各部構法‥‥‥‥‥‥‥‥‥‥‥‥318
　4.3.1　石　垣　[後藤　治・二村　悟・澤田浩和]‥318
　4.3.2　壁‥‥‥‥‥‥‥‥‥‥[澤田浩和]‥319
　4.3.3　石　落‥‥‥‥‥‥‥‥‥‥‥‥322

第5章　各部構法の変遷

5.1 屋　根･････････････････[黒坂貴裕]･･326
　　5.1.1　瓦･･････････････････････････････326
　　5.1.2　植物系：樹皮葺･････････････････327
　　5.1.3　植物系：茅葺･･･････････････････329
　　5.1.4　植物系：板葺･･･････････････････332
　　5.1.5　その他の葺材･･･････････････････334
　　5.1.6　下地構法，軒裏の納まり･････････335
5.2 壁･･･････････････････････[平井俊行]･･337
　　5.2.1　土　壁･･･････････････････････････337
　　5.2.2　板　壁･･････････････････････････338
　　5.2.3　その他の壁･････････････････････339
5.3 開口部･･････････････････････････････340
　　5.3.1　建　具･･･････････････[後藤 治]･･340

　　5.3.2　茶室の開口部
　　　･･･････[後藤 治・澤野堅太郎・菅澤 茂]･･342
5.4 基　礎･･･････････････････････････････345
　　5.4.1　掘立柱と礎石･････････[箱崎和久]･･345
　　5.4.2　基壇とその構造･･････････････････350
　　5.4.3　土　台･････････････････[後藤 治]･･354
5.5 接合部・金具･･････････････････････････356
　　5.5.1　継手，仕口･･･････････[源 愛日児]･･356
　　5.5.2　接合部金具：釘・鎹
　　　･･････････････････[鳴海祥博・鈴木徳子]･･366
　　5.5.3　装飾用金具･･････････････[窪寺 茂]･･368
　　5.5.4　扉金具･･････････････････････････370

第6章　建　築　生　産

6.1 生産組織･･････････････････[山之内 誠]･･374
　　6.1.1　営繕組織･･････････････････････････374
　　6.1.2　工匠（木工）･･･････････････････････375
　　6.1.3　その他の工匠･････････････････････376
6.2 設計・施工方法･････････････････････････378
　　6.2.1　模　型･･･････････････[山之内 誠]･･378
　　6.2.2　図　面･･････････････････････････379
　　6.2.3　枝割，六枝掛･････････････････････380
　　6.2.4　木　割･･････････････････････････381
　　6.2.5　柱割と畳割･･･････････････････････382

　　6.2.6　論治垂木，規矩･･･････････････････383
　　6.2.7　番　付･･････････････[清水真一]･･384
6.3 木の建築をつくる主要道具･･････[渡邉 晶]･･388
　　6.3.1　技術と道具･･･････････････････････388
　　6.3.2　スミツボ（墨斗）とサシガネ（曲尺）･･389
　　6.3.3　オノ（斧）･･･････････････････････390
　　6.3.4　ノミ（鑿）･･････････････････････391
　　6.3.5　ノコギリ（鋸）･･･････････････････392
　　6.3.6　カンナ（鐋・鉋）･････････････････394

第7章　明治以降の木造建築

7.1 木造建築構法の近代化･･･････[源 愛日児]･･398
　　7.1.1　洋風技術の導入･･･････････････････398
　　7.1.2　明治前半期の洋風木造建築･･･････398
　　7.1.3　学士建築家たちの洋風木造建築･･････403
　　7.1.4　木造建築の耐震化･･･････････････405

7.2 木骨石造・木骨煉瓦造･････････[福濱嘉宏]･･412
　　7.2.1　木骨石造・木骨煉瓦造の概要･･･････412
　　7.2.2　木骨石造･･････････････････････････413
　　7.2.3　木骨煉瓦造･･･････････････････････414
　　7.2.4　木骨コンクリートブロック造･･････････418
　　7.2.5　木骨石造・木骨煉瓦造の土着的な流れ　419

7.3　伝統構法から軸組構法へ‥‥‥‥[大橋好光]‥422
　7.3.1　モデュール‥‥‥‥‥‥‥‥‥‥422
　7.3.2　基　礎‥‥‥‥‥‥‥‥‥‥‥‥422
　7.3.3　架構・軸組‥‥‥‥‥‥‥‥‥‥423
　7.3.4　接合部‥‥‥‥‥‥‥‥‥‥‥‥427
　7.3.5　壁の構法‥‥‥‥‥‥‥‥‥‥‥428
　7.3.6　屋　根‥‥‥‥‥‥‥‥‥‥‥‥429
7.4　木質プレハブ構法・ツーバイフォー構法
　　　　‥‥‥‥‥‥‥‥‥‥[大橋好光]‥431
　7.4.1　木質プレハブの誕生‥‥‥‥‥‥431
　7.4.2　木質プレハブの特徴‥‥‥‥‥‥432
　7.4.3　木質プレハブとツーバイフォー構法‥‥433
　7.4.4　ツーバイフォー前史‥‥‥‥‥‥433
　7.4.5　ツーバイフォーの登場‥‥‥‥‥434
　7.4.6　現代のツーバイフォー構法‥‥‥435
　7.4.7　プレハブ住宅の危機と回復‥‥‥435

7.5　木造軸組構法の新しい展開‥‥‥[大橋好光]‥438
　7.5.1　べた基礎の普及と立ち上がり高さ・
　　　　厚みの増大‥‥‥‥‥‥‥‥‥‥438
　7.5.2　ねこ土台構法と樹脂製・金属製の束
　　　　の普及‥‥‥‥‥‥‥‥‥‥‥‥439
　7.5.3　機械プレカットの伸張‥‥‥‥‥439
　7.5.4　高性能接合金物の普及と構造金物の登場　440
　7.5.5　パネル化‥‥‥‥‥‥‥‥‥‥‥441
　7.5.6　エンジニアードウッドの普及‥‥441
　7.5.7　特殊な架構‥‥‥‥‥‥‥‥‥‥442
7.6　大規模木造建築‥‥‥‥‥‥[腰原幹雄]‥444
　7.6.1　新興木構造（1900-50）・
　　　　集成材構造初期（1950-60）‥‥‥444
　7.6.2　第一期黄金期（1950-60）‥‥‥‥446
　7.6.3　復権期（1980-90）‥‥‥‥‥‥448
　7.6.4　木質ラーメン架構（1990-）‥‥‥450
　7.6.5　展開期（1990-2000）‥‥‥‥‥‥450

第8章　現代の伝統構法

8.1　災害と木造建築‥‥‥‥‥‥‥‥‥456
　8.1.1　地　震‥‥‥‥‥‥‥[藤田香織]‥456
　8.1.2　地震津波‥‥‥‥‥‥‥‥‥‥‥458
　8.1.3　台　風‥‥‥‥‥‥‥‥‥‥‥‥460
　8.1.4　木造建造物の劣化‥‥‥‥[青木繁夫]‥462
8.2　修理技法‥‥‥‥‥‥‥‥‥‥‥‥466
　8.2.1　仮設の技法‥‥‥‥‥‥[武藤正幸]‥466
　8.2.2　解体の技法‥‥‥‥‥‥[野尻孝明]‥467
　8.2.3　基礎の修理技法‥‥‥‥‥‥‥‥471
　8.2.4　軸部・軒の修理技法‥‥‥‥[武藤正幸]‥473
　8.2.5　小屋組の修理技法‥‥‥‥‥‥‥477
　8.2.6　屋根の修理技法‥‥‥‥[野尻孝明]‥481
　8.2.7　土壁の修理技法‥‥‥‥‥‥‥‥484
　8.2.8　塗装の修理技術‥‥‥‥[武藤正幸]‥486
　8.2.9　保存科学‥‥‥‥‥‥‥[青木繁夫]‥489
8.3　構造実験と理論解析‥‥‥‥‥‥‥491
　8.3.1　柱‥‥‥‥‥‥‥‥‥‥[藤田香織]‥491
　8.3.2　接合部‥‥‥‥‥‥‥‥[竹村雅行]‥493
　8.3.3　壁　体‥‥‥‥‥‥‥‥[藤田香織]‥496

　8.3.4　組　物‥‥‥‥‥‥‥‥‥‥‥‥498
　8.3.5　床，屋根，天井‥‥‥‥[腰原幹雄]‥500
　8.3.6　全体系（常時微動測定および
　　　　水平加力試験）‥‥‥‥[前川秀幸]‥503
8.4　構造補強の原理と実例‥‥‥‥‥‥506
　8.4.1　長期鉛直力（1）：東大寺金堂
　　　　‥‥‥‥‥‥‥‥‥‥[西澤英和]‥506
　8.4.2　長期鉛直力（2）：清水寺三重塔‥‥‥512
　8.4.3　短期水平力‥‥‥[河合直人・山﨑 泉]‥514
　8.4.4　鉛直構面の補強事例‥‥‥‥‥‥517
　8.4.5　水平構面の補強事例‥‥‥‥‥‥519
　8.4.6　免振・制振の事例‥‥‥‥‥‥‥520
8.5　伝統木造建築の再現と新造‥‥‥‥522
　8.5.1　平城宮朱雀門の再現
　　　　‥‥‥‥‥[a：木林長仁/b：春日井道彦]‥522
　8.5.2　薬師寺大講堂の復原
　　　　‥‥‥‥‥‥[a：西澤英和/b：山本克巳]‥526
　8.5.3　大洲城の復元‥‥‥‥‥‥[前川 康]‥534
　8.5.4　永明院五重塔の新造‥‥‥‥[花里利一]‥538

付　録

西暦・元号対照表‥‥‥‥‥‥‥‥‥‥‥543
元号・西暦対照表‥‥‥‥‥‥‥‥‥‥‥547

事 項 索 引‥‥‥‥‥‥‥‥‥‥‥549
建造物名索引‥‥‥‥‥‥‥‥‥‥‥558
人 名 索 引‥‥‥‥‥‥‥‥‥‥‥563

凡　例

■建築用語

　建築用語・用字（漢字，送りがな）については，主に『建築学用語辞典　第2版』（日本建築学会編，岩波書店，1999）と『建築大辞典　第2版』（彰国社編，彰国社，1993）に準拠して極力統一するようにした．ただし，この2つの辞典でも用語・用字が異なる場合もあり，また用語・用字には，歴史的経緯や地域的要因により異なる場合もあるので，執筆者の考えを尊重して，異なる用語・用字となっているところもある．

　また，古くから使われている用語・用字で，難読なものも多々あることから，読みがなをふった．この読みがなについても，上記同様に様々な考え方があり，必ずしも同一とはなっていない場合がある．

■固有名詞

　国宝や重要文化財の建物名称については，官報で告示された文化財指定名称に従った．その他，各自治体や地域で慣用名として用いられている場合はそれに従った．

■年　号

　建物の建設年等は，元号年（西暦）と表記した．ただし，古い資料で元号に対する月日が明確でないものは西暦年が異なる場合がある．また，読者の便宜をはかるため，西暦・元号対照表と，元号の読みから逆引きできる元号・西暦対照表を巻末付録とした．

■索　引

　建築用語などの事項索引と建造物名索引，人名索引を巻末に付した．

序　章

構造から見た
日本の木造建築

0.1 軸組構法の変遷

0.1.1 軸組構法の構造形式

　日本の建物は，古来ほぼすべてが木造であった．しかもそのほぼすべてが軸組構法であり，木材を横積みするのは，正倉院宝庫に代表される校倉造だけといってよい．そこで，日本の木造建物の歴史に現れた軸組形式を図 0.1-1 に示す（文献 1）．これは，必ずしも発展の順序ではないが，以下順に説明してゆく．

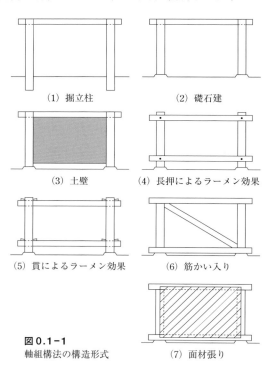

図 0.1-1 軸組構法の構造形式

(1) 掘立柱
(2) 礎石建
(3) 土壁
(4) 長押によるラーメン効果
(5) 貫によるラーメン効果
(6) 筋かい入り
(7) 面材張り

0.1.2 掘立柱

　軸組構法で，軸組を自立させる最も素朴な方法は，図 0.1-2 に示すように，柱の下部を地面に埋め込むことである．これを掘立柱という．
　掘立柱式の軸組構法で現在最もよく知られているのは，伊勢神宮内宮・外宮の社殿である．
　掘立柱の構造的な原理は，片持梁と同じである．ただし梁のように水平ではなく，垂直に立っている．しかし，軸方向と直角の方向から力を受けて，その場合に生じる曲げモーメントに抵抗するという意味では，掘立柱も片持梁も，構造的には同じである．掘立柱式では，このような原理により，図 0.1-2 に示すように，地震力や風圧力のような水平力に抵抗できる．

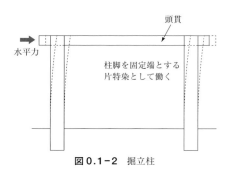

図 0.1-2 掘立柱

　掘立柱の建物は，後述するように耐久性がきわめて低いので，古いもので現存するものはない．しかし，復元された建物（あるいは構造物）としては，縄文時代の遺跡である青森県の三内丸山遺跡に復元された六本柱の構造物や，弥生時代の遺跡である佐賀県の吉野ヶ里遺跡に復元された祭殿（図 0.1-3）などの建物がある．

図 0.1-3 吉野ヶ里遺跡の祭殿（復元）

　掘立柱の決定的な短所は，埋込み部分の木材の耐久性がきわめて低いことである．地中，特に地表面近くは，常にじめじめした状態で，しかも空気（酸素）が適度に存在するので，この部分にある木材は非常に速く腐食する．伊勢神宮の社殿のように，良材を用いても，単に埋め込んだだけでは，20 年持ちかねる．

ついでながら，地下水位以深なら酸素補給がほとんどないので，木材は非常に腐りにくい．木杭や木簡が腐らないゆえんである．

なお，伊勢神宮と同じ形式の長野県の仁科神明宮の本殿は，江戸時代の建物（寛永13年/1636）であるが，現在では次に述べる礎石建になっている．

0.1.3　礎石建

日本に仏教が伝来した（公伝）のは，欽明天皇13年（552）である．それに伴って，寺院建築の建て方も入ってきた．その構法的な特徴は，屋根が瓦葺であることと，図0.1-4のように柱が礎石建であることである．

掘立柱では柱脚が曲げモーメントに抵抗できるが，この礎石建式の場合，柱脚はピンであり，曲げモーメントには抵抗できない．したがって，地震・風などの水平力に抵抗するためには，別の抵抗要素が必要である．礎石建では，そのような抵抗要素として，図0.1-4に示すような転倒復元力がある．短くて太い，ずんぐりした柱は，水平力を受けて転倒し始めても，つまり柱下端面の角が浮き上がり始めても，建物自重すなわち鉛直荷重によって元に戻ろうとする力が働く．この力のことを，転倒復元力とよんでいる．

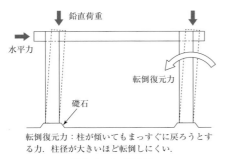

図0.1-4　礎石建

この転倒復元力は，昭和初期に法隆寺金堂の構造について研究した坂静雄によって初めて着目され，理論的，実験的な研究が行われている（文献2）．最近では河合直人によって研究が進められ，伝統構法の耐震性の評価の実務にも使いうるようになっている（文献3）．その研究の一環として，平城宮の正門である朱雀門の復元にあたって，実験（図0.1-5）が行われた．

転倒復元力は，柱が剛体であれば，自重（鉛直力）と柱の細長さ（むしろ太短さ）によって決まる．しかし，木材でできた柱の場合，角の部分がつぶれるので，剛体である場合の理論値から外れるが，その程度は実験的に明らかになっている．

図0.1-5　転倒復元力の実験（朱雀門の2/3の模型）

0.1.4　耐力壁としての土壁

土壁が耐震要素であることは，現在新築される木造住宅の耐力壁として評価されていることからも明らかである．このような壁は，図0.1-6に示すように，地震などによる水平力により生じるせん断力に抵抗できる．

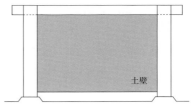

図0.1-6　耐力壁としての土壁

伝統構法においても，多くの建物に図0.1-6に示すような土壁があり，水平抵抗要素として働いている．土壁の耐力に関しては，近年非常に多くの実験的研究（図0.1-7）が進められている（文献4）．ただ現状では，土壁が，左官職人の経験と腕とによってつくられることから，再現性に乏しく，現代工学になじみにくいという問題はあいかわらず残っている．例えば，土壁の材料である土にしても，ある特定の産地のもの以外に，解体した建物の壁土を混ぜ込むということが経験的に行われている．したがって，現代工学的には材料の特性を定量的に決めにくく，言い換えれば，材料としての再現性に乏しい．したがって，そのようにしてつくられた土壁の耐力を現代工学的に評価することが困難

図 0.1-7 土壁の実験

になる．職人の技術と，現代工学とを結びつける論理が求められている．

また，土壁の場合，その耐力はおおむね壁の厚さに比例すると考えられるが，必ずしもそうではないことが，実験的にわかっている．例えば，城郭のように土が柱面より外側にまでかぶっている，つまり大壁の場合には，柱の外面から外の部分は，初期剛性にしか寄与せず，破壊が進むに従ってその部分がはがれてきて，抵抗力に寄与しなくなる．

0.1.5 長押による半剛節ラーメン

古代の建物は，寺院建築にならって，礎石建になってきたが，水平力に対しては上記の転倒復元力だけでは不十分である．実際には，柱頭部に頭貫，つまり柱頭を欠き込んでそこに落とし込んだ横材が入って，隣り合う柱の頭部をつないで軸組を構成している．ただし，この頭貫が入っただけでは，水平力に抵抗する効果はほとんどない．

水平力に抵抗しうるのは，図 0.1-8 に示すような長押である．長押のついた軸組は，柱・長押の接合部にある程度の回転剛性をもっており，現代の構造工学

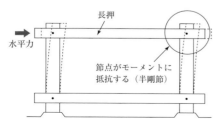

図 0.1-8 長押による半剛節ラーメン

図 0.1-9 長押の実験［提供：木内 修］

では半剛節ラーメンとみなせる構造になっている．長押をもつ軸組の実験も行われている（図 0.1-9）．

この長押が，耐震的に有効であることは，平安時代の知識階級には知られていたらしく，ある地震で倒壊した建物について，藤原定家がその日記『明月記』に「長押なきによる」と書いている．

長押は後世，特に鎌倉時代以降，貫が普及するのに伴い，構造的な役割を貫にゆずり，化粧材へと変化してゆく．

0.1.6 貫による半剛節ラーメン

鎌倉時代に入るころ，中国（当時の南宋）から，臨済宗と曹洞宗の禅宗が導入された．それに伴って，禅宗寺院の構法も入ってきたが，その様式を禅宗様という．

同じころ，源平の合戦の際，南都攻めをした平重衡によって焼かれた東大寺伽藍を，俊乗房重源が復興した．このとき重源は，みずから宋に渡って学んできていた当地の建築様式を採用した．それを大仏様とよぶ．当時，東大寺だけでなく複数建てられた大仏殿の建築様式であるので，こうよばれる．東大寺の大仏殿は，奈良時代（天平）に建てられたものを初代として，重源によるものは二代目の大仏殿である．ちなみに現在の大仏殿は，この重源が建てたものが戦国時代の松永久秀の兵火によって焼けた後，だいぶ経った江戸時代中期（宝永 6 年/1709）に建てられた三代目である．

以上の禅宗様と大仏様とに共通するのは，貫を用いていることである．貫は，柱にあけられた孔に横材を貫通させ，隙間に楔をたたき込んで締め固めるものである．大仏様の東大寺南大門（図 0.1-10）は重源のものが現存するが，見上げると貫がよく見える．この

ように接合部を固めることによって，柱と梁からなる軸組が非常にしっかりしたものになる．この図0.1-11に示すような構造を貫構造とよんでいる．現代の構造工学の用語でいえば「ラーメン構造」である．ただし，貫構造では，接合部の剛性が完全に剛ではなく，ある程度の弾性（ばね的性質）をもつので，より正確には「半剛節ラーメン」とよんでいる．

図0.1-10 東大寺南大門（貫による半剛節ラーメン）

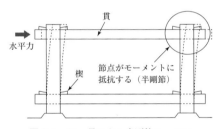

図0.1-11 貫による半剛節ラーメン

この貫構造を現代工学的に扱うためには，柱孔の上・下面が，貫材にめり込む現象を定量的に解明する必要があり，そのための実験（図0.1-12）が行われている．

図0.1-12 貫の実験

めり込みの現象は，稲山正弘によって実験結果に基づいて研究され，めり込み理論として実際の構造計算にも使える形に定式化されている（文献5）．

貫構造は，中世を通じて広く普及し，しかも近世から近代・現代に至るまで，伝統構法の最も重要な耐力要素となっている．それだけに，大工にとっても，非常に頼りになる構造である．その結果，鎌倉以降に平安以前の建物の修理をする際にも，貫が入れられた例が多い．例えば，飛鳥時代に建った法隆寺の中門には，江戸時代の修理の際に入れられた貫を見ることができるし，また，平安時代（永承8年，天喜元年/1053）に建った平等院鳳凰堂にも，貫が入れられている．

このような貫構造の普及の背景には，大工道具の発達がある．それまで貫のように長い材は打ち割法（図0.1-13）でつくられていたが，縦挽きの鋸の出現により，効率的につくることが可能になった．また，のみの品質が向上し，柱に孔をあけることが容易になった．

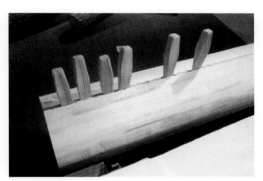

図0.1-13 打ち割法［竹中大工道具館の展示］

すでに述べたように，貫構造は現在でも伝統構法の主役である．特に接合部に金物を使わないという点が好まれている．

しかしこの貫も，現在の木造建築では，水平耐力要素としての役割は筋かい（あるいは合板などの面材）にゆずり，もっぱら壁下地材へと変化してきている．

0.1.7 筋かい入り

図0.1-14に示すような筋かいは，現在の住宅をはじめとする木造建築において，水平抵抗要素の代表といえる．しかし，伝統構法で積極的に採用されることはなかった．ただ，例外的に採用されたことがある（文献6）．例えば，鎌倉時代に建てられた法隆寺東院の

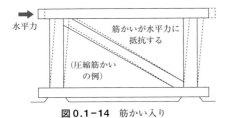

図 0.1-14 筋かい入り

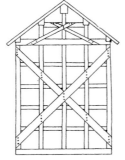 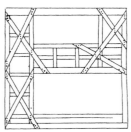

図 0.1-16 筋かいの提案

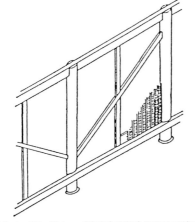

図 0.1-15 筋かい（法隆寺東院舎利殿及び絵殿）

舎利殿及び絵殿には，図 0.1-15 に示すように，創建当初から筋かいが入っていた（文献 7）.

また，平安時代に建てられた宇治の平等院鳳凰堂では，平安時代末期に修理をした際，筋かいが挿入された痕跡がある（文献 8）.

このように，筋かいは技術としては知られていたはずであるが，普及しなかったのはなぜかについて，いくつかの説がある．一つは，鎌倉時代以降，上記の貫構造が普及することにより，水平耐力要素としての筋かいは必要なかったとするもので（文献 9），もう一つの説は，筋かいを入れることにより，その上に塗られた土壁に斜めの亀裂が入り，それが表面に表れると見苦しいというものである．

幕末に安政東海地震（安政元年/1854）や安政江戸地震（安政 2 年/1855）が起こった．その被害に対して，当時のアイデアマンともいうべき人によって，図 0.1-16 のような耐震のための筋かいの提案が行われている（文献 10）．しかしながらこのような動きは断片的，孤立的であり，その提案が広く受け入れられることはなかった．

このような状況が一変するのは，明治 24 年（1891）の濃尾地震の後である．濃尾地震は，日本の陸地の下に震源域がある地震としては最大級のもので，マグニチュードは 8.0 であったと推定されている（当時はまだマグニチュードの概念も定義もできていなかった）．この地震では断層が地表に表れたが，根尾谷断層として国の天然記念物に指定されている．

濃尾地震では，建物に非常に大きな被害が発生し，これ以降，耐震工学をはじめとする震災対策の研究が組織的，体系的に進められることになった．その一つが，翌年に設置された震災予防調査会であり，現在の東京大学地震研究所の前身である．

この地震の後，震災地を視察したジョサイア・コンドルは，建築学会で次のように講演している（文献 11）．

「よく世間では，日本の家屋の建て方というものは，地震によく耐える目的でできているというようなことを申しております．しかし日本の家を建てた人々は，はたしてそこまで考えて建てたものであろうかいかがでしょうか．近年の学者たちがしきりにいま申すような名誉を博しうるように言われますが，それはどうも信用できない．地業を別にすることや，組み合わせたる木材が勝手にねじれて動けるというようなことからして，日本風の家屋ははげしい地震をしのぐ特殊の性質を備えたるものなりと言いますが，私が実地視察したるところでは，その地震をしのぐ特殊の性質を備えたることと，いま一つは，ヨーロッパ風の建物ならば粗末な普請にも，必ず用いてあるほどの構造物のなかったのが，日本風家屋の壊れたる主な原因のようにみえます．」

この中にもあるように，「筋かいをもちいること」と「接合部は金物で緊結すること」とが木造の耐震の要点であることは，それから 100 年以上も経た現在でも，基本的には変わっていない．

濃尾地震について大きな被害を与えたのは，いうまでもなく大正 12 年（1923）関東地震である．その地震の結果，関東大震災とよばれる大災害が引き起こさ

れた．木造に限っていうと，火災によって物的だけでなく人的被害も甚大になったことと，地盤の悪いところ（軟弱地盤）で被害が大きかったことが，特徴的である．

この関東地震の建物の被害を受けて，すでにできていた市街地建築物法（現在の建築基準法の前身）に，設計震度0.1の規定が採り入れられた．木造については，それまで3階建だけに限定して適用されていた筋かいの規定が，「適当に筋違いまたは方杖を設けるべし」となって，適用範囲が拡大された．ちなみに，このときの設計震度0.1は，その後の許容応力度の変更を勘案すると，現行耐震基準の設計震度0.2と同等の耐震性を要求していることになる．

以上のように，都市部の限られた規模などの木造建築物に対してではあるが，法令の中に水平耐力要素としての筋かいの必要性が規定された．昭和25年（1950）に市街地建築物法が衣替えしてできた建築基準法の施行令の中に，筋かいなどの水平耐力要素の量が規定されたのは，その直前の昭和23年（1948）に起こった福井地震の被害調査に基づいている．

0.1.8　面材張り

木造の水平耐力要素としては，筋かいが代表的であるが，最近の傾向としては，図0.1-17に示すような，合板をはじめとするさまざまな面材（ボード類）による耐力壁が普及してきている．面材は，自動釘打ち機によって施工が容易であり，また外壁の下地を兼ねることができるという長所がある．それに加えて，筋かいの場合より断熱材が入れやすい．　　　［坂本　功］

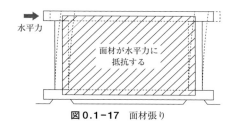

図0.1-17　面材張り

0.2 屋根と軒の支え方

0.2.1 屋根の支え方

社寺をはじめとする日本の伝統構法の建物では，多くの場合（特に社寺や農家），その平面が身舎と庇に分かれている．ここではそのうち，建物の中心部分である身舎部分の屋根を支える小屋組について，その支え方をみる．

木造の小屋組を大別すれば，図 0.2-1 の(1)(2)に示すように，和小屋と洋小屋に分かれる．どちらも三角形の屋根を構成するという点では，共通している．しかし，その構造原理は，決定的に異なっている．

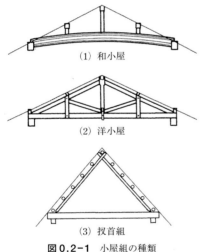

図 0.2-1 小屋組の種類

まず和小屋は，水平材である小屋梁の上に束が立ち，それが身舎を支えている．ここで小屋梁は，束の位置で集中荷重を受ける単純梁であり，部材には曲げモーメントとせん断力が生じる．つまり曲げ材である．したがって，曲げに対する強度と剛性が高い必要がある．そのため，和小屋の梁には，マツのように強い樹種で太い材が使われる．これに対し洋小屋はトラス構造である．その水平材である陸梁（ろくばり，あるいはりくばり）は，三角形のトラスの下弦材なので引張材である．すなわち，曲げモーメントが生じないので，曲げ強度や曲げ剛性は必要ない．ワイヤの類でも代用できるものである．

このように，和小屋と洋小屋とでは，下にある梁（小屋梁，陸梁）は，同じ位置にあるが，力学的な役割がまったく異なっている．

さて，伝統構法は多くが和小屋であり，上記のように太いマツが使われることが多い．しかも丸太のままであったり，また太鼓落しのように欠損を最小限におさえた断面のものが使われる．民家などでは，太い小屋梁を意識的に見せることも珍しくない．

では，伝統構法には洋小屋がないかといえば，同じ力学的原理のものがあり，それは図 0.2-1 の(3)に示すような，農家の身舎にみられる扠首である．扠首は合掌材であり，構造的には，扠首構造とよばれる．扠首構造は最も単純なトラス構造である．したがって，扠首（合掌材）は圧縮材であり，下弦材（陸梁）は引張材である．ただし，扠首には，中間荷重として屋根葺材の重さが掛かってくるので，曲げモーメントにも抵抗する必要がある．

0.2.2 軒の支え方

日本建築は，一般に軒が深い．深い軒は，雨の多い日本の気候風土に適したものである．軒は，建物本体から片持梁として突き出している．したがって軒の部材は曲げモーメントに抵抗する必要がある．最も基本的な軒の部材は，垂木である．その最も単純なものは，垂木が一段だけのもので，一軒とよばれる．

さて，軒の出を大きくしようとすると，その垂木の下に太い尾垂木を入れる．さらに軒を伸ばすためには，図 0.2-2 の(1)に示すように，垂木を二重に入れる．それが地垂木と飛檐垂木で，この構成を二軒とよぶ．さらに三軒というものもある．古代（平安時代まで）では，このような仕組によって，垂木が軒の荷重を支えていた（文献 12）．

ところが中世に入って，図 0.2-2 の(2)に示すような，桔木が出現した．桔木は，野屋根すなわち軒天井と屋根の野地板との間のふところ（空間）に太く長い木材を挿入し，てこの原理で軒をはね上げるものである（文献 12）．野屋根は，軒天井面と屋根面の勾配を変えるという意匠上の発展の結果できたもので，その結果生じた隙間を桔木を入れるために利用することに

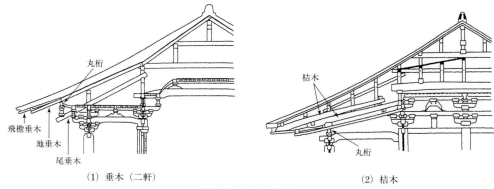

(1) 垂木（二軒）　　　　　(2) 桔木

図 0.2-2　軒の構造

なったといえよう．

　この桔木は，これ以降，ある程度の軒の出をもつ木造建築では，非常に広く採用されている．その結果，それまでは本当に軒を支えていた垂木は，その役目を桔木にゆずっただけでなく，桔木から吊り下げられることになった．いわば主客転倒である．こうして，桔木の入った軒では，垂木は完全な化粧材となっている．

[坂本　功]

0.3 伝統構法の地震・台風被害

0.3.1 歴史的被害

　伝統構法の地震や強風による被害は無数にあるが，ここでは非常に特徴的なものだけを紹介する．
　まず関東地震（大正12年/1923）では，鎌倉の円覚寺舎利殿が屋根が地面につくような形で完全に倒壊した（図0.3-1）．この地震は，震源域が相模湾から房総半島の先端あたりに及ぶもので，マグニチュードは7.9と推定されている．現在の東京都内は，震源域からやや離れているので，現在の気象庁震度階でいって，震度7のところは，江東区や墨田区，足立区などの低地に限られている．ちなみに山の手の台地の上は震度5止まりである．これに対して，鎌倉あたりは震度7のところがあった可能性が高い（文献13）．

図0.3-1 円覚寺舎利殿の倒壊（関東地震）

　円覚寺舎利殿は，老朽化していたなどの理由はあるにしろ，禅宗様の代表的な建物（室町時代に尼寺である太平寺に建てられた仏殿を後に円覚寺に移築）であり，構造的に飛躍的に強くなったはずの貫構造であることを考えると，この場所での揺れ方が非常に強かったことを物語るものといえる．
　ちなみにこの円覚寺舎利殿は，その後建て起こして修理され，現在も建っている．
　次に台風による伝統構法の被害の例としては，昭和9年（1934）室戸台風による大阪府の四天王寺の五重塔の倒壊である．この台風は，室戸岬で最低気圧912hPaを観測し，また大阪の気象台で最大瞬間風速60mを記録したという，きわめて強烈なものであった．
　この室戸台風によって，四天王寺の江戸時代に建てられた五重塔が吹き倒され，文字どおり木っ端微塵になった．これも老朽化していたとか，特別な日であったために窓が開放されていたとかの理由はあるにしても，地震では倒壊したことがないといわれる五重塔だけに，耐風性の問題が浮かび上がってくる．

0.3.2 阪神・淡路大震災とそれ以降の被害

　平成7年（1995）に発生した兵庫県南部地震は，阪神・淡路大震災と名付けられた大災害をもたらした．高速道路やビルの倒壊とともに，多くの古い木造住宅が倒壊した．そしてこれら木造住宅の下敷きになって，多くの人の命が失われた．
　この地震では，伝統構法の建物としては，兵庫県の生田神社の拝殿が倒壊したことが，新聞・テレビで報道されたが，そのほかの社寺については，一般にはよく知られていない．
　社寺は，いまでも日本人の生活にとけ込んでおり，この地震の被災地にも，非常にたくさんの社寺があった．そのうち神戸市内のある部分に限って被害調査を行った結果によると，やはり，多くの社寺が倒壊ないしは大きな被害を被っている（文献14）．
　その被害は，尼崎市の長遠寺本堂や本興寺方丈など，震度6の地域の国指定文化財にも及んでいる．また，伝統構法ではないが，修理して数年しか経たない旧神戸居留地十五番館が倒壊したり，北野の異人館街の国指定建物にも大きな被害があった．このような被害の実態をうけて，文化庁でも，文化財建造物の耐震補強を積極的に行うことになった．

[坂本 功]

0.4 構造・耐震補強

0.4.1 補強の略史

　法隆寺の金堂と五重塔のいずれにも，上の屋根の隅の軒下に支柱が入っている（図0.4-1）．歴史家による創建当初の金堂の模型や五重塔の図面を見ても，支柱は入っていない．つまり，最初に建てられて以降に支柱が入れられている．これはおそらく，軒が下がってきたので，その補強のために入れられたものであろう．なお，裳階の屋根があるので見えにくいが，下の屋根にも，支柱が入っている．五重塔の方は，一番上の屋根の隅の下に，やはり補強用の支柱が入っている．これらは，常時荷重である自重に対する補強である．

　また，すでに述べたように，この法隆寺の中門，宇治の平等院には，鎌倉以降の修理の際に貫が入れられた．これらは，地震や風に対する補強といえよう．

　以上は明治以前に行われた補強であるが，明治以降は補強方法にも非常に大きな変化が見られる．すなわち西洋の近代科学技術に基づいた補強である．

　唐招提寺は鑑真和上ゆかりの寺である．現在の金堂は，鑑真が亡くなった後，奈良時代末に建てられたものである．おそらく何度も大きな修理がなされているはずであるが，そのうちの一つが江戸時代のもので，元禄の大修理である．この（あるいはそれ以前の）修理のときに，屋根を高く（勾配をきつく）しているが，その際，桔木が入れられている．もちろん創建当初には入っていなかったものである．明治に入ってその30年代に全解体修理が行われている．このときの

図0.4-1　法隆寺金堂（支柱）

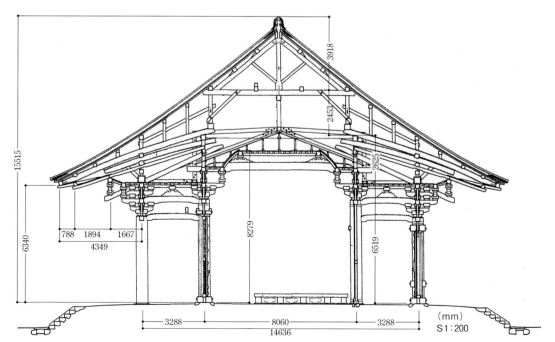

図0.4-2　唐招提寺の小屋組（平成の修理後）［出典：文献15］

補強は大胆で，身舎の屋根を支える小屋組に，図0.4-2に示すように，和小屋を廃して洋小屋（トラス）を採用している．このトラスは，平成の全解体修理でも残された．大正時代に全解体修理された正倉院宝庫も，このときに小屋組を洋小屋に変えている．

東大寺の現在の大仏殿は，江戸時代（1709）に建てられた三代目であるが，200年ほど経った明治40年代に大修理を行っている．このとき身舎の屋根を支える2本の虹梁（スパン約20 m）が，30 cm以上垂下していたので，その補強のために，図0.4-3に示すように，虹梁の下に鉄骨トラスを入れている（図0.4-4）．トラスはもちろん西洋の技術であるが，それに使われている鋼材もイギリス製である．明治時代の西洋崇拝の一つの現れとも思われるが，それにしても大胆な補強である．

東大寺の南大門は，重源が再建した二代目が現存している．この南大門は昭和の初めには軒を仮の支柱で支えていた．その構造補強の設計は，坂静雄によってなされた．南大門は大仏様であり，柱に何段も貫が差し通っている．つまり構造原理は（半剛節）ラーメンである．そして補強にあたっては，このラーメン構造であるということを変えないで，部材だけを鉄骨に置き換えている．貫は組立てH形鋼とし，その上下のフランジ間に半分に割った元の貫材を，ウェブを挟み込むように入れている．また補強した何段かの貫の間の柱にも鉄骨を挿入している．そして貫と柱が交差する部分には，上側にハンチが付けられているが，それは下からでも見ることができる（図0.1-10参照）．構造的な観点からみると，実によくできた補強であるといえる．

図0.4-4　東大寺大仏殿の補強（鉄骨トラス）

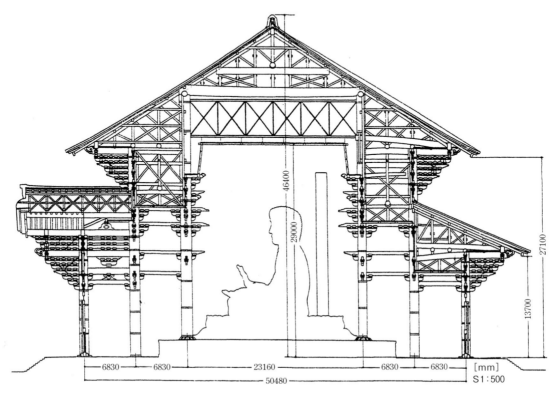

図0.4-3　東大寺大仏殿の補強［出典・文献16，断面図の原図は文化庁保存図面］

0.4.2 最近の補強例

文化財になっているような伝統構法の建物を，耐震補強だけの目的のために改修した事例は，皆無といってよい．文化財は，老朽化した部材の修理や取り替えなどを主とした修理はしばしば行われるが，その際に文化財としての価値の維持が最優先されるのは当然である．

先に述べたように阪神・淡路大震災において，文化財建造物も大きな被害を受けたことから，解体ないしは半解体修理にあたって，耐震補強を中心とした構造補強が行われる例が増えてきた．ここでは，筆者が直接に関係した建物について，若干の例を紹介する．

周防国分寺（山口県防府市）は，奈良時代の創建当初の場所に位置しており，その現在の金堂は江戸時代のものである．相当大きな規模の建物であり，かつ内部の柱の数が少ない．このようなことから，平成16年（2004）に竣工した全解体修理にあたって，構造・耐震補強がほどこされた．壁が少ない建物であるが，江戸時代の建物であるので，貫が何段にも通っており，柱と貫からなる半剛節ラーメンを構成している．

しかし，貫はほとんどすべてが柱の中で継がれており，したがって貫と柱との接合部は，ピンとみなさざるを得なかった．そこで，この部分の貫を単一材相当にするために，継手部分の上・下面（またはそのどちらか）に帯状の鋼板をラグスクリューで取り付けた（図0.4-5）．その効果は，実験的に確かめられ，その結果に基づいて補強が行われた．

改修後に国指定の重要文化財になった大日本報徳社の大講堂（静岡県掛川市）では，平成19年（2007）に竣工した大修理が行われたが，その際耐力壁が新設された．一つは最初建てられたときには存在したが，その後の改修で開口部になっていた壁を復原する際，合板張りによる耐力壁とした．もう一つは，襖の裏に耐力壁を新設したことで，使用上の不都合を最小限におさえている．このほか，床下に鉄骨のフレームを組み込み，柱脚の固定度を高めるのと同様の効果を得ている．

民家では，まず平井家住宅（茨城県稲敷郡利根村）の耐震補強である（平成14年/2002竣工）．この住宅では，合板による耐力壁の新設，同じく合板による既存の土壁の補強，また合板による垂壁の補強などが行われたが，大きな問題は基礎の固定をどうするかということであった．外周には土台が回っているが，内部の柱は礎石建である．そこで，柱脚を固定することはせず，ただし，地震時に柱脚がばらばらに動いて軸組が分解することを避けるため，平面上縦横に根がらみを配した（図0.4-6）．こうしておけば，仮に地震時に柱脚が滑っても，倒壊につながるような大きな破壊には至らないだろうと推測した．

もう一つの民家は，関家住宅（神奈川県横浜市，図0.4-7）である．母屋と書院からなっているが，ここでは，平成17年（2005）に竣工した書院の補強につ

図0.4-6 平井家住宅の補強（足固め）

図0.4-5 周防国分寺の補強（貫の継手）

図0.4-7 関家住宅の補強

いて紹介する．書院は，二間だけの小規模な建物であるが，壁は北側だけにしかなく，南側は全開口である．その上柱が細く，半剛節ラーメンとしての効果もほとんど期待できない．そこで，東西方向の地震力に対して，小屋梁面に棒鋼による水平ブレースを組み込んで，南側の地震力を北側の壁（合板補強した）に流すことにした．

0.4.3 伝統構法の補強と新築の問題点

文化財に指定されているような社寺あるいは民家などの構造補強，特に耐震補強は，平成7年（1995）の阪神・淡路大震災以降，上記のように積極的に行われるようになった．

まず民家のうちの農家であるが，一般的に屋根が重く，壁が少ない．絶対的な水平耐力不足で，現行耐震基準で要求される耐震性に対して非常に低い．耐震要素としては，土壁以外には，図0.4-8に示すような，柱と垂壁から構成される（半剛節）ラーメン構造の二つである．

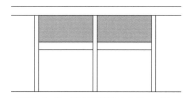

図0.4-8　柱と垂壁によるラーメン

壁による補強としては，土壁の部分を構造用合板張りとして耐力を上げる，必要なら壁のないところに合板張りの壁を新設する，などがある．

柱と垂壁からなるラーメンで，垂壁部分の土壁が弱かったり，あるいはこの部分が欄間になったりしているような場合には，垂壁に合板を張ったり筋かいを入れたりして，その部分の耐力（主にせん断耐力）を高めることにより，ラーメン構造としての耐力も向上する．

しかし，柱と垂壁によるラーメン構造で，地震力などの水平力による曲げモーメントが最大となるのは，垂壁最下部すなわち差鴨居などがささる位置の柱である．これに対して，その部分の柱は差鴨居などをさすための孔があいているなど，断面欠損が非常に大きく，曲げモーメントに抵抗する能力が非常に小さくなっている．つまり，応力が最大のところで耐力が最小になっているわけで，構造物としての効率がきわめて低い．

垂壁の補強をすることはこの傾向を強め，柱が折れるという建物にとってきわめて危険な破壊形態を招くおそれがあり，注意が必要である．

伝統構法のほとんどすべては，柱脚が基礎に（土台がある場合は土台を介して）緊結されていない．少なくとも上下方向にはほとんど緊結されておらず，水平方向にも礎石または柱脚下面に柄をつくり出している程度のものが多い．したがって，強い地震時には，柱脚が持ち上がったり滑ったりする．そしてそのことで地震の入力が小さくなり，倒壊を免れるという考え方がある．

最近の振動台実験によれば，たしかにそのような効果があることが確認されている．したがって文化財になっているような民家では，修理にあたって無理に柱脚を基礎に固定することを避けるのも，一つの方法であると考えられる．ただし，新築に対して，柱脚の固定をしなくてよいかどうかは，耐震性以外の問題もあり，まだまだ研究の蓄積が必要である．　［坂本　功］

■文　献

(1) 坂本 功『木造建築を見直す』岩波新書，2000.
(2) 坂 静雄「社寺骨組の力学的研究 第1部 柱の安定復元力」建築学会大会論文集，第21号，1941.
(3) 河合直人「古代木造建築の柱傾斜復元力と耐力壁の効果に関する実大実験」学術講演梗概集，1993.
(4) 大橋好光「土壁の強度」建築知識，2003年2月号，2003.
(5) 稲山正弘「めり込み抵抗接合の設計（貫構造）」建築技術，1995年11月号，1995.
(6) 坂本 功「日本における木造住宅の耐震性―その歴史と現状」住宅研究総合財団研究年報，No.20，1993.
(7) 太田博太郎「2.中世　2.5構造と意匠」太田博太郎ほか『改訂増補建築学大系4-1 日本建築史』彰国社，1976.
(8) 伊藤延男解説「平等院」伊藤ていじ他編『日本名建築写真選集 第3巻』新潮社，1992.
(9) 関野 克「建築4 日本木造建築の構造」朝日新聞社編『日本科学技術史』朝日新聞社，1962.
(10) 伊藤忠太「第一編総論 第四章建築の諸項 十一変災」日本学士院編『明治前日本建築技術史（新訂版）』野間科学医学研究資料館，1982.
(11) ゼー・コンドル「各種建物に関し近来の地震と結果」建築雑誌，第63/64/66号，1892.
(12) 鈴木嘉吉編『上代の寺院建築』至文堂，1971.
(13) 武村雅之『関東大震災：大東京圏の揺れを知る』鹿島出版会，2003.
(14) 大橋好光「木造社寺建築物 その2調査」木造住宅等震災調査委員会編『平成7年阪神・淡路大震災 木造住宅等震災調査報告書』（財）日本住宅・木材技術センター，1995.
(15) 奈良県教育委員会事務局文化財保存事務所『国宝唐招提寺金堂修理工事報告書』2009.
(16) 木造建築研究フォーラム編『図説木造建築事典［実例編］』学芸出版社，1995.

第 1 章

社寺建築の発達
1―仏 堂

1.1 軸　組

1.1.1 掘立柱から礎石建へ

a. 掘立柱

　7世紀に大陸から寺院建築に伴って礎石建の工法が流入する以前は、柱を立てる工法は掘立柱で、7世紀から8世紀の段階では、寺院以外の宮殿をはじめとするほとんどの建築は掘立柱であった。その後は随時、上級の住宅では礎石建が採用されるようになるが、一般住宅にまで礎石建が普及するのは中世から近世にかけてのことで、その普及は地方によって異なる。

　掘立柱は、地面に穴を掘り、その穴に柱を立てる工法である。柱を埋めるための柱穴（柱掘方）は、柱より大きく掘り、穴内に柱を立ててそのまわりを土で充填する。穴の大きさは、建物の規模や時代で異なるが、8世紀の平城宮の宮殿などで建てられた大規模なものでは、一辺1m・深さ1m程度で、小規模な建物では柱穴も小さい。多くの場合は、穴の底に直接柱を置くが、柱の沈下を防ぐための工夫がなされたものがある。底部に砂利を敷いたり、木製礎盤や石製礎盤を置くものがある。また、柱の地中部分に貫材を通して、柱を安定させるものもある（図1.1-1）。

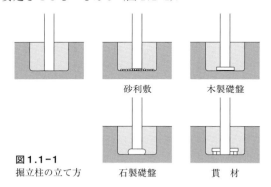

図1.1-1　掘立柱の立て方　　砂利敷　　木製礎盤　　石製礎盤　　貫材

　特殊なものでは、きわめて深い柱穴をもつものがまれに見られる。8世紀の平城宮第一次大極殿院では、平面3.2m×2.5m・深さ2.75mの巨大な柱穴をもった建物が検出されている。柱穴内には柱根（柱の地中部分）が残っており、柱根の直径は75cm、十字に穴を貫通させて、そこに角材を差し込み、柱を安定させている（文献2，図1.1-2）。これは、地上部分の柱が長く、上部構造が不安定なものであったためと考え

られ、楼形式の建物であったと推定されている。また、掘立柱と礎石建を融合させたような工法をとったものに、奈良県の飛鳥水落遺跡がある。ここでは、礎石を据え、さらに礎石間に石を並べて礎石を安定させ、その上に柱を立てた後に柱の下部を埋めるかたちで基壇を形成している。この建物は漏刻（水時計）と考えられており、建物の安定精度を上げるためにこのような構造をとったと考えられる（文献3，図1.1-3）。

図1.1-2　平城宮第一次大極殿 SB7802 柱穴
[提供：奈良文化財研究所]

図1.1-3　飛鳥水落遺跡漏刻の地中の礎石
[出典：文献3, PL13]

　掘立柱の場合は、柱が自立するので、上部構造は簡略なものでも可能である。その反面、柱が腐りやすいという短所がある。伊勢神宮では現在も20年に1度社殿の建替え（造替）が行われており、掘立柱で建物が建てられている。平成5年（1993）の造替に伴って、飯田喜四郎が行った社殿の部材の破損調査の結果によれば（文献4）、地下環境によって程度の差はあるもの

の，柱の腐食が大きく，中には柱の内部が完全に腐食して構造的に危険なものもあったという．また，出雲大社の現在の社殿は江戸時代に建築された礎石建の建物であるが，発掘調査によって13世紀頃に建てられた掘立柱の本殿の柱根が発見されている（文献5）．柱は最大直径135 cmの巨大な材を3本束ねたもので（図1.1-4），伝承にある高さ16丈（48 m）の本殿の存在が現実性をおび，全国的に注目された．なお，古代に建築された掘立柱建物は現存していないが，掘立柱建物の柱材を再利用して建てられたと考えられるのが奈良県の当麻寺本堂（永暦2年/1161）である（文献6，図1.1-5）．

図1.1-4 出雲大社境内遺跡掘立柱柱根：宝治2年（1248）に建立されたと推定されている本殿の心御柱の柱根．[出典：文献5，巻頭図版2]

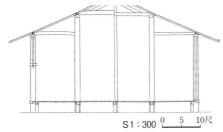

図1.1-5 当麻寺本堂一次前身建物復原図：永暦2年（1161）の建立の際に，旧堂（第二次前身建物）の部材がかなり再利用されており，旧堂の部材には掘立柱建物（第一次前身建物）の部材が転用されていた．[出典：文献6，p.187 第82図]

b．土台建建物

掘立柱・礎石建以外にも，地面に矩形断面の土台（土居）を敷いて，その上に柱を立てる土台建の建築も存在した．現在の神社建築にそのなごりを残している．古代の現存遺構としては法隆寺金堂および塔の裳階部分が土台建構造である．発掘調査によって土台建建物の痕跡を確認することはできないが，土台建建物そのものが出土した事例として秋田県の胡桃館遺跡がある．胡桃館遺跡は10世紀に，火山噴火による火砕流によって建物が瞬時のうちに埋没し，発掘調査でその建物が埋没した情況そのままに出土し，その中に土台建建物がある（文献7，図1.1-6）．

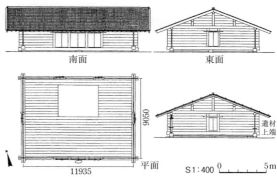

図1.1-6 胡桃館遺跡C建物復元図：土台（土居）は断面幅約40 cm，高さ約36 cmで，各面とも一材とし，それを蒸籠状に組み，土台上に板校倉を組む．[出典：文献7，p.19 fig.28]

c．礎石建の不陸防止

礎石は，一度穴を掘って根石を噛ませて据え付けられる．発掘調査では，礎石そのものが残っていなくても，礎石を据えるために掘られた穴や根石を探すことによって，礎石位置を知ることができる．根石には，礎石の下を固めて安定させるという目的もあるが，礎

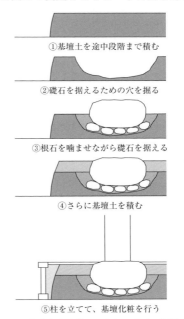

図1.1-7 古代寺院建築でみられる礎石の据付け過程

石据付け時に高さや水平の微調整作業をするためにも必要である．古代寺院で一般的な礎石の据付け工程は，まず基壇をある程度積んだ段階で，礎石を据えるための穴を掘り，根石を噛ませながら礎石を水平に据える．礎石を据えた後にさらに残りの基壇を積んで基壇を完成させている（図1.1-7）．

礎石を据える際の礎石下の地面を固める念入りな方法として，礎石を据えるための穴を掘ってから穴の底に石や瓦を詰め込んで穴内を固め，その上に根石を置いて礎石を据えるものがある．また，珍しい形式として，礎石を据える位置にあらかじめ石を埋め込んだ事例が奈良県の西大寺薬師金堂跡（奈良時代）にある（文献8，図1.1-8）．

[島田敏男]

図1.1-8 西大寺薬師金堂跡発掘調査で検出された礎石位置下部に埋められた石：発掘調査の所見では，写真の石の上に直接礎石が据えられるわけではなく，この石を一度完全に埋めてしまった上で，あらためて礎石が据えられたという．［出典：文献8，p.150図185］

■文　献

(1) 工藤圭章「古代の建築技法」伊藤延男ほか編『文化財講座 日本の建築 古代Ⅱ・中世Ⅰ』第一法規出版，1976．
(2) 奈良国立文化財研究所編・発行『平城宮発掘調査報告 XI』1982．
(3) 奈良国立文化財研究所編・発行『飛鳥・藤原宮発掘調査報告Ⅳ─飛鳥水落遺跡の調査』1995．
(4) 飯田喜四郎「伊勢神宮の式年造替」建築史学，第33号，1999．
(5) 大社町教育委員会編・発行『出雲大社境内遺跡』2004．
(6) 奈良県教育委員会事務局文化財保存課編・発行『国宝当麻寺本堂修理工事報告書』1960．
(7) 北秋田市教育委員会・奈良文化財研究所編・発行『胡桃館遺跡埋没建物部材調査報告書』2008．
(8) 林正憲「西大寺薬師金堂の調査」『奈良文化財研究所紀要2008』独立行政法人国立文化財機構奈良文化財研究所，2008．

1.1.2　身舎・庇による構成

a．身舎と庇

古代の建物は身舎と庇で構成され，平面形と架構には密接な関係があった．身舎とは建物中心部の梁間2間（もしくは3間）の部分で，ここに梁が架けられて主体構造となる．庇は，身舎のまわりに付加する部分で，身舎とは繋梁で繋がれる．屋根は身舎と庇を一連の屋根とするものと，身舎と庇の屋根が段違いとなるものがある．庇が付加する場合，便宜上庇の付く面の数によって，1方向の場合は片庇，2方向の場合は両庇，3方向の場合は三面庇，4方向の場合は四面庇とよび慣わしている（図1.1-9）．

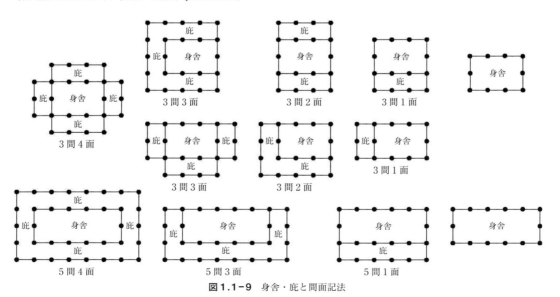

図1.1-9　身舎・庇と間面記法

b．間面記法

8世紀の文献で確認できる建物の平面表記方法は，建物規模を「長（桁行）何尺何寸」「広（梁間）何尺何寸」と実寸法で表記することが多く，庇が取り付く場合は「在庇」などと記していた．9世紀になると，さまざまな意味の使われ方をしていた「間」が主として柱間数を示すようになり，平面規模を桁行柱間数で示すことが一般化し，「五間檜皮葺堂」のような表記が主流となる．庇の取り付く数も面で示すようになり，「在庇四面」などの表記がなされるようになる．10世紀中期には，「何間何面」という間面記法が使われ，14世紀まで定型的に使用されるようになる（文献1・2）．なお，この時期，梁間方向の柱間数は表現されていないが，身舎の梁間方向の柱間数は2間とするものが一般的であったので，あえてその間数を表記する必要がなかったものと考えられる．なお，現在の古代建築の表記や考古学界において使用されている間面記法は10世紀から14世紀に使用されていた間面記法に近い用法となっている．14世紀以降になると，後述のように平面形式が，身舎と庇による単純な構成でなくなり，身舎と庇による表記方法は限界をむかえる．

c．身舎と庇の架構

古代建築の身舎と庇の構造的な関係をみると，村田健一が指摘するように（文献3），大きく二つの考え方に分けられる．一つは，身舎の躯体に対して庇が付加された構造のもので，庇を除去しても身舎のみで建物として成立し得るものである．もう一つは，庇の構造と身舎の構造が一体不可分となったものである（図1.1-10）．前者は比較的簡単な構造の建物で，住宅として建てられた法隆寺東院伝法堂（奈良時代）前身建物がこれにあたる．また，平安末から中世の絵図に描かれた庇をもつ住宅などもこれにあたる．後者は，軒の出を確保するために複雑な組物を有するもので，現存する古代建築で手先（軒桁を受けるために，建物の前方に突出した組物）の出る建物は後者の構造となり，庇柱と身舎柱間で軒を支える構造を形成している．この違いは，建設工程にも反映されており，前者は身舎

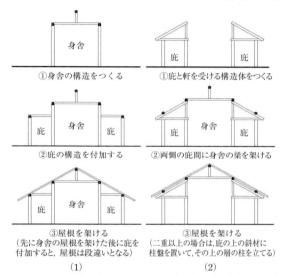

図 1.1-10　身舎と庇の関係（断面概念図）：(1) 身舎だけで完結し，身舎に庇を付加する構造で，建築過程も身舎を建ててから庇を付加する．(2) 構造的に身舎と庇の関係が密接で，建築過程も庇を固めてから身舎の架構をつくる．

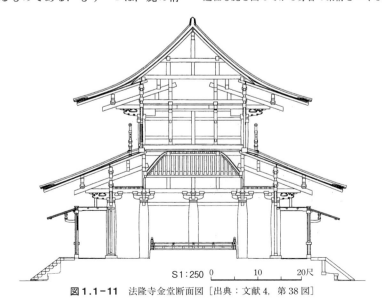

図 1.1-11　法隆寺金堂断面図［出典：文献4，第38図］

の構造を固めてから庇柱を立て，中央から外へ拡大する手順となる．一方，後者は身舎柱と庇柱を立てて，庇の構造を固めてから身舎に大梁を架け，外から内側に積み上げる手順となる．後者の方がより発展した構造といえ，寺院の金堂や塔などはこのような構造となる．

さらに後者の場合で手先をもつ建物の場合に，2種類の形式がある．その違いは身舎と庇の柱の長さである．一つは法隆寺金堂（7世紀後半）や塔建築で，身舎柱と庇柱の長さを等しくするものである（文献4，図1.1-11）．庇と身舎間の水平な部分で，水平材と斜材（尾垂木）によって単純な三角形をつくり，この三角形の先端で軒を受ける単純かつ合理的な構造である．

もう一つは，身舎柱を庇柱より長くするものである．身舎に庇が付加された構造の場合は必然的にこのようになる．古代の唐招提寺金堂（奈良時代）や東大寺法華堂（奈良時代）では手先を出すが，身舎柱が庇柱よりも長くなっているので，軒を支える構造部分が単純な三角形でなく複雑な構造となっている．特に東大寺法華堂は，庇柱と身舎柱の長さの差が大きく，庇・身舎それぞれの組物の肘木が庇の繋ぎ材となっている点で特異な構造といえる（文献5，図1.1-12）．現存する建物を見る限りでは，身舎と庇の柱高を同高とするものは，ほぼ塔と重層の法隆寺金堂に限られていることから，日本では重層の建物の場合のみの構造とも考えられる．857年に建てられた中国山西省の仏光寺大殿は単層の建物で，身舎柱と庇柱を同じ長さとし，庇部分で軒を受ける構造部材を水平に積み上げており，その後も中国ではこのような構造が定石となっている．

中国の12世紀の建築書である『営造方式』には，「殿堂」と「庁堂」の2種類の建物が示され，殿堂は庇・身舎の柱の長さが等しく，軒に手先を出す構造で，庁堂は庇と身舎の柱の長さが異なり手先を出さない構造として示されている（文献6，図1.1-13）．12世紀に中国から導入された大仏様は庁堂にあたり，禅宗様は殿堂にあたるが，中世以降は前述のように身舎・庇の関係が崩れてこれら分類とはまったく異なった変化をする．なお，そのようななかでも，奈良時代の様式で復古的に建築された興福寺東金堂（応永22年/1415）では，身舎柱と庇柱を同じ長さとする殿堂形式をとっ

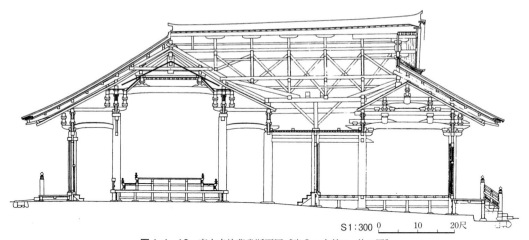

図1.1-12　東大寺法華堂断面図［出典：文献5，第5図］

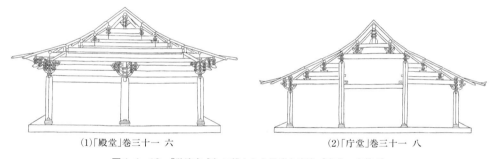

(1)「殿堂」巻三十一　六　　　　　　(2)「庁堂」巻三十一　八

図1.1-13　『営造方式』に描かれた殿堂と庁堂［出典：文献6］

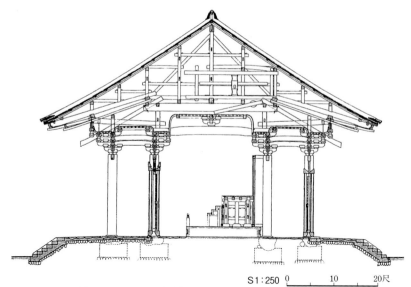

図 1.1-14　興福寺東金堂断面図［出典：文献 7，図版 11］

ている（文献 7，図 1.1-14）．

d．礼堂空間の成立による堂内空間の変化

　古代の仏堂は基本的には仏の空間であり，礼拝者がそこに入るものではなかった．それが，仏堂内での修行・儀式・礼拝などの用途が求められる過程で，堂の拡大が行われる．礼拝者の空間である礼堂の発展をみると，従来の堂の前面に屋根を延長して礼堂空間を確保するものと，別棟で付加するものがある．兵庫県の平安時代の鶴林寺太子堂（天永 3 年/1112）では，前面の屋根を延長することによって，堂の前面に礼堂空間を確保している．東大寺法華堂では，奈良時代に建てられた本来の平入りの堂の前面に，鎌倉時代に屋根がT字型になるように妻入りの礼堂を付加している

（文献 5，図 1.1-11 参照）．また，かつて寺の堂であった奈良県の大神神社摂社大直禰子神社社殿では，現存の部材を丹念に調査することによって，奈良時代後期に前後に並ぶ 2 棟の建物（いずれも桁行 5 間・梁間 2 間）が建てられ，鎌倉時代初期にはその 2 棟の建物が組み合わされて桁行 5 間・梁間 5 間の建物となり，内陣・外陣が形成されていった経緯が確認されている（文献 8，図 1.1-15）．

　以上の礼堂空間が堂内に取り込まれる中で，屋根構造の変化と天井が欠かせない要素となる．屋根構造については，法隆寺大講堂（正暦元年/990）でみられる屋根を二重につくる野屋根構造が大きな要素となる．野屋根構造の使用によって，まず軸部に伴う架構と屋根の関係が希薄になる．そして，天井が堂内に張られ

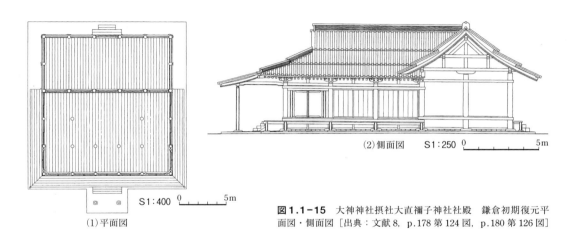

図 1.1-15　大神神社摂社大直禰子神社社殿　鎌倉初期復元平面図・側面図［出典：文献 8，p.178 第 124 図，p.180 第 126 図］

ることによって，天井に隠れる小屋内で屋根を支える構造体が組まれることになる．このことにより，屋根は平面形式に規制されることなくつくられることとなる．そのようななかでもその初期段階では，当麻寺本堂（永暦2年/1161）（文献9，図1.1-16）や長寿寺本堂（鎌倉時代前期）にみられるように，内陣（かつての堂空間）と外陣（かつての礼堂空間）それぞれの天井を，舟底形に化粧垂木を並べたかたちとし，あたかも二つの堂が並び立っているような内部空間を表現しているものがある．その後は，舟底天井・化粧天井・折上天井・平天井を内陣・外陣それぞれに組み合わせて多くのヴァリエーションが発生する中で，奈良県の長弓寺本堂（弘安2年/1279）のように内外陣ともに平天井とするものも現れるようになる．

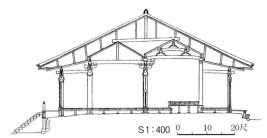

図1.1-16 当麻寺本堂永暦復原断面図
［出典：文献9，p.78 第28図］

e．身舎・庇構造の崩壊と堂の巨大化

以上のように，礼堂空間が堂内に取り込まれることによって，奥行の深い堂が成立する．さらに，屋根構造が天井の上で野小屋を組む構造となり，身舎・庇の構造では限界のあった梁間方向への屋根の拡大が可能となる．同時に，屋根構造と関係なく平面を決定できるようになる．それにより，平面は巨大化，複雑化してゆき，単純な身舎・庇という構成は中世の段階で消滅し，それが前述の間面記法の崩壊となる．そして近世以降は外陣空間の充実が図られ，さらに奥行の深い堂が出現するようになる．

なお，住宅においても同様に変化し，平安時代の寝殿などには身舎と庇による構成が残るが，中世の段階でその構成は崩れる．現存する最古の方丈建築である京都市東山区の東福寺塔頭，龍吟庵方丈（嘉慶元年/1387，文献10，図1.1-17）では，間取りと屋根構造との関係はうすく，これは近世民家建築の間取りと小屋との関係に近い．住宅のような簡略な構造の場合は，外周の柱上をまず桁で繋ぎ，桁に大梁を架けて小屋構造を組むので，本来的に間取りと屋根構造の関係

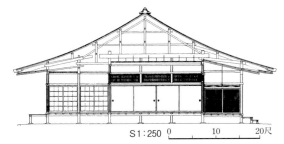

図1.1-17 龍吟庵方丈断面図［出典：文献10，p.20 図版七］

は希薄ともいえる．発掘調査によれば，中世になると奥行のある住宅遺構も出現しており，住宅においても，ある時期から天井を張って小屋内で大梁を架ける構造に変化していったものと考えられる．　　［島田敏男］

■文　献

(1) 足立 康「中古に於ける建築平面の記法」考古学雑誌，23巻8号，1933．
(2) 三浦正幸「間面記法の成立と終焉」『考古論集―河瀬正利先生退官記念論文集』2004．
(3) 村田健一『伝統木造建築を読み解く』学芸出版社，2006．
(4) 法隆寺国宝保存委員会編・発行『法隆寺国宝保存工事報告書 第十四冊 国宝法隆寺金堂修理工事報告書』1956．
(5) 奈良県教育委員会編・発行『国宝東大寺法華堂修理工事報告書』1972．
(6) 梁 思成『営造方式註釈』中国建築工業出版社，1983．
(7) 国宝興福寺東金堂修理事務所・発行『国宝興福寺東金堂修理工事報告書』1940．
(8) 奈良県教育委員会編・発行『重要文化財大神神社摂社大直禰子神社社殿修理工事報告書』1989．
(9) 奈良県教育委員会事務局文化財保存課編・発行『国宝当麻寺本堂修理工事報告書』1960．
(10) 京都府教育庁文化財保存課編・発行『重要文化財竜吟庵方丈修理工事報告書』1962．

1.1.3　頭貫の工法

a．頭貫の形状

頭貫は柱の頂上部を繋ぐ部材である．掘立柱建物や土台建建物のように柱が自立する場合や，礎石建でも柱に桁を直接載せる工法や舟肘木を使用するもののように柱を立ててすぐに桁を載せるような構造の場合には頭貫は使用しない．大分県の富貴寺大堂（平安時代後期，図1.1-18）や鳥取県の三仏寺投入堂（平安時代後期）が，舟肘木を使用し，頭貫をもたない構造である．建築工程を考えると，礎石建建物の場合は，柱を立てると同時に柱を横木で繋ぐ必要があり，最初に架ける横材として柱頂部に落とし込むのが頭貫であ

る．頭貫は古代以来寺院建築で普遍的に使用されているが，法隆寺五重塔（7世紀後半）は頭貫を使用しない特異例で，初層は柱上の台輪で柱を繋ぎ，二重以上は頭長押（かしらなげし）で柱頂部を繋いでおり，これらが実質的に頭貫の役目を果たしている（文献1，図1.1-19）．このことからも，頭貫の用途が主として柱頂部を繋ぐという用途に限定して理解されていたことを示している．

頭貫が古代の段階でどこまで構造的な意味をもっていたかを考えるときに，対照的な2例がある．一つは，奈良県の山田寺（やまだでら）跡出土回廊（7世紀中期建立：発掘調査で出土，文献2），一つは法隆寺金堂（7世紀後半，文献3）である．山田寺回廊の頭貫は，柱を貫通し，柱上では鎌継（かまつぎ）ぎで頭貫をしっかりと繋いでおり，その断面は幅160 mm，成215 mmで，ほかの古代建築に比べて縦長の長方形としており，構造材的な要素も大きい（図1.1-20）．

一方，法隆寺金堂では，断面は正方形に近い形状をもち，柱上での納め方は柱を貫通しないもの，貫通してもその継手（つぎて）は頭貫同士が面を付き合わせるのみで繋がっていないものもあり，構造材としては不十分なものといえ，建設工程の中で柱間を安定させる目的が第

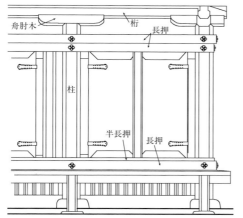

図1.1-18 頭貫のない構造（富貴寺大堂）：舟肘木を使用した場合は頭貫を使用せず，軸部は長押で固める．

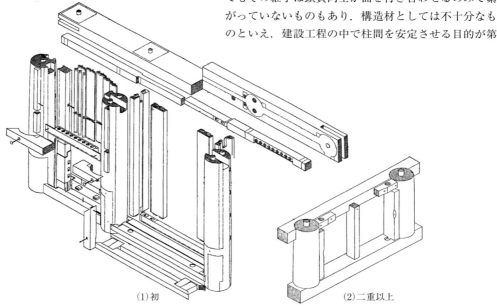

(1) 初　　　　　　　　　　　　　　　(2) 二重以上

図1.1-19 法隆寺五重塔軸部材の納まり［出典：文献1，(1) p.245 第117図／(2) p.246 第118図部分］

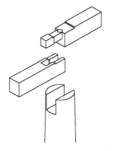

図1.1-20 山田寺跡出土回廊頭貫

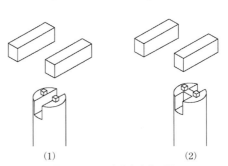

(1)　　　　　　　　(2)

図1.1-21 法隆寺金堂頭貫

一であったと考えられる（図1.1-21）．

唐招提寺講堂（8世紀）でも当初はすべて1間ごとに頭貫が架けられていた．また，奈良県の坂田寺回廊跡（8世紀後半）から出土した柱材でも，柱中央部の9cmを残して，その両側に頭貫を大入れにしていたことが確認されている．ただし，回廊のような建築では問題はないが，古代寺院建築では軒反りをつくるために，柱の長さを隅にいくほど長くしており（隅延び），そのためにも，柱間1間ごとに頭貫を架けざるを得なかったことも理由の一つであろう．これが平安時代になると，大規模な建築が残っていないので確かなことはいえないが，小規模な平等院鳳凰堂（天喜元年/1053）や中尊寺金色堂（天治元年/1124）では3間に対して1本の頭貫を通し，構造面での効果を期待したと考えられる．特異なものでは，京都府の浄瑠璃寺本堂（嘉承2年/1107）がある．ここでは，桁行方向には頭貫を通すが，梁間方向には頭貫を通さずに板で見せかけの頭貫をつくっている（文献4）．

ここで，頭貫の断面形をみると，古代の段階では高さを幅の1.2倍程度とするものが多く，比較的正方形に近い形状をしている．それが，鎌倉時代以降になると，その高さが幅に対して1.4〜1.7倍となり，縦長の断面に変化しており，このことは頭貫の構造材として機能が強化されたものと考えられる．事実，奈良時代に建築された東大寺転害門では，鎌倉時代の改造時に頭貫が30mm弱高くされていることが確認されている（文献5）．

b. 頭貫の納まり

8世紀の事例をみると継手は単純で，柱へ固定する方法は，頭貫から柱への釘打ちとしている．10世紀以降になると，釘の頭を円筒形につくり頭貫の上に突出した釘の頭がそのまま大斗を固定する太柄となるものがある．なお，この場合の釘は，法隆寺大講堂（永祚2年/990建立，文献6）のように鉄製のものや（図1.1-22），法隆寺東院舎利殿及び絵殿（承久元年/1219, 文献7）のように木製のものがある（図1.1-23）．

さらに発展すると，釘を使用しない方法がとられるようになる．すなわち，頭貫がずれるのは柱筋の方向のみであるので，柱筋の行方向にずれないように，頭貫を落とし込んだとき柱に目地や蟻によってひっかかりをつける手法が一般化する．中には，浄土寺本堂（嘉暦2年/1327, 文献8）のように，柱に目地を施し，継手を上下でなく，横に合わせる手法をとるものもある（図1.1-24）．また，鎌倉時代に導入された大仏様では，貫の幅を柱内で幅を狭く（柱の外は広く）する手法があり，この手法をとると目地などを設けなくても頭貫が抜けることはない．広島県の明王院本堂（元亨元年/1321, 文献9）では頭貫に同様の手法が用いられたが（図1.1-25），この手法はこれ以外ではほとんど使われることがなかった．

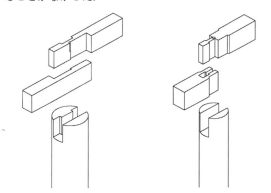

図1.1-24　浄土寺本堂頭貫　　図1.1-25　明王院本堂頭貫

c. 頭貫と木鼻

隅部の頭貫の納まりをみると，平等院鳳凰堂や中尊寺金色堂では，または中世でも和様の建築では，桁行方向と梁間方向の頭貫を柱内で相欠きにして釘止とする．さらに，構造上安定させるために，頭貫を柱上で十字に組むようになり，その結果，頭貫の端部が柱から突出するようになる．伊藤延男によれば（文献4），現存遺構でみられる早い例が，鶴林寺太子堂（天永3年/1112）で，天井で隠れる四天柱上の頭貫を十字に交差させて，その先端を柱から外に出している．なお，その先端は方形のままで，後世のように繰形は用いない．これが，大仏様・禅宗様の導入により，頭貫が構造材としてとらえられるようになり，浄土寺浄土堂（建

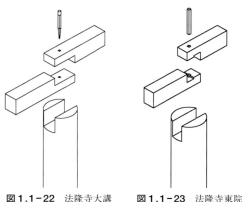

図1.1-22　法隆寺大講堂頭貫　　図1.1-23　法隆寺東院舎利殿及び絵殿頭貫

久3年/1192, 文献10) にみられるように隅柱上で頭貫を十字に組むことが一般化し (図1.1-26), 次第に柱から突出した部分に繰形を施すようになり, それが木鼻（きばな）として定型化する.

d. 柱天より高い頭貫

一般的に頭貫の上面は柱上面に合わせて納める. 一方, 頭貫の上面を柱天上面より高くつくり, 柱部分のみを1段下げてつくり, その間に大斗尻（だいとじり）を納める形式がみられる. 浄土寺浄土堂 (図1.1-27), 東大寺南大門, 東大寺開山堂など, 初期の大仏様でみられるが, その後はこのような手法は使用されない. 現存建物では中世の一時期に限られるが, 山田寺跡出土回廊 (7世紀中期, 発掘調査で出土) でも同様の形式が見られる (図1.1-28). したがって, この形式は, 少なくとも7世紀から12世紀にかけて中国で存続した形式で, 大陸から建築様式が輸入された初期の7世紀と12世紀末期に, 大陸の様式として一時期使用されたものの, 日本では一般化しなかった形式といえる.　　　　[島田敏男]

■ 文　献

(1) 法隆寺国宝保存委員会編・発行『法隆寺国宝保存工事報告書 第十三冊 国宝法隆寺五重塔修理工事報告書』1955.
(2) 奈良国立文化財研究所編・発行『山田寺出土建築部材集成』1990.
(3) 法隆寺国宝保存委員会編・発行『法隆寺国宝保存工事報告書 第十四冊 国宝法隆寺金堂修理工事報告書』1956.
(4) 伊藤延男「平安末期の建物にみられる頭貫の手法」『奈良国立文化財研究所年報1968』奈良国立文化財研究所, 1968.
(5) 奈良文化財研究所編・発行『国宝東大寺転害門調査報告書』2003.
(6) 法隆寺国宝保存事業部編・発行『法隆寺国宝保存工事報告書 第六冊 国宝法隆寺大講堂修理工事報告書』1941.
(7) 法隆寺国宝保存事業部編・発行『法隆寺国宝保存工事報告書 第八冊 国宝建造物法隆寺東院舎利殿及絵殿並傳法堂修理工事報告書』1955.
(8) 文化財建造物保存技術協会編『国宝並びに重要文化財浄土寺本堂, 多宝塔, 山門修理工事報告書』浄土寺修理委員会, 1973.
(9) 国宝明王院本堂修理委員会編・発行『国宝明王院本堂修理工事報告書』1964.
(10) 国宝浄土寺浄土堂修理委員会編・発行『国宝浄土寺浄土堂修理工事報告書』1959.

1.1.4　長押による軸組

a. 長押の用途

中国の伝統建築には日本の長押（なげし）にあたる部材はない. 事実, 中国の古代建築である山西省の南禅寺仏殿 (8世紀) や同じく仏光寺大殿 (9世紀) を始めとする堂建築では長押は使用されていない. また, 中世に大陸から流入した大仏様や禅宗様の建築でも長押は使用さ

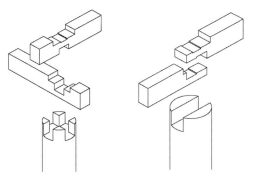

図1.1-26　浄土寺浄土堂隅頭貫　　**図1.1-27**　浄土寺浄土堂頭貫

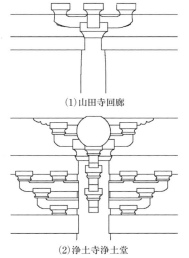

(1) 山田寺回廊

(2) 浄土寺浄土堂

図1.1-28　山田寺回廊・浄土寺浄土堂　柱・頭貫・組物の関係：頭貫の上端は柱上端より高く, 柱上部のみ頭貫の天端を低くして柱天端に合わせ, そこに大斗を載せる.（図1.1-20, 図1.1-27参照)

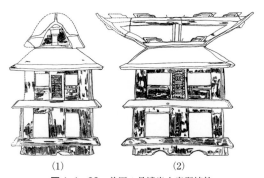

(1)　　　　　(2)

図1.1-29　美園1号墳出土家型埴輪
[出典：文献1, p.83 第6図]

れておらず，12世紀前後の中国でも長押の使用がなかったことを示している．したがって長押は日本独特の部材と考えられており，その初源を探れば，古墳時代の家型埴輪の軸部の最下部にみられる凸帯表現が，柱の足元を安定させる地長押的なものである可能性が示されている（文献1・2，図1.1-29）．また，掘立柱建物が由来と考えられる舟肘木や桁を柱上に直接乗せる工法の建物では，柱を安定させるための唯一の横材として長押が使用されており，長押が軸部を安定させる構造材として発生した可能性を示している．そして，8世紀の事例では，正倉院文書をもとに関野克が復元検討を行った（文献2）滋賀県の藤原豊成板殿がある．藤原豊成板殿は掘立柱建物で，長押が上下2段に身舎の四周に回っていたと復元でき，この建物では長押が軸部を横方向に繋ぐ唯一の構造部材として使用されていたことを示している．

法隆寺金堂（7世紀後半）をみると，地長押のみが使用されている（図1.1-11参照）が，この使用方法は，礎石建でありながら，掘立柱の地長押を応用したようにもみえる．なおその後，礎石建で土間敷の建築に地長押が使用されることは少ない．法隆寺五重塔（7世紀後半，図1.1-19参照）では，初重に腰長押，二重以上に頭長押が使用されている．前者は窓台として，後者は頭貫の代わりに使用されている．ここでは，地長押・頭長押は構造材として使用されている．一方，山田寺跡出土回廊（7世紀中期：発掘調査で部材が出土）では，構造上の補強もあろうが，長押の主たる役目は，窓台として連子窓を建て込むために使用されている（文献3，図1.1-30）．さらに法隆寺回廊になると，連子窓は腰長押と内法長押の上下二つの長押で挟まれ，長押の厚さは薄くなり，構造材というよりは造作材としての機能の方が高まったと考えることができ

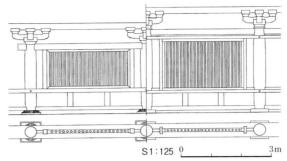

図1.1-31 山田寺跡出土・回廊・法隆寺回廊立面図
［出典：文献3，p.40 Fig.50］

る（文献3，図1.1-31）．

法隆寺伝法堂（8世紀）では，当初は扉まわりとその両袖壁部分のみに内法長押が打たれ（文献4），妻側には長押が打たれていなかったと復原されている．唐招提寺講堂（8世紀）では現在は中世に打たれた藁座で扉が固定されているが，柱に長押を打った痕跡があり，当初は厚さ15cm程度の長押で扉部分や窓を固定していたと推定されている（文献5）．さらに，法隆寺大講堂では，扉まわりのみに長押が打たれており，これらの建築の使用方法は，構造材としてよりも，主として扉や窓を固定する部材として認識されていたようである．

平安時代の平等院鳳凰堂の場合，中堂は柱間装置に関係なく長押で固めるが，翼廊では長押を使用していない．中尊寺金色堂では，柱間装置に関係なく内法長押で四周を固め，扉は幣軸で納め，四天柱まわりでは内法長押下に鴨居を入れるのみでその下には建具を入れていない（文献6，図1.1-32）．このような使用法

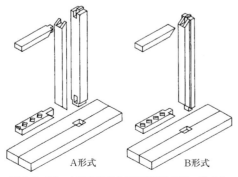

図1.1-30 山田寺跡出土回廊長押と窓枠の納まり
［出典：文献3，p.20 Fig.28］

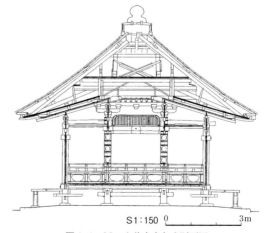

図1.1-32 中尊寺金色堂断面図
［出典：文献6，p.262 横断面図］

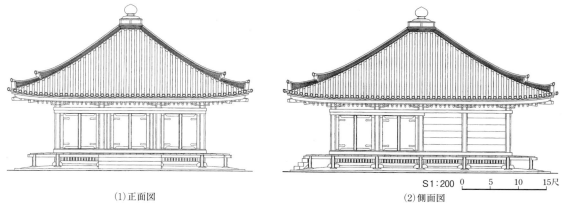

(1) 正面図　　　　　　　　　　　　　　　(2) 側面図

図 1.1-33　富貴寺大堂立面図［出典：文献 7, p.194］

をみると，長押は建具を固定する部材で使用される場合と，軸部を固める構造材として使用される場合があったことがわかる．一方，平安時代の頭貫を使用しない大分県の富貴寺大堂をみると（文献 7, 図 1.1-33），縁長押と内法長押が堂を完全に一回りしており，これは構造材としての長押と認識できる．そして，扉のある間口のみに足元に半長押・上は内法長押の下にもう一段内法長押を打ってその間で扉を固定している．同様なことは三仏寺投入堂（平安後期）や滋賀県の石山寺本堂（嘉保 3 年/1096）でもみられ，軸部を貫で固める手法が一般化する中世以前にあっては，これら頭貫をもたない構造の建築では，長押は柱を繋ぐ構造材として重要な役目を果たしていたと考えられる．

以上のように，7～8 世紀段階の寺院建築では，法隆寺金堂を除けば，長押は主として建具や窓を固定する造作材として使用されていたが，平安時代になると，造作材としての長押と同時に構造材としての長押がみられるようなる．ただし，これはあくまでも現存する建築物の傾向であって，平安時代に四周に長押を回す建物が比較的簡略な構造の堂であることからすれば，堂であっても頭貫をもたない簡略な構造体では，かなり古い時期から構造材として長押が使用されていた可能性は高い．

鎌倉時代になると中国から大仏様と禅宗様が流入するが，それらでは基本的には軸部の構造強化には貫が使用され，扉などの建付けには藁座が使用され，長押は使用されない．一方，同時期の伝統的な和様の建築では，長押を四周に回すものが一般化する．そのような中，山梨県の大善寺本堂（弘安 9 年/1286）や大阪府の観心寺金堂（康永 4 年/1345）では，縁長押は四周に回すものの，内法長押は開口部のみとしており，

建具まわりにも長押を使用する古式な印象を与える．室町時代以降は和様系の仏堂では長押を四周に回すことが定型化し，建具は縁長押と内法長押間にさらに半長押などで挟み込むようになる．なお鎌倉時代以降は，長押の構造的機能を強化するためか，その成が高くなる傾向がある．そして，伝統的な和様形式に大仏様や禅宗様の手法が折衷される中で，貫と長押が併用されるようになり，長押は主として化粧材として使用されてゆくようになる．

b．冠木長押

上記のように長押の機能には，軸部を固める用途と，建具を固定する用途があったが，そのうち建具を固定する用途として典型的なものが，門の冠木長押である．古代では法隆寺東大門（8 世紀）にみられるように，門の上部で扉の軸受部材として長押が使用されている．その場合に，長押は扉の付く中央間のみに取り付けられる．その長押の両端は，両脇の柱から不必要なくらいに外に突出する（図 1.1-34）．そして，この長押が門の象徴的な存在となり冠木長押へと変化し

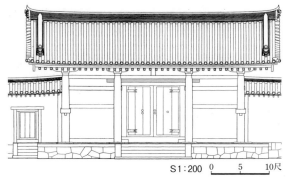

図 1.1-34　法隆寺東大門正面図

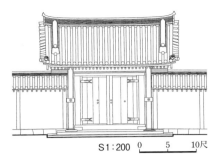

図 1.1-35　法隆寺東院四脚門正面図

てゆき，四脚門などでは，門の両側面に突出して門の象徴的な存在となってゆく（図1.1-35）．

c．長押の断面と柱との納まり

7・8世紀では，断面は矩形で，柱の取付部分は柱形に繰って，釘で固定するだけの単純な形態のものである．平等院鳳凰堂でも，断面は矩形で，柱の両側から柱を挟み込むが，地覆長押は幅2尺，高さ1尺弱の1材で柱間に落とし込んでおり，これは古代の櫃に近い部材となっている．中尊寺金色堂では，柱を挟んで外側の長押が台形，内側の長押は台形の下端が少し突き出したL字形とする．そして平安時代末期頃より，断面形がL字形に変化する．

その早い例として平安時代末期の当麻寺本堂（永暦2年/1161，図1.1-45参照）がある．ここでは，断面形をL字形にするとともに，縁長押は長押に柱形を剝って釘で固定するのみであるが，内法長押は柱に溝を彫って，この溝に長押の下端を固定している．鎌倉時代にはL字形とするものが多くなるが，内側を直角にL字に整形するわけでなく，兵庫県の太山寺本堂（弘安8年/1285）のように（図1.1-36）L字に近くになるようにえぐったもので，これは材のひび割れ

を防いだり，重量を軽減したりするための措置として行われたと考えられている（文献8）．

その後，断面形は次第に三角形に近い五角形に近づくが，早い事例として鎌倉時代の法隆寺東院舎利殿及び絵殿（承久元年/1219）や大善寺本堂（弘安9年/1286）があり，室町時代以降に一般化する．このような断面形態とすることにより，裏をえぐる必要なく材の軽減ができるとともに，角材を半裁してできる形で，材料の確保・工程の省略にも役立っている．またこのような変化は，貫によって軸部が強化されることによって，長押が次第に化粧材に変化していったことも示している．すなわち，長押は柱を完全に挟み込むことなく，柱に貼り付く部材となる．慈照寺東求堂の長押では，長押裏面に鋸目が残り，角材を半裁したままで使用されたことがわかり（文献8），角材を斜めに半裁して長押をつる，いわゆる長押挽きが，この時期には行われていたことを示している（図1.1-37）．

［島田敏男］

■ 文　献

(1) 渡辺昌宏「大阪府美園遺跡1号墳出土の埴輪」考古学雑誌，67巻4号，1982．
(2) 関野　克「在信楽藤原豊成板殿復原考」『日本建築学会論文集』三，1936．
(3) 奈良国立文化財研究所編・発行『山田寺出土建築部材集成』1995．
(4) 法隆寺国宝保存事業部編・発行『法隆寺国宝保存工事報告書 第八冊 国宝建造物法隆寺東院舎利殿及絵殿並傳法堂修理工事報告書』1955．
(5) 奈良県教育委員会事務局奈良県文化財保存事務所編・発行『国宝唐招提寺講堂他二棟修理工事報告書』1972．
(6) 国宝中尊寺金色堂保存修理委員会編・発行『国宝中尊寺金色堂修理工事報告書』1968．
(7) 澤村　仁「富貴寺大堂」『日本建築史基礎資料集成 五 仏堂II』中央公論美術出版，2006．
(8) 伊藤延男・五味盛重「中世建築の構造技法」『文化財講座 日本の建築3 中世II』第一法規出版，1977．

1.1.5　床　組

a．縄文〜古墳時代の床構造

寺院建築の流入以前の縄文時代から古墳時代の床構造については，発掘調査によって，徐々にその具体的な構造が判明しつつある．桜町遺跡にみられるように，縄文時代にはすでに床構造をもった建物が存在していたことが判明している．出土部材の検討から，宮本長二郎は柱の下部約1mを地中に埋め，地上約70cmの位置に床大引きを柱に枘差しもしくは貫通させ，こ

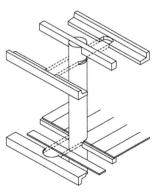

図 1.1-36　太山寺本堂長押納まり

図 1.1-37　慈照寺東求堂長押納まり

1.1 軸組

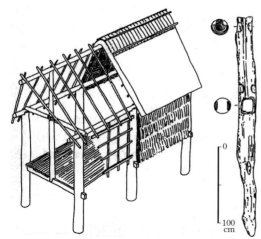

図1.1-38 桜町遺跡出土柱材と建物復元図
［出典：文献1, p.124 図26］

の上に床を形成していたと推定している（文献1, 図1.1-38）．

弥生時代でも，小規模な高床掘立柱建物の部材が数多く出土しており，長崎県の弥生中期の原の辻遺跡では，床を受ける材が柱を貫通し，その先端を鼻栓で留めていたことが確認されている．このような工法以外にも，柱の上部を細くしてそこに床を受ける台輪を落とし込むものや，木の股を利用して床桁を受けるものなど，いくつかの方法があったことが確認され，宮本長二郎は5形式に分類している（文献1, 図1.1-39）．

これらは構造的には，いずれも床構造が軸部構造に組み込まれていることが特徴である．古墳時代になると，同様な形式が受け継がれるとともに，5世紀頃には床束の使用が始まる．部材は出土していないが，柱穴の大きさや深さの違いから主体部の柱と床束で構成されていたことがわかる．植木久は5世紀以前の床をもつ建物は構造上小規模な建物しか建てられなかった

が，床束を使用することで梁間の大きな建物に対応したと解釈している（文献2）．大阪府の法円坂遺跡では柱と床束で構成される大規模建物群が発見されており（文献3），その構造が復元されている（文献2, 図1.1-40）．この復元で注目すべきは，床構造が屋根を受ける主体部とは構造的に切り離して構成されていることで，この方法によれば，床構造は主体部が完成した後に造作的につくることが可能となる．

b. 総柱構造

上記のような床構造がある一方で，発掘調査において柱痕跡（柱の太さ）が同じ大きさの柱穴が柱列のすべての交点に並ぶものがあり，これを総柱建物と称している．現存する建物では，正倉院正倉や法隆寺綱封蔵（平安前期）がこれにあたる．法隆寺綱封蔵では束上を頭貫で繋ぎ梁行方向の材を下木，桁行方向を上木として台輪を組み，台輪上に柱を立て，台輪で床板を受ける（文献4, 図1.1-41）．

法隆寺綱封蔵では台輪上に柱を立てているが，台輪上に校木を組んだものがいわゆる現存する校倉建築で，この形式は古代から近世まで伝統的に使用される．掘立柱建物としては6世紀頃からみられるようになり，同様な構造であったと考えられる．この場合は，太くて短い束で床を構成した面の上に軸部を立てる点で，前出の柱に床構造を組み込む構造や床束の構造とはその起源は異なると考えられる．

c. 床構造の発展

現存する古代寺院の堂の床は，構造体としては土間敷の形式で完結したうえで，付加的に張られたものである．浅野清が復元した伝法堂（奈良時代）の前身建物では床板を受ける材を太柄で柱に固定し，その上に

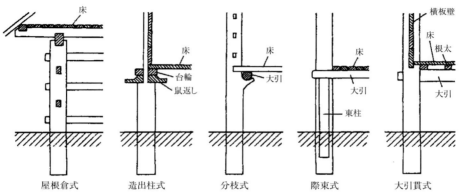

図1.1-39 弥生時代高床建築模式図 ［出典：文献1, p.175 図5］

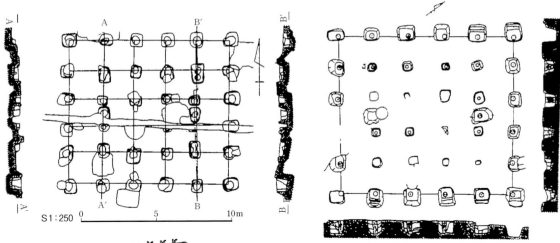

(1) 発掘遺構平面図

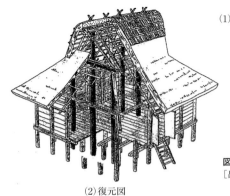

(2) 復元図

図1.1-40　法円坂遺跡 倉庫建築復元図・遺構平面図
［出典：文献2, p.91 図9・10］

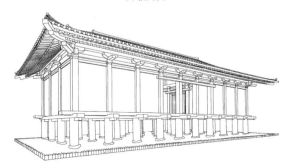

図1.1-41　法隆寺綱封蔵透視図［出典：文献4, 第1図］

厚い床板を敷く．そして，伝法堂に改造された段階では，柱位置で添束を立てて床板受材を受けている（文献5, 図1.1-42）．東大寺法華堂（奈良県，奈良時代）の縁の床についても，足元まで当初材が残っている柱には，一部1寸角程度の太枘が切られた状態で残っており，伝法堂と同様な手法であったと考えられている．本薬師寺跡（奈良県橿原市）の発掘調査でも柱間に太枘で固定されたと考えられる床板受材が出土している（文献6, 図1.1-43）．この方法による床構造には根太はなく，数mの間を床板のみで受けることとなり，

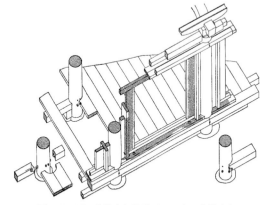

図1.1-42　法隆寺伝法堂戸口・窓・床納まり
［出典：文献5, p.298 挿図131］

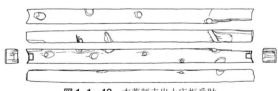

図1.1-43　本薬師寺出土床板受材
［出典：文献6, p.71 Fig.46］

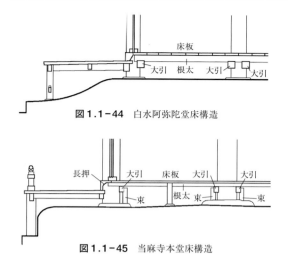

図1.1-44　白水阿弥陀堂床構造

図1.1-45　当麻寺本堂床構造

厚い床板が必要となる．発掘調査で確認される床束穴も，古代の段階では，およそ柱間寸法に等しく，この場合も柱筋の床板受材のみであった可能性がある．

平等院鳳凰堂は低い床で，床束は使用せず，根太を地上に直接並べてその上に床板を張るいわゆるころばし根太工法をとる．大引と根太を組み合わせることによって，床板材は薄くて済む．大引と根太による構造がいつの段階で成立したかは今後の検討課題であるが，平安時代末期になると根太受けとなる大引を柱に釘で固定する手法が確認できる．福島県の白水阿弥陀堂（永暦元年/1160）では，柱に大引を釘打ちし，大引に根太を架けて，床板を張る（図1.1-44）．当麻寺本堂（永暦2年/1161）では，白水阿弥陀堂と同様に柱に大引きを釘打ちするが，柱に添って大引を受ける添束も設けている（図1.1-45）．このような工法では，一般的に梁間方向に大引を通し，桁行方向に根太を渡し，梁間方向に床板を張ることとなる．

古代の住宅建築をみると，前述の法隆寺伝法堂前身建物では，造作として床が張られている．また，8世紀の平城京の発掘調査では，主体部の柱は掘立柱としながら，床束を礎石建とするものがあり，このような事例からも，この時期の住宅においても，床は主体構造を建てた後に造作として張られたものと考えられる．

鎌倉時代になると大仏様の流入に伴って，軸部における貫の使用とともに，柱下部の足固貫を利用して床を受ける工法が現れる．浄土寺浄土堂では，梁間方向の足固貫に，桁行方向の根太を架けて床板を張る（文献7，図1.1-46）．基本的には鎌倉時代のものの多くは，足固貫を利用した構造へと変化するが，その一方で，鎌倉時代になっても，法隆寺東院舎利殿及び絵殿（承

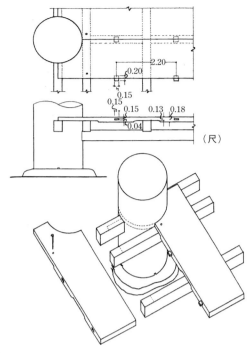

図1.1-46　浄土寺浄土堂床構造［出典：文献7，図版編393］

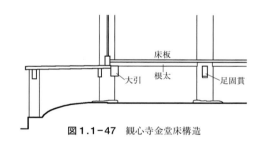

図1.1-47　観心寺金堂床構造

久元年/1219）のように根太受けに貫を使用せずに，依然として大引を柱に釘で固定する方法もとられる．また，鎌倉後期の明王院本堂（元享元年/1321）や室町前期の勧心寺金堂（正平年間/1345～1368）のように，入側の柱では足固貫に根太を架けるが，側柱まわりのみで従来のように柱に大引を釘打ちする手法をとるものもある（図1.1-47）．

室町時代以降は，柱筋では足固貫を利用して根太を受け，柱筋以外では床束で支えられた大引で根太を受ける手法が定型化する．ただし，建物内部よりも床高が一段低くなる縁などでは，縁板や根太を受ける材を柱に打ち付ける手法が残る．さらに発展し，大引や根太を密に配することによって，大引・根太・床板ともに，大材を使用せずに小さな断面の部材で床を形成することが可能となった．

d. 高床と床張り

　ここで留意しなくてはならないのは，いわゆる床といっても，構造的に軸部と切り離せない床構造と，主体構造と切り離された造作としての床構造の2種類があることである．前者は，上述の縄文時代から古墳時代以来の軸部に組み込まれた床構造や，総柱束構造の倉庫がこれにあたる．民俗的には南西諸島の倉や八丈島の倉庫建築がこの構造をとり，これらは一般的な生活上の床に比べ床高が高い．その用途は，縄文～古墳時代の床構造をもつ建物は主として倉庫や望楼，特殊なものとして高殿とよばれるような住宅もあったであろうが，住宅とはあまり考えられていない．発掘調査で，その用途を確定するのは難しいが，その配置情況などの情況証拠から，主として倉庫建築と考えられている．

　縄文～古墳時代は，一部の例外を除けば，倉などの特殊な用途の建築に床が使用され，貫構造や総柱構造で，軸部と一体となった床を形成していた．一方，造作としての床は，住宅においては生活空間の発展として，土間敷から筵敷，転ばし根太の低い床，本格的な床という発展の中で，付加的な床構造が形成されていったと考えられ，事実近世民家においても同様な変化をみることができる．寺院においても，本来の土間式から床敷へ変化する中で，住宅建築の床構造と同時に並行して発展してきたといえる．　　　　［島田敏男］

■ 文　献

(1) 宮本長二郎『日本原始古代の住居建築』中央公論美術出版，1996．
(2) 植木　久「考古資料より探る古墳時代の高床建築—特に「累木式」構法の採用時期を中心に」『日本の美術 419 校倉』至文堂，2001．
(3) 財団法人大阪市文化財協会編・発行『難波宮址の研究 第九』1992．
(4) 奈良県文化財保存事務所編・発行『重要文化財法隆寺綱封蔵修理工事報告書』1966．
(5) 浅野　清『昭和修理を通して見た法隆寺建築の研究』中央公論美術出版，1983．
(6) 奈良国立文化財研究所「5 本薬師寺の調査」『飛鳥・藤原宮発掘調査概報26』1996．
(7) 国宝浄土寺浄土堂修理委員会編・発行『国宝浄土寺浄土堂修理工事報告書』．

1.1.6　貫の導入

　貫は，柱や束を貫通して連結し，軸組の水平方向を固める横木である．用いられる位置によって，足固貫，腰貫，胴貫，内法貫，飛貫，頭貫，小屋貫，控貫

など，名称が異なるが，基本的な性能は同じである（文献1，2）．ここでは床組や軸組の貫について述べることとし，小屋組における貫の導入とその発展は省略する．

a. 古代建築における貫

　現存する古代建築においては，柱の頂部を繋ぐ部材として頭貫がみられるが，少なくとも部材を貫通させて用いる一般的な貫はみられない．飛鳥様式を伝える法隆寺の金堂や五重塔，奈良時代に完成された和様建築の東大寺法華堂や唐招提寺金堂など，頭貫は断面が矩形に近く，水平方向の強度を高めるような構造的役割を果たしていない．こうした頭貫の性質は平等院鳳凰堂や中尊寺金色堂など，平安時代でも同様であった．つまり，柱や束を貫通する貫は，飛鳥時代以降に大陸からもたらされた建築様式に存在しなかったと考えられる．飛鳥時代から奈良時代まで，柱は時代とともに徐々に細くなるとはいえ，いずれも自立できるくらいに太かった．したがって，構造的な観点で貫を必要としなかったのかもしれない．古代において柱を連結していたのは長押であるが，これらも断面形状から推測して構造的な意味合いより，ぶれを止める程度の役割が基本であったと思われる．

　ところで，近年の発掘調査で出土した建築部材には，横木を通したと思われる穴をもつものが確認された（文献3，図1.1-48）．つまり，先史時代にも貫に相当するような部材があった可能性が高くなっている．実際には貫のような横木が発見されていないので，先史時代の貫の存在は疑問の余地がある．仮に原初的な貫であったとしても，後世のように軸組を連結するようなものではなく，床材を受けるような性能のもので

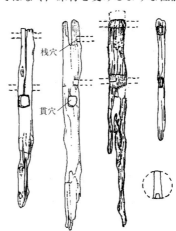

図1.1-48　桜町遺跡出土（富山県，先史）：建築部材
［出典：文献3，p.11］

あったと思われる．

b. 貫の導入

貫が広く普及するのは，大仏様や禅宗様の建築様式とともに導入された鎌倉時代以降のことである．

貫の導入はまず，大仏様建築にみられる．浄土寺浄土堂，東大寺南大門，東大寺開山堂のいずれも，東大寺の鎌倉復興を成し遂げた重源が建てたとされる典型的な大仏様建築である．兵庫県の浄土寺浄土堂は建久5年（1194）上棟，建久8年（1197）に落慶したものである（文献4）．大規模な方三間堂で，最も早く足固貫，胴貫，飛貫を用いたものである（図1.1-49）．このうち足固貫は，各柱通りに正背面側を上木，両側面側を下木として縦横に入れている（正面中央間と背面中央間および背面南端間を除く）．断面寸法は成4寸3分に幅3寸とかなり太い形状で，各柱の位置で略鎌継ぎで継がれている．上木と下木の上端同士は3寸5分の高さ違いとなっており，交差部での噛合せを8分として正側面側の上端が根太上端と同高になり，両側面側は大引を兼ねている．胴貫は背面で3間分を通しているが，正面中央間と南側面東端間では柱に大入れとしているので，一般的な貫になっていない．

飛貫は側柱通りと内陣柱通りにそれぞれ入れている．側柱通りでは正面中央間が切り離されているものの，ほかは1間につき1材として柱のところで略鎌継ぎで継がれ，隅では小根柄として相欠きで組んでいる．これらの胴貫と飛貫はともに中央部分で胴張をもたせ，柱挿入部分で幅をたたんだ形状であって，同一断面で柱を貫通する通常の貫とは異質である．それぞれ柱間1間につき1材とするのは浄土堂の規模にもよるのであろうが，胴貫や飛貫の形状は初期の大仏様の意匠的な特性かもしれない．奈良県の正治2年（1200）と考えられている東大寺開山堂内陣では，こうした胴張がなく，長方形断面になっている．

c. 貫の普及

これらと同時期，東大寺鐘楼は桁行1間，梁間1間の規模形式なので柱を連結するというわけにいかないが，この内法貫は柱を貫通して木鼻を突出させ，柱位置で交差部を相欠きに組んでいる．内法貫の興味深い用例の一つといえよう．

ところで，承元4年（1210）の興福寺北円堂では，側まわりの内法長押の内側に貫状の水平材が廻されている．しかし，承久元年（1219）の法隆寺東院舎利殿及び絵殿は壁に筋かいを入れているが貫がなく，寛喜3年（1231）の法隆寺東院礼堂でも貫がない．大仏様という新様式が開花した奈良においても，和様建築ではすぐに貫が導入されたわけではなかった．そして，寛元2年（1244）の元興寺極楽坊本堂や弘安7年（1284）

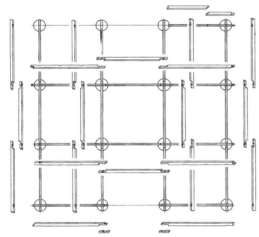

図1.1-49　浄土寺浄土堂：足固貫仕口分解図
［出典：文献4，図20，p.72］

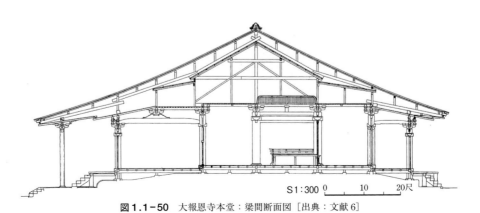

図1.1-50　大報恩寺本堂：梁間断面図［出典：文献6］

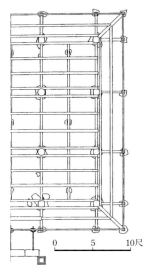

図 1.1-51　中禅寺薬師堂：床組図［出典：文献 8］

の法隆寺聖霊院など，和様に大仏様がとり入れられたいわゆる新和様において，桁行・梁行のすべての柱位置に足固貫を入れられるようになった．

一方，京都府の安貞元年（1227）の大報恩寺本堂は，足固貫を用いた和様建築の初例である（文献 6, 図 1.1-50）．建築様式には大仏様の影響がみられないが，桁行・梁間のすべての柱位置に足固貫が入れられている．

大森健二はこうした鎌倉時代の足固貫の入れ方について，3 通りに大別している（上記例を除く，文献 7）．
① 梁間のみに入れる例：鎌倉前期の中禅寺薬師堂（長野県，文献 8, 図 1.1-51），鎌倉前期の長寿寺本堂（滋賀県），正安 2 年（1300）の本山寺本堂（香川県）
② 建物周囲は桁行にも入れるが内部は梁間のみの例：康元 2 年（1257）の円光寺本堂（滋賀県），弘安 9 年（1286）の大善寺本堂（山梨県），延慶 4 年（1311）の長保寺本堂（和歌山県）
③ 梁間・桁行ともすべての柱位置に入れる例：嘉元 3 年（1305）の太山寺本堂（愛媛県），文保 2 年（1318）の愛宕念仏寺本堂（京都府），嘉暦 2 年（1327）の浄土寺本堂（広島県）

大仏様の建築を除くと，大報恩寺本堂は異例の早さである．足固貫は鎌倉前期には梁間方向に通され，おおむね鎌倉中期以降に普及したとみてよい．しかも 13 世紀は過渡期で，梁間方向だけでなく桁行方向にも進展して，14 世紀以降に梁間・桁行へ整然と縦横に入れられていったと考えられる．その手法は，桁行が根太を兼ね，梁間が根太受けとする．そのため，桁行の貫が高い位置になり，梁間の貫と背違いになる．

d. 構造材としての貫

一方，寛元 2 年（1244）の元興寺極楽坊本堂では，頭貫の下に飛貫を通して，そこに扉を吊る藁座や建具を入れる楣を取り付けている．京都府の文永 3 年（1266）の蓮華王院本堂（三十三間堂）も頭貫の下に飛貫を通している（文献 9, 図 1.1-52）．前者が建具取付けの役割をもっているのに対し，後者は水平力に対する軸部の強化を意図した構造材と考えられる．これ以降，飛貫の用例は増えていくが，その用法は必ずしも一律でなく，試行錯誤を経て進展したと思われる．また，元興寺極楽坊本堂や蓮華王院本堂は木鼻が大仏様系なので，大仏様からの影響と思われるが，禅宗様の摂取が顕著な栃木県の正安元年（1299）の鑁阿寺本堂，和歌山県の延慶 4 年（1311）の長保寺本堂にも飛貫があり，新様式の影響も多様であったと思われる．

ところで，京都府の教王護国寺（東寺）の修理には

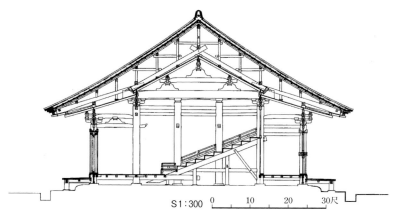

図 1.1-52　蓮華王院本堂：梁間断面図［出典：文献 9］

興味深い記録がある．康永2年（1343）の灌頂院修理については「恐未来顛倒番匠等柱横貫木入之（前後略）」とあり，また康安2年（1362）の講堂修理についても「今度任番匠之計，毎柱新加貫木畢（前後略）」とある（ともに『東宝記』）．つまり，14世紀中期には貫が構造材として認識されていたことが知られる．

ここで，禅宗様建築の貫の用法を見ておきたい．現存する禅宗様建築は14世紀以降のもので，元応2年（1320）の功山寺仏殿（山口県，後世の改造あり），14世紀中期頃の永保寺開山堂（岐阜県），応永14年（1407）の正福寺地蔵堂（東京都）が主なもので，円覚寺舎利殿（神奈川県）は正福寺地蔵堂と同時期の建築である．こうした禅宗様建築は，基本的に床を張らずに土間とするので床組がない．軸部は礎盤に立てた粽付の柱を腰貫，内法貫，飛貫，頭貫で結んでいる．このうち，内法貫は早くから柱を貫通して隅柱で組み合わせていたが，腰貫は初期には柱を貫通していなかった．

禅宗様建築では，貫は当然ながら構造上の重要な部材であったが，また木割の細い造形的な特性から，貫の形状が次第に痩断面になったことも注意される．

e. 貫の用法の進展

兵庫県の康暦2年（1380）の弥勒寺本堂は禅宗様を色濃く摂取した仏堂で，角柱を地貫，足固貫，内法貫，飛貫，頭貫で固めるが，内法貫は内法長押裏側に隠れている（文献10，図1.1-53）．和様の建築，特に住宅建築では，これと同じく長押内側に内法貫を用いるようになった．

京都府の嘉慶元年（1387）の龍吟庵方丈はそうした初期の事例で，内法長押と室中部天井長押の裏側に通された貫は，杉割材・鑓鉋仕上げ，成3寸に幅1.5

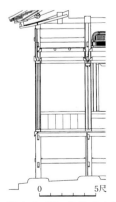

図1.1-53 弥勒寺本堂：側面矩計図［出典：文献10］

図1.1-54 龍吟庵方丈：側面矩計図［出典：文献11］

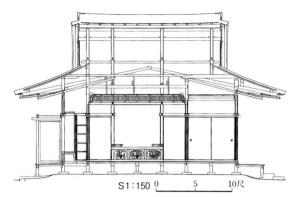

図1.1-55 慈照寺東求堂：桁行断面図［出典：文献12］

寸であった（文献11，図1.1-54）．文明18年（1486）の慈照寺東求堂や長享3年（1489）の慈照寺銀閣でも，内法貫は同じような工法で用いられている（文献12，図1.1-55）．桃山期以降の客殿建築，滋賀県の慶長5年（1600）の園城寺（三井寺）勧学院客殿や慶長6年（1601）の同じく光浄院客殿など，桁を舟肘木で受けるものでは，構造と意匠の両面を兼ねて，高くなった内法小壁に飛貫を通している．

そして，近世には城郭建築や住宅建築などで，壁に多数の貫が通されるようになった．近世の民家をみると，貫は構造材であるとともに意匠の地域性を現すまでに進展し，今日に至ったのである． ［上野勝久］

■文献

(1) 中村達太郎『日本建築辞彙』丸善，1906．
(2) 木造建築研究フォラム編『図説木造建築事典』学芸出版社，1995．
(3) 『日本建築様式史』美術出版社，1999．
(4) 『浄土寺浄土堂修理工事報告書』1959．
(5) 『文化財講座 日本の建築 中世Ⅱ』第一法規出版，1977．
(6) 『国宝大報恩寺本堂修理工事報告書』1954．
(7) 大森健二『社寺建築の技術—中世を主とした歴史・技法・意匠』理工学社，1998．
(8) 『重要文化財中禅寺薬師堂修理工事報告書』1953．
(9) 文化庁所蔵「蓮華王院本堂保存図」
(10) 『重要文化財弥勒寺本堂修理工事報告書』1956．
(11) 『重要文化財竜吟庵方丈修理工事報告書』1962．
(12) 『国宝慈照寺東求堂修理工事報告書』1965．

1.1.7 筋かいの採用

筋かいとは四辺形に組まれた軸組に，対角線状に入れた補剛材のことである．現在の木造工法では壁に用いて四辺形が菱形に変形するのを防ぎ，耐力壁としている（文献1）．しかし，わが国の伝統的木造工法では，

ほとんど普及しなかった．

a．古代の実例

現存する建物で，壁の間に用いたものは，京都の教王護国寺の慶賀門，東大門，蓮花門，北大門が最も古いと思われる（文献2，図1.1-56）．いずれも3間1戸八脚門の形式で，鎌倉初期に行われた一連の造営で，創建もしくは再建されたと推定されている．このうち慶賀門は近年の修理により，柱にあった痕跡から柱間に筋かいを用いていたことが明らかとなり，復原されている．

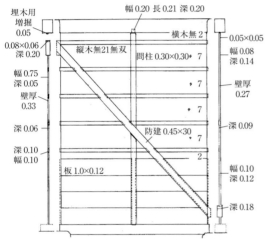

図1.1-56 教王護国寺慶賀門（鎌倉前期）：脇間構造図：単位尺［出典：文献2，図10，p.46］

ところで，治承3年（1179）に作成された『東寺損色検注帳』には，平安時代末期の東寺（教王護国寺）で破損の著しかった建物が列記されている．このうち東面の南八足門と北八足門の項に「筋飼木」と記された部材がある．この筋飼木は，まさしく筋かいに相当すると思われる．ちなみにこの東面の北八足門は慶賀門の前身建物であって，12世紀初期に建てられたと推定されており，少なくとも平安時代後期より筋かいが用いられていたことが知られる．鎌倉初期の再建でも，こうした筋かいは採用されたのであろう．

b．初期の筋かい

それでは，筋かいはどこまでさかのぼるのであろうか．ここで注目されるのが宇治の平等院鳳凰堂（天喜元年/1053）の板扉である（文献3，4，図1.1-57）．昭和の解体修理工事で確認された建立当初の板扉は，一見すると古代以来の厚い板でつくられた板扉に見え

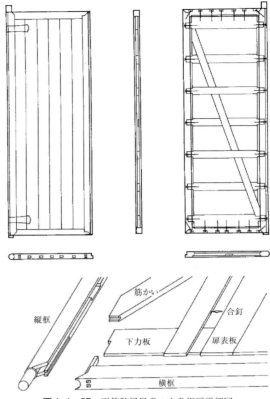

図1.1-57 平等院鳳凰堂：中堂板扉詳細図
［出典：文献4，図18，p.32］

るが，実は端喰または框で四周をかたちづくって縦框を桟で固めるとともに，縦框に襷掛けで筋かいを入れ，この表裏に薄い板を張って仕上げている．柱の間に組み込まれた構造的な筋かいとは異なるものであるが，用法と形状は間違いなく一般的な筋かいに通じている．

また，平等院鳳凰堂では，昭和の解体修理工事に行われた調査の結果，一時期，身舎の壁は筋かいを入れた構造に改造されていたことが判明した．その改造時期は，文暦元年（1234）より以前，平安時代末期頃と推測されている．同様に筋かいを組み込んだ壁工法の事例は，奈良県にある大神神社摂社大直禰子神社社殿の平安後期の後堂復原にもみられる（文献5）．

c．中世の筋かい

このように，筋かいを用いた壁工法は，建物の痕跡から平安後期にはかなり広まっていたと推測される．しかし実際の部材として残っていたのは，棟木銘から承久元年（1219）の建築が明らかな法隆寺東院の舎利殿及絵殿である（文献6，図1.1-58）．この建物は後

1.1 軸組

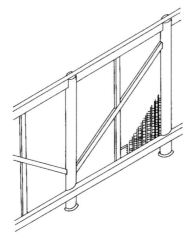

図1.1-58 法隆寺東院舎利殿及び絵殿：筋かいの架構図
［出典：文献6］

図1.1-59 清水寺仁王門
（室町後期）：1階の筋かい
［出典：文献8，図133］

図1.1-60 姫路城大天守
（慶長13年/1608）：3階の筋かい［出典：文献9，附図上 図版45 128］

世の改造が少なく，扉以外の柱間の土壁にはすべて筋かいが残っていた．

このほかの中世建築をみても，筋かいの用例はごくわずかである．応永22年（1415）に建てられた興福寺東金堂（奈良県）では，腰貫と頭貫の間に筋かいを入れている（文献7）．やはり室町後期の清水寺仁王門（京都府）では，近年の修理時の調査によって1階の腰貫と飛貫の間に筋かいを入れていたことが判明した（文献8，図1.1-59）．

一方で，壁以外のところにも筋かいは用いられた．平安時代には平等院鳳凰堂の小屋組や三仏寺投入堂の床下などに用いられた．また，鎌倉時代以降は小屋組に筋かいが入れられており，京都府の大報恩寺本堂や兵庫県の太山寺本堂など初期のものから，中世を通じて小屋組に用いられていたことが知られる．

d. 普及しなかった筋かい

いずれにせよ，壁に組み込んだ筋かいは古代から近世に至るまで，ほとんど普及しなかった．最大の理由は，貫が軸組の強化の主役となり広まったためであろう．鎌倉時代以降，筋かいは壁ではなく小屋組に用いられたが，近世には束と貫による整然とした小屋組がつくられたため，筋かいは姿を消していった．ここでも筋かいから貫へと変わってしまったのである．近世においては寺社建築だけでなく，城郭建築や民家建築を見わたしても，筋かいはほとんどみられない（文献9，図1.1-60）．

近代に入ると，地震対策から筋かいの必要性が認識されるようになったものの，あまり使用されなかった．筋かいがようやく普及することになったのは，昭和25年（1950）の建築基準法以後のことである．［上野勝久］

■**文　献**

(1) 木造建築研究フォラム編『図説木造建築事典』学芸出版社，1995.
(2) 『教王護国寺蓮花門・北大門・慶賀門・北総門修理工事報告書』1995.
(3) 『国宝平等院鳳凰堂修理工事報告書』1957.
(4) 『平等院大観1 建築』岩波書店，1998.
(5) 『重要文化財大神神社摂社大直禰子神社社殿修理工事報告書』1989.
(6) 『改訂増補 建築学大系 4-1 日本建築史』彰国社，1976.
(7) 奈良県教育委員会編集・発行『国宝興福寺東金堂修理工事報告書』1939.
(8) 京都府教育庁文化財保護課編・発行『清水寺経堂・仁王門修理工事報告書』2004.
(9) 『国宝重要文化財姫路城保存修理工事報告書』1965.

1.1.8　懸　　造

一般に懸造（かけづくり）と聞いて想起されるのは，京都の寛永10年（1633）の清水寺本堂，奈良の慶安3年（1650）の長谷寺（はせでら）本堂の舞台であろう．『建築大辞典』では，懸造を「社寺建築，住宅，僧房などにおいて，山または崖に持たせかけ，あるいは水の上に架け渡して造られた建物，またはその構造法」としている（文献1）．

約400年前，慶長8年（1603）に刊行された『日葡辞書』には，「Caqezzucuri（カケヅクリ）：片方はしっかりした所に，片方は低い所とか険阻な所とかにかけてつくった建築，例えば，海とか絶壁とかなどに臨ん

でつくった建築」とある（文献2）．つまり，桃山時代には懸造という建築用語が現在とほぼ同じく認識されていたことが知られる．

a. 懸造の成立期

鳥取県の三仏寺奥院（投入堂）（平安後期，図1.1-61）は，現存する最古の懸造である．建築年代は平安後期とされていたが，年輪年代法からも12世紀前期〜中期と判定されている（文献3）．

平安後期の文学や記録などには，「片懸けたる，かけつくる，カケツクリタル，懸ケ造レリ」などの語句が確認でき，この頃には懸造の建築が広まっていたことを裏付けている．こうした語句はいずれも動詞であるが，鎌倉時代には次第に名詞へと変化していった．延暦寺の建築群について記す『山門堂舎記』には，滋賀県の首楞厳院の仁安4年（1169）火災後の再建建物について，「一，材木事 此御堂四面共懸造也．‥‥」とある．ちなみにこれは天台宗の円仁が開始した根本観音堂，つまり横川中堂のことで，現存する昭和再建の堂も懸造である．

このように懸造は，平安後期以降，建築の形式もしくは形態の一つとして考えられていた．鎌倉時代以降

図1.1-61 三仏寺奥院（投入堂）[撮影：筆者]

図1.1-62 龍岩寺奥院礼堂 [撮影：筆者]

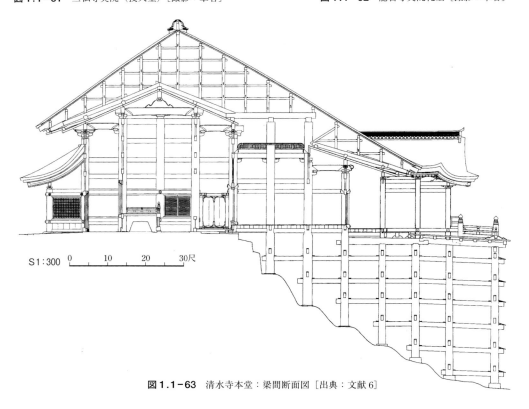

図1.1-63 清水寺本堂：梁間断面図 [出典：文献6]

には全国各地で建てられ，大分県の龍岩寺奥院礼堂（弘安9年/1286，図1.1-62）も，鎌倉後期の代表例である（文献4）．

b．懸造の形式

松崎照明は，立地の様態や形式から，懸造を次のように分類している（文献5）．
① 内陣部分に信仰対象の岩を包摂する懸造
② 岩窟，巨岩の上・側面につくられる懸造
③ 岩や岩窟に直に接しない懸造

分類①は，京都府の清水寺本堂（寛永10年/1633，文献6，図1.1-63）や奈良県の長谷寺本堂などに代表される観音霊場や霊験寺院とよばれる一群である．これらは本尊を奉安する内陣にある岩や岩盤なども本尊とともに信仰の対象とし，もともと小規模な建物であったが，信仰の高揚に伴って規模を拡充した．内陣の場が固定されるので，厳しい立地前方への拡大を懸造で克服したのである．寛文9年（1669）再建の東大寺二月堂は，建築空間の発展過程と懸造の関係をよく示している．

同様のことは，天台宗・真言宗の寺院，修験の盛んな寺院にもみられる．京都府の慶長11年（1606）の醍醐寺如意輪堂などはその好例である．

分類②は，岩窟や巨岩などに対する信仰から，特異な場に建てられたため，懸造とされた．これらは懸造という発想，構法があって生まれたものである．

三仏寺奥院（投入堂）（図1.1-61）や龍岩寺奥院礼堂（図1.1-62）は，まさしく岩窟につくられた懸造の代表例である．千葉県にある慶長2年（1597）の笠森寺観音堂は，岩山を覆い包むようにつくられた懸造である（文献7，図1.1-64）．石川県の慶長2年（1597）那谷寺本堂は本殿・唐門・拝殿の3棟からなるが，本殿は岩窟内にあり，唐門を挟んで前面に懸造の拝殿を建てたものである．

分類③は，神社建築にみられるが，信仰の場の重視という点では①や②と同じである．ただし，神社建築といっても拝殿が主で，京都府の永享6年（1434）の

図1.1-65　談山神社拝殿：外観細部［撮影：筆者］

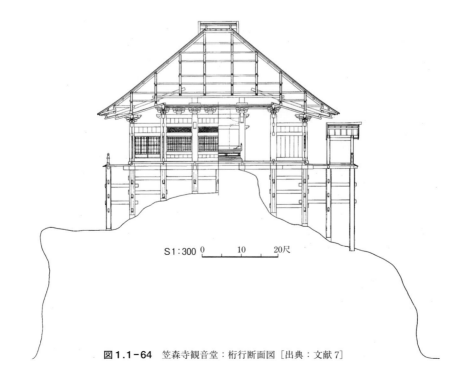

図1.1-64　笠森寺観音堂：桁行断面図［出典：文献7］

醍醐寺清滝宮拝殿や奈良県の元和5年（1619）の談山神社拝殿（図1.1-65）などが代表例である.

c. 懸造の構法とその展開

懸造という名称は，実によく構法の体を表している．その特性は，床を支えるために下部に長い足代を組むことであり，これにつきるといって過言ではない.

初期のものは規模も小さく，床下部は足代の長さを巧妙に調節しただけで，筋かいなどで補強された程度の簡素な構法であった．しかし，鎌倉時代以降には，貫の導入により強固な軸組が発達し，この構法技術の革新が懸造をより進化させたのである．その技法は中世を通じて工夫が凝らされ，近世初期には長大な足代もしくは柱を精密に通した貫で固め，巨大かつ象徴的な懸造の建築がつくられたのである.

このように，懸造は断崖や絶壁などきわめて不利な地形条件を技術的に克服した所産である．精度の高い構法の技術的確立が普及の絶対的な要件であるが，その根源には場に対する信仰の力があったのであろう.

なお松崎は，「懸」を「掛，桟，崖」とするのは近世の派生的な使用法で，また「舞台造」という語句も近世末期以降の新しい用法と指摘している.

[上野勝久]

■ 文　献
(1) 『建築大辞典 第2版』彰国社，1993.
(2) 土井忠生ほか編訳『邦訳・日葡辞書』岩波書店，1980.
(3) 光谷拓実・大河内隆之『歴史学の編年研究における年輪年代法の応用』奈良文化財研究所，2006.
(4) 『重要文化財龍岩寺奥院礼堂修理工事報告書』1959.
(5) 松崎照明「懸造という名称について 懸造建築の研究 その1」日本建築学会計画系論文報告集，406号，1989;「古代・中世の懸造について 懸造建築の研究 その2」日本建築学会計画系論文報告集，419号，1991.
(6) 『国宝清水寺本堂修理工事報告書』1967.
(7) 『重要文化財笠森寺観音堂修理工事報告書』1960.

1.1.9　見せる架構

奈良時代から平安時代にかけて整備された建築形式の総称が和様である．鎌倉時代以降も和様は伝統的な様式として着実に受け継がれ，中世建築の骨格としてより完成度の高いものへ発達した．一方，いわゆる中世の仏堂には大仏様や禅宗様という新様式の導入とともに，古代にはない建築空間が展開していったのである（文献1）.

a. 新様式の影響

ここで新様式の影響をみておきたい．13世紀中期になると，和様には軸組の強化のために貫が導入されていった．大仏様からの影響である貫は意匠にも現れ，細部に取り入れられた頭貫の木鼻や桟唐戸などが大仏様の造形であった．こうした大仏様の影響が認められる和様は新和様とよばれているが，仁治元年（1240）の唐招提寺鼓楼，寛元2年（1244）の大改造で現状になった元興寺極楽坊本堂はその先駆的事例である.

ここで実現された架構や意匠は，奈良を中心に展開し，全国各地に波及していった．大型の中世仏堂にはその創意と工夫が凝らされている.

b. 中世仏堂の内部空間

奈良県の弘安2年（1279）の長弓寺本堂と山梨県の弘安9年（1286）の大善寺本堂は，木鼻，中備，桟唐戸などに大仏様の要素が見られる仏堂である.

長弓寺本堂は桁行5間・梁間6間の規模で，外陣，内陣，内陣両脇の脇陣，背面の庇からなる平面構成である（図1.1-66）．桁行5間・梁間3間の外陣は内外陣境から正面側にかけて2本の虹梁を架け，広い空間を生み出している．内陣は折上組入天井として外陣より一段高く構えている．全体として外陣から内陣へと

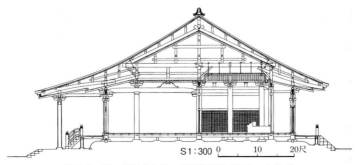

図1.1-66　長弓寺本堂：梁間断面図［出典：文献2］

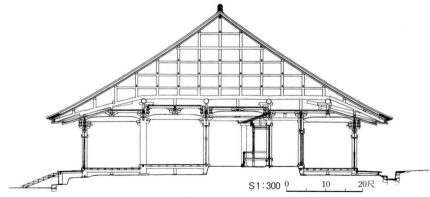

図 1.1-67　太山寺本堂：梁間断面図　[出典：文献 3]

高揚していく空間を演出している．こうした扱いは，ほぼ同じ地域で同時期の弘安 6 年（1283）の霊山寺本堂が好対照である．霊山寺本堂はほぼ正統的な和様で，内部は内陣・外陣とも折上小組格天井とし，架構を見せない．

大善寺本堂は桁行 5 間・梁間 5 間の規模で，外陣，内陣，内陣の両側と背面の庇からなる平面構成である．桁行 5 間・梁間 2 間の外陣に 2 本の虹梁を架けるのは長弓寺本堂と同じ架構形式であるが，ここでは内陣にも 2 本の虹梁を架ける．天井は外陣より内陣を少し高くするが，内陣は簡素な棹縁天井である．

愛媛県の太山寺本堂は，墨書銘から嘉元 3 年（1305）と年代が明確である．桁行 7 間・梁間 9 間という奥行の深い規模で，外陣・内陣からなる方五間の一般的な中世仏堂の前後と両側を拡大した平面構成になる（文献 3，図 1.1-67）．特に桁行 7 間・梁間 4 間の外陣は柱列で前後に分けられ，それぞれに 4 本の太い虹梁を架ける．細部は和様と大仏様を駆使しているが，堂々たる二重の外陣架構は大仏様の造形と意匠に通じるものである．さらに内陣に架けた 4 本の虹梁は縦深的で雄大な内部空間の演出に効果を発揮している．

c. 折衷様の自由な構成

13 世紀後半以降になると，新和様にはさらに禅宗様が加味され，様式的にさらなる進展を遂げた．基調となる和様に大仏様と禅宗様が融合した様式が成立し，これが折衷様とよばれている．その初期の事例には，和歌山県の延慶 4 年（1311）の長保寺本堂，広島県の元応 3 年（1321）の明王院本堂がある．

明王院本堂は方五間の規模で，外陣，内陣，両脇陣の平面構成になり，大仏様と禅宗様が絶妙な調和を見せる（文献 4，図 1.1-68）．ここの外陣は 4 本の虹梁を架けて柱を省略し，内陣側の桁行 3 間・梁間 1 間では長さ 1 間の虹梁 4 本をさらに 1 段高く架け，唐破風形の輪垂木天井をつくっている．この二重虹梁の架構，輪垂木天井は中世仏堂で唯一の事例である．内陣も 2 本の虹梁を架けるが，天井は支輪で折り上げるもののあっさりした鏡天井である．このように明王院本堂は，外陣の造形や意匠に創意が傾注されている点に特色があり，中世仏堂の内部空間の比重を考える上で重要な

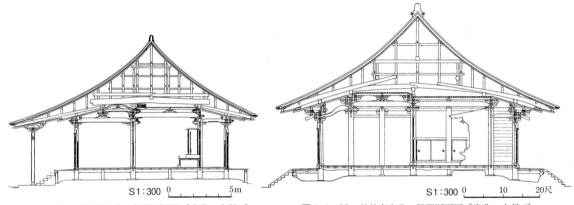

図 1.1-68　明王院本堂：梁間断面図　[出典：文献 4]　　図 1.1-69　鶴林寺本堂：梁間断面図　[出典：文献 5]

位置にある.

室町時代の折衷様の代表には,大阪府の14世紀中期の観心寺金堂と兵庫県の応永4年（1397）の鶴林寺本堂がある.

鶴林寺本堂は,大仏様系の新和様を基本とし,これに禅宗様細部を加えている（文献5,図1.1-69）.桁行7間・梁間7間の規模で,方五間の中世仏堂を周囲1間ずつ拡大した平面構成になる.桁行7間・梁間3間の外陣の架構には4本の太い虹梁,独特の形をもつ海老虹梁や繋虹梁が用いられ,さらに隅柱の大斗の皿斗状繰形,中備の板蟇股上の双斗など,多彩な様式を技巧的に駆使し,傑出した意匠を見せる.ここで創出された意匠は,同じ兵庫県の朝光寺本堂にもみることができる.

このように,鎌倉時代から室町時代にかけて建てられた中世仏堂は,いわゆる和様を基調としながら大仏様や禅宗様という新様式を巧みに取り入れ,外観のみならず,充実した内部空間をつくったのである.

［上野勝久］

■ 文　献

(1)『日本建築史基礎資料集成七 仏堂Ⅳ』中央公論美術出版,1975.
(2) 文化庁蔵「長弓寺本堂保存図」.
(3)『重要文化財太山寺本堂修理工事報告書』1956.
(4)『国宝明王院本堂修理工事報告書』1964.
(5)『国宝鶴林寺本堂修理工事報告書』1969.

1.1.10　建登せ柱の架構

近世民家などでは,小屋組は柱で支える.これに対し,社寺建築は柱の上に組物を載せ,その上で小屋組を受けるのが普通である.しかし,中には柱で小屋組の大梁を直接支えている場合がある.

こうした床下の礎石もしくは土台から小屋組最下部の梁または軸組最上部の梁まで達する長大な柱を建登せ柱という.立て上らせ柱,立登せ柱などともいわれ,建仁寺流の家伝書に用例があるものの,いつ頃から建築用語として用いられたのかは明確にわからない（文献1, 2）.

a. 中世以前の建登せ柱

古代の建築は礎石の上に立てられ,頂部で組物などを直接支承していた.また野屋根が発達するまでは天井裏に小屋を組むこと自体がないので,いわゆる建登

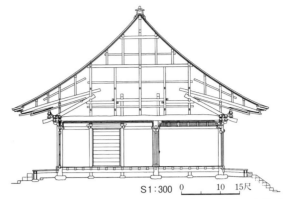

図1.1-70　室生寺本堂（灌頂堂）：梁間断面図［出典：文献3］

図1.1-71　浄土寺阿弥陀堂：梁間断面図［出典：文献4］

せ柱に相当するものがなかった.

中世の建築では,建登せ柱に類した架構は鎌倉時代からみられる.奈良県の延慶元年（1308）の室生寺本堂（灌頂堂）は,桁行5間・梁間5間で,内部は前2間が折上小組格天井の外陣,奥3間が小組格天井内陣になる（文献3,図1.1-70）.ここでは側まわりの柱上に二手先組物を載せるが,内外陣境の柱は天井裏まで延びて,正面と背面の側まわり組物間に架けた梁を直接支えている.

室町時代の事例では,広島県の貞和元年（1345）の浄土寺阿弥陀堂は,正面5間・側面4間で,外陣・内陣・脇陣からなる（文献4,図1.1-71）.内部の各室には折上小組格天井を張り,内外陣境の柱と来迎柱を天井裏まで延ばし,梁間方向に架けた梁を支える.同じ広島県の至徳3年（1386）の西國寺金堂も類似した架構である.また,奈良県の文明10年（1478）の正蓮寺大日堂も,内部の各室に天井を張り,内部の柱を天井裏まで延ばし,正面から背面に架けた梁を直接支えている.これらは柱を小屋組の梁まで延ばすものの,天井との取合いを長押で処理し,そこには組物を用いない.

ところで,室町前期の大規模な禅宗様建築である東

福寺禅堂（選仏場）は，桁行7間・梁間4間の内部には棟通りに柱が立ち並び，天井裏まで延びて，梁を支えている．ここでは，一面に張られた鏡天井の位置に挿肘木を用いて，天井桁を受ける．こうした手法は，近世に普及した建登せ柱と共通している．

b. 近世の建登せ柱

慶長8年（1603）の京都府の教王護国寺（東寺）金堂は，大仏様と和様からなる折衷様であるが，桁行5間・梁間3間の身舎の四周に裳階を回した形式などは平安初期の創建金堂の旧規を踏襲している（文献5,

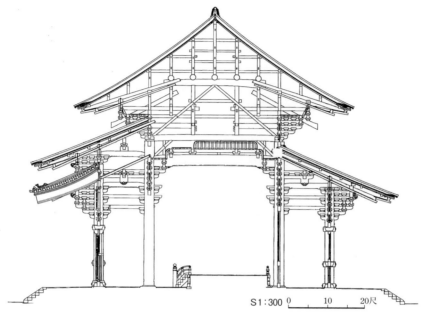

図 1.1-72　教王護国寺（東寺）金堂：梁間断面図［出典：文献7］

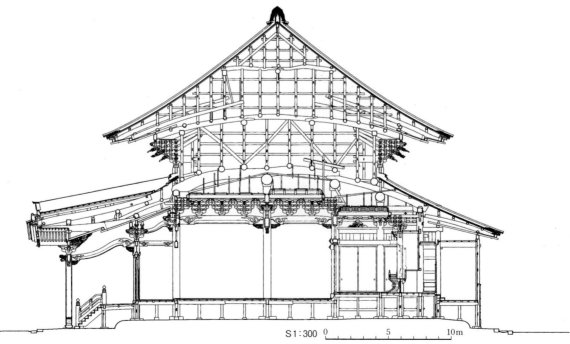

図 1.1-73　専修寺如来堂：梁間断面図［出典：文献8］

図1.1-72).長大な身舎柱は四手先組物を載せ，この大斗に梁間方向の梁を組み，その上に小屋組をつくる．つまり，化粧の大虹梁や天井は挿肘木で受け，古代建築で化粧となる位置に小屋梁を架け，それを天井で隠しており，建登せ柱の架構と考えてよい．

これに対し，内部の柱を建登せ柱とする事例がある．栃木県の正保4年（1647）の輪王寺本堂は，桁行7間・梁間4間の裳階付で，身舎内部を前後に分ける棟通りの柱が建登せになる（文献6）．長野県の宝永4年（1707）の善光寺本堂は，桁行14間・梁間5間，裳階付で，身舎の入側柱が建登せになる（文献7）．この両堂は規模や建登せ柱の配置に違いがあるが，ともに天井は柱への挿肘木で受け，さらに建登せ柱で支えた軸組最上部の梁と小屋組の最下部の梁を整然と組んでいる．この点は，東寺金堂より発達した架構と考えられる．

c. 建登せ柱の開花：省力化と構造強化

建登せ柱では，天井まわりの組物を挿肘木で効率よく省略している．また屋根の荷重は，直接的かつ面的に柱へ伝達する架構となっている．つまり，建登せ柱には省力化と構造強化の二面性がある．

こうした建登せ柱による架構は，三重県の延享5年（1748）の専修寺如来堂で一つの完成形をみることができる．如来堂は桁行5間・梁間4間の裳階付で，身舎はすべてが建登せ柱になる（文献8，図1.1-73）．これらの柱の上で太い梁を縦横に組み，この上に小屋組を整然とつくっている．また，建登せ柱同士は内法位置に虹梁形の差物が入り，強固に連結されている．寛文6年（1666）と少し年代がさかのぼる専修寺御影堂も建登せ柱を用いているが，すべてにはなっていない．

平安時代以降は野屋根の発達に伴い，平面形式に拘束されずに屋根を架けられるようになったが，それでも中世の小屋組は軸組と不可分の関係にあった．ところが，近世に入ると小屋梁と貫で固めた小屋束が整然

図1.1-74　護国院本堂［撮影：筆者］

と並ぶ小屋組が完成し，これと建登せ柱が連携することにより，力学的により効果的な屋根荷重の支持が可能になった．つまり，軸組と小屋組を分離させるまでに進化し，屋根構造の自由度を拡大させたのである．建登せ柱は，近世における建築技術と架構法の到達点の一つといえるのではないだろうか．

ちなみに，これらの事例はいずれも巨大建造物であるが，決してそれらに限定されていたわけではない．東京上野にある護国院本堂は，享保7年（1722）の建築であるが，内部の円柱は建登せ柱となっている（図1.1-74）．建登せ柱の架構は規模の大小を問わず，近世には広く用いられていたのである．　　　　［上野勝久］

■文　献

(1)『近世社寺建築の研究　第三号』奈良国立文化財研究所，1992.
(2) 後藤　治『日本建築史』共立出版，2003.
(3)『国宝室生寺本堂修理工事報告書』1966.
(4)『浄土寺阿弥陀堂修理工事報告書』1970.
(5)『教王護国寺東大門ほか三棟修理工事報告書』2013.
(6)『重要文化財輪王寺本堂（三仏堂）修理工事報告書』1963.
(7)『国宝善光寺本堂修理工事報告書』1990.
(8)『重要文化財専修寺如来堂修理工事報告書』1990.

1.2 小屋組と軒

1.2.1 化粧屋根裏の基本構造

　伝統的な木造建造物は，基礎上に柱を立て，長押や貫などで軸部として固め，組物を介して桁や梁を架し，組入天井などの天井を張る．その上部に小屋組を設け，棟木や母屋桁を支持し，垂木を配り，小舞や裏板を止め，瓦や檜皮，杮などを葺く．このとき，天井を張らずに，垂木や梁など屋根架構を堂内に化粧として現すのが化粧屋根裏である．

　その化粧屋根裏を意匠としても効果を発揮した建築が兵庫県の浄土寺浄土堂である．浄土堂は方三間宝形造の阿弥陀堂で，重源による大仏様の代表的遺構として知られる．中央方一間に立つ円柱を高く延ばし，頭貫で固め，柱上の三斗組が母屋桁を支持するとともに，組物や虹梁をさらに積み上げて，宝形頂部を大斗肘木状の組物により支持する．また中央四天柱と側柱の間も虹梁や束を巧みに組み合わせて，母屋桁を支える．化粧隅木が本尊上部の堂中央から放射状に架けられ，その間に垂木が配られ，頂上に向かう天井面が構成される．上昇する中心性の強い空間が創られ，阿弥陀三尊に天上光が降り注ぐかのような壮大な演出がなされるのである（文献1，図1.2-1）．

図1.2-1 浄土寺浄土堂 内部見上げ
［出典：文献1，写真51 内陣頂部架構（竣成）］

　中世に至り，このように意匠性が強く感じられる化粧屋根裏を用いるようになるが，古代においては，金堂など中心堂宇では基本的に天井を張っていた．法隆寺金堂や唐招提寺金堂は庇を組入天井，母屋を折上組入天井とする．東大寺法華堂正堂は，庇では側柱と入側柱を梁などで繋ぎ，堂外へ延びる化粧垂木を入側桁から側桁に架ける化粧軒裏とするが，母屋では折上組入天井を張る．堂内全体にわたる化粧屋根裏は，母屋だけで構成される小規模な奈良県の海龍王寺西金堂や，境内建物である法隆寺食堂や新薬師寺本堂などでみることができる．海龍王寺西金堂は切妻造の形に垂木を配り，新薬師寺本堂では母屋部分を切妻造に垂木を配し，四周の庇に化粧軒裏を回して堂全体で入母屋造状の化粧屋根裏とする．また，中世の遺構ではあるが京都府の海住山寺文殊堂のように寄棟造の化粧屋根裏とするものもある．

　このように種々の形状で，化粧垂木が棟木や母屋桁，入側桁，中桁，側桁の上に配られるが，これらの棟木や桁をさまざまな構造が支持する．最も単純なものとして，柱が直接に棟を支持する棟持柱による構造がまず考えられるが，棟木まで届く長材を必要とするとともに，梁行の中央に柱が並び立つことにより，内部空間が分離され，機能的に不都合が生じるためか，この棟持柱による構造を見ることはほとんどない．棟持柱に代わる簡単な構造として，垂木で棟木を支持する合掌造のような構造があるが，民家で採用されるに留まっている．

　実際に採用されているシンプルな構造は，梁を架け，束で支えるものである．各母屋柱の梁行を梁（多くの場合は弓状に起る虹梁）で繋ぎ，その中央に束を立てる架構である．束頂部には斗や組物を置き，棟木を支持するが，直接に棟木が載ることもある．梁行の柱間が広い場合には，梁を二重に架し，長尺の梁中央に荷重が集中することを避ける．上梁の中央で棟束を受け，

図1.2-2 梁と束による架構（手向山神社宝庫梁行断面図）
［出典：文献2，第五図 竣工梁行断面図］

棟木と軒桁の中間の母屋桁の位置で，下梁上に束を立て母屋桁と上梁を支え，荷重を下梁へと流す．下梁においては，母屋柱から梁行の4分の1程度の柱近くで，上梁や棟，母屋桁の荷重を振り分けて受けることとなり，梁中央への荷重集中を避けることができるのである（文献2，図1.2-2）．

なお，梁と束による架構は簡明で装飾性は少ないが，大仏様や禅宗様の新様式により大瓶束が伝えられると，同じ梁と束による構成としながら，大瓶束などを用いた装飾的な架構が現れる．

束が梁に点として荷重が集中するのに対して，梁に線的に荷重を伝えるのが蟇股である．蟇股は，足下へ次第に広がる山型の形状をした厚板の部材で，母屋柱の梁行に架かる虹梁中央に置かれ，斗などを介して，棟木の荷重を受けるのである．斗だけでなく，絵様肘木や平三斗を使うこともあり，それにより棟木からの荷重を点から線というように次第に長い面で受けることが可能となるとともに，意匠性も増す．ただ，蟇股はその形状から束に比べて部材成が低いため，架構全高が抑えられる（文献3，図1.2-3）．また，柱間が広くなると，束の場合と同様に二重虹梁とする．上虹梁の中央で棟木を蟇股が支持し，上虹梁両端部，棟木と軒桁の中間の母屋桁の位置で，母屋桁と虹梁尻を三斗組などを介して蟇股が受け，下虹梁へ荷重を伝えるのである．個々の蟇股が大きくならず，荷重を母屋柱付近の位置にバランスよく配分し，柱へと流すことができるのである（文献4，図1.2-4）．

束や蟇股の場合，梁の中央という，最も垂下しやすい位置に，棟木からの荷重が点または線で集中している．それを防ぐため，斜材二材を組み合わせて荷重を分散させるのが扠首組である．斜材である扠首棹を合掌形に組み，その頂部に斗や組物を置いて，棟木を支え，足下は梁上の2点に分かれ，荷重を分散する（文献4，図1.2-5）．扠首組の場合，梁間が広くなると，扠首組の足下を広げて，扠首組全体を大きくし，扠首棹の途中に斗を設け，母屋桁を支持する．このように斜材を用いることにより，屋根荷重を柱近くに分けて伝えているのである（文献5，図1.2-6）．

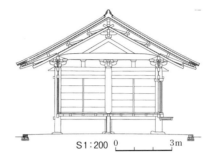

図1.2-5 虹梁と扠首による架構（海龍王寺経蔵梁行断面図）［出典：文献4，第25図 竣工梁行断面図］

図1.2-3 虹梁と蟇股による架構（海住山寺文殊堂内部見上げ）［出典：文献3，三 竣工内部］

図1.2-6 虹梁と扠首による架構（新薬師寺金堂内部見上げ）［出典：文献5，第一一図 竣工内部見上げ其一］

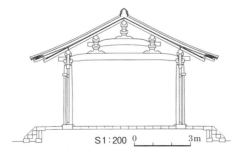

図1.2-4 二重虹梁と蟇股による架構（海龍王寺西金堂復原梁行断面図）［出典：文献4，第19図 復原梁行断面図］

以上のように束や蟇股，扠首と虹梁を基本に，古代の化粧屋根裏の架構が形成された．しかし，野小屋の発達とともに化粧屋根裏が屋根自体を支えるという構造的な意味が薄れる一方，内部の意匠として扱われるようになる．装飾性が豊かな化粧屋根裏をもつ禅宗様と大仏様が中世に移入されると，その傾向にいっそう拍車がかかった．

禅宗様は大仏様と同じ上昇感のある空間ながら，組物を緻密に組み上げる構成美をもつ．裳階部分は，組

物は平三斗などとし，海老虹梁で繋ぐ，穏やかで低い化粧軒裏とする．それに対し，身舎側柱は裳階柱より高く延び，その柱上に斗と肘木，尾垂木を組み上げた三手先や二手先の禅宗様斗栱を詰組に置き，その上には身舎中央へと集まる扇垂木を配し，求心性を高める．斗栱からは尾垂木が内部へ延び，母屋桁を支持し，さらに母屋桁位置から海老虹梁が入側斗栱へと渡る．入側にも側柱と同様に禅宗様斗栱を詰組に配し，内部の天井を高め，鏡天井に龍を描き，天空を表す．先鋭的で優美な空間が構成されているのである（文献6，図1.2-7）．

禅宗様は純粋な様式が変容しながらも中・近世を通じて残り，大仏様は上述の浄土寺浄土堂ほか，東大寺南大門に典型的な様式をみるが，重源以後にはほとんど採用されなくなった．その一方，両様式とも構造的な有効性や意匠的な面で，和様への折衷が積極的に試みられ，化粧屋根裏による内部空間の多様性がもたらされた．

東大寺法華堂礼堂では，大斗上に大虹梁を渡し，大瓶束を立て，大斗と通肘木，三斗を介して上虹梁を受け，さらに上虹梁の中央に大瓶束を立て，平三斗で化粧棟木を支持している．複雑で豪壮な架構が実現されているのである（文献7，図1.2-8）．また，折衷様として知られる明王院本堂では外陣に茨垂木を用いた化粧屋根裏をつくる．外陣は桁行5間梁間2間で，堂内の梁行方向4通りに大虹梁をかけ，三斗組を載せる蟇股を中央に置く．その蟇股と，内陣正面柱上の斗栱との間にさらに虹梁を架し，中央に蟇股を置いて，菖蒲棟を支え，茨垂木を配り，天井を構成する．正・側三方の入側を化粧軒裏，中央の3間1間を茨垂木の天井とする，変化のある空間を創出しているのである（文献8，図1.2-9）．このように，趣向に富んださまざまな化粧屋根裏が中世から近世に出現し，豊かな内部空間が実現する一方，そこでは化粧屋根裏が本来もっていた構造的必然性が減ずることとなる．それは，屋根構造としては化粧屋根裏上の野小屋がその役割を

図1.2-7 禅宗様の架構（善福院釈迦堂梁行断面図）［出典：文献6，四 竣工横断面図］

図1.2-8 様式の折衷（東大寺法華堂外陣内部見上げ）
［出典：文献7，第一三図 竣工礼堂天井見上］

図1.2-9 装飾的な化粧屋根裏（明王院本堂内部見上げ）
［出典：文献8，九 外陣詳細］

担った結果であり，化粧屋根裏は多様な天井意匠，天井形式の一つ「化粧屋根裏天井」となったことを物語るものである．　　　　　　　　　　　[熊本達哉]

■ 文　献
(1) 国宝浄土寺浄土堂修理委員会編・発行『国宝浄土寺浄土堂修理工事報告書』1959.
(2) 奈良県教育委員会文化財保存課編・発行『手向山神社宝庫・境内社住吉神社本殿修理工事報告書』1958.
(3) 京都府教育委員会編『重要文化財海住山寺文殊堂修理工事報告書』1964.
(4) 奈良県教育委員会事務局奈良県文化財保存事務所編・発行『海竜王寺西金堂・経蔵修理工事報告書』1967.
(5) 奈良県教育委員会事務局文化財保存事務所編『国宝新薬師寺本堂重要文化財地蔵堂重要文化財南門重要文化財鐘楼修理工事報告書』奈良県教育委員会，1996.
(6) 社団法人和歌山県文化財研究会編・発行『国宝善福院釈迦堂修理工事報告書』1974.
(7) 奈良県教育委員会事務局奈良県文化財保存事務所編『国宝東大寺法華堂修理工事報告書』奈良県教育委員会，1972.
(8) 国宝明王院本堂修理委員会編・発行『国宝明王院本堂修理工事報告書』1964.

1.2.2　天井裏の架構

　古代建築においては基本的に，軸部を組み上げ，柱上に斗栱を組み，垂木を配り，瓦や板などで屋根を葺く．このように上部構造もそのまま目に触れるのが化粧屋根裏の架構であるが，伽藍の中心的な仏堂である金堂は全面に組入天井を張り，また東大寺法華堂などの境内仏堂でも，庇を化粧屋根裏として垂木を現すが，母屋には天井を張っている．そのように張られた天井の上部，天井裏で屋根を支える架構である小屋組が構成される．この小屋組は，目に触れないことから意匠的な要素が排除され，丁寧に仕上げされることもなく，部材は曳肌や割肌のままか，釿で仕上げる程度とし，構造を主眼としたものである．

　法隆寺東室は，桁行2間梁間4間を一房とし，梁行両端間は庇として垂木を現し，梁間中央2間の母屋にドーム状の天井が張っていたと推定されている．垂木は側桁から入側桁に架かり，その位置で材を繋ぎ勾配を違えて，棟木に架かる．母屋は房境の梁間2間には直材の梁を架け，その上に扠首を組み，棟木を支持する．梁下の中央には柱を立て，垂下を防いでいる．中央に柱が立たない房内部では虹梁状につくられた梁を入側柱に架け，その梁の中央に束を立て，棟木を支える．房境と房内のそれぞれの軸部構成にあわせて，梁

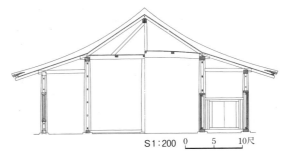

図 1.2-10　梁と扠首（左半）および梁と束（右半）による架構（法隆寺東室復原梁行断面図）[出典：文献1，第二六図　梁行断面図（復原）]

の形状を違え，棟木の支持を扠首と束とで使い分けている．一重の梁と束または扠首で棟木を支える最も単純な小屋組がここで見られる（図1.2-10）．

　奈良県の元興寺極楽坊禅室も奈良時代建立の僧房遺構であるが，現状は鎌倉改造時期の形状に修理したものである．その際に行われた調査で，創建時の元興寺僧房について復原考察がなされている．それによると，僧房は梁間2間の母屋で，その前後に庇を備え，庇では垂木を現し，母屋には天井を張る．桁行は間柱で仕切るものの母屋を広い一室とし，房境にのみ壁を設け，そこに小屋架構を組む．まず，入側柱上に組む平三斗の大斗に梁を架ける．棟木と入側桁間の中間に通す母屋桁を，梁上に束を立て，肘木を介して支持する．母屋桁間にさらに二重目の梁を架け渡し，その中央に棟束を立て，肘木を介して棟木を支持する．上・下の梁間には棟束位置にも束を立てたと推定されている．棟木から入側桁に垂木を架け，入側桁上で地垂木と繋がれ，そこで垂木勾配を変えている．二重の梁と束から構成される二重梁束式の架構である．なお，天井が桁行の頭貫より低い位置に天井桁を設けており，そのため，天井が低く，母屋内部からは柱頭が見えない．古代

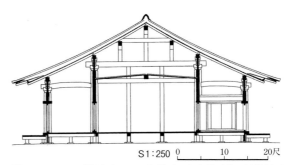

図 1.2-11　二重梁と束による架構（元興寺僧房復原梁行断面図）[出典：文献2，附録　奈良時代僧房の研究―元興寺僧房の復原を中心として（奈良国立文化財研究所学報第四冊）第二図　元興寺北室復原図横断面図]

では多くが大梁を化粧で見せているのに対して，ここでは天井裏に隠れているのである（文献2, 図1.2-11）．

さらに正倉院正倉では，三重の梁からなる小屋組であったと考えられている．正倉院正倉は梁間3間規模に大梁を架け，その天端位置に天井を張る．軒先の丸桁と棟木の間を3等分し，母屋桁を2通り架けるが，軒先寄りの一の母屋桁通り位置に小屋束を立て，肘木を介してこの母屋桁を支持し，母屋桁間に二重目の梁を架ける．この二重目の梁は長くなるために，大梁上には，母屋桁通りのほか，室内の四天柱位置と中央の棟木位置に小屋束を立てて支持したようである．さらに二の母屋桁通り位置にも二重目の梁上に小屋束を立て，肘木を介して母屋桁を支持する．二の母屋桁間に三重目の梁を架け，中央に棟束を立て，肘木を介して棟木を支えるとともに，この位置の下にも束を立て，垂下を防いでいる．三重の梁と束からなる架構である（文献3, 図1.2-12）．

以上，古代の僧房や校倉の架構をみたが，金堂などにおいても同様である．

法隆寺金堂は二重屋根であり，下重の垂木尻に柱盤を井桁に組み，その上に上重の軸組を構成した上に，上重の小屋組を設ける．復原される上重の小屋組では，軒の垂木尻に土居桁を井桁状に組み，この土居桁に棟木から小屋垂木を架け，その中間に母屋桁を設ける．土居桁間の梁行に大梁を架け，母屋桁位置に小屋束を立て，二重目の梁を架け渡し，その端部で母屋桁を支持する．この上梁の中央に棟束を立て，肘木を介して棟木を支持する．また，大梁の中央の棟通りにも束を立て，上梁の垂下を防ぐ．二重屋根で複雑になるものの，上重屋根をつくる小屋組は，基本的に二重の梁と束から構成されていたと考えられている（文献4, 図1.2-13）．

また，唐招提寺金堂は明治期の小屋組を踏襲しているが，当初の小屋組について修理時に推定されている．庇に組入天井を張り，母屋では斗栱上，梁行に大梁を架けて，折上組入天井を張るが，この大梁は天井裏の小屋組を支持しない．垂木は丸桁と棟木，その間の側桁，入側桁で支持されるが，側桁・入側桁ともに通肘

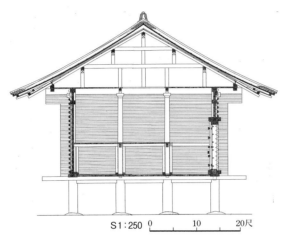

図1.2-12 三重梁と束による架構
（正倉院正倉梁行断面図（大正2年（1913）修理前図面））
［出典：文献3, 第一六号 旧正倉院宝庫中倉東西切断図］

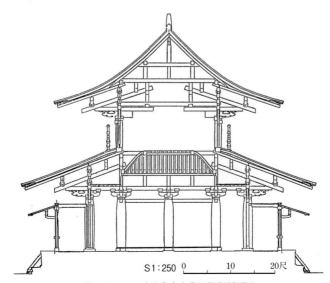

図1.2-13 法隆寺金堂復原梁行断面図
［出典：文献4, 挿図14 法隆寺金堂復原及び修理前図面 法隆寺金堂復原断面図］

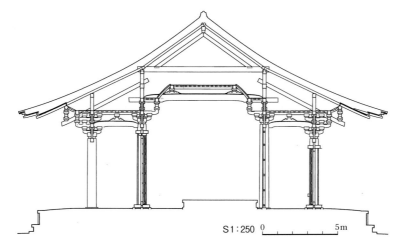

図 1.2-14 唐招提寺金堂復原梁行断面図［出典：文献5, 第 13-1 図 当初推定復原梁行断面図］

木上に立つ束により支えられる．入側桁は，通肘木上，柱位置とその中間に束を立て，尾垂木尻を受ける桁を通し，さらに同じ位置に束を立て，入側桁を支える．入側桁には梁行柱筋に梁を架け，その上に扠首を組み，肘木を介して棟木を支持する．入側桁位置で地垂木と母屋垂木を繋ぎ，勾配を大きく変えている．柱筋に架ける一重の梁と扠首の簡易な構造であるが，堂内全体に天井が張られることにより，側桁や入側桁を束を使って高めることができ，屋根勾配を調整することが可能となっている（文献5, 図1.2-14）．

以上のように，小規模な建築では梁行に架かる梁の中央に棟束を立て，または扠首を組み，棟木を支持する．梁間が広くなると，棟木と桁などの中間位置に母屋桁を通し，そこに直交する二重目の梁を架け，この上梁の中央に棟束を立て棟木を支える．このように梁を二重，さらに広くなれば三重と架けることにより，小屋束は特に長くなることはない．この時代，小屋束は筋かいで固めるしかなく，小屋束が長くなると座屈や傾斜，転倒のおそれがあるため，ある程度の長さに抑える必要があったとみられ，束を短くして梁を重ねる架構が採られたと考えられる．

また，軸部から組み上げられた垂木に屋根材が葺かれる場合，軸部架構がそのまま屋根勾配を決定するが，天井を張ることにより，雨水対策のために天井裏の小屋組に多少，工夫を加えることができるようになる．しかし，軒まわりや，場合によっては庇まわりの垂木が，依然，屋根下地のままであり，これにより，屋根全体の形状や勾配が一定，制限されていた．この軒まわりの垂木を屋根構造から切り離したのが野屋根である

り，野屋根の発達により，平面軸組と離れて屋根架構が独立して，屋根の形式や勾配，意匠を決定するようになるのである．

［熊本達哉］

■ 文　献

(1) 奈良県教育委員会文化財保存課編・発行『重要文化財法隆寺東室修理工事報告書』1961.
(2) 奈良県教育委員会文化財保存課編・発行『元興寺極楽坊本堂, 禅室及び東門修理工事報告書』1957.
(3) 公益財団法人文化財建造物保存技術協会編『正倉院正倉整備記録　図面編』宮内庁，2015.
(4) 太田博太郎ほか『日本建築史基礎資料集成　四　仏堂Ⅰ』中央公論美術出版，1986.
(5) 奈良県教育委員会事務局文化財保存事務所編『国宝唐招提寺金堂修理工事報告書 本編2』奈良県教育委員会，2009.

1.2.3 双堂の屋根

古代において仏像を祀る堂宇は壇を中央に構える仏の空間であり，入堂できる者はきわめて限られていた．そのため，礼拝や儀式のための堂を前方に設けることがあった．仏像を安置する堂が正堂，その前方に建つ堂が礼堂であり，両堂に挟まれた場である相の間を含めて，二堂を一連の空間として扱うのである．これが正堂と礼堂からなる，いわゆる双堂で，法隆寺食堂・細殿がその典型といわれる．両堂は『法隆寺伽藍縁起并流記資財帳』に記す大衆院の「弐口政屋」にあたるとみられ，食堂は奈良時代に建立された政屋のうちの一棟で，食堂に転用されたものであり，細殿は後に建て替えられたものと考えられている．前後並行に南面

して建ち，いずれも桁行7間で，前方の細殿は梁間2間，後方の食堂は正・背面に庇を付けて梁間4間とする．屋根はともに切妻造，平入り．食堂は母屋の中央後寄りに方一間規模の壇を構え，側まわりには扉構えや連子窓，漆喰壁を設ける．細殿は両妻を漆喰壁とするが，正・背面を開放する．ともに組物は大斗肘木，軒は繁垂木で，食堂が二軒，細殿が一軒である．内部は化粧屋根裏とし，虹梁上に食堂は扠首を組み，細殿は蟇股を置き，斗と肘木を介して棟木を受ける．妻は大斗で重ねた二重虹梁であり，食堂が大斗肘木，細殿が蟇股で，棟木を支持する．仏堂ではなく政屋として建てられたため，簡易な意匠であるものの，本尊を安置する正堂と，その前方に近接して桁行が同じで梁間が狭い礼堂が建っており，正堂と礼堂が並立する双堂の形態をよく伝えている（文献1，図1.2-15）．

井，拭板敷とする．相の間と前殿は間仕切りがなく，拭板敷の床とし，相の間に棹縁天井，前殿に格天井を張る．相の間は室内に取り込まれているものの，構造的には後殿と前殿を繋ぐ，貫や長押などの材で構成される取合いの空間に天井と床が設けられたに過ぎない．正堂と礼堂という構成ではないが，双堂的な建築構成を伝える遺構といえる（文献2，図1.2-16）．

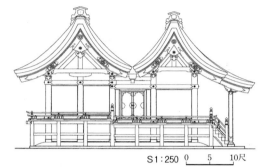

図1.2-16 宇佐神宮第一殿側面図
［出典：文献2，7第一殿側面図］

図1.2-15 法隆寺食堂・細殿外観
［出典：文献1，食堂・細殿側面］

奈良時代における東大寺法華堂などにもこの形態の双堂形式を確認でき，平安時代には東寺（教王護国寺）灌頂院や神護寺金堂ほかで礼堂付の金堂が多く造立されたことが知られる．その中で正堂と礼堂の連続性を強め，相の間を含め一体的な空間として使用するため，前後の堂宇の軒を接するほどに近づけ，そこに幅広の樋を置いて雨水を受ける堂宇もつくられた．東大寺法華堂の側面に遺存する樋は正堂と礼堂の取合いの軒先に架けられた大樋の名残とみられ，また，八幡造でもこのような形状をとどめている．

大分県の宇佐神宮本殿は八幡造の代表的遺構で，貞観元年（859）に創建され，形式を受け継ぎ造替されたと考えられており，現在の社殿は江戸末期の再建になる．桁行3間の後殿と前殿が相の間を介して前後に平行して建つ．梁間は後殿が2間，前殿が1間で，屋根はそれぞれ独立した切妻造とし，軒先が近接する相の間上部に幅の広い樋を架け渡し，雨水を処理している．内部は後殿の正面柱筋で間仕切り，後殿を格天

このように樋を設けることで，相の間を含めて両堂が一連の空間となるものの，取合い部分に雨水が集中して，建物の維持には不利であることは変わらない．これに対応するため，正堂と礼堂を大屋根の下に一体とするものが現れる．

東大寺法華堂は，『東大寺要録』によると「一 羂索院（中略）堂一宇 五間一面 在礼堂」「一 羂索院 五間檜皮葺礼堂一宇」とあり，当初は正堂とともに同じ桁行規模の礼堂が並ぶ形式であったと考えられている．その後，正治元年（1199）と文永元年（1264）に大規模な改修を受け，現状の基本形が成立したもので，この間に礼堂部分は建て替えられた．南面する正面5間側面8間の堂宇で，正面から奥行2間を礼堂，その奥2間を中の間，後寄り4間を正堂とする．屋根は正堂を東西棟の寄棟造とし，その棟の中央から南へ棟を延ばす入母屋造の大屋根を礼堂に架けている．

内部は中の間中央で間仕切り，その前後で床を違え，後方を土間で四半瓦敷，前方を拭板敷としており，内・外陣からなる平面ともみえる．しかし，天井は礼堂が寄棟形の化粧屋根裏であり，正堂は庇部分で軒からの化粧垂木を現し，身舎を折上組入天井とし，中の間は全面に組入天井を張る．軸組なども天井と同様にそれぞれの室空間ごとで異なり，明確に3空間に分けている．この内部空間の構成を反映して，外観側面では正堂，礼堂とも中の間位置において，軒垂木が隅木を介

して回り込み，谷をつくり，中の間の中央柱上に大樋を架けている．天井や軸組架構，軒まわりに，正堂と礼堂を並立させた形態であった跡を明確にとどめているのである．

　小屋組は明治の修理で，在来の架構を踏襲しながらも組み替えられ，補強されている．現状をみると，正堂，礼堂とも周囲は化粧屋根裏上の浅い懐に枕状または登梁状の部材を置き，そこに母屋桁を配するが，正堂と礼堂を繋ぐ南北棟の大屋根部分は，それぞれの化粧屋根裏上，ほぼ側通り位置に土居を置き，正堂・礼堂間に敷梁を架け渡し，その上に束を立て二重梁による架構を構成している．それぞれに独立していた二堂に屋根をかけて一連の空間としたような小屋組である．法華堂は正堂と礼堂が軒を接する部分に樋を架けた双堂を基本に，大屋根を架け渡して，外観，内部空間ともに一体化した歴史を示しているのである（文献3，図1.2-17）．

　法華堂の小屋組は明治期に改変があり，その架構の遡る年次は判断しがたい．そこで，法華堂のような，内陣と外陣それぞれが棟木のある化粧屋根裏架構になり，それを利用してより一体的な大屋根を架けた小屋組については，奈良県の当麻寺本堂（曼荼羅堂）が参考になる．ただし曼荼羅堂は正堂と礼堂からなる双堂であったことはなく，永暦2年（1161）の大改修で，外陣を前身の孫庇形式から変更して，現堂宇の基本形が成立したものである．桁行7間梁間6間規模で，寄棟造本瓦葺の屋根とする．梁行を中央で間仕切り，前方を礼堂，後方を内陣と称し，側面入側に小室を間仕切る．復原される永暦時の天井は，入側通りに軒まわりからの垂木を化粧として現し，その内側を礼堂が切妻形，内陣が寄棟形の化粧屋根裏とし，内陣・礼堂境では樋状に加工された垂木掛けが両化粧屋根裏の垂木

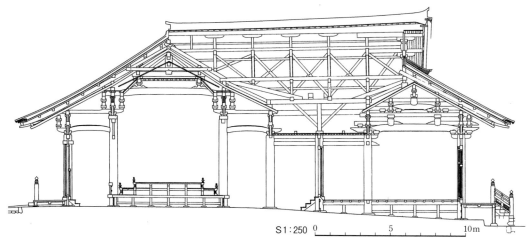

図1.2-17 東大寺法華堂縦断面図 ［出典：文献3，第五図縦断面図］

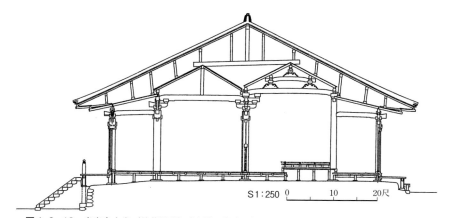

図1.2-18 当麻寺本堂（曼荼羅堂）永暦復原梁行断面図 ［出典：文献4，第二八図永暦復原縦断面図］

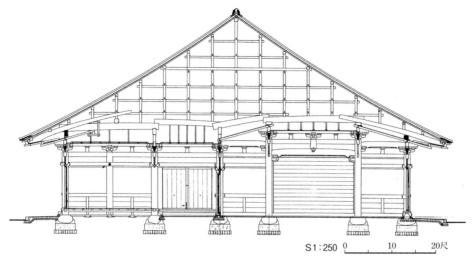

図1.2-19 教王護国寺灌頂院梁行断面図 [出典：文献5, 二一二梁行断面図（竣工）]

を受けている．相の間はないものの，あたかも正堂と礼堂からなる双堂のような上部空間をつくるのである．小屋組は内陣と礼堂の化粧棟の上，梁行柱筋などに敷梁を架け渡し，その上に束を立てて棟木や母屋桁を支持する．内陣・礼堂の化粧棟間以外では化粧屋根裏上に土居を置き，束を立て母屋桁を支える．束は敷梁上では垂直であるが，それ以外では幾分，傾斜をもっている．化粧屋根裏天井により堂内空間に一定の高さを獲得するとともに，それを構造的に利用して，屋根大棟を高くし，梁行に深い仏堂に大屋根を架けているのである（文献4，図1.2-18）．

双堂であった正堂と礼堂が改修や建替えを行う中で，一連的な堂空間へと歩みを進め，東大寺法華堂や当麻寺曼荼羅堂に見られるような過渡的な小屋組を構成して，大屋根の下に一体化した堂が現れ，さらにその先に双堂の痕跡を外観や構造などにほとんどとどめない堂が成立したと考えられる．そのような堂宇は少なからずあり，教王護国寺灌頂院がその好例である．灌頂院は平安時代には両界曼荼羅を祀る正堂と，その前方に礼堂があったことが知られている．現在の堂は寛永6年（1629）の再建で，桁行7間梁間7間の規模とし，寄棟造の屋根を架けており，外観の屋根などにおいては東大寺法華堂でみられたような双堂の面影はない．平面は正面から梁間2間を礼堂，その奥を相ノ間，後方4間を正堂と称し，正堂・相ノ間境に柱間装置を構える．礼堂は拭板敷で格天井，相ノ間は四半瓦敷で猿頬天井，正堂は四半瓦敷で，周囲を化粧軒裏，その内側を鏡天井としている．さらに梁行の敷梁などは，

正堂は身舎と庇を分けて材を架け，礼堂と相ノ間はそれぞれに一材で架け渡している．このように内部空間や小屋の敷梁は，桁行7間梁間4間の正堂と桁行7間梁間2間の礼堂，それを繋ぐ相ノ間という双堂の形状を色濃く反映しているのである．その反面，小屋組は架け渡された敷梁上に長い束を立てて，途中を貫や梁で固める，典型的な近世の架構である．外観や構造においては双堂の痕跡はほとんどとどめていないが，空間構成などにおいて創建時の特質を伝えているのである

(1)外陣

(2)内陣

図1.2-20 長寿寺本堂天井写真（外陣および内陣）
[提供：OFFICE 萬瑠夢 村田信夫]

（文献5，図1.2-19）．

このほか，双堂の形態が内部空間や外観に影響を与えたと思われる，中・近世の寺社建築がある．上述の当麻寺曼荼羅堂のほか，滋賀県の長寿寺本堂は，外陣を寄棟形の化粧屋根裏天井，内陣から後陣にかけて側・背面入側通りに軒からの化粧垂木を現し，その内側桁行3間梁間2間を切妻形の化粧屋根裏天井としており，天井構成において双堂の趣を呈している（図1.2-20）．また，岡山県の吉備津神社本殿は，内部は内々陣を中心とする求心性の強い空間であるが，屋根は比翼入母屋造と称される独特の形状になる．前後に入母屋破風を並べるもので，破風を前後に連ねる点で，双堂を想起させる建築である．

本来の正堂と礼堂からなる双堂は遺例が少ないものの，双堂の形態を変遷させた仏堂は中・近世を通じて確認することができるとともに，さまざまな形で双堂の残影をみることができるのである．　　　［熊本達哉］

■文　献

(1)『法隆寺國寶保存工事報告書第二冊　食堂及細殿修理工事報告』法隆寺國寶保存事業部，1936．
(2)財団法人文化財建造物保存技術協会編『国宝宇佐神宮本殿修理工事報告書』宇佐神宮，1985．
(3)奈良県教育委員会事務局奈良県文化財保存事務所編『東大寺法華堂修理工事報告書』奈良県教育委員会，1972．
(4)奈良県教育委員会事務局文化財保護課編・発行　『国宝当麻寺本堂修理工事報告書』1960．
(5)京都府教育廳文化財保護課教王護國寺灌頂院修理事務所編『重要文化財教王護國寺灌頂院并東門北門修理工事報告書』1959．

1.2.4　野屋根の成立

a. 野屋根と野地

豊富な檜に恵まれたわが国では，長大な割材を容易に入手できたためか，母屋位置ごとに垂木を繋いで屋根下地を折り曲げていく中国式とは異なり，一木の長い垂木を葺き下ろす形式が用いられた．長い垂木を葺き下ろすと，軒先が下がりすぎるため，長い垂木の先に別に勾配の緩い短い垂木（飛檐垂木）を重ねて屋根面を折り上げることが行われ，簡単な付属屋を除けば地垂木と飛檐垂木からなる二軒の形式が通例であった．

身舎垂木と庇垂木（地垂木）の継手や飛檐垂木尻部分では下地面が屈折するから，屋根の曲面をなだらかに仕上げるために葺き下地の粘土（葺土）を厚く重ね

た．このため，屋根が重くなり，雨漏りの際には水を多く含み不利があった．これを解消するために，軒下から見える垂木（化粧垂木）とは別に，その上に見え隠れとなる垂木（野垂木）をおいて屋根曲線をつくる手法が生まれた．この，化粧垂木と野垂木とによって構成される屋根を野屋根という．

一般に，屋根葺き材料を取り付けるための下地を野地といい，板または木舞を用いる．瓦葺の下地の場合，野地の上にさらに柿板，杉皮，檜皮などを葺いて（土居葺または榑葺とよばれる），その上にさらに葺土を置いて瓦を受ける．葺土は瓦が滑り落ちないためでもあるし，瓦の形状が成形や焼成の具合により1点1点微妙に異なるからそれらをなじみよく葺き上げるためにも必要とされた．土居葺は瓦裏の通風をよくして野地板の蒸れ腐れを防ぐ役割を果たすのである．

b. 奈良時代の瓦野地

化粧垂木に瓦野地をつくる場合，垂木に化粧裏板を打ち付ける手法と木舞（細く裂いた木）を編んだり網代などを張ったりする手法とがある．野地板を張る手法は釘の使用を極度に節約していた奈良時代にあっては特に格式の高い建物などに限られていたと考えられる．法隆寺金堂では化粧垂木・小屋垂木上面の釘穴から化粧裏板・野地板を張っていたことがわかるが，どのような土居葺がなされていたかは明らかでない．

垂木上端に直接に木舞を編む場合は，垂木に縄通しの穴（桟穴）を穿って縄絡みとする．穴の間隔から想定される木舞の間隔は法隆寺東院創建夢殿では2尺と大きいが，新薬師寺本堂では7寸5分程度と相違があり，木舞の間にさらに木舞を編み込んだり，木舞上に土居葺をしたりして，土を置いたと考えられる（文献5）．角垂木の場合は，その上端に鎬を設けて山形断面にしたものが多く（夢殿，舎利殿及び絵殿前身建物，大神神社摂社大直禰子神社社殿，醍醐寺五重塔），円垂木の場合は上端に平らな面を取った馬蹄形断面とするもの（新薬師寺本堂）もある．軒裏から塗り上げた場合に垂木との取合せ部分（散りまわり）の納まりをよくするためである．

海竜王寺西金堂では，垂木上端には桟穴や野地板を止めた釘穴もなく，拝み部分近くと桁寄りに角太柄穴が残ることから，これに網代を架けて張り下ろしたと考えられている（文献4）．角垂木上端は両角に面を取っていることから，軒裏はやはり塗り上げていた（揚げ塗り）と考えられる．醍醐寺五重塔（京都府，天暦

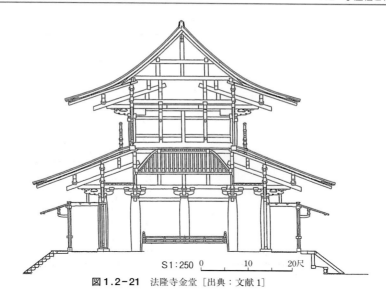

図 1.2-21　法隆寺金堂［出典：文献 1］

6 年/952）でも地垂木に鎬を設けるから軒を塗り上げた形式と考えられるが，栈穴はないことから網代などを張ったものと想定される．新薬師寺本堂では栈穴から当初は木舞野地であったことがわかるが，鎌倉初期には網代張りに改められている．一部残存する網代は，幅 1 寸 5 分，厚さ 2 分程度の檜または杉を薄く割り削いでつくった板（枌板(へぎいた)）を平均 4 寸間隔で編んだものである．同寺南門（鎌倉後期）でも当初の地垂木上端に網代の圧痕，側面上部に揚げ塗りの痕が残る．網代野地は釘が不要な簡易な手法であり，このような建築が一般には数多かったと考えられよう．

c．野地の遊離

このように化粧垂木上面に張った野地の上を直接に瓦野地とする場合，身舎と庇の垂木継手や飛檐垂木尻の部分では葺土が厚くなるし，屋根面に照りや反りを設けるためにも葺土のみで下地の厚さを加減すると，葺土が著しく厚い部位が生じてしまう．このため，当該部位の野地板や木舞上にさらに別材を敷いて野地を浮かせる方法が考えられる．

法隆寺金堂では，小屋垂木と地垂木の勾配差が大きく，屈折部に両端を垂木に沿わせて削いだ材（俗に「鰹節」という）を当てている（文献 1，図 1.2-21）．

垂木上端から屋根野地を浮かせる技法がよく残るものとして鎌倉時代の法隆寺東院舎利殿及び絵殿（承久元年/1219）がある．この建物では，軒は化粧裏板とし，飛檐垂木の前方化粧部分の両端と垂木尻部分の計 3 通りと，地垂木の上半部に 2 通り横栈(よこざん)（土居）を置き，

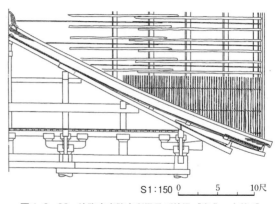

図 1.2-22　法隆寺東院舎利殿及び絵殿［出典：文献 2］

野垂木に相当する材をおおむね地垂木と同様な間隔で不規則に並べ置いて，この垂木間に一つおきに丸竹を入れて，これに木舞を縄で編んで，その上に葺土を置き瓦下地とする（文献 2，図 1.2-22）．丸竹の上端は滑り落ちないように前後の地垂木頂部を組み合わせる部分（拝み）の栓などに縄で絡める．

このように屋根面の広域にわたり野地を浮かせることは，葺土を薄くできるうえに，野地の通風をよくして蒸れ腐れを避けるためにも有効である．確実な奈良時代の実例は残っていないが，同時代の法隆寺東院伝法堂でも同様な手法であったと推定されている．

d．野垂木の発生

このような野地を浮かせる手法が発展したものとして，平安中期には野地面の勾配に沿って張った竪板（流

し板）や野垂木を伴う手法が現れる．化粧垂木の勾配に制約を受けずに野垂木によって屋根面を構成できることから雨仕舞上有利である．

醍醐寺五重塔では野地板古材に1m間隔の土居（野母屋桁）への釘止痕があることから，野垂木は用いずに，厚い竪板を打ち，その先端を茅負に載せて外に延ばした流し板形式の野地が考えられ，現在残る切裏甲の中にも流し板を後に切断したものが含まれていた（文献6）．流し板形式の場合，雨漏りの際に最も腐りやすい茅負が傷むのを避けることができる．この流し板の先端部分は後に切断されて，茅負を保護するために茅負と直行方向に並べ置かれる厚板（切裏甲）として残されていたことから，切裏甲の成立を物語るものと理解されている．

化粧軒と野地が遊離した典型的な例に法隆寺大講堂（正暦元年/990）がある．大講堂の小屋組は後世にその姿を変えていたが，修理の際に発見された古材や痕跡から小屋構造が復原考察された（文献3，図1.2-23）．身舎は二重梁束立てで，棟木や桁の垂木が当たった痕跡から復原される小屋垂木は化粧垂木に対して1本おきに配ったもので，その上端の下方に欠込みがあり，同様なピッチで茅負裏にも取付け跡があることから，この間に野垂木が架かっていたものと推定された．茅負には野垂木の中間に竪木舞を配ったと考えられる小さい欠込みがある．茅負上端には瓦座など横材を打った釘穴があることは法隆寺伝法堂と同様である．

平等院鳳凰堂（天喜元年/1053）では，野垂木と流し板の両方を用いた丁寧な手法がみられる．垂木の圧痕から地垂木上に据えられて野垂木受け（野母屋桁）をも兼ねたと推定できる土居桁旧材が残り，また，飛檐垂木旧材には垂木尻上端の欠込みから垂木尻押さ

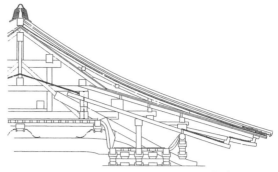

図 1.2-24　平等院鳳凰堂［出典：文献7］

えとして土居桁が架せられていたことがわかり，野垂木を用いた構造であることが判明した（文献7，図1.2-24）．野地板は竪板張で下方は茅負に載りさらに前方に延びるものである．野垂木は化粧垂木とほとんど変わらない緩い勾配であって，葺土を省く効果は得られたが野垂木の上でさらに屋根曲面の調整が必要となる．

［清水真一］

■文　献

(1) 法隆寺国宝保存委員会『法隆寺国宝保存工事報告書　第14冊　国宝法隆寺金堂修理工事報告』1962.
(2) 法隆寺国宝保存事業部『法隆寺国宝保存工事報告書　第8冊　国宝建造物法隆寺東院舎利殿及び絵殿並伝法堂修理工事報告』1943.
(3) 法隆寺国宝保存事業部『法隆寺国宝保存工事報告書　第6冊　国宝建造物法隆寺大講堂修理工事報告』1941.
(4) 奈良県文化財保存事務所『重要文化財海竜王寺西金堂・経蔵修理工事報告書』1967.
(5) 奈良県教育委員会『国宝新薬師寺本堂修理工事報告書』1996.
(6) 京都府教育庁『国宝建造物醍醐寺五重塔修理工事報告書』1960.
(7) 京都府教育庁『国宝平等院鳳凰堂修理工事報告書』1957.

1.2.5　桔木の導入

瓦野地面が化粧屋根面から分離し，また裏甲の使用により化粧野地から野垂木下端の間の野屋根の懐（内部空間）が大きくなると，これを利用して軒の垂れ下がりを防ぐための持送り材として桔木を挿入することが可能となった．桔木は，軒先から小屋組内部に向けて取り付け，梃子の原理を利用して長く突き出た軒を支えるものである．梃子の支点となるのは，軒桁（丸桁）上の土居桁などの水平材（桔木枕）であり，軒側の先端は，軒先に最も近い母屋（鼻母屋）を受けるも

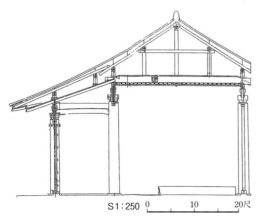

図 1.2-23　法隆寺大講堂復原図［出典：文献3］

の，巧妙なものには先端を茅負に挿し込んで軒先を直接受ける茅負受け式があり，後にはこれが通例となる．軒先に向けて垂れ下がるように組み入れられた桔木の先端で茅負へ差し込むために斜め上向きに折り上げた形状の柄（杓子柄）で繋いだ．その後，桔木から金具によって垂木を釣り上げる方法が考案されると，杓子柄は不要となる．

a. 鼻母屋受けの古例

鼻母屋受け式の桔木の古例として法隆寺聖霊院（奈良県，弘安7年/1284），大神神社摂社大直禰子神社社殿（奈良県，弘安8年/1285改造）が知られる．聖霊院では，皮付きの細い松丸太を疎らに配して，その先端は茅負から2尺以上離れた位置にある鼻母屋を受ける（昭和修理では桔木を取り替える際に母屋割りは変更せずに先端部を軒桔式に変更）．大神神社摂社大直禰子神社社殿では弘安の改修に際して新たに松の角材が鼻母屋受けとして導入された．

やや降って浄土寺本堂（広島県，嘉暦2年/1327）でも先端は茅負から2尺離れた鼻母屋を受けて茅負とは連結しないが，ここでは太い松丸太を用いて隅木際にも配している．軒まわりの小屋束のほとんどはこの桔木上に立ち，同寺阿弥陀堂（康永4年/1345）でも，桔木の用い方は同様である（文献4，図1.2-25）．また，来迎寺本堂（大阪府，嘉暦4年/1329）や法道寺食堂（大阪府，鎌倉後期）の例があり（ただし修理では茅負受け形式に変更している），桔木尻は梁間が小さいことから棟通りに達しており，桔木上に不規則に小屋束を立てる（文献5，図1.2-26）．

時代が降った小規模仏堂の例として正蓮寺大日堂（奈

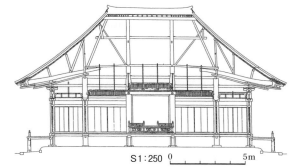

図1.2-25　浄土寺阿弥陀堂［出典：文献4］

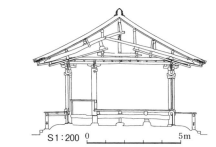

図1.2-26　法道寺食堂（修理前）［出典：文献5］

良県，文明10年/1478）をみると，鼻母屋受け式であって，軒口に対して均等に配って隅を密に配ったり隅木際の隅桔は設けないなどの点では古式を留めているが，桔木尻は小屋貫で押さえ，小屋束は束踏み上に整然と立てて貫を通している（文献6）．小屋貫を使用するためには整然とした小屋束の配置が必要であるから，放射状に配する桔木の上に直に立てるのでは具合が悪い．このため，桔木間に束を受ける水平材（束踏み）を渡すことになり，桔木それぞれの形状や据付け高さなど全体がほぼ均一に揃えて配られる必要がある．

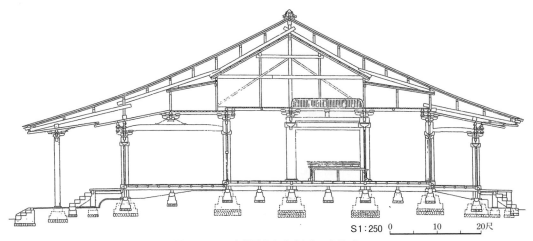

図1.2-27　大報恩寺本堂［出典：文献7］

b. 茅負受け式の盛行

桔木が直接に茅負を受ける最古の例として大報恩寺本堂（京都府，安貞元年/1227）が知られる（文献7，図1.2-27）．寛文修理の際に取り替えられたと考えられる旧茅負2丁に桔木を挿したと考えられる仕口が残る．

奈良県では，瑞花院本堂（嘉吉3年/1443），不動院本堂（文明15年/1483），北室院本堂（明応3年/1494）などの例が知られ，室町中期には巧妙な形式に移り変わってきたことが窺えるが，同時期の正蓮寺大日堂（文明10年/1478）に限らず律学院本堂（寛永4年/1627）のように遅くまで鼻母屋受け式の例もある．

岡山県の本蓮寺本堂（明応元年/1492）では，比較的規模は大きいにもかかわらず茅負から棟通り近くにまで達する長大な桔木を用い，貫を用いる棟および前後通りを除けば，小屋束のほとんどは桔木上に立ち，しかも柄の仕口も加工しない．桔木は軒を受けることはもちろんであるが，小屋全体を支える登梁の性格が色濃く残っている．桔木に立つ（一部は桔木枕上）束は2方向からの斜め束によって母屋を支える特異な形式ではあるが，簡易な工法であり，棟・隅木・軒を除いては野地面を構成する小屋組は現場納めにより組み立てたものと考えられる（文献8，図1.2-28）．

図1.2-28 本蓮寺本堂（修理前）［出典：文献8］

c. 桔木の移り変わり

このように鎌倉後期には鼻母屋受け形式の桔木の使用が知られ，鼻母屋の位置も茅負から遠く離れたり，桔木上に小屋束を立てた登梁的な性格を併せもっている．室町中期には大和など各地で茅負受け式に移り変わった．桔木の配置方法においても，隅に密に配ったり，整然とした小屋束配置を守りながらその間を縫うように配られるようになった．登梁的な性格を兼ね備えたものから次第に軒を桔ねる専用目的の材となり，整然と束を配した中枢部小屋組との両立が図られた．

桔木の使用により，古代には地垂木の出と飛檐垂木の出は2対1程度の比であったものが次第に飛檐垂木の出を大きくして軒まわりを明るくすることができるようになった．桔木の支点は木負付近として梃子の働きをもたせることは地垂木の負担となる．瑞花院本堂では出桁心に桔木枕を据えて，さらに出桁を受ける桔木（出桁桔）を使用しているし，円教寺食堂（兵庫県，寛正頃/1460-66）では当初の丸桁に残る仕口から丸桁を受ける桔木（丸桁桔）を用いたことが知られるなど，さまざまな部位に対して桔木（持送り材）の多用化が進む．

また，桔木から吊金物で飛檐垂木を吊る技法が現れる．玉鳳院開山堂（京都府，室町中期）では，天文7年（1538）頃移築時のものと考えられる箱金物が使用されている．宝塔寺本堂（京都府，慶長13年/1608）では，伝統的な茅負に柄差し手法に加えて，箱金物および饅頭金物の2種の吊金物が混用されている．箱金物は垂木を欠損することが無い点で優れているが，軒先の意匠の面では難がある．このため，宝塔寺本堂では正面向拝のみに饅頭金物を使用している．江戸時代には常用される饅頭金物使用の早い例であろう．

［清水真一］

■ 文　献

(1) 法隆寺国宝保存工事事務所『法隆寺国宝保存工事報告書 第12冊 国宝法隆寺聖霊院修理工事報告』1955.
(2) 奈良県教育委員会『重要文化財大神神社摂社大直禰子神社本殿修理工事報告書』1989.
(3) 国宝浄土寺修理委員会『国宝並びに重要文化財浄土寺本堂・多宝塔・山門修理工事報告書』1973.
(4) 浄土寺阿弥陀堂・露滴庵及び中門修理委員会『重要文化財浄土寺阿弥陀堂・露滴庵及び中門修理工事報告書』1970.
(5) 重要文化財法道寺食堂及び多宝塔修理委員会『重要文化財法道寺食堂・多宝塔修理工事報告書』1970.
(6) 奈良県教育委員会『重要文化財正蓮寺大日堂修理工事報告書』1957.
(7) 京都府教育庁『国宝大報恩寺本堂修理工事報告書』1954.
(8) 重要文化財本蓮寺本堂修理委員会『重要文化財本蓮寺本堂修理工事報告書』1958.
(9) 京都府教育庁『重要文化財玉鳳院開山堂并表門修理工事報告書』1958.

1.2.6　束立ての小屋組

a. 二重梁束立て形式

古代の小屋組は，一般に天井を張らずにそのまま堂内に虹梁や扠首の架構を現す化粧屋根裏を基本とした．しかし，法隆寺金堂，唐招提寺金堂のように中

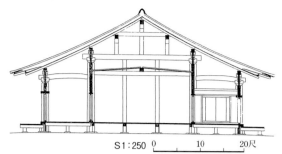
図 1.2-29　元興寺北室（復原）［出典：文献 1］

心的な建物では天井を備えた格式の高い形式とされたし，復原考察された奈良県の元興寺北室でも身舎にはやや傾きを設けた天井が張られている（文献 1，図 1.2-29）．また，校倉では天井の有無にかかわらず意匠的効果を問わない小屋構造である．したがって，化粧屋根裏の形式が普及していた一方では，見え隠れとなる小屋（野小屋）も広く用いられていたのであり，この場合には束立ての小屋組となる．

また，野屋根が成立してその懐を利用して桔木が用いられるようになると，これと連動して屋根中央部は高くなるし，桔木尻などの架構を隠すためにも身舎には天井が欠かせないものとなっていく．

天井と屋根の間の空間を小屋といい，小屋の最下となる天井裏に小屋梁を架け渡すのが常套的な手法であり，古くは小屋束を立ててさらに二重梁を架け渡した二重梁束立て形式を基本とし，規模の大きな正倉院正倉では三重梁束立てとする．

小屋組最下に位置する梁を一般に小屋梁というが，以下ではこれを初重梁とよんで二重梁と区別し，各重の梁の総称として小屋梁とよぶ．

古代から中世前半にかけては，小屋梁は角物であり，初重梁といえども後に普及した野物丸太のように他の部材に比して飛び抜けて太い梁（以下，小屋大梁という）を使うことは，特別な場合に限られた．棟束を受ける二重梁もやはり特別に太い材というわけではない．このため，初重梁と二重梁の間には中央の棟束直下の位置にも束を立てることが多い．

b．天井桁束立て形式

中世前半の鎌倉時代から室町前期の頃，初重梁を用いずに天井桁に直接小屋束を立てる手法が現れる．二重梁束立ての基本的な形式を守るが，檜皮葺の軽い屋根の場合や，小規模な門などの場合には天井桁に初重梁の役を担わせた．

天井桁束立て形式の小屋組の古い例として大報恩寺本堂（京都府，安貞元年/1227）がある．天井桁（通肘木）上に束束を立てて，これに 2 丁の挟み梁を抱き合わせて釘打ちし，さらに上の二重梁は棟束に相欠き釘打ちとする．これらの小屋組材は棟木など特別な部材を除いては一定の規格材を用い，仕上げはやや粗い鑓鉋仕上げとはするが，化粧材とは大きな区別のない上質な檜材を用いたものであった．なお，寛文修理時に檜皮葺から瓦葺に改めており，この際に小屋組は組み替えられた．

太山寺本堂（兵庫県，弘安 8 年/1285）でも享保の小屋組替え時に転用された古材から鎌倉末期建立当初の小屋組が復原考察されており，小屋束は 8 寸× 7 寸の互平材を用い，軸部の柱真通り天井桁上に立ち，棟束は化粧棟木まで延びて二重梁と相欠きに組む．貫は使用せず，桁行・梁行両方向の筋かいで固めており，鎌倉末期としては古式の小屋組である．屋根はやはり当初は檜皮葺の軽い屋根であったが，室町時代に瓦葺に改められ，享保に小屋組が組み替えられた．

このように大報恩寺本堂，太山寺本堂ともに屋根は檜皮葺の軽い屋根であったことから小屋大梁（初重梁）を特に必要としなかったのであろう．しかし野屋根が生まれ小屋が高くなったもののいまだ小屋貫の使用は普及していない段階であったから，束を水平材で固める手法として挟み梁や相欠梁による二重梁が考案されたのである．

また，兵庫県の円教寺常行堂では，解体修理の結果，享徳 2 年（1453）に上棟されて現存する小屋組以前に，天井桁束立て形式の屋根があったことが知られ，このときの葺材と考えられる檜皮の屑が床下の堆積土中に相当量混入していた．造営に長期間を要したために仮屋根があったと考えられている．

なお，本瓦葺の屋根であっても小規模な建築であれば初重梁を必要としないばかりかむしろ邪魔なものとなるから，教王護国寺（東寺）蓮花門・慶賀門（京都府，鎌倉前期）などでも天井桁束立て形式になる．

天井桁は小屋大梁と比較すれば華奢な部材であるから天井桁上のどこにでも束を立てられるというわけにはいかないし，天井桁の配置は柱の配置に規制されている．したがって天井を張り詰めて小屋組が見え隠れとなっても，小屋束の配置は軸部の構造による制約を受けることになる．天井桁束立て形式の小屋組は軸部の架構と密接不可分であった．

なお，梁をほとんど使用せずに小屋を組む特異な例

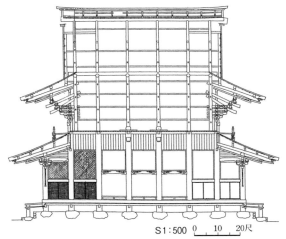

図 1.2-30 金峯山寺本堂 [出典：文献 5]

として金峯山寺本堂（奈良県，天正 19 年/1591）の柱上束立て形式がある．1 間ごとに立ち並ぶ柱を頭貫で固めた上で，柱上に長大な小屋束を立てる（文献 5，図 1.2-30）．裳階屋根の上端付近に天井高を低くおさえており，上層内部は小屋裏の扱いである．

c. 小屋組を受ける堂内虹梁

天井桁束立て形式であっても，天井下に虹梁の架構を著す場合には，この虹梁が小屋組を受ける重要な構造材となる．

このような例として本山寺本堂（香川県，正安 2 年/1300）や太山寺本堂（愛媛県，嘉元 3 年/1305）があり，

ともに本瓦葺であるにもかかわらず当初は小屋大梁を用いずに天井桁に直接束を立てていた痕跡がみつかっている．

また，延暦寺転法輪堂（滋賀県，貞和 3 年/1347）では，園城寺金堂として建立された当初の小屋組に復原されており，やはり天井桁上に束を立てる形式で，二重梁は用いずに高い小屋束を貫で固めている（文献 7，図 1.2-31）．束の割付は桁行の各通りで柱筋と揃わないが，柱筋から大きくはずれるわけではない．文禄移建時には天井上に束踏みを置いて束の配置に自由度を与え，密に配るとともに，二重梁を加えて小屋組を強固なものに組改めている．

なお特異な例として，中山寺本堂（檜皮葺：福井県，室町前期）では，二重梁は用いずに高い小屋束を貫で固める点は同様だが，梁行の二重目の貫は全長の片半分は束幅で胴付きとし，一方を束に貫き通している（文献 8，図 1.2-32）．

このように鎌倉時代から室町前期を中心に初重梁を用いない小屋組が試みられた．堂内虹梁で天井桁を支えた場合も含めて，柱配置による制約から小屋束を密

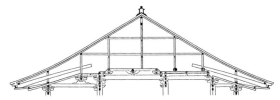

図 1.2-32 中山寺本堂 [出典：文献 8]

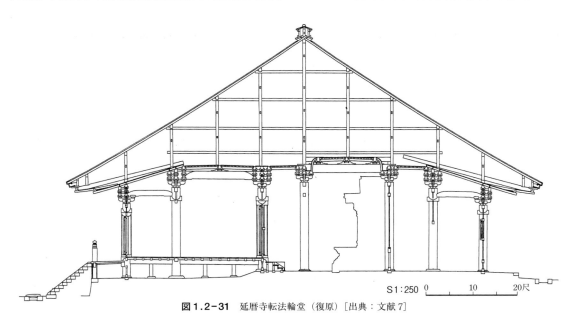

図 1.2-31 延暦寺転法輪堂（復原）[出典：文献 7]

に配ることが難しいという弱点を抱えていた.

d．小屋大梁の使用

二重梁束立て形式の場合，初重梁は，時には天井桁をそのまま利用することも可能な断面寸法の角物であった．このような初重梁に対して，特に断面寸法の大きな初重梁を小屋大梁とよんで区別しておく.

小屋大梁は初期には角物が用いられた．元興寺極楽坊本堂（奈良県，寛元2年/1244）や十輪院本堂（奈良県，鎌倉前期）では角物の初重大梁を用い，天井を釣る．極楽坊本堂ではさらに棟通りに角物の桁行梁を重ねて，棟束を受け，また天井を吊る役を担う．後に普及する丸太梁の場合は太さや曲げに応じた現場施工に頼る仕事が大きいのに対して，角物の場合は計画的な施工が容易である．大径長大材が豊富に得られた時代でもあったといえよう.

小屋大梁によって小屋組を受け，また天井を吊るようになると，堂内に現れる虹梁は垂直荷重を受ける役割は減少して，意匠的効果が大きな役割となる．このような堂内虹梁の使い方を代表するものとして兵庫県の鶴林寺本堂をあげておこう．ただし，大梁から上は江戸時代，寛政修理の組替えである． ［清水真一］

■ 文　献

(1) 『元興寺極楽坊本堂・禅室及び東門修理工事報告書』奈良県教育委員会，1957.
(2) 『国宝大報恩寺本堂修理工事報告書』京都府教育庁，1954.
(3) 国宝太山寺本堂修理委員会『国宝太山寺本堂修理工事報告書』1970.
(4) 重要文化財円教寺常行堂修理委員会『重要文化財円教寺常行堂修理工事報告書』1965.
(5) 『国宝金峯山寺本堂修理工事報告書』奈良県教育委員会，1984.
(6) 国宝本山寺本堂修理工事委員会『国宝本山寺本堂修理工事報告書』1955.
(7) 滋賀県教育委員会『重要文化財延暦寺転法輪堂（釈迦堂）修理工事報告書』1959.
(8) 重要文化財中山寺本堂修理委員会『重要文化財中山寺本堂修理工事報告書』1965.

1.2.7　二重小屋構造

二重仏堂や塔にみられる日本建築の積上げ方の大きな特色は，初重の垂木の上に柱盤を置いて，上重の側柱を立てること，すなわち斜材の上に垂直荷重を掛ける仕組みであり，中国や韓国の木造建築との大きな違いの一つである.

このような垂木による総持ちで垂直荷重を受ける古代以来の技法をさらに応用したものとしては，いったん屋根（垂木と野地板）をつくった上に，さらにこれを足場として小屋組を積み上げて大きな屋根とする二重小屋構造があり，平安末期から現れる．文字通り屋上に屋を重ねる構法であり，下重の屋根は堂内に化粧屋根裏として現れる場合と，野小屋の内部に内屋根として隠れる場合がある.

ここでは，化粧屋根と大屋根，あるいは内屋根と大屋根を備えた小屋組を二重小屋構造とよぶこととする．また，下重の屋根が化粧屋根裏である場合を化粧屋根式，野小屋下半内部にある場合を内屋根式とよんでおく．化粧屋根，内屋根，大屋根を備えた三重小屋構造の小屋組もある.

a．化粧屋根式

野小屋の成立によって奥行きの深い建物に対しても建物全体に大屋根を架けることが可能となった．この場合，堂内に天井を張り詰めるのではなく，双堂形式や孫庇形式で大空間を構成していた従前の構造形式を踏襲して化粧屋根裏として堂内に現し，その上に大屋根を組むことが行われた.

当麻寺本堂（奈良県，永暦2年/1161）では，内陣は二重虹梁蟇股式，外陣は虹梁束立て式の架構を化粧屋根裏として現す．内陣と外陣の化粧棟木間に野梁を並べ渡し，野梁の中央に棟束，両端と中間に母屋束を

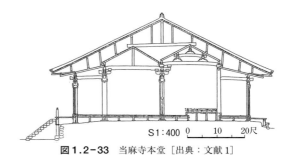

図1.2-33　当麻寺本堂［出典：文献1］

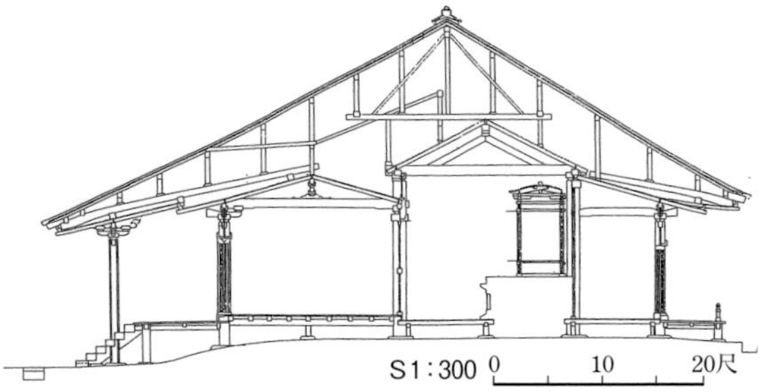

図1.2-34　長寿寺本堂［出典：文献2］

立て，周囲は化粧裏板上に土居を渡して母屋束を受ける．外陣化粧垂木は上端を化粧棟木側面に柄差しとし，下端は桁の上面に渡り腮としているから，細い扠首の役割を果たしている（文献1，図1.2-33）．

また，長寿寺本堂（滋賀県，鎌倉前期）でも，内外陣ともに化粧屋根裏とし（図1.2-34），化粧屋根上に組まれている小屋組は，江戸時代および明治時代の組替えはあるが，概ね当初の形式を踏襲していると考えられている．

このような構法が用いられたのは，古来の化粧屋根裏形式の堂内意匠の踏襲という意匠的な理由があったばかりでなく，小屋貫の使用が普及する以前においては安定感を欠く高い小屋束の使用を避けるという技術的な理由があったと考えられる．

また，近世の大型仏堂にも清水寺本堂（京都府，寛永10年/1633）などの例があり，復古的な形態の踏襲にとどまらず，大屋根が葺き上がる前に内陣部など重要な範囲にすみやかに覆いを架けることができたり，大屋根葺替え時の仮屋根としての役割を期待できるなど，特に大型仏堂にとっては施工上の利点も大きい．

類似の例として長谷寺本堂（奈良県，慶安3年/1650）を取り上げると，内々陣は柱を高く立ち上げて，切妻型の舟底天井とし，流板の化粧野地に杮屋根を葺いている．両妻では陸梁上に大瓶束を立てて化粧棟木を受ける．屋根上に5筋の登梁を上下二段，段違いに架けて，登梁上と上下登梁間の土居に小屋束を立てる（文献4，図1.2-35）．大屋根を架ける際の足場や工事中の仮屋根としての実用的な理由ばかりでなく，内屋根を備えた内々陣全体が巨大な厨子に相当するものとして造形されている．

b．内屋根式

中尊寺金色堂（岩手県，天治元年/1124）では，堂内の荘厳を保護するために屋根の葺き方は実に周到に行われている．折上小組格天井を張った内陣上方には切妻の内屋根をつくり，飛檐垂木裏板の延長線上に板葺の屋根面を葺き上げ，その上に急勾配の宝形の屋根を重ねる（文献5）．

また，室生寺弥勒堂（奈良県，鎌倉前期）では側まわりは近世初期につくり替えられたものの，方一間の内陣部は軸部と切妻造の内屋根が残る．天井を張った上に，復原すると扠首組の妻飾りに現れる化粧棟木がそのまま内屋根の棟木となる形式と考えられている（文献6）．

これらの例は内陣を特に手厚く保護するためのものである．

一方，大報恩寺本堂（京都府，安貞元年/1227）を例にみると，奥行6間と縦長平面の大型五間堂であり，

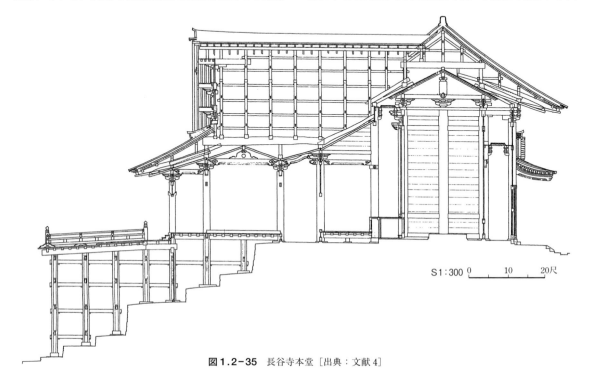

図1.2-35 長谷寺本堂［出典：文献4］

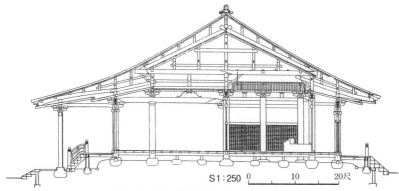
図 1.2-36　長弓寺本堂 [出典：文献 8]

周囲一間通りを除き内屋根が架かっている（文献 7）．広範囲にわたる内屋根は，檜皮葺の大屋根の葺替えの際には仮屋根として有用である．また，奥行の深い建物に対して一連の大屋根を架けると長大な小屋束を使用することとなるから，小屋組の不安定化を避けるためにも有用であったと考えられる．

同様な例として長弓寺本堂（奈良県，弘安 2 年/1279）があり，内陣・外陣からなる母屋全体に切妻造の内屋根（昭和修理の際に旧形式を守りながらも材のほとんどは取り替えられた）があり（文献 8，図 1.2-36），やはり大屋根葺替え時の保護と考えられる．

なお，室生寺金堂（奈良県，平安前期）では，内陣部に内屋根が架かる．鎌倉時代に礼堂が敷設された際か，旧の入母屋の屋根が寄棟の大屋根に取り込まれた．前身の小屋が拡張時に取り込まれたもので，工事中の保護を目的としたものと考えられる（文献 9）．

このように，特に平安時代から鎌倉時代にかけては内屋根を用いた二重小屋構造が多く用いられた．化粧屋根式とは異なり，純技術的な理由によってつくられたものであり，建物中枢部を特に手厚く保護するための雨仕舞対策であったり，葺替えや増築時の仮屋根の役を担ったり，高い小屋束を避けて構造的な安定性を図るといった理由が考えられる．鎌倉後期以降，室町時代にかけての小屋貫の急速な普及により，小屋組の構造的安定化が図られると，内屋根式の小屋構造は次第に姿を消していくこととなった．　　　[清水真一]

■ 文　献
(1) 『国宝当麻寺本堂修理工事報告書』奈良県教育委員会，1960．
(2) 日本建築学会編『日本建築史図集』彰国社，2011．
(3) 『国宝清水寺本堂修理工事報告書』京都府教育庁，1967．
(4) 奈良文化財研究所『長谷寺本堂調査報告書』2004．
(5) 国宝中尊寺金色堂保存修理委員会『国宝中尊寺金色堂保存修理工事報告書』1968．
(6) 奈良県文化財保存事務所『重要文化財室生寺弥勒堂修理工事報告書』奈良県教育委員会，1984．
(7) 『国宝大報恩寺本堂修理工事報告書』京都府教育庁，1954．
(8) 『日本建築史基礎資料集成七仏堂Ⅳ』中央公論美術出版，1975．
(9) 奈良県文化財保存事務所『国宝室生寺金堂修理工事報告書』奈良県教育委員会，1991．

1.2.8　小屋筋かいの使用

a. 小屋組への斜材使用

小屋筋かいは小屋組内に用いられて，一般に大梁の側面あるいは小屋束の足元から隣接する束の頂部に斜めに取り付けて，水平力に抗して変形を防ぐための材である．力学的には厳密に対角線上に入れるものをいうが，中世の一時期に隆盛した筋かいは，小屋束の側面を薄く欠き込んで貫と同様な瓦平の材を釘打ちしたものが通例である．小屋束の真に束と同様な角材を用いたもの（真物筋かい）とは異なる．簡易な補強材といった性格の部材であり，現場施工により挿入された，組立て時の仮留めといった性格のものが，恒久的な部材として存置されていったのであろう．

一般に母屋通り（桁行方向）に入れたものを筋かいといい，母屋通りと直交して類似の材を用いた場合には，小屋束の「転び止め」として区別する．母屋通りが屋根の流れの方向（外側）に倒れること（転び）を防ぐために梁や内側の小屋束から架け渡したものである．母屋通りの筋かいとは異なって一方向への変形にのみ対処すればよいし，垂木および野地板を打ち付けた後はその役割は終わったといえる．この転び止めは内側の束から水平に取り付けることもできるが斜めに

組み入れられている場合には桁行の筋かいに対して梁行筋かいということもある.

また，母屋から内側の小屋束に架け渡した斜めまたは水平の材は母屋繋ぎあるいは母屋の転び止めという.

これらの筋かい，転び止め，母屋繋ぎはいずれも引張材として働くものであるのに対して，圧縮に抗する斜め材として方杖がある．方杖とは，一般に鉛直構面の入隅部分において材の中間から中間を斜めに結んで隅を固める短い部材をいい，『日本建築辞彙』（改訂増補，1931）には，小屋組の方杖を枝束もしくは斜束ともいうとある．中世の小屋組に用いられた方杖は，筋かいと同様な互平材を用いたり，取付き位置からも厳密には区別し難い場合が少なくないが，棟木などの水平材の下端を欠き込んで斜めに取り付けた材をいう．

このように小屋組を固めるための斜材には筋かい，転び止め，母屋繋ぎ，方杖があるが，中世の一時期に隆盛したこれらの斜材はいずれも本格的な構造材（真物）ではなく，簡易な補強材を現場納めで用いたものである．野小屋が成立し，桔木が導入されると，小屋組全体が高く不安定になったことに対処して斜材が用いられたのである．以下，小屋筋かいを主にその用法をみていく．

b．小屋筋かいの導入

小屋筋かいの使用は，軸組への使用と時を同じく平安末期にさかのぼる．平等院鳳凰堂（京都府，天喜元年/1053）では，中堂の初重梁中央に敷桁を据えて，棟木を受ける方杖を立てる．また，折上天井上の土居盤および初重梁・二重梁とこれらの上に立つ束の各内側を結ぶ筋かいがあり，二重梁の中央で東西から拝むように取り付き，初重梁・二重梁・土居盤に釘止めする．身舎のみで庇をもたない軸部構造であることから，特に小屋組を固める必要があったと考えられる．なお，当堂では板壁および扉板の内部にも筋かいを使用している．

法隆寺東室の保安2年（1121）もしくは寛元4年（1246）改造時の補足棟木の下端に残る仕口穴からは桁行にかかる方杖状の筋かいの存在が想定できる．

中尊寺金色堂（岩手県，天治元年/1124）では，入母屋形の内屋根棟木下端を方杖2カ所および両妻扠首組外面位置の挟み束で支える．また，内屋根の棟上に組まれた四方転びの左義長状の台の束（四天束）の四面に襷状に釘打ちされた筋かいがある．この筋かいは

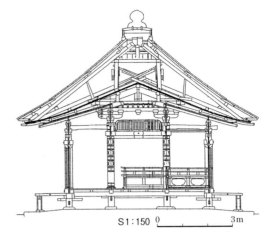

図1.2-37 中尊寺金色堂［出典：文献3］

幅2寸厚さ1寸ほどの割材を用いたもので，台の構造上筋かいは必要不可欠である（文献3，図1.2-37）．

当麻寺本堂（奈良県，永暦2年/1161）では，小屋束が直接土居上に立ち母屋通りには長3.5尺，断面3寸×2寸程度の筋かいが所々に入っていたことが，当初の母屋桁および土居に残る筋かいの欠込みや釘痕と残存する筋かい古材から判明している．また，両端の大梁中央には棟通りの筋かいの傾ぎ大入仕口がある．貫や母屋間の繋ぎもない簡単・古風な構造であることから，棟通りおよび母屋通りに筋かいを補強しているのである．

c．小屋筋かいの最盛期

鎌倉時代を中心とする中世初期には小屋筋かいの使用が隆盛した．野屋根の成立によって奥行の深い堂を追求することが可能となった一方で，それに応じて棟が高くなって不安定となることに対して，斜材により補強しようとしたのである．以下，鎌倉時代における小屋筋かいの使用状況をみていく．

法隆寺東院舎利殿・絵殿（奈良県，承久元年/1219）では桁行の振れ止めとして随所に筋かいを釘付けしている．

大報恩寺本堂（京都府，安貞元年/1227）の復原された小屋組では，野物梁は用いずに主として本柱筋を小屋束位置とし，束固めには貫は用いずに筋かいを用いる形式であることが明らかとなっている．筋かいは天井まわり縁となっている通肘木上端の筋かい彫と小屋束および棟木側面の筋かい欠込みから復原されるもので桁行・梁行の両方向に用い，棟通りのものは下部は天井桁に彫り込まれるが，ほかは小屋束を欠き込んで

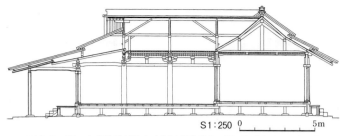

図1.2-38 大神神社摂社大直禰子神社社殿(復原)[出典：文献6]

釘打ちとする．
　大神神社摂社大直禰子神社社殿(奈良県)の復原考察された鎌倉初期改修時の小屋組でも，棟木および両脇の母屋から二重梁または束にかけての桁行と，扠首台下の束から扠首台にかけての梁行の両方向に筋かいを用い，また小屋梁両端から棟木にかけての梁行に細い方杖を用いる(文献6，図1.2-38)．弘安8年(1285)改修の現在の小屋組では，高い棟束に，桁行に2段の小屋貫を通し，さらに筋かいを取り付けて固める．なお，各母屋の上端から内側の小屋束まで水平に母屋繋ぎを配している．
　福島県の熊野神社長床(鎌倉前期)は，慶長16年(1611)の地震による倒壊後に柱間寸法を縮小して再建されていたが，解体修理を機に旧規に復している．小屋組は二重梁扠首組で，二重梁の両端を円束(身舎柱筋の土居桁に立つ)で受け，小屋貫は用いずに二重梁側面中央部の欠取り仕口と止釘跡から円束下部に向かう梁行方向の筋かいが復原された．大神神社摂社大直禰子神社社殿と同様な位置に筋かいを使用している(文献7，図1.2-39)．なお，小屋組は旧規に復原されているが補強のため後設の小屋貫を存置している．
　滋賀県の円光寺本堂(康元2年/1257)では，扠首台中央と棟木の筋かい欠きから棟通りにあったことがわかる．
　兵庫県の太山寺本堂は，弘安8年(1285)の焼失後間もない時期の再建になり，小屋組は享保の大改造により当初の形式をほとんど留めていなかったが，転用された古材から鎌倉末期の当初の形式がほぼ明らかとなった．復原される小屋組は，天井桁束立てで，小屋貫はまったく用いずに梁行，桁行の両方向に筋かいを打つ．筋かい古材は残らないが，梁行の筋かいは天井桁両端上面にかかり二重梁側面に釘打ちされ，さらに真束上部に向かっている(文献8，図1.2-40)．桁行の筋かいは棟通りにのみとする．なお，母屋の間隔が10尺を超えることなどからも檜皮葺と推定される．
　広島県の浄土寺本堂(嘉暦2年/1327)では，小屋貫と併用して，桁行および梁行に×形または山形に筋かいを整然と対称に配り，母屋の転び止めも多用している(文献9，図1.2-41)．
　以上のように鎌倉時代を通じて小屋筋かいが広く各地で使用され，末期には整然と各所に配されたものも

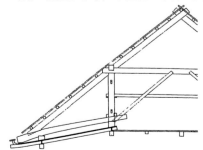

図1.2-39 熊野神社長床[出典：文献7]

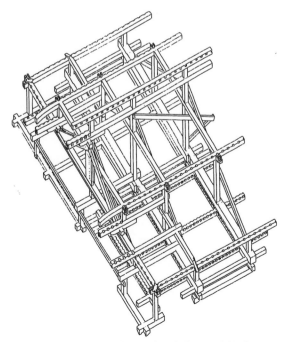

図1.2-40 太山寺本堂(復原)[出典：文献8]

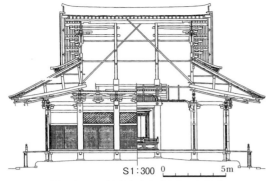

図 1.2-41 浄土寺本堂［出典：文献 9］

現れる．筋かいの取付け方は，梁や束などの主要構造材の側面を浅く欠き込んで釘打ちする程度であって，本格的な構造材としての役割を担ったというよりも建立時の仮留めを兼ねた振れ止め的な性格が強い．中世初期に一時的に流行した構法であり，鎌倉末期以降の小屋貫の発達によりその役割を次第に失っていく．

[清水真一]

■ 文　献

(1) 『国宝平等院鳳凰堂修理工事報告書』京都府教育庁，1957.
(2) 『重要文化財法隆寺東室修理工事報告書』奈良県教育委員会，1961.
(3) 国宝中尊寺金色堂保存修理委員会『国宝中尊寺金色堂保存修理工事報告書』1968.
(4) 『国宝当麻寺本堂修理工事報告書』奈良県教育委員会，1960.
(5) 『国宝大報恩寺本堂修理工事報告書』京都府教育庁，1954.
(6) 奈良県文化財保存事務所『重要文化財大神神社摂社大直禰子神社社殿修理工事報告書』奈良県教育委員会，1989.
(7) 文化財建造物保存技術協会『重要文化財熊野神社長床修理工事報告書』重要文化財熊野神社長床修理委員会，1974.
(8) 国宝太山寺本堂修理委員会『国宝太山寺本堂修理工事報告書』1970.
(9) 国宝浄土寺修理委員会『国宝並びに重要文化財浄土寺本堂・多宝塔・山門修理工事報告書』1973.

1.2.9　小屋貫の導入

　小屋貫とは，小屋組において小屋束を相互に貫いて固めている水平材である．柱に比べて細い部材である小屋束にきちんと貫穴を通すための加工技術が必要なことはもちろんであるが，その前提として第一に整然と通りを揃えて小屋束を配置することが必要である．このため，小屋貫の使用は，初期には棟通りにのみ，さらに桁行の母屋通りにも使用するなどして，ついには縦横に整然と組むものに進展していく．縦横に整然と小屋束を立てるためには，柱間には規制されずに配置できるように束を受ける水平材（束踏み）の配り方，すなわち梁組の発達が欠かせないのであり，梁行方向の梁に加えて桁行方向の梁を組み合わせることとなる．

　束踏みに立つ束の足元は同一高さとはならないから，初期の段階では必ずしも貫を水平に通さずに斜めに貫いたものもあり，『日本建築辞彙』（改訂増補，1931）によればこのような貫を「筋違貫」という．正しく水平に納めようとする場合，桁行と梁行の両方向の貫の高さ関係は，桁行と梁行の貫の間隔がほぼ等間隔のもの，貫成の 1〜1/2 程度の開きを設けるもの，一方の貫の下端を他方の上端に揃えるもの（背違い）とがある．

a．初期の小屋貫

　小屋貫の使用が知られる早い例として元興寺極楽坊本堂（奈良県，寛元 2 年/1230），十輪院本堂（奈良県，鎌倉前期），法隆寺聖霊院（奈良県，弘安 7 年/1284）がある．
　元興寺極楽坊本堂では建立当初の小屋組架構がよく

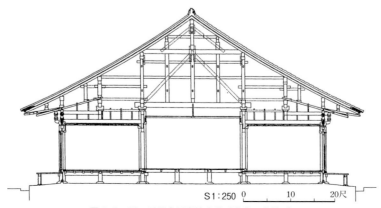

図 1.2-42　元興寺極楽坊本堂［出典：文献 1］

残り、梁間が大きいことから棟が高く、野屋根の懐が大きいにもかかわらず、桔木を用いない構造である。小屋束心を貫く縦横の小屋貫の存在が確認され、大梁・二重梁間に2段、二重梁上に1段を配し、小屋貫を本格的に用いた早い例となる（文献1、図1.2-42）。

十輪院本堂は板軒で勾配の緩い屋根のため比較的棟高は低いものの、桁行に1通り、梁行に2通りに各1段の小屋貫を用いて、束の側面に欠き込んで釘打ちした小屋束繋ぎを併用している。

法隆寺聖霊院は、現在の小屋組は当初材数本を残して組み替えているが、修理時に発見された当初の棟束から棟通りに1段の貫が復原考察されている。桔木の使用と貫の使用が併せて確認される古い例である。

以上のように初期の小屋貫の使用例をみると、元興寺極楽坊本堂を除けば一般に小屋中央部に細い貫を1段用いる程度であったと考えられ、また筋かいなどを併用している。

奈良県では瑞花院本堂（嘉吉3年/1443）や不動院本堂（文明15年/1483）のように時期が降っても筋かいなどを併用する傾向がある。不動院本堂では、棟通りの小屋貫を断面の大きな中央で起ったもの2段を入れ、各所で貫穴の修整を行っていたり、貫は必ずしも水平でなく、通りも通らないなど整然としていない（文献3、図1.2-43）。

b. 小屋貫の普及

鎌倉後期には香川県の本山寺本堂（正安2年/1300）、広島県の浄土寺本堂（嘉暦2年/1327）など各地に小屋貫の使用が急速に普及したことがうかがえる。

本山寺本堂の小屋組は江戸期に現在のような梁組に組み直されているが、天井回り縁の仕口からこれに直接小屋束を立てたと考えられ、また全長を残す当初の棟束が残り、長さ9尺1寸にも及ぶ長大なものであり、桁行・梁行各1段の小屋貫の使用が確認できる。

浄土寺本堂は、軸部の柱長にも匹敵する長大な棟束を使用した小屋組の高い建築であり、棟通りおよび梁行の2通りに各2段の貫を通す。筋かいや母屋の転び止めを併用している点では初期の様相を残すが、貫は成4寸3分、幅2寸前後と木柄が太いものを使用している。

また、同寺阿弥陀堂（康永4年/1345）でも要所に筋かいを併用しながら、桁行3通り、梁行2通りに各

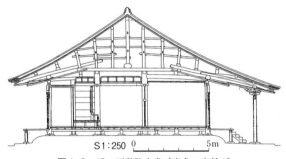

図1.2-43 不動院本堂［出典：文献3］

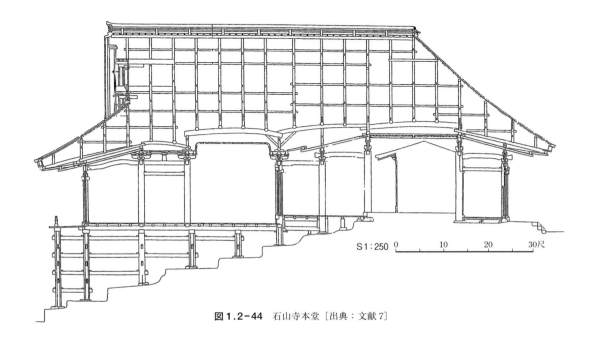

図1.2-44 石山寺本堂［出典：文献7］

1段の小屋貫を用い，棟通りの貫は棟両端を支える傾き束（方杖型）まで差し通す．貫穴の寸法は成5寸，幅2寸4分で，十文字に通る貫の上下間隔は貫穴成5寸に等しい．

このように鎌倉後期から室町時代にかけては，筋かいの併用は依然として続くものの，小屋貫が急速に普及して使用部位が増し，次第に規則的な配置となっていく．特に長大となる棟束を固めることが可能となり，二重梁構造を避けることができた．

近世初頭の慶長年間には小屋貫が多用され，整然と配されるようになる．滋賀県の石山寺本堂を例として取り上げておく（文献7，図1.2-44）．この本堂は慶長7年（1602）に礼堂の造替が行われ，この際に本堂から相の間を挟んで礼堂に連なる一連の小屋組に改められた．小屋束を整然とほぼ等間隔に配し，小屋貫4～6段を通す．後半の本堂側では背違いに配るのに対して，前半の礼堂側では位置をずらしているのは正面妻飾りとの納まりのためであろうか．すべての小屋束に一連の番付が付されていることからも同時期の仕事であることは明らかである．小屋貫の継手位置は，束位置にとらわれず束間で自由に設けている．束間の寸法とは関係なく小屋貫を大量に木造りしておき，順次送り込みながら継いでいったためである．[清水真一]

■文　献
(1) 『元興寺極楽房本堂・禅室及び東門修理工事報告書』奈良県教育委員会，1957．
(2) 『十輪院本堂及び南門修理工事報告書』奈良県教育委員会，1956．
(3) 奈良県文化財保存事務所『重要文化財不動院本堂修理工事報告書』1967．
(4) 国宝本山寺本堂修理工事委員会『国宝本山寺本堂修理工事報告書』1955．
(5) 国宝浄土寺修理委員会『国宝並びに重要文化財浄土寺本堂・多宝塔・山門修理工事報告書』1973．
(6) 浄土寺阿弥陀堂・露滴庵及び中門修理委員会『重要文化財浄土寺阿弥陀堂・露滴庵及び中門修理工事報告書』1970．
(7) 『国宝石山寺本堂修理工事報告書』滋賀県教育委員会，1961．

1.2.10　桁行小屋梁の出現（小屋組の変化）

a．桁行繋梁

わが国の建築は，切妻造の身舎に庇を巡らした構造を基本とし，身舎は棟と直行する梁を渡して屋根を受けることを決まりとした．一方，庇は通しの垂木により総持ちとする垂木構造であって，庇の繋梁は屋根を受けるのではなく身舎と庇の軸組を繋いで固めることを目的とした．

しかし身舎に寄棟あるいは入母屋の屋根をかけようとすると棟木の両端，あるいは妻の立ち所が大梁位置付近にあれば屋根を受けられるものの，両妻側の柱間中程には母屋を受ける材が必要となる．

このため，古代の校倉では桁行方向に繋梁が常套的に使用されている．校倉は寄棟造とし棟を長く見せるために振れ隅とするのが常套的であるが，大梁位置よりも外に棟が延びてもわずかであるため棟端を受ける束はなく片持ちとする．繋梁は棟端を受けるものではなく母屋束を受けるものであり，また，平側と同等に壁体に屋根荷重を伝えるために必要であった．

奈良県の当麻寺本堂の第二次前身堂（文献1，図1.2-45）の内陣（身舎）は寄棟の化粧屋根裏に梁行の繋梁を現す数少ない例である．棟端は柱筋の梁行大梁で受けるから，繋梁は母屋桁を受ける必要から用いられたものであり，大梁側面に同一高さで納めることも，校倉と同様である．

なお，平等院鳳凰堂中堂は身舎のみからなる平面構成であり，妻の立ち所が柱間中程に位置している．意

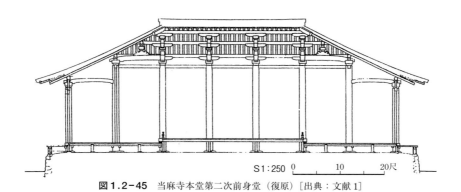

図1.2-45　当麻寺本堂第二次前身堂（復原）［出典：文献1］

1.2 小屋組と軒

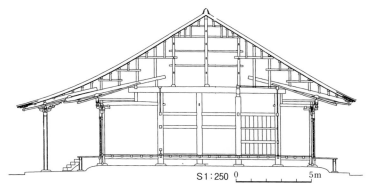

図1.2-46 瑞花院本堂［出典：文献2］

匠的には縦横の梁が入り乱れることは考えにくかったのであろうか．大虹梁から直交して繋梁が欲しいところではあるがその使用を避けている．

b．桁行野梁の使用

このように堂内に現れる架構においては意匠的な観点からは桁行梁の使用は避けたいところであったが，野小屋では桁行梁を併用する手法が発展していく．

(1) 上木への使用 梁行の柱筋に架かる大梁の上に，桁行方向の材を重ね渡した例として，奈良県の瑞花院本堂（嘉吉3年/1443），不動院本堂（文明15年/1483上棟，明応6年/1497頃竣工），正蓮寺大日堂（文明10年/1478），岡山県の本蓮寺本堂（明応元年/1492），福井県の羽賀寺本堂（文安4年/1447）を掲げてその用法をみておく．

瑞花院本堂では，梁行の大梁上に棟通りおよびその前後の母屋通りに小梁（半割丸太）を渡して束踏みとする（文献2，図1.2-46）．

また，不動院本堂では，当初の小屋組が良好に残り，梁行大梁上に棟通りに湾曲した桁行大梁（梁行梁に匹敵する大断面）が架かる．母屋束は柱筋の梁行大梁に立つ古式を守りながらも，棟束は桁行大梁に立てることで，棟両端部の支持を目的としたもので，小屋組全体としては整然としていないし，束を立てる位置ばかりか，小屋貫も水平に納めようとは意識していない（文献3，図1.2-47）．

瑞花院本堂，不動院本堂ともに，梁行大梁は柱筋に伝統的な角物を使用しながらも，上木となる桁行梁には野物を用いる．野物梁が使用された早期の事例でもある．

正蓮寺大日堂では，梁行大梁の上に入側桁を井桁に組み，その上の桁行梁（地棟）に棟束を立てる．両端

図1.2-47 不動院本堂［出典：文献3］

の棟束は梁行の柱筋に位置するから桁行梁は不要なはずだが，中央間が12尺と広いことから中心に棟束を立てる必要から用いられた．

本蓮寺本堂では，棟通りに桁行梁を用い，梁行梁とともに野物材を用いる．桔木尻は棟近くにまで延び，棟の前後の母屋桁通りには桔木上に束踏みとして桁行の材を渡す．

このように，桁行梁使用の大きな目的は，棟木を受けるため，特に寄棟造において棟の両端を支える棟束を支えることであり，15世紀には広く各地で採用された様がうかがえる．

また，入母屋造の小屋組でも桁行梁の使用がみられ，羽賀寺本堂では，梁行の大梁上に束踏梁を7通りに渡しその両端は妻の前包みに達する．間口も大梁位置とは無関係に均等に5筋に配っており，桁行・梁行方向ともに柱筋に規制されずに束を密に配した早い例である（文献4，図1.2-48）．

(2) 下木への使用 桁行の梁を渡した上に梁行梁を重ね渡した早い例として，円教寺常行堂（兵庫県，享徳2年/1453）をあげておく．建設途次に仮に設けられていた天井桁束立て形式の小屋に代わって，桁行の

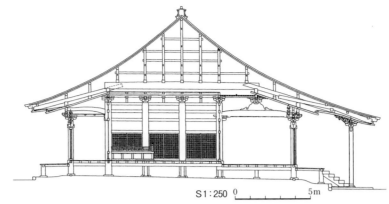

図 1.2-48　羽賀寺本堂 [出典：文献 4]

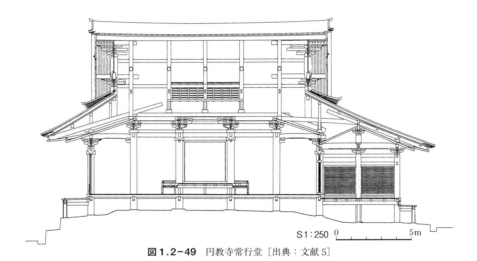

図 1.2-49　円教寺常行堂 [出典：文献 5]

土居桁上に梁行の初重梁を渡す形式に改められた．この場合，土居桁は天井桁上に重ね置かれたもので，梁行梁は柱筋に制約されずに密に配置されることとなった（文献 5，図 1.2-49）．

玉鳳院開山堂（京都府，室町中期：天文 7 年頃移築）では，梁の配置は柱筋を守りながらも桁行野梁を下木とする．梁行梁も柱筋に架かるから，束の配置に関してはどちらを先に架けようが変わらないが，間口（桁行）よりも奥行（梁間）が長いことからスパンが短い方を下木にしたものである．

弥勒寺本堂（兵庫県，弘治 3 年/1557 改造）でも，間口 3 間に対して奥行 5 間の縦長平面であり，梁行梁，桁行梁ともに野物材を用い，桁行梁を下木とする．小屋束はすべて梁行梁に載るから母屋桁の間隔を容易に均等に割り付けることができ，また妻の立ち所に梁行梁を架け渡すことができることから，整然とした小屋

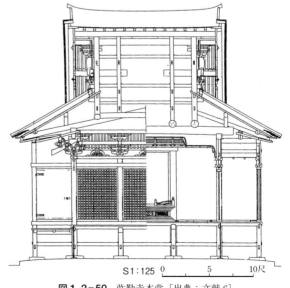

図 1.2-50　弥勒寺本堂 [出典：文献 6]

束の配置が可能となった（文献 6，図 1.2-50）．近世に入ると，園城寺金堂（滋賀県，慶長 4 年/1599），輪王寺本堂（栃木県，正保 4 年/1647）など桁行梁を下木とする構法はもはや珍しいことではなく，縦横の小屋梁の用い方は，軸部平面からの制約を解かれたといえよう．　　　　　　　　　　　　　　　　［清水真一］

■文　献

(1) 『国宝当麻寺本堂修理工事報告書』奈良県教育委員会，1960.
(2) 奈良県文化財保存事務所『重要文化財瑞花院本堂修理工事報告書』奈良県教育委員会，1974.
(3) 奈良県文化財保存事務所『重要文化財不動院本堂修理工事報告書』1967.
(4) 重要文化財羽賀寺本堂修理委員会『重要文化財羽賀寺本堂修理工事報告書』1968.
(5) 重要文化財円教寺常行堂修理委員会『重要文化財円教寺常行堂修理工事報告書』1965.
(6) 重要文化財弥勒寺本堂修理委員会『重要文化財弥勒寺本堂修理工事報告書』1956.

1.2.11　和小屋の発展

　小屋組は建物全体を覆う屋根を支え，また深い軒を支える裏方として大きな役割を担っているばかりでなく，小屋組の架構が可能なことを前提として平面の規模や間取りの発展が保証されるし，立面的な意匠の上でも大きな比重を占める屋根の規模と形態にかかわる．
　和小屋とよばれるわが国古来の小屋組は，梁の上に束を立て，ほとんど斜材を用いることのない構造であるから，近代になり伝えられた洋小屋と比べると水平力に弱く，また大スパンには不向きであったものの，古来さまざまな工夫を施しながら，独自の発展を遂げてきた．以下，近世における和小屋の完成に至るまでの過程を概観してみよう．

a. 野小屋の登場

　垂木の上面から屋根野地を浮かせる手法は奈良時代の法隆寺東院ですでに行われていたと考えられ，さらに平安中期には法隆寺大講堂などで野垂木が使用され，化粧屋根と野屋根の分離が始まる．また堂内に天井を張り詰め，あるいは化粧屋根の上にさらに束立てして二重屋根を架けることで，野小屋が生まれた．礼拝空間の拡大に伴って仏堂の奥行が深まるのに比例して棟は高くなるが，当麻寺本堂（奈良県，永暦 2 年

/1161），長寿寺本堂（滋賀県，鎌倉前期）のように別棟の正堂・礼堂の架構形式を化粧屋根裏として堂内に表す場合には，その上に組み上げられた野小屋は成を低く抑えられる．しかし，堂内に天井を張り一連の大屋根を架ける場合には野小屋が高く不安定となるため，二重梁，三重梁を渡すことで小屋束が長大となることを避けた．中世前半までは，小屋梁は比較的細い角物であり，檜皮葺などの軽量な屋根の場合には，大報恩寺本堂（京都府，安貞元年/1227），太山寺本堂（兵庫県，弘安 8 年/1285）のように組入天井の天井桁に初重梁の役を負わせることも行われた．
　鎌倉後期には野屋根の懐を利用して桔木の使用が始まる．初期の桔木は本蓮寺本堂（岡山県，明応元年/1492）に典型的にみられるように小屋束を受ける登梁的な性格を兼ね備えたものが多いが，次第に軒を跳ねる専用目的の材となり，小屋束の間を縫って配られるようになる．

b. 小屋組の強化

　小屋梁の配置は軸部の柱筋により制約され，小屋束の間隔は疎らでばらつきが生じるため，平安末期から筋かい，母屋繋ぎ，転び止めなどの斜材による補強が行われる．筋かいは梁や束などの主要構造材の側面を浅く欠き込んで釘打ちした程度の断面の薄い引張材で，建立時の仮留めを兼ねた振れ止め的な部材として，鎌倉時代に隆盛して整然と配られたものが現れる．
　鎌倉時代中頃からは筋かいと併用して小屋貫の使用が始まり，棟通りに 1 通り，梁行に 2 通りほどを各 1 段使用する程度であったが，鎌倉後期には各地に急速に普及し，次第に貫の本数を増し，浄土寺本堂（広島県，嘉暦 2 年/1327）のように長大な小屋束に桁行・梁行とも各 2 段の貫を通すものも現れる．小屋貫の本数が増したことで，二重，三重に小屋梁を積み重ねることなく，初重梁上から棟木や母屋まで直接達する長大な小屋束を立ち上げることが可能となり，また筋かいなどの補強材の役割は低下してその使用は限定的なものとなっていく．各段の貫の高さは，寶塔寺本堂（京都府，慶長 13 年/1608）ではなお桁行と梁行で段違いに不規則に配られているが（図 1.2-51），教王護国寺（東寺）灌頂院（京都府，寛永 6 年/1629）のように桁行・梁行の片一方の貫の下端をもう一方の貫の上端に揃えた背違いに配る手法が近世初期から定着していく（文献 2，図 1.2-52）．

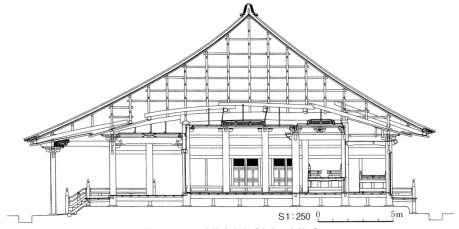

図1.2-51　寶塔寺本堂［出典：文献1］

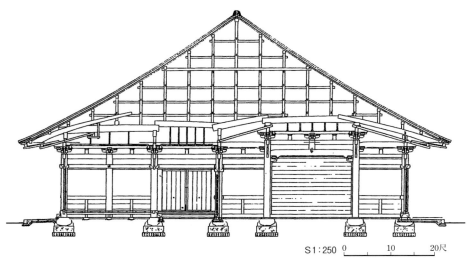

図1.2-52　教王護国寺灌頂院［出典：文献2］

c．梁組の発展

　小屋組全体を支える小屋梁は，柱の頂部に直接，もしくは組物(くみもの)を介して架されていたから軸部の柱筋に制約されていた．小屋梁を下木，側桁を上木とする構法は，側柱(がわばしら)がほぼ均等に配置される建物に向いており，長大な建物を桁行方向に1スパンごとに組み上げていくことも容易であるから，古代的な身舎・庇構成の建築に常用され，その後も踏襲された．

　室町時代中期には，特に棟両端部を支持するなどの目的で，梁行の大梁上に桁行の野梁を架す構法が広まり，羽賀寺(はがじ)本堂（福井県，文安4年/1447）のように棟通りばかりでなく桁行の束踏梁を幾通りにも架す構法も現れた．桁行梁の使用が広まるにつれて，桁行梁を下木とするもの（敷桁(しきげた)）が現れる．また，堂内一面に天井が張り巡らされると，柱上の組物と大梁を直接組み合わせる古来の手法を離れて，天井面となる組物上端などに渡した桁材の上に梁行梁を架け渡すことができる．寶塔寺本堂では桁行と梁行の梁を交互に編み重ねた過渡期の架構を見せるが，教王護国寺灌頂院では桁行梁の上に梁行梁を均等に配り，小屋束をすべて梁行梁に載せることで，母屋桁の間隔を容易に均等に割り付けている（文献1・2，図1.2-51・52参照）．このように小屋束を整然と方眼状に配することができたことで，軸部平面からの制約を解かれた．これにより，凸型・工字型の平面にも自在に小屋組をかけることができ，複合建築の発展を促すことにもなる．

　天井裏に小屋組が隠された後も，堂内には化粧の梁組（虹梁(こうりょう)）を表すことも行われた．鎌倉時代から室町

前期にかけての頃には，本山寺本堂（香川県，正安2年/1300）などのように堂内虹梁で天井桁束立ての小屋組を受ける形式も試みられたが，小屋梁の配置が自由になるにつれて堂内虹梁は柱頂部の繋ぎと天井桁の

支承に役割を特化して小屋組との構造的な連携を失っていく．

一方，小屋組の発展により仏堂の大規模化が進むと，大型仏堂では軸部と小屋組の構造的な連携を再び指向

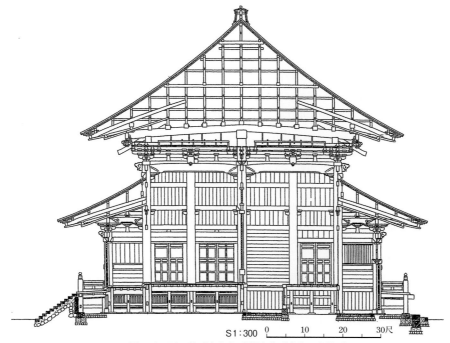

図1.2-53 輪王寺本堂（縦断面）[出典：文献3]

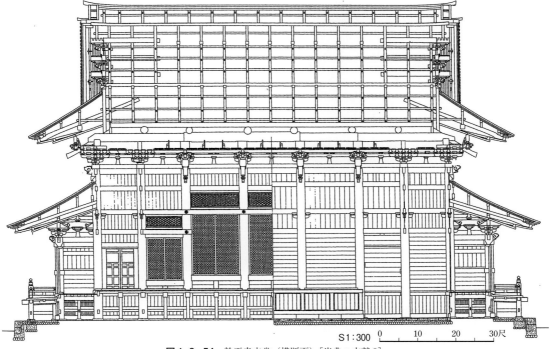

図1.2-54 輪王寺本堂（横断面）[出典：文献3]

する動きが現れる．寶塔寺本堂では内陣まわりの柱をすべて天井裏まで建て登らせて頭繋ぎを架して小屋梁を受けており，輪王寺本堂（栃木県，正保4年/1647）では棟通りに位置する内外陣境の柱を建て登らせることで，長大な大梁を中央で受ける．建登せ柱に堂内虹梁や組物を挿し込むことにより軸組の強化と堂内荘厳の保持にも寄与することで，軸部の架構と小屋組の架構とを一体的かつ合理的に強固にまとめている（文献3, 図1.2-53）．また，大規模化に伴って小屋束がいっそう長大となることを避けるとともに，母屋繋ぎを兼ねて，細い角物の二重梁，三重梁を再び採用するようになる．

小屋組を堅固に組み上げることが可能となるにつれて，仏堂の屋根はより高く大きなものとなり，立面構成上ますます大きな位置を占めていく．小屋梁を柱筋以外の位置にも配ることができたことで，妻飾りの建ち所は自由となり，また指棟，指母屋の使用により大きな箕甲を備えることができたことで，屋根の大きさにふさわしい妻の意匠を実現した（文献3, 図1.2-54）．　　　　　　　　　　　　　　　　　　　　　　　　［清水真一］

■文　献
(1)『重要文化財寶塔寺本堂・多宝塔修理工事報告書』京都府教育委員会，2003.
(2)『重要文化財教王護国寺灌頂院并北門東門修理工事報告書』京都府教育委員会，1959.
(3) 日光二社一寺文化財保存委員会『重要文化財輪王寺本堂（三仏堂）修理工事報告書』輪王寺，1963.

1.2.12　組　物

a．組物の基本構成と構造的機能

組物は斗組や斗栱とも称し，柱上にあって桁などを支持する．方形の斗と長い角材の肘木（栱）を基本に，時には斜材の尾垂木を加えて構成される．

肘木は斗や桁を受ける横材（水平材）で，両端下端を円弧状に欠く形状を基本とし，使われる位置や構造上の役割に応じて形状や名称が異なり，さらに時代や建築様式などにより，さまざまな形態がみられる．十字に組む肘木が枠肘木で，斗の上に置かれ上端に斗が並ぶのが秤肘木である．実肘木は桁を直接に受ける肘木で両端に繰形が付けられることが多く，絵様を施したものが絵様肘木と称される．通肘木は斗にのり桁方向に延びて組物間を繋ぐ横架材，力肘木は桁と直角方向，前方に延びて尾垂木を支える．挿肘木は柱に開けられた仕口に挿し込む肘木で，虹梁の端部を受ける挿肘木を根肘木と称する．

斗は柱や肘木，蟇股，間斗束などの上にのり，上部の肘木や桁，丸桁，梁などを受ける．矩形または方形で，上部が下端（斗尻）より大きく，上下の中間と下方1/3あたりまでの間から下を円弧状にして小さくする．柱などにのる大きな斗が大斗，肘木や束の上で，肘木や桁などを一方向にのみ受ける小型の斗が巻斗で，枠肘木の中央で交差する部材を受ける方斗，隅行の斜め方向に架かる肘木に置かれる長方形平面の延斗，隅肘木や隅尾垂木にのり，その上で直交する通肘木などを受けるのが鬼斗（菊斗）である．また，斗尻下に置かれる皿のような形をした斗が皿斗と称される．

尾垂木は組物に組み込まれ，前方に突き出る斜材で，先端で斗を介して通肘木などを支持し，他端は小屋組内や堂内に延びている．

このような部材で構成される組物が，桁や直交する梁などの横架材を受けて，軸組を堅固にするとともに，屋根の荷重を柱へ伝えるのである．加えて丸桁を側柱筋から遠くへ持ち出して軒の出を深くするとともに，何段にも組み上げて軒を高くし，豊かな軒空間を創出するのである．

わが国最古の遺構の一つ法隆寺金堂（文献1, 図1.2-55）では雲斗雲肘木という特殊な形の組物が使われている．円柱上に皿斗付の大斗をのせ，曲線状に

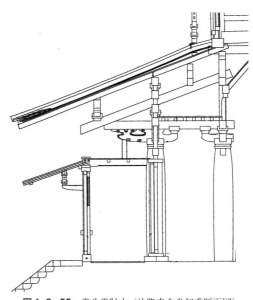

図1.2-55　雲斗雲肘木（法隆寺金堂初重断面図）
［出典：文献1，第四六図 初重矩計図］

なる独特の形をした雲斗雲肘木を前方に出し，その上の水平直材（力肘木）を介して尾垂木を支え，尾垂木先の斗にのる雲斗雲肘木で丸桁を受ける．尾垂木が軒を大きく跳ね出し，その尾垂木を力肘木と雲斗栱が支える．側柱筋においては肘木に雲斗を置き，通肘木を重ね，堂内では，尾垂木を支える力肘木および尾垂木が入側柱筋まで至る．このようにして桁行と梁行を固めており，雲斗雲肘木という独特の形ながら，組物のもつ基本的構造をよく示している．

b. 組物の種類

最も簡易な組物は舟肘木（文献2，図1.2-56）で，柱の上に肘木を置いて，桁を支え，その桁が繋梁などを受けるものである．柱が直接に桁を受けると点での支持となり，桁の荷重が柱位置にのみ集中するのに対して，肘木を介することにより線で支えることとなる．長い線で受けようとするため，舟肘木は秤肘木などに比べて，長く特徴的な形状になる．

京都府の浄瑠璃寺本堂などのように，四隅のみ舟肘木を入れ，その他の柱は直接に桁を受ける例がある．隅部に荷重が集中するとともに，そこで桁が交差することで断面欠損が生じるため，舟肘木を挿入して欠損による負担の軽減を図ったものとみられる．

大斗肘木（文献3，図1.2-57）は，柱上の大斗が

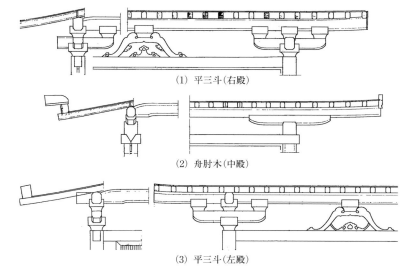

(1) 平三斗（右殿）

(2) 舟肘木（中殿）

(3) 平三斗（左殿）

図1.2-56 舟肘木，平三斗（宇治上神社本殿 内殿組物詳細図）：左殿と右殿は同じ平三斗組であるが，繋虹梁の受け方に違いがある．[出典：文献2]

(1) 内部見上げ（側柱および入側柱上に大斗肘木）

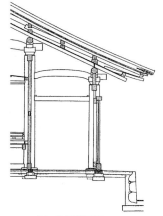

(2) 梁行断面図

図1.2-57 大斗肘木（法隆寺食堂）[出典：文献3，食堂細殿縦断面圖]

繋虹梁を受けて，外側に虹梁鼻を出し，その上に桁方向に肘木，次に桁をのせて，軸組を固め，屋根荷重を柱へと伝える．この肘木上に三斗を並べ，桁を受けるのが平三斗（文献3・4，図1.2-56・58）である．大斗が繋虹梁と秤肘木を受け，その上に3個の巻斗を並べ，桁を支持するものである．京都府の宇治上神社本殿左殿の庇にみられるように，大斗ではなく，秤肘木上の中央の斗が虹梁を受けるものもある．出三斗（文献5，図1.2-59）は，中央の斗で繋虹梁を受ける平三斗組に，柱の前後で肘木と斗を出して，繋虹梁を支持しようとするものである．大斗上に枠肘木を組み，その上に斗を並べ，虹梁と軒桁を支えるのである．大斗肘木から平三斗，出三斗となるに従い，桁や虹梁が柱頭から高くなり，高い軒や内部空間がつくられるとともに，桁や梁を支持する材も増え，堅牢に固められるようになる．また，宇治上神社本殿左・右殿（図1.2-60）にみられるように，桁と頭貫の間が広くなると，柱間中央において，軒の垂下を防ぐとともに，時に壁面を飾る意匠性を備えた部材が置かれる．この部材が中備で，主に蟇股や間斗束などが使われる．

上述の組物においては桁が側柱筋だけにあるのに対して，肘木を前方に持ち出して桁を側柱筋から外側に出す組物がある．この持ち出された桁が丸桁である．側柱筋から前方にある斗のいくつ目に丸桁があるかを手先として数え，手先が多くなればなるほど，組物は複雑となるとともに，丸桁が柱筋から遠くなり，軒を深くすることとなる．丸桁と側柱筋の間には軒天井や支輪が張られ，軒まわりが装飾され，固められる．支輪は丸桁と通肘木，または通肘木と通肘木などの間に斜めに架けられる材で，本支輪は湾曲した小材を架け，その間に支輪板を張り，蛇腹支輪ともよばれる．それ以外に板だけの板支輪や，菱形に組む菱支輪などがある．また，軒天井は，丸桁と通肘木，または通肘木と通肘木などの間に水平またはほぼ水平に張られる天井で，小天井ともいう．

前方に一手出すのが出組（文献6，図1.2-60）で，大斗上に枠肘木を置き，その前方に出た先端に壁面と平行に肘木を置き，斗を並べ，実肘木を介して丸桁を受け，側柱筋の通肘木と丸桁間に本支輪を設ける．堂内の繋虹梁は側柱筋と直交する三斗組が受け，虹梁鼻は外側まで延び，一手先の方斗に架かっている．

また，東大寺法華堂（文献7，図1.2-61）では，

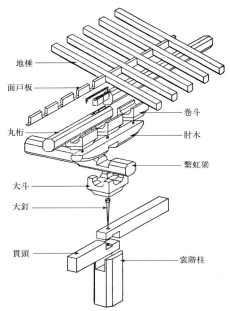

図1.2-58 平三斗（平等院鳳凰堂裳階軒分解図）
［出典：文献4，挿図第一八図 裳階柱上各部仕口図］

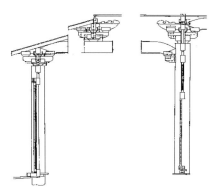

図1.2-59 出三斗（孝恩寺観音堂梁行断面図）
［出典：文献5］

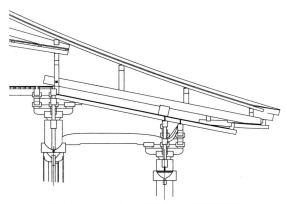

図1.2-60 出組（大報恩寺本堂梁行断面図）
［出典：文献6，二一 竣功梁行背面矩計圖］

(1) 見上げ

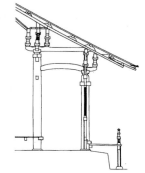
(2) 桁行横断詳細図

図1.2-61 出組（東大寺法華堂）［出典：文献7，第一五図 正堂側柱上組物．第六図 正堂横断面図］

枠肘木ではなく，大斗が繋虹梁を受け，虹梁鼻を堂外に突き出して，その上部に斗を置き，出組をつくる．虹梁鼻が肘木の役割を果たすため，枠肘木とならない．また，側柱筋では三斗組上に通肘木，斗束，通肘木と組み上げ，上段通肘木（桁）が垂木を支持している．

出組からさらに一手出すのが二手先であり，この先端の一手については肘木により出すものと尾垂木によるものとがある．兵庫県の円教寺大講堂（文献8，図1.2-62）は前者の一例で，大斗に枠肘木を組み，その上に一手出の長い肘木を置き，二手目を出し，平三斗を置き，絵様肘木で丸桁を受け，一手目には軒天井，二手目には支輪を張る．堂内側は二段目肘木上に斗を置き，下端を絵様肘木状につくる梁を受けている．この梁鼻は外部まで延びて二手目の平三斗を支持する．側柱筋の肘木は2段以上が通肘木であり，桁行を固め，これと梁が組み合い，軸組を堅固にしている．

二手目を尾垂木により出すもの（図1.2-63・71）では京都府の海住山寺五重塔がある．大斗上に枠肘木を組み，一手先に平三斗を置き，中央に尾垂木を架け，その先に斗を置き，平三斗を介して，丸桁を支持する．一手目に軒天井，二手目に支輪を張る．側柱筋の肘木は枠肘木上に2段の通肘木を通して固める．塔内側は野に隠れるため，いずれの段も繋ぎの通肘木として内部に長く延び，手先方向の軸組を固めている．

三手先斗栱（文献4，図1.2-64）は，大斗上に枠肘木をのせ，斗を並べ，その上に手先の長い肘木と壁面には通肘木を置く．さらに上に壁面では平三斗で通肘木を支持し，手先先端にも平三斗を置き，通肘木を支持し，尾垂木をはね出す．尾垂木先には実肘木付三斗組を置き丸桁を支える．二手目の平三斗で，力肘木を受け，側柱寄りには軒天井，丸桁との間には本支輪を張る．柱間中央の中備には，束と斗からなる間斗束

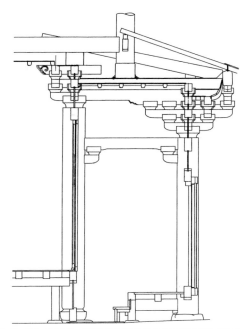

図1.2-62 二手先（円教寺大講堂梁行断面詳細図）［出典：文献8，第一七図竣工下層矩計図その二内陣裏間梁行断面］

図1.2-63 尾垂木付二手先（海住山寺五重塔）
［出典：文献9，八四二重斗栱組上（平）］

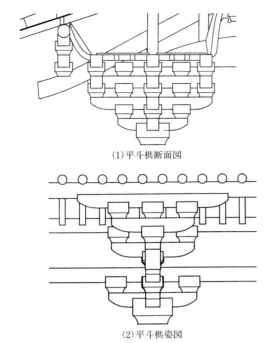

(1)平斗栱断面図

(2)平斗栱姿図

図 1.2-64 三手先(平等院鳳凰堂組物詳細図)
[出典:文献4,二〇 竣工身舎斗栱詳細図 平斗栱断面図姿図]

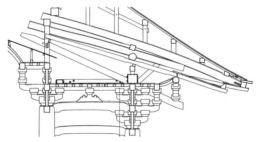

図 1.2-65 三手先(唐招提寺金堂軒詳細図)
[出典:文献10, 第8図竣功矩計図Ⅰ]

を上下2段に入れる.内部は,二手先の平三斗で虹梁と天井回り縁を受け,虹梁鼻は外部に出して尾垂木を支持する.三手先目をはね出す尾垂木は小屋組の奥深くまで延びる.

唐招提寺金堂(文献10,図 1.2-65)では,二手目の肘木が入側柱から側柱に架かる繋虹梁の虹梁鼻であり,それを一手目が支える.さらにその上の枠肘木は堂内では組天井を受ける肘木であり,斗栱部分だけでも2段に梁行材を組み込み,軸組を固めている.薬師寺東塔(文献11,図 1.2-66)では二手目の肘木とその上の力肘木は内部に延び,四天柱上で繋肘木として組み込まれる.架構形式はさまざまであるが,多くの場合,手先に延びる枠肘木は内部では繋肘木や虹梁と

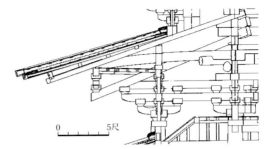

図 1.2-66 三手先(薬師寺東塔軒詳細図)
[出典:文献11, 46 東塔初層上部断面詳細図]

なり,架構を固めているのである.

c. 大仏様と禅宗様

古代末から中世初頭にかけて,新たに大陸から移入された建築様式である大仏様と禅宗様は,古代以来の和様と,組物においても顕著な違いを示す.

浄土寺浄土堂(兵庫県)のような大仏様(文献12,図 1.2-67)では,柱が垂木近くまで及び,柱上に皿斗付の大斗を置き,先端を木鼻とする虹梁を受け,その上に実肘木付の平三斗を組み込み,桁を支持する.

軒先については,手先方向に挿肘木を3段に挿し込み,下から上へと次第に迫り出し,それぞれの先端に皿斗付の斗を置き,三手目に実肘木付平三斗をのせ,

(1)軒見上げ

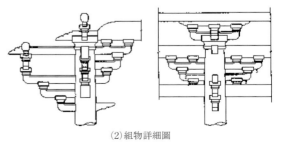

(2)組物詳細図

図 1.2-67 大仏様組物(浄土寺浄土堂,兵庫県)
[出典:文献12, 写真29 側柱斗栱詳細(竣成) 第33 表挿図]

丸桁を支持する．三手先目の肘木は堂内に抜け，内部では最下段の肘木となり，ここから三手先を組み，虹梁下端を受ける．内部の三手目肘木は堂外へ抜け，端部を大仏様木鼻につくり，丸桁を支持する．堂内外とも三手先としながら，肘木位置は内外で違っている．側柱筋は内法貫と頭貫間に挿肘木を2段に入れ，その間に斗を並べて固める．手先方向，側柱筋とも斗の位置は必ずしも上下で揃わず，数も必要最小限である．また，挿肘木が何段にも柱を貫くことで，柱部材を欠き取るが，皿斗を入れ，斗の全高を高くすることにより，挿肘木の上下の間を少しでも開けることができるとともに，組物全体の成を高くし，軒の深さを演出している．

また，柱間の中央には遊離尾垂木を置く．遊離尾垂木は，頭貫上の蟇股に，直交してのる実肘木上に，垂木と平行に置かれる材で，両端に斗を置き，外側では丸桁を，内部では母屋桁を支え，垂木の垂下を防いでいる．

浄土寺浄土堂より壮大な規模の東大寺南大門（文献13，図1.2-68）も，柱上に同じように平三斗を組み，虹梁と桁を受けている．しかし，二重の深い屋根を持ち出す挿肘木は，それぞれ六手先斗栱と手先がかなり多く，六手先目の上にも手先方向に短い挿肘木を設けて，柱筋と先端丸桁の中間の母屋桁を支持し，深い軒の垂下を防いでいる．六手目の上の肘木と四手目は先端を大仏様木鼻につくり出し，堂内に延びて梁行の貫となる．側柱筋においても，この位置で貫が柱間を繋ぎ，軸部を固める．また，組物の左右の振れを止めるため，三手先と五手先の肘木を通肘木とする．基本的には，柱間に何段にも貫を縦横に通して固めた上で，その貫を軒先へ延ばして丸桁を持ち出し，それらの貫を挿肘木が支持し，垂下を防ぐという構造である．東大寺南大門は浄土寺浄土堂と比べ，貫と肘木の組み方や斗の配置など，違いをみせるが，いずれも柱上において平三斗組が虹梁と桁を支持し，柱途中において，堂の内外を貫く肘木または貫が軒を持ち出し，これらが垂下しないように挿肘木を重ねて支えている．柱上部の桁を支持する組物と，丸桁を持ち出す挿肘木組物という二種の斗栱を組み合わせて，屋根荷重を柱に伝えているのである．

次に禅宗様（文献15，図1.2-69）は，台輪上に大斗を置き，枠肘木を組み，手先に三斗を組み，先端には尾垂木をのせる．尾垂木先に三斗組を置き，さらに尾垂木，三斗組を重ねて，丸桁を受ける．三手目の三斗組を除き，各三斗組には左右に一手長い肘木と斗を置き，通肘木を受け，この通肘木で軒まわりを固める．二重の尾垂木は堂内へと延び，上の尾垂木は長く延びて柱間の中程で，三斗を介して，母屋桁を支持し，少し勾配の急な下尾垂木が斗を介して上尾垂木を支える．堂内の組物は二手目を通肘木で固め，下尾垂木を支えるとともに，一手出して海老虹梁尻を受ける．なお，二重の尾垂木とする場合，東京都の正福寺地蔵堂のように，下尾垂木を堂の内外で別材とし，堂内の勾配を極端にきつくし，上尾垂木を支持するものもある．

また，禅宗様では柱間にも組物を置き，詰組とすることも大きな特色である．柱上と同じ斗栱を中備にも配し，側桁や丸桁，母屋桁を支持するのである．

禅宗様組物は，比較的小振りな部材である斗や肘木，尾垂木を精緻に組み上げて，堅固な斗栱を構築し，高く垂直性の強い空間を実現している．斗栱を密に並べるとともに，通肘木を何通りも通して，軒まわりを堅牢にする．さらに，尾垂木は外部では深く丸桁を出し，その尾垂木尻を堂内に延ばし，母屋桁を支持することにより堂の内外でバランスよく，化粧垂木を持ち上げる．加えて，肘木は端部に直線面を設けず，円弧を描き，水繰りをもち，尾垂木は強く反り，先端を細くし

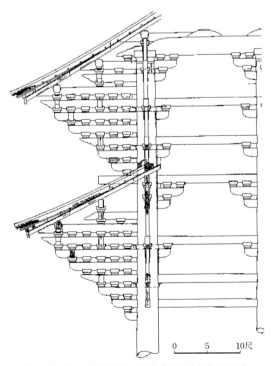

図1.2-68 大仏様組物（東大寺南大門組物詳細図）
［出典：文献13］

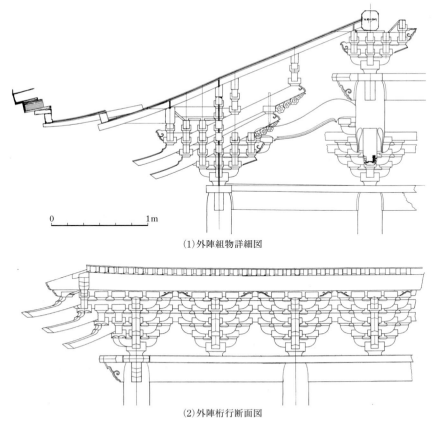

(1) 外陣組物詳細図

(2) 外陣桁行断面図

図 1.2-69 禅宗様組物（永保寺開山堂組物詳細図）［出典：文献 15，18 開山堂外陣組物及び軒回り断面詳細図］

鎬を付け，内部では下端に繰形や絵様などを施すなど各部材は優美にデザインされる．きわめて構造的な斗栱であるとともに，その構築美は繊細をきわめ，以後の建築意匠の重要な要素となった．

d．組物の構造的変容

　平等院鳳凰堂において，最も複雑な三手先組物も各肘木上に等間隔に整然と斗が並び，隅斗栱も整備されており，いわゆる和様組物がこの頃には完成していたとみられる．新様式の移入に伴い，組物は意匠と構造両面において多様性を獲得し，様式の取捨選択が行われ，新和様や折衷様を生み出した．その一方で，見た目は従来の形式と大きく変わらないものの，組物自体や組物間の繋ぎ方において変化を遂げた構造が現れる．

　まず，通肘木などを重ねることで，組物間を固めようとする動きが現れる．上述の平等院鳳凰堂のように，三手先などにおいては，組物間は通肘木を上下の中間に通し，中備にはその上下に間斗束などを設けたが，一乗寺三重塔では，下段を蟇股とするものの，上段にはさらに一通りの通肘木を加え，通肘木間に斗を入れる．通肘木を増やすことで組物間の連携を強めているのである．この架構は中世において主流となるとともに，この傾向はさらに強まり，最下段の肘木も通肘木として，その表面に形だけの秤肘木をつくり出すようになり，そして組物間で通肘木と，その間の面戸を一体化するものも現れる．奈良県の般若寺楼門（文献16，図 1.2-70）は一手先に巻斗を置き，大仏様の絵様をもつ枠肘木を介して，平三斗を置き，丸桁を支持する特殊な出組であるが，側柱筋の肘木と面戸は一木でつくり出され，それを重ねて壁面をつくる．この壁面の外側に斗など組物を張り付け，最下段と直上の大仏様肘木を一材とする成の高い横架材が内部へ延びて直交方向の架構を固める．側まわり上部に一体の壁面をつくり，これが屋根荷重を支持している．

　面戸と肘木，斗を一体にするような手法は手先方向でも展開する．まず海住山寺五重塔（文献 9，図 1.2-71）では手先方向の肘木は面戸をつくり出す成の高い

1.2 小屋組と軒

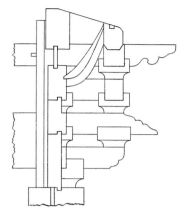

図1.2-70 般若寺楼門組物詳細図［出典：文献16］

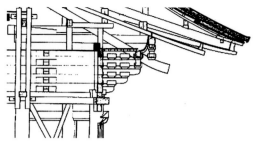

図1.2-72 根来寺大塔軒詳細図［出典：文献17］

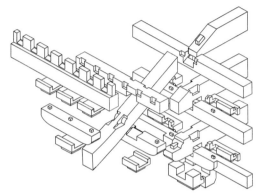

図1.2-71 海住山寺五重塔組物分解図
［出典：文献9，挿図第七図斗栱仕口分解図（五重）］

図1.2-73 鳳来寺観音堂組物解体
［出典：文献18．写真23 解体繋梁詳細］

一材となり，壁付の三斗組も外側のみで，3個の斗を一材からつくり出している．また，東大寺鐘楼はその特異な構造，意匠で傑出した建築である．組物も独特で，多くの斗を配列して，手先方向の肘木を支持するように見せるが，肘木とその下に並ぶ斗は一材からつくり出され，この成の高い部材を何段にも組み合わせて，上部の架構を支持している．厚い板状（厚さは肘木厚，高さは数段分）の部材を重ねて，構造的に完結させ，これを肘木型につくり出し，斗を張り付け，組物として形も整えているのである．

大型の多宝塔である和歌山県の根来寺大塔（文献17，図1.2-72）において，上層は四手先であるが，手先方向では肘木と面戸，斗の敷面高までを，壁付方向でも枠肘木と通肘木，琵琶板などを含めて手先方向と同じ高さを一体の角材でつくり，斗をその外面に張り付ける．そのような角材を何段にも重ね，井桁状に積み上げて，箱のような強固な架構をつくり出している．斗と肘木を組み合わせて，上部構造を支持するの

ではなく，横架材を重ねて箱のような構造体を構築して，上部荷重を支持しているのである．

また，千葉県の鳳来寺観音堂（文献18，図1.2-73）は禅宗様二手先詰組であるが，柱上の組物は大斗上の枠肘木が受ける繋虹梁を外部にまで突き出し，その先端を肘木や木鼻，斗状につくり出し，そこに直角方向の秤肘木や通肘木を取り付け，組物として形を整え，その虹梁鼻に丸桁を架け，その上に垂木を配っている．意匠的には二手先であるが，柱上の出三斗組にのる虹梁が，小屋を支えているとみることができ，構造的には出三斗組の一類型ともいえるのである．いずれにしても，ここではすでに，組物がもつ本来の構造性はなく，梁が組物の意匠を装い，丸桁を支持しているのである．

古代以来の和様は各建物の規模や形式，格などにより，斗栱の種類が選択され，桁や梁と有機的に組み合わせて軸部を構成した．禅宗様は小さな部材を複雑に組み合わせ，一つの固まりをつくり上げ，それを密に並べて，軒まわりを一つのまとまりのある構造体として上部架構を受け止めている．大仏様は，むしろ組物に対して懐疑的であり，柱が構造体として，梁を受け止め，直接柱上で桁を受け，軒を斗栱ではね出すが，

肘木は挿肘木で，その荷重を直接に柱へと伝えている．これらの意匠的，構造的特質のある組物が当初の形態を維持しつつも，建築構造の変化と相俟って変遷を遂げた．その結果，柱が建登せ柱となり，直接に小屋架構を支持するとともに，そこに架かる桔木や丸桁桔が軒を持ち出すような構造に至ると，組物は，斗と肘木，尾垂木などの部材を複雑に組み上げて，上部荷重を支え，軒先を持ち出すという本来的な役割が薄れ，組物の形式や意匠を自由に選択することで，装飾性豊かな軒まわりを創り出すようになるのである．[熊本達哉]

■文 献
(1) 竹島卓一編『國寶法隆寺金堂修理工事報告』法隆寺國寶保存委員会，1956．
(2) 保存図「宇治上神社本殿竣工詳細図」．
(3) 法隆寺國寶保存事業部『國寶法隆寺食堂及細殿修理工事報告』1936．
(4) 京都府教育廳文化財保護課國寶平等院鳳凰堂修理事務所編『國寶平等院鳳凰堂修理工事報告書』1957．
(5) 保存図「孝恩寺観音堂詳細図」．
(6) 京都府教育廳文化財保護課國寶大報恩寺本堂修理事務所編『國寶建造物大報恩寺本堂修理工事報告書』1954．
(7) 奈良県教育委員会事務局奈良県文化財保存事務所編『国宝東大寺法華堂修理工事報告書』奈良県教育委員会，1972．
(8) 重要文化財円教寺大講堂修理工事事務所編『重要文化財圓教寺大講堂修理工事報告書』重要文化財円教寺大講堂修理工事委員会，1956．
(9) 京都府教育庁文化財保護課編『国宝海住山寺五重塔修理工事報告書』1963．
(10) 奈良県教育委員会事務局文化財保存事務所編『国宝唐招提寺金堂修理工事報告書』奈良県教育委員会，2009．
(11) 浅野 清『薬師寺東塔に関する調査報告書』薬師寺，1981．
(12) 国宝浄土寺浄土堂修理委員会編・発行『国宝浄土寺浄土堂修理工事報告書』1959．
(13) 保存図「東大寺南大門修繕斗栱詳細圖」．
(14) 東大寺南大門修理工事事務所『東大寺南大門史及昭和修理要録』1930．
(15) 公益財団法人文化財建造物保存技術協会編『永保寺開山堂及観音堂保存修理工事報告書』宗教法人永保寺，2012．
(16) 保存図「般若寺楼門斗栱詳細図」．
(17) 保存図「和歌山縣大傳法院多寶塔上層矩計圖」．
(18) 重要文化財鳳来寺観音堂修理委員会編・発行『重要文化財鳳来寺観音堂修理工事報告書』1967．

1.2.13 垂 木

垂木は縦長の矩形断面になる細長い棒状の部材で，棟木から母屋，桁，丸桁に架け渡され，軒では緩く反り上がる．一定の間隔を開けて，建物全体に配され，木負や茅負，小舞などで繋がれて，一つの面を形成する．その上に瓦や檜皮などが葺かれ，屋根がつくられている（文献1, 図1.2-74）．同じ断面寸法でつくられ，すべての垂木が同じように上部の荷重を負担する総持ちとするのが基本的な構造である．また，垂木は構造的に屋根荷重を支持するとともに，下地として屋根の弛みや軒反りなどをつくり，屋根全体の外形意匠を決める．加えて材力として可能な長さを桁や丸桁から外へと延ばし，桁または丸桁の前後で荷重のバランスをとることにより，軒先を長く出し，深い軒空間をつくるのである．

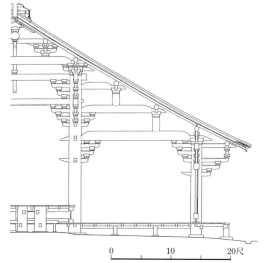

図1.2-74 屋根構造としての垂木（浄土寺浄土堂縦断面図）
[出典：文献1, 370 縦断面図（竣成）]

a. 垂木の配りと出

古代の建築や和様建築では，各垂木は丸桁に直交し，それぞれが平行に配される．柱心か，柱心を手挟んで取り付けられ，その垂木を基準に柱間ごとに等間隔で，または全柱間にわたり等間隔に配られる．屋根は瓦と植物性葺材では荷重が大きく違っており，その負担する荷重の大小に応じて，垂木の太さとともに，その垂木間隔を変える．垂木間を狭くして密に配するものが繁垂木で，特に垂木の成と同じ広さに垂木間を開けて

1.2 小屋組と軒

図1.2-75　二軒疎垂木（石上神宮摂社出雲建雄神社拝殿）

図1.2-76　繁垂木と疎垂木（賀茂御祖神社摂社三井神社本殿）：母屋が二軒繁垂木，庇の打越垂木が疎垂木．

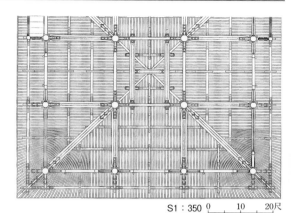

図1.2-77　隅扇垂木（浄土寺浄土堂見上げ図）
［出典：文献1，372 天井見上図（竣成）］

配するのが本繁垂木である．垂木間を幅広く開けるのが疎垂木（まばらだるき）であり，この中間的なものが半繁垂木といわれる（図1.2-75）．繁垂木は瓦葺の仏堂などに，疎垂木は檜皮葺や柿葺の方丈や書院などによく見かける．なお，春日大社や賀茂別雷神社（上賀茂神社），賀茂御祖神社（下鴨神社）の本殿やその摂社本殿では，母屋が半繁垂木や繁垂木，庇の打越垂木（うちこしだるき）が疎垂木となっている（図1.2-76）．

また，垂木は隅部分においても平行となることが多い．隅で平行に配されると，桁や丸桁より外側では垂木の後端を隅木（すみぎ）に取り付け，先端を茅負に打ち止めることとなり，単に荷重でしかなくなり，構造的な意味をもたない．隅においても丸桁の前後で荷重の均衡を少しでも図るためには，隅木を中心に放射（扇状）に垂木を配る方が構造には効果的である．これが隅扇垂木（すみおうぎだるき）であり，大仏様建築などにみられる（文献1，図1.2-77）．隅だけでなく，中央から放射状に配るのが扇垂木で，禅宗様建築の特色の一つである（文献3，図1.2-88 参照）．

一方，垂木先端ではさらに垂木を重ねて，軒先を深くし，軒の空間を高く広くするものもある．このように垂木を2段に出すのが二軒（ふたのき）であり，母屋側から延びる下の垂木が地垂木（じだるき），上に載る垂木が飛檐垂木（ひえんだるき）であり，地垂木だけの場合が一軒（ひとのき）である．飛檐垂木は地垂木の先端に横材の木負を載せて，その木負を支点として前後でバランスをとり外側へ延びる．地垂木よりも勾配が緩く，反り上がりを強くして，軒を深くするとともに，軒をより高くすることとなる．なお，まれではあるが，内裏紫宸殿（だいりししんでん）のように飛檐垂木をさらに重ね，三軒（みのき）とするものもある．

なお，垂木は基本的に縦長の矩形断面であるが，隅部分において軒反りの関係で断面が平行四辺形となる．しかし，大陸から仏教建築が移入された当初には円断面とするものもみられる．地垂木を円断面とし，飛檐垂木を矩形断面とするものもあり，この組合せを地円飛角（じえんひかく）と称する．

b．軒反りと屋弛み

垂木は木負や茅負に打ち止められ，木負と茅負の両端は隅木に取り付けられ，各面の軒が一連となる．木負と茅負は全体に弓形になり，両端部に向けて反り上がるとともに前方に出る．その結果，軒は中央を低くし，両端を反り上げる優美な軒先の曲線，軒反りがつくられる．垂木が木負や茅負などで繋がれ，一体の軒となり，反りを形づくるのである．

一方，屋根構造としての垂木が，直接目に触れる，意匠としての垂木でもある例は，わが国においてほとんどない．雨水を流すためには屋根勾配を急にする方が効率的である反面，軒垂木を急な勾配とすると，軒先が低く，軒の出が浅くなり，軒に十分な空間をつく

ることができない.これを解決するため,屋根をつくる垂木と見え掛りの垂木を分け,軒裏に懐をつくるのである.柱頭から組物,桁を介して垂木を置き,その上に束などを立てて小屋組をつくり,屋根下地である垂木を配するのである.組物上で,直接に目に触れる垂木が化粧垂木,構造上の屋根葺材の下地となるのが野垂木と称され,この野垂木などの屋根下地が野屋根といわれる(文献2,図1.2-78).野垂木は勾配が異なる材を前後に組み合わせることにより,屋根面に弛みをもたせ,棟に向けて反り上がり,屋根に優美な曲線を与えている.弛みをつくるのに有利なように野垂木に,幅が成より大きい五平(互平)を使うものもある(図1.2-79).

このようにして,野垂木と化粧垂木により,屋根の曲線がつくられ,建物の外形意匠が形成される.垂木は,屋根の下地として,日本建築のもつ独特の屋根意匠を構成する骨格をなし,屋根の微妙なデザインをつくり上げている.柔らかな軒のラインを見せ,穏やかな屋根の弛みや起りを屋根勾配につくり,建物に優美な陰影を与えるのである(文献3,図1.2-80).

c. 軒の一体化と板軒

垂木と垂木の間は,古代の法隆寺大講堂などでは漆喰で塗り上げている.垂木天端を山形に鎬をつくり,一定間隔で穴を開け,ここに小舞を結びつけて,漆喰塗りで仕上げるのである.しかし,多くは垂木天端を平らにし,直角方向に桟のように細い部材である小舞を渡し,裏板を張るか,または垂木天端に直接に裏板を張る.各垂木をこのようにして繋ぎ付けることで,一体性を強化している.

しかし,単に軒を支えるならば,一本一本の垂木とせずに,垂木と化粧裏板を分けずに板材とした方が,構造的な意味からは合理的ともいえる.そのような軒が板軒である(文献4,図1.2-81).しかし,構造的に十分な板材とすると部材量が増え,自荷重が大きくなる.さらに,屋根の軒反りや照り,起りなど,優美な曲線を表現しようとするとき,面である板材では不利というより,むしろ微妙なラインをつくる施工は困

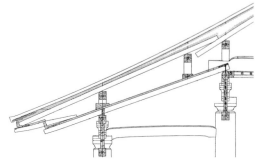

図1.2-78 野屋根(法隆寺大講堂復原小屋組図)
[出典:文献2,第三七圖 大講堂復原矩計圖]

図1.2-79 野垂木(賀茂御祖神社本殿):母屋の化粧垂木は繁垂木とするが,檜皮葺屋根下地となる野垂木は疎垂木であり,屋弛みがとれるよう五平に使われる.

図1.2-80 軒の反り(永保寺開山堂正面):両隅へと大きく反り上がる.[出典:文献3,1 竣工正面(東面)]

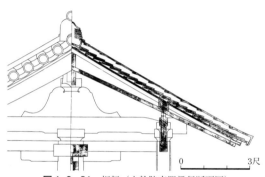

図1.2-81 板軒(十輪院南門梁行断面図)
[出典:文献4,第一九圖 南門詳細]

難ともいえ，構造的な板軒を見ることはほとんどない．

d．特殊な構造的事例

京都府の三千院の往生極楽院阿弥陀堂は一間四面堂系の阿弥陀堂で，内部は周囲を化粧屋根裏天井とし，本尊を安置する四天柱で囲まれた中央に舟底天井を張る．その舟底天井の架構を見ると，まず四天柱はいったん，内法長押で固められ，さらに天井裏に延び，その上端に梁を架し，桁を渡す．梁の中央には束を立て，舟底天井の野棟木を支持する．この野棟木と桁の間に野垂木を架け，野小舞で繋ぎ，野小舞上には柿板を置き，垂木下には舟底天井を張る．この場合，垂木は野桁と野棟木間に架けられて，扠首のように組み合わせて，二重屋根を支持するとともに舟底天井の架構となっている（文献5，図1.2-82）．

また，京都府の浄瑠璃寺本堂は桁行11間梁間4間で，九躰阿弥陀如来像を安置する中央9間に四面庇を付けた九間四面堂になる．多くの場合，入側柱（母屋柱）と側柱（庇柱）とは虹梁などで繋がれるが，当堂では虹梁などの繋材が省略され，桁に架かる繁垂木と隅木が入側柱筋と側柱筋を繋ぎ一体としているように見える．もちろん，小屋裏では登梁などが架け渡されており，構造的には野に負う部分が大きい．大規模な堂においては例が少ないが，小規模な建物においてはこのように虹梁を省略し，垂木が繋材としての役割を果たしているような事例も少なからずみられる（図1.2-83）．

e．力垂木

総持ちの場合，垂木材は断面が比較的大きくなるとともに，軒の出，特に飛檐垂木の出は短くなる．部材量も多くなり，自荷重でも不利である．その一方，わが国では深い軒や繊細な木割が好まれる傾向にあるが，それに応じて軒を深くするほど，また垂木を細くするほど軒先荷重を支える力は不足し，軒の垂下を起すこととなる．その垂下を防ぐため，要所に部材断面が大きく，構造的に有効な力垂木を配するようになる．荷重を他の垂木より特に大きく負担する力垂木を設けるのである．

奈良県の興福寺北円堂は飛檐を2段に出す三軒とし，軒を深く出す．その軒を支持するため，柱間中央に力垂木を配する．力垂木は，六角形断面とする地垂木では断面全体を他の地垂木より太くし，角垂木とする飛檐垂木では他の飛檐垂木より幅を広くし，一の飛檐垂木では奥へ長く伸ばしている（文献7，図1.2-84）．なお，岐阜県美濃市の鹿苑寺六角堂は規模の小さな六角円堂であるが，軒は隅木とその間の中央に1本の垂木を配するだけであり，興福寺北円堂における隅木と力垂木だけに省略した軒とみることができる．

興福寺北円堂では容易にわかるほどに力垂木の部材

図1.2-82　往生極楽院阿弥陀堂舟底天井断面図
［出典：文献5，七　舟底形天井詳細図］

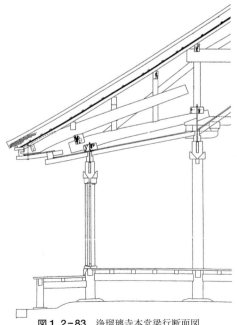

図1.2-83　浄瑠璃寺本堂梁行断面図
［出典：文献6，一一　左右梁行詳細断面図］

図1.2-84　力垂木（興福寺北円堂軒見上げ）：柱間中央の垂木が他の垂木より材が明らかに大きい．［出典：文献7，第一〇六図　竣工軒裏見上げ］

寸法が大きいのに対して，兵庫県の円教寺金剛堂では，軒を見上げたときには力垂木を見分けることはできない．力垂木も幅を他の垂木と同じとするが，軒裏において成を高くするとともに，地垂木と飛檐垂木とを一材からつくり出している．数本に1本程度の割合で配して軒を支持している．力垂木以外の地垂木も桁の奥まで延びるものの，飛檐垂木の多くは木負の位置までの短いものとなり，構造的な意味が失われている．力垂木以外の垂木は荷重負担が軽減され，総持ちの構造ではなくなっている．力垂木により，細い木割の軽快な軒意匠や，深い軒空間がつくられる一方，それ以外の垂木が意匠的な存在となっているのである（図1.2-85）．

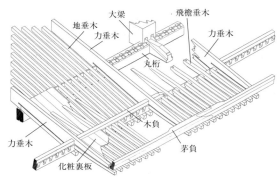

図1.2-85 力垂木（円教寺金剛堂軒架構図）
［出典：文献8, 挿図 第22図］

f．野屋根の発展と枝割，装飾化

古代において野垂木は化粧垂木のほぼ直上に配されていたが，化粧軒裏や化粧屋根裏天井が見え掛りとして穏やかな勾配とする一方，野垂木は雨水を流すために必要な急な勾配をもつようになり，化粧垂木と野垂木が遊離することとなった．化粧屋根裏や化粧軒裏と，野屋根との分離が進むとともに，その懐において小屋組の構造が整備され，その中で桔木が主要構造部材としての役割を担うようになった．化粧垂木は桁や茅負などに単に取り付けられるだけであり，桔木が直接に，または一部の垂木を金具で吊り上げて茅負を持ち上げることにより，桔木が軒まわり全体を支持するようになったのである（文献9, 図1.2-86）．その結果，野垂木は屋根荷重を支えるという構造材として持続するものの，軒まわりの化粧垂木は自重すら負担することがなくなったのである．

そのように軒まわりが構造的に変化を遂げるにともない，垂木の割付寸法を自由に決定することが可能

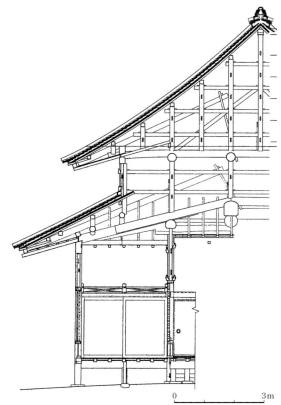

図1.2-86 小屋組の発達（國前寺本堂梁行断面図）
［出典：文献9, 9 竣工本屋詳細図］

となり，この垂木割を基本に建築がつくられるようになった．すなわち，垂木間の寸法を基準として，組物の大きさや柱間寸法などを決定するもので，これが枝割と称する木割である．例えば，隣り合う垂木の中心間の寸法，すなわち垂木の幅と垂木間の幅を加えたのが1枝であり，この1枝に垂木幅を加えたのを巻斗の長さ，六枝に垂木幅を加えたものを三斗組の両端の長さとする．これが六枝掛けという組物の枝割である．そしてさらに柱間寸法にまで枝割は及び，中央間18枝，両脇間16枝，両端間14枝などと決めるのである．古代においては，柱間寸法が決められ，それに応じて垂木が配られたが，野小屋の発達とともに，化粧垂木が屋根荷重を支える構造から切り離され，軒まわりだけで構造的に完結するようになり，垂木は自由な幅で均等に整然と配することが可能になり，その結果，木割法の一つである枝割の発達を促したのである（図1.2-87）．

さらに化粧垂木が構造的な役割を終えるとともに，軒まわりの装飾性が増すこととなる．軒まわりを構造

1.2 小屋組と軒

図1.2-87 枝割（本山寺本堂軒まわり見上げ）：柱間寸法が枝割から決定され，論治垂木の納まりや六枝掛けがみられる．

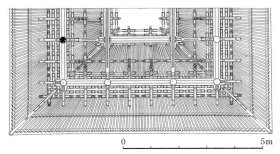

図1.2-88 扇垂木（永保寺開山堂見上図）：中央から放射状に垂木が配される．[出典：文献3，8 開山堂 外陣見上げ図]

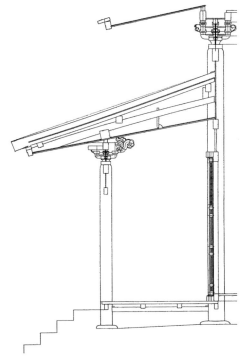

図1.2-89 化粧板軒断面（永保寺観音堂裳階断面図）：板軒の板厚を薄くすることにより，禅宗様の強い軒反りをつくる．[出典：文献3，軸8 観音堂 軸部詳細図]

図1.2-90 彫刻軒（新勝寺三重塔軒見上げ）：板軒が雲形に彫刻され，組物の尾垂木が龍となっており，見上げると雲龍の構図となる．

と関係なく飾る，すなわち構造や上部の葺材と関係なく，建築としての意匠や，建物の格，機能に応じて垂木やその配置などを選択することが可能となったのである．

岐阜県の永保寺では開山堂外陣が二軒の扇垂木，観音堂が板軒とするが，檜皮葺屋根は両者とも疎らに平行に配された野垂木が直接に支持している（文献3，図1.2-88）．一方，化粧軒は，観音堂の板軒では桁と茅負間に薄い板が張られるだけであり，構造的には桔木などの野小屋が担っている（文献3，図1.2-89）．扇垂木の開山堂でも，桔木が荷重のかなりの部分を負担しており，極言すれば，垂木を配らない薄い板軒である観音堂と構造的には同じともいえる．つまり，軒まわりの化粧として板軒か扇垂木かを意匠として選択しているのである．

近世に入るとこの装飾性はさらに増し，雲などの彩色彫刻で飾られた軒が出現する．板軒の一種で，桔木によって吊り上げた彫刻版が軒まわりを華やかに彩るのである．ここでは，垂木が構成する構造的な美しさや力強さではなく，きわめて近世的な装飾美が実現されているのである（図1.2-90）．　　　　　[熊本達哉]

■文　献

(1) 国宝浄土寺浄土堂修理委員会発行『国宝浄土寺浄土堂修理工事報告書』1959.
(2) 文部省宗教局保存課内法隆寺國寶保存事業部編『法隆寺大講堂修理工事報告附図』法隆寺國寶保存事業部，1931.
(3) 公益財団法人文化財建造物保存技術協会編『国宝永保寺開山堂及び観音堂保存修理工事報告書』宗教法人永保寺，2012.
(4) 奈良県教育委員会文化財保存課編・発行『十輪院本堂及び南門修理工事報告書』1956.
(5) 京都府教育庁文化財保護課編『重要文化財三千院本堂修理

工事報告書』1957.

(6) 京都府教育庁文化財保護課編『国宝浄瑠璃寺本堂・三重塔修理工事報告書』1967.

(7) 奈良県教育委員会事務局奈良県文化財保存事務所編・発行『重要文化財興福寺大湯屋・国宝同北円堂修理工事報告書』1965.

(8) 重要文化財圓教寺金剛堂修理工事事務所編『重要文化財圓教寺金剛堂修理工事報告書』重要文化財圓教寺金剛堂修理委員會, 1959.

(9) 財団法人文化財建造物保存技術協会編『重要文化財國前寺本堂保存修理工事報告書』宗教法人國前寺, 2006.

第2章

社寺建築の発達
2─神社本殿・塔・門, ほか

2.1 神社本殿

2.1.1 神社本殿建築の特異性

a. 概要

神社本殿のほとんどは，構造形式としていくつかの形式に分類できる特徴がある．これは一部を除き，建立に当たって寺院本堂建築との区別化を意識してのこととみてとれ，神社建築として象徴的な外観を採用しようとした結果であろう．

神社本殿建築の形式の分類は，主に屋根の形態により区分できるが，入母屋造や切妻造といった建築一般に用いるものとは別に，神社本殿特有の呼称を用いる．現段階において分類されている形式を知ろうとするならば，国宝に指定されている建物がそれを代表している（表 2.1-1）．この中で江戸時代末期建立の建物が，古い形式を示すとして国宝に指定されていることは，ほかの建築と比べて特異である．

神社本殿建築で最も古い遺構は，宇治上神社本殿（京都府宇治市，平安後期）だが，古代の遺構が唯一（三仏寺投入堂を除く）であるように，室町時代前期までみてもその遺構数は寺院本堂建築の半分以下と少ない．神社本殿建築について遺構から述べようとすると，古代についてはわからないも同然であり，また大陸から新しい建築技術が導入された中世前半についても，その神社建築への影響を検証しにくいのが実状である．

先にも述べたように，近世以後の建立でありながら，建築的に古式な形式のものが神社本殿建築に多くみられる．これらが古式であるのは，建替えの際に連綿と以前の形式を継承してきた結果と考えられ，特に式年造替の制があった神社ではこれが顕著である．しかし一方では，建替えにあたり恣意的な古式にされた事実も判明しており，単純に形式的に古いからといって，

表 2.1-1 国宝本殿（建立年順）

時代	No.	所在	名称	建立年代（西暦）	形式
平安	1	京都	宇治上神社本殿	平安後期	流造（内殿三社，各一間社流造）
	2	鳥取	（三仏寺奥院：投入堂）	平安後期	流造・懸造
鎌倉	3	香川	神谷神社本殿	建保 7（1219）	三間社流造
	4	奈良	圓成寺春日堂，白山堂	安貞 2（1228）	一間社春日造
	5	広島	厳島神社摂社客神社本殿	仁治 2（1241）	両流造（幣殿，拝殿，祓殿とともに複合社殿）
	6	滋賀	苗村神社西本殿	徳治 3（1308）	三間社流造
	7	奈良	宇太水分神社本殿（第一，二，三殿）	元応 2（1320）	一間社隅木入春日造
	8	滋賀	御上神社本殿	鎌倉後期	入母屋造
室町	9	滋賀	園城寺新羅善神堂	貞和 3（1347）	三間社流造
	10	山口	住吉神社本殿	応安 3（1370）	九間社流造（正面 5 カ所千鳥破風付き）
	11	滋賀	大笹原神社本殿	応永 21（1414）	入母屋造
	12	岡山	吉備津神社本殿	応永 32（1425）	比翼入母屋造
	13	広島	厳島神社本社本殿	元亀 2（1571）	両流造（幣殿，拝殿，祓殿は仁治 2 年建立）
桃山	14	島根	神魂神社本殿	天正 11（1583）	大社造
	15	滋賀	日吉大社西本宮本殿	天正 14（1586）	日吉造
	16	滋賀	日吉大社東本宮本殿	文禄 4（1595）	日吉造
	17	滋賀	都久夫須麻神社本殿	慶長 7（1602）	入母屋造（向拝および庇は永禄 10 年建立）
	18	宮城	大崎八幡宮	慶長 12（1607）	本殿，石の間，拝殿からなる権現造
	19	京都	北野天満宮	慶長 12（1607）	本殿，石の間，拝殿，楽の間からなる権現造
江戸	20	栃木	東照宮	寛永 13（1636）	本殿，石の間，拝殿からなる権現造
	21	栃木	輪王寺大猷院霊廟	承応 2（1653）	本殿，相の間，拝殿からなる権現造
	22	島根	出雲大社本殿	延享元（1744）	大社造
	23	長野	仁科神明宮本殿	江戸中期	神明造
江戸（末期）	24	大阪	住吉大社本殿（第一，二，三，四殿）	文化 7（1810）	住吉造
	25	大分	宇佐神宮本殿（第一，二，三殿）	安政 2〜文久元	八幡造
	26	京都	賀茂別雷神社本殿，権殿	文久 3（1863）	三間社流造
	27	京都	賀茂御祖神社東本殿，西本殿	文久 3（1863）	三間社流造
	28	奈良	春日大社本社本殿（第一，二，三，四殿）	文久 3（1863）	一間社春日造

［注］指定の件ごとに区分したが，厳島神社本殿については本社と摂社で建立年代が異なるため分けている．

建築史上古い位置付けができない例もあることが近年になり指摘されている（文献1）．このように，神社建築史は今後，遺構と資料に基づく新たな研究成果が待たれるところである．

b．建築的特異性

神社本殿は，その規模において人が内部に入ることが可能か否かということが，およそ構造的な違いとしてみてとれる．小さな社では，構造的に外部に見えている部材でほぼ自立できるため，床組，小屋組といった内側で建物を支持する部分が簡略化されたり，貫を使用しなかったりする．人が中に入れるような規模である神社本殿の構造においては，その各部分は仏堂と同様な形式であり，その時代的な変化も大きく捉えると寺院建築と同じといってよい．

神社本殿は，その用い方としてほとんどの場合，参拝のために人が中に入ることはない．儀式や参拝は本殿の外で行われ，拝殿などの別棟の建物が用意されている場合が多い．一般的な神社本殿は，神を祀るための建物であるが，神を安置する内部より，外から参拝する人の目を意識し，外観に意を払ってつくられているのは遺構からみても明白である．つまりその建築的表現は，神座および神饌を供えるための空間（室）の確保と，外観に重きをおいていると考えてよい．これに加えて，現在では用いられ方が不明だが，神仏習合の影響が強いと考えられる，人が室内に入ることを想定した平面構成に特徴があるものが存在する．

c．本項での論点

神社本殿形式の分類は平面構成を反映したものでもあり，それは身舎庇構造の違いともいえる．神座の空間である身舎を必要最小限の空間とし，これに神饌を供えるためなどの庇をどのように付随させるかということが神社本殿の形態決定の要因となり，特徴となって現れる．ここでは，まず身舎への庇の取付け方の違いから神社本殿の遺構をみてゆき，これらの特徴を述べる．次にこれらを元にして複合化された本殿と，特徴的な意匠上の変化を述べ，神社本殿建築を概観する．

単純な形式から順番に述べていくが，それぞれの遺構の年代をみてもわかるように，これが神社本殿建築共通にみられる時間的な変化とはならない．現段階では，その形式の中での変化は遺構から若干つかめるが，それぞれの形式の起こりは割と古く，限られた遺構ではその初期から捉えることは難しい． ［豊城浩行］

■文　献

(1) 山岸常人「研究動向　神社建築史研究の課題」Traverse 編集委員会編『Traverse Vol.1』2000.

■参考文献

・黒田龍二「神のやしろの曙」『日本美術全集　第1巻　原始の造形』講談社，1994.
・林野全孝・桜井敏雄『神社の建築』河原書店，1974.

2.1.2　身舎庇構造と固有形式

a．身舎空間のみの本殿

神社本殿には，建築としても原初的な梁間2間の切妻で，身舎のみからなるものがある．以下に述べる3例は，遺構としては古くはないのだが，古代から身舎のみの本殿として存在しており，この点においては神社本殿として古い形式を伝えていると考えられるものである．

伊勢神宮外宮正殿（三重県，平成25年/2013，図2.1-1）は神明造とよばれ，奈良時代以来，室町後期

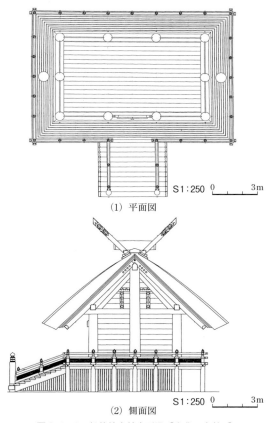

(1)　平面図

(2)　側面図

図2.1-1　伊勢神宮外宮正殿［出典：文献2］

に中絶した時期があるものの、20年に一度の式年造替が行われてきた（文献2）。

正殿は茅葺の切妻造、平入りで桁行3間、梁間2間とし、平面の寸法はおよそ桁行37尺、梁間18尺ほどと大きい。現在では類例のない掘立柱であるが、掘立柱は自立するため、横架材は柱に比べて小断面でよく、垂直方向が強調された部材構成となる。床高を高くとり、四周に縁を回し、正面中央間のみに扉を設ける以外を横羽目板とし、室内は間仕切がない1室とする。

建物本体から遊離して、棟木端を直接受ける棟持柱を建てるが、単純明快な構造の名残を伝え、これが神明造の一特徴でもある。

柱頂には組物を置かずに梁を架け渡し、これに桁とうだつ、叉首を載せる（内宮正殿は桁に梁を載せる）。垂木他の軒まわり材は反りのない直線材である。これら構成部材のほとんどが化粧材であるが、建物を構成するに足る最低限の構造材でもある。

住吉大社には4棟の本殿（大阪府、文化7年/1810、図2.1-2）が海に向かって西面する（文献2）。4棟とも同様に檜皮葺の切妻造、妻入りで、正面1間、背面2間、側面4間とした縁を伴わない建物で、住吉造とよばれる形式である。桁行26.33尺、梁間15.64尺で、桁行の4間はともにほぼ同間である。

伊勢神宮正殿よりやや小さく、軒までの軸組としては似ているが、妻入りとするため正面の梁間中央に扉を開き、室内の奥行中央にも正面と同様な扉を構え、前後2室に間仕切るのが大きな違いである。伊勢神宮のような棟持柱はなく、また回り縁がないことは、より建物を単純なものに見せている。形態的には神社本殿建築の主流である流造、春日造の祖形といえるような形を表している。

出雲大社本殿（島根県、延享元年/1744、図2.1-3）は、桁行2間、梁間2間、切妻造、妻入りで、床高が非常に高く、大社造とよばれる形式である（文献2）。

平面は36尺四方と柱間数と比べ破格の大きさで、内部中央に径3.4尺の心御柱、両妻面中央には若干真を外に寄せた径2.8尺の宇豆柱、両側面には径2.4尺の柱を立てる。

妻入りとなる正面の向かって右の間に板扉を設けて出入口とし、左の間は蔀戸とするほか、周囲は縦板張りとする。内部は心御柱から梁間方向に出入口と同じ側のみ板壁とし、後ろ側一間通りは框分床高を上げ、前後二分して内部の板壁後方を横向きの神座とする。四周に高欄付きの縁を回すが正面側のみ出が大きく、階隠しを伴う木階は正面の扉側に取り付き、内外ともに非対称な本殿建築である。

この本殿は、古代においてもきわめて大きな建物として知られており、その復原案として福山敏男により16丈の高さの案も提示されていた。建築的にこの案は疑問視されていたのだが、平成12年の境内の発掘により、この本殿の図として残る金輪造営図にあるような柱を3本添わせた状態で、鎌倉時代の柱根が出土したことにより、議論が再燃することとなった。

上記の神社は歴史が古く、古代から国（中央政権）とのかかわりが深い神社であり、神社本殿として大型であることが共通する。そしてその形式は全国に多くみられるようなものではなく、特異な形式である。しかし記録からわかるように、身舎のみの本殿としての

(1) 第一殿背側面

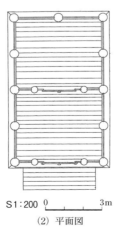

(2) 平面図

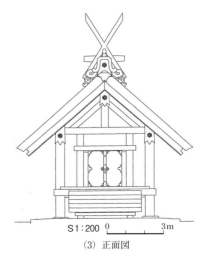

(3) 正面図

図2.1-2 住吉大社本殿 [出典：文献2]

2.1 神社本殿

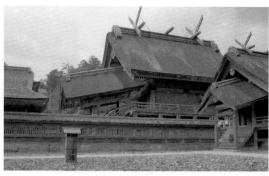

図2.1-3 出雲大社本殿［出典：文献2］

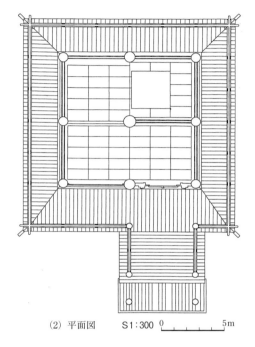

(1) 本殿側面

(2) 平面図　S1:300　0　5m

(3) 正面図　S1:300　0　5m

形式を連綿と維持し続けたのは確かである．

　一方，古い形式を伝えていると考えられるが，遺構としては近世以後の建立になるものであり，実年代と構造は相反するものであることに留意しなければならない．これらの構造や細部の形式については，古制の継承によるものか，作為的な古式の再現か，十分な検討がなされる必要がある．

b．一面庇の本殿

(1) 平入りの本殿：流造　流造は，切妻・平入り本殿の前方に柱を立てて桁を載せ，これに前流れの屋根を全幅にわたり長く葺き降ろして，正面に庇を設ける形式である．現在，神社本殿の形式として最も多くみられるのが流造であり，重要文化財本殿の半数以上を占める．また神社本殿最古の遺構もこの形式である．身舎のみの本殿が母胎となり，庇を付けた形式が流造となり，全国に最も多く分布することになったと考え

られる（文献3）．

　流造本殿の典型とされているのが，賀茂別雷神社（上賀茂神社，図2.1-4），賀茂御祖神社（下鴨神社）の本殿（ともに京都府，文久3年/1863）である（文献4）．ともに近世末の建築であるが，記録から鎌倉時代末にはすでに現在のような形式であったことがわかる．

　桁行3間，梁間2間の身舎内部には間仕切りがなく1室とし，平入りとした正面中央間のみを板扉とするほかは板壁とし，四周に高欄付の榑縁を回すのは，伊勢神宮正殿の平面と同様である．しかし伊勢神宮正殿ではその前方に別構造として設けられる仮設的な階隠しや幄舎が，ここでは前屋根を葺き降ろして庇とし，前方に広い軒下の空間をつくる点で異なる．この庇は，本来の身舎に後から付加されたことをあえて示すかのように，身舎との違いを現す．庇の柱は身舎の丸柱に対して角柱とし，庇の桁は身舎隅柱と虹梁で繋がれる．

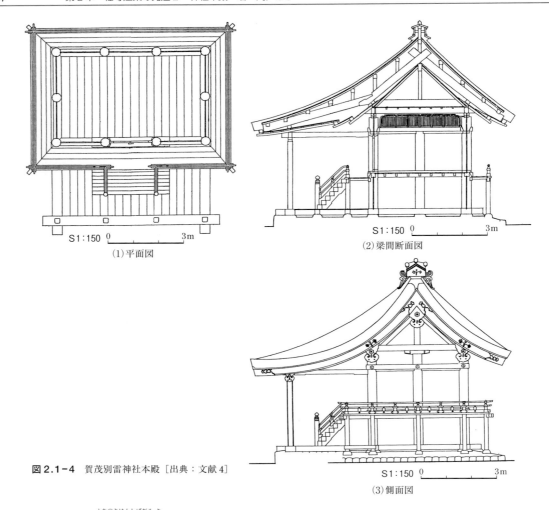

図 2.1-4 賀茂別雷神社本殿 ［出典：文献 4］

　身舎の化粧垂木が二軒半繁垂木で，正面，背面ともほぼ同様な出の急勾配であるのに対し，庇は身舎正面の本来の茅負にあたる部材に垂木が取り付き，勾配の緩い大疎垂木とする．軒は庇の化粧垂木取付部で，勾配のまったく異なるものになるが，屋根は野屋根の構造を用いることにより，背面側より緩い勾配の一連の屋根面として処理される．切妻で平入りの場合，正面に庇を設けようとすると，庇の出に応じて軒先が下がらざるを得ないが，野屋根を用いることにより，庇の化粧垂木の勾配を緩くできるようになったため，可能となった形式といえる．また，破風板は一軒で直材である住吉大社本殿のものとは異なり，その成を増して緩やかに曲げることにより，切妻二軒の蟇羽をうまく納める．野屋根の成立や軒構造の進化により，軒まわりや屋根には緩やかな曲線が用いられるようになる．

　この本殿の構造的な大きな特徴に，柱がすべて土台に立つことがある．また庇部分には土台上端の高さで床板（浜床）が張られる．土台は遷宮の際，旧本殿前に新本殿をつくり，旧本殿を撤去してその位置に新本殿を移動するのに，都合がよい部材であった．稲垣榮三は，柱を土台に立てるのは，建物の移動と関係する工夫であり，少なくとも一定の場所に長く固定すべきときに採用される方法でなく，ここにおける土台は古い時代の祭儀のあり方と密接な関連があったであろうと述べている（文献 4）．

　この本殿にはすべての柱上に舟肘木が用いられている．組物として最も簡単な形式であるが，神社建築において連綿と用い続けられる象徴的な組物形式でもある．

　流造本殿の最古の遺構は，神谷神社本殿（香川県，建保 7 年/1219，図 2.1-5）である（文献 4）．賀茂社との違いは，柱が礎石建であること，庇部分に浜床がなく，縁は背面柱筋に脇障子を立てて背面に回らな

い榑縁とすること，身舎の側面にも扉があること，庇の組物が三斗で軒は身舎と同様な繁垂木であることなどがある．

身舎の軒は一軒繁垂木で，正背面とも屋根勾配と同様な急な垂木勾配である．天井裏の化粧垂木の多くも棟木まで延び，螻羽に見える垂木と一連の同勾配に取り付く．賀茂社の身舎化粧垂木は，柱上で垂木を継いで勾配を若干変えている点や，後述の苗村神社西本殿では螻羽のみ棟木から勾配の急な見せかけの化粧垂木を掛けるのからすると，軒の構造に野屋根を用いた切妻の古い形式を残している．

身舎の床が縁より低いのは例がなく，規模が小さいこともあるのだろうが，貫を使用していないのも古式である．

切妻・平入り身舎の前方に庇が付くのが流造だが，その庇を室内に取り込んだうえ孫庇を向拝とする形式

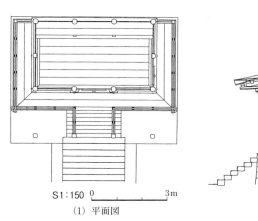

(1) 平面図　　　　　　　　(2) 梁間断面図

図 2.1-5　神谷神社本殿［出典：文献 4］

図 2.1-6　苗村神社西本殿
［出典：文献 4］

(1) 正側面

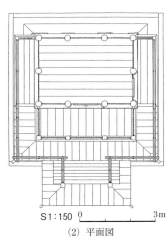

(2) 平面図

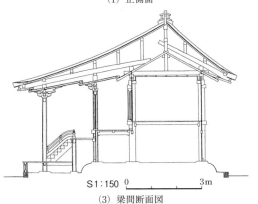

(3) 梁間断面図

の本殿がすでに鎌倉時代の終わりにみられる．

苗村神社西本殿（滋賀県，徳治3年/1308，図2.1-6）は，身舎を桁行3間，梁間2間の内陣とし，その前方一間通りの庇の三方を間仕切り，外陣として室内に取り込み，さらに前に延ばした孫庇を向拝とする（文献4）．前方に長く屋根を葺き降ろす分，棟高に対して軒先は下がることになる．このため，棟を高くする必要から身舎部分の床高を高くとり，前方に向かい外陣床高を1段下げ，さらに外陣周囲の縁は切目長押の成以上に下げ，流れの長い屋根に対応している．庇は身舎と虹梁で繋がれるが，孫庇は桁と手狭みに打越垂木が載るだけである．これは，開放的に見せるためもあるが，孫庇軒下の懐がないことにもよる．一見不安定にも見えるが，小屋裏では桔木が身舎から孫庇軒先まで伸び，これを中心に小屋組が一連で組まれることにより，柱の傾斜などなく自立している．

化粧垂木は屋根と構造的に分離し，全体に緩い勾配となり，蟇羽に見せかけだけの勾配の強い化粧垂木を残す．

身舎部分は神谷神社本殿とほぼ同様で，舟肘木を用

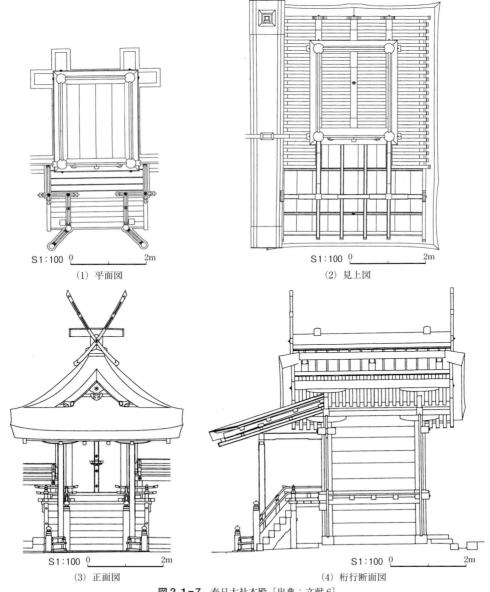

(1) 平面図　　(2) 見上図

(3) 正面図　　(4) 桁行断面図

図 2.1-7　春日大社本殿［出典：文献6］

いることに代表されるように簡素であるのに対し，庇は三斗や蟇股を用い，身舎の榑縁に対し切目縁とし，開放的な建具を用いるなど，仏堂的な手法を多くとり入れて飾る．建物の主たる部分である身舎を簡素にするのは象徴的であり，以前の姿を伝えていることが想像できる．

庇を室内に取り込んだうえ，孫庇を向拝とするのは，流造の屋根形状をより強調したものとなる．中世の遺構として滋賀県に集中してみられ，流造においての地域的特色を示している．

(2) 妻入りの本殿：春日造　春日造は，切妻造・妻入りの身舎正面に庇を付けた形式で，庇の屋根両端は身舎側面の葺き降ろした屋根先に取り付く．春日造は，妻入りであるため間口の広いものは少なく，流造が三間社が多いのに比べ，一間社がほとんどを占める．また屋根の形状は同じだが，庇の軒の納め方として隅木を用いるものは，構造的に異なるので，隅木入春日造とよぶ．隅木を用いないものが，構造的にも遺構からも古いと考えられる．

春日造は，名前のとおり春日大社本殿（奈良県，文久3年/1863，図2.1-7）に代表される形式であり，絵画資料により11世紀頃の本殿が，すでに現形式と同様であったことがわかる（文献5・6）．

春日大社本殿は4殿からなるが，いずれも同様に身舎は桁行，梁間とも1間で，井桁に組んだ土台上に丸柱を立て，正面に板扉を設けるほかは板壁とする．身舎の前側のみに高欄付の縁を取り付け，その前方の身舎柱筋に角柱を立てて庇を設け，その下には登り高欄

(1) 春日堂・白山堂正面

(2) 春日堂庇納まり

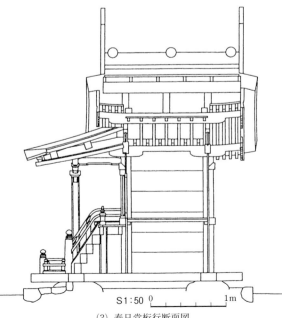

(3) 春日堂桁行断面図

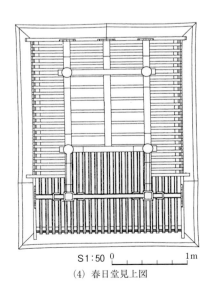

(4) 春日堂見上図

図2.1-8　圓成寺春日堂・白山堂［出典：文献6］

を伴う木階を組む．身舎，庇（向拝）とも柱上には舟肘木を置く．

屋根檜皮葺は，庇と身舎の屋根が一連で葺かれるものの，軒まわりをみると庇は切妻造の身舎の妻部分に，後から付加されたことを示すように納まる．庇の縋破風は身舎破風板の鼻先に，庇の化粧垂木は，身舎正面側に持ち出した丸桁下の舟肘木木口位置と，妻壁の扠首梁に取り付き，身舎の繁垂木に対し木舞裏の疎垂木とする．身舎の妻は，破風板の形状は異なるが，正背面とも同様につくられ，螻羽の出も同じであり，庇を取り除くと切妻建物として自立できるものである．

一方，春日造本殿最古の遺構である圓成寺春日堂・白山堂（奈良県，安貞年間/1227-28，図2.1-8）の庇は，これとは異なる納まりを示す．

庇の垂木は身舎と同様に繁垂木とし，身舎柱の内では扠首梁に，外では両側に水平に延びる破風板状の部材（あおり板）に取り付く．そして身舎正面妻の破風板は，庇屋根面の上で止まり下方には延ばさない．春日大社本殿とのほかの違いは，庇柱も土台に立てること，庇（向拝）に三斗と蟇股を用いることなどがある．また，身舎の螻羽の出は，庇が取り付く正面側が短く屋根形状としてはバランスが取れていること，扠首梁は庇の垂木が掛かる正面側が背面側より成が大きいこと，室内上方の垂木は桁位置で折り曲げて小屋裏の懐を広くしていることなど，明らかに春日大社本殿より技術的に進んでいることを示す．

この遺構と，11世紀頃の様子を表す『春日宮曼陀羅』に表された本殿には，庇（向拝）に蟇股が描かれていることからすると，現状の春日大社本殿の形式は，その後に意図的に古式につくられた可能性が高い．それも外観のみでなく，構造においても原初的で未熟とも取れる技法を再現したと考えられる．破風板が屋根面

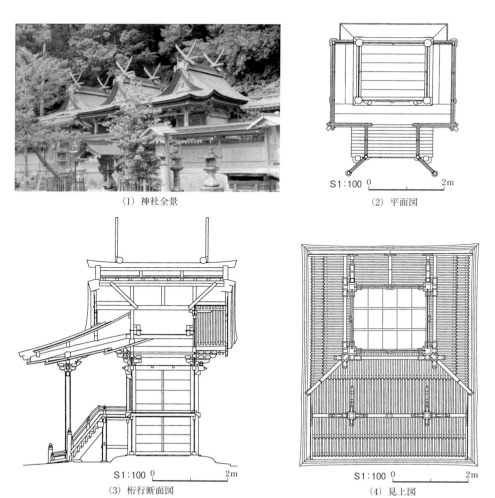

(1) 神社全景 (2) 平面図

(3) 桁行断面図 (4) 見上図

図2.1-9　宇太水分神社本殿［出典：文献6］

を貫いて下方に出るのは，雨仕舞上まず第一に改良すべき点であり，圓成寺春日堂・白山堂にみるような形式が，建物として当然の進化であり，当時の実状を示すものであろう．春日造が確実にこれ以前に成立していたことを示す遺構である．

　隅木入春日造で，建築年代が判明する最古の遺構は，同様な3棟の本殿が並列する宇太永分神社本殿（奈良県，元応2年/1320，図2.1-9）である（文献6）．柱は礎石建で，平面は先の2例と同様だが，身舎が横長で椽縁が身舎背面柱筋まで回るのが異なる．身舎組物は出組を用い，正面と両側面の三方に丸桁を回し，身舎前方に隅木を入れることにより，軒まわりから小屋組，妻飾りの納まりは入母屋造と同様になる．先の2例の庇は，身舎に差掛けのように取り付くため，繋虹梁は構造上必要不可欠であるのに比べ，ここでは庇と身舎の小屋組が一体にできるため，繋虹梁によらずに手狭みを用いて軒下を広く見せる．屋根形状は同じとしながら，構造的には本来の春日造より強固なものとなる．また支輪を伴う出組や蟇股，彩色を用いることは寺院建築と同様である．苗村神社本殿にもみられるように，神社建築は14世紀の初めには，すでに寺院建築と共通する細部形式を多くもっていたことがわかる．ただし神社本殿は，仏堂などに比べ規模が小さいため，同じ細部形式でもより装飾的に見え，このような効果を考えた本殿建築が建てられることともなる．

c．二面庇の本殿：両流造

　切妻・平入り本殿の前流れの屋根を長く葺き降ろした形式が流造だが，後方にも同様に葺き降ろし，身舎の前後二面に庇が取り付くのが両流造である．遺構は少なく，厳島神社本社本殿（広島県，元亀2年/1571，図2.1-10），客神社本殿（広島県，仁治2年/1241）に代表される特異な形式である（文献4）．どちらも身舎は梁間2間で，桁行は本社本殿が9間（正面8間），客神社本殿が5間と大きく，前後1間通りの庇を室内に取り込む．

　梁行の柱間は身舎より庇が広く，前方の庇柱間が特に広い．構造的には二面庇だが，平面を見ると前方の身舎・庇境に間仕切りがなく，身舎両端の間と前後の庇の床は一連で張られ，四面庇の古代仏堂平面と似ている．小屋内には野屋根が二重につくられ，下方のものは古い屋根の名残を伝えるかのように，身舎と庇の境で屋根面が折れたものである．これと同様に，身舎

(1) 本殿側面

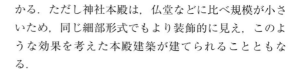

図2.1-10 厳島神社本社本殿 ［出典：文献4］

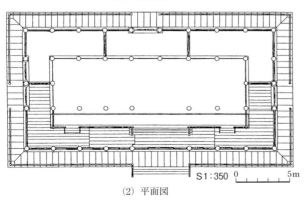

(2) 平面図　S1:350

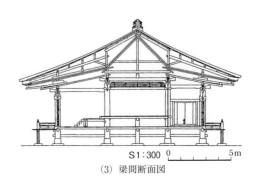

(3) 梁間断面図　S1:300

と庇の境で折れ曲がった破風板は，広い庇を付加させたことにもよるが，床高を替えることなく庇を身舎と一体の空間として扱おうとした結果でもある．多くの神社本殿が，身舎と庇を別の空間とするところを，これらは柱や組物も身舎と同様とし，室内空間を広げるための庇であることがわかる．

本殿前方に接する幣殿や拝殿などの一連の大規模建築群とともに存在する本殿として，他の本殿とは同列には述べられないものである．

両流造は，構造的には梁間方向のバランスが取れた形式だが，神社本殿として身舎背面側の庇はあまり必要とされないようであり，ほかに松尾大社本殿（京都府，天文11年/1542）など数例しかなく，特異な形式である．

d．三面庇の本殿：日吉造

身舎の前方と両側面の三方に庇が付き，屋根を入母屋と切妻を複合させたような形式とする本殿を日吉造とよぶ．日吉大社の西本宮本殿（滋賀県，天正14年/1586，図2.1-11），東本宮本殿（同，文禄4年/1595），摂社宇佐宮本殿（同，慶長3年/1598）のみにみられる特異な形式だが，三間三面庇の本殿としては平安時代には存在していたと考えられている（文献7）．

これら3本殿は同様に，身舎は桁行3間，梁間2間の1室とし，正面中央間に板扉を開いて，その正・側面の3面に床高を1段下げて室内とした庇を回す．正面中央部分は，屋根を葺き降ろした孫庇を向拝とする．柱は身舎，庇とも丸柱で，向拝柱のみ角柱とし，組物は舟肘木だが，西本宮本殿以外は向拝と隅柱にしか置かず簡素である．梁間断面を見る限りでは，流造である苗村神社西本殿と同様だが，庇が前方のみでなく左右にも取り付くことが大きく異なる．軒は三面に庇が回るため，前両端は隅木を入れて身舎から三方の一段低い庇の桁に化粧垂木を架けるが，後ろ側には庇が回らないため，側面の軒の後端は縋破風とし，身舎背面の一段高い軒先に取り付く．正面からは入母屋造に見え，背面からは，両側は切妻の妻面に庇を付加した春日造と同様な軒の納まりとなる．

(1) 西本宮本殿正面

(2) 西本宮本殿背面

(3) 東本宮本殿背面庇取付け部

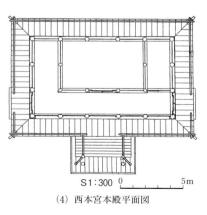
(4) 西本宮本殿平面図　(5) 西本宮本殿梁間断面図

図2.1-11 日吉大社西本宮・東本宮本殿［出典：文献7］

東本宮本殿の背面側は，軒と同様に縁も身舎部分が一段高く，身舎と庇の違いを外観で明確に表している．しかしこれが用途上何ら必要性がないのは，その形態とともに西本宮本殿の縁が同高で回ることからも明らかである．神社本殿建築における，形式の踏襲を重んじることを示す例であり，この形式が発生したときの姿を伝えるものかもしれない．

特異な平面と仏堂風な正面外観は，仏教建築の影響が少なからずあったであろうことは，平安時代から日吉大社が延暦寺と一体で繁栄した関係から察することができ，神道と仏教の融合があったことを建築的に示すものである．

e．四面庇の本殿

身舎を建物中央に配置し，その周囲四方に庇が回る，仏堂によくみられる平面形式の本殿が，多くはないが存在する．四面に庇が回ることから，屋根も四方に葺き降ろし，妻飾りをもつ入母屋の屋根とされる．

一間四面の本殿に，御上神社本殿（滋賀県，鎌倉時代後期，図2.1-12）がある（文献7）．一間四方の身舎は板壁で囲まれて正面にのみ扉を開き，その四方に庇を回して室内に取り込み，三間四方の本殿とする．正面中央は屋根をさらに葺き降ろして，浜床付の向拝とする．向拝柱を角にするほかは庇柱も身舎と同様に丸柱とし，天井は身舎を小組格天井，庇を化粧屋根裏とする．建築的には平安時代から流行する一間四面の阿弥陀堂にみられる形式と同様である．

しかし身舎部分を閉鎖的にし，背面一間通りの庇は床高を下げたうえ身舎背面柱筋で間仕切り，背面中央扉からしか出入りができない部屋とするため，機能上は日吉造の三面庇本殿と同様である．現在，本殿としては身舎と三方の庇で用が足り，背面の庇は物入れ的な部屋（祭器庫）として用いているが，本来の用途が別にあった可能性もある．建物中心を身舎とし，四面に庇が回る正方形平面の入母屋造とすることで，建物としては安定したものとなる．

外観においても仏堂と大差なく，神仏習合の記録が残ることからも，この形式が仏教とのかかわりによるものと考えられるが，同じ頃に隣接する摂社本殿は，一間社流造の形式でつくられている．本殿建築でも古いものをはじめ，14世紀前後の本殿の遺構に，すでに寺院建築と同様な細部がみられるが，同じ頃，この

図2.1-12 御上神社本殿 ［出典：文献7］

（1）正側面

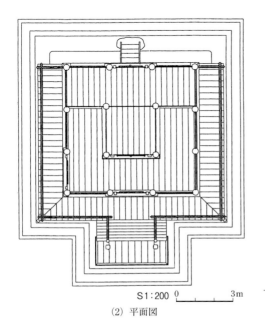

（2）平面図　　　　　　　　　　　　　　（3）梁間断面図

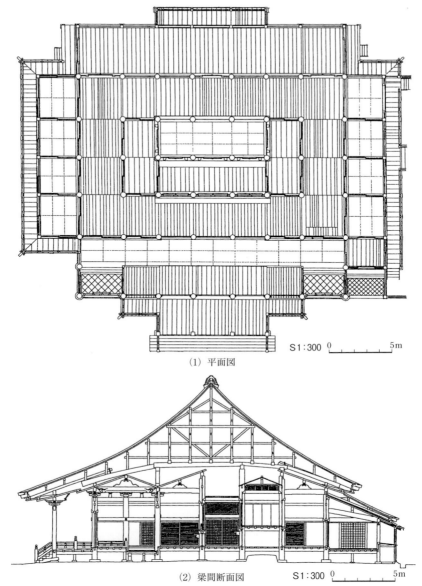

(1) 平面図

(2) 梁間断面図

図 2.1-13 八坂神社本殿 [出典：文献 10]

ように建築主体部に寺院建築と同様な形式を採用し，細部を変えて本殿としたものも存在したことを示す．

四面庇本殿の大規模なものに，5間4面の八坂神社本殿（京都府，承応3年/1654，図2.1-13）がある（文献10）.

本殿は桁行5間，梁間2間の身舎の周囲に庇が回り，この前方に桁行7間，梁間2間の礼堂が取り付く．礼堂も含めて桁行7間，梁間6間の平面を入母屋の大屋根で覆い，正面に3間の向拝を設ける．さらに背面と両側面には，入母屋屋根の下に片流れ屋根を架け，東に6間，西に4間，北に7間の孫庇を設ける．このような形式を祇園造ともよび，平安時代末には成立していたという（文献10）.

八坂神社本殿は一般的な神社本殿とは異なり，四面庇とするのみでなくその中に礼堂を取り込み，中世仏堂のような形式をとる．これは平安時代の創立以来，神道と仏教，陰陽道が習合し，神前で仏事が行われていたことによる．また，身舎周囲の庇天井が四方へ葺き降ろす化粧屋根裏，礼堂の天井が切妻（両下）化粧屋根裏であるのは，本来2棟の双堂であった名残を留

め,仏堂と同様な変化をたどったことを暗示している.

[豊城浩行]

■ 文　献

(1) 福山敏男『神社建築の歴史 福山敏男著作集四』中央公論美術出版, 1984.
(2) 山野善郎「伊勢神宮外宮正殿」「住吉大社本殿」, 三浦正幸「出雲大社本殿」太田博太郎編『日本建築史基礎資料集成一 社殿Ⅰ』中央公論美術出版, 1998.
(3) 丸山 茂『神社建築史論—古代王権と祭祀』中央公論美術出版, 2001.
(4) 稲垣栄三「賀茂別雷神社本殿」「賀茂御祖神社西本殿」「神谷神社本殿」「苗村神社西本殿」「厳島神社本殿」太田博太郎編『日本建築史基礎資料集成二 社殿Ⅲ』中央公論美術出版, 1972.
(5) 黒田昇義『春日大社建築史論』綜芸舎, 1978.
(6) 佐藤正彦「春日大社本社本殿」「圓成寺春日堂・白山堂」, 宮本長次郎「宇太水分神社本殿」太田博太郎編『日本建築史基礎資料集成一 社殿Ⅰ』中央公論美術出版, 1998.
(7) 櫻井敏雄・稲垣榮三「日吉大社東本宮本殿」「御上神社本殿」「八坂神社本殿」太田博太郎編『日本建築史基礎資料集成一 社殿Ⅰ』中央公論美術出版, 1998.
(8) 黒田龍二『中世寺社信仰の場』思文閣出版, 1999.
(9) 黒田龍二「国宝と歴史の旅4 神社建築と祭り」『朝日百科,日本の国宝別冊』朝日新聞社, 2000.
(10) 福山敏男「八坂神社本殿の形式」『日本建築史の研究』桑名文星堂, 1943.

2.1.3　複合化の進展と屋根形態の複雑化

a. 連棟形式の社殿

　神社では複数の祭神を祀る例が多くみられ,それぞれの祭神は基本的に同一の室に祀られることはない.先にあげた奈良県の春日大社は4殿,同じく宇太水分神社では3殿の同様な本殿が横に並列している.このよう

(1) 本殿全景

図2.1-14　住吉神社本殿

(2) 平面図　　S1:250

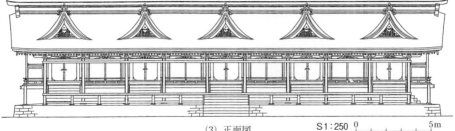

(3) 正面図　　S1:250

な複数の本殿を構造的に連結し，横長となる平面に一つの屋根をかける連棟式の本殿がある．隣接して別個に建てるより，雨水の排水や構造的にも安定し，部材の節約にもなる．特に流造は，桁行を延ばした横長平面に適した構造である．平安時代の絵巻にすでにみられるが，遺構として古いのは南北朝時代のものがある．

住吉神社本殿（山口県，応安3年/1370, 図2.1-14）は，五つの神座のある一間四方の室を，それぞれ相の間を挟んで横に繋ぎ，全体で桁行9間，梁間1間の身舎からなる．切妻屋根は棟を身舎中央とし，前方の屋根は桁行全長にわたり葺き降ろして庇とする，九間社流造の形式である．身舎も庇も，神座の室と相の間を一連の軸組とし，桁行9間を連続した一体とする．しかし，神座のある室の屋根には千鳥破風を付け，その前方のみ高欄を開いて木階を設けることにより，五つの神座があることを示す．この千鳥破風は，5棟の春日造本殿が一体となったことを示すかのようでもあり，別個の建物であったときの形式を伝えている可能性もあるが，連棟として9間となった本殿に，五つの神座があることを視覚的に示そうとした結果であろう．これが横長の平面的で単調な立面に，立体的な変化を加えることにもなっている． ［豊城浩行］

b．社殿の連続

神社の本殿は，独立して建つことが多いが，古代より祭祀の都合に合わせて幣殿や拝殿を連続させることも行われており，連続した空間とその結果生まれた複雑な屋根をもつ社殿がつくられてきた．これらは複合社殿とよばれる．奈良時代には宇佐神宮（大分県）で八幡造とよばれる複合社殿の形態が現れており，平安時代に建てられた北野天満宮（京都府）は，のちの権現造の祖型といわれている．

全国八幡宮の総本社であり，神亀2年（725）からの古い歴史をもつ宇佐神宮本殿（図2.1-15）は，外院と内院の2棟が前後に並び，間に造合を設けて連続させた形態であり，八幡造とよばれる．2棟はそれぞれ独立した切妻造の屋根を架け，軒先が接する部分に樋を渡して雨水を受ける．この下の造合は，側面に扉を付けて室内とする．前後の建物を繋いでいる部材は，側面に渡された繋梁と床廻りだけである．外院・造合・内院の3室からなる空間が1殿で，これが3殿横に並ぶ．現在の社殿は，安政2年（1855）から文久元年（1861）にかけて造替されたものであるが，八幡造の形式は創建の頃からと考えられている．前後に並ぶ棟

(1) 本殿全景

(2) 梁間断面図［出典：文献2］
図2.1-15 宇佐神宮本殿

が両方とも本殿である点は特筆すべきところである．これには内院は寝所，外院は昼の御座所という見方があり，神は奥から出御すると考えられている（文献1）．屋根を別棟としたのは，二つの御座所を表したものであり，空間を連続させたのは，神が移動するための空間が必要だったからではないだろうか．構法的観点でみると，素朴な架構を維持したまま社殿に奥行を求めた結果，単純に2棟を前後に連結する形式が生まれたといえる．

八幡造は，八幡宮が各地に勧請されていく過程で広がりをみせ，石清水八幡宮本殿および外殿（京都府，寛永11年/1634）のように造替を経ても形式が今に伝わる神社もあるが，後の造替の際に3殿を連結し，前後の屋根を一つにまとめて流造の屋根を架けた筥崎宮本殿（福岡県，天文14年/1545）のように，八幡造の形態を留めていない神社の方が多い．

祭礼に際して供物を奉献して祝詞を奏上し，参拝者が礼拝するための社殿，すなわち幣殿や拝殿は本殿より遅れて現れたが，中世には本殿に拝殿を連結して一体とした社殿が現れる．応永32年（1425）再建の吉備津神社本殿および拝殿（岡山県，図2.1-16）はそ

2.1 神社本殿

図2.1-16 吉備津神社本殿および拝殿

(1) 本殿・拝殿全景

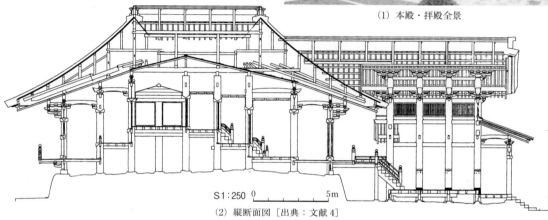

(2) 縦断面図 ［出典：文献4］

の一例であるが，この社殿は他に類をみない規模や形態をもつ特殊な建物である．本殿は奥行の深い長大な軸部に，入母屋を前後に二つ並べて間を棟で連結した比翼入母屋造の屋根を架けており，この前方に切妻造妻入りの拝殿を接続させる．本殿と拝殿とは屋根が繋がるだけで，軸部は繋がりをもたない．本殿内部は三間社流造の周囲に二重に庇を廻したような構成であるのに対して，上に架かる屋根は前方と後方の入母屋とが完全な対称形となり，柱配置とは関係なくつくられている．中世にはすでに野屋根により軸部とは関係なく屋根を架けることが行われていたが，この技術を存分に生かした構造となっている．技術的には一つの大きな屋根を架けることが可能であったが，2棟並んでいた前身社殿の名残である二つの入母屋をあえてつくったのかもしれない．

本殿に妻入りの拝殿や幣殿を直接連結する手法は合理的であるが，遺構で確認できるものは少なく，多くは行われなかったようである．近世初期には，天正13年（1585）の八幡神社本殿および拝殿（兵庫県，図2.1-17）や慶安2年（1649）の浅草神社本殿および幣殿（東京都）などの遺構があるが，その後はほと

図2.1-17 八幡神社本殿および拝殿

んどない．再びみられるのは近世後期以降で，特異な屋根形態をもつ天保14年（1843）の大滝神社本殿および拝殿（福井県）は，近世末期の遺構である（文献5）．礼拝のための空間を本殿に連続させる手法として，まずは2棟を連結する方法がとられたが，後に3棟を連結する権現造の方法が広く知られるようになって，採用されなくなったとみられる．

江戸時代を通じて全国各地に東照宮が勧請されていくのに伴い，これによく用いられた本殿と拝殿を石の

間で連結する権現造の形式が神社でも多用されるようになる．前述したように，権現造の祖型は北野天満宮において平安時代末までさかのぼることができる．現在の北野天満宮本殿・石の間・拝殿および楽の間は，慶長12年（1607）の建物であるが，古式を踏襲して再建されたとみられている．今は失われた豊国廟は，慶長4年（1599）に豊臣秀吉を祀って造営された霊廟で，菅原道真の霊を祀る霊廟であった北野天満宮にならって造営されたという．これにより，霊廟に権現造の形式を採用することが定着したといえる．神社においても祭礼を行う上で機能的であり，かつ複雑な外観は格式を表現するのに適していたのであろう．なお，一般的に石の間は幣殿として利用される．

北野天満宮と並び現存最古の権現造の遺構である大崎八幡宮本殿・石の間・拝殿（宮城県，図2.1-18）は，黒漆塗りと極彩色の建物であり，豊国廟を模したといわれている．仙台藩主伊達政宗が，京都や和歌山出身の当時上方で活躍していた工匠を招いて造営した神社で，慶長12年（1607）に遷宮している．社殿は，前後に並んだ本殿と拝殿を妻入りの石の間で連結して一つの建物としている．本殿と拝殿にはそれぞれ入母屋造の屋根を架け，本殿および拝殿の棟は，石の間の棟によって「エ」の字形に連結される．本殿と石の間，石の間と拝殿との接合部にそれぞれ谷ができ，複雑な屋根となる上に，正面には千鳥破風と唐破風という装飾的な屋根も付加されている．構法をみると，本殿と拝殿とは多くの部材によって連結されている．石の間側面では繋梁とともに通肘木や桁が本殿と拝殿とを繋いでおり，本殿に向かって反り上がり，拝殿との高さの差を調整する役割も担っている．小屋内では石の間に小屋梁が渡されて本殿と拝殿とを繋ぐとともに，母屋が同じ高さで廻されて繋がっている．拝殿と石の間とは軒も同じ高さで廻され，屋根面も一体的に繋がっている．軸部・小屋・軒・屋根とどの高さにおいても強固に連結されることになり，構造的にも固められて堅牢である．

また，東照宮の権現造では，本殿・拝殿ともに入母屋造の屋根とするのに対して，神社の権現造では，本

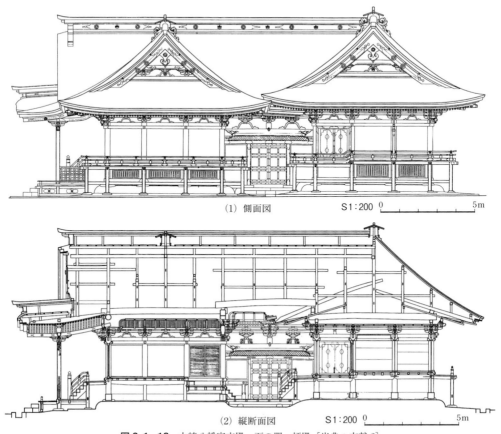

図2.1-18　大崎八幡宮本殿・石の間・拝殿［出典：文献6］

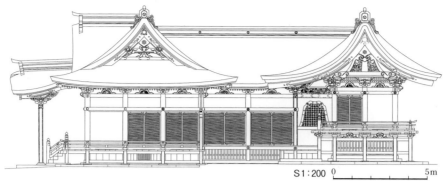

図 2.1-19 六所神社本殿・幣殿・拝殿 側面図［出典：文献 7］

殿の屋根を流造とすることも多い．寛永 13 年（1636）の六所神社本殿・幣殿・拝殿（愛知県，図 2.1-19）や寛永 20 年（1643）の相馬中村神社本殿・幣殿・拝殿（福島県）がその事例である．神社の伝統的な屋根形式である流造が権現造に取り入れられるのは，自然の流れともいえる．権現造の社殿では，複雑な軒と屋根を雨仕舞よく納めることに苦心するが，特に本殿と幣殿との接合部では，軒高の違いにより幣殿の軒先の屋根が本殿の軒下に入り込むため，取り合いが難しく雨仕舞が悪くなりやすい．この点，本殿が流造の権現造では，幣殿の軒を本殿の軒高まで反り上げて接続し，本殿軒下に入り込まないように納めるので，雨仕舞はよい．

社殿の複合化の歴史をみると，内部を区画して本尊空間と礼拝空間を一つの建物内に併存させる形式が普及した仏堂とは異なり，神社本殿は本殿として独立性を保ちながら，礼拝空間を付加する形で社殿を連結してきた．このとき，一つ一つの屋根は空間を象徴したものであり，重要な意味合いをもっている．そして複合化の方法は，八幡造の手法も，本殿と拝殿のみの連結手法も普遍性はなく，権現造が主流となっていく．なお，近世初頭より大名に直属する優れた大工集団が複数台頭し，やがて幕府の作事方で活躍する者も現れたが，彼らの技術があったからこそ複雑な構成の社殿が建てられていったのであろう． ［渡邉薫子］

■ 文 献
(1) 稲垣栄三『原色日本の美術 第 16 巻 神社と霊廟』小学館，1968.
(2) 文化財建造物保存技術協会編『宇佐神宮本殿修理工事報告書』1985.
(3) 三浦正幸「吉備津神社本殿・拝殿」太田博太郎編『日本建築史基礎資料集成一 社殿 I』中央公論美術出版，1998.
(4) 吉備津神社修理委員会編『吉備津神社本殿・拝殿・北随神門修理工事報告書』1956.
(5) 田中 剛・藤田勝也「近世における複合社殿の形式と地域性」福井大学工学部研究報告 第 50 巻 第 2 号，2002.
(6) 文化財建造物保存技術協会編『大崎八幡宮本殿・石の間・拝殿保存修理工事報告書』2004.
(7) 文化財建造物保存技術協会編『六所神社本殿・幣殿・拝殿・神供所・楼門修理工事報告書』1976.

c．屋根装飾化の先行例

(1) 軒唐破風　神社本殿は，特殊なものを除き人が通常内部で活動することはなく，人が中に立ち入ることができない小規模なものも多い．このため建築表現は主として外観に意が注がれることとなる．屋根の形態は一見して神社とわかる流造や春日造といった形式が多く採用される中で，屋根に変化をもたせようとして唐破風を用いるものが鎌倉時代にすでにみられる．全国的には室町時代後半から流行したようで，本殿の装飾化の初期における一端を示す．

泉穴師神社摂社住吉神社本殿（大阪府，文永 10 年 1273，図 2.1-20）は，春日造に分類されるが，屋根の正面には軒唐破風が付き，背面を入母屋造とした複雑な屋根の本殿である．庇の改変が大きいものの，当初の輪垂木が残り，唐破風を用いた最初期の遺構で，修理工事の際に復原図が描かれている（文献 2）．唐破風をもつ古い遺構として法隆寺聖霊院の厨子（奈良県，弘安 7 年/1284）が知られているが，同じ頃に神社建築でも採用されていたことがわかる．この本殿は，妻入りとなる春日造の庇中央部を起こらせて正面に唐破風を見せるため，身舎の妻飾りと相まって屋根形状がより複雑になる．出組とする組物や向拝中央に 2 段に重なる蟇股などとともに，建物全体を装飾的にしようとする本殿建築の早い例である．また，技法的には寺院建築と同様につくられており，そこからは本殿とし

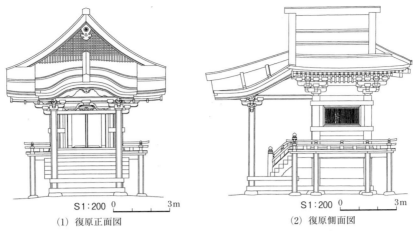

図 2.1-20　泉穴師神社摂社住吉神社本殿［出典：文献 2］

ての違いを示そうとする考えがあったとは考えられないものである.

　圓成寺宇賀神本殿（奈良県，鎌倉時代後期，図 2.1-21）も唐破風を用いた古い遺構である．先の例と同様に春日造の庇に軒唐破風を設ける．身舎平面は 2 尺四方ほどと，隣接する春日造最古の遺構である白山堂・春日堂よりいくぶん小さい本殿であるが，この屋根形状により目を引く存在となっている.

　このように軒唐破風は，すでに 13 世紀後半の春日造において用いられたことが確認できる．屋根の形状において意匠上もより効果があり，また納まりや雨仕舞で無理をせず，小規模でもある春日造の庇に，建物を飾る技法としてまず採り入れられている．しかし軒唐破風を用いた中世の遺構は少なく，神社本殿においてとりわけ装飾的なものが多く残る大阪周辺に集中して見られる．全国的には近世になり一般的に用いられる形式であり，これは寺院建築でも同様である.

　屋根形状を象徴的に扱う神社本殿において，これに変化をもたせることは，その象徴性を冒すことになりかねない．しかし，比較的に小建築である神社本殿の

図 2.1-21　圓成寺宇賀神本殿 正面

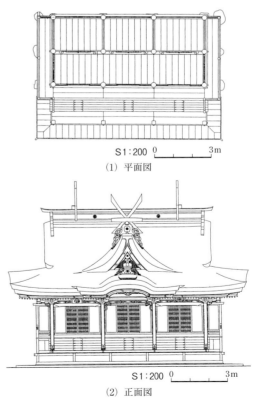

図 2.1-22　錦織神社本殿［文献 3］

装飾的効果としては多大なものがあり，まず先進的な地域で採用されたようである．

(2) 軒唐破風と千鳥破風の併用　室町時代末期から近世初頭に，屋根を軒唐破風と千鳥破風を併用してより派手に飾る神社本殿が全国的に多くみられるようになるが，この先駆けが大阪の中世神社本殿にみられる．

錦織(にしごおり)神社本殿（大阪府，室町中期，図2.1-22）は桁行3間，梁間2間の身舎に入母屋の屋根を架けて平入りとするが，正面は縋破風(すがるはふ)で屋根を葺き降ろし，桁行全長にわたる庇を向拝とする．この庇の中央部に軒唐破風，さらに上方の身舎屋根面中央にも千鳥破風を設ける．軒先は縋破風と唐破風で変化に富み，屋根は唐破風に重なる千鳥破風が，両側の入母屋の妻飾りと相まって立体的で重厚になり，非常に装飾性の高い屋根となっている．屋根形状を複雑にすることによる建物の装飾化は，通常外観しか人目には触れないという本殿建築の性格上，人目を引くという点で最大の効果

が見込め，また建物の規模もこの技法とその効果に適していることによると考えられる．また屋根が檜皮葺(ひわだぶき)であることは，複雑な屋根形状への対応を可能としている．なお，この本殿には外部に彩色も施され，いっそう目を引くものとなっている．

この本殿の建立は，墨書(すみがき)から正平18年（1363）と考えられていたが，あまりにも進んだ装飾性と細部の技法などから，現在では室町時代中期建立が妥当と考えられている．それでも同時代の遺構と比べるとやはり異質で，近世初頭の装飾化の先駆けであり，先の泉穴師神社摂社住吉神社本殿とともに，遺構で見る限り極端な地域的先進性を示すものである．　　[豊城浩行]

■**文　献**
(1) 土田充義「住吉神社本殿」太田博太郎編『日本建築史基礎資料集成三　社殿Ⅲ』中央公論美術出版，1981.
(2) 大阪府教育委員会編・発行『泉穴師神社々殿修理工事報告書』1958.
(3) 桜井敏雄「錦織神社本殿」太田博太郎編『日本建築史基礎資料集成三　社殿Ⅲ』中央公論美術出版，1981.

2.2 塔

2.2.1 日本における木造仏塔の基本形式とその起源

現存する日本の木造仏塔は、木造塔身上に金属製の相輪をかかげた構成を基本とし、塔身部の形式により層塔、檐塔、宝塔、多宝塔に区分できる.

層塔は軸部・組物・軒・屋根を基本単位として積み重ねた塔身をもつ. 現存遺構は三重塔・五重塔が圧倒的多数を占めるが、かつては七重塔・九重塔もつくられた. 各層平面は方形が基本であるが、八角形の場合もある.

檐塔は初重以外の軸組がほとんど露出せず、組物・軒・屋根を基本単位として積み上げたように見える形式で、各重軒（檐）が密接に重なった様子が特徴的である. 木造檐塔の現存遺構は1基のみであるが、石造檐塔は十三重塔を中心として多く現存する. 石造を含めて平面は方形が一般的である.

宝塔・多宝塔は円形塔身をもつ二重塔で、上層（二重）のみ屋根をもつ場合を宝塔、初層（一重）にも屋根をもつ場合を多宝塔とよぶのが一般的である. ただし多宝塔は初層が方形平面の場合が多く、初層平面も円形の多宝塔は大塔とよんで区別する.

仏塔の起源はインドにおけるストゥーパ (stupa) に求められ、塔はストゥーパの漢語訳「卒塔婆」に由来する. ストゥーパは釈迦すなわち仏陀の遺骨（舎利）を奉納した墳墓で、仏滅後に舎利が信者らによって分割され、8基のストゥーパが建立されたことに始まる（八分起塔）. その後紀元前3世紀のアショーカ王時代にストゥーパは8万4000基に増やされ、各地に分祀されたという. このころの形式を直接とどめる遺構は存在しないが、アショーカ王時代のストゥーパが原形と考えられるサーンチー第一塔（現在の形式は紀元前2世紀頃、図2.2-1）を見ると、円形基壇上に築いた半球型円墳（伏鉢あるいは覆鉢）の頂部に方形の平頭を載せ傘竿・傘蓋をかかげた形式が初期ストゥーパの基本といえる. 傘蓋は貴人の象徴である. ストゥーパは、仏教の隆盛とともに新たに建造される場合と従前遺構を覆って大規模化（増広、図2.2-2）する場合がある. サーンチー第一塔は後者の例に属し、焼成煉瓦積みで構成された原塔を石積みで約2倍に増広してい

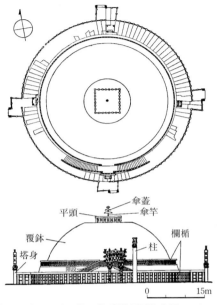

図 2.2-1 サーンチー第一塔 現状平面と立面：アショーカ王時代建立の原塔は破壊が大きいが、およそ現状の半分くらいの規模と考えられている. ［出典：文献1］

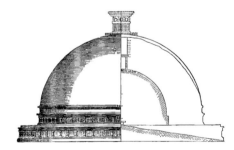

図 2.2-2 マンキャーラ大塔における増広のイメージ：カニシカ王時代（2世紀）の原塔を8世紀に増広した様子を立面図と断面図で復元的に図示. ただし増広後の傘蓋と階段は省略している. ［出典：文献2］

る. また、八分起塔の一つとされるヴァイシャリー塔は、発掘により粘土板で築いた直径7.5 mの原塔が確認されている.

一方、ガンダーラ地方（現在のパキスタン西北部）では、紀元前1世紀頃からストゥーパの形態にいくつかの変化が認められる. その一つとして小塔における傘竿・傘蓋部の誇張表現が注目される（図2.2-3）. この形態をみると、日本の木造塔における相輪が、本来のストゥーパ主体部に由来することは容易に理解で

きる．そして木造塔身上に相輪をかかげる構成は日本だけでなく朝鮮半島や中国においても確認できるので，仏教伝来経路を考えた場合，中国で木造塔の基本が形成され朝鮮半島を経て日本へ伝えられたと考えるのが妥当である．

ただし仏教が中国へ伝来した際に，ストゥーパを相輪に置換し，これに中国伝統の高層木造建築を組み合わせたのかという点は，簡単には断定できない．すなわち，ガンダーラ地方のストゥーパは，傘竿・傘蓋部の高大化とともに基壇部・基塔部（ドラム）の重層化

(1) 小ストゥーパ（模造）　　(2) 陶製舎利塔

図 2.2-3 タキシラ博物館展示のモーラ・モラドゥ遺跡の小ストゥーパ（模造）とジョーリアン遺跡出土の陶製舎利塔：基台・基塔部と傘蓋部分の誇張表現が顕著になっている．

図 2.2-4 ボードガヤー（ブッダガヤ）大塔：修復前の状態を描いており，5〜7 世紀建立の原形を伝える可能性が高い．
[出典：文献 2]

が顕著となり，そこは付柱や仏龕設置が行われるようになる．また，基壇部が方形となる点や基壇四方に階段を付加する事例の出現も重要である．一方，インド中東部のボードガヤー（ブッダガヤ）に方形高塔型仏堂（図 2.2-4）が現存し，5〜6 世紀と推定されるその原形は『大唐西域記』（7 世紀前半の唐僧玄奘の著作）に記された大塔の可能性が高く，近在で発掘された 2〜4 世紀頃の奉献板にも高塔建築の浮彫りが認められる．そして中央アジアの仏教遺跡は，基壇・基塔部が発達したストゥーパ遺構と高塔型仏堂的遺構の双方が認められる．したがって，中国への仏教伝来過程でこれらの要素が多元的かつ多段階的に摂取された可能性があり，塔身部の原形に関しては今後も検討が必要であろう．

いずれにしても，中国における仏教導入初期（2 世紀）の記録である窄融の浮図祠（『呉志』劉繇伝）が，重層楼閣に金銅仏をまつり九重相輪をあげた塔型仏堂と考えられる点や，雲崗石窟などにみられる木造仏塔彫刻（5 世紀）の塔身部における仏堂的表現は，その原形を考えるうえで注意すべきである．

なお，中国における木造仏塔遺構は八角五重層塔である仏宮寺釈迦塔（1056）が唯一である．この塔は二重以上の縁腰組（暗層）上に軸部（明層）を組むため塔身は九層構成となり，縁腰組上端高さに床板を張り各重中央に仏像をまつり，相輪心柱を最上重の小屋組から立ち上げる．すなわち登壇可能な構造をもち，各重を仏堂的に扱う．これに対して日本の木造仏塔遺構は，近世遺構の一部を除いて伝統的に上重登壇を考慮しない構造で，仏堂的な空間は初重に限定される．

一方，朝鮮半島の木造仏塔遺構も 2 基と少なく，年代も 17 世紀と新しいが（うち 1 基は近年焼失，再建），いずれも上重登壇を考慮しない．また，朝鮮半島における古寺遺跡の塔心礎をみると，朝鮮半島の木造仏塔は心柱を初重（あるいは地下）から立ち上げる形式が基本と考えられる．したがって，少なくとも朝鮮半島に木造仏塔が伝来したときは，各重を心柱が貫く構造を有し，ストゥーパ本来の舎利奉安を主目的とする建築であったと推察される．残念ながら，中国において仏堂的性格の強い木造仏塔と舎利奉安目的の木造仏塔がいかに展開したのか，また朝鮮半島において木造仏塔がいかに展開したのかなどは遺構が少なく明らかでない．これに対して，日本は 7 世紀末以来近世にかけて木造仏塔が 200 基以上現存し（濱島正士によると 221 基），唯一その建築様式や構造の変化を詳細に検

討可能である．この点はきわめて重要である．

[大野 敏]

■文 献

(1) 『世界建築全集』平凡社，1959.
(2) J. Fergasson, "HISTORY OF INDIAN AND ERSTERN ARCHITECTURE VOL, I", 1910.

■参考文献

・工藤圭章「概説」太田博太郎ほか編『日本建築史基礎資料集成十一 塔婆 I』中央公論美術出版，1984.
・関口欣也「仏教建築の興隆と東漸」水野敬三郎・関口欣也・大西修也編『法隆寺から薬師寺へ 日本美術全集 第2巻』講談社，1990.
・関口欣也「西域古建築小遊」文建協通信，70号，2002.
・西川幸治「インド古代の仏教文化」曾野寿彦・西川幸治『死者の丘・涅槃の塔 沈黙の世界史 第8巻』新潮社，1970.
・濱島正士「永寧九重塔と日本の仏塔（付編第一章）」『北魏洛陽永寧寺』奈良国立文化財研究所史料 第47冊，1998.
・小寺武久『古代インド建築史紀行』彰国社，1997.
・濱島正士「日本の塔の組上構造」上田 篤編『五重塔はなぜ倒れないか』新潮社，1996.
・足立 康「北魏塔婆様式の系統に就いて」太田博太郎編『塔婆建築の研究 足立康著作集三』中央公論美術出版，1987.
・村田治郎「中国の楼閣形塔婆の起源」『中国建築史叢考 仏寺仏塔篇 村田治郎著作集三』中央公論美術出版，1988.

2.2.2 層塔の構造とその変化

a. 層塔の構造原理と台輪の重要性

層塔の基本構造は，軸部・組物・軒・屋根で構成された基本単位（層あるいは重）を必要数積み重ねる．その場合，本来は初重から順に1層ずつ積み上げていく構法が常道であったが，中世以降軸部・組物を先行して組み上げ，後から軒・屋根を施工する構法が出現した（後者の方が積上げ精度が高く組上施工も合理的である．詳細は2.2.2項d参照）．

また層塔における構造的特色は，①心柱が塔身から構造的に独立していること，②狭い塔身で巨大な屋根荷重を支持していること，の2点が指摘されている（文献1）．すなわち，積上げ構法にかかわらず，塔身部中央は心柱のための空間を確保しておく必要があり，軸部・組物は大きな荷重を初重まで正しく伝達していく必要がある．したがって層塔の場合，軸部・組物における水平変位や垂直変位をいかに抑えるかが構造上の要点となる．組物については2.2.2項bで述べるので，ここでは台輪を中心に軸組緊結の流れを概観する．

台輪は柱頂を繋ぐ水平材で，日本では禅宗様建築の伝来とともに詰組形式の組物と対になって普及する．

しかし層塔では組物形式（詰組・疎組）に関係なく古代〜近世にいたる全遺構の側柱位置に使用が認められる（奈良県の興福寺三重塔や東京都の本門寺五重塔は初層のみ台輪を用いず）．このことから，層塔の場合，側柱頂を緊結すること，および組物据付高さを一定に保つことがきわめて重要だったことがわかる．そこで五重塔・三重塔の古代〜中世遺構に注目する（表2.2-1）．

まず台輪の断面に注目すると，台輪成と中央柱間寸法との比は五重塔が0.025〜0.050，三重塔が0.024〜0.041で，全体的に五重塔の方が高い数値を示すものが多い．したがって積重ね数の多い五重塔の方が成（比率）の高い台輪を用いる傾向が認められる．ただし時代順の台輪成の値はばらつきが多く，一定の傾向を読みとるのは困難である．なお，台輪真は柱真が一致する場合が多いが，台輪真が外方向に偏っている場合もあり，如意寺三重塔初重（兵庫県，至徳2年/1385）や常楽寺三重塔（滋賀県，応永7年/1400）のように側柱内方が鬢太状に延びて台輪と上端揃いとなる場合も現れる．

次に台輪隅組手仕口について年代順に通観すると以下のようになる．

法隆寺五重塔（奈良県，奈良時代）は三枚柄組である．法起寺三重塔（奈良県，奈良時代）も三枚柄組であるが，内外の台輪は別材を矧ぎ合わせている（図2.2-5）．薬師寺東塔（奈良県，天平2年/730）も三枚柄手法であるが小根柄を用いる．室生寺五重塔（奈良県，8世紀末）は二重以上を三枚柄組とするが初重は留組とする．当麻寺西塔（奈良県，平安時代前期）は二重を三枚柄組とするが，初重は留組と相欠組（あるいは三枚柄組など）を融合したいわゆる台輪留めを用いる．醍醐寺五重塔（京都府，天暦6年/952，図2.2-6）は各層とも台輪留めとする．これ以降，禅宗様建築の台輪組手以外は台輪留めを用いるのが一般化し，海住山寺五重塔（京都府，建保2年/1214）のように複雑な仕口を工夫するものや明王院五重塔（広島県，貞和4年/1348，図2.2-7）のように蟻仕口を加えるものなどが現れる．

禅宗様建築の場合，台輪は頭貫木鼻に対応して組手先端を延ばし刳形（繰形）を施すのが一般的で，組手は相欠き（八つ中留め）とする．遺構は安楽寺八角三重塔（長野県，鎌倉時代後期），厳島神社五重塔（広島県，応永14年/1407）などが古例である．

一方，二重以上の側柱における足元緊結状況は，柱盤上に立つものが一般的で，それ以外は通肘木上に立

2.2 塔

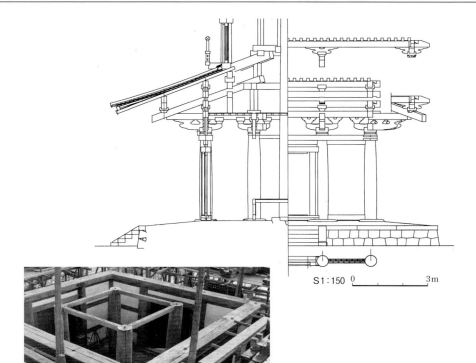

図 2.2-5 法起寺三重塔初重矩計と解体修理組立時の初重台輪の納まり写真 [出典：文献 2]

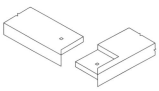

初重側柱の台輪組手（左の写真2点に示すように相欠組式の台輪留めとする）

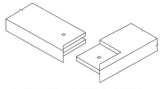

初重四天柱の台輪組手（醍醐寺五重塔は初重四天柱も台輪で繋ぐ．ここでは三枚式枘式の台輪留めとする）

図 2.2-6 醍醐寺五重塔断面と解体修理組立時の初重台輪の納まり写真と組手図解 [出典：文献 3]

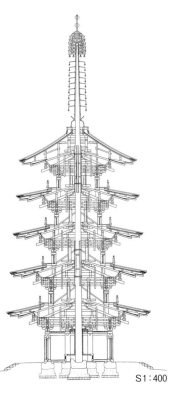

S1:400

表 2.2-1 層塔における初重台輪寸法変遷（側柱の固め方）

番号[1]	区分(層数)	名称	建立年代(西暦)	初層柱間 L(m)	初層中央間 L_c(m)	台輪幅(約は図面計測値) w(m)[3]	台輪成 h(m)	台輪比例 h/w	h/L	h/L_c	台輪組手
1	5	法隆寺五重塔	8世紀初期	6.416	2.680	0.532	0.241	0.453	0.038	0.090	三枚柄
2	3	法起寺三重塔	慶雲3年(706)	6.415	2.655	2材計 約0.51	0.210	0.412	0.033	0.079	三枚柄
3	3	薬師寺東塔	天平2年(730)	7.090	2.345	0.473*	0.173	0.365	0.024	0.074	三枚柄小根
4	5	室生寺五重塔	8世紀末期	2.448	0.894	約0.23	0.105	0.457	0.043	0.117	三重まで留組，四重以上三枚柄
5	3	当麻寺西塔	平安前期	5.227	2.009	0.503	0.203	0.404	0.039	0.101	初重台輪留め，二重三枚柄
6	5	醍醐寺五重塔	天暦6年(952)	6.633	2.412	0.506*	0.197	0.389	0.030	0.082	台輪留め
7	3	浄瑠璃寺三重塔	11世紀後半(1178移築)	3.054	1.273	0.197*	0.103	0.523	0.034	0.081	留めだが詳細不明
8	3	一乗寺三重塔	承安元年(1171)	4.869	1.827	0.288*	0.182	0.632	0.037	0.100	台輪留め
9	5	海住山寺五重塔二重[2]	建保2年(1214)	2.561	0.935	0.212*	0.112	0.528	0.044	0.120	複雑な台輪留め
10	3	明通寺三重塔	文永7年(1270)	4.175	1.606	0.364	0.145	0.398	0.035	0.090	三重とも異なる台輪留め
11	3	長福寺三重塔	弘安8年(1285)	4.247	1.593	0.379*	0.158	0.417	0.037	0.099	台輪留め
12	3	西明寺三重塔(滋賀)	鎌倉後期	4.200	1.594	約0.33*	0.152	0.461	0.036	0.095	留めだが詳細不明
13	3	大法寺三重塔	正慶2年(1333)	3.666	1.515	約0.36*	0.148	0.411	0.040	0.098	留めだが詳細不明
14	5	明王院五重塔	貞和4年(1348)	4.363	1.557	0.373*	0.191	0.512	0.044	0.123	蟻付台輪留め
15	5	羽黒山五重塔	応安5年(1372)	5.018	1.963	約0.48*	0.212	0.442	0.042	0.108	詳細不明
16	3	宝福寺三重塔	永和2年(1376)	3.614	1.390	0.300	0.094	0.313	0.026	0.068	台輪留め
17	3	如意寺三重塔	至徳2年(1385)	3.824	1.485	0.257	0.151	0.588	0.039	0.102	隅留三枚柄
18	3	常楽寺三重塔	応永7年(1400)	4.557	1.709	約0.34*	0.176	0.518	0.039	0.103	留めだが詳細不明
19	3	遍照院三重塔	応永23年(1416)	4.025	1.509	約0.35*	0.130	0.371	0.032	0.086	台輪留め
20	3	向上寺三重塔	永享4年(1432)	3.636	1.364	約0.29	0.105	0.362	0.029	0.077	相欠き，木鼻刳形あり
21	3	小山寺三重塔	寛正6年(1465)	4.138	1.704	0.321*	0.149	0.464	0.036	0.087	台輪留め
22	3	新海三社神社三重塔	永正12年(1515)	3.762	1.411	0.242*	0.108	0.446	0.029	0.077	台輪留め
23	3	名草神社三重塔	大永7年(1527)	4.653	1.745	0.378*	0.167	0.442	0.036	0.096	台輪留め
24	3	長命寺三重塔	慶長2年(1597)	4.848	1.818	0.303*	0.167	0.551	0.034	0.092	襟輪欠き大留蟻落とし
25	5	本門寺五重塔初重	慶長12年(1607)	4.841	1.701	台輪なし					
		本門寺五重塔二重	慶長12年(1607)	4.448	1.570	0.289	0.113	0.391	0.025	0.072	相欠き，木鼻刳形あり
26	3	真禅院三重塔	寛永19年(1642)	4.394	1.768	0.376*	0.182	0.484	0.041	0.103	台輪留め
27	5	教王護国寺五重塔	寛永20年(1643)	9.478	3.345	0.970	0.373	0.384	0.039	0.111	組手詳細不明
28	3	本山寺三重塔(岡山)	承応元年(1652)	4.844	1.730	0.454	0.200	0.441	0.041	0.116	蟻付台輪留め
29	5	最勝院五重塔	寛文6年(1666)	5.720	2.080	0.410	0.145	0.349	0.025	0.070	台輪留め
30	5	日光東照宮五重塔	文政元年(1818)	4.848	1.818	0.485	0.242	0.499	0.050	0.133	詳細不明
31	5	備中国分寺五重塔	弘化元(1844)	5.928	2.074	0.430	0.209	0.486	0.035	0.101	台輪留め

［注］（1）主に建立年代が明らかな遺構について考察したが，西国寺三重塔（永享元年/1429）は資料不足により割愛した.

頭貫の納まり	備考	参考：二重以上の側柱の据付手法			
		側柱を受ける部材	同右部材の据付位置	同右部材の仕口	柱足元の納まり
一材	二重以上は長押状台輪（幅半分）	柱盤	地垂木尻および隅木尻	隅相欠組	丸柄差し
一材	台輪は内外別材剣ぎ合せ	柱盤	地垂木尻および隅木尻	隅相欠組	丸柄差し
詳細不明		柱盤	地垂木尻および隅木尻	詳細不明	詳細不明
組手相欠き	台輪・頭貫を鉄釘貫通	柱盤	地垂木尻および隅木尻	隅相欠組	太柄差し（四重柱で確認）
詳細不明		柱盤（補強束あり）	地垂木尻および隅木尻	詳細不明	詳細不明
組手相欠き	四天柱は三枚柄台輪留め	柱盤	地垂木尻および隅木尻	隅相欠組	太柄差し
詳細不明		柱盤	地垂木尻および隅木尻	詳細不明	詳細不明
詳細不明		柱盤（補強束後補か）	地垂木尻および隅木尻	詳細不明	詳細不明
組手相欠き	台輪隅折れあり，三重以上の台輪組手は略式	柱盤	地垂木尻および隅木尻	隅相欠組	二枚柄差し
組手相欠栓止，平は蟻付き	台輪隅反りあり	柱盤	地垂木尻および隅木尻	隅相欠組	詳細不明
詳細不明	昭和24～26年移築工事	柱盤	地垂木尻および隅木尻	隅相欠組，垂木当り欠き	丸柄差し
詳細不明	台輪反り増なし	柱盤	地垂木尻・束および隅木尻	詳細不明	詳細不明
詳細不明		柱盤	地垂木尻および隅木らしい	詳細不明	詳細不明
組手目地付相欠き，平は腮付き	台輪隅折れあり	柱盤	地垂木尻および隅木尻	隅相欠組，垂木当り欠き	柄差し
詳細不明		柱盤	地垂木尻および隅木尻	詳細不明	詳細不明
組手相欠腮付き，木鼻あり	現状の三重台輪が当初の初重台輪なので，その数値による	柱盤	通肘木上	隅大留め，尾垂木当り欠き	平柄差し，内面鬢太腮付き
隅組手相欠き，合端に留欠渡り腮	台輪隅増し？	柱盤	地垂木尻および隅木尻	隅相欠組	柄差し
詳細不明		柱盤	地垂木尻および隅木尻		
組手相欠蟻目地，木鼻あり	台輪隅折れおよび成隅増しあり	柱盤	通肘木上	隅相欠組，隅肘木当り欠き	丸柄差し
組手相欠き，木鼻あり		柱盤	地垂木尻および隅木尻	隅相欠組	太柄差し
組手相欠腮付き，木鼻あり		柱盤	地垂木尻および隅木尻	隅相欠組	柄差し
組手相欠き，木鼻あり	柱隅延びなし，内面鬢太延ばし	柱盤	通肘木上	隅相欠組	丸柄差し
隅大入蟻落とし，平は腮付き，木鼻あり	寛文5年に移建	柱盤（移建時の材）	丸桁桔上の束（移建時の改造）	隅相欠組	太柄差し
頭貫なし	内法貫，台輪幅寸法は三重の値による	柱盤	隅木尻および跳木尻	隅相欠組	柄差し鼻栓止め
組手相欠腮付き，木鼻あり	四天柱は通柱式，荷重伝達経路難あり	柱盤（垂木傾斜なりに配置）	地垂木尻および隅木尻	隅留め	傾き太柄差し
詳細不明	四天柱は通柱式，荷重伝達経路難あり	柱盤（垂木傾斜なりに配置）	地垂木尻および隅木尻	隅留め	傾き太柄差し
詳細不明		柱盤（尾垂木上に補強束）	地垂木尻および隅木尻	隅木と補強束に取付，詳細不明	柄差し
詳細不明	四天柱は通柱式	柱盤（補強束あり）	地垂木尻および隅木尻	詳細不明	詳細不明
相欠き	三重台輪重柄，四天柱と側柱を別個に組上げ可	柱盤	通肘木上	隅大入れ蟻掛け	太柄差し
頭貫なし	各重床あり	柱盤	小屋梁上および繋梁上，二重は隅に火打状受梁あり	二重は蟻掛け，他は隅相欠組	太柄差し
詳細不明	櫓構法，心柱懸垂式	柱盤	通肘木上	詳細不明	詳細不明
頭貫なし	各重床あり，櫓構法	小屋梁	丸桁上の高さ	小屋梁同士を井桁組	柄差し

(2)海住山寺は初重台輪が後補のため二重目の値を示す． (3)台輪幅の欄の＊印は台輪幅の芯が外側にずれているものを示す．

つ場合と小屋梁上に立つ場合が認められる．これらは組上構造の違い（2.2.2項d参照）によるが，いずれにしても柱足元は水平材で固定される．なお，二重以上の四天柱は隅木上あるいは柱盤上に立つのが本来であるが，通肘木上あるいは小屋梁上に立つものが現れる．

このほか中世以降は貫による軸部緊結手法を併用する遺構が現れる．西明寺三重塔（滋賀県，鎌倉後期，図2.2-8），石手寺三重塔（愛媛県，鎌倉後期）が古例である．前者は二重以上の四天柱が存在せず外周部および対面する平柱同士を腰貫で繋ぐ．後者は側柱外周と四天柱外周をそれぞれ腰貫で繋ぐ．また，常楽寺三重塔（滋賀県，応永7年/1400）・旧燈明寺三重塔（神奈川県，室町前期，図2.2-9）は側柱外周部のみならず側柱～四天柱間を腰貫が繋ぐ．さらに小山寺三重塔（茨城県，寛正6年/1465）・金剛院三重塔（京都府，室町後期）・長命寺三重塔（滋賀県，慶長2年/1597）・宝積寺三重塔（京都府，慶長9年/1604）・仁和寺五重塔（京都府，寛永21年/1644）は腰貫に加えて内法貫も採用する．塔内部に通す腰貫は高欄腕木を兼用する場合が多い．なお，腰貫で側柱と四天柱を緊結する手法は薬師寺東塔・当麻寺東塔・同西塔の古代遺構にもみられるがいずれも後補で，当麻寺両塔の場合は明治修理時の仕事である．

このように時代とともに貫による軸部強化の傾向が明確に現れるが，台輪による柱頭部緊結は最後まで継承される．このことからも層塔における台輪の重要性

図2.2-7 明王院五重塔断面と初重台輪の組手
［出典：文献4］

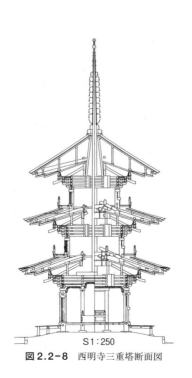

図2.2-8 西明寺三重塔断面図

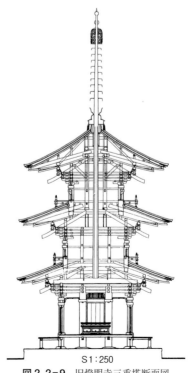

図2.2-9 旧燈明寺三重塔断面図

があらためて認識される．

b．三手先組物の構造変化：古代における構造の急激な発達，新工法（指付け）

組物は斗栱ともよばれる．斗（文字通り升状の部材）と肘木（水平材）の組合せを基本として，時には尾垂木（斜材）も用いながら，軒支承の要である丸桁を柱真位置から前方に迫り出す荷重伝達装置である．本来組物は柱上のみに設けていたが，後には台輪使用を前提に柱間にも設ける詰組も出現する．

三手先組物は，深い軒の出を構成するための必要性と，複雑精緻かつ豪華な意匠性を兼ね備えており，古代第一級金堂および層塔における標準形式であった．中世以降，桔木構造の発達により，仏堂は深い軒の出を桔木で支えることが可能となったため，組物は出組や三斗組などの簡素な形式に移行する．これに対して層塔は屋内が狭く桔木構造を有効に利用できないため三手先組物を近世まで踏襲する（図2.2-11参照）．したがって三手先組物は古代～近世にいたるまで層塔における実例が豊富に残されており，その意匠や構造の変遷を知るのに都合がよい．そこで層塔における三手先組物に注目してみたい．

まず，外観に現れる組物構成について古代層塔遺構を中心にみてみる（図2.2-10）．

三手先組物の最古遺例は薬師寺東塔（天平2年/730）である．ここでは側柱筋（壁付きということもあるので以下壁付きとよぶ）に2段配した通肘木と丸桁以外は組物同士を繋ぐ水平材が存在せず，組物同士の緊結が弱い．これを補うのは上段通肘木と丸桁間に設けた軒小天井（組入天井）程度である．また，手先寸法は手先ごとに個別に定めており三手先目が最も長いため，尾垂木の負担が大きい．なお，薬師寺東塔以前の遺構である法隆寺五重塔・法起寺三重塔で採用している雲形組物は，厳密には三手先といえない特殊例であるが，丸桁の出を比較すると三手先相当の組物とみなすことができるので比較しておく（図2.2-5）．雲形組物は尾垂木と力肘木を中心に三角形を構成して荷重を伝達する単純かつ合理的構造をもつが，薬師寺東塔と異なり二手先の巻斗がないので，尾垂木の負担は薬師寺の場合よりもさらに大きい（東塔の方が尾垂木の負担を軽減させる傾向が認められる：文献5）．また，

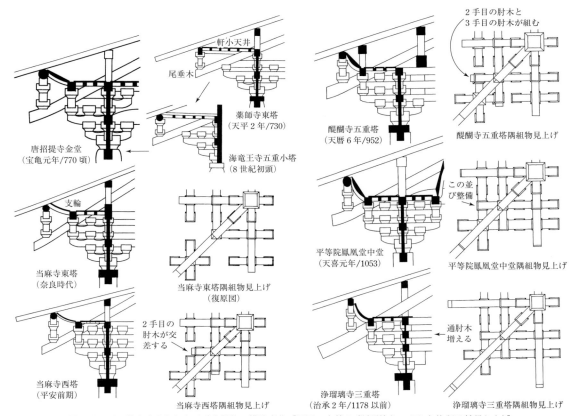

図2.2-10 塔を中心とした三手先組物の構造変化［原図：文献5（断面塗りつぶしと注記は補足した）］

雲形組物の場合，壁付きの通肘木を4段に組んで壁付方向を固める意識は強いが，丸桁以外に手先方向の水平繋ぎをもたず軒小天井も設けないので，組物同士の繋ぎが弱い．しかも隅組物は隅行（45°方向）にしか存在しないので，丸桁支点位置のバランスを考えると，脇間は中央間に対して極端に狭くしなければならない（薬師寺東塔の場合，隅行組物において隅行および直交方向の三方に手先肘木を延ばす）．このように雲形組物に比べると，薬師寺東塔の三手先組物は構造的に大きな進歩が認められる．

次に当麻寺東塔（奈良時代）は，二手目に秤肘木を加えて通肘木を追加し，水平繋ぎを強化している．これに伴い壁付き～二手先の通肘木間は水平な軒小天井とし，二手先通肘木～丸桁間は支輪を配す．さらに，3段に重なる手先肘木において一手位置にそれぞれ巻斗を配すので，全体として整備された形態を見せる．なお，仏堂の例であるが，唐招提寺金堂の当初三手先形式は一手位置の巻斗を2段分しか配さず，当麻寺東塔より古式とみられている．

当麻寺西塔（平安時代）は，同東塔に比べて断面における構造的変化はないが，隅組物二手目の肘木が隅行において枠肘木状（五斗肘木）に変化をみせている点が注目される．この変化は醍醐寺五重塔において，二手目の枠肘木（五斗肘木による）が三手目の秤肘木と組み合い，構造強化が進む．ただし，この時点においても各手先の寸法が異なるため，二手目の隅行枠肘木上の斗と三手目の秤肘木上の斗の位置は一致しない．とはいえ，各手先の寸法は極端な差がなくなり，尾垂木の過度な負担は軽減している．あわせて尾垂木の取付位置が高くなる（薬師寺東塔は二手先巻斗で尾垂木を受けるが，醍醐寺五重塔は二手先秤肘木で受ける）ことにより，支輪の立上りが大きくなり外観の印象も変化する．

浄瑠璃寺三重塔（京都府，平安後期）の隅組物は，各手先の寸法が揃うとともに，三手先における秤肘木と隅行枠肘木が一体化して六斗肘木による枠肘木が形成され，これと二手先の五斗肘木による枠肘木が組み合う．これによって隅組物は構造強化とともに外観上の整備観が一段と増す．この変化はすでに平等院鳳凰堂（京都府，天喜元年/1053）において確認される．ただし，鳳凰堂は壁付きの通肘木が2段で薬師寺東塔以来の形式を継承しているが，浄瑠璃寺三重塔は，壁付きに通肘木を3段重ね，壁付きにおける枠構造の強化を図っている．さらに，同時代の一乗寺三重塔（兵庫県）は大斗上の肘木も通肘木につくり，肘木刳形を造り出している．そして中世以降の層塔の三手先組物は，浄瑠璃寺三重塔および一乗寺三重塔の形式を基本とする．

次に，塔内部における三手先組物の構成に注目すると，平柱上組物において，手先肘木尻を屋内へ延ばして対面の組物同士を繋ぐ点が重要である．この構法は層塔（楼門や鐘楼なども含めて）のように各層を強固に固める必要のある建築の特色といえる．この井桁に組む通肘木（繋肘木とよぶ場合もある）は，法隆寺五重塔の場合は1段，薬師寺東塔は2段，醍醐寺五重塔は3段となり，屋内における組物同士の緊結は次第に強化される（文献1）．その後，一乗寺三重塔に至り通肘木は4段となる．こうして通肘木段数が増えることにより通肘木部分が「重ね梁」化する．これにより三手先組物は柱頭部を固める機能のほか，上部荷重を

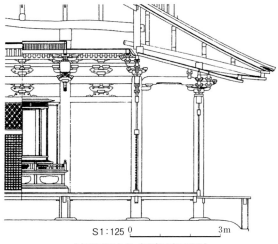

(1) 明王院本堂（元亨元年/1321）

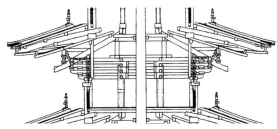

(2) 明王院五重塔（正平3年/1348）

図2.2-11 塔と仏堂の軒出における桔木効果：仏堂の場合は桔木を野屋根内に十分引き込めるので組物を三手先にして軒出を確保する必要が薄れ，中世以降では出組や三斗組などの手先の少ない組物が主流となる．一方，塔の場合は桔木尻の引込みが少ないので桔木により軒出を確保することは困難で，三手先組物を利用し続ける必要がある．図は明王院の本堂と五重塔における比較を示す．［出典：文献4・6］

支承する梁としての能力が増す．これは層塔の構造（積重ね方式および長柱方式）において，二重以上の四天柱の荷重分担機能が高まること（2.2.2項d参照）と関連した重要な構造変化である．なお近世に現れる櫺方式は，通肘木が塔身を貫通せず四天柱に指止めとなる場合が多く，上部荷重を受ける「重ね梁」的機能から側柱を四天柱に繋ぎ止めておく機能への変化が認められる．日光東照宮五重塔の組物は屋内へ延びる肘木2段分が一木の繋梁となって四天柱に指付けとなる．

c．心柱の据付位置と手法

層塔における心柱は軸部と緊結せずに据え付けるのが特徴である．最上重小屋組内の左義長柱枠が心柱の主たる振止めとなるとともに露盤受けとなり，心柱先端は相輪の檫管を受ける．露盤・伏鉢・請花・檫管と九輪・水煙・竜車・宝珠からなる相輪は，塔の起源であるストゥーパに由来することから，舎利は相輪内に納めるのが本義といえる．最初期仏塔とされる奈良県の大野丘北塔において，刹柱頂に舎利を納めたと伝えることもこれを裏付けるものであろう．しかしわが国木造塔の古例をみると，相輪でなく心礎（心柱を据える礎石）に舎利孔を設ける例が多く（舎利容器発見は法隆寺五重塔・崇福寺塔跡，舎利孔の確認例は飛鳥寺塔心礎・本薬師寺東塔心礎・薬師寺西塔心礎など），心柱は単なる相輪受けでなく心礎とともにストゥーパの重要な構成要素と認識されていた．

心柱の据付手法を古代の遺構でみると，法隆寺五重塔（7世紀末〜和銅4年/711，図2.2-12）は基壇上面より3mほど下方に心礎を据え心柱を掘立とするが，法起寺三重塔（天武13年〜慶雲3年/684〜706）は基壇上面に心礎を据えて心柱を礎石建とする．以後薬師寺東塔（天平2年/730），当麻寺東塔（奈良時代），室生寺五重塔（8世紀末），当麻寺西塔（平安時代前期），醍醐寺五重塔（天暦6年/952）に至るまで法起寺三重

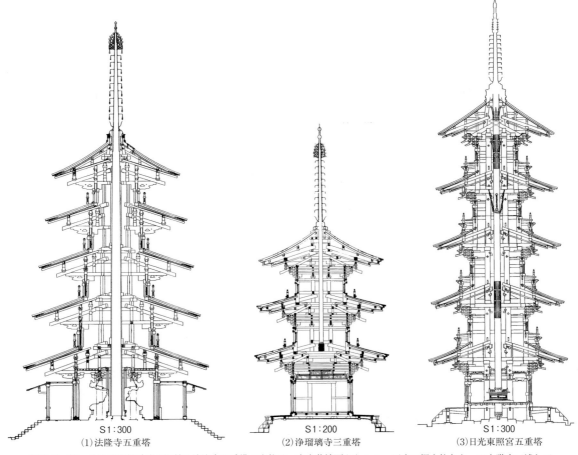

図2.2-12 心柱の据付手法の比較：法隆寺五重塔の心柱は，本来基壇面から1.5m下まで掘立柱となって心礎まで達していた．浄瑠璃寺三重塔は心柱を一重小屋組上から立ち上げる古例である．日光東照宮五重塔は心柱を懸垂式に取り付ける．

(1)法隆寺五重塔　S1:300　　(2)浄瑠璃寺三重塔　S1:200　　(3)日光東照宮五重塔　S1:300

塔の手法が認められる．

一方，飛鳥・白鳳時代寺院跡の発掘成果によると，飛鳥寺塔は基壇上面が削平されていたが心礎は地中約3m下方に据えられており，山田寺塔の心礎据付位置は上面がほぼ旧地盤面高さであるが基壇上面からは2mほど下方にあたり（基壇版築は地表面下から築き，途中で心礎と心柱を据え付けて版築を仕上げた），川原寺塔の心礎も山田寺同様である．本薬師寺塔の心礎は基壇上面に据えられており，心柱は礎石建であった．

以上，遺構と発掘成果を総合すると，心柱の据付手法は古くは掘立式で心礎据付位置は地盤面以下であったが，次第に地盤面高さまで上昇し，7世紀を境として心礎が基壇面に据えられ心柱が礎石建となるものが現れ普及する．こうした流れの中で法隆寺五重塔の心柱据付手法は，飛鳥寺塔と山田寺塔の中間的な存在で，古式といえる．

次いで心柱の据付手法に大きな変化が認められるのは，平安時代後期の三重塔においてである．すなわち浄瑠璃寺三重塔（平安後期，図2.2-12）や一乗寺三重塔（承安元年/1171）は心柱が初重から消失する．前者は初層四天柱上に4段に組んだ通肘木上に柱盤を配して心柱を立てる．後者は初重地垂木上に組み廻した二重柱盤に心柱受けの柱盤を2段に架して心柱を立てる．このように両者は心柱受けの柱盤据付手法に相違があるものの，初重天井上から心柱を立てる．これ以降，三重塔において心柱を初重天井上から立てることは，中世・近世を通じた標準方式となる．唯一初重に心柱を存する長福寺三重塔（岡山県，弘安8年/1285）も，実際の心柱は初重天井上から立ち，初重心柱は床上から立つ見せかけのもので，後補の可能性が指摘されている（文献7）．

一方，五重塔の中世遺構8件（三重塔に改造されている天寧寺塔婆含む）のうち初重天井上から心柱を立てる遺構は，海住山寺五重塔（建保2年/1214）を初出として明王院五重塔（貞和4年/1348）・羽黒山五重塔（山形県，応安5年/1372）・厳島神社五重塔（応永14年/1407）の4件ある．とはいえ心礎を基壇上に据え心柱を礎石建とする遺構も4件存在し，三重塔ほど劇的な変化ではない．そして近世五重塔遺構12件のうち心柱を初重天井上から立てるのは本門寺五重塔（東京都，慶長12年/1607）・最勝院五重塔（青森県，寛文6年/1666）のみで，心柱が初重に存在するものが多いことは，復古的傾向が顕著といえる．ただし10件の中には法華経寺五重塔（千葉県，元和8年/1622）・日光東照宮五重塔（文政元年/1818，図2.2-12）のように心柱を礎石建とせずに上重軸組から懸垂する手法が採用されたものや，妙宣寺五重塔（新潟県，文政8年/1825）のように心柱と二重以上の四天柱を貫で繋いだ遺構も含まれており，構法的には復古一辺倒でない点に注意すべきである（法華経寺の場合は後補の可能性がある）．

なお，心柱を懸垂式とした主たる理由は以下のように考えられる．

①心柱は心礎上にほぼ独立して立ち，荷重は自重と相輪荷重だけである．

②一方，塔身部は積重ね式構造なので，各重におけるわずかずつの部材圧縮の蓄積は少なくない．また各礎石にかかる荷重も大きい．

③したがって，経年による心柱・相輪部の垂直変位と塔身部の垂直変位には自ずから差が生じ，その差が過大になると相輪露盤位置において屋根との納まりに破綻が生じる．このことは五重塔の方が三重塔より顕著と考えられるが，三重塔においても深刻な問題であった（図2.2-13）．こうした不具合に対して教王護国寺五重塔（東寺，寛永20年/1643）は，心柱の根元を切り縮めて調整した形跡が認められる．

④心柱を懸垂式にして心礎との間に隙間を確保しておけば，塔身部の垂直変位に応じて心柱も下がり③の事態を防げる．仮に心柱が心礎近くまで垂下した場合も心柱の切り縮めが容易である．

ところで，層塔の心柱が地震に対して有効か否かという問題については，石田修三によりその有効性が実験的に考察され，心柱は観音開きの扉を固定する「閂」のような効果を果たすと指摘されており，その効果は心礎上に立つ場合が最も高く，初重天井上に心

図2.2-13　如意寺三重塔（兵庫県，至徳2年/1385）における修理前の屋根頂部破損状況：塔身部の沈下に対して心柱が突っ張ってしまい，露盤が屋根頂から離れ，屋根は隅棟際に亀裂が生じた．[出典：文献8]

柱が立つ場合や懸垂式の心柱はこれに及ばないという（文献10）．最も古典的な心柱据付手法が耐震性において最も有効であるという点は興味深い．

d．重層構造の変化

木造層塔の重層構造は，濱島正士によると積重ね方式・長柱方式・櫓方式に分類できる（文献8，表2.2-2，図2.2-14）．

積重ね方式は，二重以上を組み上げる際に，まず下重の地垂木尻および隅木尻に柱盤を据え，この上に上重側柱や四天柱を立て組物・軒を組み上げていく構法である．すなわち各重ごとに軸部・組物・軒の順に組み上げる作業を繰り返して重層構造をつくり上げるもので，最古の法隆寺五重塔以来近世に至るまで多数の遺構に認められる．

長柱方式は，下重の組物において井桁状に組んだ通肘木（繋肘木）上に柱盤をおいて上重の柱を立てるもので，二重以上においてすべての柱を長柱方式とする場合と，四天柱のみ長柱方式で側柱は積重ね方式とする併用式がある．前者の場合，下重の尾垂木尻や隅木尻は上重の側柱に指止めとなり，軸組・組物と軒が構造的に分離されるため，あらかじめ軸組・組物を最上重まで組み上げてから軒を施工することが可能となる．そのため施工時における積重ね精度も高くなり，作業も合理化できる．

二重以上をすべて長柱式とする遺構は宝福寺三重塔（岡山県，永和2年/1376）を初出とし，遍照院三重塔（岡山県，応永23年/1416），八幡神社三重塔（兵庫県，文正元年/1466），前山寺三重塔（長野県，室町後期），新海三社神社三重塔（長野県，永正12年/1515），西明寺三重塔（栃木県，天文6年/1537），旧寛永寺五重塔（東京都，寛永16年/1639），那谷寺三重塔（石川県，寛永19年/1642），本山寺三重塔（香川県，承応元年/1652）など，14世紀末から17世紀半ばまで確認できる．五重塔の確認例は旧寛永寺塔（厳密にいえば，二重以上の側柱は丸桁桔の上に立つ）である．

長柱併用式の遺構は百済寺三重塔（鎌倉時代，ただし長柱方式は近世の改造である可能性が指摘されている）を初出として，大滝山三重塔（徳島県，室町中期）ほか中世遺構5件，真神院三重塔（岐阜県，寛永19年/1642）ほか近世遺構7件に認められる．百済寺の事情を勘案すると，室町時代中期以降に普及したといえる．特に近世の五重塔において4件に採用されている点は注目される．なお，併用式の場合，下重の軒を

つくらないと上重の側柱が立てられないのが一般的だが，信濃国分寺三重塔（長野県，室町時代），名草神社三重塔（兵庫県，大永7年/1527）は下重の通肘木上に立てた束で上重の側柱盤を受けるため，軸組・組物を軒と分離して最上部まで組上げ可能である．ただし名草神社三重塔の場合，この構法は寛文5年（1665）移築時の改造で，当初は上重の側柱盤を地垂木上に据える一般的な併用式と推定されている（現状は丸桁桔兼用の大梁が入っているが，これは移築時の補足材である）．また，日吉神社三重塔（岐阜県，室町後期）や油山寺三重塔（静岡県，慶長16年/1611），乙宝寺三重塔（新潟県，元和5年/1619）の場合，上重四天柱は通肘木より上方まで延びて柱盤を受けており，櫓方式の萌芽とも考えられる．

櫓方式は，長い四天柱と大梁を交互に組み上げる点が特色で，長柱方式同様軸部・組物と軒・屋根が分離施工可能な構法である．側柱の納まりは長柱式と類似するが，側柱上組物の手先肘木尻が通肘木（繋肘木）とならず，四天柱に指止めとするあるいは側柱上で終わる．すなわち，塔身部の緊結を四天柱と大梁に期待した構法といえる．遺構は最勝院五重塔（青森県，寛文6年/1666）を初出として新勝寺三重塔（千葉県，正徳2年/1712），日光東照宮五重塔（文政元年/1818），備中国分寺五重塔（弘化元年/1844）の4件で，江戸時代中期以降に認められ，五重塔3件を含む．櫓方式は二重以上の内部に通肘木がないため空間的余裕が大きく，4件中2件が各重床張りとする．

ところで，重層構造の荷重伝達方式に注目した西澤英和・金多潔の研究（文献1）によると，古代〜近世にかけて側柱偏重の荷重伝達方式から次第に二重以上の四天柱の構造的重要度が増し，近世は四天柱が重要な荷重伝達機能を果たすようになるという．すなわち，法隆寺五重塔や薬師寺東塔は上部荷重の伝達がほとんど側柱を通じて行われ，二重以上の四天柱は存在しない場合もあり，存在しても小断面部材で隅木尻押さえ程度の機能しか果たしていない．ところが醍醐寺五重塔（天暦6年/952）は二重以上の四天柱に軒荷重との均衡を期待する．次いで明王院五重塔（貞和4年/1348）は，桔木構法の採用により軒荷重は桔木を通して側柱に伝達され，二重以上の四天柱の負担は少なくなるが，桔木支点となる土居を通じて丸桁に負担がかかるために丸桁補強の萌芽が認められる．そして教王護国寺（東寺）五重塔（寛永20年/1643）は，丸桁補強材（丸桁桔）が存在し，これと桔木尻を深く引き

122　第2章　社寺建築の発達2―神社本殿・塔・門，ほか

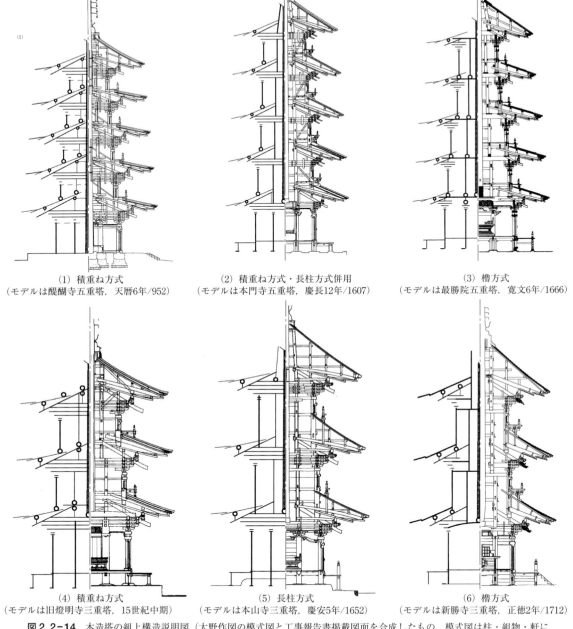

(1) 積重ね方式
（モデルは醍醐寺五重塔，天暦6年/952）

(2) 積重ね方式・長柱方式併用
（モデルは本門寺五重塔，慶長12年/1607）

(3) 櫓方式
（モデルは最勝院五重塔，寛文6年/1666）

(4) 積重ね方式
（モデルは旧燈明寺三重塔，15世紀中期）

(5) 長柱方式
（モデルは本山寺三重塔，慶安5年/1652）

(6) 櫓方式
（モデルは新勝寺三重塔，正徳2年/1712）

図2.2-14　木造塔の組上構造説明図（大野作図の模式図と工事報告書掲載図面を合成したもの．模式図は柱・組物・軒に注目したもので，すべての構造細部を表現したものではない）

込んでそれらの揚力を四天柱に伝え，これに伴い四天柱の断面が大きくなる．さらに日光東照宮五重塔（文政元年/1818）に至ると四天柱と側柱と大梁からなる櫓方式に変容し，大梁が丸桁桔を兼用する架構となり軒荷重も完全に支持できるようになる．つまり桔木構造の普及発達により桔木と丸桁桔がもたらす揚力を均衡させる必要が生じ，二重以上の四天柱の荷重伝達機能が重視されるようになり，二重以上の四天柱は束的な小断面部材から側柱同等かそれ以上の規模に変化する．この研究では対象のほとんどが五重塔であるため，本項では三重塔の場合も検討してみる（表2.2-2，2.2-3）．

表2.2-2　組上方式別の木造層塔一覧

[凡例] 二重以上の四天柱と側柱の断面比較を以下の記号で示す

◎:四天柱断面が側柱よりも大きい　○:四天柱断面が側柱とほぼ同等　△:四天柱が側柱よりも小さい
▲:四天柱が側柱よりも極端に小さい　★:四天柱は存在せず　無印は確認できないもの

時代	五重塔[2][3]			三重塔		
	積重ね方式	長柱方式[4]	櫓方式	積重ね方式	長柱方式[4]	櫓方式
奈良	▲法隆寺(奈良時代) ▲室生寺(8世紀末)			▲法起寺(706) ▲薬師寺(730) ▲当麻寺東塔(奈良時代)		
平安	△醍醐寺(952)			▲当麻寺西塔(平安前期) ★一乗寺(1171) ★浄瑠璃寺(1178以前)		
鎌倉	△海住山寺(1214)			▲興福寺(鎌倉前期) ○明通寺(1270) ★長福寺(1285) ★大法寺(1333) ★西明寺(滋賀, 鎌倉後期) ▲安楽寺(鎌倉後期) ▲石手寺(鎌倉後期)	○百済寺(鎌倉後期)併用	
室町	▲明王院(1348) △羽黒山(1372) ○厳島神社(1407) △興福寺(1426) 法観寺(1440) ○瑠璃光寺(1442)			▲霊山寺(1356) ★如意寺(1385) ▲園城寺(室町前期) △旧燈明寺(室町前期) ★金剛輪寺(室町前期) ○常楽寺(1400) ▲西国寺(1429) ★向上寺(1432) ★岩船寺(1442) ▲摠見寺(1454) ★新長谷寺(1463) ○小山寺(1465) ○南法華寺(1497) ▲石峯寺(室町中期) ○三明寺(1531) ○金剛院(室町後期) ○日吉神社(室町後期)	★宝福寺(1376) ○遍照院(1416) ▲八幡神社(兵庫, 1466) ▲信濃国分寺(長野, 室町中期)併用 △大滝山(室町中期)併用 △真光寺(室町中期)併用 ★新海三社神社(1515) ○名草神社(1527)併用, 側柱の柱盤と垂木分離(後補) ▲西明寺(栃木, 1537) 斑鳩寺(1565)併用 ★前山寺(室町後期)	
桃山		△本門寺(1607)併用		○長命寺(1597) ○宝積寺(1604) ○油山寺(1611)		
江戸	▲妙成寺(1618) 興正寺(1808)	法華経寺(1622)併用 ◎旧寛永寺(1639) ○教王護国寺(1643)併用 ○仁和寺(1644)併用 大石寺(1749) ○妙宣寺(1825)詳細不明	△最勝院(1666) ◎日光東照宮(1818) ○備中国分寺 (1818〜30)	○乙宝寺(1619) ○甚目寺(1627)(側柱は 束立て)	○清水寺(1632)併用 金戒光明寺(1634)併用 ○那谷寺(1642)併用, 上重四天柱通柱的 ○真禅院(1642)併用 ○本山寺(岡山, 1652)	○輪王寺(1690)併用 ○新勝寺(1712)

[注] (1)年代区分は『国宝・重要文化財大全』にならう. (2)五重塔・三重塔区分をしているので名称は寺社名のみとした. (3)小塔は除いた.
　　(4)側柱が積重ね方式併用の場合は併用と注記.

　表2.2-2は層塔における上重四天柱の有無と側柱との断面比較を示し, 表2.2-3は桔木揚力に対する側柱と上重四天柱の関与程度を示した.

　これによると, 三重塔の場合は二重以上の四天柱の断面が側柱と同規模になる傾向が15世紀以降に認められ, 16世紀は半数以上に達し, 近世は標準化する. 一方, 二重以上の四天柱が存在しない遺構は一乗寺三重塔を初出として前山寺三重塔まで12件確認できるが, 全体としてみれば15世紀半ばを境に類例は激減し, 近世以降は見られなくなる. したがって中世後半から近世にかけて, 二重以上の四天柱が重視されるようになる傾向が顕著である.

　次に三重塔における桔木に注目すると, 二重以上の四天柱が桔木揚力に対処するのは鎌倉後期の明通寺三重塔や石手寺三重塔以降と推察される（当麻寺東西両塔の桔木は後補で, 百済寺三重塔も四天柱の長柱方式化は近世と考えられている. 興福寺三重塔も鎌倉前期という建立年代を考えると桔木尻を四天柱盤が押さえる構法が当初形式か疑問である）. しかもその手法は必ずしも柱盤で押さえるのでなく, 四天柱際に取付け

表2.2-3　三重塔の組上構造と側柱・四天柱構造の比較表（国宝・重要文化財について，建立年代は文献9による）

名　称	建立年代（西暦）	組上構造	初　重（四天柱）	二重以上の四天柱の有無，側柱との断面比較	二重以上の四天柱の立つ位置	丸桁桔の有無と納まり	桔木尻の納まり
法起寺三重塔	慶雲3年（706）	積重ね方式	有	有，小断面角材	四天柱盤（四天枠）	無	二重以下は桔木無し
薬師寺東塔	天平2年（730）	積重ね方式	有	二重のみ，小断面角材	四天柱盤	有・後補，井桁	二重以下は桔木無し
当麻寺東塔	奈良時代	積重ね方式	有	有，小断面角，柱間2間	後補・四天柱盤，旧は隅木上	有・後補，井桁	後補，四天柱盤下
当麻寺西塔	平安前期	積重ね方式	有	有，小断面角	四天柱盤	無	後補，側柱貫下
一乗寺三重塔	承安元年（1171）	積重ね方式	有	無		有・後補	塔中央まで引込
浄瑠璃寺三重塔	治承2年（1178）以前	積重ね方式	無（当初不明）	無		有・後補，尾垂木掛で押さえる	側柱間の繋材下
興福寺三重塔	鎌倉前期	積重ね方式	有	有，小断面角材	四天柱盤	無	二重は四天柱盤下，三重は四天柱盤上
明通寺三重塔	文永7年（1270）	積重ね方式	有	有，断面八角やや小	四天柱盤	無	四天柱内側の繋材下
長福寺三重塔	弘安8年（1285）（濱島：14世紀）	積重ね方式	有	無		無	塔中央まで引込
西明寺三重塔（滋賀）	鎌倉後期	積重ね方式	有	無		無	側柱間の繋材下
大法寺三重塔	正慶2年（1333）	積重ね方式	来迎柱2本，来迎壁後退	無		無	側柱間の繋貫下
安楽寺三重塔	鎌倉後期（濱島：南北朝）	積重ね方式	無	三重あり	通肘木	無	側柱間の貫下
石手寺三重塔	鎌倉後期	積重ね方式	有，来迎壁	有，断面小角材	四天柱盤	無	四天柱盤下
霊山寺三重塔	文和5年（1356）	積重ね方式	来迎柱2本，来迎壁	有，断面小角材	四天柱盤	無	四天柱盤下
如意寺三重塔	至徳2年（1385）	積重ね方式	来迎柱2本，来迎壁	無		無	側柱間繋材を利用
園城寺三重塔	室町前期	積重ね方式	有，各柱間に扉	有，断面小	四天柱盤	無	四天柱内側の繋材下
旧燈明寺三重塔	室町前期（濱島：15世紀）	積重ね方式	有，来迎壁	有，断面やや小（特に二重）	四天柱盤	無	側柱間の繋材を利用
金剛輪寺三重塔（三重は整備）	室町前期	積重ね方式	有，断面小	無		無	側柱間の繋材を利用
常楽寺三重塔	応永7年（1400）	積重ね方式	有，来迎壁	有，断面同規模	隅木上	無	側柱外側の野垂木掛け
西国寺三重塔	永享元年（1429）	積重ね方式	来迎柱2本，来迎壁	有，断面やや小	四天柱盤	有，納まり不明	四天柱盤上に桔木のる
向上寺三重塔	永享4年（1432）	積重ね方式	来迎柱2本，来迎壁	無，丸束のみ	通肘木をまたぐ	有	側柱よりやや奥へ引込
岩船寺三重塔	嘉吉2年（1442）	積重ね方式	来迎柱2本，来迎壁	無		有，尻を四天柱下くらいまで延ばす	側柱間の繋貫上
總見寺三重塔	享徳3年（1454）	積重ね方式	来迎柱2本，来迎壁	有，断面やや小	隅木上	無	塔中央まで引込
新長谷寺三重塔	寛正4年（1463）	積重ね方式	来迎柱2本，来迎壁	有，断面小	四天柱盤	有，井桁	側柱・四天柱間の繋材下
小山寺三重塔	寛正6年（1465）	積重ね方式	来迎柱2本，来迎壁	有，断面同規模	柱盤	無	側柱外周貫下
南法華寺三重塔	明応6年（1497）	積重ね方式	有，来迎壁	有，断面同規模	四天柱盤	有，井桁	四天柱間の繋貫下および四天柱外側繋材下
石峯寺三重塔	室町中期	積重ね方式	有，来迎壁	有，断面小	四天柱盤	無，竣工図に丸桁桔あり	四天柱付近まで延ばす

2.2 塔 125

表2.2-3 (つづき)

名　称	建立年代（西暦）	組上構造	初重（四天柱）	二重以上の四天柱の有無,側柱との断面比較	二重以上の四天柱の立つ位置	丸桁桔の有無と納まり	桔木尻の納まり
三明寺三重塔	享禄4年(1531)	積重ね方式	来迎柱2本,来迎壁後退	有,断面同規模	四天柱盤	有,井桁?	四天柱外側の繋材下
金剛院三重塔	室町後期	積重ね方式	有,来迎壁	有,断面同規模	四天柱盤	有,四天束まで?	三重は四天柱間の繋貫下
日吉神社三重塔	室町後期	積重ね方式	有,来迎壁	有,断面同規模	四天柱盤	無	側柱位置まで
長命寺三重塔	慶長2年(1597)	積重ね方式	有,来迎壁	有,断面同規模	隅木上	有,断面小,尾垂木に取付け?	側柱盤下
宝積寺三重塔	慶長9年(1604)	積重ね方式	有,来迎壁	有,断面同規模	隅木上?	有,四天柱盤下	側柱外周貫下
油山寺三重塔	慶長16年(1611)	積重ね方式	有,来迎壁	有,断面同規模	四天柱盤	無	四天柱間の繋貫下
乙宝寺三重塔	元和5年(1619)	積重ね方式	有,来迎壁	有,断面同規模	四天柱盤	有,詳細不明	四天柱位置まで引込
甚目寺三重塔	寛永4年(1627)	積重ね方式	有,来迎壁	有,断面同規模	四天柱盤	有,尻を引き込む	側柱・四天柱間の繋材下
百済寺三重塔	鎌倉後期(14世紀)	併用式(内部長柱は後補の可能性あり)	有,来迎壁	有,八角,断面同規模	通肘木	有・後補か,四天柱内側の繋ぎ	四天柱外側の繋材
宝福寺三重塔	永和2年(1376)	長柱方式(長柱方式の初,上重四天柱無し)	来迎柱2本,来迎壁後退	無		本来は無	塔中央まで引込
遍照院三重塔	応永23年(1416)	長柱方式(四天柱長柱方式の初)	来迎柱2本,来迎壁	有,断面やや小,二重は八角,三重は丸	二重は大梁上,三重は柱盤	有	柱間の繋貫を利用か
八幡神社三重塔(兵庫)	文正元年(1466)	長柱方式	来迎柱2本,来迎壁後退	有,断面やや小	四天柱盤	有,井桁?	四天柱内側の繋材下
国分寺三重塔(長野)	室町中期	併用式上重側柱盤束立(濱島:長柱方式とする)	有,来迎壁	有,断面小	通肘木	有,井桁	四天柱間繋貫下
大滝山三重塔	室町中期	併用式(内部長柱)	来迎柱2本,来迎壁	有,断面やや小	通肘木	有,尾垂木に取付けか	四天柱間繋貫下
真光寺三重塔	室町中期	併用式(三重四天柱が長柱)	来迎柱2本,来迎壁後退	有,断面同規模	三重は通肘木,二重は四天柱盤	有,三重は井桁,二重は大梁下	側柱より奥へ引込
新海三社神社三重塔	永正12年(1515)	長柱方式	無	無		有,井桁	塔中央の繋材下
名草神社三重塔	大永7年(1527)	併用式(内部長柱)	有	有,断面同規模	柱盤	有,井桁(寛文移建時の改造)	四天柱付近まで延ばす
西明寺三重塔(栃木)	天文6年(1537)	長柱方式	来迎柱2本,来迎壁後退	有,補強束的,小断面	通肘木	無	側柱位置まで,断面小
斑鳩寺三重塔	永禄8年(1565)	併用式(内部長柱)	有	不明	不明	不明	不明
前山寺三重塔	室町後期	長柱方式	無	無		無	側柱間の繋貫下に桔木押えを据える
清水寺三重塔	寛永9年(1632)	併用式(内部長柱)	有,来迎壁	有,内部柱やや大	四天柱盤	有,四天柱位置まで引込	四天柱位置まで引込
那谷寺三重塔	寛永19年(1642)	併用式(内部長柱)	有	有,断面同規模	通肘木にまたがる	無	側柱位置まで引込
真禅院三重塔	寛永19年(1642)	併用式(内部長柱)	有,来迎壁	有,断面同規模	四天柱盤	有	四天柱間の繋貫の下に配置
金戒光明寺三重塔	寛永11年(1634)	併用式(内部長柱)	有,来迎壁	詳細不明	不明	不明	不明
本山寺三重塔(岡山)	承応元年(1652)	長柱方式	来迎柱2本,来迎壁後退	有,断面やや小	通肘木	有,通肘木に添木して引く	四天柱外側の繋材で押さえる
輪王寺三重塔	元禄3年(1690)	四天柱櫓構法(側柱は積重ね方式):日吉神社ほかと同じ?	有,来迎壁	?	?	?	?
新勝寺三重塔	正徳2年(1712)	櫓方式	来迎柱2本,来迎壁後退	有,角柱,側柱より断面小	柱盤	無	側柱大貫に差し止め

た繋材や貫を利用するなど多様で，近世に至っても標準化するとはいえない．むしろ四天柱が太くなっても桔木揚力は側柱で処理するものが根強い点が注目される．この場合は，二重以上の四天柱は必ずしも直接的に桔木揚力に対処するのでなく，通肘木（繋ぎ肘木）を通じて側柱荷重を分担することが期待されたということであろう．また，二重以上の四天柱が存在しない場合は，屋内において対面する側柱間に繋材（貫や梁）を井桁に組み桔木揚力を伝達させる構法が，浄瑠璃寺三重塔を初出として前山寺三重塔まで5件確認できる．

このように，桔木構造・貫構造の普及や通肘木の積重ね強化などにより，中世における三重塔はいろいろな荷重伝達手法を生み出し，これらが次第に二重以上の四天柱における荷重伝達機能重視へ収斂されていくといえる．

なお，五重塔の場合は初重に四天柱を残す遺構が多い．一方，三重塔は，平安後期の浄瑠璃寺三重塔をはじめとして初重内部に柱を立てない遺構や，2本だけ残して来迎柱化するもの，さらには来迎柱を後退させるものなどが現れる．いずれの形式も中世までに出現しており，平安末～中世における平面の多様化（仏堂化）の傾向を示すが，近世になると初重四天柱を備えるものがふたたび多くなる．このことは三重塔における二重以上の四天柱の構造的役割考察結果と符合する．したがって初重平面における内部柱の変化は，本尊安置の問題としてだけでなく，構造変化の面からも捉える必要があろう．　　　　　　　　［大野　敏］

■文　献
(1) 西澤英和・金多 潔「層塔の構造形式に関する力学的な考察―鉄骨による構造補強を巡って」建築史学，第13号，1989．
(2) 『国宝法起寺三重塔修理工事報告書』奈良県教育委員会，1975．
(3) 『国宝建造物醍醐寺五重塔修理工事報告書』京都府教育庁文化財保護課，1960．
(4) 『国宝明王院五重塔修理工事報告書』国宝明王院五重塔修理委員会，1962．
(5) 工藤圭章「古代の建築技法」伊藤延男ほか編『文化財講座　日本の建築2』第一法規，1976．
(6) 国宝明王院本堂修理委員会『国宝明王院本堂修理工事報告書』1964．
(7) 濱島正士「日本仏塔の時代的変遷」『日本仏塔集成』中央公論美術出版，2001．
(8) 『重要文化財如意寺三重塔保存修理工事報告書』兵庫県，1997．
(9) 文化庁監修『国宝・重要文化財大全』毎日新聞社，2000．
(10) 石田修三「心柱を科学する」上田 篤編『五重塔はなぜ倒れないか』新潮社，1996．
(11) 工藤圭章「概説」太田博太郎編『日本建築史基礎資料集成 十一 塔婆Ⅰ』中央公論美術出版，1984．
(12) 濱島正士「塔の高さと組上げ構造」日本建築学会論文報告集，第155号，1969．
(13) 財団法人文化財建造物保存技術協会『重要文化財名草神社三重塔保存修理工事報告書』1988．

2.2.3　木造檐塔の構造：唯一の遺構―談山神社十三重塔

その名の通り軒（檐）と屋根を重ねただけのごとき形態を示す檐塔は，中国において磚造遺構が多く認められる（図2.2-15）．日本の石造檐塔は平安時代以降多数の遺構が確認されており，般若寺十三重塔（奈良県，建長5年/1253，図2.2-16）は著名である．ただし木造となると中国・朝鮮半島・日本を通じて談山神社十三重塔（享禄5年/1532）が唯一の遺構である（記録上は笠置寺・長谷寺・高山寺・興福寺四恩院などにも木造檐塔の存在が認められるが実存しない）．

談山神社は，妙楽寺（または多武峯寺）とよばれたが，明治の神仏分離において談山神社と改称した．妙楽寺は古来の霊場に藤原鎌足を祀る寺院として創建され，9世紀後半に延暦寺との結びつきを深めて天台宗寺院化するとともに，藤原氏の崇敬を背景に伽藍の整備が行われた．一方，延暦寺との関係が強かったため，敵対する興福寺の攻撃にさらされることが多く，南北朝

図2.2-15　嵩嶽寺塔全景（改修前の古形式）：523年建立の中国最古の磚造塔遺構．現在は改修により形態が変わっている．
［出典：文献1］

図2.2-16　般若寺十三重石塔全景：納入品により建長5年（1253）建立が明らかな大型石造十三重塔．
［出典：文献2］

2.2 塔　127

や中世末期の混乱期における戦渦にも巻き込まれて，堂舎は焼失復興を繰り返してきた．

　十三重塔は「御塔」とよばれ，鎌足の墓塔的な位置付（実際の墓は伽藍後方の破裂山とされる）で，寺院の中枢施設として重視されてきた．現在の建物は永正3年（1506）焼失後，享禄5年（1532）に再建されたもので，その完成には26年を要した（寛永18年/1641の修理棟札による）．

　塔は二重の壇上積基壇（享禄再建以前の基壇）の上に亀腹を築いて建つ三間十三重塔婆で，屋根は檜皮葺，礎石上端～相輪頂までの高さは約17 mである（図2.2-17）．心柱は初重から頂部まで一木でつくり，心礎は初重四天柱礎石と同高に据える．柱間装置は初重のみ各中央間を板扉・両脇間連子窓とし，二重以上は各中央間に丈の低い板扉嵌込み・両脇間を板壁とする．

　初重側柱は丸柱を土台上に立て，四天柱は方柱を礎石建とする．初重の柱頭部は断面の大きい台輪で繋ぎ，台輪隅組手は先端を延ばして下端に刳形（繰形）を施す．そして平柱位置に力肘木を台輪と同高に組み，力肘木下端にも台輪同様の刳形を施す．力肘木尻は四天柱に指止め（小根柄差し鼻栓止め）とする．台輪先端および力肘木先端に出桁を配し，出桁と同断面の天井桁を台輪・力肘木上に配して同高に組む．ここで力肘木上の天井桁は側柱位置より外側のみに配し，出桁と

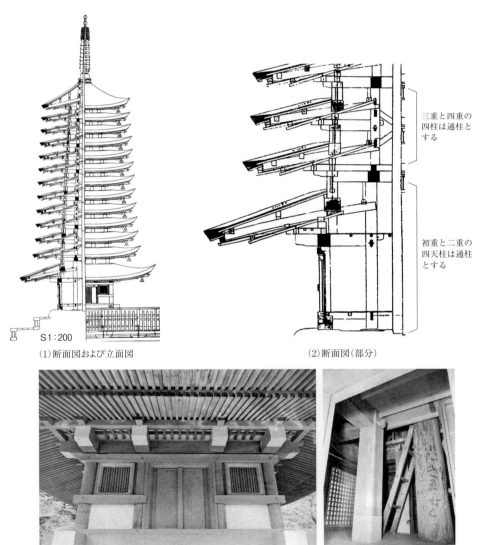

(1) 断面図および立面図　　(2) 断面図（部分）

(3) 初重正面および内部

図 2.2-17　談山神社十三重塔［出典：文献 3］

の間に棹縁天井形式の軒小天井を設ける．内部の天井は力肘木上端高さに棹縁天井を設け，床は側柱土台と四天柱足固貫を利用して根太掛けを架して低い板張床を設ける．軒は二軒繁垂木で，桔木により深い軒の出をつくっている．現在，地垂木尻を二重の側柱盤で押さえるほか，桔木を挿入して桔木尻を四天柱際の押え木の下に納め，押え木は上部に束を延ばして二重の力肘木で押さえる．しかし桔木は明治36～37年（1903～04）に行われた保存修理の際に初めて補足されたもので，それ以前は深い軒の垂下に対して軒支柱を補足（享保の修理時）して対処していた．

二重の側柱は丸柱を地垂木上の柱盤に立て，柱頭は台輪で繋ぐ．台輪隅組手を延ばして下端に刳形を施し，平柱位置に力肘木を組み，これらの上に出桁・天井桁を組み回す点は初重と同様である．ただし台輪断面が矩形で幅も側柱径と同幅に縮小される点，力肘木が方形断面で塔内部で井桁組とし見え掛り部のみ台輪と同断面に造り出す点，天井桁は屋内で井桁組とする点，軒小天井は単純な板張りとする点，が異なる．また，四天柱は初重から二重までの通柱で，柱頭部は二重の力肘木組手に納める．

三重および四重の側柱は丸柱で，それぞれ下重の地垂木上に据え付けた柱盤上に立つ．二重の天井桁上に立つ四天柱は方柱で，三重・四重を通柱とする．側柱は三重・四重とも二重と同様に柱頭部を矩形台輪で繋ぎ中柱位置に力肘木を組み，見え掛り下端部に刳形を施し出桁・天井桁を組んで出桁造（板張小天井）とする．ただし力肘木と天井桁を一木で加工し，三重の力肘木・天井桁は尻を四天柱に指し止め，四重の力肘木・天井桁は井桁組とし組手位置に四天柱を納める．なお，明治修理前図面によると，力肘木と天井桁は別材に描かれているので合せ梁的に用いられていたものを明治修理時に一体形に改めた可能性がある．通柱は三段の貫で固め，下段および上段貫はそれぞれ二重・三重の地垂木掛けと桔木尻押えを兼ねる．さらに垂木尻と桔木尻は四天柱際の押え木の下に納め，押え木は束を通して力肘木で押さえる．ただし前述のように桔木は明治修理時に補加されたので，本来は垂木掛けの貫と押え木を通して四天柱で軒荷重の均衡を保っていた．

五・六重，七・八重，九・十重，十一・十二重も三・四重と同様に組み上げ，十三重の四天柱は左義長柱とする．

以上，この塔の構造の特徴を整理すると以下の3点といえる．

①初重側柱は土台建で，土台と初重台輪の木割が特に太い．

②組上構造は，側柱が積重ね方式・四天柱が長柱方式の併用式で，二重以上の四天柱は2層分を通柱とする．

③柱上に組物を設けず，出桁造の二軒繁垂木は桔木により深い軒を実現する．

軒の出は，初重軒を34枝（1枝は2寸8分で他の重も概ね同寸），二重を4枝落ち，三重以上を1枝落ちとして，初重軒を特に深く構えながら全体として深い軒・屋根を重ね，安定した外観を呈す．この外観は鎌倉時代の石造十三重塔の容姿と共通すると指摘されている（文献4）が，それを木造で表現するため上記の特徴が工夫され，さらに近世・近代における維持修理の際にも軒を支える構法に配慮を重ねられてきた．すなわち，談山神社十三重塔は，檜塔という形態のみならず，それを実現・維持する構造・構法についても注目すべき遺構である．　　　　　　　　［大野　敏］

■文　献

(1) 日本建築学会編『東洋建築史図集』彰国社，1995.
(2) 奈良県文化財保存事務所編『重要文化財般若寺塔婆修理工事報告書』1965.
(3) 奈良県教育委員会『重要文化財談山神社塔婆（十三重塔）修理工事報告書』1966.
(4) 中村伸夫「談山神社十三重塔」太田博太郎編『日本建築史基礎資料集成十二　塔婆Ⅱ』中央公論美術出版，1999.

2.2.4　宝塔・多宝塔の構造

a．木造宝塔の構造：慈光寺開山塔を中心として

木造宝塔遺構は，厨子的な小宝塔を除くと慈光寺開山塔（埼玉県，弘治2年/1556，図2.2-18），本門寺宝塔（東京都，文政11年/1828，図2.2-19）がよく知られている．両者とも下層の円形塔身部を上端の亀腹部まですべて木造で表現する．ここでは慈光寺開山塔をもとに宝塔の構造をみてみる（文献1）．

都幾山慈光寺は鑑真の弟子道忠を開山と伝える天台宗寺院で，鎌倉期には栄西の高弟栄朝が山内に霊山院を開創し寛元3年（1245）に銅鐘を鋳造している．この鐘銘に「天台別院」とあることから当時天台寺院として盛んであったことがわかる．その後室町末期の戦乱により伽藍が被害を受け衰退するが，近世に至り徳川家康から朱印を受け寺盛が回復した．

現存する開山塔は杮葺の宝塔で，円形平面の初層塔

2.2 塔

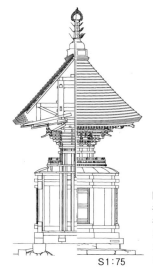

図 2.2-18 慈光寺開山塔断面・立面図：この宝塔は基壇下に火葬骨を埋葬しており墓塔として建立されたことが明らかである．[出典：文献1]

S1:75

図 2.2-19 本門寺宝塔内部：この宝塔は宗祖日蓮を荼毘に付した霊地に文政11年（1828）建立されたもので，円形塔身（本門寺では胴身とよぶ）内部に円形須弥壇を設け小宝塔を安置する．[出典：文献2]

身上に亀腹をつくり，上層の円形二重塔身に四手先組物を設けて宝形造屋根を支承する構造である．相輪を喪失していたが昭和40年（1965）の修理時に前身塔相輪部材と推定される火炎を参考に補足された．この新作相輪を含めた総高は 5.1 m である．一重・二重とも正面（南面）・背面・両側面の四方に板扉を設け，他は板壁とする．建立年代を直接証する資料はないが，江戸時代末期の参詣者が記した記録に「慈光寺大塔開山堂也露盤銘」として弘治2年（1556）に開山塔造営および露盤（枡形）を鋳造した旨を伝え，建物の形式技法からみても室町末期の建築として矛盾がないことから，弘治2年が建立年代と考えられる．現在

は覆堂がつくられているが，これは元文2年（1737）の建築である．

開山塔は道忠が入定した場所に建立されたと伝える．たしかに現建物床下に火葬骨一体分を埋葬した墳墓がつくられていることから，この建物は墓塔として造営されたことが明らかであるが，骨壺などの様式は平安末～鎌倉初期と鎌倉中期の2種とみられ，開山墳墓とするには疑問がある．

次に開山塔の主要構造を，およそ組立順に沿って通観する．

(1) 基壇上に礎石を布敷して土台を二段に重ねる．下段土台は方形に組んで（組手は打抜き平柄差し）大引を2本架し，上段土台は八角に組んで（組手は打抜き小根柄差しの隅留め）根太を土台上端揃いに3本架して床板を張る（図2.2-20①）．

(2) 八角形に組んだ上重土台各隅に下層柱を計8本立てる（角柄差し）．柱は外部見え掛りのみ円形に仕上げた方柱とする（図2.2-20②）．

(3) 下層柱を台輪・上長押・内法長押・切目長押で繋ぐ．各部材とも外辺は円弧状とする．また，正面第二柱間および背面柱間において柱上部にそれぞれ繋梁を釘止めし，前後の梁間に心柱受梁を架す（図2.2-20③）．

(4) 台輪上に天井板を張り，この上に上層の縁框8本を円形に配して釘止めし，框組の内側中央を方形に床板張りとし，四辺に円弧状の縁板を張る．縁框の見付から初重台輪外辺に向かって亀腹板を放射状に張る．なお，下層の天井板および二重の床板に，あらかじめ上層柱の当たり欠き（柱穴）を施しておく（図2.2-20④⑤）．

(5) 上層の柱は初重同様見え掛りを円形に仕上げた方柱で，12本を円形に配す．正面2本は繋梁上に立つが，残り10本は下層床板上から立つ通柱である（図2.2-20②④）．

(6) 上層の柱は，台輪・内法長押・切目長押で繋ぐ．これらの水平材も外辺は円弧状につくる（図2.2-20④⑥）．

(7) 心柱は二丁継ぎ（金輪継ぎ）で，下部は受梁上に丸柄建する．上層軸組の正面柱2本から背面柱2本に向かって各々繋梁を架けて心柱を挟む（図2.2-20⑤）．

(8) 上層の台輪上に四手先組物を放射状に12組設ける．放射状に設ける組物の特色は2.2.4項cで別に記すので，ここでは基本構成を概観する．まず平柱の

130　第2章　社寺建築の発達2─神社本殿・塔・門、ほか

①下層土台伏図　②下層平面図　③下層軸組（手前が正面）：梁と台輪

④上層軸組：柱と心柱を立て床板と縁框を配す．2重柱は正面の2本を除き通柱で下層床板上に立つ

⑤上層軸組：内法長押・壁板・扉口・縁板の取付け

⑥下層亀腹と上層の扉軸組・縁造作了

⑦上重組物：大斗と下段の繋肘木

⑧上重組物：肘木の組手

⑨上重組物：尾垂木を外した三手先の状態

⑩上重組物：四手先組物を見上げる

⑪上重組物と土居組および左義長柱足元

図 2.2-20　慈光寺開山塔構造説明（写真・図面：修理工事報告書の解体中写真により構成，⑥は組立中写真使用）
［出典：文献1］

大斗上に手先方向の通肘木を井桁に組み（繋ぎ肘木），これに隅および隅脇の通肘木を指し止める．これを四段重ね尾垂木を組む．一方，壁付きの組物は，前述の手先方向の通肘木間において斗や肘木を造り出した板材を六段積み重ねて嵌め込む（図 2.2-20 ⑦〜⑩）．

（9）軒は地垂木・飛檐垂木の二軒繁垂木とし，茅負内側は桔木先端に杓子柄指しで吊り上げる．隅木は地隅木鼻に絵様刳形，飛檐隅木に鼻折を設けた禅宗様で，地隅木と飛檐隅木を一木で造る．

（10）小屋組は，化粧隅木上に断面の小さな土居を組み，その上に太い四天束を立て，貫（というか小さめの繋梁）を2段通して固める．左義長柱上は母屋桁を組み，この上に心柱穴を穿った振止め盤を架す（図 2.2-20 ⑪）．

以上のように，開山塔の最大の特徴は，上層の柱が通柱となって下層から立ち上がる点である．すなわち内部に柱が円形に配置される（ただし小規模なために，正面側2本は繋梁上から立てて平面における正面性に配慮している）．通柱の固定を初層の天井板や上層の床板に設けた柱穴に期待している点は小規模建築ゆえの手法と思われるが，屋根・軒を支える上層塔身部の周囲に，亀腹を有する初層塔身部が庇的に取り付く構成は，木造宝塔の基本構造を知るうえで重要である．　　　　　　　　　　　　　　　　［大野　敏］

■文　献
(1) 慈光寺開山塔修理委員会編・発行『重要文化財慈光寺開山塔修理工事報告書』1965.
(2) 池上本門寺『東京都指定有形文化財池上本門寺宝塔保存修理工事報告書』2010.

b．下層に円形柱列を有する多宝塔：根来寺大塔

宝塔の下層に裳階を設けた建築を多宝塔の起源とする考えは，現存する多宝塔遺構の外観をみるかぎり妥当である．また，記録にみる和歌山県の金剛峯寺大塔は，『高野春秋』において内外2巡の円形柱列（各12本）の外側に方五間の柱列を描く平面が知られており，康和再建記録（『高野山根本大塔興廃日記』）において裳階柱（20本）および母屋内柱（身舎柱）・水輪柱（庇柱らしい）の2重円状の柱列（各12本）の存在が知られている．つまり康和5年（1103）の金剛峯寺においては，伽藍中核をなす多宝塔（後に大塔とよぶ）の下層方五間部分を裳階と認識し，下層内部に身舎・庇に相当する円形柱列が2重円状に存在した．ちなみに現在の金剛峯寺大塔は昭和10年（1935）再建の鉄筋コンクリート構造であるが，下層平面は前記の平面形式でつくられている．

ところが，遺構のほとんどを占める下層柱間方三間の多宝塔には，初重平面に円形柱列を有するものは認められず，構造を見ても裳階としてつくられているものは存在しない．古い遺構において下層の側柱に面取角柱を使用する例が存在することと，下層組物を上層に比べて簡素につくるという傾向から，裳階の名残を推察する程度である．先に述べた金剛峯寺大塔の康和再建部材も身舎・庇の円形配列柱は同高で，母屋内柱（身舎柱）は上層まで達する通柱ではなかったらしい．

このように，史料や遺構で見る多宝塔の多くは「円形塔身に裳階を付した構造」とは言い難い．しかし方五間の初重を有するいわゆる大塔遺構のうち和歌山県の根来寺大塔（明応〜天文/1492〜1554）は，下層平面に円形柱列を有する唯一例であり，金剛峯寺大塔の旧形式を推察する上で重要な存在である．

根来寺（図 2.2-21）は，高野山において伝法会を再興し大伝法院を建立した覚鑁が，12世紀前半に高野山を離れ根来の地に円明寺を創立したことに始まる．その後13世紀末に高野山内の大伝法院関係寺跡がすべて根来に移り，根来寺の繁栄の基礎が築かれる．教学上の中心である大伝法院には，大師堂（明徳2年/1391）や大塔が現存する．大塔は正長2年（1429）発願とされ，部材墨書により文明12年（1480）には木工事が行われていたことがわかり，永正10年（1513）に相輪鋳造，天文16年（1547）に天井など造作が施工され完成に至ったものらしい．実に発願から100年以上，木工事だけでも70年近い長期間を要している．

下層平面は，中央に四天柱（円柱）が立ち，その周囲に円形柱列の塔身部を形成し，その外周に方五間の裳階を構える．四天柱内は仏壇とし四方に登段を設け

図 2.2-21　根来寺大塔全景および内部側まわり
［出典：文献1］

る（図2.2-22 (1))．本来は来迎壁を有し本尊の胎蔵界大日如来のみを安置したが，文政11年（1828）に四仏四菩薩を新造し本尊周囲に祀る際に来迎壁を撤去した．四天柱の周囲は丸柱12本を円形配列し，柱内の床を外周部より一段高める．柱間は12間のうち正背面・両側面の4間を広く取り，内法長押下を中敷居で分け，上方を欄間・下方を障子引違いとする．欄間・障子とも平面に合わせて円弧状につくる．側柱は面取角柱で方五間を区画し，正側面は中央三間板扉両外開き・脇間連子窓，背面は中央間板扉両外開き・脇間と端間は連子窓とする．下層の床は，文政13年（1830）に金剛界三十七尊や十六菩薩を配置するため仮設的に設けたもので，本来存在しない．

次に断面（図2.2-22 (2)）に注目すると，「円形塔身をもつ二重塔周囲に裳階を付した」というよりも「円形身舎の周囲に方五間の庇をもつ下層」に「円形塔身をもつ上層」を重ねた構造であることが明らかである．すなわち，初重において四天柱および円形配列柱が同高で身舎に相当し，1段低い側柱が庇という構成をみせ，下層の円形塔身は形式化している．四天柱は飛貫・内法貫・天井長押・内法長押で固め，円形配列柱は内法貫・天井長押・内法長押・切目長押で固める．側柱は頭貫（木鼻付）・内法貫・足固貫・内法長押・切目長押で固める．また，円形配列柱のうち正背面と両側面に対応する8本は，相対する側柱と足固貫で繋ぐとともに丸桁桔の尻を指し止めている．

下層は下層身舎部分の柱頂に組んだ野梁上に上層の柱盤を配して12本の丸柱を円形に配置するとともに中心に心柱を立てる．野梁と柱盤は火打梁と井桁組を巧みに組み合わせており（図2.2-22 (3)），下層軒は

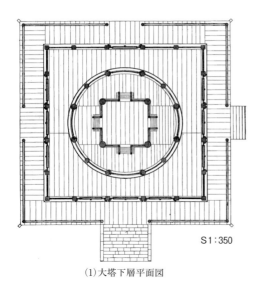

(1) 大塔下層平面図　S1:350

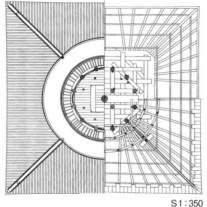

(3) 大塔上層平面図・下層屋根状図および下小屋状図　S1:350

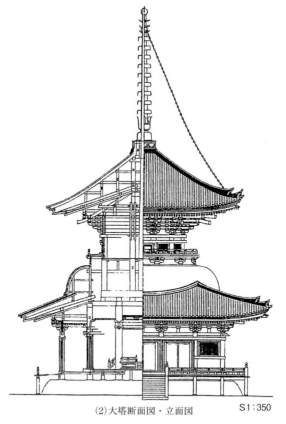

(2) 大塔断面図・立面図　S1:350

図2.2-22　根来寺大塔［出典：文献1］

円形配列柱頂に井桁組した野梁を地垂木掛けとする．したがって積上げ構造としては，層塔の長柱式と同じで，軸部・組物と軒が分離する特徴をもつ．そして，下層の円形配列柱が，上層柱列および亀腹外周との中間に配置され，この柱が本来亀腹部の名残なのか上層柱が通柱だった名残なのか判断しかねる状態にある．

また，最大の木造多宝塔遺構ゆえの構造補強に関する配慮は，以下の点が注目される．

まず上層組物に関して，円形塔身から放射状に肘木を挺出して構成する四手先組物は，①手先肘木尻は正背面・両側面の各2組（平組物の手先肘木尻）が通肘木となり，これにほかの肘木尻を組み止める．②手先肘木尻は巻斗敷面まで含んだ一材となって井籠組状に組み上がる．③壁付肘木は一木で肘木形をつくり出す．④大斗に皿斗を付して組物の前傾を防ぐ．という工夫を行っている．

これらは宝塔の組物全般にわたる傾向（2.2.4頁d参照）と共通するが，大塔は①の通肘木が一材で賄えずに継いでおり，緊結の面で劣る．そこで⑤3段目の隅行肘木下に支柱を挿入して安定を図っている．この補強は大胆であるが，支柱は小屋組と一体化しており当初形式と認められ，大面取方形断面の上方で2割ほど細め内転びを付すなど細やかな配慮をみせる．

次に上層軸組の補強として，塔身内部において筋違を大量に使用している．

さらに下層において，側柱上の二手先組物の2段目手先肘木（天井桁）のみならず3段目の手先肘木尻も円形列柱に指し止めている（ただし側柱は20本，円形列柱は12本であるから，側柱のうち各面の隅脇柱は隅行の手先肘木尻に差し止める．図2.2-22（3））点も注目される．

[大野 敏]

■文 献
(1) 和歌山縣國寶大傳法院多寶塔修理委員部出張所『國寶大傳法院多寶塔修理工事報告書』1940．
(2) 鳴海祥博「根来寺多宝塔」太田博太郎編『日本建築史基礎資料集成十一塔婆I』中央公論美術出版，1984．

c．円形塔身と方形屋根を結ぶ組物の特色

多宝塔上層は12本の柱が円形に配置され，柱上に台輪を配して設けた組物が方形屋根・軒を支える．そのため12本の柱のうちの4本は隅木を支える組物をのせる隅柱と考えることができ，隅柱間に2本ずつ配置される柱は平柱とみなすことができる．隅柱上は隅行と隅脇の3方向に手先肘木を挺出し，平柱上は一方

図2.2-23 金剛寺多宝塔上層組物と軒見上げ［撮影：筆者］

向のみ手先肘木を挺出し，これらと壁付きの円弧状組物，および方形屋根と平行に配置される手先の枡肘木・枠肘木が組み合わされ，手先の深い（一般に四手先）複雑な組物を構成する．したがって構法的に組物の中で最高水準にあるものといえよう．そこで本項は，複雑多宝塔上層組物の構造を，大阪府の金剛寺多宝塔（12世紀頃）をもとにみてみる（図2.2-23）．金剛寺多宝塔は現存多宝塔中最古の遺構であるが，慶長11年（1606）に大改造を受け，下層はほぼこの時の造替と考えられる．また，上層は慶長大修理以後，元禄13年（1700）に組直しを行うなど，部材の取替や転用が多く認められる．その構成はおよそ以下の(1)～(7)である．

(1) 大斗上に枠肘木を組む．隅柱上大斗は隅行手先肘木・隅脇手先肘木2本・壁付肘木の4本を組み，平柱上大斗は手先肘木と壁付肘木を組む．これらに2段目の肘木を重ねる．このとき2段目の手先肘木は，巻斗2個分（隅行は3個分）挺出するのが特徴である（図2.2-25①，④）．この手先肘木の挺出方向と組み方に注目すると，隅は隅行に隅脇を添えた計3本を配し，平は壁付きに直角でなく若干隅寄りに振れて配す．この手先肘木の放射方向は，丸桁位置において各肘木間隔が等間になるよう意図したらしい（図2.2-24）．なお，遺構全体を通してみると，丸桁位置における手先肘木間隔は支割によって決める場合が多いという（文献3）．

(2) 平の手先肘木尻は隅脇および隅行の各手先肘木尻と組む．したがって基本的に各隅において隅の手先肘木（隅行・隅脇2本）とその両脇の平手先肘木の計5本が一体化される．これをユニットと仮称すると，対面する一対のユニットにおいての隅脇手先肘木の尻を延ばして隣のユニットと連結する．なお，手先肘木は肘木と斗を別木で組み合わせるもの，肘木から斗を

つくり出すもの，肘木成が巻斗敷面高まで一木で外面に巻斗型を貼り付けるものが混在する．

(3) 3段目の手先肘木は配置・手先の挺出とも(1)(2)と同様で，平および隅脇の手先肘木先端は変則的な三手先（巻斗5斗分相当）に達する（図2.2-25④）．

(4) 4段目の手先肘木はほぼ(3)と同様に配す．ここで隅柱上組物において一手目と三手目に枠肘木を組み，隅行と隅脇の手先肘木を繋ぐ．また，平組物は三手目に秤肘木を組む．手先肘木先端と三手目の秤肘木・枠肘木には尾垂木仕口を施す（図2.2-25②）．

(5) 5段目の手先肘木は(4)と同様に配すが，肘木積上げの最上段となるので，手先肘木尻上に断面の大きい押え盤を囲字型に組み，その中心に心柱振れ止めを添える．また，三手目に軒小天井の天井桁を組んで組入天井を設け，隅組物における一手目の天井桁は隣接する平組物の手先肘木まで達する．

(6) 押え盤上に小屋束を立て尾垂木掛けを組み尾垂木を架し，巻斗造出しの支輪桁を三手目に組み回し，

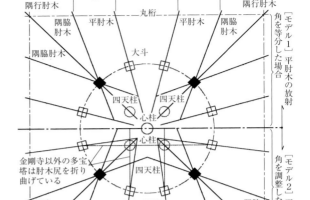

図2.2-24 多宝塔における手先肘木配置説明のための模式図（■は隅柱，□は平柱とみなす）

① 大斗上に2段目まで肘木を組んだ状態の俯瞰

② 5段目の手先肘木を組んで押え盤と心柱受を据えた状態

③ 尾垂木と秤肘木を組んで支輪桁（通肘木）をのせた状態

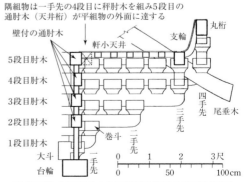

④ 断面図（文献1をもとに平組物位置の断面を作図）

図2.2-25 金剛寺多宝塔上層組物 [出典：文献1]

2.2 塔   135

図2.2-26 石山寺多宝塔上層組物［出典：文献5］

尾垂木上に四手目の巻斗をおき秤肘木（隅は枠肘木）を配す（図2.2-25③）．

(7) 実肘木・丸桁を組んで変則四手先組物の完成．なお，組物全体を通して隅行手先肘木は他の肘木よりも太くつくる．

金剛寺多宝塔の場合，2段目・3段目の手先肘木が巻斗2個分（隅行は3個分）延びるので全体として変則な四手先組物を形成するが，通常は1段で一手分延ばす．この点は金剛寺多宝組物の大きな特徴といえる．

また，手先肘木尻の繋ぎ方をほかの多宝塔遺構と比較すると，滋賀県の石山寺多宝塔（建久5年/1194，図2.2-26），和歌山県の金剛三昧院多宝塔（貞応2年/1223）をはじめ，金剛寺多宝塔以外はいずれも平の手先肘木尻を井桁に組む．すなわち平の手先肘木は見え掛り部に若干の折れ曲がりを有し放射状配置に対応している（慈光寺開山塔の肘木の場合は平の手先肘木を直材の通肘木としている）．そして井桁組に隅組物の手先肘木尻を延ばして繋ぐ．この方が構造的には緊結が強固である．したがって手法だけ見れば金剛寺多宝塔が古式を留める可能性があるが，該当する部材はすべて後補材に替わっており確認できない．

一方，金剛寺多宝塔は当初の壁付き枠肘木は2段目以上をすべて通肘木とするが，石山寺・金剛三昧院の両多宝塔は壁付に三斗肘木を1段ごとに用い古式を示す．ただし石山寺多宝塔は大斗上の三斗肘木を通肘木からの造出しとし，金剛三昧院の場合は上下2段とも三斗肘木を通肘木からの造出しとしており，構造強化に配慮しながら意識的に古式な意匠を選択している．

12世紀は層塔における三手先組物の構造変革期（主に通肘木の強化）であり，多宝塔の壁付きにおいてもこのことがうかがわれる．したがって金剛寺多宝塔の手先肘木尻の繋ぎ方もこの流れの中で古式と捉えるの

が自然であろう．

なお，金剛寺以外の多宝塔遺構についても隅行肘木は原則として幅を広くつくり，巻斗は造り出すか貼り付ける．また，大斗についてみても，隅の4個を大きくつくるもの（金剛三昧院）や斗繰りに皿斗を加えるもの（根来寺大塔），あるいは大斗2個を一木でつくるもの（大阪府の大威徳寺多宝塔）など，手先が深いゆえの工夫を重ねている．　　　　　［大野 敏］

■ 文　献
(1) 國寶金剛寺塔婆及鐘樓修理事務所『國寶金剛寺塔婆及鐘樓修理報告書』1940．
(2) 鳴海祥博「金剛三昧院多宝塔」『日本建築史基礎資料集成十一 塔婆Ⅰ』中央公論美術出版，1984．
(3) 濱島正士「石山寺多宝塔」『日本建築史基礎資料集成十一 塔婆Ⅰ』中央公論美術出版，1984．
(4) 和歌山縣國寶大傳法院多寶塔修理委員部出張所『國寶大傳法院多寶塔修理工事報告書』1940．
(5) 滋賀県教育委員会事務局社会教育課『國寶石山寺本堂修理工事報書』1941．

d．方形二重塔形式の多宝塔—切幡寺大塔

一般的に多宝塔とは，上層の塔身が円形である二重塔と理解されているが，天台宗においては，上層の塔身も方形である多宝塔の存在が認められる．この形式はすでに最澄により，9世紀初めに用いられたという説（文献1）や10世紀後半に至って登場したという説（文献2）があるが，いずれにしても10世紀後半には天台宗において重要な存在であった．その形式を唯一留める遺構として徳島県の切幡寺大塔が存在する．

切幡寺大塔は平成10年（1998）10月より3カ年にわたって保存修理工事を実施したが，本項ではその調査結果等を踏まえて，切幡寺大塔の特色を紹介する．

(1) 建築年代と移築の経緯　切幡寺大塔は，もと大阪住吉大社の神宮寺にあった西塔を移築したものである．住吉大社神宮寺は天平宝字2年（758）に創建された天台宗寺院で，住吉大社の別当寺であった．住吉大社は天正4年（1576）石山合戦の余波で焼失したが，慶長11年（1606）に豊臣秀頼の命により復興に着手しており，神宮寺は慶長12年の4月頃に南大門，東塔，西塔，法華三昧堂，常行三昧堂，僧坊などが立柱し，北・西・東門，鐘楼などが同年中に竣工している（文献1）．慶長20年（1615）の大坂夏の陣では本殿群の南にあった神主居館などが焼失したが，本殿4棟は大禍に至っておらず，本殿群の北に位置する神宮寺も難を免れたようである．したがって現存する切幡寺大塔は慶長12年に立柱した神宮寺西塔であり，い

ままで建立年代とされていた元和5年（1619）は，神宮寺の伽藍全体が整った時期と考えられる．当時の神宮寺の伽藍は，西面する住吉大社の北脇に南面して造営された．境内の配置は，第一本宮のほぼ真北に南大門，本堂，食堂を置いて中心軸とし，本堂の東に法華三昧堂・西に常行三昧堂，その前方に東塔・西塔を置くなど整然とした左右対称形で，両塔は向かい合わせに建てられたので西塔は東面していた（図2.2-27）．その後，神宮寺は神仏判然令に伴い明治元年（1868）に廃寺となり，明治6年に諸堂宇の処分を命じられている．

切幡寺は弘仁6年（815）弘法大師空海により創建したと伝われる真言宗寺院である（図2.2-28・29）．室町期には細川氏が切幡寺の山裾に守護所を置き，暦応5年（1342）には阿波国利生塔が建てられている．この塔は天正年間に焼失したが，住吉大社神宮寺の廃寺の話が伝わると，利生塔の再建を果たすために，西塔（図2.2-30）を5円数十銭で買い受けた．移築に際しては瓦や柱礎石も旧地より搬入されており，工事は10年の歳月を費やして，明治15年（1882）に成就している．

(2) 構造・形式の概要 切幡寺大塔は五間二重塔婆という構造形式に分類される．初重は，各柱通りの交点すべてに丸柱を建てる総柱配置で，入側柱通りに切目長押を回してこれより外を外陣，内側は長押分床を高くして内陣とする．天井は内・外陣とも小組格天井であるが，四天柱内は折り上げて内々陣とし，須弥壇を置く．須弥壇裏の来迎壁以外に内壁はないが（当初は背面入側柱筋中央間にも板壁があった），各陣境に内法長押と垂壁を回すことで，それぞれの空間を分け，床高と天井の形式により各空間の格式を表現している．側柱は直径が1.2尺，入側柱と四天柱は1.35尺で，柱間は中央間と両端間が7尺，両脇間が6尺，総間は33尺となる．

二重は，側柱が初重と同じ直径1.2尺の丸柱で，その内側に1.5尺角の四天柱が建つ．心柱を含め，すべての柱は初重入側柱上に組んだ柱盤上に建てる．床は四天柱より外側に張る．柱間は各間とも初重より1尺ずつ低減させて総間を16尺とする．

組物は初重が出組，二重は四手先組と，一般的な多宝塔と同様の扱いである．軒は初重・二重とも二軒繁垂木で，1枝寸法を5寸とする．側まわりは初重・二

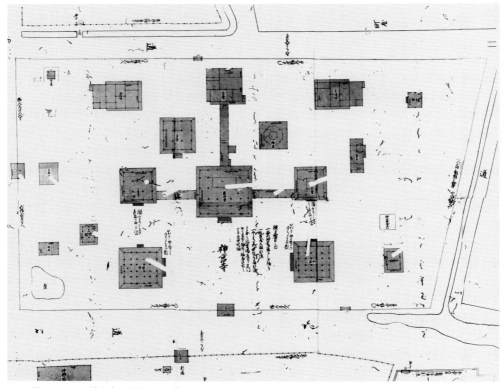

図2.2-27 神宮寺の伽藍配置：「摂津住吉社絵図」（部分），承応2年/1653（京都府立総合資料館所蔵）

2.2 塔   137

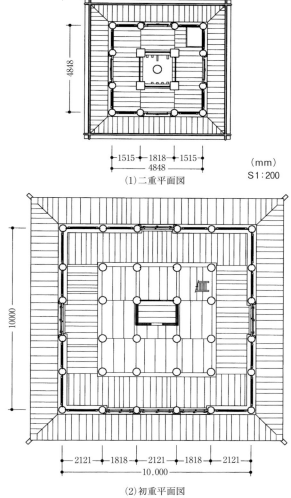

(1) 二重平面図

(2) 初重平面図

図 2.2-28　切幡寺大塔平面図

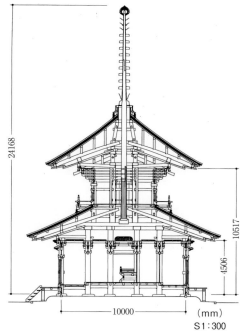

図 2.2-29　切幡寺大塔断面図

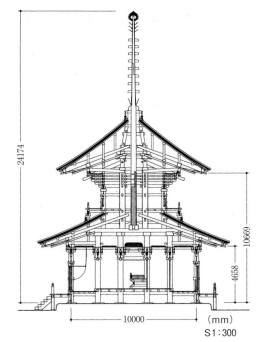

図 2.2-30　神宮寺西塔断面図（推定復原図）

重とも各面中央間を幣軸構え板唐戸両開き，他を連子窓とするが，初重正面だけは両脇間も幣軸を構え板唐戸両開きとする．外部には初重・二重とも四周に切目縁を回し，二重には高欄が付くが，建物内に保管されていた当初の縁まわり材に残る痕跡や，移築直前に撮影された古写真（図2.2-31）などにより，当初は初重にも高欄があったことがわかる．屋根頂上には多宝塔形式の宝鎖付相輪（九輪）を飾るが，これも当初は八輪であったようである．

(3) 大塔の特色

空間の構成　切幡寺大塔の初重は，須弥壇のある内々陣を内陣と外陣が二重に取り囲む，いわゆる求心形方五間堂の空間構成となっている．これは法華三昧や常行三昧を行う目的で計画された享徳2年（1453）建立の円教寺常行堂（兵庫県）や，文禄4年（1595）

建立の延暦寺常行堂および法華堂（滋賀県）の空間構成に酷似するもので，天台宗仏殿の特色ともいえる．当時の神宮寺では東塔も同一の柱配置であるが，東塔には胎蔵界大日如来と四天王，西塔には金剛界大日如

図2.2-31 移築直前の神宮寺西塔
（明治初期撮影）[東京国立博物館所蔵]

来と四天王像を安置したとされ（『住吉松葉大記』），両塔は両界曼荼羅を表現していたことがわかり，また両塔の北側には同時に方三間（28.5尺四方）の法華三昧堂と常行三昧堂が建立されているので，両塔が三昧修行を行うために計画されたものではないことがわかる．

多宝塔の場合，初重の側柱は裳階の名残で，角柱を用いるのが本来であるといわれ，根来寺大塔（和歌山県）でも角柱を用いている．五間二重塔婆は建物としての類例はないが，近世の木割書3書に6例の木割が紹介されている．このうち慶長13～15年（1608～1610）頃に作製された『匠明』に載る「宝篋塔」，宝暦8年（1758）成立の『新選大工雛形』に載る「春見塔」，『匠道奥秘巻』（以上3書とも東京大学大学院工学系研究科建築学専攻所蔵）に載る名不詳の塔は角柱とするが，『新選大工雛形』に載る和様の「小塔」と禅宗様の「財塔」，『匠道奥秘巻』の「阿含塔」は丸柱である．切幡寺大塔も丸柱であり，五間仏堂としての色合いが濃いといえる．

二重は総間が16尺で，近世五重塔の初重に匹敵する規模があり，内部には四天柱が建つ．根来寺大塔にも四天柱はあるが，切幡寺大塔の場合は角柱を用いていることが特色といえる．室内は当初から床を張るが，四天柱より内側にはその形跡はなく，各四天柱間に取り付けている板壁も当初はなかった．その他，室内に棚などを取り付けた痕跡も一切ないので，仏像を安置したり，経典を祀るといった宗教的用途はなかったようである．

組上構造と柱間の逓減 切幡寺大塔の軸部の組上構造は，初重の入側柱および四天柱上に頭繋ぎを組み，この上に柱盤を四通り架け渡して側柱と四天柱を建て，さらにその上に心柱用の柱盤を載せており，これらの横架材はすべて五平材を用いている．初重の化粧隅木尻は頭繋ぎの入隅に柄差しとするので，二重柱盤を組むうえでの支障にはならない．この架構法は二重の柱位置を自由に設定できるので，円形平面を載せることも可能であり，根来寺大塔も基本的に同様の構造である．また二重以上の荷重はすべて入側柱より内側にかかるので，初重の側柱は裳階の名残を留めていると見ることもできる．切幡寺大塔の場合，二重の柱盤を頭繋ぎより1尺5寸内側に架け，二重の総間を初重の入側柱間より3尺逓減させている．これにより初重と二重の総間の比率は48.5%と半分以下になる．前記三書の木割書に載る五間二重塔婆は，すべて二重の総間を初重の入側柱の間と同じくしており，総間の比率も6割に近くなっている．また『匠明』以外の木割書では，二重の組物を三手先として初重と軒長のバランスをとっている．

移築による小屋構造の変更と修理工事における補強
明治移築時には，前記以外に以下の構造部を変更していたことがわかった．

①初重の柱根を約5寸，縁束を約7寸切り縮めた．
②初重・二重とも切妻甲の下に布裏甲を加えた．これにより初重の野地が軒先で約3寸5分高くなるので，二重の縁も4寸5分高く取り付けた．
③二重地垂木下の桁より内側に母屋を1通り新設して2通りとした．
④初重・二重とも小屋束を桔木上に建てた．

上記のうち①と②は移築後の建物のバランスを多少なりとも崩した原因である．また③と④は小屋組の構造を変更したもので，以下にその詳細を紹介する．

移築後の小屋組では，化粧隅木上に建つもの以外の小屋束を桔木上に建てている．しかし保存修理工事中に行った調査によって，束踏みの存在や初重の頭繋ぎや丸桁桔・尾垂木・柱盤などの上端に小屋束を建てた痕跡が確認されたことから，当初は地垂木上に置いた束踏みや桔木枕，または下部の横架材に直接小屋束を建てていたことがわかった．また地垂木下にも母屋を入れて荷重を受けたり，初重・二重とも丸桁桔を入れるなど，軒に加わる屋根荷重を極力少なくする方法を採っていた．それでも二重は四手先組で，根来寺に見られるような隅木の支柱を建てた形跡もないので，軒

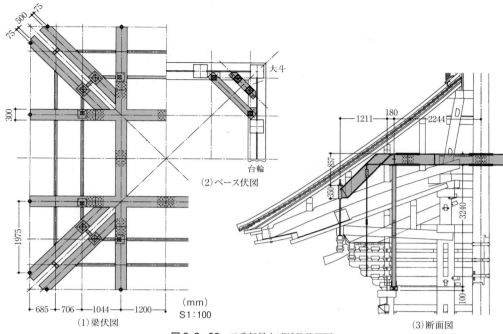

図 2.2-32 二重軒吊上げ補強状況図

の垂下は免れなかったようである．古写真（図2.2-31）を解析した結果では，この頃すでに正面の茅負で約20 cm，隅木で約25 cm垂下していたようで，移築に際してもこの歪みは残したまま組み直されている．

移築時の改変では，屋根荷重で桔木を利かせて軒の垂下を防ごうとしたようであるが，実際は荷重のほとんどが桔木枕から丸桁に加わるので，軒の垂下を助長させるものであり，保存修理工事で解体前に実測した結果によると，最も垂下の少なかった隅木でも，計画寸法より約46 cmと移築前の2倍近く垂下していた．

なおこの保存修理工事では移築時の形式を尊重することとしたため，小屋構造はそのままとし，新たに小屋内に鉄骨フレームを組み込んで丸桁を吊り上げる補強策を講じた（図2.2-32）．　　　　　　　［岡 信治］

■ **文　献**
(1) 浜島正士「多宝塔の初期形態について」日本建築学会論文報告集，第227号，1975.
(2) 清水 擴「多宝塔についての史的考察」建築史学，第1号，1983.

2.3 門

　門は，主としてその構造から，重層の二重門・楼門，単層の四脚門・八脚門・薬医門・棟門などに分類される．また，唐破風をもつ単層門を唐門とよび，鐘楼を兼ねた重層門を鐘楼門とよぶなど，屋根形態や機能で分類する方法も混在している．一方，正面柱間のうち扉とする柱間数をあげて，5間3戸，3間3戸，3間1戸，1間1戸などと表記する．薬医門や棟門などを除けば，梁間は2間で，構造的には桁行・梁間方向に対称とするのが原則である．

2.3.1 二重門

　二重門とは，屋根が四周に上下2層かかる外観をもつ門をいう．国の重要文化財に指定されている二重門は30棟に満たない数であり，とりわけ室町時代後期より古い遺構はわずか6棟にすぎない（文献1）．このうち東大寺南大門（奈良県）と東福寺三門（京都府）の2棟は，後述するように，通柱と挿肘木を用いる大仏様を基調としたやや特殊な遺構であり，古代〜中世における二重門の構法とその変遷については明確でない部分が多い．

　鎌倉時代における宋様式の伝来とともに，仏像を安置するなどして上層内部を利用するようになり，江戸時代以後の二重門では上層の床を張るのが通例となる．さらに江戸時代には，小屋を含めてそれまでにみられない豪快な構造をもつ門が現れ，江戸時代後期になると棟通りの柱を通柱とするものが現れる．

a．上下層の平面

　二重門の平面は，上下層とも同じ柱間数とし，正背面中央間を両脇間や両端間よりも広くし，また上層は下層より柱間寸法を逓減させるのが通例である．逓減させる際，中央部の柱間を固定して両端間のみ逓減させる方法と，すべての柱間を逓減させる方法があるが，東光寺三門（山口県，文化9年/1812）は前者，瑞龍寺山門（富山県，文政元年/1818）は後者であり，明確な時代差を見出すことはできない．江戸時代には，上層の側柱を下層の柱の位置に立てて逓減させない，広徳寺山門（東京都，享保5年/1720）のような門も現れた．

　ところで，正背面両端間と側面の柱間寸法を同じくする，すなわち隅の間を正方形とすると，内部に引き込んだ隅行方向（45°）の部材の納まりをよくすることができる．しかし，現存する室町後期〜江戸前期の二重門は，梁間が大きく，隅の間を正方形としない例が多い．特に禅宗様を基調とする京都市の桁行5間の門，すなわち，大徳寺山門（天正17年/1589），妙心寺山門（慶長4年/1599），知恩院三門（元和7年/1621），南禅寺三門（寛永5年/1628）では，いずれも梁間の柱間寸法を正背面中央間に合わせて広くとっている（図2.3-1）．このうち南禅寺三門の上層では，隅行の組物の一部を虹梁として内部に引き込むが，隅の間を正方形としないため，虹梁尻が梁間にかけた虹梁の側

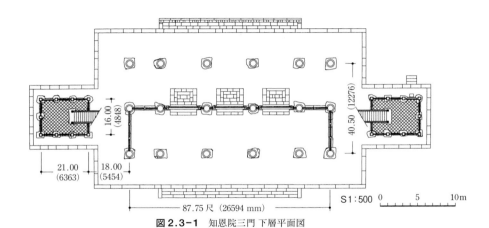

図 2.3-1　知恩院三門 下層平面図

2.3 門

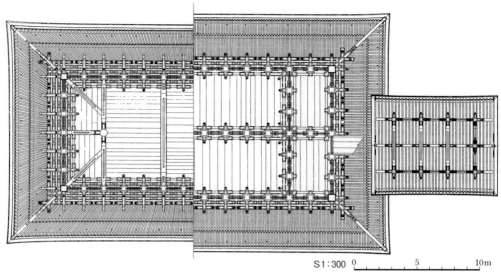

図 2.3-2 南禅寺三門 上層（左）および下層（右）見上図

面に斜めにぶつかってしまっている（図 2.3-2）．

応安 6 年（1373）の「南禅寺山門料材注文」（文献 2）によると，当時の南禅寺三門は，桁行が 12.6 尺＋ 18.5 尺×3 間＋12.6 尺，梁間が 18.5 尺×2 間の二重門であり，やはり梁間を桁行中央間に合わせて隅の間を正方形としていない．つまり，この手法は現存遺構以前にさかのぼることが確実である．桁行 5 間の門の場合，隅の間を正方形とすると，全体が極端な長方形平面となってしまう．隅の間をあえて正方形としないのは，これを避けるためと考えられる．桁行 3 間の門でも，後述する丈六寺三門（徳島県，室町後期）で約 2.5 寸，不動院楼門（広島県，文禄 3 年/1594）で約 1 尺，桁行両端間よりも梁間の柱間が大きいが，上記の桁行 5 間の門よりもその割合は小さい．

江戸時代中期以降になると，楼門も含めて隅の間を正方形にとる平面が大多数を占めるが，極端な長方形平面を避け，しかも隅の間を正方形にするため，梁間を 3 間にとる手法がある．増上寺三解脱門（東京都，元和 7 年/1621）や岩木山神社楼門（青森県，寛永 5 年/1628）のような梁間 3 間の門は，上層を使用する目的のほか，上記の要求に応える構造を追求したものであったと推測させる．

b．軸組と軒

二重門は多重塔と同様，下層から順次組み上げるのを基本とするが，下層の屋根まで組み上げたのち地垂木上に柱盤を置いて上層を組み立てる方式と，下層の

屋根とは別に上層の柱を立てる方式とがある．これは多重塔における構造の変遷と軌を一にする部分があるので，濱島正士の研究に倣い，前者を積重ね構法，後者を長柱構法と仮称しておきたい（文献 3）．

（1）積重ね構法 現存する二重門のうち，建立年代が最も古い法隆寺中門（奈良県，飛鳥時代）は，梁間 3 間で 4 間 2 戸という特異な平面をもつ．上層も桁行 4 間，梁間 3 間で，両端間を大きく逓減させ，柱は下層垂木上に据えた柱盤上に立てる（図 2.3-3）．すなわち，隅木を含めた下層屋根主要部の施工後に上層の軸部を組み立てる工程となる．復元断面図をみると，上層内部には柱を立てず，組物は柱上で独立していて

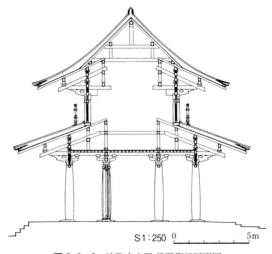

図 2.3-3 法隆寺中門 梁間復元断面図

対面の組物と緊結しない．水平方向へは柱上の頭貫や数段重ねた通肘木でつないでおり，小屋材でようやく対面の部材と連結している．

3間1戸の光明寺二王門（京都府，宝治2年/1248）も，上層側柱は下層地垂木上に据えた柱盤上に立て，また，上層棟通りの柱（角柱）は，下層の柱位置に立てている（図2.3-4）．さらに，棟通りの中央にもやや太い角柱を立てる．上下層の三手先組物は，肘木を内部に引き込んで対面の組物と緊結させており，上下層とも水平材同士の交点を棟通りの柱が支持している．この光明寺二王門の構法は，上層の棟通り中央に柱を立てる点は珍しいものの，壁付きの通肘木を3段重ね，また対面の組物同士を緊結するなど，やはり多重塔の構法に通じるものがある．なお，法隆寺中門と光明寺二王門の構法をみると，下層の天井より上方の利用をまったく考えていないことがわかる．

光明寺二王門以後の二重門がほとんど長柱構法をとる中で，3間1戸の不動院楼門（広島県，文禄3年/1594）は積重ね構法とする（図2.3-5）．すなわち，上層柱は下層地垂木上においた柱盤上に立て，足固貫を

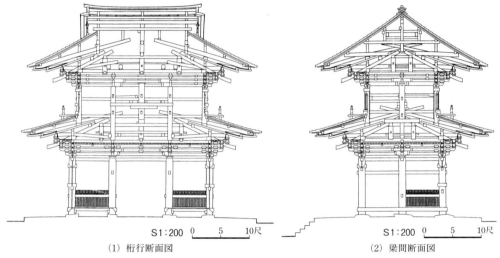

(1) 桁行断面図　　(2) 梁間断面図

図2.3-4　光明寺二王門

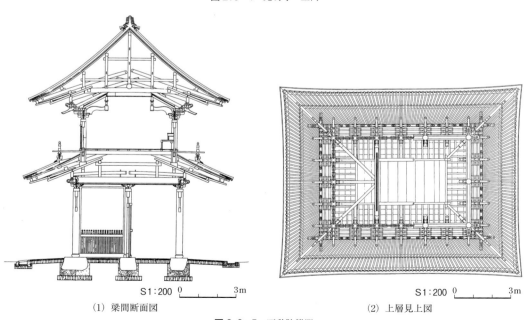

(1) 梁間断面図　　(2) 上層見上図

図2.3-5　不動院楼門

入れて側柱同士を緊結している．また不動院楼門は，上層内部を無柱空間として利用するため，きわめて複雑な架構をもつ．すなわち，中央2本の梁間方向の大虹梁の側面に隅柱および妻中央柱の組物から延ばした虹梁を挿し，また，大虹梁間には2本の桁行方向の虹梁を挿しており，さらに，これら桁行および隅行方向の虹梁には，中備（詰組）から出た海老虹梁を挿している．なお，不動院楼門も上層隅の間を正方形としないため，隅行の虹梁を真隅に入れるものの，これに挿した海老虹梁の位置が桁行と梁間で合わなくなっている．これは大虹梁側面に挿す隅行と妻からの虹梁の交点が1カ所に集中するのを，あえて避けたためだろう．

(2) 長柱構法 現存する二重門で長柱構法をとる初例は，3間1戸の金峯山寺二王門（奈良県）である．安置されている仁王像の銘から延元3年（1338）頃に建立されたものの，上下層の細部形態に違いがあるため，上下層で建立年代が違うか上層に改造があると考えられている．現在では風鐸あるいは仁王像の髻にある（康正2年/1456）銘を建立年代にあてている．現状では，下層天井上に敷いた亙平の柱盤に上層の側柱を立て，さらに棟通りにもやや小さな角柱を立てて，側まわりの頭貫高で内部に渡した水平材の交点を支持している（図2.3-6）．下層天井上に柱盤をおいて上層の柱を立てる構法は楼門に通じ，下層の組物を組んで天井をかければ，下層屋根の完成あるいは施工以前に上層軸部の施工にかかることができる．このほか金峯山寺二王門では，光明寺二王門とほぼ同様に，上層組物を内部に引き込んで桁行・梁間とも対面の組物と緊結しており，内部柱上に立てた束と巻斗でその交点

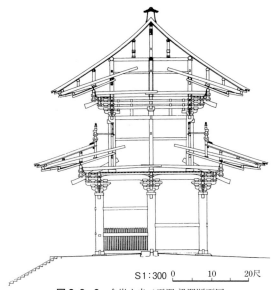

図2.3-6　金峯山寺二王門 梁間断面図

を支えている．これは先述したように，上層柱脚部の構法と合わせて，多重塔において濱島正士が長柱構法とよぶものに類似し，その変遷の年代にも大きな齟齬はなく，以後，二重門の構法として大勢を占めるようになる．

長柱構法の場合，上層柱は，隅柱を除けば，金峯山寺二王門や後掲する諸門のように，初層小屋内に置いた梁や柱盤の上に立てるのが一般的である．これによって，先述したように，上層の軸部と下層の軒との構造的な関係を希薄にすることができた．ところが，大照院鐘楼門（山口県，寛延3年/1750）では，隅柱を含む両妻の柱6本を，桔木上に渡した丸太の柱受梁

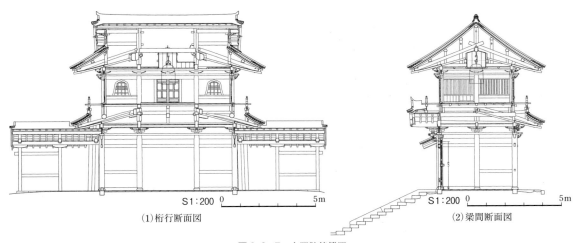

(1)桁行断面図　　　　(2)梁間断面図

図2.3-7　大照院鐘楼門

上に立てている（図2.3-7）．これは桔木まで施工しないと上層の柱を立てることができない点で，積重ね構法に似ている．一方，平の柱4本は高欄繋梁の上にかけており，これは長柱構法に類似する．このように，平と妻で柱を立てる位置が異なるのも珍しい．

禅宗様を基調とする3間3戸の丈六寺三門（徳島県，室町後期）では，内部を利用するため上層棟通りに柱を立てないが，上層側柱を小屋梁もしくは側桁上に立て，また隅柱を地隅木上に立てて足固貫で固める（図2.3-8）．丈六寺三門では，この足固貫が野垂木掛けを兼ねるので，少なくとも上層軸組施工後に野垂木がかけられていることになる．

5間3戸の金剛峯寺大門（和歌山県，宝永2年/1705）では，上層の隅柱は下層の地隅木に輪薙込む形でのり，さらに隅以外の柱が立つ柱盤に枘差しとなる（図2.3-9）．しかし，正背面の縁を受ける束の両側面を欠きとり，その束をはさみこむように地垂木が取り付くことから，下層地垂木の取付け以前に縁受けの束を組み立てていることが判明した．この縁受けの束は上層軸組より早く組み立てることはできないから，下層隅木上に上層の軸組を組んだのち，少なくとも縁受けの束を立てて，下層の地垂木を取り付ける工程と考えられる．すなわち下層の化粧屋根以前に上層軸部を組み立てたことになる．なお，金剛峯寺大門では，下層瓦棒銘や上層銅瓦銘などから，下層の野地組立て以前に上層の屋根が葺き上げられていたことも判明した．

一方，知恩院三門（京都府，元和7年/1621）や南禅寺三門（京都府，寛永5年/1628）のように，上層の隅柱を隅木上に立てずに，隅木を柱に挿したり，貫き通したりする技法がある．この構法の場合，下層の組物や天井の施工後ただちに上層軸組を組み立てることが可能となり，下層軒まわりと上層軸組をほぼ完全に分離させることができるようになった．この隅木を隅柱に挿す技法は，広徳寺山門（東京都，享保5年/1720）にもみえる．なお，隅柱を隅木上に立てる技法は，根来寺大門（和歌山県，弘化2年/1845）にも用いられており，この両技法は少なくとも18世紀前期までは併存している．

c．大仏様の門

中世の東大寺復興に際し，大勧進の俊乗房重源が採用した建築構法は，鎌倉時代および江戸時代再建の東大寺大仏殿，豊臣秀吉による京都・方広寺大仏殿などに用いられたことから，大仏様とよばれている．重源による確実な現存遺構は，東大寺南大門（奈良県，正治元年/1199）と東大寺開山堂内陣（奈良県，正治2年/1200），浄土寺浄土堂（兵庫県，建久3年/1192）である．大仏様は重源没後急速に衰退したと考えられているが，後代にも巨大建築をつくる際にしばしば応用された．現存遺構では，東福寺三門（京都府，応永12年/1405）のほか，吉備津神社本殿（岡山県，応永32年/1425），教王護国寺（東寺）金堂（京都府，慶長8年/1603）などがある．

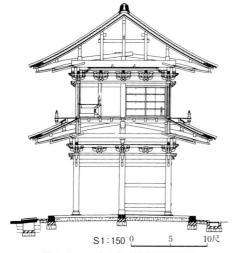

図2.3-8　丈六寺三門 梁間断面図

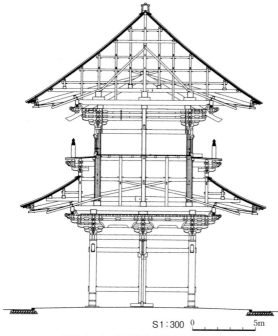

図2.3-9　金剛峯寺大門 梁間断面図

(1) 梁間断面図 　　　　　　　　　　　　(2) 正面図

図 2.3-10　東大寺南大門

　東大寺南大門は，現存遺構の中で法隆寺中門に次いで古い二重門である（図 2.3-10）．5間3戸で，18本の柱すべてを上層の桁付近まで通し，貫を多用して柱相互を緊結する．柱頂には円形断面の虹梁を二重にかけ，その上に大瓶束を立てて棟木を支持している．深い軒を形成する組物は，柱に挿した挿肘木を9段重ねた六手先で，皿斗付の巻斗を上下に整然と並べている．巻斗は正面に木材の断面を見せる木口斗で，肘木と巻斗の重なりは，木材の繊維方向を交差させる仕組みとなっている．組物の水平方向への広がりは，壁付きおよび桁や棟木の直下に配された肘木に限られ，空中を飛ぶ通肘木で組物間を緊結する．下層の屋根は，側柱間に通した貫を垂木掛けとし，組物3手目に設けた中桁と6手目の丸桁とに垂木を渡している．この下層の屋根は躯体にはまったく関係なく，腰屋根とよぶべき構造である．上層・下層とも，屋根には野小屋を設けないため，化粧材が構造体として現れている．また，内部には天井を張らないため，貫が縦横に貫通する構造を仰ぎ見ることができる．さらに，下層屋根の直上に上層の組物をつくるため縁を設けず，上層正背面中央間の扉は形式的で，開閉するための建築的な装置はない．以上のように，東大寺南大門は二重門の常識を大きく逸脱した豪快な構造であり，同様の門はほかに現存しない．

　門に限らず，重層建築の側柱を通柱とすると，下層の屋根の構造的な処理が重要な課題となる．貫を用いない鎌倉時代以前の建築では，単層も重層も屋根の構造は基本的に同じで，柱上に大斗を置いて組物を組み，その一部を内部に引き込んで大虹梁とするなど，柱上を支点とするテコの原理によって軒の荷重に対応してきた．しかし東大寺南大門のように，通柱として柱の中途に屋根をかけるためには，それを支える組物も柱の中間につくらなければならない．そして組物と軒による建物外方への荷重を組物全体で支持し，これを内方へ引きつける必要がある．その役割を果たすのが貫であり，通柱による重層構造の建築に，貫は必要不可欠の構造体である．隅部分の構造も同様で，通柱とすると隅木を内部に引き込むことができず，隅柱位置で止めなければならない．したがって，隅木を建物内部に延ばして屋根荷重を隅木尻にかけ，軒を跳ねあげるという構造的役割を期待できない．隅の屋根荷重は組物全体で受けなければならないため，隅木には荷重をかけない工夫が求められる．この意味で，隅を扇垂木とするのは通柱の構法にとって理にかなっている．東大寺南大門の場合，中桁より外の垂木を扇垂木とし，また丸桁からの垂木の出を小さくして，組物で隅の屋根荷重を支持している．

　一方，通柱の重層建築の場合，上層の柱間が逓減しないため大きく見えるという意匠的な問題もある．東大寺南大門では上下層の軒の出がほぼ等しいにもかかわらず，下層の屋根を比較的高い位置に設け，さらに上下層の屋根間隔を小さくして，上層の大きさを目立たせないよう工夫している．

d．中世新様式の応用と2階の設置

　挿肘木や大瓶束を多用する大仏様の手法は，東福寺

三門でも採用されている。5間3戸の東福寺三門は，柱頂部に挿肘木による組物を設け，貫で柱相互を緊結する。下層の柱はすべて下層天井の上方まで立ちあげ，棟通り両妻から第2本目の柱は下層小屋内で継いで通柱とし，上層内部の二重虹梁（陸梁）を支持する。隅柱を除く上層の側柱は，柱位置を柱径の半分ほど下層柱筋より内側にずらし，下層の側柱と内部柱の柱頂部をつなぐ頭貫状の水平材に輪薙込んでおり，下層柱頂の内部には大斗をつくり出さないため，上下層の柱は接している。上層の隅柱は隅木に輪薙込んで立てる。下層隅柱は隅木高さまで延びるが，組物などによる断面欠損が大きいため，隅木を直接支持しているのは下層側柱頂に通した桁材である。上層は，棟通り中央2本の柱を抜いて大虹梁を側柱に挿し，この大虹梁中央に大瓶束を立てて二重虹梁（陸梁）をかけ，そこからさらに2本の大瓶束上に組物を設けて，地垂木掛けと天井桁を受けている。上層内部には床を張り，柱や組物など主要な木部に極彩色を施すほか天井画を描いて仏像を安置する。

2階を本格的に利用する現存建築は，門以外の仏堂を含めても東福寺三門が最古である。東福寺三門以後の現存する二重門では，金峯山寺二王門を除き上層内部を利用するのが通例となる。先述した大徳寺山門，妙心寺山門，知恩院三門，南禅寺三門は，禅宗様を基調とする，よく似た構造の5間3戸二重門である（図2.3-11）。すなわち，下層柱上に頭貫と台輪を組んで出組もしくは二手先の組物をのせ，鏡天井を張った上に下層小屋組をつくる。上層は下層より若干逓減させ，棟通り中央2本の柱を立てずに梁間方向の大虹梁をかけ，棟通りの側面から第2本目の柱を上層天井上まで通して，梁間方向と妻中央の柱から繋虹梁をかけている。組物の形式や虹梁のかけ方など細部形態には差異があるものの，先述した平面の特徴も含め，この構造が近世初期の京都の大寺院における標準形とみられる。ところで，大徳寺山門は下層が享禄2年（1529）に完成したものの，上層は天正17年（1589）に千利休の寄進により完成する。妙心寺山門（京都府）も下層が天文年間（1532-54），上層が慶長4年（1599）頃の建造と考えられている。この二つの門の下層柱には隅延びがあるが，知恩院三門と南禅寺三門には下層柱に隅延びがない。これは建立年代の差が技法に現れたものと考えられる。

ところで，上層の内部を使用するようになると，上層に登るための山廊とよぶ施設が付属する。東福寺三門を初例として禅宗系寺院の門に多いが，門の両妻側におかれ常設の階段を雨水から保護する，いわば階段室である。桁行・梁間とも2～3間程度とし，棟は門の下層屋根の下に入り屋根を切妻造とする。門と棟位置を合わせると，階段が妻中央の柱にかかるため，若干正面側（寺域の外側）に寄せることが多い。山廊からのびた階段は妻中央の柱に添う位置で下層組物付近にかかり，直角に折れて梁間方向を向き，垂木を数本抜いた下層の小屋をトンネル状に抜けて上層の縁に出るのが通例である。山廊を伴わない場合，下層軒下から組物間の小天井に向かって梯子をかける場合（徳島県・丈六寺三門，和歌山県・金剛峯寺大門など）と，扉口に影響のない両端間を利用して梯子をかける場合（広島県・不動院楼門，和歌山県・根来寺大門など）

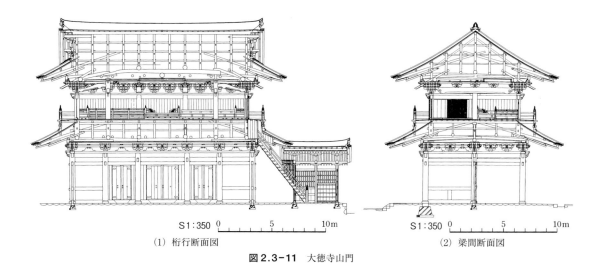

(1) 桁行断面図　　　　　　　　(2) 梁間断面図

図 2.3-11　大徳寺山門

2.3 門

とがある.

e. 近世の豪快な柱梁構造

増上寺三解脱門（東京都，元和7年/1621）は，梁間を3間にとる5間3戸二重門である（図2.3-12・13）. 下層の正面から第2列目の柱筋に扉を吊り，上層の柱位置は側まわりを逓減させるのみで内部の柱位置を合わせる. 同じ梁間3間の法隆寺中門が下層の柱筋にあたる柱をすべて立てるのに対して，増上寺三解脱門では下層正面から第3列目中央2本の柱を抜き，上層では正面から第2列目中央2本の柱を抜いており，いずれもその間に梁間2間分の大虹梁をかけている. 下層大虹梁の一端を挿し込む背面中央2本の柱は，下層天井上まで延びて柱盤を受け，もう一端を挿し込む扉列中央2本の柱は，上層に柱を立てないことからそのまま延びて上層床下に達する. それ以外の内部柱，すなわち両側面から各第2列目にある計4本の柱は，背面中央2本と同様，下層天井の上まで延びて梁間方向に据えた柱盤を受けている.

上層内部の両側面から第2列目にあたる柱計4本は，下層柱と同じ位置に立つため，この位置の柱盤は上下層の柱で挟まれる恰好となる. 背面中央2本を除く下層側まわりの柱は，柱上に頭貫と台輪をのせて尾垂木なしの三手先組物を組み，内部の柱に繋虹梁をかける. 上層側まわりの柱も柱盤上に立て，頭貫と台輪をのせ

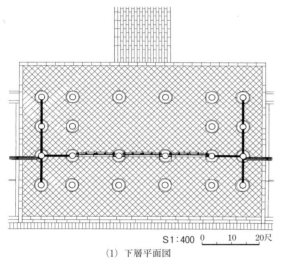
(1) 下層平面図

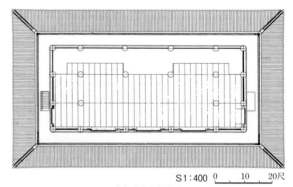
(2) 上層平面図

図2.3-12 増上寺三解脱門 平面図

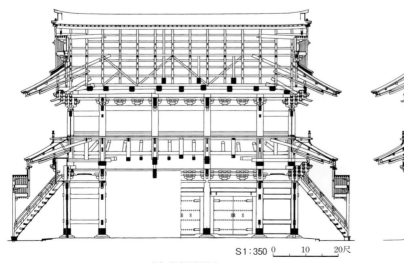
(1) 桁行断面図

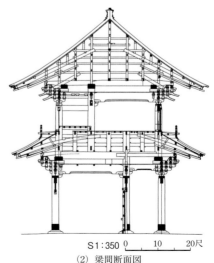
(2) 梁間断面図

図2.3-13 増上寺三解脱門 断面図

て尾垂木2本を備えた三手先組物を組んでいる．先述したように，上層正面から第3列目に立つ中央2本の柱の下層には柱が立たない．このため，下層の小屋内で，梁間方向の水平材をかけ渡して上層の柱を受けている．この2本を含めた上層の内部柱計6本は，一部を床高さで継ぐものの上層天井上に延びて小屋材を直接支持している．小屋内には上下層とも大径の梁をかけ，その上に束を立てて貫を通し，整然とした小屋をつくっている．

以上のように，増上寺三解脱門では，東大寺南大門のような通柱とはしないものの，大材を用いて柱を抜く豪快な構造をみることができる．なお，これとよく似た梁間3間の5間3戸二重門に，同じ浄土宗の光明寺山門（神奈川県，弘化3年/1846）がある．

小屋に豪快な構造をもつのは，瑞龍寺山門（富山県，文政元年/1818）である（図2.3-14）．禅宗様を基調とする3間1戸二重門で，下層柱を飛貫と頭貫・台輪でつないで外部に三手先組物をつくり，内部は出組として格天井を張る．下層小屋内に太短い丸桁桔をおき，その尻を束と敷桁でおさえて小屋梁をかけ，この小屋梁上に上層の柱を立てている．棟通りでは，この小屋梁上に湾曲した巨大な牛梁をおき，この牛梁が軒先に達して桔木の役割を担っている．上層の妻中央柱はこの牛梁上に立ち，また上層隅柱は化粧隅木を吊る桔木上に立てる．軒先には木負桔木，茅負桔木の2種の桔木を入れ，木負桔木は牛梁が受け，茅負桔木は木負桔木の先端に入れた桔木受けで受ける．上層の軸組および小屋も，基本的には下層と同様で小屋貫をほとんど使わない．化粧の地垂木と飛檐垂木はそれぞれ丸桁および木負の位置で切れ，構造的な意味をまったくもたない．このような豪快かつ複雑な小屋としたため，下層の小屋が上層の室内と同じくらい大きな空間となった．湾曲した材を使わないものの，牛梁をもち桔木を二重に入れる構法をもつものに瑞泉寺山門（富山県，文化6年/1809）がある．

f．通柱の採用

通柱への指向は増上寺三解脱門でもみられたが，楼門では棟通り中央の柱を通柱とする遺構が江戸時代前期から現れるのに対して，二重門では江戸時代後期まで降る．3間1戸の建長寺山門（神奈川県，安永4年/1775）では，棟通り中央2本の柱を上層側まわりの柱と同じ高さまで延ばし，その途中で挿肘木による出組の組物をつくって下層の天井桁を受ける（図2.3-15）．側まわりと同様に棟通りにも頭貫と台輪を設けるため，台輪は棟通り中央2本の柱には柱の丸口をとって長押状にとりつくこととなった．下層は壁を設けず吹放ちとし，桁行中央間を除く側まわりには腰貫，飛貫，頭貫，台輪を通し，内部の飛貫をすべて虹梁形にして大瓶束を立てるという独特の架構をみせる．上層は棟通りに独立柱が立ち，側まわりと棟通りには，柱頂に頭貫と台輪を組んで出組の組物をつくるが，内部梁間方向にも頭貫を渡すため，頭貫が空中を飛んでいる．棟通り2本の通柱は，上層では側柱と同様の扱いとし，組物間を梁間方向の繋梁で緊結している．

5間3戸の根来寺大門（和歌山県，弘化2年/1845）

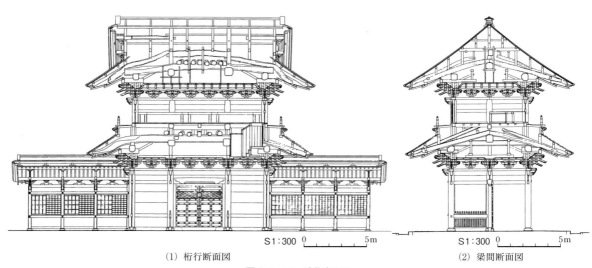

(1) 桁行断面図　　　(2) 梁間断面図

図2.3-14　瑞龍寺山門

2.3 門　149

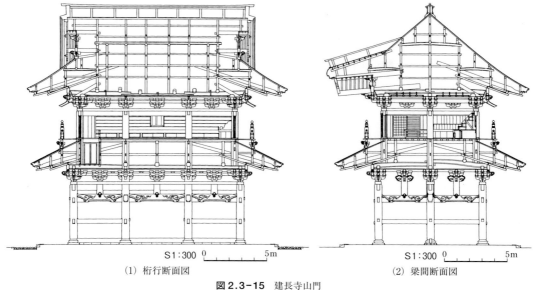

(1) 桁行断面図　　　　　　　　　　(2) 梁間断面図

図 2.3-15　建長寺山門

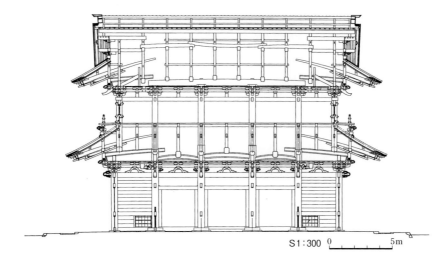

図 2.3-16　根来寺大門 桁行断面図

は，棟通り4本の柱を下層の小屋内で継いで通柱とする（図2.3-16）．この通柱は上層側柱よりも延びて桁行・梁間・隅行方向の通肘木や貫を挿して柱頂部を固め，上層天井上に置いた桁行梁を直接支持している．下層小屋内では，柱に貫を縦横に通して固め，さらに胴差状の梁を柱間に渡し，丸桁枯尻をこの柱間に渡した梁上にかけている．下層の化粧部分では，側まわりから延びた頭貫や組物の通肘木のほか，飛貫や腰貫を通すなど，通柱は建物の背骨としての役割を十分に担っている．このような構造は多重塔において濱島正士のいう櫓構法に似ている．上層側柱を丸桁枯上に置いた柱盤上に立て，また上層隅柱を隅木上に立てるな

ど，先述した金剛峯寺大門の構法によく似るが，金剛峯寺大門では上層柱盤を境に上下に分離していた構造が，通柱によって上下方向にも緊結されるようになっている．　　　　　　　　　　　　　　　　［箱崎和久］

■文　献
(1) 文化庁文化財保護部建造物課編『国宝・重要文化財建造物目録』文化庁，1999．（年代の分類は本書に準拠した）
(2) 円覚寺文書『鎌倉市史 史料編第2』1956所収．
(3) 濱島正士「塔の高さと組上げ構造」日本建築学会論文報告集，第155号．1969．（のちに『日本仏塔集成』中央公論美術出版，2001に収録）

2.3.2 楼門

　楼門とは，下層の屋根をつくらず柱上に縁の腰組を組んで上層をつくる重層門をいう．5間3戸，3間1戸，1間1戸の形態があり，3間1戸が最も多く，国指定の5間3戸楼門はわずか3棟（いずれも江戸時代）にすぎない．ところで，「楼門」の語は『西大寺資財流記帳』（宝亀11年/780勘録）にもみえるが，太田博太郎によれば二重門と楼門の語の区別は，近年になって行うようになったもので，それまでは2階建ての門のことを楼門とよんでいた（文献1）．現在でも不動院楼門（広島県，文禄3年/1594）は「楼門」の名称がつくものの二重門に分類されるし，善光寺山門（長野県，寛延3年/1750）も大規模な二重門であるが，江戸再建時には楼門とよばれていた（文献2）．したがって，文献資料にみえる「楼門」の語が，ここで定義する楼門の形態かどうかは注意を要する．

　現存する中世以降の二重門が，規模の大小にかかわらず上層に床・天井を張って内部空間をつくるのとは対照的に，楼門で2階を使用する例はごく少ない．3間1戸楼門の場合，上層の内部空間を確保しようとすれば，上層柱が長くなり，構造的にも意匠的にも不安定になるためであろう．ちなみに2階を使用する楼門は，5間3戸の岩木山神社楼門（青森県，寛永5年/1628），善光寺山門（山梨県，明和4年/1767），3間1戸の長勝寺三門（青森県，寛永6年/1629），土佐神社楼門（高知県，寛永8年/1631），天徳寺山門（秋田県，宝永6年/1709）などがある．

　細部様式は和様を基調とするのが一般的だが，禅宗様の礎盤や組物，木鼻，扇垂木などを部分的に採用する遺構が多い．青井阿蘇神社楼門（熊本県，慶長18年/1613）は，組物に本格的な禅宗様をとりいれた遺構で，上層尾垂木の技法は西国の中世禅宗様仏殿の様式を受け継いでいる（図2.3-17）．

a．下層の構造

　中世の3間1戸楼門は構造がよく似ているので，現状の金剛寺楼門（大阪府，鎌倉後期）を例としてみていこう（図2.3-18・19）．3間1戸楼門の場合，通常，平面は桁行中央間を広く，両端間を狭くとり，側面の柱間は桁行両端間と同じくして隅の間を正方形とする．これは隅の腰組の水平材を内部45°方向に引き込んで虹梁もしくは通肘木とし，棟通り中央の柱と連結するためである．腰組は三手先とすることが多く，二手目に秤肘木をおいて縁桁を通し，三手目は巻斗だけで縁桁を受ける．壁付きの組物は，大斗上の三斗に通肘木を1段おきとして中備の間斗束や蟇股を上下に重

図2.3-17　青井阿蘇神社楼門 梁間断面図

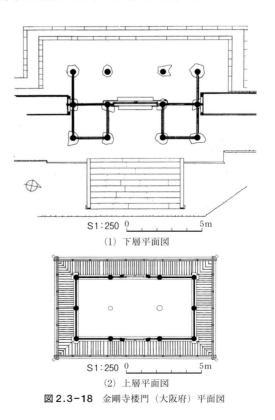

図2.3-18　金剛寺楼門（大阪府）平面図

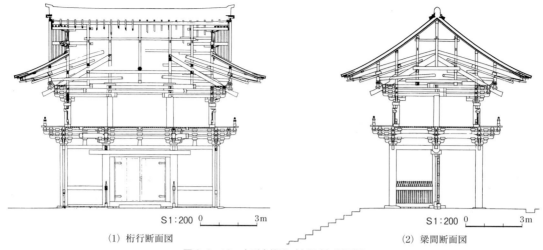

(1) 桁行断面図 (2) 梁間断面図

図 2.3-19　金剛寺楼門（大阪府）断面図

ねる手法と，通肘木を3段重ねる手法がある．多重塔では平安後期以降，後者が一般的となるが，楼門では中世を通じて併存し近世になると後者となる．なお，柱上の頭貫は桁行・梁間に渡す例が一般的だが，中央間の梁間に頭貫を通さず側まわりと棟通りのみとする例が滋賀県内に多くみられる．

3間1戸楼門のうち最も古い大野神社楼門（滋賀県，鎌倉前期）では，腰組を出三斗とし，その上にのる手先方向に延びた通肘木の木口に縁桁を接続させる（図2.3-20）．隅には45°方向の隅挾首を設けるものの，それを受ける組物はなく，下層隅の間が桁行方向に若干長いためか隅挾首を内部に引き込まない（図2.3-21）．また，縁を支える手先方向外側の肘木を，内側の肘木よりも長くする．類似例は九品寺大門（京都府，鎌倉後期）や開善寺山門（長野県，室町前期），久安寺楼門（大阪府，室町中期：初手のみ長い），岡寺仁王門（奈良県，慶長17年/1612）などにもみられ，石手寺二王門（愛媛県，文保2年/1318）や石上神宮楼門（奈良県，文保2年/1318），春日大社本社中門（奈良県，慶長18年/1613）では，通常の三手先や二手先よりも巻斗を一つ多く配して手先の出を大きくしている（図2.3-22）．

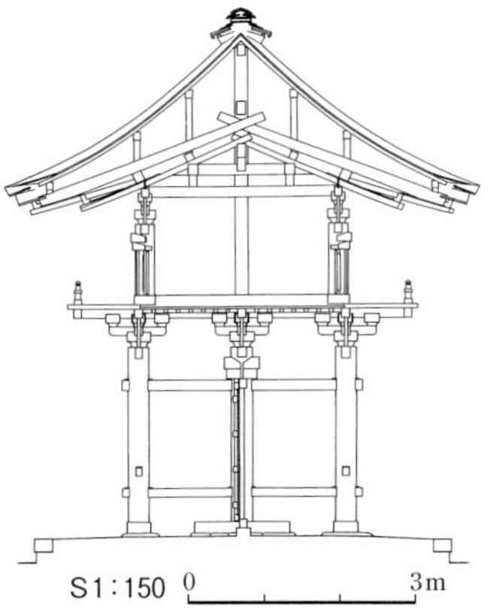

図 2.3-20　大野神社楼門 梁間断面図

図 2.3-21　大野神社楼門 腰組隅の構造

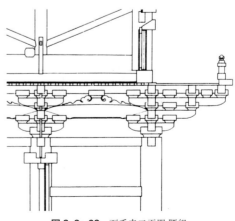

図 2.3-22　石手寺二王門 腰組

このように，腰組手先方向の肘木をやや長くして，縁の出を大きくとるのが古い技法かもしれない．

上層の柱脚に置く柱盤は，下層の柱筋よりも若干内側にのせるため，下層腰組の内部には通常，一手程度の挺出する組物をつくる．天井は縁板とほぼ同高で組入天井とするのが一般的で，上層は使用しないため天井板がそのまま上層の床板となる．したがって，下層天井と縁板まで組み上げると舞台状になり，その上に上層軸部が立ち上がることとなる．ところが，江戸時代になると，吉野水分神社楼門（奈良県，慶長10年/1605）や談山神社楼門（奈良県，元和5年/1619）のように，縁と下層天井を同高とせず下層天井を低くする例が現れる．この技法については後述するが，日光東照宮陽明門（栃木県，寛永13年/1636）では，下層の天井を低く張り，一方で腰組に四手先組物を用いたため，縁と天井に高低差が生じ，上層の床板を別に張ったために下層天井との間に空間が生まれることになった（図2.3-23）．同様の手法は以後しばしば用いられ，道成寺仁王門（和歌山県，元禄7年/1694）では柱盤上面に上層の床高を合わせている．すると今度は本来の構造から離れて，下層天井と上層床との間に空間をつくって繋梁を渡し，その上に上層柱を立てて柱盤を置かない妙法寺仁王門（東京都，天明7年/1787）のような例も現れた（図2.3-24）．

1間1戸楼門の下層は，四隅の柱から桁行に頭貫（虹梁形とする例もある）を渡し，ときには台輪をのせた上に腰組を組む．腰組は3間に割るが，上層の柱筋とは関係なく3等分する方法と，上層の柱位置に合わせて腰組を組むものとがある．般若寺楼門（奈良県，文永年間/1264～75）や木幡神社楼門（栃木県，室町中期）などは前者，天満神社楼門（和歌山県，慶長10年/1605）は後者で，石上神宮楼門は両手法を兼ね備えている（図2.3-25）．1間1戸楼門の場合，腰組を三手先とする例は少なく，二手先もしくは出組程度とする．般若寺楼門や石清水八幡宮楼門（京都府，寛永11年/1634）のように，棟通りの柱上に女梁と男梁を重ねる四脚門風の構造をもつものもあり，般若寺楼門

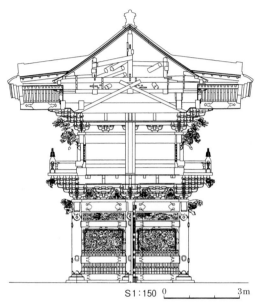

図 2.3-23　日光東照宮陽明門 梁間断面図

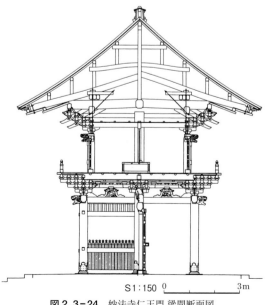

図 2.3-24　妙法寺仁王門 梁間断面図

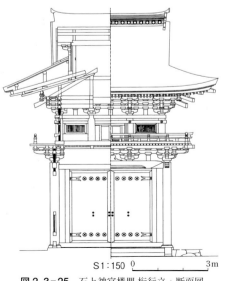

図 2.3-25　石上神宮楼門 桁行立・断面図

では棟通りの柱を円柱とし，四隅の柱を角柱とするなどさらに四脚門の色彩が強い．

b．上層の構造

(1) 平面 通常，上層は下層より柱間を逓減させる（文献3）．室町時代までの楼門では，前出した大阪府・金剛寺楼門（図2.3-18・19参照）のように，桁行の中央間・両端間とも逓減させる例が多く，桃山時代に入ると，中央間を固定して両端間のみを逓減させる例が増え，江戸時代にはこの手法が一般化する．一方，上層棟通り中央に柱を立てる場合と立てない場合がある．3間1戸楼門の場合，室町・桃山時代を通じて併存するが，中央2本の柱を上層まで通す通柱の技法が江戸初期に本格的に現れると，通柱を採用しない場合でも棟通りに柱を立てることが多くなる．当然のことながら，棟通り2本を通柱とすれば上下層の桁行中央間は同寸になり，両端間と梁間を逓減させることとなる．特殊な例として，側まわりと棟通りの梁間柱筋を揃えない西明寺楼門（栃木県，明応3年/1494）や金剛寺仁王門（東京都，室町後期）がある．これらについては後述する．

ところで，上層柱間のうち桁行両端間と梁間の柱間寸法，すなわち上層隅の間を正方形とせず，梁間の柱間寸法を小さくする例が室町時代頃までは比較的多い．前述したように下層隅の間は正方形とするから，意図的に上層の梁間の柱間寸法を小さくしていることになる．隅の間を正方形としない場合，内部に柱を立てる場合と立てない場合がほぼ半数ずつになるが，逆に隅の間を正方形とする場合は柱を立てる例が圧倒的に多い．これは後述するように内部に引き込んだ手先組物の架構に関係している．

(2) 上層柱の立て方 大阪府の金剛寺楼門（図2.3-18・19参照）にみられるように，上層の側柱を立てるには下層の腰組をつくり，縁板と天井をおいて舞台状とした上に，互平の柱盤を井桁状に組んで柄差しとするのが通例である．柱盤を省略して下層天井上や縁板上に直接柱をのせる場合もわずかにみられるが，柱盤を使う技法は江戸時代に入っても受け継がれている．したがって通柱を使わない限り，構造的には上下層が分離することになる．その中で5間3戸の善光寺山門（山梨県，明和4年/1767）の技法は特異である（図2.3-26）．すなわち，桁行中央3間の柱間寸法を合わせ，下層虹梁上に上層の柱を立てて柱盤を使わないのである．足固貫を入れるため立柱の施工は困難であるが，取り付けたあとは非常に堅固といい，巨大な上層を支える柱を上下層で緊結するための工夫がみられる．

棟通りの柱を立てるには，時代にかかわらず，柱盤を梁間方向にも置いて柱盤全体を目字形に配する例が多く，そのほか柱盤を棟通りに通す手法や梁間と棟通りに併用する手法があり，また礎盤状の板を柱下に置く例（愛知県・滝山寺三門，室町前期）や，柱盤を置かず繋梁上に柱を立てる例（東京都・妙法寺仁王門，天明7年/1787，図2.3-24参照）もみられる．

柱盤を井桁状に組むのは神社本殿における土台と共通し，上層の土台であることが理解できるが，側まわりの桁行中央間に設ける扉の軸摺穴を受ける地長押的な機能も併せもっていた．したがって，油日神社楼門（滋賀県，永禄9年/1566）頃から，柱盤を井桁状とせず隅で留めにまわして長押状にみせる例が現れてくる（図2.3-27）．しかし，上層は目に触れないためか，

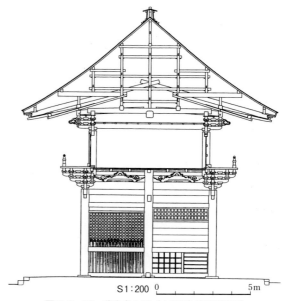

図2.3-26 善光寺山門（山梨県）梁間断面図

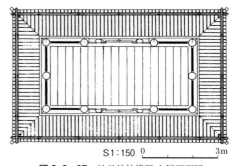

図2.3-27 油日神社楼門 上層平面図

この技法は一般化せず，近世を通じて井桁状と長押状の柱盤が併存している．

(3) 組物と内部柱 上層の組物も三手先とすることが多い．正背面の組物は，壁面から外部に出る手先方向の通肘木を内部に引き込んで対面の通肘木と連結させる．側面の通肘木も同様に内部に延ばすが，正背面から引き込んだ通肘木とT字形にぶつける場合と，十字形に交差させて反対側面の通肘木と連結する場合とがある．隅方向の組物も同様に内部に引き込むのだが，隅の間を正方形平面とすると，正背面および側面から引き込まれた通肘木の交点に，さらに隅方向の通肘木を組み込む必要がある．通肘木の断面は大きくないため，交差させることによって生じる断面欠損によって，逆に交点が構造的に弱くなる．内部柱を立てる場合は，柱がこの通肘木の交点に位置することになるから，通肘木を内部柱の頭貫状に扱ったり，柱が通肘木の交点を支持したりして（後者の例の方が多い）弱点を補強している．一方，内部柱を立てない場合には，隅の間を正方形とすることを避け，梁間の柱間を小さくして，側面から引き込んだ通肘木に隅の通肘木を挿す手法が考案されたと考えられる．

ところで，上層が平安後期の建立とみられる長岳寺鐘楼門（奈良県）では，上層組物を大斗肘木とし，正背面中央2本の柱上から梁間に大虹梁をかけるのみで，側面や隅とは水平材で連結しない（図2.3-28）．前述した大野神社楼門（図2.3-20参照）も組物を平三斗とし虹梁を京呂にかける簡素な構造である．現存遺構で鎌倉後期以降に現れる三手先組物は，意匠的な面もさ

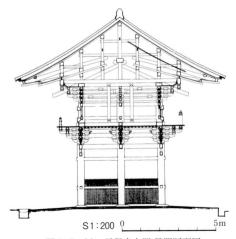

図2.3-29 長保寺大門 梁間断面図

ることながら，上述したような上層軸組の構造強化に大いに貢献したと考えられる．そして長保寺大門（和歌山県，嘉慶2年/1388）のように，頭貫まで内部に引き込み，都合5段の水平材を縦横に組み合わせる強固な軸組をつくるものも現れた（図2.3-29）．内部柱が立つ場合は，小屋組まで内部柱を通すことはなく，通肘木を支持するのが一般的である．このような手法は基本的には江戸時代に通柱が現れるまで続いてゆく．

特異な例が西明寺楼門（栃木県，明応3年/1494）である．西明寺楼門では，上層側まわりの柱間を桁行・梁間方向とも逓減させるものの，内部柱は下層と同じ位置に立てて小屋の地棟木下の水平材を支持する（図2.3-30）．このため正背面の側柱と内部柱の筋が通らないため，正背面の組物を水平材で直接連結させ，側面から内部に引き込んだ通肘木は内部柱に挿している．上層隅の間は，側まわりの柱とは正方形にならないが，内部柱とは正方形の関係になるので，隅の組物から引き込んだ水平材も内部柱に挿すことができるようになっている．柱の上方では側面と隅の尾垂木も内部柱に挿し，また小屋貫を通して内部柱は小屋材としても機能させている．それまでの内部柱が，引き込まれた通肘木のみを受けていたのとは異なり，西明寺楼門では内部柱が通肘木を受けるとともに小屋材として機能することで，上層軸組と小屋組を一体化させることに成功している．このような上層内部柱が小屋材として機能する手法は，これ以後，尊永寺仁王門（静岡県，室町後期）などしばしばみられるようになるが，一般化するのは通柱が小屋組を支持するようになる江戸中期以降である．

(4) 通柱の採用 金剛寺仁王門（東京都，室町後期）

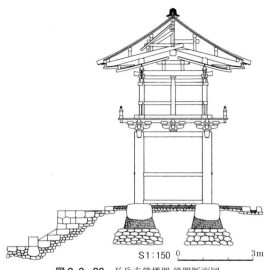

図2.3-28 長岳寺鐘楼門 梁間断面図

2.3 門　155

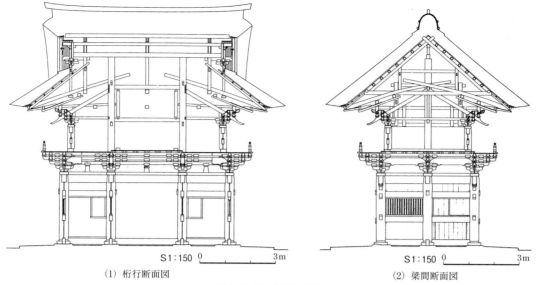

(1) 桁行断面図　　　(2) 梁間断面図

図 2.3-30　西明寺楼門

は，楼門の上層軸部を残した単層八脚門（はっきゃくもん）であったが，昭和34年から35年（1959-60）にかけての修理工事の結果，楼門の古材が発見され本格的な構造が明らかになった．楼門で通柱を用いる初期の例で，先述した西明寺楼門同様，上層の側柱を桁行・梁間方向とも遥減させたため，棟通り中央2本の通柱と側柱の筋が合わなくなり，上層組物から内部に引き込んだ通肘木は通柱に添わせ，また上層梁間方向の飛貫（ひぬき）は通柱に挿すためにく字形に折って納めるなど，過渡期の様相を残している（図2.3-31）．通柱は下層や上層の側柱より太い．通柱は内部に引き込んだ通肘木を頭貫状に受け

るだけで，西明寺楼門のように小屋材の一部として機能するわけではないが，上下層の軸組の一体化を実現している．

久能山東照宮楼門（静岡県，元和4年/1618）は，一歩進んで正背面中央間を上下層そろえたことにより，側まわりの組物から引き込んだ通肘木を，すべて通柱が支持している．さらに，伊賀八幡宮随身門（愛知県，寛永13年/1636）頃から，組物の通肘木を通柱に挿し，さらに通柱が小屋組まで達するようになる．総体的にみて，この頃から通柱の構法が盛んに用いられるようになり，これと同時に上層隅の間を正方形と

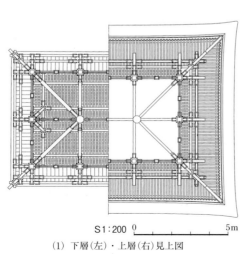

(1) 下層(左)・上層(右)見上図　　　(2) 梁間断面図

図 2.3-31　金剛寺仁王門（東京都）

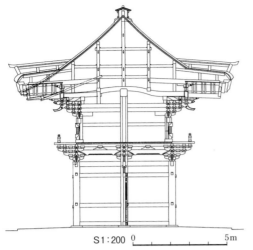

図2.3-32　伊賀八幡宮随身門 梁間断面図

して組物の通肘木をすべて通柱に挿すのが通例となる（図2.3-32）．なお通柱の技法は，現時点の国指定重要文化財建造物では，愛知県周辺か日光など江戸幕府関係の造営になるものに多い．ただし，西国における近世以降の動向は，指定物件数に限界があり，構法の変遷について分析を進めることができていない．

(5) 特殊な通柱　通柱は，3間1戸楼門の場合，棟通り中央2本を上層まで通すのが基本だが，側柱まで通柱とする楼門も現れた．岩木山神社楼門（青森県，寛永5年/1628）と長勝寺三門（青森県，寛永6年/1629）である．岩木山神社楼門は，梁間を3間にとる大規模な5間3戸楼門で，下層は正面より第2列目に扉を吊り，正面より第3列目の中央2本の柱を抜いて大虹梁をかけ渡す（図2.3-33）．また，正面より第3列目の両側面から各2本目の柱は上層の床下で止まり，それ以外の柱は上層まで通している．このため上層平面は，正面より第3列目の中央4本の柱を省略したかたちとなり，正面より第2列目の柱筋には低い中敷居を通して格子戸を入れ，正面側奥行1間と背面側奥行2間の2室に分けている．通柱とするため，下層の大斗は柱から一部を削り出し，また柱に板を貼り付けて大斗の形状につくっている．腰組は挿肘木で詰組とし三手先につくるが，形式的な構造である．上層まで延びた柱は，内部の4本で上層天井上で大虹梁上に重ねた梁間方向の大梁を受け，側まわりの柱には頭貫・大斗をのせ，禅宗様系の三手先組物を組んで小屋の敷桁を受けている．

長勝寺三門は，梁間2間の3間1戸楼門だが，構造的には岩木山神社楼門と同様，18本すべての柱を上層まで延ばし，棟通りの4本は上層天井上の小屋材を受けており，上層棟通りに格子戸を入れて奥行1間ずつの2室に分けている．

これら二つの門にみられるような，側柱も通柱とする構法は，二重門である東大寺南大門（奈良県，正治元年/1199）にみられるものの，現存する楼門では初例である．しかし，上層の逓減がなく，しかも内部空間として使うため，上層の立ちが高くなってしまっている．通柱としないものの，上下層で逓減しない例は秋田県の天徳寺山門（宝永6年/1709）にあり，これは地方色の可能性がある．

c. 回廊との複合化

門の機能は，回廊や塀，垣などに開いて通行する

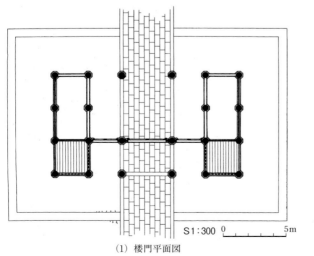

(1) 楼門平面図

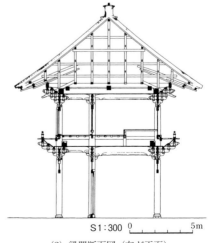

(2) 梁間断面図（左が正面）

図2.3-33　岩木山神社楼門

ことであるから，門の両側には何らかの遮蔽施設が
とり付くのが本来的な姿である．そのうち，回廊が
とり付く場合，油日神社楼門や石上神宮楼門のよう
に，回廊とほとんど関係のない構造をもつ門もある
が，逆に門の平面や構造が回廊に規定されることが
ある．とりわけ回廊に開く1間1戸楼門は，桁行と梁間
が回廊と同程度の規模となり，正背面隅柱をつなぐ頭
貫（もしくは虹梁形頭貫）上に設ける腰組および上層
の軸組は，桁行を3間に割るのが一般的であるから，
隅の間が正方形になることはほとんどない．したがっ
て，下層内部の構造を見せた場合，縁で隅行（45°）
方向に延びる隅扠首を内部に引き込むと，木幡神社楼
門（栃木県，室町中期）のように，梁間方向の通肘木
にぶつかってしまい見栄えがよくない（図2.3-34）．
このため，春日大社本社中門（奈良県，慶長18年
/1613）のように，下層内部全面に天井を張って架構
を隠す構法が生まれたと考えられる．

同様の例は3間1戸楼門でもみられる．吉野水分神

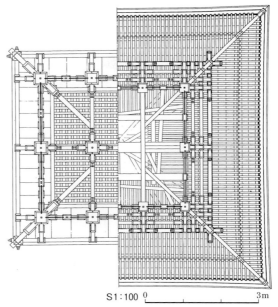

図2.3-34 木幡神社楼門 下層（左）・上層（右）見上図

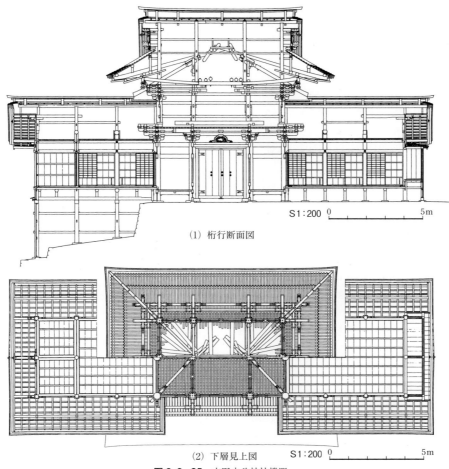

(1) 桁行断面図

(2) 下層見上図

図2.3-35 吉野水分神社楼門

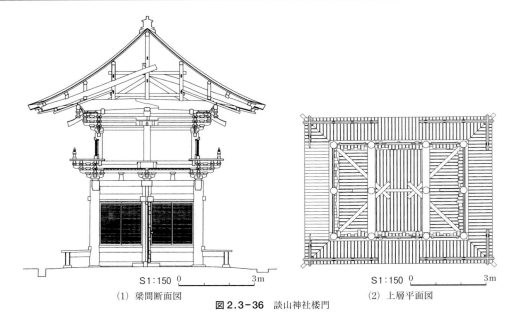

図 2.3-36 談山神社楼門

社楼門（奈良県，慶長10年/1605）は，両側に室内空間をもつ回廊がとり付くため，門の両脇間はそれと連続した床張りの室とする（図2.3-35）．このため門の梁間は回廊に合わせることとなり，梁間が大きくなって下層隅の間が正方形にならない．したがって，外部隅行方向の通肘木は真隅（45°）につくるものの，内部に引き込んだ通肘木は，隅柱上でく字形に曲げて木づくりし，棟通りの柱上組物に納めている．そして，通常より1段低く天井を張り，隅扠首はこの天井上で真隅に延ばし，尻を棟通りの柱盤下においた材で押さえている．

談山神社楼門（奈良県，元和5年/1619）も拝殿と西透廊にはさまれ，それらに柱間寸法を合わせたため梁間が大きくなった．ここでは吉野水分神社楼門よりも徹底していて，内部の組物は天井桁を受ける出組の組物しか見せず，隅行の組物は天井上に隠して真隅に納めている（図2.3-36）．このように両側にとり付く施設によって門の構造に影響が生じる場合，下層の見えがかり部分は正統的に納め，内部に天井を張って見え隠れで処理する技法が，遅くとも江戸初期には現れている．すると，縁高と下層の天井高とで段差が生じることとなり，先述したように縁高に合わせて上層の床を張り，その間に懐が生まれることとなった．

ところで，談山神社楼門は3間1戸楼門の正背面の隅柱から桁行に虹梁をかけて柱を省略した形と理解されているが，棟通りの柱上の処理や組物の配置などは木幡神社楼門と同様であり，1間1戸楼門の構造形式

を有している．したがって柱を省略したのではなく，棟通りの方立柱を断面円形としたことに価値を見出すべきであろう．　　　　　　　　　　　[箱崎和久]

■ 文　献

(1) 太田博太郎「東大寺中門」『奈良の寺々 古建築の見かた』岩波ジュニア新書，1982．
(2) 長野県編『長野県史 美術建築資料編 建築』長野県史刊行会，1990．
(3) 桜井敏雄・城光寺文章「鎌倉時代楼門の設計計画について（1）大野神社・円鏡寺・金剛寺・石手寺・九品寺・滝山寺の楼門」「同（2）御上神社・甚目寺・広八幡神社の楼門」日本建築学会東北支部研究報告集，33，1979．
(4) 桜井敏雄・城光寺文章「門の研究 楼門の設計計画について 1，2」近畿大学理工学部研究報告，17，1982；「古建築設計計画における矩形概念の研究 楼門を中心として 1，2」近畿大学理工学部研究報告，19，1984．

2.3.3　単層門

単層門には，現存するものでも柱2本で立つものから柱が18本になるものまで，さまざまな形がみられる．しかし，これらの単層門は，その成り立ちから考えると棟門から発展したものとはじめから4本以上の柱をもつものに分類できそうである．また，その屋根形式から唐門などとよばれる門の類いも，構造的にみると棟門や四脚門などとして考えることができる．そこで，唐門の類いも構造的に分類し，それぞれの単層門をみていくことにする（軒先や妻につけて曲線状に起こらせ

た破風を唐破風というが，側面や正背面の軒全体を唐破風にしたもの，あるいは切妻や入母屋屋根であっても，唐破風が特に大きく目立つ場合，この門を唐門とよぶ場合が多い．唐破風を正背面にもってくる形式を向唐門，側面にもってくる形式を平唐門とよぶ）．

a．柱2本で成立する門

柱2本を掘立柱とするかあるいは礎石建として築地などの塀に依存する構造が，最も単純な門の架構である．

(1) 掘立柱の門：鳥居，冠木門，塀重門 掘立柱の構造物には鳥居があるが，これは原始的な門の形と考えてよい．

冠木門は，2本の柱に横木を渡しただけの門で，屋根のないごく簡単な構えであり，鳥居に通じるものがある．中世では武家屋敷の象徴として守護大名の館にあって比較的格が高かったが，江戸時代に入ると下級武士の屋敷の門形式となった．

塀重門は，柱間に横木も渡さず，扉だけを固定する（図2.3-37）．平安時代末に初めて現れた邸内の中門形式の一つで，以後も武家の門として広く使われた．重要文化財賀茂別雷（上賀茂神社）神社塀中門（京都府，寛永5年/1628）が唯一の指定物件である．

図2.3-37 旧浜離宮庭園中の御門（復元）

(2) 礎石建の門：棟門 軸部が柱2本で構成され，屋根を伴う形式の門は棟門（むなもん，むなかど）とよばれる．礎石建の場合は，構造的には自立しにくいため築地などの塀に依存する場合が多いが，遺跡からは掘立柱のものもあったと考えられる．

礎石建の場合，2本の円柱の親柱を礎石上に立て，女梁（肘木）と男梁（腕木）を落とし込む．女梁と男梁の間に交差するように冠木（あるいは冠木長押）を渡す．柱は冠木の上へ伸び，板蟇股を輪薙込む．男梁の先で出桁を受け，屋根をかける．これが一般的な棟門の納まりである．両脇に築地塀などが付いて門を両

脇から挟む場合が多いが，塀で押さえない方向へは倒れやすい．また，柱は自立しても屋根が大きかったり重たかったりした場合は，男梁だけでは支えきれなくなる．そこで，建立後年数を経ると補強のために男梁の下などに控柱を入れるようになっていく．またそのためか，時代が下るとその規模自体が小さくなる傾向にあるようだ．以下，重要文化財に指定された遺構でその変化の様子をみていく．

① 男梁の両端を控柱で支承するようになる例

棟門の形式として古代までさかのぼる遺構はないが，古代から存続した可能性は高い．平安時代末といわれる部材を残す新薬師寺東門（奈良県・鎌倉前期）が棟門として最古の例の一つである．大正6年（1917）の文化財指定当時の構造形式は四脚門とされていたが，平成12年（2000）発行の『重要文化財目録』（文献2）から棟門に変更されている．親柱に女梁を落とし込み，冠木は長押状とし，これを上から挟み込むように男梁を載せ，柱頂部に蟇股を輪薙込む．控柱は男梁の先端を輪薙込んで受けていたが，昭和58年（1983）の修理工事の際，男梁先の下端に八角形断面と推定される控柱の圧痕と枘穴が確認された．この圧着面には柱挿入前の風蝕が認められ，枘穴の鑿切れも悪いことから，控柱が後補であることがわかった．四脚門が棟門から発展した形式であることを物語る好例である．新薬師寺東門の当初構造形式については古くから研究があったが（文献3・4），この昭和58年の修理時の調査をもって棟門形式であったことが明らかにされた．屋根形式も現在は本瓦葺であるが，当初は檜皮葺のような軽い屋根であった可能性も高く，本瓦葺になったことで控柱が必要になったとも考えられる（文献5，図2.3-38〜40）．

東福寺六波羅門（京都府，鎌倉前期）は，控柱が男梁を受けるが，男梁の下端には繰形が付けられ風蝕痕と胡粉塗りも残っており，この控柱も後補であることが明らかである．棟門としては規模が大きく本瓦葺であることから，構造的に不安定であったことは明白である．また，解体修理で発見された番付によると，現在南向きであるが元は西向きであったこともわかっている．現在の門は，もともと棟門として建てられた門が，文明11年（1479）から正保3年（1646）の間に四脚門として移築されたものと思われる．伝雪舟筆の「東福寺伽藍図」には五重塔が描かれており，六波羅門は描かれていない．五重塔は文明11年に焼失していることが『東福寺誌』にあることから，この図は文

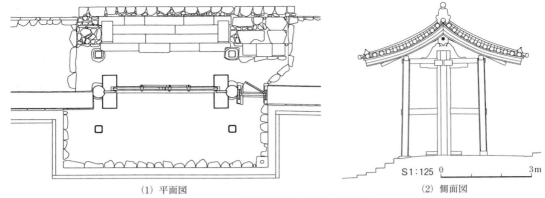

(1) 平面図   (2) 側面図

図 2.3-38 新薬師寺東門 ［出典：文献 5］

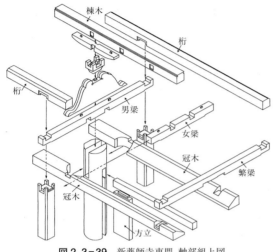

図 2.3-39 新薬師寺東門 軸部組上図
［出典：文献 5，第八図］

図 2.3-40 新薬師寺東門 控柱取付き詳細

図 2.3-41 東福寺六波羅門

明 11 年以前であると思われる．正保 3 年の『境内古図』に六波羅門は初めて現れる．瓦には宝徳 3 年（1451）の箆書きが発見されており，門はこのときに移築されたものと考えられている（図 2.3-41）．

本蓮寺中門（岡山県，明応頃）は，ごく当初に近い時期から控柱を立てていたと考えられている．この門には板蟇股がなく，柱を冠木上に延ばして面取りの角束に加工し，大斗を載せ棟木を受けている点は他に例を見ない構法で，むしろ古さを感じさせる架構である（図 2.3-42）．

ここで棟門における唐門の遺構例をみてみよう．平唐門として最も古い例の一つであるのが，玉鳳院四脚門（微笑庵前門）（京都府，応永頃）である．年代ははっきりしないが室町中期の建築と考えられ，『重要文化財目録』によると伝応永度内裏門としている（慶長 15 年（1610）に妙心寺勅使門新築の際，現位置に移したと伝える）．この門は，建造物名称に「四脚門」

とある．確かに昭和 32 年（1957）の修理前の姿は，控柱が入れられた「四脚門」であったが，修理における調査の結果，控柱が後補であることが控柱の材種や男梁下端の状態から確認され，当初は棟門であったことが判明した（文献 8）．修理後は，補強のために背面側のみ控柱を残し，次の②の形式になっている（図 2.3-43）．

② 男梁の一端を控柱で支承するようになる例

春日神社神門（滋賀県，永正 8 年/1511）は，現在は両端に塀を従えない棟門で，男梁の一端を控柱で支える．檜皮葺の小規模な門であるため，片側だけの控

柱で保っている（図 2.3-44）.

北室院表門（奈良県，室町後期）は，平唐門で最も古い部類に入る門である．構造形式は唐門に分類されるが，構造的には棟門といえる．慶長 6 年（1601）の修理で支柱が入れられた（図 2.3-45）.

三宝院唐門（京都府，慶長 4 年/1599）は，3 間 1 戸の平唐門で類例が少ない形式である．構造的には棟門といってよいが，親柱間には天井が張られ，親柱両脇には脇柱が立ち，背面に立つ控柱は当初からのものと考えられている．正面側の控柱は後補であり，脇柱の前に立ち男梁を直接受ける．背面の控柱上には斗が載り軒桁を受け，控柱からは桁行方向に肘木を出して斗を載せ男梁を受けるが，斗の上に載る軒桁・男梁のそれぞれ下端には風蝕が認められないことや男梁の繰形が，控柱のない中央の男梁より鼻先に伸びた格好になっていることなどから，控柱が当初から存在したことがわかる．正面側の控柱は男梁の下端に風蝕が認められるため，後補であることがわかる．北側の控柱は親柱とその柱間を少し広く取っている．これは高麗門のように，門扉を直角以上に開くことを意図したものと考えられる（文献 10，図 2.3-46）.

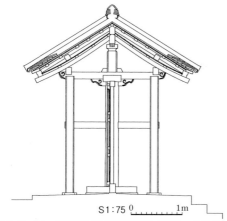

図 2.3-42 本蓮寺中門 梁間断面図［出典：文献 7］

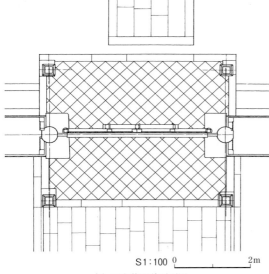

(1) 昭和修理前平面図

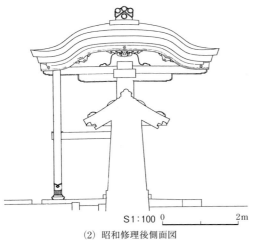

(2) 昭和修理後側面図

図 2.3-43 玉鳳院四脚門［出典：文献 8］

図 2.3-44 春日神社神門

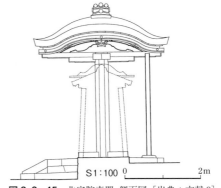

図 2.3-45 北室院表門 側面図［出典：文献 9］

(1) 正側面

図2.3-47　西園院上土門

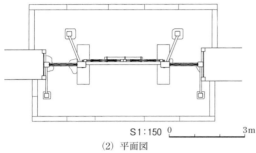

(2) 平面図

図2.3-46　三宝院唐門［出典：文献10］

③ 控柱のない遺構

　棟門で控柱のない状態のままで現存している重要文化財建造物は，切妻屋根のものはなく，唐門か上土門の形式になる．

　西園院上土門（奈良県，江戸前期）は，現在唐門のような屋根形式になっているが，平面は円柱2本で立つ棟門の形式である．法隆寺南大門の内方すぐ東の脇にあり，上土門と唐門が並んでいる．もとは2棟ともすぐ南の地蔵院の門であった．西園院唐門は妻を唐破風とする平唐門であるが，構造的には棟門になる．唐門は大正8年（1919），上土門は昭和14年（1939）の移築になる．上土門の現存例はこの門と法輪寺西門（奈良県指定文化財，斑鳩町）だけである．上土門とは，そもそも屋根になる部分に横板を重ねて並べ，その中央に土を盛り，その両端に大きな絵振板を置いて土留めとしている形式の門である．現存する上土門は，盛土の部分が檜皮葺に変えられているが，屋根の両端に大きな絵振板を置いて盛土の形式を残している（図2.3-47）．

④ 親柱を控柱で支承する例

　江戸時代以降，神社の玉垣に設けられた棟門には，男梁を受ける控柱ではなく，塀の控えのように親柱の背面に貫を差して控えを取る例が多くなる．

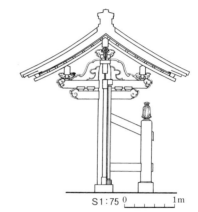

図2.3-48　久能山東照宮東門　梁間断面図
［出典：文献11］

　久能山東照宮東門（静岡県，元和4年/1618）は控柱を立て2本の貫で支えている．様式は禅宗様であり，控柱の頂部には逆蓮が付けられる．構造も禅宗様となり，女梁・男梁は親柱に貫通し，女梁・男梁の間には斗を入れる．男梁の両端に斗・実肘木を据え，桁を受ける．親柱は棟まで伸び，台輪を据え大斗を載せて棟木を受ける．久能山東照宮東門は，男梁上に蟇股風の彫刻を載せているが，これは禅宗様の棟門に共通するものではない（図2.3-48）．

b. 棟門から発展した門

(1) 四脚門（1間×2間の門）：控柱を親柱の両側に配する形　棟門の男梁両端部下端4カ所を控柱で支承したものが四脚門の始まりであることはすでに述べたが，後に控柱にも頭貫を回して大斗を据え，桁や梁を架ける形式に発展していく．男梁は，梁間方向の頭貫に変化していくが，棟門の名残としてその頭貫下に女梁が残るものが多い．また，親柱と控柱には腰貫を通すようになるが，この貫は水平ではなく外に向かっ

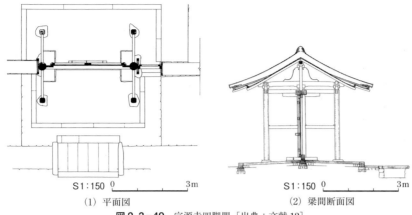

(1) 平面図　　　　　　　　(2) 梁間断面図
図 2.3-49　宗源寺四脚門［出典：文献12］

て下り勾配を取るのが特徴で，この腰貫は後に腰長押を伴うものも出てくる．

　和様の四脚門において年代がわかる最も古いものは，法隆寺塔頭の宗源寺四脚門（奈良県，嘉禎3年/1237）で，格式の高い塔頭表門の代表例である．親柱は円柱，控柱は大面取りの角柱とし，男梁と同じ高さに控柱の頭貫を通し，端部は男梁と組み，大斗肘木で桁を受ける．男梁の下には棟門の女梁にあたる材が入り，冠木を挟み込む．親柱は控柱と同じ長さになり，親柱上にも大斗を据え，控柱上の大斗との間に虹梁を架け渡し，板蟇股を載せ，斗・肘木にて棟木を受ける．冠木は長押状に二材となる（図2.3-49）．

　年代として次に古い四脚門は，東大寺法華堂北門（奈良県，延応2年/1240）である．現在は扉がついていないが，長押下端には軸摺穴もあることから，建立当初は扉があったものと考えられる．親柱を円柱，控柱は大面取りの角柱とするなど，架構は宗源寺四脚門とほとんど変わらないが，冠木が一木になり，腰貫には長押が伴っている．また，控柱間の頭貫の木鼻には大仏様の繰形が使われており，東大寺鎌倉期復興の特徴を示している（図2.3-50）．

　和様の四脚門は，控柱を角柱とする例が多いが，控柱が円柱となる門もある．春日大社の回廊に開く慶賀門・清浄門（奈良県，永徳2年/1382〜至徳2年/1385）がその一例であるが，これは複廊である回廊が円柱のため，門の控柱も円柱となったものである．単体の門としては薬師寺南門（奈良県，永正9年/1512）がある．もともと西門だったものを慶安3年（1650）に現位置に移築し，南門としている．柱頂部には頭貫を回すが，親柱間にも頭貫を入れており，その先を冠木の先端のように両脇に延ばしている．冠木

図 2.3-50　東大寺法華堂北門

はなく，長押が親柱間に納まり，両脇には延びていかない．各柱上には大斗を据え，両妻は二重虹梁蟇股により棟木を受けるという古式な架構とする．腰貫には腰長押が取り付き，唐居敷を置き，長押により扉を吊る．古式な要素と新しい要素が入り混じった四脚門である（図2.3-51）．

　和様の四脚門の中には，軒が板軒となるものもある．十輪院南門（奈良県，鎌倉前期）と東福寺月下門（京都府，鎌倉時代）である．ともに住宅風であり，月下門は檜皮葺で軽快，十輪院南門は本瓦葺ながらも軽やかな印象である．十輪院は本堂（国宝，鎌倉前期）も板軒になる．

　禅宗様では親柱を棟木まで延ばす．妻飾りが発達し，賑やかな意匠となる．

　建仁寺勅使門（京都府，鎌倉後期）が代表的で最も古い．親柱は円柱で礎盤に載り，棟木まで延びて大斗に枠肘木を組み実肘木で棟木を受ける．控柱の頭貫は梁間方向に親柱を貫き通す．親柱と控柱の繋ぎは普通の虹梁とし，禅宗様建築の特徴である海老虹梁はまだ用いていない（図2.3-52）．

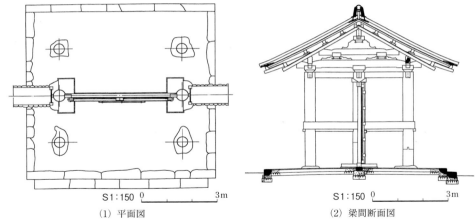

(1) 平面図　　　　　　　　(2) 梁間断面図

図 2.3-51　薬師寺南門 [出典：文献 13]

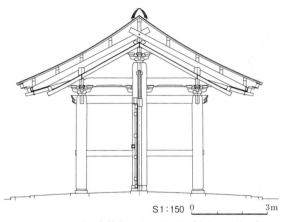

図 2.3-52　建仁寺勅使門 梁間断面図 [出典：文献 14]

(1) 正面

(2) 側面図 [出典：文献 16]

図 2.3-53　恵林寺四脚門

近世の禅宗様建築技術書として有名な建仁寺流の建築技術書を見ると，「唐四脚門」は礎盤を据えて柱を立て，柱頂部は粽を付けて頭貫を入れ，台輪を載せる．控柱上は大斗に三斗を組み，親柱から海老虹梁で繋ぐ図が描かれる．親柱は棟まで延ばし，桁行方向に頭貫を入れ，台輪を載せて大斗肘木で棟木を受ける．梁間方向には，親柱と控柱の間に胴貫を数段通すが，長押を伴うことはない（文献 15）．

この典型例としては，恵林寺四脚門（山梨県，慶長 11 年/1606）があげられよう．完全なる禅宗様の四脚門で，境内地のほぼ中央，三門の前方にあって，中門または赤門とよばれるが，建立時や修復の棟札には「惣門」とある（文献 16）．明治 35 年（1902）の修理の際に，柿葺を改め，現在は檜皮葺である（図 2.3-53）．

禅宗様の四脚門として唐門の例をいくつか紹介しておく．指定物件では，各地の東照宮の唐門に四脚門の例を多くみることができる．中でも久能山東照宮唐門（静岡県，元和 3 年/1617）は数ある東照宮の唐門の中でも最も古い．平唐門であるが，妻にも唐破風を付け，一見，四方唐門に見えるのが特徴である．親柱は円柱，控柱は角柱とし，ともに上下に粽を付け，礎盤に載る．柱頂部には頭貫を回し，台輪を載せて大斗を据える．各柱上には大斗・枠肘木・巻斗・実肘木を組み，桁・梁を載せる．梁には蟇股を載せ，棟木を受けるが，木

鼻や部材の間は彫刻で飾られる．腰貫は長押を伴わないが，腰貫上にも彫刻を嵌めている（図2.3-54）．

また，入母屋造の屋根をもち，内部には格天井を張るという珍しい例として豊満神社四脚門（滋賀県，元亨3年/1323）がある．親柱，控柱は同じ高さとして頭貫を四周に回し，大斗・肘木・斗を据え，天井桁を受ける．柱天端は同高とするが，梁間の腰貫と腰長押は親柱から控柱に向かって下り勾配にして納めている．

同じく屋根を入母屋造にする四脚門に北野天満宮中門（京都府，慶長12年/1607）がある．前後に軒唐破風を付ける門であるが，梁間方向の頭貫が虹梁化し，蟇股・海老虹梁なども装飾的になっている（図2.3-55）．

特異な例として，崇福寺第一峰門（長崎県，寛永21年/1644）がある．中国産の広葉杉でできており，中国人工匠による特殊な形式で，正背面は前と斜めに出した肘木で交互に斗を受け，四手先を組む．親柱，控柱とも円柱で，桁行が梁間に比べて広く，扉脇は方立てを立てて壁を設け，一見すると3間1戸門のように見える（図2.3-56）．

(2) 薬医門：控柱を親柱の片側だけに配し屋根を一体にかける形　親柱の背後に控柱を立てる．男梁の一端を控柱で受け，親柱と控柱の間の男梁上に板蟇股を置き，棟木を渡す．梁間をみると親柱の控柱の中央筋に棟通りが合わない．これが薬医門の架構である．前述した2.3.3項a.(2)の②から発展したようにも

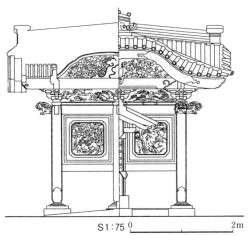

図2.3-54　久能山東照宮唐門　側面図・梁間断面図
［出典：文献11］

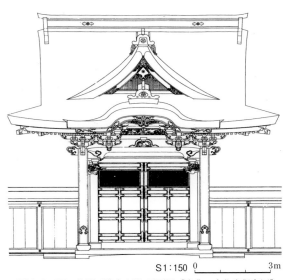

図2.3-55　北野天満宮中門　正面図　［出典：文化庁保存図］

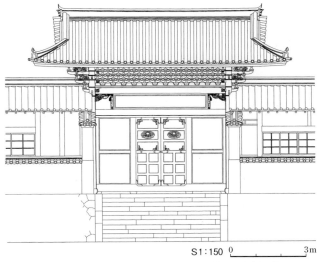

図2.3-56　崇福寺第一峰門　正面図　［出典：文献17］

考えられるが，桁行にも広がりをみせ，桁行1間の門だけでなく，3間1戸門も数多く存在する．3間1戸の薬医門は，規模も大きく壮麗なものが多い．

① 1間1戸の薬医門

寺院の門や武家の住宅などにその例は多いが，重要文化財指定物件にはきわめて少ない．規模は柱間6尺程度のものから，10尺を超えるものまでさまざまである．

最も古い指定物件は天恩寺山門（愛知県，室町末期）であるが，薬医門としては少し珍しい構造である．親柱上の女梁にあたる材を肘木とし，斗を載せ実肘木で男梁を受ける．桁の見返しには手挟みを入れ，男梁上には板蟇股の代わりに繰形のある成の低い板を置き，結綿付の大瓶束を立てた頂部に木鼻を付け，上に出三斗を置いて実肘木で棟木を受けている．この大瓶束辺りは後補かもしれないが，確たる証拠はないようである（文献18, 図2.3-57）．

瑞巌寺の御成門（宮城県，慶長14年/1609）は絵様付きの台輪・腕木を組んで鏡天井を張り，軒を回して入母屋造とする独特の手法をもった薬医門である．

② 3間1戸の薬医門

各部材は太く，構造に趣向をこらし，蟇股や彫物を多用する．棟門風の1間1戸の薬医門とはまったく異質の風格をもつ．

御香宮神社表門（京都府，元和8年/1622）は，冠木上に大きな蟇股を配した豪快な3間薬医門で，水戸徳川家の初代徳川頼房が伏見城の大手門を拝領し，それを寄進したと伝える．城門にふさわしく木割の太いシンプルで豪壮な軸組であるが，冠木上の蟇股には「二十四孝」を題材とした繊細な彫刻が施されている．構造的には，控柱間にも横木を渡し，その横木と冠木に女梁を架け渡し，女梁上に男梁を載せる．男梁の上

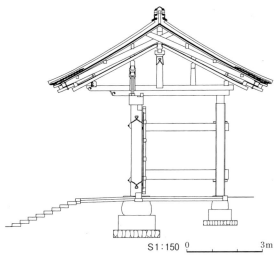

図2.3-58　御香宮神社表門 梁間断面図 ［出典：文献19］

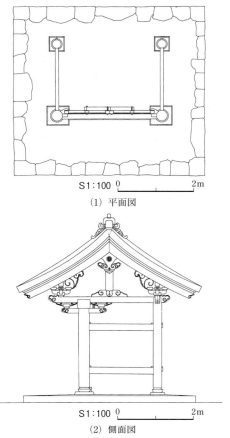

(1) 平面図

(2) 側面図

図2.3-57　天恩寺山門 ［出典：文献18］

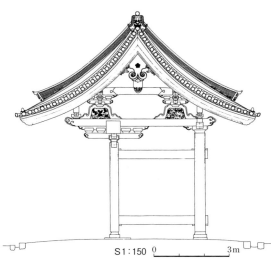

図2.3-59　高台寺表門 側面図 ［出典：文献20］

には棟束のほかに2本の母屋束を立てる．前側の母屋束は冠木の前端に位置し，蟇股と列をなすように構成され，後側の母屋束とは棟から対称の位置にはこない．棟束には大斗を載せ実肘木に棟木を据える（図2.3-58）．

高台寺表門（京都府，桃山時代）も規模の大きな3間薬医門である．脇柱上の男梁には前後に蟇股を載せ，さらに三斗を組んだ上に虹梁を架け二重梁のようになるため，非常に高さが高くなる（図2.3-59）．

（3）高麗門：控柱を親柱の片側だけに配し屋根を別にかける形　呼称の由来は不明であるが，江戸初期の木割書である『匠明』にもその名はみえる．現存するものは桃山時代以降のものである．

親柱の片側にだけ控柱を配する点では薬医門と同じだが，その架構はまったく異なる．親柱に冠木または貫を渡し，腕木を出して出桁を支え，垂木を渡して屋根を架ける．親柱と控柱は2段の貫で繋ぎ，控柱にも棟木を載せて屋根を架けることにより，コの字型の屋根が形成される．棟門に控えを設けた門の発展型ともいえるが，屋根を付けたところなど独特の納まりをもつ．脇戸を付けるものも多い．主に城郭の桝形門に多く用いられるが，後には社寺の総門や町の出入口にも用いられた．

指定物件で最も古いのは，姫路城（兵庫県，慶長6～14年/1601～09）に6棟残る．「への門」は搦手の門で，左右には土塀が付く小規模な高麗門である．「いの門」は，菱の門奥の備前堀脇にあり，脇戸をもつ．そのほか，「ろの門」「との二門」「との四門」「りの門」なども高麗門である．

大阪城大手門（大阪府）は，寛永元年（1624）頃に創建されたが，天明3年（1783）の落雷で焼失し，嘉永元年（1848）多聞櫓再建と同時に再建されたものといわれてきた．昭和41年（1966）度の修理工事に伴う調査で，多聞櫓がない時期の大阪城の古図に大手門が描かれていることや部材の大半が寛永の材料であったことから（文献21），幕末に解体修理をしたものであることがわかった，とされている．典型的な高麗門で，親柱に冠木を載せ，腕木を渡して出桁を受ける．冠木上には束を立て棟木を載せ，棟木と出桁に垂木をかけて屋根を架ける．控柱は鏡柱真よりやや外側に配しており，扉を開けた際に大きく開くよう配慮されたものと考えられている．控柱は直接棟木を受け，棟木と直角方向には腕木を出し，出桁・棟木とも冠木や鏡柱に差し込んで納め，垂木を架け，本瓦を葺いている．この門ではさらに控柱をやや転ばして納めている（図2.3-60）．

図2.3-60　大阪城大手門背面

c．その他の自立する構造の門

（1）1間×1間の門　親柱と控柱の太さを同じにして妻入りとし，梁間中央に棟木を渡す．柱上には頭貫を入れて大斗を置き，枠肘木を組んで斗を載せ，桁を回して屋根を架ける．向唐門の多くがこの1間×1間の平面構成をもっている．平唐門にもその例はあるが，向唐門の方がその例は多い．唐門の場合は，柱上に台輪を据える．

竜吟庵表門（京都府，桃山時代）は，桁行1間，梁間1間，切妻造，柿葺，妻入りの門である．柱上に頭

（1）正側面

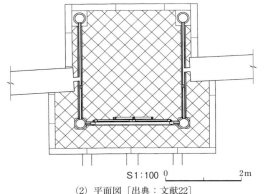

S1:100　0　　　2m
（2）平面図［出典：文献22］
図2.3-61　竜吟庵表門

図 2.3-62 建長寺唐門

貫を回し，大斗，枠肘木に斗を載せ，実肘木で桁を受ける．正面側の屋根を反り上げて螻羽の出も大きく取り，背面側より棟高が高くなるように納めている．元は，他の方丈の玄関だったものを門として移築したためこのような特異な形式となった（図 2.3-61）．

建長寺唐門（神奈川県，寛永5年/1628建立・正保4年/1647移築）は，桁行1間，梁間1間の禅宗様向唐門である．桁行より梁間の方が長い（広い）が，向唐門にはこうした形式のものが多い．親柱は円柱，控柱は角柱とし，頭貫を回して台輪を載せ，大斗に三斗を組み，正面に虹梁を架け，蟇股を据えて棟木を載せ

る（図 2.3-62）．

(2) 八脚門 3間1戸門で，円柱4本が3列に並び，桁行3間，梁間2間の平面をもつ．四脚門が棟門からの発展形とみるのに対して，八脚門はもともと梁間2間の構造であったようだ．重要文化財指定は51棟を数える（2018年現在）．

① 古代の典型例

法隆寺東大門（奈良県，奈良時代），東大寺転害門（奈良県，天平宝字頃）が奈良時代の遺構として残る．法隆寺東大門は，奈良時代の形状をよく残す典型例で，奈良時代の八脚門を復元する際，最も参考にされる建造物である．柱は円柱で礎石建とし，柱頂部は外周にだけ頭貫を入れ，桁行中央間両脇の梁間方向には頭貫は入れない．柱上には大斗肘木を載せ，梁間方向を虹梁で繋ぐ．肘木上に巻斗を載せ，丸桁を据える．虹梁中央に蟇股を載せ，斗・肘木に母屋桁を据える．妻面では，蟇股上の斗に虹梁を架け，二重虹梁蟇股方式の架構とするが，内部は棟通りの大斗肘木上にも中桁を通し，棟通り前後の見上げが山形の化粧屋根裏となるように垂木を架ける（これを三棟造とよぶ）（図 2.3-63）．

② 中世の構造：貫の積極的導入

東大寺転害門は，中央間20尺，脇間を18尺とする

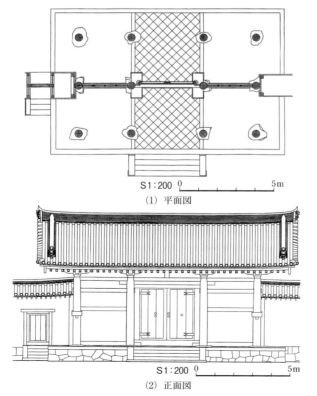

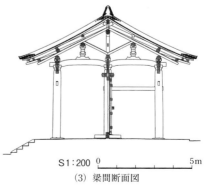

図 2.3-63 法隆寺東大門［出典：文献23］

(1) 平面図

(2) 正面図

(3) 梁間断面図

2.3 門

(1) 正面

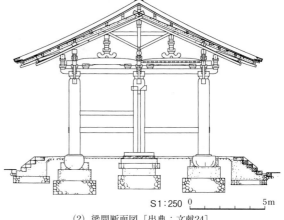
(2) 梁間断面図 [出典：文献24]

図2.3-64 東大寺転害門

奈良時代最大級の八脚門である．元は平三斗だった組物が鎌倉時代の建久6年（1195）に出組に改造がされてはいるが，軸部や細部には奈良時代の部材が数多く残る．現在はほぼ垂直に柱が立っているが，当初は内転びになる可能性も認められる．構造は二重虹梁蟇股方式とし，内部は三棟造としているが，鎌倉時代の改造により，表側中央間に格子天井がある（中世の転害門は手向山八幡宮（奈良県）の転害会の際に御旅所として使われており，天井はそのとき付けられたものと考えられる．このほか，板壁の取付き痕跡や中央間に配された石列など，転害会の跡と思われる痕跡が多数見受けられる）．

奈良時代の転害門の形式は，柱頂部に頭貫を回すが，桁行中央間両脇の梁間方向には頭貫を入れない．柱頂部に大斗を載せ，平三斗に実肘木を載せて丸桁を据える．内部は，大斗上に虹梁を架け，蟇股に巻斗を載せ，さらに三斗を組み，実肘木に母屋桁を渡すという形であった．これが鎌倉時代には，大斗上に新たに通肘木を組み，一手持ち出して出組とし，虹梁は大斗上の方

斗上に上げられた．虹梁と通肘木の間には巻斗が入れられ，これにより虹梁下端の繰形が添木により形状を変更された．このとき用いられた通肘木は中世に定着する貫構造を感じさせる部材であり，出組も中世以降その例を増やす組物形式である．また，この改造の際に付加された斗には皿斗の付いたものが認められ，桁行壁付きに付加された通肘木の木鼻には大仏様の繰形が付くなど，東大寺の鎌倉時代における大仏様による復興事業の影響をみることもできる（図2.3-64）．

教王護国寺（東寺）には，鎌倉時代の八脚門が4棟，良好な保存状態で残っている．中でも，蓮花門（京都府，建久2年/1191）は最も古いが，この門には中央間両脇の梁間方向柱筋に，法隆寺東大門や東大寺転害門にはない頭貫が入る．これは，それまでの木構造を変えた大きなポイントともいえよう．蓮花門は，礎石建の柱頂部すべてを頭貫で繋いで大斗を載せ，側は鯖尾肘木を組み，実肘木を載せ，丸桁を据える．棟通りは桛肘木を組み，やはり実肘木を載せ，中桁を据える．丸桁・中桁は妻の外に大きく延びる古式を保持している．両妻は二重虹梁蟇股形式に架構を組むが片蓋になっており，内部には中桁上に棟束を立て，妻肘木に斗を載せ，枝外の棟木を支える（図2.3-65）．また慶賀門は，蓮花門とほぼ同じ構造形式であるが，建立当初から小屋筋かいが入っていたようで，平成7年（1995）の修理により，旧規に復された（図2.3-66）．

③ 内法小壁による構造的な付加

太山寺二王門（愛媛県，鎌倉後期）には，内法貫を通した上に小壁を付ける，という構造がみられる．これが現存遺構における内法壁の初見であり，構造的にみるとかなり有利な状態といえる．鎌倉時代後期の建

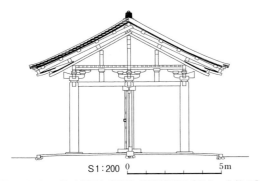

図2.3-65 教王護国寺蓮花門 梁間断面図 [出典：文献25]

第2章 社寺建築の発達2—神社本殿・塔・門, ほか

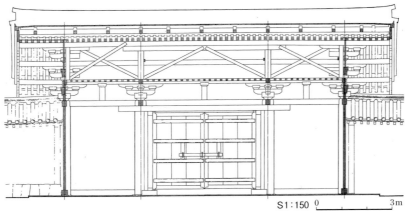

図2.3-66 教王護国寺慶賀門 桁行断面図 ［出典：文献25］

立であるが，組物の二手先の納まりから楼門として計画された可能性が示唆されてきた．平成15〜16年の屋根葺替修理工事の際，楼門の痕跡を調査したが，現状では昭和4年（1929）の修理で組物の部材が取り替えられていることや享保年間に大改造されていることもあって，楼門に通じる資料を見出すことはできなかった．この内法壁の採用が，楼門としての構造的な強度確保であったと考えたいところであるが，現状からはそれを裏付ける資料はない．むしろ，屋根を入母屋造とし内部に天井を張る形式の初期の遺構例となっている（図2.3-67）．入母屋造の八脚門には，峰定寺仁王門（京都府，貞和6年/1350），吉備津神社南随神門（岡山県，延文2年/1357），法隆寺南大門（奈良県，永享10年/1438）などがあるが，ともに貫を多用するなど構造的な強化がみえる．

④ 特異な八脚門

棟木まで親柱が延びる例は四脚門では禅宗様にみられたが，八脚門ではその例は少ないながらも，やはり禅宗様を取り入れた門にその例をみることができる．

浅草寺二天門（東京都，慶安2年/1649頃）は，3間1戸の八脚門であるが，親柱は棟木まで延びる．内部は天井を張らず三棟造とする（図2.3-68）．

また，八脚門は一般的には3間1戸門であるが，崇福寺媽姐門（長崎県，文政10年/1827）は3間3戸門であり，桁行柱間いっぱいを扉口とする極めて珍しい形式の八脚門である．構造も細部意匠も黄檗宗寺院らしい特色をもつ（黄檗宗寺院の門には，先に紹介した崇福寺第一峰門や桁行三間のうち中央間だけを高く上げる三間門など特異な門を見ることができる）．

(3) 5間3戸門 古くは奈良時代に平城宮の外郭門や大寺の中門などにみられた形式であるが，現存する5間3戸の単層門は古代様式で復元された唐招提寺南大門や平城宮東院南門などであり，江戸時代以前に

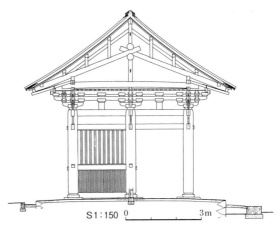

図2.3-67 太山寺二王門 梁間断面図 ［出典：文化庁保存図］

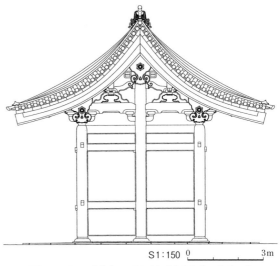

図2.3-68 浅草寺二天門 側面図 ［出典：文献26］

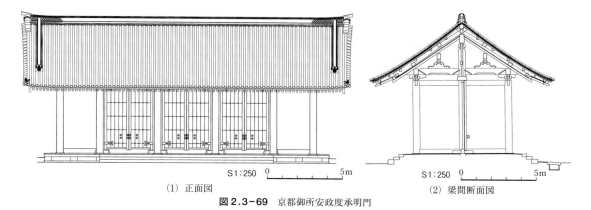

(1) 正面図　　　　　　　　　　(2) 梁間断面図

図 2.3-69　京都御所安政度承明門

さかのぼる遺構は少ない．わずかに京都御所安政度造営の承明門（京都府，安政2年/1855）があるに過ぎず，国指定物件には1棟も存在しない．

安政度承明門は，紫宸殿の正面にある切妻造，本瓦葺の門で，桁行5間，梁間2間とし，棟通りの柱を棟木まで延ばす構造をとる．両脇に複廊になる回廊を配するが，回廊とも化粧裏板とし，天井も張らず三棟造にもしていない．柱は礎石建で，側柱頂部に頭貫を入れるが，棟通りの親柱は棟木まで延びるため頭貫は親柱に指付けになる．側通りは柱上に大斗肘木で桁を受けるが，桁の高さで梁間方向には虹梁が渡り，やはり親柱に指付けに納まる．虹梁上には蟇股を載せ，巻斗，実肘木に母屋を受ける．棟通りの親柱は棟下まで延び，大斗肘木で棟木を受ける．頭貫の上に長押を組むため，扉は非常に成が高くなっている（図2.3-69）．

[春日井道彦]

■文　献

(1) 岡田英男「門」日本の美術，第212号，1984．
(2) 文化庁編『国宝・重要文化財建造物目録』第一法規，2000．
(3) 杉山信三「新薬師寺東門は四脚門か」史跡と美術，3-5，1933．
(4) 関野克「新薬師寺の南門と東門の形式に就て」國寳，4-2，1914．
(5) 奈良県文化財保存事務所編『重要文化財新薬師寺東門修理工事報告書』奈良県教育委員会，1983．
(6) 京都府教育庁指導部文化財保護課編『重要文化財東福寺六波羅門並びに東司修理工事報告書』1983．
(7) 文化財建造物保存技術協会編『重要文化財本蓮寺中門修理工事報告書』重要文化財本蓮寺中門修理委員会，1976．
(8) 京都府教育庁文化財保護課重要文化財玉鳳院開山堂并表門修理事務所編『重要文化財玉鳳院開山堂并表門修理工事報告書』1958．
(9) 奈良県教育委員会事務局奈良県文化財保存事務所編『重要文化財法隆寺北室院太子殿他三棟修理工事報告書』奈良県教育委員会奈良県文化財保存事務所，1968．

(10) 京都府教育庁指導部文化財保護課編『国宝三法院唐門修理工事報告書』2010．
(11) 文化財建造物保存技術協会編著『重要文化財久能山東照宮[本殿・石の間・拝殿，唐門，東門，廟門，玉垣，渡廊，末社日枝神社本殿，神庫神楽殿，鼓楼，神厩，楼門，廟所参道]保存修理工事報告書』宗教法人久能山東照宮，2009．
(12) 文部省社会教育局文化課内法隆寺国宝保存事業部大岡實編『国宝建造物宗源寺四脚門修理工事報告』文部省社会教育局文化課内法隆寺国宝保存事業部，1949．
(13) 奈良県教育委員会文化財保存課『薬師寺東塔及び南門修理工事報告書』1956．
(14) 京都府教育庁文化財保護課重要文化財建仁寺勅使門修理事務所編『重要文化財建仁寺勅使門修理工事報告書』1954．
(15) 河田克博『近世建築書－堂宮雛形2建仁寺流』大龍堂書店，1988．
(16) 重要文化財恵林寺四脚門修理委員会編『重要文化財恵林寺四脚門修理工事報告書』重要文化財恵林寺四脚門修理委員会，1971．
(17) 文化財建造物保存技術協会編『国宝崇福寺大雄宝殿・第一峰門保存修理工事報告書』崇福寺，1995．
(18) 重要文化財天恩寺仏殿山門修理委員会編『重要文化財天恩寺仏殿山門修理工事報告書』1952．
(19) 御香宮神社三木善則編『重要文化財御香宮神社本殿・表門　京都府指定有形文化財御香宮神社拝殿修理工事報告書』御香宮神社三木善則，2005．
(20) 国宝高台寺表門修理事務所編『国宝建造物高台寺表門修理工事報告書』1950．
(21) 『重要文化財大阪城大手門・同南方塀・同北方塀・多聞櫓北方塀・多聞櫓・金明水井戸屋形・桜門・同左右塀工事報告書』大阪市，1969．
(22) 京都府教育庁文化財保護課編『重要文化財龍吟庵庫裏並表門修理工事法告書』1962．
(23) 『法隆寺国宝保存工事報告書第1冊　国宝建造物東大門修理工事報告』法隆寺国宝保存事業部，1935．
(24) 奈良文化財研究所編『国宝東大寺転害門調査報告書』奈良文化財研究所，2003．
(25) 京都府教育庁指導部文化財保護課編『国宝教王護国寺蓮花門　重要文化財教王護国寺北大門・慶賀門・北総門修理工事報告書』1995．
(26) 文化財建造物保存技術協会編著『重要文化財浅草寺二天門修理工事報告書』宗教法人浅草寺，2010．

2.4 各種建造物：鐘楼・校倉・回廊，ほか

2.4.1 門以外の楼造

a．現存楼造の古例

各層に屋根を設けた二重仏堂や多層塔・二重門などと区別して，重層でも屋根が一つしかない建物を楼造とよぶ．日本では楼門・経蔵・鐘楼などが現存し，いずれも付属的な建物である．二重や多層塔の古例が，下層垂木架構の斜面に上層柱盤をおいて積み上げる構造なのに対し，楼造では下層組物の上に上層柱盤をおいて下層軒組を省略する．前者は下層垂木尻が上層柱盤の上に突き出て上層床がないのに対し，後者では柱盤の高さに水平面ができる．

中国では漢代（紀元前206～紀元220年）から壁画，明器，画像磚などに楼造の建物が認められ，木造では遼の独楽寺観音閣（984年，図2.4-1）や同じく遼の仏宮寺釈迦塔（1056年，図2.4-2）などが楼造の構法をとる．この木造2棟は下方に屋根を設けて外観は二重仏堂，五重塔とするが，柱の段数は独楽寺で3段（3階建て），仏宮寺で9段（9階建て5層）となり屋根の数より多い．これは最上層を除いて，柱＋組物＋柱を1層の単位として積み上がり，各層の上の柱横に屋根を取り付け，下の組物で軒を受けていることによ

る．古代日本の二重仏堂や塔などと違い，軸部と組物だけで上層を支え，下層の屋根は横から差し掛けた構造で，各層に床を設けるなどむしろ日本の楼造建築に

図2.4-2 仏宮寺釈迦塔 断面図（中国）［出典：文献2］

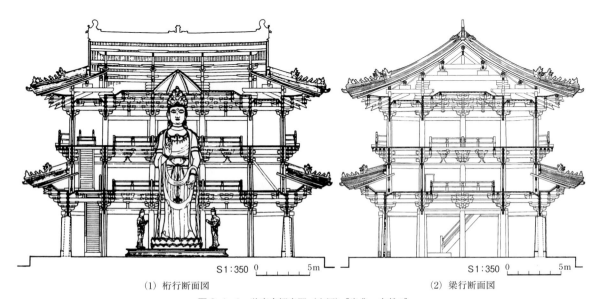

(1) 桁行断面図　　　　　　　　(2) 梁行断面図

図2.4-1 独楽寺観音閣（中国）［出典：文献1］

2.4 各種建造物：鐘楼・校倉・回廊，ほか　　173

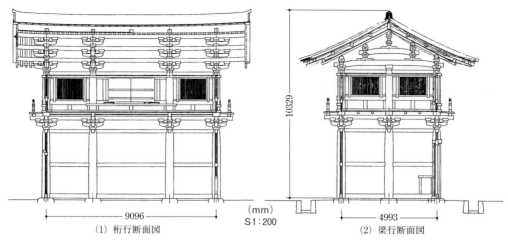

図 2.4-3　法隆寺経蔵（奈良県）［出典：文献 3］

類する．日本では近世大型二重門などが同様の構造である．

　日本における木造楼造の現存古代例は，法隆寺経蔵・同鐘楼と平等院鳳凰堂翼廊しかない．それらの建物以前にも，埴輪などに立派な楼造建物と思われるものの存在が知られるが現存しない．鎌倉時代以降になると，楼門と袴腰付き鐘楼が大半を占め，前時代にみられたような下層軸組をみせる楼造は，楼門を除くとわずかに唐招提寺鼓楼くらいである．鐘楼は中世を通じて袴腰付きが主流であるが，桃山時代以降一重のものが多くなる．日本では楼造といえば楼門が多いが，ここではそれ以外の楼造建物をとりあげる．

　法隆寺経蔵（奈良県，図 2.4-3）は天平 19 年（747）以前の建立と考えられている現存最古の木造楼造建築で，また古代の楼造経蔵として唯一の遺構である．正面 3 間，梁間 2 間の切妻楼造で，このような楼造形式の経蔵・鐘楼がそろって残るのは法隆寺のみである．奈良時代までの大寺院には同様の形式の経蔵・鐘楼があったと考えられているが今は残らない．現在は南北両妻に回廊が接続するが，これは延長 3 年（925）大講堂・北室・鐘楼などが焼失後，正暦元年（990）に大講堂が再建された後の改変で，創建時は講堂前で回廊が閉じ，経蔵・鐘楼は回廊外に単独で建っていたことが発掘調査により判明している（文献 4）．

　下層は総柱式で円柱を礎石上に立て，柱頭に頭貫を縦横に組み，戸口を除く側まわりを土壁とし内部柱は独立柱である．現在腰貫で側通りを固めるが当初はなく，下層軸部を安定させていたのは外側の土壁だけであった．貫補強の時期は明らかでないが，下層の建ちが高い割に柱が細く，頭貫だけでは不安定で，慶長 5 年（1600）の修理時かあるいはもっと早い時期に補強されたと考えられている．

　腰組は鎌倉時代前期までの楼造によくみられる出三斗とし，その上の通肘木が側柱の外まで延びて縁葛を受ける．通肘木の上には側通りと棟通りに柱盤を置き，その上に上層柱を立てるとともに床板を張る．柱盤と上層床板・縁板の上下関係が特徴的で，以後の楼造では下層組物上に張った板の上に柱盤を置くのと対照的であるが，正倉院正倉の柱盤・内部柱・床板の上下関係と同じである．構法上，下層柱筋のほぼ真上に上層柱が立ち，後世の楼造が上層逓減を常とするのに対し，ほとんど逓減がない．

　上層は側通りにのみ柱を立てて内部を一室とし，架構は内外ともに二重虹梁蟇股架構とする．床板は経典収納上不可欠であるが中世材とみられ，建立当初は厚板を並べた程度かもしれないと考えられている．

　奈良時代以前の楼造はこの法隆寺経蔵しかなく古代の典型例とは言い難いが，後世の楼門などの構造は基本的にその形式を踏襲しており，初期的な構法を伝えていると考えられる．

　法隆寺鐘楼（奈良県，図 2.4-4）は法隆寺経蔵に続く古い楼造で，経蔵と対称の位置に建ちほぼ同規模同構法とする．数ある鐘楼建築の中でも下層軸組をみせる楼造鐘楼の現存例は少なく，この鐘楼は中世以前で唯一の遺構である．上述した延長 3 年（925）焼失後の再建で，寛弘 2 ～寛仁 4 年（1005～20）の建立と考えられている．梵鐘は前身鐘楼に吊られた可能性のある奈良時代のもので，これを吊るための構造などが経

174　第2章　社寺建築の発達2—神社本殿・塔・門, ほか

蔵と若干異なる．下層では飛貫が中央1間分の6本の柱にH字型に入れられ，上層でも周囲に貫が通された時期があり中世頃の補強と考えられている．内部の柱盤は，経蔵では棟通りにしか入れないが鐘楼では梁行方向にも入れることで構造強化を図ったようである．上層内部中央間上方の大虹梁間に牛梁をのせ梵鐘を吊る構造は建立当初のもので，近世になってから，棟通り柱盤上に重ねた土台，大虹梁下端および牛梁下端との間の計4本の支柱や筋かいなどの補強材が入れられたと考えられている．現在上層には床を張らず，正背面中央間を吹放ちとするが，『聖徳太子伝私記』によると鎌倉時代には床があったらしい．

b．構造変遷（強化），意匠変遷（袴腰）を示す古例

楼門以外の楼造で現在残っているものは袴腰付鐘楼が圧倒的に多く，中世から貫が多用され始めたのと時期を同じくする．法隆寺経蔵・鐘楼や平等院鳳凰堂翼廊，唐招提寺鼓楼など貫の普及以前の楼造は袴腰がなく，袴腰は装飾と同時に貫で固めた軸部を隠している．法隆寺東院鐘楼（奈良県，図2.4-5）は袴腰付鐘楼の古例で，鎌倉時代初期の建立だが平安時代の前身建物の部材が一部に転用される．『東院資財帳』には鐘楼の記載がなく，『別当記』に応保3年（1163）建立とあるのが初見で，現在の建物はその後鎌倉初期に大修理されたものである．昭和10年（1935）の解体修理により，転用古材が発見されて平安時代建立当初の形式がかなり判明した．上層には天平時代の梵鐘を吊る．

下層柱には頭貫のほか飛貫・腰貫を背違いに入れて軸部を固め，各頭貫が外側へ突き出して縁を支える腕木となり腰組はない．袴腰により軸部を見え隠れとする．袴腰脚部は現在基壇上に背の高い地覆石を内側に傾斜させて据え，この上に土台を回して斜めに袴畳を

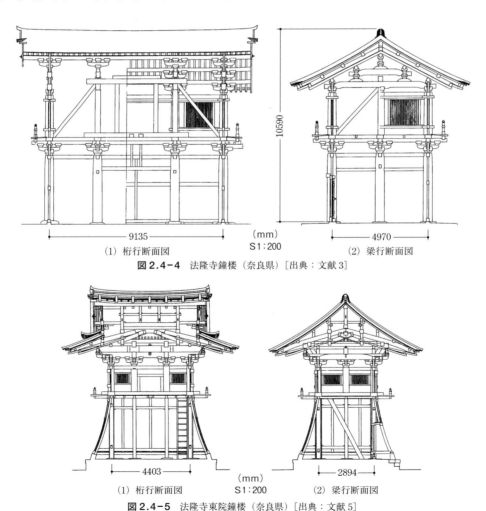

図2.4-4　法隆寺鐘楼（奈良県）［出典：文献3］

図2.4-5　法隆寺東院鐘楼（奈良県）［出典：文献5］

2.4 各種建造物：鐘楼・校倉・回廊, ほか

さしかけて立て袴腰の骨組みとする．外側には上から下まで縦に板を張って壁下地とし，上方3分の1ほどを漆喰塗りとして下方を腰縦板張り目板打ちとするが，これは江戸時代の改造で，隅柱および出入口脇柱の旧材の存在によって当初形式は現状と違い，外観は隅柱と出入口脇柱以外はすべて土壁漆喰塗りであったことが判明している．同様の袴腰や腰組の形式は，鎌倉時代初期の新薬師寺鐘楼（奈良県）にも認められる．

上層柱配置は下層と同じで柱間を同寸法とし，下層頭貫上に柱盤を置いてその上に円柱を立てる．

柱上の三斗で支持された虹梁の鼻が外方へ延びて肘木となり，手先の秤肘木を省略し二手目の巻斗に直接実肘木を置いて丸桁を受ける略式の二手先とする．妻・隅方向には虹梁側面から繋ぎを渡し，側柱外の鼻を肘木として同様の二手先とする．虹梁と妻梁の上に架ける鐘吊梁は丸桁間を繋ぐ長材であるが，建立当初は，現在よりも高い位置にあたる地隅木尻に載る地棟中央の吊金具で梵鐘を吊っていた．軒先荷重で隅木尻が上に跳ね上がるのを梵鐘の重みで防ぐ巧妙な設計であったが，鐘の振動が直接軒に伝わり，不具合が生じて後世に改造されたと考えられている（文献5）．旧棟木中央から扠首台にかけて桁行方向に振れ止めとして筋かいが入れられていた痕跡が残る．妻飾りの虹梁大瓶束は慶長大修理の改造で，小屋組内部に旧扠首台が残り，元の妻飾りは豕扠首で内側に寄り，屋根勾配も緩かったことが判明している．

鎌倉時代後期になると組物が賑やかになるが，基本的な骨組みは前時代の形式を踏襲する．石山寺鐘楼（滋賀県，図2.4-6）の袴腰は古い部材がよく残り，地覆石の上に地覆を回して袴腰隅柱を柱頭の長押下端との間に立て，袴腰隅柱間を上から下まで小舞下地の漆喰壁として，足固貫，腰貫，飛貫で固めた軸部を隠す．腰組は三手先とし，その上に柱盤を回して上層柱を立てる．上層軸部は頭貫で固め，柱上に三手先組物を組むが，平・隅とも尾垂木はない．2筋の梁上に3間分の桁行梁を渡して梵鐘を吊るが，この鐘吊梁はさらに梁行丸桁桔の支点をも兼ねている．正背面中央間は幣軸を回すが扉は入れず吹放ちとし，そのほかの側まわりには腰貫を回し連子窓を組み込むが，各連子窓下は通風のためか吹放ちとする．上層床は中央1間分を吹放ちとし，ほかを板張りとする．

唐招提寺鼓楼（奈良県，図2.4-7）は棟木銘により仁治元年（1240）の建立が判明している．上下層とも桁行3間，梁行2間で内部空間利用を目的として内部柱を抜き，これまでの楼造には設けない1階の床板を張る．上下ともに梁行の架構材を主構造材として単一空間をつくりだしている．

軸部は上下層とも頭貫・内法長押で固め，正背面中央間を両外開き板扉とするほかは腰長押を回して連子窓を組み込む．下層縁は縁束を周囲にめぐらし柱と貫で繋いだ上に縁板を張る．

腰組を出三斗とし，腰組上の通肘木は，側まわりと梁行の2柱筋に通して，棟通りと隅行のものは内部で梁行の通肘木に突き当たって止まる．隅の間が正方形にならないが，四方縁の出は同寸で隅行を45°とするので，隅行桁の内部では柱筋からずれた位置で梁行通

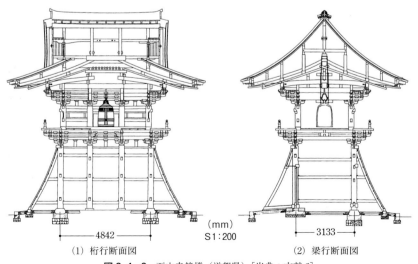

(1) 桁行断面図　　　　　　(2) 梁行断面図

図 2.4-6　石山寺鐘楼（滋賀県）［出典：文献6］

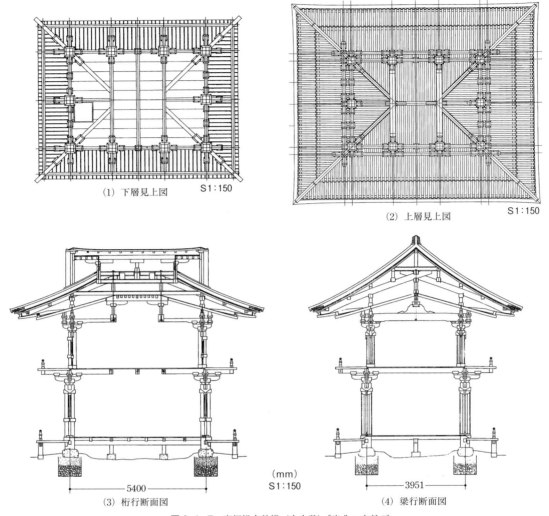

図 2.4-7 唐招提寺鼓楼（奈良県）［出典：文献 7］

肘木に突き当たる．また，振分中央の間斗束間にも通肘木を入れるが，その他のものが側柱より外にはね出して縁葛を受けるのに対しこれは内部にのみ渡している．腰組上に床板・簀子縁を張り，約柱 1 本分逓減させて柱盤を回し上層柱を立てる．上層組物は出組とし，正背面中央間は大斗上の肘木を通肘木として中備を巻斗のみとする．上層内部は梁行中央 2 筋に梁・蟇股を置き，その上の斗・肘木で棟木を支える．入母屋造の建物だが，隅木と化粧垂木は棟まで延びて一度化粧の寄棟屋根をつくり，その上に扠首台をおいて切妻屋根を重ね，全体として入母屋屋根をつくる．扠首組，化粧棟木，指母屋，挿肘木，野地板の一部などに古材が残り，このような屋根形式は建立当初からであった．

各柱間中央の地垂木を太くして桁に欠き込み力垂木とする手法は，興福寺北円堂（奈良県）にもみられるがあまりない手法である．もとは舎利・経論を納めた経楼で，上下層とも床板張り・縁高欄を設け，楼造の中でも特異な外観を呈す．

c．意匠のための楼造—平等院鳳凰堂翼廊

上層を意匠のみの目的で設け，使用しない楼造例は鎌倉時代以降の楼門が多くそうであるが，古代の現存例として平等院鳳凰堂翼廊（京都府，図 2.4-8）がある．中堂の左右につくるこの翼廊は古代の廊としては珍しい楼造となっており，廊の折曲り部にある隅の楼閣は，『年中行事絵巻』にみられるものと類似した楼閣で，二重仏堂や塔などと同じ重層のつくりになっている．翼廊は中堂と接続せずに独立して建っており，

2.4 各種建造物：鐘楼・校倉・回廊，ほか

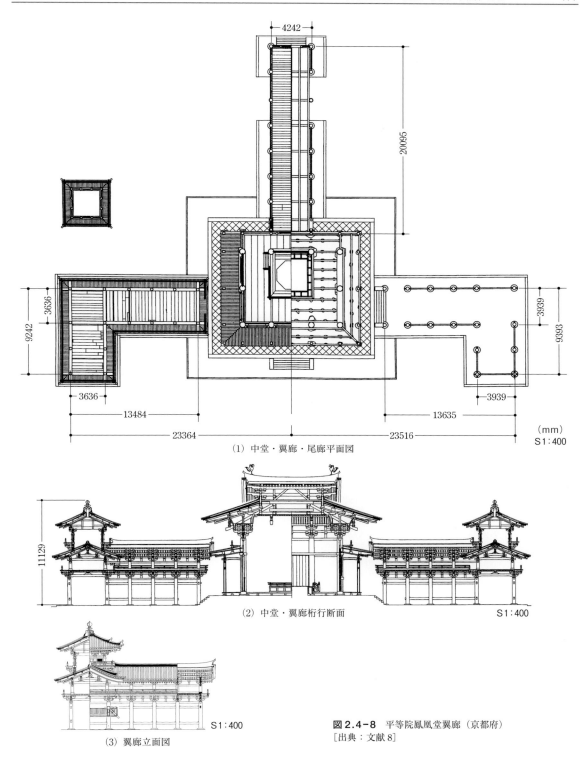

(1) 中堂・翼廊・尾廊平面図

(2) 中堂・翼廊桁行断面

(3) 翼廊立面図

図 2.4-8 平等院鳳凰堂翼廊（京都府）
［出典：文献 8］

梁間 1 間で中堂の左右に 4 間延びて 5 間目を隅の間とし，前面の池の方に折れ曲がり 2 間延びて切妻造の妻をみせる．

天喜元年（1053）建立のこの翼廊は，上下層境の構法において奈良時代の法隆寺経蔵やそれに準じた同鐘楼と異なり，これ以降の中世楼造に共通してみられる

構法をとる.

法隆寺では上層の逓減がほとんどなく,柱盤を腰組直上に据えてその上に床・縁板を張るが,翼廊では上層の逓減がみられ,腰組直上には板を張りその上に柱盤を据える.下層梁行13尺に対し上層梁行を12尺とし柱径と同じ1尺の逓減があるので,上層柱が下層柱より柱径の半分ずつ内側へ入ることになる.上層柱盤は下層柱筋からずれるが,板張りがあって下からは見えない.法隆寺のように腰組直上に柱盤を据える形式では,逓減させるとずれが下から見えて不体裁となるので逓減させないのに対し,鎌倉時代以降の楼造は上層逓減を通常とし,この翼廊のような形式が一般化するが,そのような典型的な楼造の構法の中では最古の例になる.

桃山時代以降になると,春日大社中門(奈良県),談山神社楼門(奈良県),東照宮楼門(和歌山県),日光東照宮陽明門(栃木県)などのように下層天井をもっと下に張るものが出てくる.翼廊の上層逓減は梁行方向のみで,中堂際および東端妻柱の桁行方向の位置は上下で合わせている.二手先腰組の内部を虹梁蟇股として組入天井を張るが,天井板は同時に上層の床板となる.柱盤をその上に置き,上層柱を立てるが,上層は床板上端から柱天端まで約90 cmと低く実用的でない.上層軸部は頭貫で固めて柱上に三斗を組み,二重虹梁蟇股とする.この架構は妻・内部とも同じで,折曲り部分の隅行方向も同様とする.上層の二重虹梁蟇股架構は法隆寺の楼造にもみられ,また楼造以外の古代建物にも多くみられるものであるが,下層の虹梁蟇股・腰組二手先組物は,鎌倉時代前半までの古い楼造建築や楼門が多く出三斗形式とするのに比べて突出した意匠である.袴腰付鐘楼も含め,楼造において腰組を二手先や三手先とするものが多くなるのは鎌倉時代後半になってからである.

柱間装置は上下層とも開放で,上層は柱が短く安定性が高いが,下層柱は長さ約2.8 mあり,下層軸部は現在頭貫・飛貫・腰貫で固めるが,飛貫・腰貫については建立後それほど時間を経ていない時期の補加で,建立当初は軸部を固めるのが頭貫のみで不安定であった.楼造には縁が必ず付くが,縁には隅扠首という隅行方向を支持する腕木が出る.法隆寺経蔵・鐘楼では隅扠首が内方に延び,奥の腰組に取り付いて構造材となるが,鎌倉時代の楼造は隅扠首が内方に延びずに隅柱から外だけに設けるものが多い.これは下層平面の隅の間が長方形で,隅扠首を45°に延ばすと奥の柱真に納まらないためであるが,平等院鳳凰堂翼廊には両方の例がみられる.すなわち平面正方形の隅折曲り部は45°に長く延ばし,平面長方形の端間では隅柱から外だけに隅扠首を設ける臨機応変な手法である.

折曲りの隅にもう一重屋根をあげた3×3間の楼閣を設ける.現在は翼廊桔木の上に柱盤を置いているが,中堂でも当初は桔木がなく野小屋が発生する過渡期の構造が明らかになっており,翼廊においても同様で当初は桔木がなく,二重仏堂や塔のように化粧垂木の上に直接隅楼柱盤がのせられていたと思われる.軸部は頭貫・内法長押・縁長押で固め,二手先の挿肘木で縁を支え,柱上に軒支輪付出組を据えて梁・束立て架構とする.二手先の挿肘木については,薬師寺東塔の裳階が二手先の腰組をもつが,薬師寺では,腰組用の土台を本屋柱の前方に別に設け,組物は内部で本屋柱の側面につけて,柱盤にのせるか,柱の外側に取り付けた長押様の水平材で押さえて固定している.隅楼の柱間装置は各面中央内開き板扉,両端連子窓とするが,内部は翼廊小屋組があらわで床がなく,上方も小屋組が見えて化粧天井はない.隅楼および翼廊二重目は内部空間の仕様や矩計からみて,実用的でなく装飾のためにある.楼門と同様上層は使用するためのものでなく意匠的なものと思われるが,腰組を二手先とし,隅の楼閣に二手先の完全な挿肘木を用いるなど,この建物以前の現存遺構にはないものを多く備え,注目される.　　　　　　　　　　　　　　　　　　　　　　[金子隆之]

■文　献

(1) 中国科学院自然科学史研究所『中国古代建築技術史』1985.
(2) 中国科学研究院『中国の建築』1981.
(3) 奈良県教育委員会『国宝法隆寺廻廊他五棟修理工事報告書』1983.
(4) 奈良国立文化財研究所・奈良県教育委員会編『法隆寺防災施設工事・発掘調査報告書』1985.
(5) 法隆寺国宝保存事業部『国宝建造物東院礼堂及び東院鐘楼修理工事報告』1937.
(6) 滋賀県教育委員会『重要文化財石山寺鐘楼修理工事調査報告書』1955.
(7) 文化庁建造物課『国宝・重要文化財(建造物)実測図集』1971.
(8) 奈良国立文化財研究所『京都府所蔵建造物図面』.

2.4.2　鐘　楼

a. 巨大鐘楼の構造

古代および中世の鐘楼は楼造のものが多く,中でも

2.4 各種建造物：鐘楼・校倉・回廊，ほか

中世は袴腰付きが主流であるが，桃山時代以降，一重吹放し鐘楼が多くなる．鐘楼とは文字通り梵鐘を吊る建物のことで，多少の差はあるが梵鐘の重量および日々撞かれる鐘の振動に長年耐えていかねばならない宿命にあることは周知のとおりである．ここでは梵鐘支持の構法を中心に，一重鐘楼のさまざまな構造的な工夫をみていくこととする．

東大寺鐘楼（奈良県，図2.4-9）は一重吹放し鐘楼では現存最古の例で，鎌倉時代初期の建立になる．これに続くものが桃山時代まで降ってしまうので，飛び抜けて古いことになる．日本における大仏様建築が鎌倉初期の一時期を切り取ったようにしか存在しないことを物語る貴重な資料の一つである．この鐘楼に吊られる青銅製梵鐘は奈良時代のもので，高さ約3.8 m，径約2.7 m，総重量約26.3 tである．前身鐘楼は大風で転倒したり，地震で鐘が落ち何度も掛け直している．

このような背景があって，鎌倉再建にあたってはこの梵鐘に耐え得る構造的な強度が必要であることの認識は大きかったのであろう．現鐘楼建立後，梵鐘修理は行われているが，建物軸部については建立以来，昭和42年（1967）の修理時まで解体を受けていない．現建物は相当意識して頑強に建築されたと思われる．

梵鐘の竜頭部および吊手部分は弱点で，昭和修理時に竜頭部表面に亀裂が発見され，受け軸当たり部分の摩耗がはげしかったが，放射線検査の結果このままでよいという判断で従来通り吊り下げられている．吊手には延応元年（1239）銘，吊金具座金には永正10年（1513）銘があり，また鐘吊虹梁上端の鐘吊金具座金部には埋木が施してあって，何度も鐘が落下した原因はこの吊手部分の破損だったことがわかる．それに比べ，建物の方は鐘吊虹梁上端の埋木以外の損傷はみられず，非常に丈夫につくられていたことがわかった

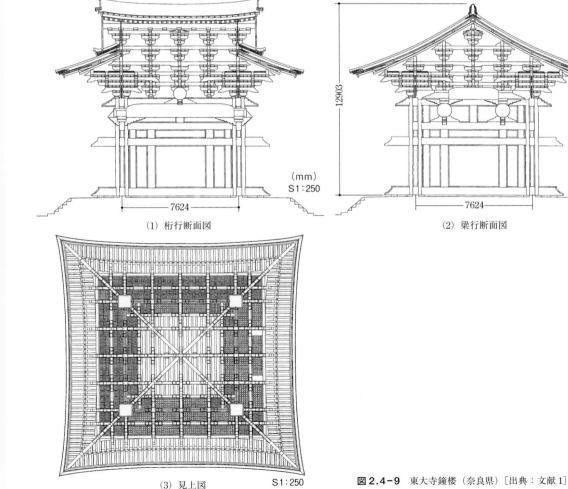

図 2.4-9　東大寺鐘楼（奈良県）[出典：文献1]

(文献1).

建物は総高約13m，柱間約7.6m四方の巨大な鐘楼で，軸部は四隅に太い円柱（長6.5m，径84cm）を垂直に立て，成58cm，厚み35cmの頭貫・飛貫・内法貫・地貫の4段の貫で固めるが，飛貫・内法貫は貫穴と貫厚との関係および地貫との関係で，柱立てのあとから組むことができず，柱立てと同時の仕事である．部材断面を大きくしただけでなく，このような施工しにくい工法で組まれた軸部は，経年変化による軸部のゆるみが少ないことを設計者は熟知していたのであろう．これが建物上方を支える主要骨組みであるが，同時に梵鐘を吊るためだけの構造体をこの軸部に組み込んでいる．

鐘は径86cmの鐘吊虹梁に吊手金具を差し込んで吊られているが，この鐘吊虹梁は径約1mの2筋の桁行大虹梁上に大仏様繰形をもつ蟇股・肘木を置いてそれによって受け，同時に頭貫上端に端が架かるので4点支持となっている．径約1mの大虹梁は飛貫上に架かるが，直下には飛貫・内法貫間と内法貫・地貫間に約60×35cmの太い面取り角束を入れて，荷重が基礎にむかって垂直に流れるようにしている．また鐘吊虹梁端が架かる頭貫の下にも頭貫・飛貫間に同様の面取り角束を入れ，大虹梁下と同様の面取り角束を利用して飛貫にかかる負担を軽減している．さらに，隅柱際には頭貫-飛貫間，飛貫-内法貫間，内法貫-地貫間に約50×35cmの面取り角束を添わせて，各貫の垂下防止を図っている．各貫によって固めることにより各面吹放ちのこの建物の安定を図っているのであるが，重い梵鐘の荷重をこの軸部にかけることでさらに安定性を増していることと思われる．屋根は入母屋造だが，隅木は棟木まで達しており，棟木下で1点に集中し宝形屋根の骨組みをしている．これも深い軒を支えるための構造的な配慮と思われる．

知恩院大鐘楼（京都府，図2.4-10）は太瓶束に延宝6年（1678）上棟の墨書が残る巨大な一重鐘楼である．桁行3間，梁間3間，入母屋造，本瓦葺で，基壇上に西面して建ち，組物は出三斗の詰組で，軒は二軒繁垂木，妻飾りは虹梁大瓶束とする．太い円柱をわずかに四方転びに立て，地貫・内法貫・飛貫・頭貫・台輪を回して軸部を固め，木鼻は地貫・内法貫を大仏様，頭貫・台輪を禅宗様とする．撞木を吊る背面中央間には内法貫・飛貫を通さず，頭貫直下に虹梁形の貫を入れ，内法貫木鼻から束を柱際に添えて立て補強する．各隅柱の両脇に脇柱を立てるが，妻側の脇柱は隅柱

(1) 全景

(2) 軸組

(3) 架構

図2.4-10　知恩院大鐘楼［撮影：筆者］

より短く，脇柱天端と頭貫の間に桁行方向に2筋の大梁を架ける．この大梁上には直交して重量70tの梵鐘を吊るための大梁を架けるが，これは桁行大梁上の2個の蟇股と平側台輪上の4点で支持される．この2筋の桁行大梁とその上の梁行大梁は梵鐘を吊るための架構で，天井を支える役割もあるが，基本的には上方架構と別構造であり，この梁架構を支える妻側脇柱や台輪・大瓶束・貫を通じて伝達される重量を支持する平側脇柱も同様の役割を担っている．2筋の桁行大梁

は木口を妻側外に出して見せるが，その上の梁行大梁は台輪上で組物とぶつかり外側からは見えない．2筋の大梁上の4カ所には三斗を2段組みとし，側通りの組物とともに小組格天井を支える．

b．四方転びの柱と貫の標準化初期の遺構

中世には袴腰の鐘楼が多く残り，下層軸部を貫で固め安定させるようになるが，周囲を袴腰で囲んで足元の構造体を隠し，梵鐘は上層に吊って楼造とする．一方，桃山時代以降になると，柱を四方転びとした一重・吹放ちの現存遺構が多く残る．側柱の頭を四方から内側に傾けて，上方からの荷重あるいは風・地震などの外圧に抗する構造は四方転びとよぶが，柱と貫の仕口部には難しい墨付けが必要で，納まり具合や竣工後の強度に影響することであるから見かけ以上に施工には手間が掛かる．建造物では水盤舎にもよくみられ，それ以外の例では踏み台などにみられるものである．

清水寺鐘楼（京都府，図2.4-11）は慶長12年（1607）の棟札があり，一重鐘楼の現存遺構が多くなる初期のものである．

桁行1間，梁間2間で，礎石上の礎盤に立てた四方転びの円柱を腰貫・飛貫・頭貫で固め，柱脚には地覆を入れており，安定した構造である．頭貫・飛貫間に蟇股各面2個ずつ入れているが，これは梵鐘を受けるための構造材ではない．両妻柱頭間に大梁を架けて梵鐘を吊るが，大梁は柱頭の半分にしか載らず，ここに梵鐘の全重量が集中する．組物は平三斗で，大梁の架かる場所の大斗は半分になる．正背面中央は詰組で側桁を受けている．上部架構は両妻組物上に虹梁を3点支持で架け，大瓶束・連三斗で棟木を受ける．地垂木

(1) 全景

(2) 架構

図2.4-11 清水寺鐘楼［撮影：筆者］

を棟木側面と側桁上に架けて切妻造，本瓦葺の屋根を支える．

通常，鐘吊用の梁は別の横架材の上に架け渡されて梵鐘の重量に耐えるが，ここでは縦材である柱に天載りとなることが特徴で，圧縮に強い木材の繊維方向をうまく利用した手法である．そのために梁間を2間に

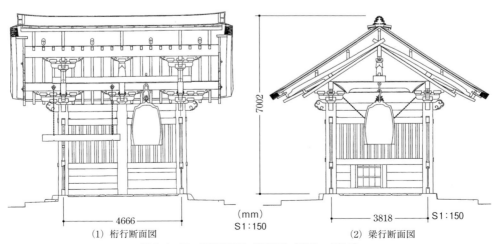

図2.4-12 園城寺鐘楼（滋賀県）［出典：文献2］

しており，妻側中央柱は梵鐘を受けるためだけの目的で入れられた構造材であると思われる．柱頭の半分にしか荷重がかからないのは，梵鐘の重量や荷重バランスによっては，柱が繊維方向に裂ける危険性をもはらんでおり大鐘向きではない．

同じく桃山時代の一重鐘楼である園城寺鐘楼（滋賀県，図2.4-12）は，慶長7年（1602）の建立で，桁行2間，梁間1間，切妻屋根をもつ．円柱を垂直に立て，頭貫・飛貫・腰貫で軸部を固める．出三斗組物上の梁行3筋に虹梁を架けて，さらにその上に3点支持で鐘吊梁を渡し，梁木口は両妻に出ている．側桁は虹梁と組み，棟木は両妻虹梁上に蟇股をのせてその上の出三斗で支えられている．鐘吊梁の中央に虹梁がくるので，梵鐘はそれに当たらないように中央からずらして吊っている．反対側の1間分が空いており，そこに撞木を吊っている．鐘吊梁は1間分に架ければいいように思うが，3点支持にこだわった架け方になっている．平面を2×1間とすること，柱に転びがないこと，柱間装置を連子窓・腰板壁とすることなどと併せて，1×1間・四方転び・柱間吹放ちのスタイルが普及する前の自由な発想がうかがわれる．

日光東照宮仮殿鐘楼（栃木県，図2.4-13）は江戸時代前期の一重鐘楼で，桁行1間，梁間1間，切妻造，柿葺とする．隅円柱に内転びがあり，虹梁形頭貫および土台で軸部を固めるが，さらに各隅柱の両脇に角柱を隅柱に合わせるように内転びをつけて添え，その添え角柱の柱頭と隅円柱を貫で繋ぎ，角柱上の大斗で虹梁形頭貫を受けて補強している．そして隅柱上に三斗を組み，柱間中央の蟇股とともに虹梁を支え，同高で軒桁を虹梁と組む．軒桁は，虹梁と同様柱上の三斗と柱間中央の蟇股で支えられる．虹梁上には豕扠首組の妻飾りを設け，斗・肘木で棟木を受ける．

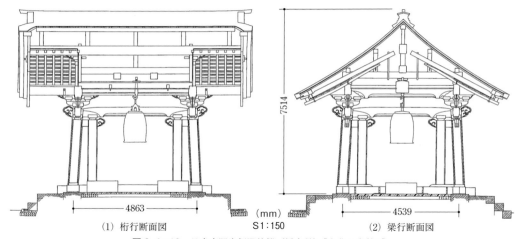

図2.4-13 日光東照宮仮殿鐘楼（栃木県）［出典：文献3］

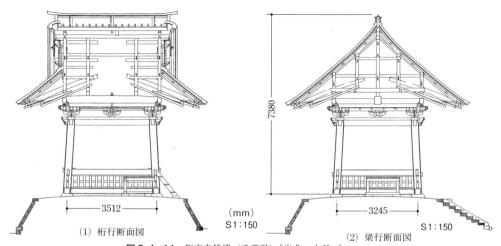

図2.4-14 飯高寺鐘楼（千葉県）［出典：文献4］

2.4 各種建造物：鐘楼・校倉・回廊, ほか

見上げると梁の側面に鏡天井が張ってあるため梁は小さく見えるが，虹梁間に渡してあるこの梁は約50cm角の断面をもち，その中央に梵鐘を吊る．梵鐘の重量は虹梁・蟇股を介して頭貫に伝わり，隅柱と妻側の添え角柱に多く依存する．

飯高寺鐘楼（千葉県，図2.4-14）は同時代の一重鐘楼で，桁行1間，梁間1間，入母屋造，柿葺とする．隅面取り角柱を四方転びとし，頭貫・腰貫で軸部を固め，腰貫と地覆の間を格子とする．腰から上は吹放ちで，柱上に台輪を回し出組で軒から上を支える．桁行方向に幅28cm，成34cmの鐘吊梁を入れるが，この梁は丸桁間に架けられ，しかも梁上に小屋束を立てて垂木掛けを受け，さらに束立てで小屋組を支える主要構造材となっている．天井が張ってあるので下から見えな

いが，この鐘吊梁には屋根荷重と梵鐘重量という二重の重圧がかかっており，またその梁を支えるのが出組の手先であることから，組物の負担は大きいものになっている．

c．特異な構造をもつ鐘楼

鐘楼の現存例は，中世に特に多い袴腰付きのもの，また近世には一般的になった一重四方転びのものがほとんどを占めるが，そのほかの例として，楼門の上層に梵鐘を吊った鐘楼門や，二重構造の崇福寺鐘鼓楼（長崎県），また萬福寺（京都府）や東光寺（山口県）には二階裳階付鐘楼などがある．

鐘楼門は楼門の構造をもつものであるが，梵鐘を吊る現存遺構は少ない．長岳寺楼門（奈良県，図2.4-15）

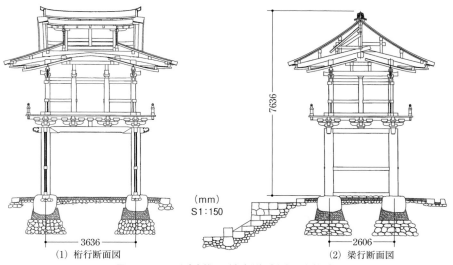

図2.4-15 長岳寺楼門（奈良県）［出典：文献5］

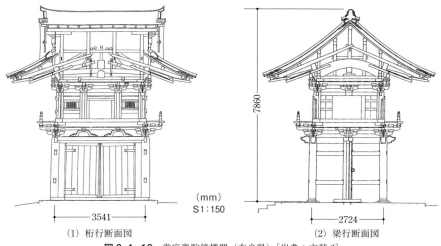

図2.4-16 當麻奥院鐘楼門（奈良県）［出典：文献6］

の上層にはもと梵鐘を吊っていて，上層木部は平安時代末期の様式をもつものと考えられている．ただし，鐘吊梁は大正時代の修理時に取り替えられ，梵鐘も光遍寺（滋賀県）にあるものがもと長岳寺のものとされるが，この楼門に吊っていたか定かでなく，鐘楼門であった確たる証拠はないものの，上層内部中央は小屋組まで吹抜けとなっており，桁行に架けた小屋梁に鐘を吊っていたことを思わせる構造を残している．また正保4年（1647）建立の當麻奥院鐘楼門（奈良県，図2.4-16）は，上層内部に天井を張り上方は見え隠れ

となっているが，天井中央は吹抜けとし，十字に架けた小屋梁に吊金具を取り付けて梵鐘を吊る．

黄檗宗建築の梁組は全体的に特徴があり，鐘楼もまた例外ではない．崇福寺（長崎県，図2.4-17）のものは享保13年（1728）建立の二重屋根をもつ鐘鼓楼である．柱はすべて通柱とし，特に妻柱は約6.5mと長く棟木まで達している．差物と貫で軸部の上部と2階床高さを固め，梵鐘は棟木およびその直下の桁行差物に吊金具を取り付けて吊り下げるので，上部架構は太い束と差物によって頑丈に組まれている．下層の

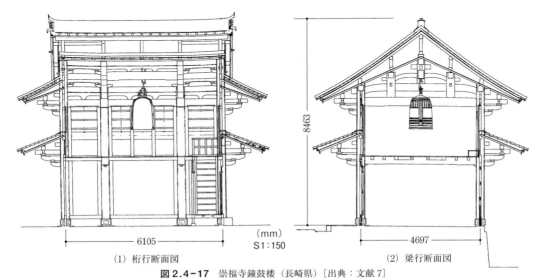

図2.4-17 崇福寺鐘鼓楼（長崎県）［出典：文献7］

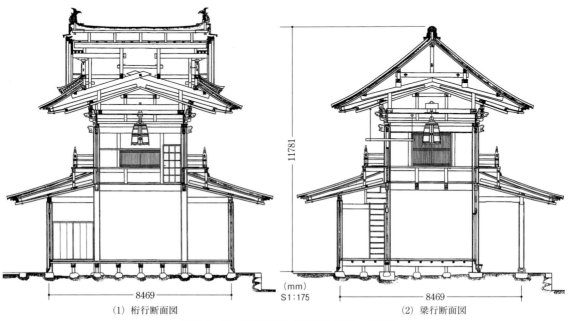

図2.4-18 萬福寺鐘楼（京都府）［出典：文献8］

屋根は通柱から外側だけの挿しかけの構造で，挿肘木の大仏様二手先によって軒桁が支持される．隅行方向の組物はなく，隅組は片持ち梁式になっている．

萬福寺（京都府，図2.4-18）の伽藍には同形同大の鐘楼と鼓楼が対称に配置され，ともに寛文8年（1668）建立の建物である．本体は1×1間で柱長約6.5 mと長く建ちが高い．四周に裳階を巡らし，裳階の正面1間通りを吹放ちとして回廊からの一連の空間とする．本体は柱の中間で2階を設け，2階床高さの差物と側まわりの貫によって固める．柱上の組物は出組とし，内部に天井を張る．その直上，側通りに土居を枠に組みさらに棟通りに梁を五平に使って鐘吊梁とし，天井中央にあけた穴から梵鐘が吊るされる．

また特に独特の架構をもつものに東光寺鐘楼（山口県，図2.4-19）がある．元禄9年〜宝永頃（17世紀末〜18世紀初頭）建立の裳階付鐘楼で，現在2階には鐘を吊るほか，太鼓も置いており，建立当初からと考えられている．東西方向に傾斜した地盤に建つため柱の長さがまちまちであるが，床から上は水平に組まれる．主体部は桁行3間，梁間1間であるが，正面側の柱列は地上から立っておらず，正面裳階柱から室境柱へ虹梁を架け渡し，その上に脚部を大瓶束状とした2階正面側柱を立てるので，組立て順は本体正面柱より裳階柱の方が先になる．直下の1階前半部1間通りは広くとり土間で吹放ちとしており，元は回廊に接続していた．後半部は裳階を取り込んで，内部を3室に分け床張りとする．中央1間は踏込み土間として両室

への出入口と2階への階段室を兼ねた部屋とし，背面2カ所にはそれぞれの室への上がり縁がつくが，部屋間の行き来はできず壁も多くて閉鎖的である．2階は1室とし，四周に縁を回している．

柱はすべて面取角柱で，主体部背面通りの柱4本は通柱とし2階背面通りの柱となる．裳階柱には頭貫を通さず，正面側は飛貫と繋虹梁で柱頭を繋いでいるだけの独立柱であるが，1階室周囲は，内法貫・腰貫・足固貫・地貫を組み回して固め，背面裳階柱頭と主体部柱は貫で繋ぐ．2階床高さでは側まわりと梁行方向2筋を胴差しで固め，室境柱上に敷桁を置いて梁行の胴差しを支持する．妻側胴差し上には間柱を2本ずつ立て，2階部分の軸部を腰貫・内法長押・頭貫・台輪で組み固めている．主体部柱上は大斗・実肘木の上に手先の長い渦絵様繰形付き肘木を重ねて斗を置き，天井桁および軒桁・小屋梁を受ける．小屋組は通肘木・天井桁上に梁行方向5通りの小屋梁を4点支持で架け，その上に桁行梁を中央に渡して小屋束を立てる．5本の梁のうち，中央の1本は小屋組の荷重を受けておらず，梵鐘を吊る目的で入れられている．この梁に取り付けられた吊金具は，天井中央の穴から出て梵鐘を吊る．　　　　　　　　　　　　　　　　　　[金子隆之]

■ 文　献
(1) 奈良県教育委員会事務局奈良県文化財保存事務所『国宝東大寺鐘楼修理工事報告書』1967．
(2) 滋賀県教育委員会『重要文化財園城寺唐院灌頂堂他二棟修理工事報告書』1974．

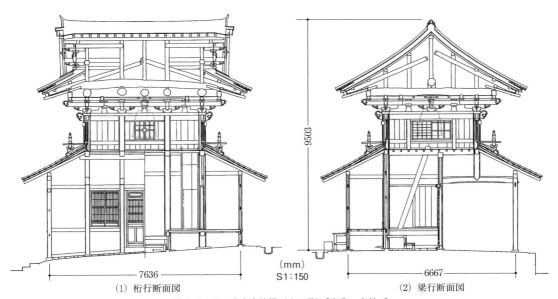

図 2.4-19　東光寺鐘楼（山口県）[出典：文献9]

(3) 日光二社一寺文化財保存委員会『重要文化財東照宮（神楽殿・上中下神庫・御旅所社殿・仮殿鐘楼）その他修理工事報告書』1967.
(4) 飯高寺『重要文化財飯高寺鐘楼・鼓楼保存修理工事報告書』1992.
(5) 奈良県教育委員会『重要文化財長岳寺旧地蔵院・楼門修理工事報告書』1969.
(6) 奈良県教育委員会『重要文化財當麻寺奥院鐘楼門修理工事報告書』2004.
(7) 文化庁文建造物課『国宝・重要文化財（建造物）実測図集』1971.
(8) 奈良国立文化財研究所『京都府所蔵建造物図面』.
(9) 東光寺『重要文化財東光寺鐘楼・三門・総門・大雄宝殿保存修理工事報告書』1993.

2.4.3 校 倉

a. 古代の倉庫建築

　日本の建築は，柱を横材により繋いで本体の骨組みとする軸組構造が主流であるが，それ以外に長い材を横に積み上げて本体を構築するものに校倉や板倉がある．通常木材長の制約から，つくりあげることのできる一空間には限りがあり，壁体自体が建築物を成り立たせるための主要素であることから開口部は極端に少なく，また内部で2階をつくることはあっても重層とはしない．

　奈良・平安時代の倉庫建築は正倉院正倉・東大寺勧進所経庫・同本坊経庫・同法華堂経庫・手向山神社宝庫・唐招提寺宝蔵・同経蔵・教王護国寺（東寺）宝蔵・法隆寺綱封蔵が残り，法隆寺以外はすべて校倉である．正倉院と法隆寺の2棟は3×3間の三つの空間を一列に接続して一つの寄棟屋根を架けた大規模なもので，その他はいずれも単倉である．単倉のうち平面規模や容量の最も大きいものは東大寺本坊経庫や手向山神社宝庫で正面9m弱，奥行6m弱，小さいものは唐招提寺経蔵で正面約5.6m，奥行約4.7mである．束柱の長さは1.3～1.6m，校木の積上げ高さは3.3～4.4mの範囲にある．

　発掘では平城宮（奈良県）で出土した井戸（図2.4-20）がもと校倉の部材を転用したものであったことが判明している．発掘調査報告書（文献1）によれば，井籠組の残存井戸枠4段分（高さ約82cm）のうち，2段目と4段目に不整形六角形断面の旧校木材を使用しており，ほかに校倉の台輪（柱盤）と推定される板材が2枚あった．2枚の板材は天平勝宝5年（753）～奈良時代末に井戸に転用されたと推定され，それ以前に著しい風食を受けていることから，この校

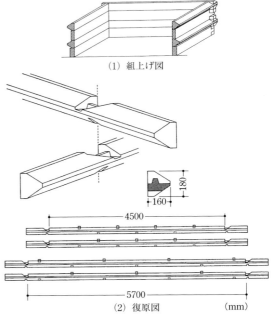

図2.4-20 平城宮出土井戸（奈良県）[出典：文献1]

倉の建立は奈良時代初期を降らないと考えられている．校木は檜丸太を四つ割にして得た材料から整形された心去材で，建物規模は桁行約5.7m×梁行約4.5mの小規模な校倉が復原されている．校木断面は成約18cm×幅約16cmのやや縦長の断面をもち，上下面の幅狭の面には校倉時のずれ止め太柄の痕跡があり，桁行・梁行ともに3～4カ所入れたものと推定されている．このような太柄は，東大寺本坊経庫のように規模の大きなものでも各校木の中央部に1カ所設けるにすぎない．井戸枠仕口部に校倉時の仕口が残り，唐招提寺経蔵類似の渡腮であった．

　正倉院正倉（奈良県，図2.4-21）は現存する奈良時代の校倉のうち双倉形式としては唯一で，桁行9間（約33m），梁行3間（約9m）と破格の規模を誇る．3室構成でいずれも扉口を平側に向ける．南北両端の倉を校倉とし，中倉は板倉形式で柱を立てて板溝に板を嵌め込む．南北両倉の中倉に面する側の出桁には他の3面に見られる舟肘木がないこと，建立後ほどない天平宝字5年（761）には中の間への収納が確認できることから当初より3倉であったとする見解が有力で，また年輪年代学に基づく近年の調査により中倉の床材は建立当初のものであることが発表されている．

　束柱は長さ約2.3m，径60cmと長く太い円柱で，床組は束頭を梁行の頭貫と台輪・床板で固めており，台輪に鼠返しはなく端を長く外に延ばし，上に板など

2.4 各種建造物：鐘楼・校倉・回廊，ほか　　187

を渡して宝物の出し入れを行ったと考えられている．壁体は校木を約 6 m も積み上げており，その上に約 13 m もの長大な梁を渡腮に架けるが，内部は梁間が約 9 m と大きいので，中間 2 カ所に台輪上から長さ約 5.5 m の円柱を立てて大斗で梁の途中を支持する．内部には階高約 2 m の高さに 2 階床を設け，さらに小屋梁までの約 4 m の高さを階段で上がる．2 階の床構造は校木内面と内部円柱側面に添柱をつけて大引きを支え，桁行方向に下の床板と同じ厚約 9 cm の床板を置く，円柱に当たる床板は柱に受木を打ち付けた上に置く．小屋組は現在，洋小屋風に改変されているが古材を多く転用しており，浅野清の復原調査によりももと大正修理前と同様，三重梁架構であったことがわかった（文献 3）．

二重梁・束立ての小屋組が多い中，梁行出桁間約 12 m と長く，梁を三重に架ける必要があったと考え

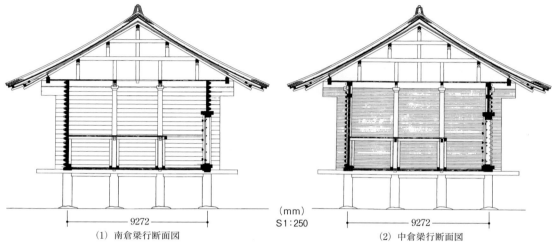

図 2.4-21　正倉院正倉（奈良県）［出典：文献 2］

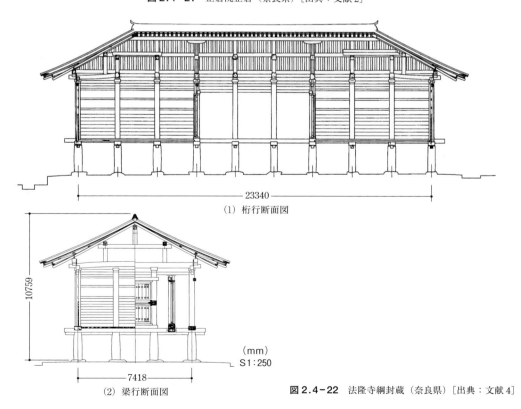

図 2.4-22　法隆寺綱封蔵（奈良県）［出典：文献 4］

られる．正倉院に限らず校倉の梁の架け方には特徴があり，妻側に一ないし二筋の妻梁（つまばり）を渡す．この妻梁は大梁の側面に柄（ほぞ）挿しとして鼻栓（はなせん）で止め，校木の上に直接載り，外側に突き出して軒桁を支える腕木（うでぎ）となる．寄棟造（よせむねづくり）とするものが多く，妻側に野母屋（のもや）をあげて骨組みをつくるが，野母屋は妻梁上に束立てで支持され，隅組は片持ちになるものと隅組直下の筋に新たに梁を架けて束立てで支持するものがある．校倉は壁構造であることから，本体は柱がなくても自立できる構造であるにもかかわらず，梁下および隅の校木内面に添柱を立てているものが多い．正倉院正倉の大正修理前の図面をみると校木の積上げがかなり不揃いで，全体に歪んでいる．断面の小さい長尺材はたわみや風食，木のやせにより，各校木間の特に仕口部に隙間が生じやすく，全体の歪みにつながるので，これに対応すると同時に内部に棚を設ける際の棚受けとなる．

法隆寺綱封蔵（奈良県，図2.4-22）は桁行9間（約23 m），梁行3間（約7.4 m）で正倉院正倉と同様3×3間を一単位とし南北に連続した3空間を寄棟造の大屋根に納めるが，中倉を吹放ちとした平安時代前期を降らないと考えられている双倉である．床組の手法は他の校倉と同様束柱・頭貫・台輪によって固めるが，床上を校木組とせず角柱を立てて柱間に真壁（しんかべ）を入れており，古代の倉庫建築としては異例の軸組構造とする．床束柱は胴張付きで高さ約1.8 mと大きく，床上柱長は約3.7 mもある．両端倉の壁は内部にのみ横腰板壁を見せて外側はすべて土壁とし，中倉は風食が大きいことから建立当初より吹放ちであったことが判明している．

これらの倉庫建築の床下は一様に円束柱を礎石上に立てて頭を繋いだだけのごく簡単な構造が多く，法隆寺綱封蔵の修理工事報告書（文献3）では，構造計算を根拠に補強が必要であるとの評価が示されている．それでもなお今日まで存続してきたのは，幸いにも滅失するような災害に見舞われなかったことと建立後現在までの構造補強や維持管理の歴史を物語る結果といえる． ［金子隆之］

■ 文　献

(1) 奈良国立文化財研究所『平城宮発掘調査報告 XI』1982．
(2) 奈良国立文化財研究所「宮内庁所蔵保存図面」．
(3) 浅野 清「正倉院校倉の屋根内部構造の原形」『奈良時代建築の研究』中央公論美術出版，1969．
(4) 奈良県教育委員会事務局奈良県文化財保存事務所『重要文化財法隆寺綱封蔵修理工事報告書』1966．

b．校倉の変遷と形骸化

校倉（あぜくらづくり）造りは校木（あぜき）を井の字型に組み上げて造る建築様式である．校木とは図2.4-23のような面取り三角形の断面形状をもつ水平材のことをさす．律令国家時代，脱穀された大量の稲を収めるため，堅牢な倉が必要になった．当初板でつくられていた倉はそのために壁材の厚さを増していき，材の腐朽を防ぐために外気に触れやすい形状となった．これが校木の誕生した理由だと考えられる．また校倉とは，広義には水平材を組み上げてつくる建物全般をさすが，ここでは先に述べた狭義の校倉について述べることにする．校木断面が矩形のものは校板と解釈してここでは含まない．

校倉を構成する大きな要素として，床下の柱や貫（ぬき），床，壁体である校木，屋根架構があげられる．ここでは，屋根の形状と材質，軒の納まり，校木同士を組むために加工してある部分（仕口（しくち）），校木の組み方，以上4点の変遷に焦点をあてて述べていく．

まず，古代（奈良時代〜平安時代）の校倉の構法についてみてみる．校木の組み方は梁行（X方向）・桁行（Y方向）の材を交互に積み重ねる互組（たがいぐみ）である（図2.4-23）．仕口は図2.4-24のように上下双方の校木

唐招提寺宝蔵の校木　　　石山寺経蔵の校木

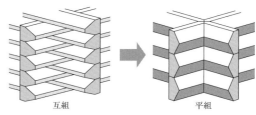

互組　　　　　　　　平組

図2.4-23　校木形状と構法

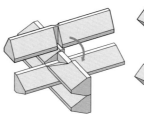 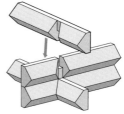

(1) 互組の組手仕口の例　　(2) 平組の組手仕口の例

図2.4-24　校木の組手の例

を切り欠く渡腮とよばれる仕口で，これによって上下の校木ががっちりと組み合う．また，各段のあばれを防ぐために太枘という栓を用いているものがほとんどである．軒は，校木の上部2, 3本が大きく外に跳ね出してその先端部で桁を受ける出桁造を通例としており（図2.4-25(1)），屋根はすべて寄棟で本瓦葺である．

中世（鎌倉時代〜桃山時代）に入ると，旧十輪院宝蔵（奈良県）のように上方の校木の下半分だけを切り取った相欠きという簡単な仕口を用いたものが現れるようになる．また石山寺経蔵（大阪府）では，後に主流となる平組（図2.4-23）を先駆け的に用いている．互組では校木の最下段と最上段の半分ずつ，計4本が半分の材となるため，納まりに工夫が必要となるが，平組の場合その必要がなく，全体的にすっきりと見える．反面，上下の校木を太枘のみでつなぐため，強度は互組より弱くなる．また，この頃から屋根を支える手法として組物が現れ，厳島神社宝蔵（広島県）の例では図2.4-25(2)にみられるような出三斗の組物を置いている．屋根は入母屋が主流となり，本瓦葺のほかに厳島神社宝蔵のような檜皮葺や，松尾大社宝庫（京都府）のような柿葺もみられるようになる．

近世（江戸時代）になると校木は経済的で意匠性の強い縦長の五角形断面となり，組み方は平組が大半を占める．内部にも徐々に変化が現れ，棹縁天井を張るのが通例となり，校倉の内部に壁板を張りつけるものも多くなった．組物も広く用いられるようになり，舟肘木や平三斗などが見受けられる．また近世でも初期に建てられた校倉は校木を構造体とする形式を踏襲しているが，平組の構造的な弱さを補うため，賀茂別雷神社（上賀茂神社）宝庫（京都府）のように校倉内部に補助的な柱を添えた事例も現れるようになった．

江戸時代後期になると，図2.4-26(1)の四天王寺宝蔵（大阪府）のように校倉内部に設けられた柱が構造材となり，校木が完全に化粧材として用いられた校倉が現れるようになった．図2.4-26(2)の法然寺宝蔵（香川県）の例では，校木の壁面部分に高窓が設けられ，校木が構造的に機能していないことをうかがい知ることができる．

近世初期には上述の校倉造の流れとは別に，校倉の装飾性のみを取り入れた，いわば校倉風の倉が現れる．これらの遺構は，五角形断面の校木を用いてはいるが，その用い方がこれまでと大きく異なる．図2.4-27(1)

(1) 唐招提寺宝蔵の軒まわり

(2) 厳島神社宝蔵の軒まわり

図2.4-25 軒まわりの変化

(1) 内部の柱を構造材とする四天王寺宝蔵

(2) 法然寺宝蔵の高窓

図2.4-26 構造材から化粧材への変化

(1) 久能山東照宮神庫

(2) 日光東照宮中神庫

図2.4-27 校倉の装飾性のみ取り入れた事例

の久能山東照宮神庫（静岡県）をみると，校木は側柱の間に単なる壁材として用いられており，従来水平線を強調してきた校倉に垂直な線が現れた．また日光東照宮（栃木県）の上・中・下庫では校木の隅の部分を45°に切った留めの仕口で納め，隅の跳ね出しがなくなった（図2.4-27(2)）．上記2例は，構造材を校木とは別にすることで材料を節約しながら，校倉の重厚で意匠的な外観のみを残した事例といえよう．

このように時代が降るに従って様式は変化していったものの，その純粋な構造と高い意匠性を兼ね備えた校倉はわが国独自の文化であり，その伝統は形を変えながらも引き継がれていくであろう．　　［清水陽芳］

■文　献
(1) 富山　博「律令国家における正倉建築の機能」日本建築学会論文報告集，214号，1973．
(2) 富山　博「正倉建築の構造と変遷」日本建築学会論文報告集，216号，1974．
(3) 清水真一『校倉』日本の美術，No.419，2001．
(4) 石田茂作『校倉の研究』便利堂，1951．

c．校木の断面形状について

前項では校倉造の大まかな流れについて述べたが，本項では校倉を特徴づける最も重要な要素である校木について，特に断面形状の変遷に焦点をあてて話を進めることにする．

わが国には，建立年代が江戸時代までの校倉が29棟現存する（校倉風の倉は含めない）．これらを建立年代順にみてみると，時代とともに校木の断面形状が変化していったことがわかる．唐招提寺宝蔵（奈良県）のような古代の遺構に用いられた校木の断面形状は縦横比が等しく，六角形であった（図2.4-28 A）．その後，六角形で縦長（図2.4-28 B），六角形で横長（図2.4-28 C）の断面形状が現れる．そして中・近世になると談山神社宝庫（奈良県）のように縦長で五角形の断面形状（図2.4-28 D）に落ち着く．本項では以上の三つの段階を，初期・移行期・安定期とよぶことにする．

ここで各遺構における校木の木口の木目に注目すると，断面形状の変化とともに木目のパターンも変化していたことがわかった．これを手がかりにして，断面形状がなぜ変化していったのかを考察してみた．以下はその流れである．

各遺構における校木の木口から読みとれた木目のパ

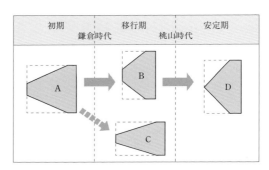

Aの例：唐招提寺宝蔵　　Bの例：旧十輪院宝蔵

Cの例：石上神宮神庫　　Dの例：談山神社西宝庫

図2.4-28 校木断面形状の変遷

ターンを図2.4-29(1)のように五つに分類した．パターン①は年輪の中心部を含む心持材であり，パターン②③④は年輪の中心部を含まない心去材であるが，それぞれ年輪の方向が異なる．パターン⑤は①～④までにあてはまらないか，木口が風化しているなどで年輪が読みとれなかったものである．

まず初期の校倉について木目を調べてみると，パターン①，つまり心持材の割合が高いことがわかった（図2.4-29(2)）．例えば教王護国寺（東寺）宝蔵（京都府）はすべてが心持材で構成されている（図2.4-30）．鋸がなく，製材技術が低かった奈良・平安時代では，丸太から木材を加工するのに大変な労力が必要であった．図2.4-31(1)のようにまず比較的小さな丸太を正角材（断面が正方形の柱）に加工し，その上下を斜めにカットして校木をつくり出していたと考えられる．また，唐招提寺宝蔵の例では，これに加え図2.4-31(2)のような切出し方が考えられる．製材技術が低いとはいえ，格式の高い建物では労力を惜しまず心去材を用いていたようである．

次に移行期では心持材はほとんどみられず，代わりに図2.4-29(1)のパターン②③④といった心去材が多くなる．ここから推測するに，この時期には図2.4-32(1)のような木取りが行われていたと思われる．例えば旧十輪院宝蔵（奈良県，図2.4-32(2)）を例にとってみてみると，校木断面の先端部分（外気に触れている頂点）の角度が平均63°であり，また木目を見ても図2.4-29(1)のパターン③が多かった．これはこの材が図2.4-32(1)の②のように丸太を六つに切り，頂部を切り落として加工されていたことを示唆している．これには図2.4-32(3)に示す大鋸の発生によって大木を比較的容易に加工することができるようになったなど，製材技術の発達が深く関与していると考えられる．

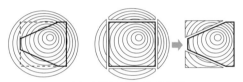

(1) 小径木から切り出す例

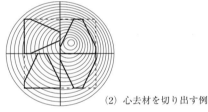

(2) 心去材を切り出す例

図2.4-31 初期の校木の切出し方

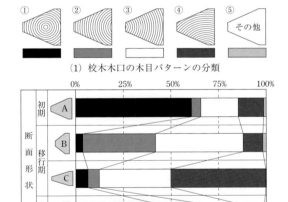

(1) 校木木口の木目パターンの分類

(2) 断面形状と木目パターンの関係

図2.4-29 校木の断面形状と木目の関係

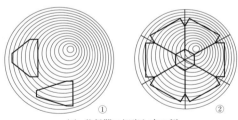

(1) 移行期の切出し方の例

校木断面の木目（一部）

図2.4-30 教王護国寺（東寺）宝蔵の校木

(2) 旧十輪院宝蔵　　(3) 大鋸

図2.4-32 移行期の校木の切出し方

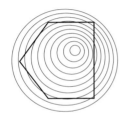
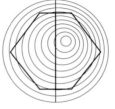

図 2.4-33 安定期の校木の切出し方

校木の木目

図 2.4-34 北野天満宮宝庫の校木

そして安定期に入ると，再度心持材の割合が高くなる．ただ，心去材についてみてみると，興味深いことにそのほぼ 8 割が図 2.4-29（1）のパターン②で占められている．このことから考えると，比較的細い木から図 2.4-33 のように材を切り出すというのが当時の主流だったものと思われる．製材技術がさらに発達していたにもかかわらず小さな木から校木を切り出していたのは，中世以降社，寺建築の建設がピークを迎え，良木が減少していったという背景がある．例えば北野天満宮宝庫（京都府，図 2.4-34）は近世の校倉としては太い校木が用いられているが，宝庫という格式の高い建物にもかかわらず図 2.4-34 にみられるような質の低い材を使用している．校木が徐々に縦長になっていった背景には，先の項で述べた校倉の形骸化という理由に加え，このように良木の減少という事情もあったものと考えて差し支えないだろう．

このように，校倉における校木の断面形状の変遷をみてみると，そこには二度の大きな変化があり，木目に着目してみると，それぞれの変化にはその時代背景が深く関与していたことがわかった．　　　　［清水陽芳］

■参考文献

(1) 石田茂作『校倉の研究』便利堂，1951.
(2) 富山 博「正倉建築の構造と変遷」日本建築学会論文報告集，216 号，1974.
(3) 京都文化財博物館学芸第二課『京の匠展―伝統建築の技と歴史』京都文化博物館，2000.
(4) 村松貞次郎『大工道具の歴史』岩波新書，1973.

2.4.4 板 倉

a. 板倉の構法

板材を横に積み上げて壁体とする構法には，柱を立てて板を組み込むものと柱を立てずに板の組合せだけで本体をつくりあげるものとがある．前者の例としては，発掘調査によって弥生時代の高床板倉が確認されており，また完形ではないものの奈良・平安時代には柱間に横板を組み込む技法のあったことが，正倉院正倉中倉・法隆寺綱封蔵によって知られる．

登呂遺跡（静岡県，図 2.4-35）や山木遺跡（静岡県）では掘立柱・鼠返し・壁板・礎板・横架材・板扉・梯子などの建築部材が発見され，遺構からは平面規模が判明し，遺物からは梯子の存在により高床が確認された．登呂遺跡の壁板は全長を残していないもののその仕口がわかり，板幅約 13 cm，厚さ約 3 cm で，一端が凹状に加工されている．他端にも同様の加工が想定され，上下に積み上げると 2 枚の板の凹状突起部 2 本を足した寸法が凹状のくぼみ幅に一致することから，これらは倉の四隅で交互に組み合わされて板壁を構成していたことがわかった．

このような構法は板だけで自立することが困難で，外側から掘立柱でおさえた板壁構造が復原されてい

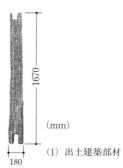

(1) 出土建築部材

(2) 復原高床倉庫全景

図 2.4-35 登呂遺跡（静岡県）［出典：文献 1］

2.4 各種建造物：鐘楼・校倉・回廊，ほか

る．軸組土壁構法に比べると，井戸枠と同様外側からの圧力には非常に強く，桁行と梁行が段違いに組まれるので各段が横ずれすることもないと思われ，掘立隅柱の頭を繋ぐことで稲満載時の内圧にも抗す丈夫な板壁構造をつくっていたと考えられている．古照遺跡（愛媛県）では柱・棟木・梁・壁板・垂木などが出土しており，復原すると棟持柱をもつ板壁構造であったことが判明した．壁板は部分的に鉇で整形した長さ 1.65 m，幅 17 cm，厚さ 4 cm の割板材で，一端は両端辺より决りを入れて凸形につくり，他端は凹状に長さ約 10 cm のツノ状の突起をつくる．凹状の突起は登呂遺跡のものに類似しており，同形の材を段違いに組み上げて板壁の隅をつくっていた．

これらは板材だけで独立することが不可能で，柱を立てて間を板壁でふさぐという大きな意味では軸組構法の考え方でつくられており，正倉院・法隆寺綱封蔵

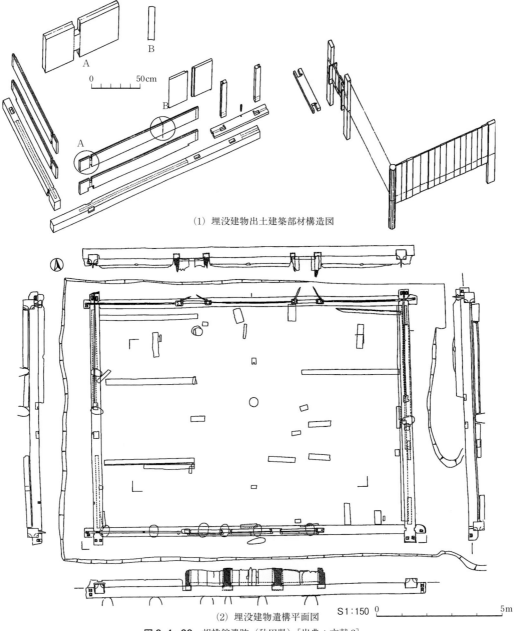

(1) 埋没建物出土建築部材構造図

(2) 埋没建物遺構平面図

図 2.4-36 　胡桃館遺跡（秋田県）［出典：文献 2］

の横板壁も同様である．一方，柱がなく横材の組合せによって積み上げるだけで壁体を構築するという校倉と同様の考え方が板倉にもみられ，前者と区別するために板校倉とよぶ．

胡桃館遺跡（秋田県，図2.4-36）では平安時代中期に洪水により埋没した住居が，高さ約1m分が建ったままの状態で2棟出土している．床束がなく，地覆石の上に土台を回し，幅約30cm，厚さ5cmほどの板材を相欠きにより段違いに組み上げている．1棟は桁行12m，梁間9mの大型平入建物で各面に扉口を設ける．他の1棟は妻入りのやや小規模な建物で妻側に浜縁を張り出す．平安時代における平地式井籠組建築の存在を示す例であり，また隅柱を立てずに板材を相欠きにより段違いに組み上げて壁体を構築する板校倉の構法が古代から存在したことの確認できる貴重な遺構である．

自玉手祭来酒解神社神輿庫（京都府，図2.4-37）は鎌倉時代後期の建物で板校倉として古い現存例であるが，基本的な骨組は柱・梁・桁による軸組構造で，柱の外側を板厚の分だけ削り取って，その周囲に校板を組み込みながら外接させた異色の構造である．桁行3間（約5.4m），梁行2間（約4.3m）で，床組は校倉に通常みられるものと違って，足固の上に大引き・根太を設けて床板を張る．校板は最下段下端を揃え，桁行の校板を梁行のものよりわずかに成高として相欠きに積み上げており，両妻は校板を棟まで積み上げている．板校倉は内外圧に強く本来それだけで十分独立できる構法だが，この建物は校板の積上げ方が不規則

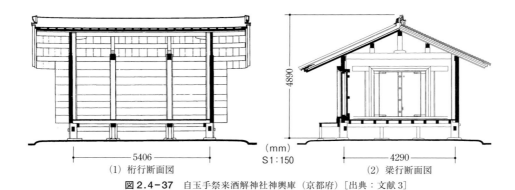

図2.4-37 自玉手祭来酒解神社神輿庫（京都府）［出典：文献3］

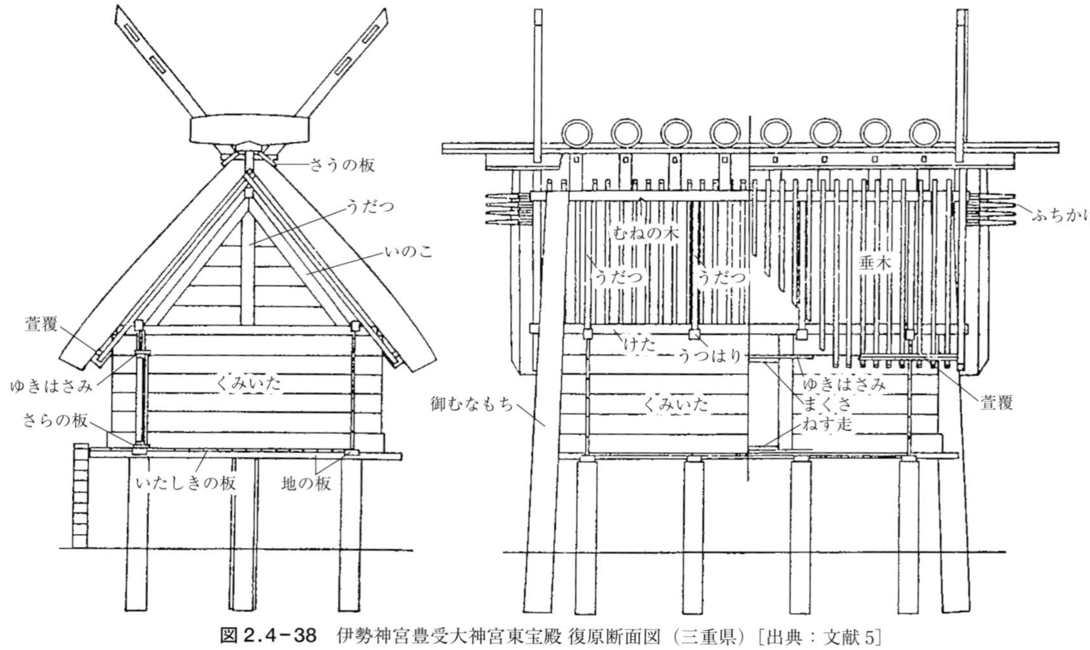

図2.4-38 伊勢神宮豊受大神宮東宝殿 復原断面図（三重県）［出典：文献5］

で，直交する板を交互に積み上げていない箇所があることなどから，軸組を主体とし壁構造のみによる建設は意図されていないようである．

伊勢神宮（三重県，図2.4-38）の現在の神殿は式年造替による平成の建物であるが，その構造意匠は古い形式を踏襲しているといわれている．福山敏男によれば，現在のほとんどの形式は柱が梁や桁を受ける軸組構造だが，中世以前は宝殿や別宮神殿など多くの建物が束柱で支持された高床の上を板校倉形式にしていたと推定している（文献4・5）．いまこの形式なのは外宮御饌殿のみで，ただ一つ板校倉の古式を残すものとして貴重な存在である．掘立ての円束柱を立て，正背面に桁行台輪を置いて，両側面および中央には梁行の台輪を段違いに重ね，壁は校倉を組み上げる形式とする．また，胡桃館遺跡でもみられたが，この種の建物が棟持柱を有することは注目される．

板校倉は校倉に比べ校板に幅が必要な分，より大径木が必要になることから大規模なものは建てにくい．胡桃館遺跡は破格の規模だが，各面に開口部があって中間に柱を立てている．軸組土壁構法と比べると大量の厚板が必要になり，また柱を用いない板校倉の中世までの現存例が後述する春日大社宝庫1例のみと極端に少ないことからも，板校倉の建築は数多くは建てられず小規模なものに限られていたかもしれない．

b．板校倉の構法

板校倉は校木を相欠きによって組み上げる構法であるが，直交方向の板同士を段違いに組み上げていく互組と，同高に積み上げる平組とがある．柱を用いない板校倉は胡桃館遺跡に古い例がみられるものの，現存例では古代のものがなく，中世以前においては，軸組

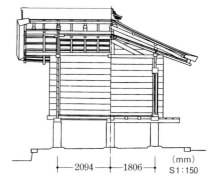

図2.4-39 春日大社宝庫 断面図（奈良県）［出典：文献6］

を主体とする自玉手祭来酒解神社神輿庫を除くと春日大社宝庫（奈良県，図2.4-39）が唯一である．

春日大社は永徳2年（1382）に回廊内をすべて焼失する災害に見舞われており，宝庫もそのときに焼けて，至徳2～嘉慶2年（1385-88）の間に再建されたものと考えられているが，焼失前の状況を示す鎌倉時代の『春日宮曼荼羅』の同位置には，柱がなく赤色に塗装された宝庫が描かれており，旧規を踏襲して再建されたと思われる．西回廊北端に開く内侍門の内側，移殿の北側で，西回廊から西御廊へ登る傾斜地に基壇を水平に築き，東面して本殿のほうを向いて建つ．建物は高床とし，束柱を立てて台輪を受け，その上の本体の側まわりは厚板を組み合わせた互組の板校倉である．春日大社にはこの宝庫のほかに板壁の倉庫建築として，回廊の北側にある寛永9年（1632）造替の本社板蔵（図2.4-40）と，現在奈良公園に移築されている鎌倉時代の旧経蔵の板倉（円窓，図2.4-41）の2棟がある．いずれも高床にして床の上下で骨組みを別々につくることは宝庫に共通するが，円窓は床上に柱を立てて柱間に板をはめ込む形式で，平面は5.4 m

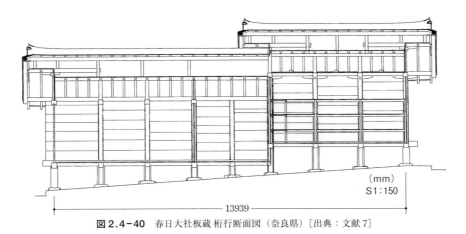

図2.4-40 春日大社板蔵 桁行断面図（奈良県）［出典：文献7］

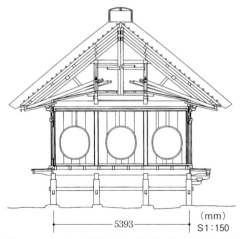

図 2.4-41　春日大社旧板倉（円窓）断面図（奈良県）
［出典：文献3］

四方と東大寺法華堂経庫や唐招提寺経蔵と同規模になる．一方，本社板蔵は2棟を桁行方向に並べて接続させたものだが，傾斜地に建つため東倉を1段高く建てたもので，梁行3.6 m，総桁行14 mの規模をもち，大部分が柱間に横板をはめ込む構法とするが，西倉西妻のみ厚さ5 cmの壁板を互組にした板校倉形式とする．

春日大社宝庫の規模は桁行約4.2 m，梁行約3.5 mと校倉や軸組を主体とする板倉に比べると小規模である．長さ約1 m，径約30 cmの束柱9本で梁行の台輪3通りを受け，桁行には側通りにのみ台輪を重ねて軸部を固める．台輪両端の木鼻を外側に跳ね出し，特に梁行台輪の正面の鼻先は柱真より98 cm持ち出して上端に跳ね出し縁を張る．根太を桁行台輪間に5通り入れ，上端を桁行台輪に揃えて床板を張る．本体周囲

の壁板は厚さ6 cm，幅約25 cmの板を木端立てにして，梁行下木で台輪上端に載せ，隅は相欠井籠組に組み合わせて剝目を突き付けに順次組み上げる．上部は桁行校板の上に梁を架け，その上に桁を渡している．梁は1間ごとに架けるので中央の梁は正背面の校板のみに架かり，妻梁上は扠首組として斗・肘木で棟木を受けるが，中央の梁は上部架構を支持するものでなく校板中央部を繋ぐ役割を担っている．修理工事報告書（文献6）によれば，内部は密閉されていたため板内面の風食はほとんどなく，表面は鑓鉋仕上げで建立当初のものと思われ，扉口も古く，蹴放し・方立て・楣の構えに3枚矧ぎの厚板扉（厚37 mm）をつくり出しの軸摺りによって建て込む構法は当初のものをそのまま伝えているとしている．

浜名惣社神明宮本殿（静岡県）は江戸後期の建物で，天保6年（1835）の修理札がある．棟持柱を有する板校倉で，桁行3.1 m，梁間2.3 mの小規模な切妻造，

（1）本殿全景

（2）校木組詳細

図 2.4-42　浜名惣社神明宮摂社天羽槌雄神社本殿（静岡県）
［撮影：筆者］

（1）高蔵全景

図 2.4-43　住吉大社高蔵（大阪府）［撮影：筆者］

（2）校木組詳細

現在は茅葺だが元は流板葺の本殿である．摂社天羽槌雄神社（図2.4-42）も同様の板校倉で，切妻造，流板葺の形式をもつ．校木組は平組とし，横ずれ防止のために校板の傍に樋部倉刳ぎを施して太柄を用いた丁寧な仕口である．伊勢神宮外宮御饌殿の高倉形式から床組を省いたような外観で，胡桃館遺跡でみられた平地式の板校倉の形式をもつ珍しい現存例である．

互組は古代の校倉にみられる構法で，ただ積み上げていくだけでも壁体として成り立つが，平組の場合は上下材の繋ぎがしっかりしていないと各段で横ずれを起こす．中世以前の古例である胡桃館遺跡埋没住居・自玉手祭来酒解神社神輿庫・春日大社宝庫がいずれも互組で，浜名惣社神明宮本殿や住吉大社の高蔵（大阪府，図2.4-43）など近世の板倉は平組である．板校倉の現存数は少なく，また古代の校倉でも校木の上下に目違いを入れて，木のくせや乾燥によるたわみを防ぐ仕事をしているので，一概にはいえないが，平組が横ずれ防止の仕事をしなければならないことや，弥生の稲倉や校倉の古例がすべて互組であることとも併せて，互組の板校倉は古様を伝えていると考えることも可能である．　　　　　　　　　　　　　［金子隆之］

■ 文　献
(1) 静岡市立登呂博物館『登呂遺跡基礎資料4　登呂遺跡出土資料目録 写真編』1989.
(2) 秋田県教育委員会『胡桃館埋没建物発掘調査概報 秋田県文化財調査報告書』1968.
(3) 文化庁建造物課『国宝・重要文化財（建造物）実測図集』1971.
(4) 造神宮使庁『神宮の建築に関する史的調査』1940.
(5) 福山敏男『伊勢神宮の建築と歴史』日本資料刊行会，1976.
(6) 奈良県教育委員会事務局奈良県文化財保存事務所『重要文化財春日大社本社宝庫・車舎・着到殿修理工事報告書』1966.
(7) 奈良県教育委員会『重要文化財春日大社本社板蔵他二棟修理工事報告書』1972.

2.4.5　回廊・築地

a. 回廊の古例

通常敷地の境界は垣や塀などで区画するが，掘立柱によるものは柱脚が腐りやすく長持ちしないので古いものは残らない．しかし長大な掘立柱塀（図2.4-44）の柱の中をくりぬいて木樋に転用したものが平城宮跡で出土し，その構造が一部判明している．

それは最大長さ約7.3 m，元口径約44 cm，末口径約35 cmの円柱で，上方に軒を支持したと思われる腕木の貫穴，それと直交する面に土壁下地の間渡し穴痕跡があり，また同時に棟木と思われる角材も発見されている．これらと発掘遺構から，高さ約5.5 m（柱の根入れ深さ約2 m），軒の出約2 mで，柱天端に棟木を通し腕木先端に軒桁を通して垂木を架け渡した上を瓦葺とし，土壁厚み20 cmの立派な掘立柱塀が復

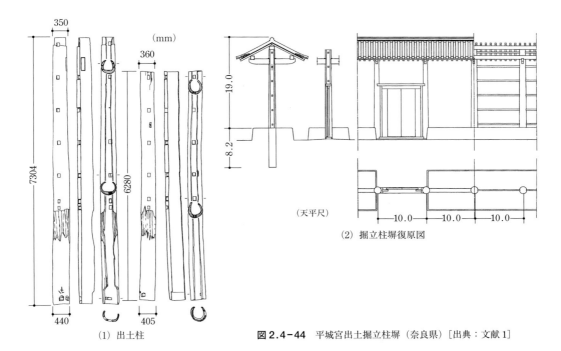

図2.4-44　平城宮出土掘立柱塀（奈良県）［出典：文献1］

原されている．掘立柱塀の発掘遺構は伝飛鳥板蓋宮・藤原宮・平城宮・平城京・飛鳥寺・大官大寺・久米寺などで発見されており，宮域や寺域を区画するための代表的な建造物の一つであったと考えられる．ほかに宮殿や寺院においては多く築地塀を築いて隣地との境界とし，また敷地内の中枢部は回廊によって囲み区画する．神仏習合による仏教建築の影響を受けた神社においても，玉垣や瑞垣を回廊に改めるものが出てくる．

法隆寺回廊（奈良県，図2.4-45）は金堂・五重塔・中門と同様の飛鳥様式でつくられた梁間1間の回廊で，中門から発して金堂・五重塔を囲むように巡るが，東西廊北方でいったんクランク状に折れ曲がって経蔵・鐘楼に取り付き，さらに経蔵・鐘楼から発した回廊は，矩折りに曲がって大講堂際で終わる．基本的な骨組みは，桁行通りの頭貫と皿斗付大斗上の虹梁で柱頭を固め，大斗上に平三斗を虹梁と組んで側桁を受け，虹梁上の扠首組・平三斗で棟木を受ける．外側通りを内法長押・腰長押で柱をはさみ，連子窓を組み込んで仕切るが，内側は吹放ちで土間床とする．折曲りの隅部分の架構は，隅木と同じ斜め方向に架かる隅行虹梁がなく，代わりに棟木の隅組を支えるための梁が南北あるいは東西に架かる．平安時代の増築部には斜め方向に虹梁が架かっていた痕跡があり，増築でない南方の隅大斗が新しいので，このような構法が建立当初からのものかは確認できない．隅行の虹梁は水平方向のゆがみを減らす筋かいとしての効果を期待できるが，大斗や肘木の欠取りが大きくなり，各部材はもろくなる．これに対して，この回廊の場合は組物の断面

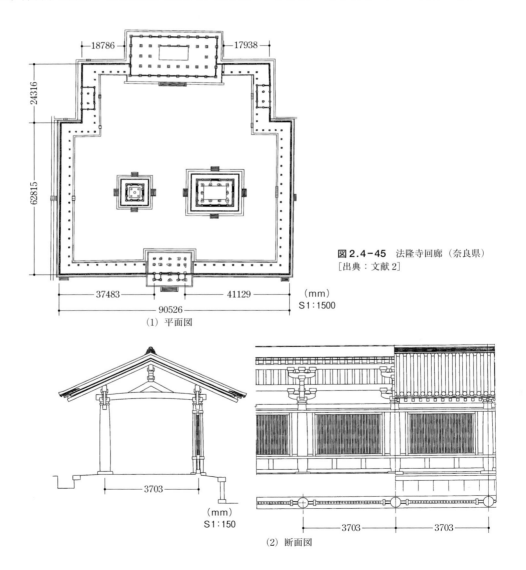

図2.4-45 法隆寺回廊（奈良県）
［出典：文献2］

2.4 各種建造物：鐘楼・校倉・回廊，ほか　　199

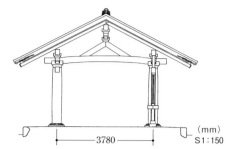

図 2.4-46　山田寺回廊 断面図（奈良県）［出典：文献3］

欠損が少なく，個々の部材にとっては有利と思われる．その虹梁上面中央に束を立てて斗あるいは斗・肘木で棟木隅組を支える．平安増築部のうち，経蔵・鐘楼の両脇は両建築の総梁間に合わせているので広く，虹梁の成を高くしており，また隅行方向は45°とならず大きく振隅となり，隅木両側面の1枝寸法はほぼ同じであるから，配付垂木の取付き位置がずれている．

山田寺跡（奈良県，図2.4-46）は昭和51年（1976）〜平成6年（1994）にかけての断続的な発掘調査によって，伽藍中枢部の建築がかなり明らかになった．回廊は西回廊北半を除くほとんどの部分が発掘され，回廊規模・平面が判明するとともに，特に南・東回廊では倒壊した状態の建物本体が出土し，通常の発掘ではほとんど知り得ない上方木部の細部仕様まで判明した．発掘調査報告書（文献3）によれば，出土建築部材の年輪年代測定によって天智天皇4年（665）伐採と推定できるものがあり，平安時代の文献史料により寺院の造営は舒明天皇13年（641）に開始されて断続的ながらも8世紀初頭には完成したようである．中門から発した回廊の平面は塔と金堂を囲んで閉じ，全長を確認した東面回廊により回廊の造営尺は1尺＝30.24 cm

と推定され，梁間1間で柱間寸法は桁行・梁行とも12.5尺（3.78 m），基壇総幅は21尺（6.35 m），基壇の出は柱心から4.25尺（1.285 m）と復原された．

出土した建築部材は基礎にかかわる主に石材，骨組みにかかわる主に木材，屋根瓦材と建物の構成部材がほぼ出揃っており，これらを組み合わせて復原すると，蓮弁付きの礎石上に胴張り付きの柱を立て，桁行を頭貫で繋ぎ，柱上の平三斗・虹梁で軸部を固め，虹梁上の扠首組・平三斗で棟木を支え，側桁との間に一軒丸垂木を架けた法隆寺回廊に類似した骨組みとなる．

このほか廊の古代例は平等院鳳凰堂翼廊・尾廊（京都府，図2.4-47）があり，翼廊は2.4.1項ですでに述べた．尾廊は梁間1間で，現在は中堂に接続しているが，建立当初は翼廊と同様に中堂とは離れていて，吹放ちの廊であったと考えられている．妻・内部とも二重虹梁蟇股架構で化粧屋根裏とする．また鎌倉時

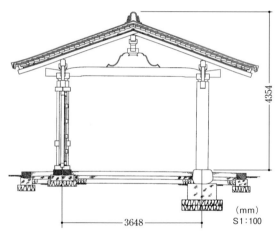

図 2.4-48　法隆寺東院回廊 梁行断面図（奈良県）．礎石のコンクリート地業は昭和14年（1939）修理時の施工．［出典：文献5］

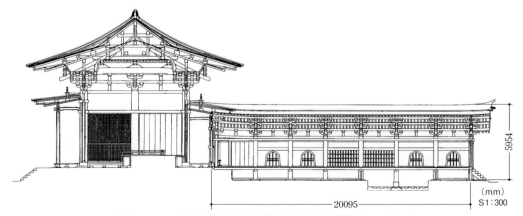

図 2.4-47　平等院鳳凰堂尾廊 桁行断面図（京都府）［出典：文献4］

代では法隆寺東院回廊（奈良県，図 2.4-48）があり，梁間 1 間で外側通りを連子窓で間仕切り，組物を平三斗として虹梁を架けるなど法隆寺西院回廊とほぼ同様の構造であるが，虹梁上に板蟇股を置くことや虹梁・組物の形状に相違がみられる．室町時代の春日大社回廊は複廊としての現存古例であり，油日神社回廊（滋賀県）も室町時代の例であるが，その他の現存例は桃山時代以降になる．

b．立地条件が及ぼす回廊の構造

古代の平地寺院などの回廊にみられるように，回廊はなるべく平坦な地盤を選んで，あるいは平坦に均した地盤に建てるのが施工上有利であるが，立地条件によりそれが不可能な場合もあり，それぞれに工夫して建てられる．まず，立地の悪条件の下でも通常どおり水平な床を使用することを意識したものに厳島神社回廊，石清水八幡宮回廊があげられる．

厳島神社回廊（広島県，図 2.4-49）は室町時代，永禄 6～慶長 7 年（1563～1602）の再建であるが，仁安 3 年（1168）佐伯景弘解状によって，少なくとも平安時代後期には本殿・拝殿・舞殿を囲み，回廊や諸社殿が建ち並ぶ大社殿が知られ，中世の様子は，『一遍聖絵（一遍上人絵伝）』に海上に浮かぶ現在と同様な社殿を見ることができる．周知のように海辺に建てられた当社殿は満潮時に足元が水につかり，回廊は海面すれすれに床板を張ってその上を歩くよう設計されており，平面に変化をつけたその容姿は華麗で，海上に浮かぶ鳥居や宮島の弥山とともに絶景を演出している．

梁間 1 間で，柱脚を梁行の足固貫とその上の根太・床板で固め，上方は桁行の内法貫と柱上の舟肘木・梁・側桁で固めるが，柱間は吹放ちで上方桁行の内法長押・小壁と下方は桁行高欄以外何も設けず開放的である．梁上の扠首で軒上を支持する．海上に床板を一面に張ることで，通常の歩廊としての役割を全うするとともに神事を廊上の座で見ることを可能にしている．下方を無視して床板によって水平な床を構築する手法は懸造や平橋に通じ，潮の満ち引きの激しいこの場所ならではの構法といえるが，立地が悪い上に海辺という建物にとっては最悪の環境であることにかわりはなく，毎年の台風や地震による津波などの単発的な被害や，水につかる柱脚部の腐朽と戦いながら 400 年も維持されてきたことは驚嘆に値する．

石清水八幡宮回廊（京都府，図 2.4-50）は江戸時代，寛永 11 年（1634）の造替になるが，『石清水八幡宮曼荼羅』『一遍聖絵』などに中世の姿が描かれ，貞観元年（859）の創建当初あるいはそれよりあまり降らない平安時代後期には四面回廊・三棟造・四面簀子敷を備え，現在と大略同様の構えであったと考えられている．八幡宮は山城男山の山上と山麓に上宮・下宮を祀り，ともに回廊によって囲まれた社殿であった．山上の立地はなるべく平坦な場所を選んではいるがなお斜面であり，回廊に囲われた空間を水平にするため全体に盛土をしており，外周に石積み基壇を上手の低いところでも約 1.3 m，下手の高いところで約 2.7 m 築いている．正面約 38 m，奥行約 45 m の水平地盤の上に梁行 2 間・三棟造の複廊の外側に庇を巡らした回廊を建て，内向きを開放的な空間とする．

社殿は，斜面上に段々に建物を配置するのでなく神域全体を水平に持ち上げるところに特徴がある．絵画資料の長い縁束と門前の高い階段により，このような造りは古くからの伝統であるとわかる．回廊内の神事が水平面上で行えると同時に，建物は斜面と関係なく建てることができ，また石垣により建ちが高くなることで，神域を明確にするとともに立派な構えを効果的

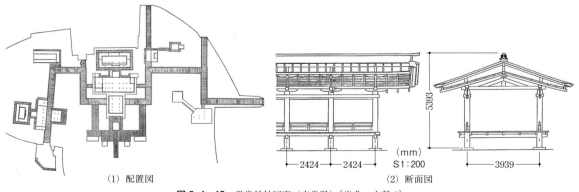

(1) 配置図　　　　　　　　　　　(2) 断面図

図 2.4-49　厳島神社回廊（広島県）［出典：文献 6］

2.4 各種建造物：鐘楼・校倉・回廊，ほか

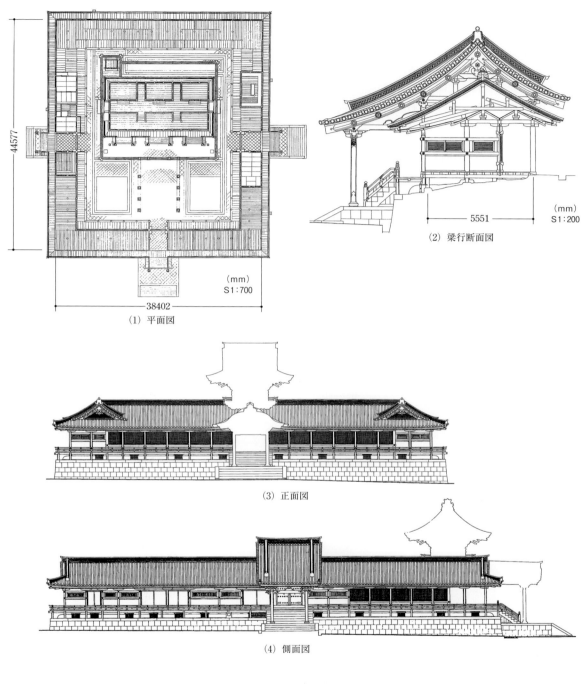

(1) 平面図
(2) 梁行断面図
(3) 正面図
(4) 側面図
(5) 背面図

図 2.4-50　石清水八幡宮回廊（京都府）［出典：文献 7］

につくり出している.

立地条件が斜面の場合，懸造や石清水八幡宮回廊のような盛土の基壇によって水平床をつくり出す手法のほかに，斜面なりに登りに建てる場合もある.

平野部に建設された法隆寺でも西院回廊（図2.4-51）の建つ敷地は南北にやや傾斜しており，傾斜なりに登りながら建てられている．一番低いのが南東隅，最も高いのが北西隅でその差は約2.7 m ある．大講堂は前庭より高い位置に建ち，経蔵・鐘楼より北方の曲折部の傾斜が特に大きく登廊的になっているが，この部分は平安時代，大講堂・鐘楼が再建された後の増築と考えられている．創建当初の部分だけでも落差最大1.2 m あり，南回廊だけで40 cm（西高），東回廊で80 cm（北高），西回廊で85 cm（北高），北回廊で40 cm（西高）の差があり緩い登廊になっている．東西回廊の勾配は2%以下のわずかなもので建物各部の納まりには影響のない勾配であるが，経蔵・鐘楼より大講堂までの矩折れ部分については北方の曲折部の傾斜が特に大きく各部材の形状に影響を及ぼしている．北西隅から大講堂はほぼ水平だが，経蔵から北西隅で

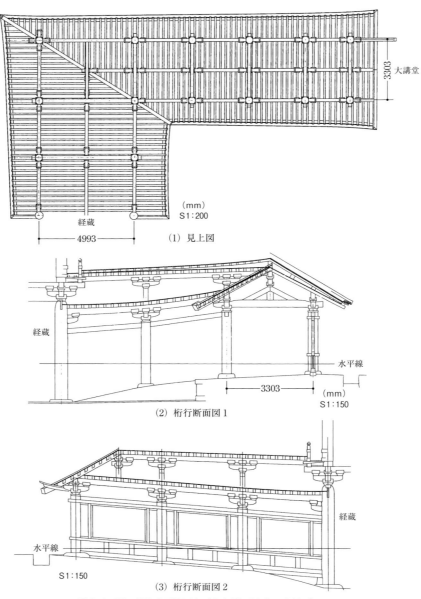

図2.4-51 法隆寺西院回廊（奈良県）［出典：文献8］

2.4 各種建造物：鐘楼・校倉・回廊, ほか　　203

約 80 cm, 鐘楼から北東隅で約 20 cm, 北東隅から大講堂で約 40 cm の落差があり, それぞれ約 8%・約 3%・約 3% の登りとなり, 建物が歪みながら折れ曲がる様子が北西隅, 北東隅においてうかがえる.

基本的な骨組みは創建当初部分と同様だが, 南北方向は経蔵および鐘楼の梁間に規制されて東西方向の梁間より大きく, 隅で大きな振隅となる. また地盤が急激に傾斜するところであるから建物上方にもその傾斜の影響が出て隅組を支持する梁は斜めに架かり, 虹梁・隅木・垂木などの部材断面に菱曲が付き, 軒の曲線と桁の曲線が異なることから 1 本の垂木の鼻先と尻で菱曲の量が違い, 部材を捻ったように加工している.

長谷寺（奈良県, 図 2.4-52）は山下の楼門から山上までの参道が急な傾斜地で, 下から下登廊・繋屋・中登廊・蔵王堂・上登廊がそれぞれ接続し, 上登廊が山上の鐘楼に接続して本堂に至る. 上登廊・蔵王堂が江戸時代慶安 3 年（1650）, 中登廊・繋屋・下登廊が明治 22 年（1889）の建立であるが創建は平安時代にさかのぼり, 立地条件も創建当時からさほど変わらない. 山岳地帯の特に急峻な地に伽藍がつくられており, 山上に登るための登廊各部は山の斜面の勾配にかなり影響を受けている.

梁間 1 間, 一重, 本瓦葺の建物で, 桁行は上登廊 18 間, 中登廊 16 間, 下登廊 41 間である. 登り勾配はそれぞれ, 下登廊約 20%, 中登廊約 30%, 上登廊約 35% であり, 上中下登廊の中間に一度水平な建物を建ててのおのの接続しているが, 平面的には直角に繋がらず, 下・中登廊間鋭角約 70°, 中・上登廊間鈍角約 100° の振れがある.

このような急勾配や接続部の振れは建物細部の形状にまで影響を及ぼし, 軸部・組物・垂木・瓦にその曲せがみられる. 柱が垂直に立つのに対し, 桁行の腰貫・肘木・桁は傾斜と平行になるのでそれらが貫く柱の貫穴や輪薙ぎ込み仕口は斜めに欠き取っており, 肘木の木口は垂直に切っている. 虹梁型の梁行貫は傾斜に関係なく矩形断面であるが, その上の斗・肘木は棟木の傾斜に合わせるように桁行方向に傾けるので, 蟇股の断面に傾斜分の曲せがつき, 台形となって両面の形状が異なる. また軒先の瓦には一つ一つ菱曲をつけて, 軒先がぎざぎざにならないようにしている. 建物同士が直角に取り付かないところの境では, 登っている側桁の到達高さを合わせるために短い柱間の方の側桁に強い反りをもたせ, また平面的に台形になるので垂木が平行に納まらず扇状に取り付けている. 簡単な構造である割に, その場その場の勾配に支配された加工を施さなければならず, 非常に手間がかかっている.

春日大社回廊（奈良県, 図 2.4-53）は永徳 2 年（1382）焼失後の再建で, 本殿は至徳 3 年（1386）に正遷宮を行っているが回廊は少し遅れて建てられたようである. 治承 3 年（1179）, それまでの瑞垣・築地塀を回廊に改めた鎌倉時代の『春日宮曼荼羅』には現在とほぼ同様の回廊が描かれる. 内・中院の諸建築を囲むが北東隅部のみ築地塀とする. 御蓋（三笠）山麓の傾斜地にあり, 治承のときには中院諸社殿はすでにあったので, 回廊は傾斜なりに建てられるが, 北東隅は最も高く周辺の地形は急激に変化しており, 地盤をならしきれなかった部分が築地塀のまま残ったと思われる. 対角の南西隅が最も低く, 南東・北西隅は折れ曲がり

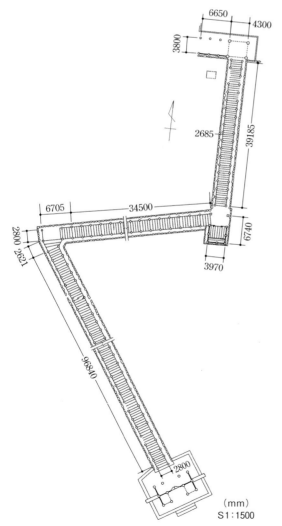

図 2.4-52　長谷寺登廊 平面図（奈良県）［出典：文献 9］

第 2 章 社寺建築の発達 2—神社本殿・塔・門, ほか

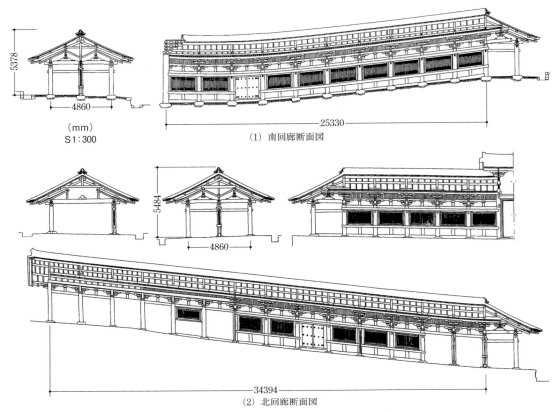

図 2.4-53　春日大社回廊（奈良県）[出典：文献 10]

ながら登る．各棟の登り勾配は，南門西で 1%，同東で 10%，西面は三つの門を挟み南からそれぞれ 2, 3, 3, 4%，東面が 10%，北面が 12% でこの傾斜は治承の前身建物以来と思われる．基壇は南・西面の外側だけが周囲より高く斜面の下手に盛土し，高さ 1 m 弱の壇上積みとするが，ほかは雨落ち溝対岸とほぼ同高で，東面は上手の斜面を削って回廊梁行が水平になるように造成している．南・西面は参詣玄関口であり，藤原氏，僧侶，内侍の正規の入口である 3 門があることと都合よく条件があって立派になったのであろう．

梁間 2 間の複廊で，各梁間の虹梁・蟇股架構で化粧母屋を支え，垂木を M 字型に架けた化粧屋根裏とする三棟造の現存回廊例としては古い．三棟造の奈良時代例に法隆寺東大門（奈良県）・東大寺転害門（奈良県）がある．登り勾配の影響は建物各部にみられる．礎石上面は勾配なりに傾けて据え，西回廊石階は斜めに築き，柱を垂直に立てるのに対して桁行材（地覆・頭貫・内法長押・腰長押・連子窓）は勾配なりに取り付けるので，柱の各仕口はそれに合わせた曲せをとり，桁行各材の継手・仕口も同様の曲せがつく．組物は垂直に積み上げるのを原則とするが，桁行方向は勾配に合わせて傾けるから各部材の形に菱曲がつき，斗・肘木の木口を斜めに切る．また，虹梁蟇股上の組物は通柄に挿して積み上げるが，これも垂直が基準となっており，平三斗・実肘木には斜めに柄穴をあけ，組物に菱曲がつくために虹梁断面にもその曲せがうつり，蟇股の断面も同様である．垂木の断面にも菱曲がつき，側面を垂直にするのに対して上下面は勾配なりに斜めに加工し，木負は飛檐垂木の架かる部分をその断面に合わせて曲せをとった足駄欠きとするなどである．南東・北西隅では登りながら折れ曲るので，梁行方向にもその影響が及び，虹梁は斜めに架かり，蟇股・斗・肘木・桁などには桁行・梁行両方向に菱曲がある．さらに軒・屋根の面はねじれ，隅木・垂木・木負・茅負にはそのねじれに応ずる曲せが施され，甍棟は全体に傾くなど，通常では考えられない納まりとなっている．上述の造成はこれらを考慮して行われ，建設準備段階ですでにこのような歪みを予測しながら施工されており，技術的レベルの高さがうかがわれる．

c. 多目的な回廊

古代寺院の平地伽藍における回廊のように土間床として結界や歩廊の役割をもったものから、床板を張って仏神事のときの座としたり間仕切りを設けて部屋とするなど、回廊には多様な利用方法がある。ここでは特に回廊の使われ方についてその空間構成とともにみていくこととする。

古代における回廊の使用方法は、絵巻物にうかがうことができる。『年中行事絵巻』の内裏回廊は築地回廊であるが、中宮大饗の場面で、築地壁面に絵画が掛けられ、土間に机と椅子を置いて宴を催したり、直に座している様子が描かれる。

油日神社回廊（滋賀県、図 2.4-54）は、室町時代末期永禄 9 年（1566）の墨書が残る楼門と接続し、同時期の建物と考えられている。本殿の周囲は瑞垣で囲んで区画し、前庭に桃山時代建立の拝殿が建つ。少し離れて南方に楼門・回廊を構えるが回廊は全体を囲むものでなく、楼門両脇から発し東西隅で北折した東西廊は途中で終わる。以北には何も取り付かず回廊内庭は出入り自由であり、形だけの結界となっている。

敷地は本殿の背面および側面が小陵に囲まれ、本殿位置を一段高く置き楼門に向かって緩い降り勾配がついているが、回廊内庭のみ水平地盤とするため南回廊を境に約 35 cm の落差ができ、外側を石積基壇で少し高くし、内側は内庭と同高で基壇外装はない。間仕切は外周の腰板壁だけであとは吹放ちにし、全体に床高約 45 cm の床板を張って、梁間 1 間で L 形の一連の空間は内向きに開放的である。桁行に内法貫・足固貫を入れ、梁行には桁行と背違いに足固を入れて、柱頭には頭貫を入れず舟肘木上に桁と虹梁を組むことで

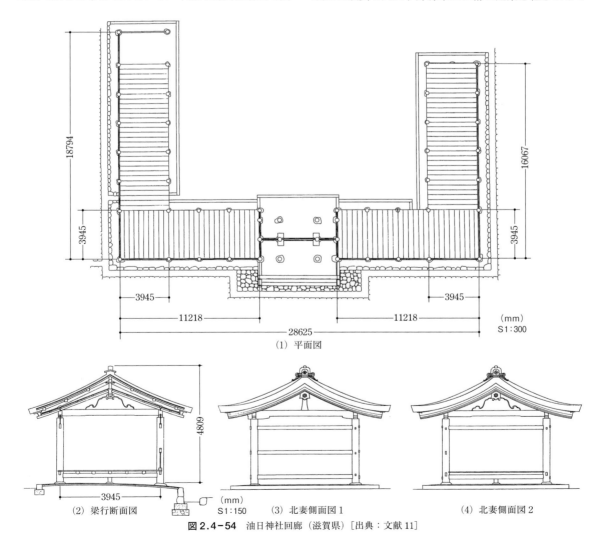

(1) 平面図

(2) 梁行断面図　(3) 北妻側面図 1　(4) 北妻側面図 2

図 2.4-54　油日神社回廊（滋賀県）[出典：文献 11]

軸部を固める。虹梁上には蟇股を置いて，斗・肘木で棟木を受け垂木を架けるが，西回廊北妻だけは虹梁・束立架構とし，虹梁下の舟肘木は梁行にも入れて桁行肘木と組み合わせ，腰貫を入れるなど他と区別して完結させている。東回廊北妻は他の梁間と同様，虹梁蟇股架構とし，肘木も桁行にしか入れず中途半端だが，梁行に内法貫を入れて他と区別し，西回廊北から1間目と同様の扱いとなっている。

東回廊は西回廊に比べて1間少なく，境内の地盤の関係で当初建設予定範囲を縮めたため完結せずに終わったとみられている（文献11）。床組は梁行の足固の上に桁行足固貫と同高に根太を渡し，その上に床板を張るが，東回廊北妻および西回廊北から1間目には根太を隠す仕事がみられ，この位置で床板張りが終わることを示しており，西回廊北端間のみは土間であることから，床上への上がり口はここからのようである。外側通りには腰貫を入れ腰板壁を縦張りにするが，その他は吹放ちで間仕切りや窓も入れず，回廊が完全に閉じていないこととも併せて，この空間が単なる結界や歩廊，外界と遮断された部屋でないことは明らかで，現在は祭りの際，氏子の座として使用されており，当初からそのような用途をもつ建物だったのだろう。神事の中で座として利用する好例である。

鶴岡八幡宮上宮回廊（神奈川県，図2.4-55）は文政4年（1821）焼失後の文政11年（1828）再建であるが，創建は石清水八幡宮（京都府）を勧請した建久2年（1191）上宮創建と同時期で，関口欣也によれば（文献12），建久5年には上宮東廊に両界曼荼羅が安置されて仏堂機能があり，若宮回廊では神事関係とともに法華八講や大般若経読誦が行われるなど神仏習合の色濃く，中・近世を通じて回廊内を用途に応じて分割する伝統が踏襲された。上宮回廊内地盤は，寛永元年（1624）の造替時までは中世形式を踏襲して回廊より約105 cm高く，文政再建時に回廊地盤を約60 cm上げ，回廊内庭地盤を約45 cm下げて一円の地盤としたが，この地盤の形式は楼門・東西御門の形式とともに石清水八幡宮と一致し，また柱間数・柱間寸法などの類似性から上宮回廊の形式は石清水八幡宮と密接な関連が認められるとして注目されている。

梁間2間だが中央通りに柱を立てず，楼門際は切り離して切妻造とする。基壇は全体に高く，外周の縁は基壇外側の長い束立ちで支持され，回廊内の排水は南回廊の正面側の暗渠による。柱上に大斗肘木を上げ，上部は門際の妻を除いてすべて虹梁蟇股架構の化粧屋根裏である。軒まわりは二軒半繁垂木で入隅に隅木を入れず，架構上は南・北回廊に東・西回廊が取り付く形になる。回廊内外に縁を設け，内法長押・縁長押間に内側まわりは遣戸，外側まわりは前半部を半蔀，後半部は門脇3間のみ半蔀でその後は連子窓として間仕切る。正面両端間は外開きの板扉を縁長押・幣軸間に吊って出入口とする。内部梁間は部屋境ごとに内法長押を回して遣戸を設けるなど常設部屋の仕様とする。内部には床板を張り大小多くの部屋に分割されているが全体の対称性はなく，東北隅の両界壇所・西回廊前半の神輿部屋・東南回廊の座不冷壇所は鎌倉以来の由緒が考えられ，回廊を積極的に部屋として利用する意図が明確である。

d．版築築地の古例

敷地境界を画するものには土を主材料とする土塁や築地の類がある。陸奥国分寺（宮城県）や毛越寺（岩手県）などの南大門両脇には基底幅が4 mを超える土塁の発掘例がある。また古代の宮城や寺院跡からは，版築築地塀の発掘例が多く報告されているが古代のものは完存しない。築地塀は屋根が小さく，また主材料が土のため石や木よりも風雨による表面劣化が早い上に，建ちに比べて厚みがないので，地下の水分による浸食や地震・台風の影響が大きいからと思われる。

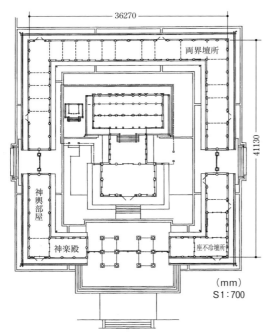

図2.4-55 鶴岡八幡宮上宮回廊 平面図（神奈川県）
［出典：文献12］

平城宮では，現存例にない築地回廊という築地塀の両脇に廊を設けた形式の建物が発掘で確認されており，注目される．平安時代の『年中行事絵巻』（図2.4-56）などの絵画資料には，低い壇上積基壇の上に須柱付きの築地塀が中央通りにあり，礎石建の側柱列が並んで一連の屋根を架け，複廊形式とする築地回廊が描かれている．平城宮内裏の築地回廊は高さ約1.0 mの壇上に側柱礎石据付跡と幅1.8 m，高さ3～6 cmの築地基底部が帯状に残り，側柱と対応する位置に凝灰岩切石製の築地須柱礎石が一対で15カ所に残っていた．須柱礎石は約40 cm×45 cmで中央に角柄穴があり，礎石上面と基壇面，須柱外面と築地壁面を同一面に揃え，際には叩き土間が残っていた．

平城宮第一次大極殿院では安山岩の根石を据えた側柱列の礎石据付痕跡と雨落溝が検出されており，回廊の中心をはさんで幅約1.5 mの間隔で小柱列が断続的にみられ，この柱列と同位置に小溝があり，築地版築時の枠板支柱と枠板を据えた痕跡と推定されている．難波宮内裏西方外郭築地は東西幅約6 mの基壇上の西寄りに基底幅約2 mの築地をつくり，その東に柱を1列立てて築地に片庇を架けたと推定できるものであるが，全長にわたる片庇ではなく特異例である．単なる築地塀は飛鳥寺・橘寺・平城宮・大安寺・薬師寺などから発掘されており，築地基底幅は大きいもので2 m強，1.5～1.8 mのものが多く，犬走りの出などから軒の出は1 m強と考えられている．大安寺や薬師寺例では，ともに南大門の基壇妻側中央部に硬い粘土の積土が張り出しており，門と築地塀は同時建設であった．

版築の実施仕様は江戸時代初期の建築技術書『愚子見記』に詳しく，干割れ防止に塩を混入するが梅雨期はカビに注意すること，築地の縦割れは不同沈下が原因で横割れは不良施工であること，仮枠の取り外しは早すぎないこと，外方篩土の厚さは2寸でも3寸でもよいこと，須柱は土をつくうちに倒れるので立水を幾度も吟味すること，〆木の楔締めは一方に偏らず均等にすることなど細かく記されている．

現存古例は，法隆寺西院大垣に一部桃山時代の築地があり，西宮神社の築地塀は室町時代，和歌山県指定の慈尊院築地塀（図2.4-57）も室町時代後期とみら

図2.4-56　『年中行事絵巻』に描かれた築地回廊：壁面に絵画が掛けられている［出典：文献13］

(1) 全景

(2) 表面詳細

図2.4-57　慈尊院築地塀（和歌山県）［撮影：筆者］

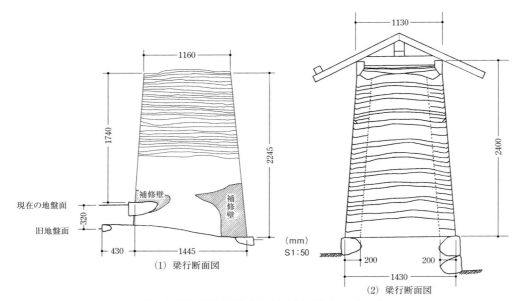

図 2.4-58 法隆寺西院大垣（奈良県）［出典：文献 14］

れている．

　法隆寺（奈良県，図 2.4-58）には元禄 10 年（1697）再建の版築築地が多く残り，西院西面大垣南方に慶長大修理の頃と考えられている須柱なしの古い部分が残る（文献 14〜17）．基底幅約 1.5 m，版築高さ約 2.4 m である．元禄の版築は，幕板による囲いに築土を入れて搗棒で搗き上げる工法で，表面約 20 cm の外壁部分は篩土を 1 層約 6〜10 cm の厚みで細かく搗き，内部は外壁の篩残土を外壁 2〜3 段分積み上げた後に一気に搗く．壁面に残る木目により，幕板は下から上まで同一材を使ったことが知られ，搗き固めながら順次幕板を外し上にずらしては搗き固めることを繰り返した．化学分析でにがり（$MgCl_2$）が検出され，適当な湿気を保ち表面の乾燥亀裂を防ぎながら固めるために用いられたと考えられている．桃山期の古い版築は 1 層の厚みが平均 4 cm 弱で細かく，外壁と内部の別なく全体に篩土を使わないので表面に大きめの小石が多数露出している．慈尊院築地塀も同様に多量の小石が混ざっていて表面と内部の仕様は同じである．

　西宮神社大練塀（兵庫県，図 2.4-59）は 1995 年の阪神淡路大震災で被害を受けたが，築土中の埋蔵遺物より室町時代中期と思われる築地塀であった．須柱はなく，基底幅約 1.5 m，高さ 2.3〜2.6 m，長さ約 4 m を一区画として版築し，これを繰り返して長く延ばす．版築底部は地下約 25〜80 cm で確認され，よく締まった砂層の上に直接構築された．昭和 63 年（1988）修

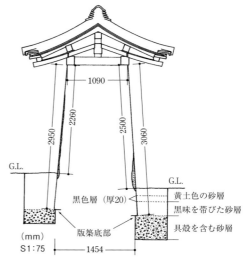

図 2.4-59 西宮神社大練塀 梁行断面図（兵庫県）
［出典：文献 18］

理時の化学分析の結果，極微量だが石灰が検出され，古い部分ににがりはなかった．粒土分析により 74 μm 以上の粗粒子が 7 割強と多く，X 線分析では粗粒部分で石英粒（砂粒），微粒部分でカリオン・セリサイト・イライトなどの粘土が多かった．さらに圧縮試験の結果は，最高値 14 kg/cm^2，平均 8.6 kg/cm^2 で，コンクリートの最低強度が 120 kg/cm^2 であることと比較するとかなり低い値だが，400〜500 年の耐久実績をもち，また化学変化が少ないものとして評価される．

これらの化学的調査の結果は，古いものがほとんどない築地塀の仕様調査として貴重である（文献 18）.

　法隆寺や西宮神社の修理時破損状況によれば，水の浸透による破損が圧倒的に多く，排水不備や地中からの湿気が雑草の繁茂・基礎のゆるみ・築土の流失・壁体の可塑性消失・須柱など木部の蟻害などを引き起こし，結果特に足下において壁面剥離・基礎の乱れ・不同沈下・壁面傾斜などが生じて屋根の破損にもつながり，上方からの雨水の浸透も加わって放置すれば崩壊する．材料の配合・土練りおよび搗き締め方など施工に起因する破損もなくはないが，現存するものは良い仕事が残るはずで，排水処理などの管理が保存には重要な役割を果たすことをよく示している．以上のことを考えると，築地回廊は現存しないものの，基壇上に建ち大きな屋根を架けるので，水気をよびにくいことから築土が存続するには理想的な構造であったかもしれない．　　　　　　　　　　　　　　　　　　　［金子隆之］

■文　献

(1) 奈良国立文化財研究所『平城宮発掘調査報告 XI』奈良国立文化財研究所学報，第 40 冊，1981.
(2) 奈良県教育委員会事務局文化財保存事務所『国宝法隆寺廻廊他五棟修理工事報告書』1983.
(3) 奈良文化財研究所『山田寺発掘調査報告』奈良文化財研究所学報，第 63 冊，2002.
(4) 奈良国立文化財研究所『京都府所蔵建造物図面』.
(5) 法隆寺国宝保存事業部『国宝建造物法隆寺夢殿及び東院廻廊修理工事報告』1943.
(6) 『日本建築史基礎資料集成 社殿 II』中央公論美術出版，1972.
(7) 京都府教育委員会『重要文化財石清水八幡宮社殿修理工事報告書』1969.
(8) 奈良国立文化財研究所『奈良県所蔵建造物図面』.
(9) 奈良県教育委員会事務局文化財保存事務所『奈良県の近世社寺建築 近世社寺建築緊急調査報告書』1987.
(10) 奈良県教育委員会事務局文化財保存事務所『重要文化財春日大社本社廻廊他四棟修理工事報告書』1968.
(11) 滋賀県教育委員会『重要文化財油日神社本殿・楼門及び廻廊・拝殿修理工事報告書』1962.
(12) 鎌倉市教育委員会『鎌倉市文化財総合目録 建造物篇』1987.
(13) 小松茂美『日本絵巻大成 8 年中行事絵巻』中央公論社，1977.
(14) 奈良県教育委員会事務局文化財保存事務所『重要文化財法隆寺西院大垣（東面・南面西方・西面）修理工事報告書』1980.
(15) 奈良県教育委員会事務局文化財保存事務所『重要文化財法隆寺西院大垣（南大門東方）修理工事報告書』1974.
(16) 奈良県教育委員会事務局文化財保存事務所『重要文化財法隆寺西院東南隅子院西南隅子院築垣修理工事報告書』1983.
(17) 奈良県教育委員会事務局文化財保存事務所『重要文化財法隆寺大湯屋・大湯屋表門・西南隅子院築垣修理工事報告書』1974.
(18) 文化財建造物保存技術協会『重要文化財西宮神社大練塀保存修理工事報告書』西宮神社，1988.

第3章

住宅系建築の構造

3.1 縄文・弥生・古墳時代の建築構法

縄文・弥生・古墳時代建築の上部構造は，現存する建物がないため，発掘遺構，遺物という第一次資料，埴輪，土器線刻といった二次的表象物，あるいは世界各地の民族建築事例などの類例から想像的に考察されてきた．近年は，出土部材の事例が豊富に集まりつつあること，そして焼失住居の発掘により，上部構造の考察は想像復元の域から実証的考察へと大きく踏み出しつつある．

構法について決定的な情報を与えてくれるのが，出土部材である．各時代の出土部材事例が蓄積されてきている上，桜町遺跡（富山県）や青谷上寺地遺跡（鳥取県）など，まとまった数の部材が発掘される例も増え，その情報量は格段に上がっている．また，多数の遺跡復元が実施されたことも，この時代の建築についての解釈の深化に寄与している．遺跡復元は実験考古学としての側面をもっており，構法上の特性を具体的に解明する場ともなる．

とはいえ，構造・構法の基本原理については，まだ十分な考察がなされているとはいいがたい．なおまだ想像復元の域を出ないのが，屋根構造の問題である．地面と直結する柱，そして床組については，出土部材からかなり具体的なことが明らかになりつつあるが，屋根構造をなす部材は，出土例は少なくないものの，まだ不明な点が多い．この場合，どうしても現存する歴史時代の建築構造に引きずられてしまう面がある．しかし，逆に屋根構造を中心に考えることで，縄文・弥生・古墳時代建築の構法の特性を浮かび上がらせることもできるように思う．

本節では，屋根構造を軸に，歴史時代の構法と対比させた上で，古墳時代以前の建築構法の基本原理を考えていきたい．

3.1.1 縄文・弥生・古墳時代建築の類型と共通性

a．建築類型：竪穴住居と掘立柱建物

縄文・弥生・古墳時代の建築は，一般に，竪穴住居と掘立柱建物とに二分して理解されている．竪穴住居には，屋根を直接地面に伏せる伏屋式，外周に壁を立ち上げる壁立式などの類型があり，さらに同系統のものに，竪穴を掘らない平地式住居もある（図3.1-1）．

掘立柱建物は，平地上に建つ掘立柱の軸組建築を指す．土間床のものと，高床のものとがあるが，発掘遺構からはいずれの形式か区別がつかない場合も少なくない．高床建築は，桜町遺跡の出土部材によって縄文時代より存在したことが確認された（図3.1-2）．この事例は，竪穴住居と掘立柱建物の技術の連続性を示唆するものである．

縄文，弥生時代には梁行1，2間の規模のものが多いが，弥生時代後期になると，梁行3間以上で柱を省略しない総柱建物が登場する．

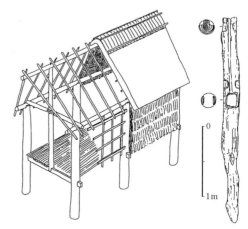

図3.1-2 富山県桜町遺跡の出土部材と高床建築復元案
［出典：文献1］

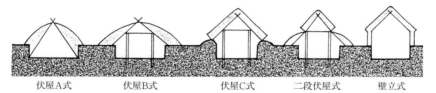

図3.1-1 竪穴住居の断面類型（宮本長二郎による）［出典：文献1］

b. 構法上の共通性

(1) 一体化した構造　縄文・弥生・古墳時代建築は，以上のような建築類型がある上，地域色が濃く，平面形によっても詳細に分類されている．材料，構法も多種多様である．しかし，構法の観点に絞った上で，歴史時代の建築と対比的にみると，一定の傾向がつかめる．それは，地中から屋根まで，構造が垂直方向に切り離されずに一体化しているという傾向である．歴史時代の建築が軸部と小屋組を分離しており，あるいは校倉のように床の上下で構造を切り離す建物があるのと決定的に異なっている．縄文・弥生・古墳時代の建築は，いわば，地中から生えるかのように建っている．

古墳時代以前の出土部材のうち，梁材に注目すると，特に両者の違いが明瞭になる．歴史時代の梁は，繋材であるとともに，棟束などの集中荷重を負担する材として機能する．しかし，縄文・弥生・古墳時代の梁は，束受けの仕口がないものがほとんどである上，梁せいが高くなく，五平材を平使いしているものも少なくない（図3.1-3）．荷重支持を想定していないことが明らかである．この形式の梁は引張材としてのみ機能する．すなわち梁は桁とともに軸部を頂部で繋ぐ材として認識されていたとみるべきだろう．ここには「小屋組」の考え方は存在しない．

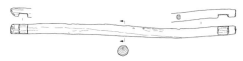

図3.1-3　弥生時代の梁材例（静岡県山木遺跡出土）
[出典：文献2]

(2) 構法上の共通性　地中から屋根まで構造が一体化しているということは，逆にいえば，地面から切り離された軸部の構造体をつくること，そして軸部と小屋組を分離することが，構法上容易ではなかったことになる．これは，軸部を固める技法と構造体を上下に重ねる技法が未熟であったことを示している．その理由として，以下の3点を指摘すべきだろう．

① 軸部を固める目的で使用される「貫」がない．

貫は，日本では中世に輸入された新技術であるとするのが既往の通説であったが，縄文・弥生時代の出土部材に貫および貫穴をもつ柱材が複数発見され，古墳時代以前に貫が存在していたことが実証された．ただし，この貫が，床を支持するための大引きとしての機能に限定されるものか，軸部を固める機能を有しているかについては，議論の分かれるところである．現在出土している部材の範囲では，軸部を固める機能をもつ貫の存在を実証的に認めるのは難しい．

② 仕口加工の精度が低い．

古墳時代以前の建築の部材組手は，結縄から仕口加工へと発達しつつ，両者が併存したものとして捉えられている．結縄を基本とする段階においては，股木や分枝の利用により軸部の強度を確保していた．仕口加工は縄文時代からみられ，工具に鉄器が用いられる弥生時代以降に大きく発達する．しかし，出土部材からわかる仕口には精度の高いものから粗いものまでばらつきがある．粗いものは，柱に横架材を架けることのみを目的としたと考えるべきものがほとんどで，棟束を独立して立てることなど，独立した屋根構造を安定して形成することには不向きであったと想像される．出土部材中の柱が地中から桁や棟木まで立ち上げられる状況を示すことが多いのは，このことと関連していよう．

③ 壁が構造的な役割を担っていない．

歴史時代の建物は，貫は用いないものの，土壁によって軸部を固めている．対して古墳時代以前の建物には，壁立式建物の大壁を除き基本的に土壁がなく，草壁ないし板壁であった．したがって，軸組のみで構造体に剛性をもたせる必要があった．

(3) 大型化の問題　以上3点の構造的共通性において注意が必要なのは，軸部構法のわかる出土部材が小規模建物のものしか見つかっていないということである．建物が大規模化すれば，自ずと構造，構法の原理が異なってくる．大型建物は，縄文，弥生時代の拠点集落の一部に登場し，古墳時代以降，各地で見られるようになる．これらの建物の柱配置では，棟持柱などの棟木，母屋支持のための構造的工夫が目立つ．すなわち，建物の大型化において，梁行および屋根面の拡大に伴って増大する垂木を受ける棟木，母屋，桁の支持方法が，構法上の重要な問題となったとみることができる．

また，総柱の柱配置によって大型化する例も登場する．この場合，束柱上に軸部が持ち上げられるケースも想定されるため，軸部構造の固め方が新たに問題となる．

c. 構法の差異と構造形式上の対比

以上の構法上の共通性に対し，多様な建築類型に対応した構法の差異も明瞭に存在する．差異を考える上で，次の三つの構造形式上の対比が重要となる．

① 屋根構造の問題：伏屋式か壁立式か

屋根構造を考える上で，竪穴住居-掘立柱建物の差異以上に重要なのが，この対比である．伏屋式と壁立式では，垂木がもつ構造的役割が根本的に異なり，垂木を受ける棟木や母屋の支持形式のあり方に本質的な違いが生じる．

② 床支持の方法：土間床か高床式か

地中から屋根まで構造が一体化しているため，建物は土間床が基本である．床を設けるための構法は，軸部構造の形式に及び，構造形式のみならず建築類型をも規定する大きな要素となる．

③ 軸部の固め方：通柱式か束柱式か

弥生後期から登場する総柱建物には，通柱式と束柱式の双方が想定される．特に後者は，ある水平レベルで軸部が上下に切り離される形式が想定されるもので，軸部の固め方の発達を示唆する．

これらの差異は，時間的な発達過程を示しながら，同時併存してもいる．また，建物の規模によっても構法上の差異は明瞭に現れてくる．以下，これらの三つの観点から縄文・弥生・古墳時代建築の構法をみていこう．

3.1.2　構法上の特徴

a．屋根構造の問題

古墳時代以前の建築の屋根構造を考える上で重要なのが，垂木の構造的役割と垂木支持構造の類型である．伏屋式の竪穴住居は，垂木鼻先が土中に埋められており，垂木が担う構造的役割が以降の建築の一般的なありようと決定的に異なっている．ここには部位としての「軸部」は存在せず，「屋根」のみがある．伏屋式竪穴住居以外の建築には軸部があり，屋根は棟木・母屋・桁によって垂木を空中で支持する形式となる．したがって，屋根構造の特質は，垂木を受ける棟木などの支持方法の問題となる．これを，(1) 垂木の構造的役割，(2) 棟木支持の方法，の順にみていこう．

(1) 垂木の構造的役割　伏屋式の竪穴住居の発掘遺構として典型的なものの一つが，竪穴を掘った土を周囲に盛って周堤を築き，竪穴に4穴内外の掘立柱支柱を立てる形式である．この遺構に対して想定される上部構造は，掘立柱支柱上に母屋を架け，垂木を支持する形式であるが，垂木鼻先が土中に埋められる，すなわち垂木が掘立になっている点が重要である．垂木といえば鼻先が持ち放されるもの，というのが現存建築のすべてに共通するが，鼻先が固定される伏屋式竪穴住居では，逆に垂木尻が持ち放されることになる．したがって，垂木尻を1点に集めて縄で結ぶか，中間ないし頂部を桁で受けるかのいずれかの方法をとれば容易に屋根を形成することができる．つまり，構造原理上，棟木が必要不可欠な材ではないことになる．

また，伏屋式竪穴住居の屋根構造として特に個性的なのは，土葺屋根の存在である（図3.1-4）．草葺，樹皮葺に比して屋根荷重が大きいため，屋根構造中に占める垂木の役割が極めて大きい．土葺屋根は施工が容易であるが，大スパンをとることができない弱点がある．しかし，掘立となる垂木の下端に土を厚盛りすれば，垂木尻が跳ね上がるため，構造上は理に適っている．北東アジアや北アメリカの土葺竪穴住居に19～20世紀初頭まで存在した天窓式の形式は，土葺竪穴住居の構造の本質を示している．

伏屋式から壁立式への変化は，垂木が空中に持ち上げられることで，棟木と桁によって垂木を支持する屋根構造を必要とする，構造原理上の根本的な変化と対応している．

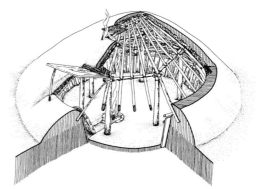

図3.1-4　岩手県御所野遺跡土葺竪穴住居復元案
［出典：文献3］

(2) 棟木支持の方法　壁立式の竪穴住居では，垂木鼻先が地表から離れるので，垂木は屋根荷重を受ける役割のみを担う．立てる垂木から架ける垂木への構造原理の転換がここにはある．したがって，垂木を架けるための棟木および母屋を支持する構造が必要となる．掘立柱建物でも同原理であり，棟木をいかに受けるかという問題がここに発生することになる．

扠首と棟束　棟木支持のためには，桁・梁上に扠首や棟束を組むか，棟持柱を立てて直接支持するか，いずれかの方法が考えられる．棟持柱については発掘遺

構から存在が確かめられる例があるが，扠首や棟束は，柱穴のスパンから構造合理的に推察されたものである．登呂遺跡（静岡県）の竪穴住居復元以来，通説化しているものの，出土部材から扠首と棟束の存在が確かめられる例はごく少数で，むしろ桁・梁にはそれらの痕跡がないものが多数あり，検証の余地がある．

扠首と棟束では構造原理が異なっている．伏屋式からの発達とみれば扠首が自然であり，棟持柱からの展開とみれば棟束も理解しやすく，いずれも早期より存在した可能性が認められる．

棟持柱の類型　棟持柱には，①屋内棟持柱，②妻の壁付棟持柱，③独立棟持柱の3種がある．屋内棟持柱は，竪穴住居，掘立柱建物ともに早期から登場するもので，小屋組の未発達と表裏一体である．これは小規模建物だけでなく，縄文前期より登場するロングハウス型の大型建物にもみられる（図3.1-5）．桁行の長さゆえに，棟木は複数丁の材を継いで形成されることになり，継手部における棟木支持のため屋内棟持柱が必要となったものであろう．

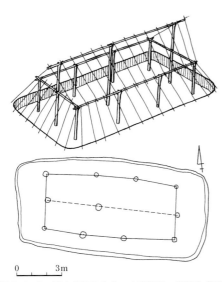

図3.1-5　屋内棟持柱をもつ大型建物の遺構と構造
（岩手県中曽根II遺跡155号住居）［出典：文献1］

掘立柱建物では，妻の壁付棟持柱と独立棟持柱の存在が重要である．妻の壁付棟持柱は，梁と干渉するため，実は合理的とはいえない面がある．これを解消するために棟持柱を外部に出したものが，独立棟持柱の一つの発生理由であろう（図3.1-6）．また，棟木を妻より外に延ばして屋根を片持ちで張り出す形式とも対応する．これは妻に入口を設けるために屋根を張り出したものか，あるいは，妻の棟木を片持ちで延ばすことで，棟木の屋内側を跳ね上げて荷重バランスをとるものでもあったようである．独立棟持柱の存在は，妻壁の形成と棟木支持の両立の困難さを示しており，この時代の構法を考える上で，妻壁をいかに安定的に形成するかが重要であったことを示唆する．

図3.1-6　大阪府池上曽根遺跡復元大型建物　［撮影：筆者］

b．床支持の方法

弥生時代までの床支持形式は，宮本長二郎（文献1）によれば，①屋根倉式，②分枝式，③造出柱式，④際束式，⑤大引貫式の5形式が確認されている（図3.1-7）．これを構法の原理から考えてみよう．

① 屋根倉式：屋根を束柱で持ち上げ，束柱上に床を張る．したがって，束柱式の一種といえる．

② 分枝式：柱を通柱とし，腰の分枝部で床受材を支持するもので，床は軸部構造に差し掛けられる．丸柱の上半部を半裁断面につくり出す「丸柱造出式」も同一原理に基づく．

③ 造出柱式：柱を通柱として腰高以上を五平につくり出し，台輪を落とし込んで床受材とするとともに軸部を固める．

④ 際束式：床受材を柱に取り付けず，柱に添わせた束で支持するもので，床が軸部から構造上分離される．

⑤ 大引貫式：柱に貫穴を貫通させ，床受けの大引材を挿し込む．大引材が軸部を固める機能をもつかどうかは，評価の分かれるところであるが，出土部材からは床支持の機能に限定されると考えられるものが多い．

以上の中で，明らかに軸部を固める機能をもっているのは造出柱式のみで，他の手法は軸部構造に床が寄与していない．これは，造出式柱を用いた建物が穀倉と考えられることと関連するものだろう．すなわち，

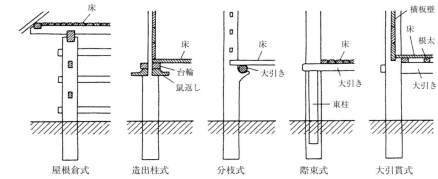

図3.1-7 弥生時代建築における床支持の5類型（宮本長二郎による）[出典：文献1]

図3.1-8 静岡県登呂遺跡復元高床倉庫（関野克案）[出典：文献4]

図3.1-9 出土部材における貫（岡山県津島遺跡出土貫大引材）[出典：文献5]

図3.1-10 栓留めの大引材（長崎県壱岐原の辻遺跡出土柄大引材）[出典：文献5]

内部に収納する穀物による水平圧力に抗することが想定されたものと考えられる（図3.1-8）．

したがって，弥生時代以前の高床建築では，床は軸部構造に寄与せず，軸部に付加するものであるのが一般的だったようである．桁行柱間数を増した大型建物についても，同様の構造の考え方で理解することが可能である．

c. 軸部の固め方

古墳時代以前の建物には土壁を用いないため，軸部は基本的に柱と横架材からなる軸組で固められる．軸部は通柱式か束柱式かに分類される．梁間1，2間の小型建物は掘立の通柱式であるため，原理としては柱の頂部を水平に固めておけば剛性が確保できる．高床建築の床が軸部構造に寄与していないことが多いのも，柱頂部での軸部固めが本質的であったことを示している．

束柱式は，前述の屋根倉形式に加え，総柱建物に対して想定される形式である．総柱建物の場合，必然的に大型建物となるため，軸部固めに別種の考え方が導入されていたことと考えられる．

(1) 貫の機能 近年，復元建物などで軸部固めに貫を用いる例が多数みられるようになってきた．貫は出土部材の柱貫穴から確認され，貫と考えられる部材自体も出土事例がある（図3.1-9）．しかし，梁行1間程度の建物に関する部材であることと，貫の機能が床支持ないし壁間渡しに限定されるのか，軸部固めの機能も有するのか，という点に問題がある．

軸部固めの機能をもたせるには，貫を楔締めするか，込栓ないし端栓留めの必要があるが，出土部材からわかるのは柱材を貫通する穴があけられて部材が挿し込まれるということに限られ，栓留めの1例（図3.1-10）を除き，軸部固めの機能が明らかにわかる貫穴ないし貫材はみつかっていない．現状では，古墳時代以前の貫は，小規模建物の床大引きないし壁間渡しとして用いられたものと考える方が合理的であろう．大規模建物についてはなおのこと，貫以外の方法による軸部固めを想定しなければならない．

(2) 束柱式建物の軸部 弥生時代後期より登場する格段に大型化した建物において，軸部固めの上で問

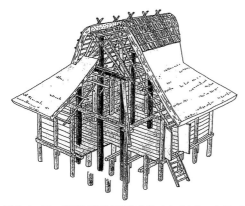

図 3.1-11　法円坂遺跡総柱建物復元案［出典：文献 6］

図 3.1-12　佐賀県吉野ヶ里遺跡北内郭復元大型建物
［撮影：筆者］

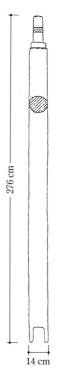

図 3.1-13　吉野ヶ里遺跡
出土束柱［出典：文献 1］

題となる形式が，正方形に近い平面をもつ総柱建物である．拠点集落の中心建物などでみられる特殊な建物が多く，技術的にも高度な仕事がなされたものとみられる．総柱建物には通柱式と束柱式の双方が想定される．通柱式には，柱配置と柱穴規模から，総通柱式と，側まわりのみ通柱とする形式とがあるとされる．棟持柱を伴うものも多くみられ，構法上は，基本的に縄文・弥生時代の形式を継承していることがうかがえる（図 3.1-11）．

束柱式の場合，構造形式としては屋根倉形式か，束柱上に台輪を組み，軸部を立ち上げる形式のいずれかが想定される．後者の形式は，奈良時代に登場するとみられる校倉あるいは楼造の原型をなすものの可能性がある．しかし，明瞭にこの意味での台輪として認められる出土部材の存在は指摘されておらず，この形式の存在はいまだ実証されていない．弥生後期の事例である吉野ヶ里遺跡（佐賀県）北内郭の復元大型建物では，貫で固めた束柱上に台輪を組んで軸部を組み上げている（図 3.1-12）．しかし，根拠の一つとなった出土部材の鼠返し付き束柱は，柱径が 14 cm と必ずしも太いとはいえないうえ，貫穴をもたない（図 3.1-13）．したがって，屋根倉形式も含め，異案について想像力を働かせるべきだろう．

束柱式で台輪上に軸部を立ち上げる形式には，校倉造に代表されるような累木式構造も想定できる．ただし，奈良時代以前の校木の出土例はまだなく，高床の累木式構造は，寺院建築とともに輸入されたものという見解が有力である．

束柱式建物は，出土部材の不足ゆえに，その上部構造を実証的に論じるのは難しい面があるが，床支持構造と軸部構造が分離される可能性を示唆するものとして，さらなる検証が求められる．

3.1.3　歴史時代へ

歴史時代の掘立柱建物は，古墳時代以前の建築構法と連続する面をもっていたはずである．飛鳥時代に導入された建築は，身舎-庇からなる「律令型」と名付けられている新たな平面をもっており，古墳時代までの建築との間に一つの断絶がみられる．構法からみても，仕口加工の精密化を背景に，小屋組の考え方，土

壁による軸部固め，といった新たな展開がみられる．しかし，掘立柱建物に限っていえば，古墳時代からの変化は抜本的なものではなく，漸進的なものだったとすべきであろう．縄文・弥生・古墳時代建築の構法上の考察の深化に伴い，今後，歴史時代建築，特に掘立柱建物の構法の大胆な再解釈が期待されよう．

[清水重敦]

■ 文　献

(1) 宮本長二郎『日本原始古代の住居建築』中央公論美術出版，1996.

(2) 奈良文化財研究所編『山木遺跡出土建築部材調査報告書』奈良文化財研究所，2011.

(3) 浅川滋男編『竪穴住居の空間と構造』平成12年度科学研究費補助金特定領域研究（A）日本文化班資料集2，国際日本文化研究センター千田研究室，2001.

(4) 『韮山町史 第1巻 考古編』韮山町史刊行委員会，1979.

(5) 宮本長二郎『出土建築部材が解く古代建築』日本の美術490，至文堂，2007.

(6) 植木 久「考古資料より探る古墳時代の高床式建築―特に「累木式」構法の採用時期を中心に」『校倉』日本の美術419，至文堂，2001.

(7) 関野 克・伊藤要太郎「建築用材」『韮山村山木遺跡』静岡県韮山村，1962.

(8) 工楽善通「竪穴住居と高床倉庫」『文化財講座日本の建築 1 古代 I』第一法規，1977.

(9) 岡田英男「棟持柱をもつ掘立柱建物の構造復原」文化財学報（奈良大学），9，1991，（『日本建築の構造と技法 下』思文閣出版，2005に再録）.

(10) 三輪嘉六・宮本長二郎『家形はにわ』日本の美術348，至文堂，1995.

(11) 浅川滋男編『先史日本の住居とその周辺』同成社，1998.

(12) 林 謙作・岡村道雄編『縄文遺跡の復原』学生社，2000.

(13) 宮本長二郎『原始・古代住居の復元』日本の美術420，至文堂，2001.

(14) 浅川滋男『竪穴住居の空間分節に関する復原研究』平成10-12年度科学研究費補助金基盤研究（C）研究成果中間報告書，2001.

(15) 渡邉 晶『日本建築技術史の研究 大工道具の発達史』中央公論美術出版，2004.

(16) 桜町遺跡発掘調査団『桜町遺跡シンポジウム記録集 考古資料から建築材・建築資料を考える』桜町遺跡発掘調査団，2005.

(17) 奈良文化財研究所編『出土建築部材における調査方法についての研究報告』科学研究費補助金 基盤研究（A）「遺跡出土の建築部材に関する総合的研究」（平成18-21年度），奈良文化財研究所，2010.

(18) 浅川滋男『建築考古学の実証と復元研究』同成社，2013.

(19) 岡村道雄編『日本各地・各時代の焼失竪穴建物跡―北海道・岩手県・宮城県・栃木県・石川県・愛知県・広島県・鹿児島県』奈良文化財研究所，2008.

(20) 『青谷上寺地遺跡出土品調査研究報告3 建築部材（資料編）』鳥取県埋蔵文化財センター，2008.

(21) 『青谷上寺地遺跡出土品調査研究報告4 建築部材（考察編）』鳥取県埋蔵文化財センター，2009.

(22) 小矢部市教育委員会文化財課編『出土建築材資料集 縄文・弥生・古墳時代編1～3』小矢部市教育委員会文化財課，2005.

3.2 農家建築の構法

3.2.1 棟持柱構造と垂木構造

a. 原始住居と農家建築

北は北海道の渡島半島から南は沖縄の島嶼部にいたるまでの日本列島の農山村には，きわめて似通った考え方の構法でつくられた「農家」の建築が分布している．この農家建築は原始住居から発展してきたものであることは間違いない．ただし，現存する農家建築の遺構は，ほとんどが 17 世紀以降に建設されたものであり，原始住居とは時代的な隔たりがある．また，農家建築の技術水準は寺社建築に匹敵する高度なもので，シンプルな技術を用いる原始住居とは大きく異なっている．このように農家建築と原始住居との間には，近似性と同時に大きな断絶が指摘できる．本節では，その長い断絶の間に進行したであろう構造・構法システムの進化の状況を，現存する農家建築の遺構に残るさまざまな要素を用いて再構築してみたい．

b. 棟持柱構造

日本列島の多雨多湿という気候条件では，雨水を流すために傾斜屋根が必須となる．この傾斜屋根を作る最もプリミティブな仕組みが，水平材の棟と桁を，それぞれ独立した掘立柱の柱列で支える棟持柱構造であり，これが原初的な農家建築の構造形式と想定されている．

川崎市立日本民家園に移築された材木小屋は，柱が棟と桁を直接支える棟持柱構造をよく理解できる遺構である（図3.2-1）．完全な棟持柱構造の遺構は，このような小型の付属屋にしか現存していない．しかし，かつては大型の農家主屋でもこの構造が用いられていたらしく，その特徴を色濃く残す事例は各地に現存している．

山梨県甲州市（旧塩山市）の旧高野家住宅はそうした事例の一つである（図3.2-2）．19 世紀初期に建築された比較的新しい遺構だが，棟通りの真下に柱列が並び，その中の土間中央部に立つ柱は仕上げが施されない巨木となっている．この柱列は途中で一度切断されてはいるが，棟持柱列の進化形として把握できる．

同じく塩山市から川崎市立日本民家園へ移築された

図 3.2-1 川崎市立日本民家園内の材木小屋

広瀬家住宅（図3.2-3）は，建築年代が 17 世紀中期までさかのぼる古い遺構で，農家建築には希少な切妻造の屋根をもち，その土間部分は「四つ建て」とよばれる形式を採用している．四つ建ては土間中央に 4 本の柱を立てて構造を固めるものと定義されているが，棟材・母屋材・桁材をそれぞれ独立した柱で直接支えようとする意図が強く読みとれ，櫓状の 4 本の柱は，棟材を支持するはずの柱を切断して棟束に置き換えるための二次的な構造体とみなせる．

この二つ以外にも 17 世紀までさかのぼる古い時代の農家建築の中には，棟通の真下に柱が立ち並ぶものが多く存在し，棟持柱構造から江戸時代以降の民家が発達してきたことを示している．しかし，シンプルな棟持柱構造のままでは耐久性のある建築をつくることはできない．棟 1 本と桁 2 本という桁行方向の三つのフレームのみで構成される棟持柱構造では，柱が自立する掘立柱であれば問題ないが，耐久性を高めるために礎石立の柱を採用すると，棟や桁と直交する梁間方向に非常に不安定な構造となってしまうからである．この欠点を克服するには，梁間方向にも水平材を掛け渡して繋ぐ必要が生じてくる．

ここで，16 世紀以前までさかのぼる可能性をもつ兵庫県姫路市の古井家住宅をみてみよう（図3.2-4）．この建築は，棟と桁の位置に整然と柱列が並ぶので，棟持柱構造の系譜に連なるといってよい．しかし断面図をみると，柱 3 本とその上に載る梁材によってつ

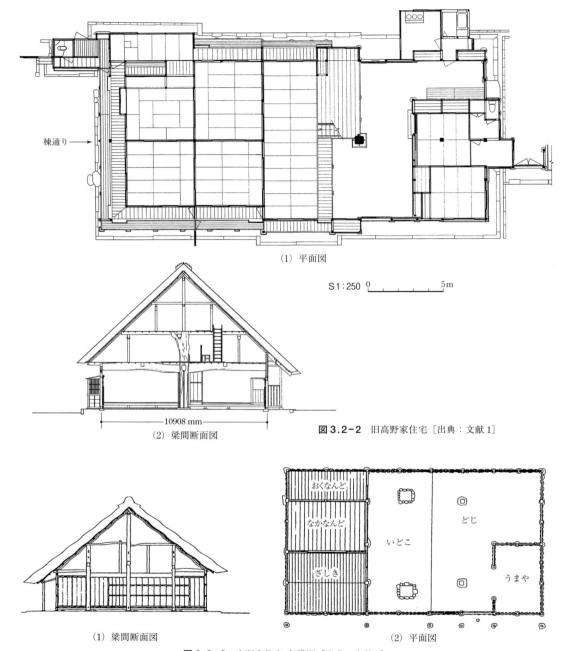

(1) 平面図
棟通り

(2) 梁間断面図

図 3.2-2　旧高野家住宅［出典：文献 1］

(1) 梁間断面図

(2) 平面図
おくなんど　なかなんど　ざしき　いどこ　どじ　うまや

図 3.2-3　広瀬家住宅 架構図［出典：文献 2］

くられる幅 6.3 m の梁間方向フレームの左右に 0.9 m 幅の庇フレームを接続したものを，桁行方向に並べて繋ぐという順序で構造体が構成されていることを理解できる．したがって，構造の発想は桁行方向フレームを重視しているが，建設の順序は梁間方向フレームを優先していることになる．

c．垂木構造と束踏の役割

このように，梁間方向の水平材が入り込むことによって，棟持柱構造の発想は，軒下部分では次第に曖昧になっていく．しかし茅葺の屋根構造では棟持柱構造の系譜は根強く残ることになる．

奈良県五條市（旧西吉野村）の堀家住宅は，14 世紀に南朝皇居となったと伝え，現在の建築も室町時代

3.2 農家建築の構法

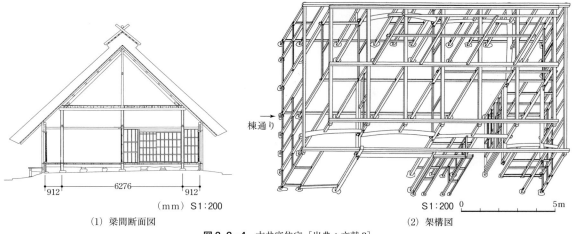

(1) 梁間断面図　　　　　　　　　　　　　　　　(2) 架構図
図 3.2-4　古井家住宅 [出典：文献 3]

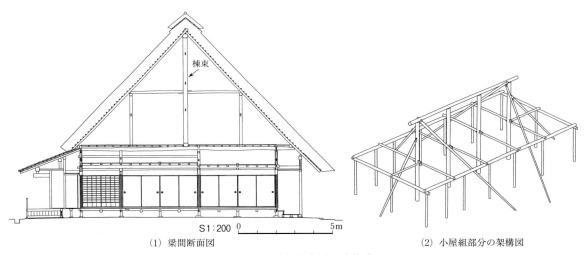

(1) 梁間断面図　　　　　　　　　　　　　　　　(2) 小屋組部分の架構図
図 3.2-5　堀家住宅 [出典：文献 4]

までさかのぼる可能性をもつきわめて古い遺構である．大きな梁間規模をもつ構造体は農家よりも上層貴族住宅と近似し，棟持柱構造との類似性はみられない．しかし茅葺屋根を支える部分は，棟持柱構造の考えをそのまま形にしたものである．堀家住宅をみると（図3.2-5），建築の正面から背面まで通じる梁材のほぼ中央に太い棟束を置き，その両脇に棟束の半分ほどの高さの束が立てられ，それぞれが棟材とモヤ材を支え，その上に垂木を掛け渡して屋根を支えていることが理解できる．こうした屋根構造の形式は垂木構造とよばれ，17世紀以前に遡るような古い時代の遺構はほとんどすべてこの垂木構造であることから，梁材によって切断された棟持柱構造の上部が残存した古い構造形式とみなされている．

垂木構造で屋根荷重を均等に支持しようとすれば，棟木を等間隔に分割する位置に棟束を置くのが望ましい．一方，使いやすい室内空間を得ようとすれば，部屋の中央に柱が立つのは不便なので，梁行方向フレームは間取りに合わせて部屋と部屋の境界などに置かれるのが都合がよい．したがって，梁材の上に直接棟束を載せる手法では矛盾が生じてしまう．

ここで堀家住宅と同じく旧吉野村に所在する西田家住宅をみてみよう（図3.2-6）．西田家住宅は17世紀中期までさかのぼる遺構で，梁行断面図から明らかなように垂木構造の屋根をもつ遺構である．桁行方向の断面図を見ると，3本の棟束はほぼ均等間隔に並んでいるが，梁行方向のフレームは間取りに合わせて部屋境などに配されている．これを可能にしているのが棟束の下に梁と桁行方向に置かれた水平材（束踏）で，これによって棟束の立つ位置は柱や梁の置かれる位置

第 3 章　住宅系建築の構造

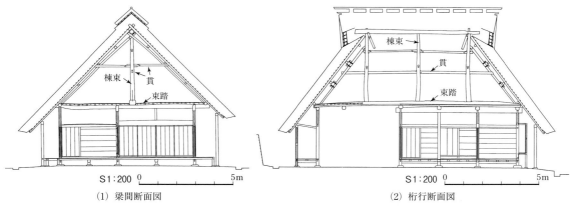

(1) 梁間断面図　　　　　　　　(2) 桁行断面図

図 3.2-6　西田家住宅 [出典：文献 5]

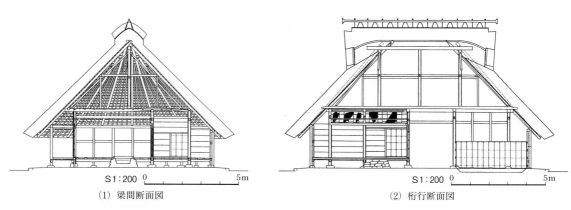

(1) 梁間断面図　　　　　　　　(2) 桁行断面図

図 3.2-7　箱木家住宅 [出典：文献 6]

に束縛を受けることなく，桁行方向で自由に移動できることになる．

　また西田家住宅の棟束をみると，梁間・桁行の両方向で高さを違えた位置に貫が通されていることに気付く．この 2 方向の貫のうち，桁行方向に通る貫の役割は明快である．通常，棟束は束踏に柄差しされるだけなので，施工中などは特に不安定で倒れてしまう危険がある．そこで，桁行方向に貫を通して複数の棟束を繋いで倒れないようにしているのである．一方，梁間方向の貫は，両端部で垂木やモヤ材と結ばれている．垂木は棟束と桁の上に乗るだけの部材であるから，外側に開いて屋根が破損してしまう危険性を常に有している．そうした破損を防止するために，垂木とモヤ材を内側に引き込むことを目的として，梁行方向の貫が通されている．

　このように 2 方向の貫はまったく性格が異なるものではあるが，屋根構造を安定させるという点ではともに大きな効果が期待できる．しかし，貫穴を穿つことは高い施工精度を要求するので，寺社などの上層建築の技術を意図的に導入した産物と推定できよう．また西田家住宅では屋根を入母屋としているが，茅葺で入母屋とする必然性はないので，これも上層建築の形態的な模倣と考えられる．これらのことから，農家建築は完全に自立した存在ではなく，寺社建築の技術を導入することによっても変化したことが明らかになる．

　続いて，古井家住宅と同様に千年家とよばれている神戸市北区の箱木家住宅をみてみよう（図 3.2-7）．箱木家住宅も 16 世紀までさかのぼると考えられており，その構造は古井家住宅や西田家住宅とよく似ているが，相違点も指摘できる．まず，箱木家住宅の棟束は梁間方向・桁行方向ともに柱位置とは合致していないが，これは棟持柱構造からの脱却をよりいっそう顕著に示していて，屋根荷重の均等支持と柱配置の自由度の両立を図った結果である．また，垂木の放射状配置や，2 方向の貫を棟束の内部で繋ぐ背違貫の採用も，屋根構造の強化に大きく寄与している．このように箱木家住宅は，古井家住宅と同じ系譜に連なりながら，祖形といえる棟持柱構造からの脱却はより顕著となっ

ている．

d．垂木構造の地方形式化
江戸時代初期以前の農家建築はすべて垂木構造を採用していたと考えられるが，やがて多くの地方では，次節で詳述する扠首構造が主流となり，垂木構造はすたれていく．しかし，近畿地方の一部などでは垂木構造は独自な進化をとげ，地域的な特徴となっている．京都府の桑田郡エリアはその代表的な地域である．

京都府南丹市の石田家住宅は，縁桁に慶安3年（1650）の墨書があり，年代が確実に判明する農家建築の中では最古の遺構である．石田家住宅も基本的には古井家住宅とよく似た構造形式であるが（図3.2-8），梁間方向フレームのスパンは約8mもあり大型化している点に特徴がある．この結果，梁の上には3組の束・束踏が置か

れ，束は互いに背違貫で緊結されている．また，大型化した建築にかかる水平力に抗するためか桁行方向に通る横材も数多くみられる．

石田家住宅は，通常の農家建築でみられるような平入（棟に向かって直交する方向に出入口を設けるもの）ではなく，妻入（棟と並行する方向に出入口を設けるもの）で，間取りが棟通筋で左右に2分割されているから，棟通筋に柱列が残存していても建築の使用上大きな障害とはならない．このことが棟持柱構造と近しい関係にある垂木構造が継承された理由であろう．

一方，同市内の小林家住宅は，石田家住宅から約150年後の文化13年（1816）に建築された遺構である（図3.2-9）．全国的には19世紀初頭までに垂木構造はすたれているが，小林家では依然として垂木構造を用いており，この地方が垂木構造を保持し続けた事実を示している．

小林家住宅は床上部分が大型となったため，梁行方向のフレームは約11mにも及んでいる．そのため梁は2段に積み重ねられて積層したフレームとなり，垂木構造ではあるが，和小屋の影響が色濃いものとなっている．また，建築内部を桁行方向に貫く柱列の存在は大きいが，その柱列と棟通は微妙にずれ，間取りの要求に合わせた柱配置となっている点も異なっている．また小林家住宅は妻入ではなく平入で，間取りの形状も棟通筋（あるいは中央の柱列）で2分割されるものとは言い難いから，垂木構造と相性のよいものではない．それでも大枠として垂木構造を保持している点に，江戸時代中期以降に地域的な型式として定着した構法の根強さを指摘することができよう．

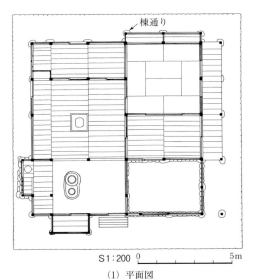
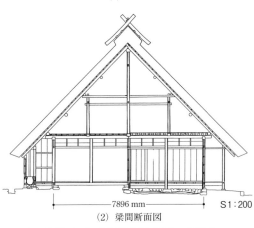

図3.2-8 石田家住宅 ［出典：文献7］

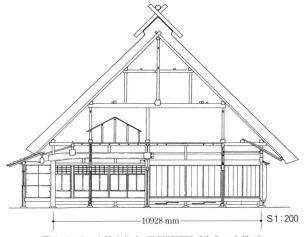

図3.2-9 小林家住宅 梁行断面図 ［出典：文献8］

e. 棟束の形骸化

　構法の形式化は地域的特色を生み出すが，その構法が本来有していた意味は失われる．中国山地周辺も京都府北部同様に長く垂木構造が残存したエリアであるが，ここに残る遺構をみていくと，垂木構造に特徴的な棟束の役割が変質していった過程を見出すことができる．

　広島県三次市の簾山家住宅は18世紀初期頃の遺構で，棟束・束踏をもつ典型的な垂木構造であるが，垂木の下端部は桁材の上部内側で留まっている（図3.2-10）．このままだと桁材は外側に転んでしまうが，柱上端部が枘となって梁材と桁材を貫き通すために安定が保たれている．このようにすれば，たとえ棟束はなくても垂木が相互にもたれかかりあって屋根構造が保たれることは間違いない．

　鳥取県鳥取市の福田家住宅は，17世紀末頃に建設されたものと考えられているが，現在の姿は後に大改造を受けたため当初の姿から変貌している．現在の屋根構造は，梁上に2本の斜材がもたれかかることで構成される扠首構造であるが，梁の中央部には枘穴が残り，建築当初はここに棟束が立っていたと考えられている．こうした痕跡から，建設当初の福田家住宅は，梁の上に棟束・棟木を据え，そこから垂木を流すという順序で建設された垂木構造であったが，完成後に垂木と梁の三角形がトラスを形成して安定することに気付き，後の改造の際に不要と判断された棟束を削除して扠首構造に改造されたという経緯が想定できる．このように，垂木構造という構法に特徴的であった棟束も垂木の納まりの変化によって必要性が失われ，やがて扠首構造へ変質していったのであり，簾山家・福田家住宅はその過渡的段階を示す遺構と位置付けられよう．

［光井 渉］

■ 文　献

(1) 文化財建造物保存技術協会編『重要文化財旧高野家住宅主屋ほか八棟保存修理工事報告書』2001.
(2) 川崎市編『旧広瀬家住宅移築修理工事報告書』1971.
(3) 重要文化財古井家住宅（千年家）保存修理委員会編『重要文化財古井家住宅修理工事報告書』1971.
(4) 奈良県教育委員会事務局奈良県文化財保存事務所編『重要文化財堀家住宅修理工事報告書』1988.
(5) 『重要文化財西田家住宅修理工事報告書』1991.
(6) 文化財建造物保存技術協会編『重要文化財箱木家住宅（千年家）保存修理工事報告書』1979.
(7) 京都府教育庁指導部文化財保護課編『重要文化財石田家住宅修理工事報告書』1975.
(8) 文化財建造物保存技術協会編『重要文化財小林家住宅保存修理工事報告書』1989.
(9) 文化財建造物保存技術協会編著『旧簾山家住宅移築修理工事報告書』1999.
(10) 吉田 靖『日本における近世民家（農家）の系統的発展』奈良国立文化財研究所，1985.
(11) 『指物の変遷過程と歴史的造架構の類型化に関する研究』平成13〜16年度科学研究費補助金研究成果報告書（研究代表者：源愛日児），2005.
(12) 工藤圭章編『日本の民家3 農家Ⅲ』学習研究社，1981.
(13) 光井 渉『中国地方の民家』INAX・図書出版社，1994.

3.2.2　扠首構造

a. 扠首構造の基本

　扠首構造は，梁などの下弦材とその上に乗る扠首とよばれる2本の斜材から構成される簡単なトラスで，前節で解説した垂木構造よりも部材数や工程数が少ない単純なものであるために，18世紀以降，垂木構造に代わって全国に普及した．なお，本項では斜材を扠首とよぶが，斜材がもたれかかりあう様子が手を合わせている様に似ているために合掌という呼称も広く用いられている．しかし，世界遺産で有名な白川村・五箇山の合掌造と紛らわしいので，ここでは扠首という呼称で統一する．なお合掌造も扠首構造のバリエー

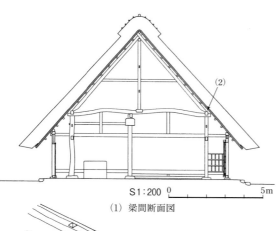

(1) 梁間断面図

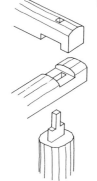

(2) 柱・梁・桁の納まり

図3.2-10　簾山家住宅
［出典：文献9］

3.2 農家建築の構法

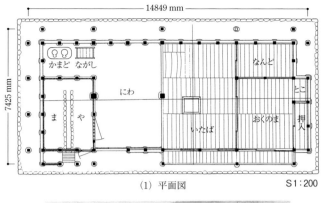
（1）平面図　S1：200

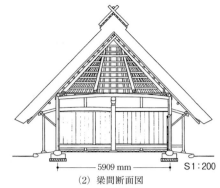
（2）梁間断面図　S1：200

（3）解体修理中の扠首

図 3.2-11　森江家住宅［出典：文献 1］

ションの一つである．また寺社建築で用いられる猪子扠首も形態的に農家建築の扠首材と似ているが，これは束の変形したものであり，構造的な意味はまったく異なる．

まず最初に，扠首構造の実際を，18 世紀前期頃に建設された岡山県苫田郡鏡野町の森江家住宅から確認してみよう（図 3.2-11）．この建築の規模は，梁間方向（奥行）7.4 m，桁行方向（間口）14.8 m と比較的小規模で，正面側の縁側と背面側の土庇を除けば，約 6 m の単スパンのフレームで構成されている．この梁行方向フレーム上の梁材の両端から，互いにもたれかかり合う形で扠首材が乗り，その上に棟・モヤ材・垂木を置いて茅葺屋根を葺いている．すなわち梁間方向フレームの梁材と扠首材がトラスを構成していることになる．

垂木構造の場合，梁間方向フレームを構成する梁材の中央付近に棟束・束踏が載るために，ここに集中的に屋根荷重がせん断力として加わる．そのため，梁間方向のスパンを拡大しようとすると，梁材の断面を太くしなければならない．さらに梁材だけでなく垂木にも同様に大きなせん断力がかかるので，ここも部材断面を大きくしなければならない．しかし，身近な場所で採取できる木材しか使えない農家建築では，太く立

派な材料を気軽に使用することはできない．したがって，垂木構造を採用する限りは農家建築の大型化は進まないことになる．

一方，扠首構造はトラスであるから，梁材には基本的には軸力しか作用しない．また扠首材もモヤ材を通じて部分的な屋根荷重がせん断力としてかかるが，こちらも基本的には軸力が中心である．そのため，扠首構造では部材数自体が少ないことに加えて部材断面も小さくて済むので，採取と部材加工の手間の両方が削減され，多くの人が建築の大型化を容易に図れることになる（図 3.2-12）．扠首構造が垂木構造を駆逐した理由は，こうした構造上あるいは部材調達上の長所に見出せる．

（1）掘立柱建物　（2）垂木構造　（3）扠首構造

図 3.2-12　屋根構造の発展過程

b．扠首の納まり

以上のように垂木構造と扠首構造では荷重伝達の基

本的な仕組みが異なっているために，一見しただけでは似通った位置に入る部材であっても，部材接合部の納まりは両者で異なっていることが多い．

垂木構造では，棟束と棟木・束踏・梁材との結合部は，いずれも柄差しが基本となる．ここは単に鉛直荷重を伝えるだけで，左右にぶれないことが重要であるから柄差しが最適である．次いで束踏と梁材は相欠きが基本で，これによって鉛直荷重を伝達すると同時に桁行方向の振れ止めも果たすことになる．また，垂木と棟束で支えられた棟木の取り合いは浅めの相欠きとし，縄を用いて緊縛するのが通例で，垂木の下端は桁の一部を欠いて納める．こうした納まりとなるため，垂木構造では垂木が桁のあたりで外に向かって開いて壊れていく危険性を常にもっている．

一方，扠首構造がトラスとして機能するには，下弦材と2本の扠首材はピン接合が理想である．しかし，天然木材をピン接合することは困難であるから，さまざまな種類の代替的な納まりが採用されることとなる．2本の扠首材が交わる頂部（拝み部分）では，先端部分を互いに欠き込んで重ねて縄で縛る手法がよくみられるが，前述した森江家住宅では，片方の扠首材に緩めの柄穴を穿ち，もう片方の扠首材の先端を差し込んで納めている．扠首材の下端（扠首尻）では，先端を鉛筆のように尖らせ，梁材に突き刺す手法がよくみられる（図3.2-13）．こうした納まりは擬似的にピン接合として機能するので，トラスの原理を理解したものといえるが，垂木構造とは逆に扠首頂部が壊れる危険性が高いことになる．なお，扠首尻を曲げて垂直にし，梁材に丁寧な柄差しで納めているものも存在しているが，これは形態的には扠首構造であっても，実態は束を二つに割ってその下端部を両側に広げたものとみなせる．

次いで扠首材の配置についてみると，建物の中央部分では棟に向かって垂直に梁上に置かれている．しかし，建物の端部では，棟から隅に向かって放射状に延びる「追扠首」を用いて納め，寄棟屋根ないしは破風の小さな入母屋屋根とするものが大部分である．寄棟屋根の場合には，妻側側面部の梁あるいは桁から棟木に向けて追扠首を直接掛け渡す場合が多く（図3.2-17参照），入母屋屋根の場合には，通常の扠首の中途に追扠首を掛け，棟木は外側にオーバーハングさせて破風をつくる場合が多い．

c．扠首構造の発生過程

前に述べたように，垂木構造の遺構の中には，扠首構造の萌芽形式とみなせるものもある．一例をあげれば，18世紀の建築と考えられている奈良市（旧月ヶ瀬村）の菊家家住宅は，垂木構造と扠首構造の両方の要素を兼ね備えた遺構である．

菊家家住宅の梁行断面図を一見しただけでは，典型的な垂木構造としか思えない．しかし，この図面に見える棟束は梁上に直接立つ2本のみで，屋根荷重全体を支えるには頼りない．そこで屋根裏の写真を確認す

(1) 梁間断面図

図3.2-13 旧矢箆原家住宅（岐阜県大野郡から横浜市の三渓園へ移築）の扠首尻

(2) 屋根裏の状況

図3.2-14 菊家家住宅［出典：文献2］

ると，2本の棟束の間に1組の扠首が置かれているのに気付く．つまり棟束2本と扠首1組の合計三つで棟木を支持しているのである（図3.2-14）．このように菊家家住宅は棟束と扠首を併用するタイプで，3.2.1項で言及した古井家住宅も同様である．

さらに，構造的にはほとんど効いていない棟束が扠首構造の中に残存している事例もある．こうした棟束は，施工途中に不安定な状態になる扠首材を一時的に固定するという役割を果たしているものと考えられる（図3.2-15）．白川村の合掌造は特に大型の扠首を用い，施工途中の危険度が大きいため，扠首材の間に「ハネガイ」とよばれる斜材を入れているのも，こうした工事中の危険回避のためである．

垂木構造において屋根荷重を支える力垂木と扠首構造の扠首を比較すると，その構造的な役割はまったく異なっているが，形態的には似通っている．そして，これまで述べてきたように両者の中間的な遺構が存在しているから，扠首構造は垂木構造から発生したものとみなして間違いないだろう．しかも，17世紀前半頃まで遡る遺構のほとんどが垂木構造で，両者の中間的な特徴をもつ遺構は17～18世紀に建築されたものが多いことから判断すると，扠首構造が発生した時期は，これをあまり遡らない時期と判断してよいだろう．

しかし，この推定と矛盾する事例も存在している．熊本県球磨郡多良木町の青蓮寺阿弥陀堂は，山間に建設された茅葺の寺社建築で，建築年代は嘉吉3年（1443）と推定されている（図3.2-16）．宝暦4年（1754）に行われた大改造の際に和小屋系の屋根構造に改造されたが，1994～96年に行われた解体修理の際に得られた知見から，建築当初には扠首構造だったと報告されている．これが正しければ，農家建築から得られる扠首構造の出現時期と大きく矛盾することになるので，扠首構造の発生時期については結論を留保しておきたい．

d. 梁間方向フレームと扠首

力垂木と扠首材との相違点は，梁材との関係でも指摘できる．垂木構造の力垂木は棟から桁に掛け渡すものであるから，梁材の位置とは関係なく，本数も位置も自由に決められる．一方，扠首材は下弦材と一体化しなければトラスとして機能しないから，扠首材の位置は梁間方向のフレームと緊密な関係をもつ．

長崎県長崎市の本田家住宅は18世紀後半の建築で，比較的小規模な3室構成となっている（図3.2-17）．この住宅の「おうえ」部分の構造をみてみると，約5mスパンの梁間方向フレームを基本とし，このフレームを構成する梁材がそのまま扠首の下弦材となっている．したがって，扠首の位置は梁およびその両端を支える柱の配置と揃わなければならない．桁行断面図で，両脇の扠首材が内側に傾いているのは，扠首尻は梁の端部と一致しなければならないが，寄棟屋根の棟の長さは間口よりも狭いために生じた苦肉の策である．

しかし，前出の菊家家住宅をもう一度みてみると（図3.2-14参照），扠首構造の下弦材として機能する梁材を支持しているのは柱ではなく4か所の桁行方向の部材である．こうすることで，扠首の位置は柱の束縛を離れて自由に決められることになる．このように菊家家住宅の梁材は，柱を水平方向に繋ぐ本来の役割を別の部材に任せ，ただ扠首材と一体となって屋根荷重を支持する目的に特化しているといえよう．こうした傾向は，後述する「扠首台」の萌芽形式といえるもので，

図3.2-15 解体中の扠首構造（旧後藤家住宅，岩手県奥州市（旧江刺市），江戸時代中期）［出典：文献3］

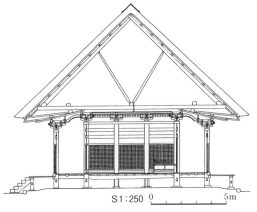

図3.2-16 青蓮寺阿弥陀堂 建築当初復原断面図
［出典：文献4］

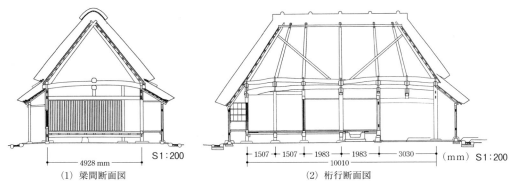

図 3.2-17 本田家住宅［出典：文献 5］

18 世紀以降全国で顕著となり，柱・梁によって構成される軸組と，屋根構造のみを担当する小屋組への分離を経て，間取りの自由度が高い構法として完成することになる（3.2.6 項参照）．

e. 特異な屋根構造

ここで，垂木構造とも扠首構造ともつかない特異な事例についても紹介しておこう．

石川県珠洲市の黒丸家住宅は 17 世紀までさかのぼる古い時代の遺構である（図 3.2-18）．茅葺の大屋根と桟瓦葺の庇からなる建築規模は大きく，茅葺部分に限っても梁行方向の規模は約 10.0 m に及ぶ．構造は，梁間方向・桁行方向ともに高さ約 3.8 m の長い柱を並べ，そこに 3 段の横架材を掛け渡して固めている．この上に貫を用いて固められた台状の構造体を載せ，さらにその両端には束を置いて桁行方向の部材を支え，その上に斜材を組んで棟を支えている．この 2 本の斜材の下を梁間方向に繋ぐ部材は存在していない．斜材が乗る桁行方向の部材をみると，外側からつっかえ棒を入れて転ばないように支持している．これは，この部分にかかる鉛直荷重と外側に開こうとする力の両方に耐えるための工夫である．

扠首構造は，斜材と下弦材で三角形を構成することで機能するものだから，下弦材に該当する部材をもたない黒丸家住宅は扠首構造とはいえない．また棟部分を束で支えているわけでもないから垂木構造でもない．この部分は，奥行の深い屋根をつくるために後世改造された箇所と考えられているが，どのような発想でこうした形式が採用されたのかは興味深い問題である．

［光井 渉］

■ 文　献

(1) 文化財建造物保存技術協会編『重要文化財森江家住宅移築修理工事報告書』1975．
(2) 奈良県教育委員会事務局奈良県文化財保存事務所編『重要文化財菊家家住宅修理工事報告書』1982．
(3) 江刺市教育委員会編『重要文化財旧後藤家住宅修理工事報告書』1967．
(4) 文化財建造物保存技術協会編『重要文化財青蓮寺阿弥陀堂保存修理工事報告書』1996．
(5) 長崎市編『本田家住宅修理工事報告書』1974．
(6) 宮澤智士編『日本の民家 2 農家 II』学習研究社，1980．
(7) 工藤圭章編『日本の民家 3 農家 III』学習研究社，1981．
(8) 宮澤智士編『日本の民家 4 農家 IV』学習研究社，1981．
(9) 『小屋組の構法原理からみた日本の伝統的木造建築の発達史に関する研究』平成 13 ～ 15 年度科学研究費補助金研究成果報告書（研究代表者：堀江 亨），2004．
(10) 光井 渉『中国地方の民家』INAX・図書出版社，1994．
(11) 光井 渉「合掌造について」月刊文化財，378，1995．

3.2.3　上屋と下屋

a. 大型化の手法

農家建築も寺社建築と同様に，規模を大きくするための創意工夫が構法の発展の原動力となっている．

まず原始的な棟持柱構造の枠組の中で大型化しよう

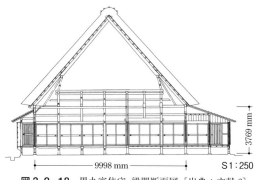

図 3.2-18 黒丸家住宅 梁間断面図［出典：文献 6］

とする場合，桁行方向への延長は柱列を増やして棟や桁を継ぎながら延ばせばよいので簡単だが，梁間方向に延長しようとすると屋根荷重の関係で問題が生じてくる．

屋根材としての茅は入手しやすく加工も容易だが，防水性能を確保しようとすれば1 m² あたり 100 kg 近くの重量となり（桟瓦葺と同程度），水を含むとさらにその重量は増加する．この重量を棟持柱構造で支えようとするなら，棟と桁との間隔をあまり広くはできず，梁間方向の規模拡大が困難となる．

梁間方向の規模を拡大するには，二つの方法が考えられる（図 3.2-19）．第一の方法は，屋根重量に耐えるように柱・棟・桁・垂木といった主要な部材の断面を太くするものである．こうした部材に頼る方法は単純な発想であるが，部材調達の面で障害があり，広く普及する方法とはなりえない．もう一つの方法は，通常の構造体の外側にもう一列柱列を並べて桁を2列にして，「棟-内側の桁」と「内側の桁-外側の桁」という二つのペアで屋根荷重を支持する方法である．この方法の場合，部材を太くする必要はないので，普及のための条件を備えている．純粋な棟持柱構造の農家遺構が存在しないので，以上述べたことは仮説の域を出ないが，こうした現象を想起させる遺構は存在している．

鳥取県八頭郡八頭町の矢部家住宅は，建築年代が17世紀初期頃以前にさかのぼるきわめて古い遺構で，梁間方向の規模拡大を目指した棟持柱構造の特徴を見出すことができる（図 3.2-20）．

梁間断面図の中央部分をみると（図 3.2-20），棟通筋の直下には柱と棟束が立ち，梁に頼らないで棟を地面から直接支え，そこから約3 m 離れた両脇には同じく桁を直接支える柱が立っている．この部分では，柱を水平に繋ぐ材は水平耐力のみを受け持ち，屋根荷重の伝達という役割は担っていない．垂木が載る梁材の成がきわめて低いのはそのためである．したがって，棟持柱が途中で切れてはいるが，まさしく棟持柱構造の系譜に連なる構造体といえよう．

ここで，今確認した部分からさらに外側をみてみると，中央3本の柱よりも一段低い柱が両脇に並び，やはり桁を直接支えている．内側の桁持ちの柱と外側の桁持ちの柱との間隔は前後とも約 1.9 m で，2種類の柱の頂部を繋ぐ箇所には，垂木に相当する緩やかに湾曲した斜材が掛けられ，この部分の屋根を支えている．このように矢部家住宅は，桁持ちの柱を2段にすることで，約 10 m に及ぶ長い梁行規模を確保しており，先ほど述べた仮説の蓋然性を裏付ける事例となっている．

b. 上屋下屋構造

矢部家住宅は，屋根荷重を水平材に伝達しない特異な構造である．しかし，ここで用いられている桁を二重にして軒先を遠くに差し出すことで大型化を図る手法は，梁材に屋根荷重を伝達することで成立している垂木構造や扠首構造でも一般的なもので，「上屋下屋構造」とよばれている．

ここで，農家建築の間取りをみると（図 3.2-21），「前座敷三間取り」「広間型三間取り」「整形四間取り」などさまざまな類型があるが，いずれの場合にも梁行方向に2室並ぶことになるので，約 8 m（4間）以上の梁間寸法が必要となる．一方，単スパンの構造体では，垂木構造でも扠首構造でも屋根荷重は梁材に伝達され

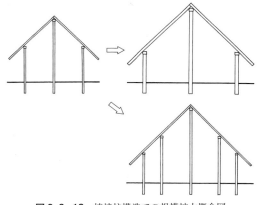

図 3.2-19　棟持柱構造での規模拡大概念図

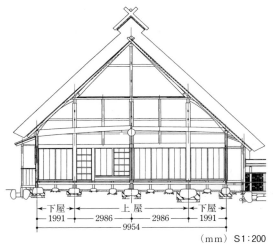

図 3.2-20　矢部家住宅 梁間断面図［出典：文献1］

るため，その長さには限界があり，周辺で入手可能な材のみに頼る農家建築では 5〜6 m の範囲を超えることは非常に困難になる．上屋下屋構造は，こうした制約を打破するために生まれ普及したものである．

上屋下屋構造は（図 3.2-22），柱 2 本とその上の梁材によって構成される梁間方向のフレームである上屋と，その両脇に一段低い柱を立てて上屋と繋いだ下

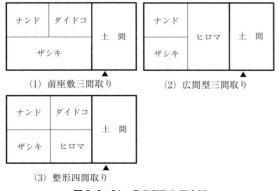

(1) 前座敷三間取り
(2) 広間型三間取り
(3) 整形四間取り

図 3.2-21 農家間取り概念図

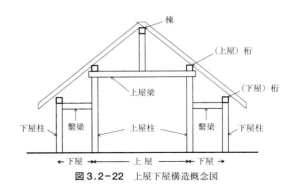

図 3.2-22 上屋下屋構造概念図

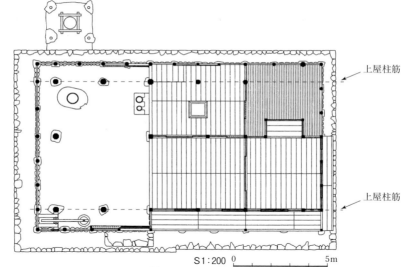

(1) 平面図

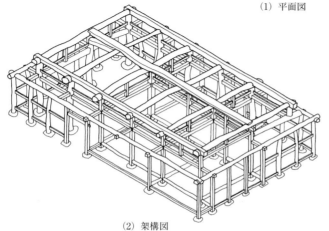

(2) 架構図

(3) 室内に独立して立つ上屋柱

図 3.2-23 籠山家住宅［出典：文献 2］

屋から構成されるもので，上屋を構成する背の高い柱を上屋柱，梁材を上屋梁，同じく下屋に立つ低い柱を下屋柱，下屋柱頂部と上屋を繋ぐ横架材を繋梁とよび，上屋と下屋を合わせれば10 mを超える梁行総延長も容易に可能となる．

3.2.1項でも言及した旙山家住宅（広島県）はシンプルな上屋下屋構造の代表的な遺構である（図3.2-23および図3.2-10参照）．床上部正面側では上屋柱の位置に合わせて建具を入れて縁側とするため目立たないが，囲炉裏がある部屋や土間では，内部空間に上屋柱が独立して立ち，その存在を誇示することになる．

また3.2.1項で取り上げた箱木家住宅（兵庫県）も比較的単純な上屋下屋構造だが，ここでは上屋梁が上屋柱よりも外側に掛け出す形式となっている（図3.2-7参照）．これによって上屋のスパンは少しではあるが長くなり，同時に上屋屋根と下屋屋根の接続部分に入念な処置を施すことが可能となる．また下屋の部分で下方から上屋梁の端部が見えるので意匠的な効果もある．同様の手法は関東地方などの17世紀にさかのぼる農家建築にもみられ，全国的に普及していたものといえよう．

箱木家住宅は，外壁位置をすべて下屋柱の並びに揃えるのではなく，上屋柱の並びにも壁や建具を配置して，下屋部分を土庇や縁側とするなどの工夫をこらしているが，土間内部ではやはり独立して立つ上屋柱列を確認することができる（図3.2-24）．上屋下屋構造は農家建築の大型化を達成させたが，内部に独立して立つ上屋柱の存在は建築の自由な使用を制限することになるので，この解決が18世紀以降の農家建築にとって構法上の大きな課題となっていく．

c．又下屋

上屋下屋構造は，背の高い上屋と一段切り落とした下屋から構成されるものであるが，下屋よりもさらに低い「又下屋」とよばれる部分を付ける場合もある．福島県河沼郡会津坂下町の五十嵐家住宅は1729年の建築で，又下屋をもつ事例である．土間部分の梁行断面図をみると（図3.2-25），五十嵐家の構造は4.8 mの上屋の前後に約1 mの下屋が取り付き，さらに正面側では0.4 m，背面では0.8 mの又下屋が付く形式となっているのがわかる．

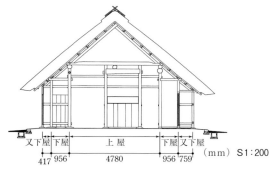

図3.2-25 五十嵐家住宅 梁間断面図［出典：文献4］

先の旙山家住宅や箱木家住宅から理解できるように，シンプルな上屋下屋構造では室内に上屋柱が独立して立ち，さらに又下屋をもつ場合には下屋柱も室内に残ることになる．しかし五十嵐家では，又下屋が取り付くのは土間まわりを中心とした一部のみで，床上部に又下屋はなく，上屋・下屋・又下屋の柱が立つ位置を，部屋境として空間を切り替えているために，独立柱が室内で目立つことはない．また，又下屋を付けない床上部分は，又下屋を付ける土間部分と比較すると，軒高さを高くすることができ，室内の採光面でも有利になっている．

原理的には，又下屋のさらに外側の「又々下屋」なども考えられるが，柱の処理と軒高さの確保のためには又下屋が限界であり，又下屋を付ける場合にも，建築全体ではなく必要な場所のみに付ける場合がほとんどである．

d．叉柱とチョウナ梁

上屋と下屋は高さが異なる空間であり，上屋梁よりも一段低い位置に，下屋柱頂部から上屋柱側面に繋梁を掛けて両者を接続する．しかし，これとは異なる構

図3.2-24 土間に独立して立つ上屋柱（箱木家住宅）
［出典：文献3］

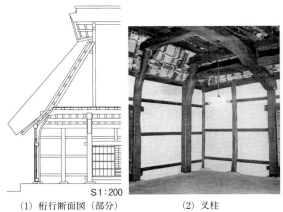

(1) 桁行断面図（部分）　　（2) 叉柱
図 3.2-26 堀口家住宅 ［出典：文献5］

図 3.2-27 野原家住宅（富山県東礪波郡から川崎市立日本民家園へ移築）のチョウナ梁

法を用いて，より合理的に上屋と下屋を接続する場合もある．その一例が北陸地方の農家建築にのみみられる「叉柱」の使用である．

福井県今立郡池田町の堀口家住宅は 18 世紀初期の建築で，この建築の土間部分隅から内部に入った箇所に立つ柱が叉柱である（図 3.2-26）．叉柱はY字型に枝分かれした自然材の形状をそのまま残し，枝分かれしている二つのうち高く延びる方は通常の上屋柱の役割，すなわち上屋梁と桁を支え，もう一方の低い方は下屋の桁を支えている．このようにすれば，合理的に高さの異なる空間を 1 本の柱で支えることが可能となる．

この叉柱を用いた構法では，下屋のスパンは 2 本の枝の間隔で決まるから，あまり長くすることはできない．また，1 本の柱で上屋と下屋の両方を支えるために，両者の水平方向の接続は不安定となる．堀口家住宅で，叉柱である上屋柱に掛かる水平材（挿物と上屋の桁）の間に入れられた束から下屋の桁に向けて繋梁を入れているのは，少しでも両者を堅く接続させるための措置である．なお，堀口家住宅の軒高さが比較的高いのは，雪下ろしの必要がある豪雪地帯の特徴である．

叉柱が北陸地方に特有の構法であるのに対して，「チョウナ梁」を用いて上屋と下屋を接続する手法は，広く全国に普及している（図 3.2-27）．チョウナ梁は上屋梁の一類型で，上屋柱から外側に大きくオーバーハングし，さらにその端部が下方に大きく曲がったものである．この曲がりを利用して背の高い上屋と背の低い下屋を 1 本の梁材で接合させてしまう点に大きなメリットがある．なお，チョウナ梁という名称は，木材の粗加工をする「手斧」と形態的に似ていることに由来している．

北海道伊達市の三戸部家住宅は，明治初期に宮城県

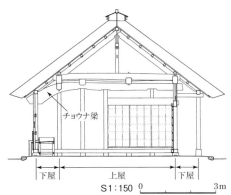

図 3.2-28 三戸部家住宅 梁間断面図 ［出典：文献6］

から伊達市に移住した開拓者が建築したもので，構法的な系譜は宮城県に連なるものである．ここでのチョウナ梁の使われ方をみると（図 3.2-28），前述したように通常の上屋梁と繋梁の二つを兼用した性格が与えられていることがよく理解できよう．すなわち，上屋と下屋で生じる段差を 1 本の部材で吸収し，ここに屋根荷重を伝えることで上屋柱を省略してしまっているのである．

e．登梁の使用

チョウナ梁の使用はメリットが多いが，両端で同じような曲がり方をした部材を何本か揃える必要があるので，いつでも使える構法とはいえない．そこで，直材を用いながらチョウナ梁と同様に上屋と下屋を繋ぐ構法が開発されることになる．

香川県さぬき市の旧恵利家住宅は，17 世紀末に別家によって建築された後，恵利家に譲渡された建築で

ある．一見しただけでは，正面側に又下屋が付くが，扠首構造となる上屋下屋構造に相違ない（図3.2-29）．しかし，子細にみると，棟通筋に柱が立ち，この柱と下屋柱との間に登梁が掛けられ，上屋梁はこの2本の登梁上に立てられた束によって支えられていることに気付く．こうした構法を採用すれば，棟通筋の柱と下屋柱だけが必要で，上屋柱を省略することが可能となる．なお，図3.2-29で上屋柱が描かれているのは，土間と板の間との境界が背後に見えているためである．

旧恵利家住宅のような手法は，上屋と下屋を緊密に繋ぎつつ，上屋柱を省略して室内を有効に使用することを可能とする構法で，チョウナ梁と似通った発想といえよう．こうした上屋と下屋を繋ぐ性格の梁は，旧恵利家住宅のように登梁とする必要はない．屋根構造を支える上屋梁よりも低い位置で，正面の下屋柱から背面の下屋までを繋ぐ部材が存在すればどのようなものでもかまわない．

旧恵利家住宅と同地域に所在する細川家住宅は，旧恵利家住宅よりも半世紀ばかり遅れた18世紀中期頃に建設されたと考えられている．ここでは登梁は用いられていないが，正面から背面までを繋ぐ1本の梁材

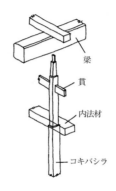

図3.2-31 小采家住宅（徳島県三好市）コキバシラ詳細図［出典：文献9］

が確認できる（図3・2-30）．なお，細川家住宅の上屋柱は，上方を長い柄状とし，梁材などの横架材を貫いて上方に延び，上屋梁を直接支持している．こうした柱は「コキバシラ」とよばれ，四国地方で散見される（図3・2-31）．

細川家住宅では，コキバシラを用いるために背の高い上屋フレームと低い下屋フレームという上屋下屋構造の形態が維持されている．しかしその構造の考え方は，上屋下屋を一体化した同一高さのフレームをつくり，その上に別の屋根構造を載せるという考え方に近づいている．こうした傾向は，上屋下屋構造が宿命的にもっていた室内に立つ独立した上屋柱という問題を解決し，農家建築の室内空間の自由度を増すものとして，さまざまなバリエーションをもって展開していく．この内容については，次項以降で詳述してみたい．

［光井 渉］

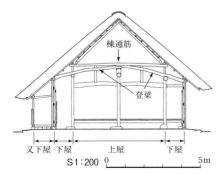

図3.2-29 旧恵利家住宅 梁間断面図［出典：文献7］

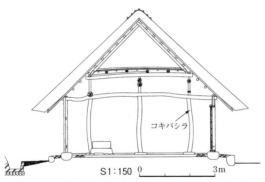

図3.2-30 細川家住宅 梁間断面図［出典：文献8］

■**文　献**

(1) 文化財建造物保存技術協会編『重要文化財矢部家住宅修理工事報告書』1977.
(2) 文化財建造物保存技術協会編著『旧膰山家住宅移築修理工事報告書』1999.
(3) 文化財建造物保存技術協会編『重要文化財箱木家住宅（千年家）保存修理工事報告書』1979.
(4) 文化財建造物保存技術協会編『重要文化財五十嵐家住宅修理工事報告書』1997.
(5) 堀口家住宅修理委員会『重要文化財堀口家住宅修理工事報告書』1972.
(6) 文化財建造物保存技術協会編『重要文化財旧三戸部家住宅保存修理工事報告書』1997.
(7) 文化財建造物保存技術協会『重要文化財旧恵利家住宅保存修理工事（移築）報告書』2001.
(8) 細川家住宅修理委員会『細川家住宅保存修理工事報告書』1977.
(9) 文化財建造物保存技術協会編『重要文化財旧小采家住宅修理工事報告書』1983.
(10) 後藤 治『四国の住まい』INAX・図書出版社，1994.
(11) 吉田 靖『日本における近世民家（農家）の系統的発展』奈良国立文化財研究所，1985.

3.2.4 構法の進展：柱の移動

a. 上屋柱による間取りへの制限

上屋下屋構造は建築の梁間寸法を拡大する構法として日本中に普及した．しかし，初期の上屋下屋構造で，上屋柱が内部空間に独立柱として残ったことは，農家建築の大きな問題となった．

広島県庄原市の堀江家住宅は，18世紀に大きな改造を受けているが，17世紀初期頃までさかのぼると考えられている古い遺構である．その規模は総梁間寸法（奥行）9.9 m・桁行寸法（間口）18.5 mに及び，間取りの構成は，室内のほぼ半分を土間，残り半分には床を設け，床上部分を「ヒロマ」「座敷」「納戸」に分割する典型的な「広間型三間取り」である（図3.2-32）．

各室の面積や使い方は地方によって異なるが，広間型三間取りという間取りの類型は，地域を問わず日本全国に分布し，しかも17～18世紀という農家建築の古い時代の遺構に特に顕著である．構法と同様に間取りの面でもこうした全国的レベルの共時性がみられること，戦国期以前の農家建築がほとんど現存していないこと，桃山時代から江戸時代の初期にかけて農村部で大変革（検地・刀狩り・小農経営への移行）が行われたことの三つを考えあわせれば，農家建築の中世までの地域性は16世紀末期から17世紀初頭頃に一度消失し，統合された新たな形式が画一的に全国に普及し，そこから再び分化することで現存するような農家建築のバリエーションが生まれていったと想定することに無理はない．

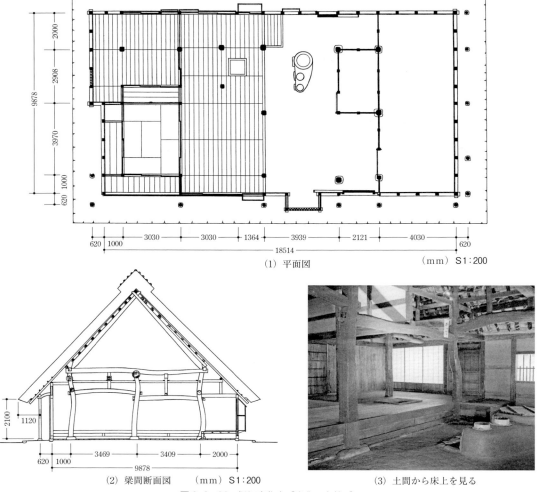

図3.2-32 堀江家住宅［出典：文献1］

話を堀江家住宅に戻すが，その内部空間はきわめて印象的で，曲がりくねった自然材を用いた上屋柱が立ち並ぶ広大なものである．しかし，単純な上屋下屋構造であるために，土間ばかりでなくヒロマや納戸などの床上部分にも，上屋柱が独立して立っている．これは，使い勝手の面からは大きな障害となる．

3.2.1 項 b でふれた古井家住宅の場合，現在見ることができる姿は，昭和 43 年（1968）の修理の際にほぼ建築当初 16 世紀の形態に復原したものであるから，上屋柱や棟通筋の柱は省略されることなく立ち並び，

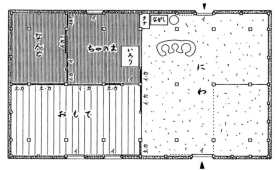
(1) 室町末〜桃山頃（当初）

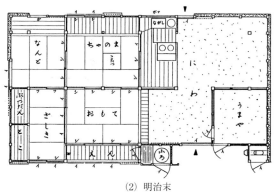
(2) 明治末

図 3.2-33　古井家住宅　間取りの変化 ［出典：文献 2］

その柱配置と呼応するように，間取りも向かって右半分が土間，左半分は棟通筋よりも前側が「オモテ」，背面側は「チャノマ」と「ナンド」となっている（図 3.2-33）．しかし，昭和 43 年の修理直前の姿は 18 世紀に大改修を受けた後のもので，間取りはオモテが左右に 2 分割された「四間取り」となっていた．しかし，こうした間取りで独立して立つ柱が残れば，大空間に独立柱が残るよりもさらに致命的に使い勝手が悪いため，18 世紀の大改修の際に，差鴨居などを用いて独立して立つ柱を除去していたのである．これは，独立柱という存在がいかにやっかいなものと捉えられていたかを示す事例である．

室内に独立柱として残る上屋柱をどのようにして移動あるいは除去するか，この課題こそ 18 世紀以降の農家建築構法が発展していく原動力となっていくのである．

b．梁間方向梁による柱の移動と削除

上屋柱は，上屋下屋構造の要といえる存在であるが，内部空間の使い勝手からすれば邪魔物でしかない．ここで，屋根荷重を支えるという上屋柱の役割をなくすことはできないが，上屋柱に伝わるはずの荷重を，梁を用いて移動することは可能である．

広島県世羅郡世羅町から同県三次市の広島県立みよし風土記の丘に移築されている旧真野家住宅は，17 世紀末頃の建築と考えられるもので，邪魔な上屋柱を梁行方向の梁を用いて移動している事例である（図 3.2-34）．この建築は棟持柱構造の影響が強く残り，間取りも前後に 2 分割されているが，基本構造は上屋下屋構造であり，上屋柱が室内にも多く残っている．しかし，土間に隣接した囲炉裏をもつ板敷の部屋の内部には，立っているはずの上屋柱が見あたらない（平

(1) 平面図

(2) 梁間断面図

図 3.2-34　旧真野家住宅 ［出典：文献 3］

面図×，梁間断面図の↑で示した位置）．

　ここで，梁間断面図をみると，間取りを2分割している中央の柱筋は棟通筋とは一致せず，少し奥側にずれている．本来は棟の直下にあるはずの柱列が奥にずれているのは，前後で2分割される部屋のうち前側の部屋列の面積を大きくしたいからで，囲炉裏をもつ板敷の部屋のある部分では，この柱筋から直接背面側の下屋柱に向けて繋梁を掛けて，上屋と下屋を繋げるとともに，この繋梁の上に束を立てて，上屋梁からの屋根荷重を支えている．見方を変えれば，奥側の上屋柱の位置を前方に移動し，本来上屋柱が立つはずの位置には束を立てて，その束を支えるように繋梁を入れたということになる．すなわち，間取りに合わせた柱配置となるように，上屋柱の位置を梁行方向に移動しているのである．

　宮城県刈田郡蔵王町の我妻家は，帰農した旧武士の家柄で，神事を差配していたことから「禰宜屋敷」と

もよばれていた．その住宅は大規模で，「煙だし」とよばれる櫛型の窓を茅葺屋根に開き，土庇には円柱を用いるなど特徴的で，後世の改造を受けてはいるが，建設当初宝暦3年（1753）の基本構成を現代までよく伝えている（図3.2-35）．

　我妻家住宅の構造は，約7.5mスパンの上屋の正面に1.9mの下屋，背面に2.4mの下屋と又下屋が付く形式を基本とし，屋根勾配を棟の前後で同じにしているから，背面側の軒は正面側よりも低くなっている．

　内部空間をみていくと，土間部分に上屋柱が独立して立っている．一方，土間向かって左側奥の囲炉裏を設けた板敷部分をみると，本来は上屋柱が立つべき箇所に柱が立っていない．梁間断面図をみると，上屋梁の下には複雑に梁行方向の梁が交錯している．このうち，一番下側の傾斜した梁は，正面側の上屋柱筋から背面側の下屋柱筋までを一気に繋いでいる（正面側では上屋柱上に直接載るが，背面側では下屋柱筋に掛か

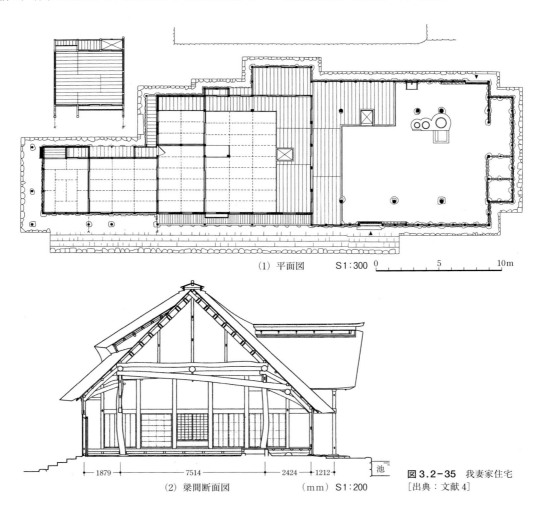

(1) 平面図　　S1:300

(2) 梁間断面図　　　(mm) S1:200

図3.2-35　我妻家住宅
[出典：文献4]

る桁行方向の梁に載る）．この傾斜した梁によって背面側の上屋柱と下屋柱の2本を省略し，かまどと囲炉裏に挟まれた部分の空間が有効に用いられるようになっている．

c．四方下屋

以上のように，旧真野家住宅は，上屋梁の下方に梁行方向の繋梁を入れることによって，上屋柱の位置を梁行方向に移動させている．さらに，我妻家住宅では，桁行方向の梁を組み合わせて用いることで，より大胆な柱の省略を達成している．

我妻家住宅のように桁行方向の梁をうまく用いれば，梁行方向だけでなく桁行方向にも柱位置をずらすことが可能となる．さらに梁行方向と桁行方向の梁を組み合わせて用いれば，屋根荷重を数本の上屋柱と下屋柱に分散することも可能となり，間取りの自由度は向上していく．実は，現存している農家建築の最も古い時期のものですでにこうした試みはなされている．

代表例は，関東地方に広く普及する「四方下屋」とよばれる形式である．

茨城県かすみがうら市の椎名家住宅は，延宝2年（1674）の墨書をもつ関東でも最古の部類に属する遺構である（図3.2-36）．用いられている部材をみると，断面形状が小さく曲材を用いていないなど他の農家とは異なる特徴をもち，関東の四方下屋形式の原初形とみなせるものである．

内部断面パースをみると，2本の上屋柱は，上屋梁の両端よりも少し内側に入り込んで立つため，上屋梁端部は上屋柱から外側にオーバーハングし，その先端部分は，上屋柱と下屋柱とを結ぶ繋梁上に立てられた束によって支えられている．こうした手法は，前に見た箱木家住宅（図3.2-7参照）と同様のもので，上屋柱のスパンを広くしなくても上屋梁の長さを延ばせる点に意味が見出せる．次に間取りをみると，上屋柱の多くは残存したままで，土間内には独立して立つ上屋柱も見られる．しかし床上部では，上屋柱の立つ位

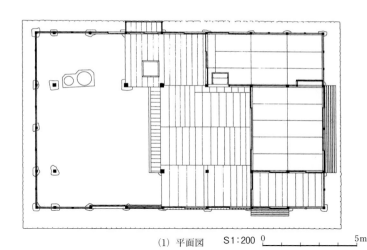

図3.2-36 椎名家住宅
［出典：文献5・6］

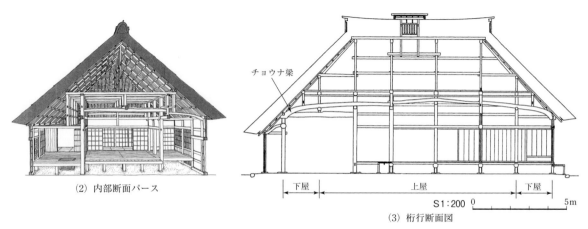

置を 1 本を除いて部屋境と一致させ，邪魔な独立柱という存在を目立たないものにしている．こうしたやり方は非常に巧妙ではあるが，構造体から間取りが強い規制を受けていることに変わりはなく，間取りの自由度は低い．

一方，桁行方向の断面図をみると，桁行方向でも梁行方向と同様に下屋を設けて拡張しているのがわかる．しかし，平面図で確認すると，土間内部大戸を潜ったあたりには本来立つはずの上屋柱は見あたらない．ここでは，上屋梁の下方に桁行方向にチョウナ梁（3.2.3 項 d 参照）を掛けて上屋柱を除去しているのである．ここは農作業などで最もよく使用される場所で，より広く自由な空間が求められ，独立して立つ上屋柱の存在が最も邪魔になるから，チョウナ梁を用いてまで上屋柱を除去したものといえよう．

椎名家住宅よりも約 50 年後の 18 世紀初期の建築と推定される伊藤家住宅（神奈川県川崎市麻生区から川崎市立日本民家園へ移築）は，椎名家住宅と同じく四方下屋の構法を用いている（図 3.2-37）．ただし，間取りは典型的な広間型三間取りで，土間とヒロマは正面側から背面側に向けて一続きの大空間となるから，椎名家住宅のように，上屋柱を梁間方向にずらしただけでは問題は解決しない．そこで別の工夫が凝らされている．

伊藤家住宅のヒロマおよび土間部分では，正面の壁面位置から背面の壁面位置までを 1 本で繋ぐ梁間方向の梁が存在している．この長い梁の上に 5 本の束を立てて上屋梁を支え扠首を組んで屋根荷重を支持しているのである．しかし，この長い梁の断面寸法は小さく，両端を支えるだけでは折れてしまう．それを避けるため，上屋梁を支える 5 本の束のうち中央 3 本の束の直下にはそれぞれ桁行方向の梁を掛けて長い梁間方向の梁を下支えしている．こうすれば，上屋梁が受けた屋根荷重は，この桁行方向の 3 本の梁に伝わるから，長い梁方向の梁が細くても折れる心配はない．こうした仕組みによって，土間内の上屋柱はすべて姿を消し，屋根荷重は井桁状に組まれた梁間方向と桁行方向の梁のネットによって，土間空間を形成している四周の壁面や間仕切り列に並ぶ柱に分散して伝えられている．この手法は，次項で詳述する構造のブロック化の初期

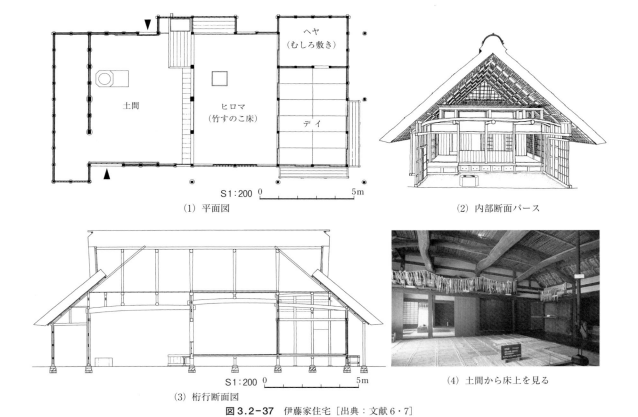

(1) 平面図　　(2) 内部断面パース　　(3) 桁行断面図　　(4) 土間から床上を見る

図 3.2-37　伊藤家住宅［出典：文献 6・7］

段階といえるものである.

伊藤家住宅で桁行方向の3本の梁が掛かっている位置を椎名家住宅と比較すると，2本の上屋柱位置と棟通筋に対応している．したがって，伊藤家住宅のような形式は椎名家住宅の形式から発展したものといえよう．椎名家住宅は関東平野の東端である霞ヶ浦北岸に位置し，伊藤家住宅は関東平野の西端で多摩川よりも西に位置する．この同一地方とは言い難い広いエリアで，ほぼ同じ考え方による構法が普及し，それが時代とともに発展している事実は重要である．こうした事象によって，一見しただけではバナキュラーな存在にしか見えない農家建築も，実は広域の相互交流のもとで発展したものだったと判断せざるを得ないのである．

d．小型住宅における四方下屋

四方下屋という構法の類型は，関東地方の大型農家建築だけに特有のものではない．ほとんど同じ考え方でつくられたものは全国に分布し，比較的小型の建築でも採用されている．

島根県鹿足郡吉賀町の旧道面家住宅は，時代が降った19世紀初期の遺構で，これまで事例にあげてきたような庄屋クラスの住宅ではなく，ごく普通の農民の住宅である（図3.2-38）．建築の全体規模は，梁行6.0 m・桁行7.9 mで，面積は50 m²に満たない．間取りも単純で，背面側隅に納戸を設けるほかは，土間およびそれと一体となったヒロマとなっている．その構造は，梁間断面図からわかるように，上屋下屋構造を基本とし，両側にオーバーハングする上屋梁の両端は上屋と下屋を結ぶ繋梁上の束で支えられている．桁行方向も同様の構成であるから，これは椎名家住宅とまったく同じ四方下屋の形式とみなせる．

道面家住宅くらいの規模の建築なら，下屋を付けない単スパンのみの上屋構造でも容易につくることが可能である．しかし，実際は四方下屋と類似した構法を

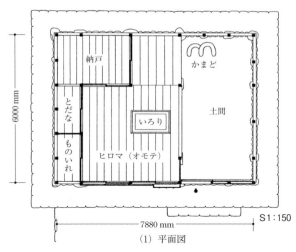
(1) 平面図　S1:150

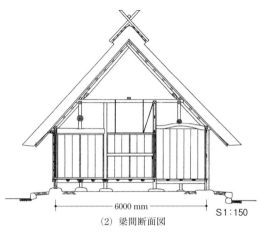
(2) 梁間断面図　S1:150

(3) 土間上架構

図3.2-38　旧道面家住宅［出典：文献8］

採用している．小規模な建築であるにもかかわらず，なぜこのような複雑な形式を採用したのかという疑問に答えるのはとても難しい．上屋下屋あるいは四方下屋という構造の考え方自体が，ある種の文化となっていて，小規模住宅でも当然のものとして受け入れられていたとでも解釈するほかないのではなかろうか．

[光井 渉]

■文 献

(1) 重要文化財堀江家住宅修理委員会『重要文化財堀江家住宅修理工事報告書』1970.
(2) 重要文化財古井家住宅（千年家）保存修理委員会編『重要文化財古井家住宅修理工事報告書』1981.
(3) 光井 渉『中国地方の民家』INAX・図書出版社，1994.
(4) 文化財建造物保存技術協会編『重要文化財我妻家住宅（主屋板蔵）修理工事報告書』1981.
(5) 重要文化財椎名家修理委員会編『重要文化財椎名家住宅修理工事報告書』1971.
(6) 吉田 靖編『日本の民家 1 農家 I』学習研究社，1981.
(7) 川崎市教育委員会編『重要文化財伊藤家住宅移築修理工事報告書』1966.
(8) 文化財建造物保存技術協会編『重要文化財道面家住宅修理工事報告書』1976.
(9) 吉田 靖『日本における近世民家（農家）の系統的発展』奈良国立文化財研究所，1985.

3.2.5 構法の進展：構造のブロック化

a. 桁行方向の大梁と大黒柱

上屋下屋という構造の枠組では，間取りに合わせて上屋柱を移動あるいは除去することが最大の課題となる．その達成のために発達したのが上屋梁の下方に掛かる梁材で，これによって上屋柱に加わるはずの屋根荷重を別の場所に移動し，上屋柱を移動・除去することが可能となった．

初期の単純な上屋下屋構造では，桁行方向の梁の役割は水平方向の振れ止めに限定されていた．しかし，前節でみた四方下屋構造の変化から理解できるように，桁行方向の梁もまた屋根荷重を受け持ちはじめ，次第に重要度を増していった．「挿物」とよばれる柱の側面に差し込まれる横架材の出現は，こうした傾向に拍車をかけていくことになる．

広島県庄原市の荒木家住宅は 17 世紀までさかのぼる古い垂木構造の遺構で，柱の荒々しい釿仕上げなどからもその古さを実感できる（図3.2-39）．荒木家住宅の基本的な構造は，約 7.4 m スパンの上屋の前後に下屋を設ける形式で，束踏みを用いずに棟束が上屋

梁の上に直接立つ点に特徴がある．床上部の梁間断面図をみると，上屋のスパンが広いため，2 本の柱だけで上屋梁を支えるのが困難となり，上屋内部にもう 1 本柱が追加されている．この柱が背面側に少しずれて立っているのは，正面側の部屋を広くするためである．こうした工夫はあるが，ほかに上屋柱の移動・除去はほとんどなされていない．つまり，荒木家住宅の床上部は，単純な上屋下屋構造の梁間方向フレームを桁行方向に並べただけの構成である．

しかし，「ウスニワ」とよばれる土間部分は，それとはまったく異なる構造の考え方でつくられている．床上部と同じ構造であれば，土間の中央に独立柱が立つはずであるのに，それが見あたらない．上屋中央部では土間内部を貫通するような大梁が桁行に掛け渡され，その梁に頼って柱が除去されているのである．この梁とそれを支える柱（建物の中心に位置する柱と土間中央に位置する柱）こそが，土間部分の構造上最も重要な部材であり，屋根荷重はここに集中して伝達されている．

このように荒木家住宅は，一個の建築でありながら，床上部と土間部分の構造が分離している．このうち床上部は梁間方向のフレームが優先される古式な構造であるが，土間部分では桁行方向の梁が主要な構造材として優先され，梁間方向の梁はそれを補助的に支えるものに過ぎない．この二つの構造体の接続部分に位置し，土間部分を貫通する桁行方向の大梁を支える柱は「大黒柱」とよばれ，荒木家住宅の構成部材の中で最も重要な存在となっている．

b. 構造の分割とブロック化

柱の移動・除去を行わない単純な上屋下屋構造は，上屋下屋フレームを桁行に並べるだけの「金太郎飴」的なものである．しかし，桁行方向の梁が発達していくと，荒木家住宅のように一つの建築が間取りに対応した複数の構造体に分割されるようになっていく．

旧岩澤家住宅（神奈川県愛甲郡清川村から川崎市立日本民家園へ移築）は，非常に整然とした広間型三間取りの建築である（図3.2-40）．柱配置は約 0.9 m のグリッドを基本とし，外周部分には約 1.8 m ピッチ（4隅は約 0.9 m ピッチ）で規則正しく柱を並べ，土間とヒロマの境界には 6 本，ヒロマとザシキ・ナンドの境界にも 6 本，ザシキとナンドの境界には 4 本の柱を並べているが，土間と床上部 3 室の内部に独立して立つ柱は 1 本も見あたらない．

ヒロマとザシキ・ナンドの境界部分を示す梁行断面図をみてみると，旧岩沢家住宅も，4本の柱で支えられている約5.5 mスパンの上屋に，約0.9 m幅の下屋が取り付く上屋下屋構造であることが確認できる．しかし，6 mに満たないスパンであるにもかかわらず上屋柱が4本もあり，しかも互いに3段の貫で堅く結ばれているのは不可解である．この程度の長さの上屋梁を支えるだけならば，上屋柱は2本で十分である．

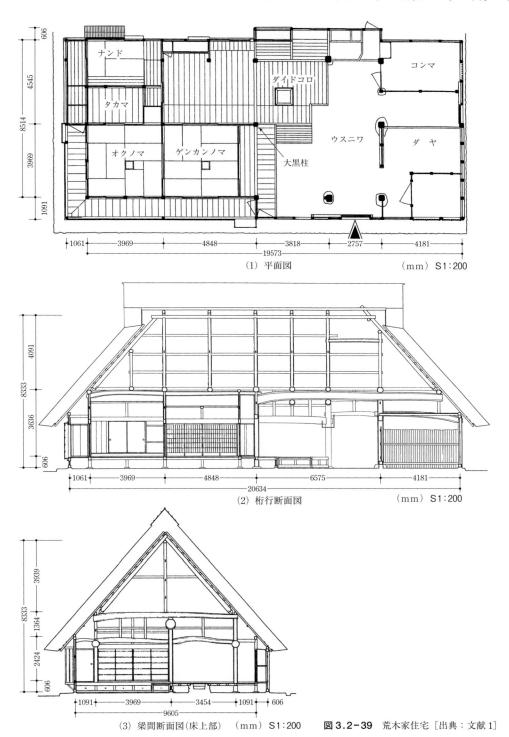

(1) 平面図　　　　　　　　　　（mm）S1：200

(2) 桁行断面図　　　　　　　　（mm）S1：200

(3) 梁間断面図(床上部)　（mm）S1：200　　図3.2-39　荒木家住宅［出典：文献1］

ここで桁行断面図をみてみると、旧岩澤家住宅は、土間部分・ヒロマ部分・ザシキおよびナンド部分の三つで構造が分離し、それぞれの領域の境界線に並ぶ柱列が支える桁行方向の梁が大きな役割を果たしていることを理解できる。たとえばヒロマ部分では、両側面（土間とヒロマとの境界、ヒロマとザシキ・ナンドとの境界）に向かい合って立つ4本の柱の間に掛かる桁行方向の梁がヒロマ内部に掛かる2本の上屋梁を支え、独立柱を省略した一つの大空間を成立させている。土間部分もザシキ・ナンド部分も同様である。

これは、部屋境界のみに柱列を密に配置し、そこから掛けられた桁行方向の梁が構造的に優先されるシステムを示している。こうした構造を採用した結果、一つの建築が間取りに対応した三つの構造ブロックに分割されてしまっているのである。

c. 継手・仕口の発達

享保6年（1721）に建設された埼玉県比企郡小川町の吉田家住宅は、正面側の軒高さが3.5 mを超える背の高い農家建築で、その一部には2階も設けられて

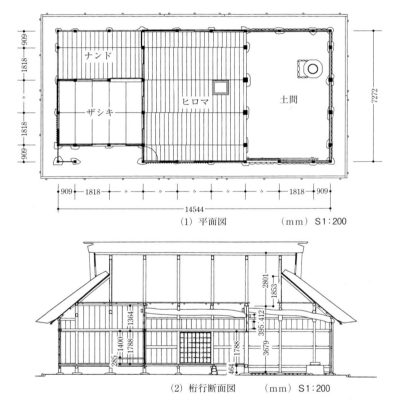

(1) 平面図　　　（mm）S1：200

(2) 桁行断面図　　（mm）S1：200

(3) 梁間断面図　（mm）S1：200

(4) 内部架構

図 3.2-40　旧岩沢家住宅［出典：文献2］

3.2 農家建築の構法

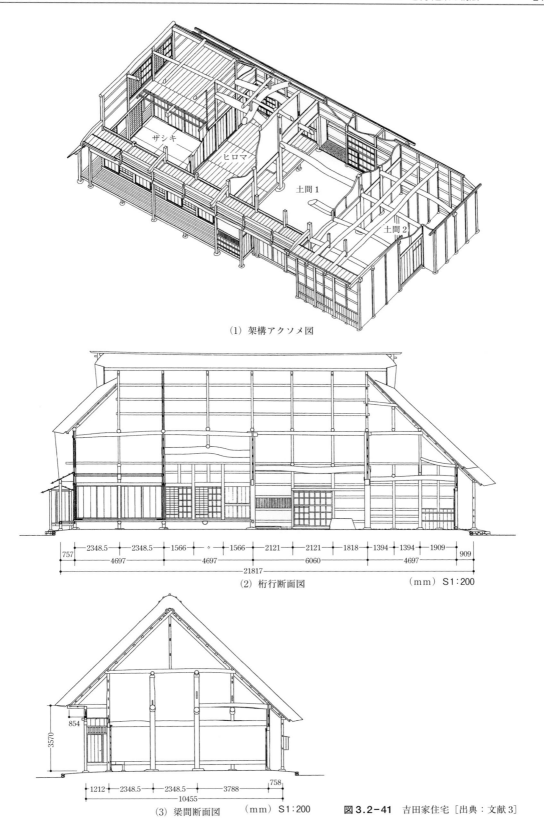

(1) 架構アクソメ図

(2) 桁行断面図　（mm）S1:200

(3) 梁間断面図　（mm）S1:200

図 3.2-41 吉田家住宅 ［出典：文献 3］

いる（図3.2-41）．広間型三間取りを基本とする1階の間取りは，土間が大きく左右に2分割されており，こうした間取りを反映して，この建築はザシキ，ヒロマ，土間1，土間2の四つの構造ブロックに分割されている．

梁間断面図と架構図から理解できるように，各ブロックの境界部分は，一部に上屋柱の移動を伴う背の高い上屋下屋構造のフレームとなり，1階部分の内法に相当する位置に上屋と背面側下屋を貫くように挿物が貫通し，この高さが建築全体で共通するラインとなっている．一方，各構造ブロック内部の柱を省略するための桁行方向の梁は，それぞれの空間的特質を反映してさまざまな高さとなり，低い方から土間2・土間1・ヒロマの順で，ザシキの上には2階が設けられている．

このように，吉田家住宅では，用途の異なる空間ごとに別々の構造ブロックを設け，その境界部分で内法高さのラインを揃えながらも，用途に応じた大きさの空間をつくり出している．旧岩澤家住宅と同様に各構造ブロックの境界が構造の基本であるが，多様な屋内空間の質を達成するために，構造ブロックの境界に並ぶ柱には高さを変えてさまざまな水平方向の部材が集中していくことになる．

単純な上屋下屋構造では，梁材は柱の上に載ることが原則で，柱に複雑な仕口を設ける必要はない．しかし，桁行方向の梁が発達し，構造ブロックの境界を面として固める必要が生じてくると，横架材の柱への納め方も大きく変化発展していく．「鼻栓」とよばれる主に引張力に対応するものから，「込栓」とよばれる緊結することを目指すものが主流となり，さらには柱の内部で横架材を緊結する挿物も多用されはじめ，梁行・桁行両方向の横架材を緊結する「四方挿し」なども発達していった．なお，継手・仕口については，5.5.1項を参照していただきたい．

こうした継手や仕口の発達普及の背景には，18世紀中期以降に顕著となった農村自体の変化がある．この時期に全国の多くの農村は商品作物の栽培などによって広域の商圏に組み込まれながら，経済的な基盤を確立していったのだが，そこで生まれた経済的な余裕を背景にして，都市部の寺社建築や武家建築などで発達した高度な技術や技法が農村部にも導入され，その結果として農家建築の構造ブロック化が進展していったのである．

d．二重梁による架構と曲梁

農家建築において，構造のブロック化を可能にしたものは桁行方向の梁である．そして，目標が上屋柱の移動・除去にある以上，桁行方向の梁は上屋柱の置換装置として，上屋梁の下側に入ることになる．そして，この桁行方向の梁の強度に自信がもてない場合には，今度は梁行方向の梁で下支えすることになる．このようにして，上屋梁の下側で梁行・桁行方向の梁を交互に挟み込んで2段に重ねる「二重梁」の手法が生まれ，細い材料を効果的に用いて理想的な間取りを実現するための手法として，18世紀以降全国に普及していった．

18世紀初期頃の建築と考えられている小野家住宅（埼玉県所沢市）は，桁行断面図から判るように，土間部分・板敷のヒロマ部分・座敷部分で構造が三つのブロックに分割されている（図3.2-42）．ここでは，主要な水平部材のラインが比較的よく揃い，その基準ラインに合わせて，梁行・桁行方向の梁が互いに挟み込むように支え合う二重梁の構法をよく理解できる．

小野家住宅の場合には，全体の奥行（総梁行寸法）は7m弱で，上屋のスパンは4.6mに過ぎないから，良材に恵まれれば上屋のみのシンプルな構造も十分可能である．しかし，18世紀の農村社会では，そうした良材を入手することは困難で，細く曲がった材料でどうやって安定した構造をつくるかが課題となっていたのである．二重梁は，上屋柱の移動・削除のためばかりでなく，こうした課題への解答でもあったといえよう．

このように，二重梁の使用は，良材に恵まれない場合の対応策としての性格をもつから，画一的でなくさまざまな形態的バリエーションをもって展開していく．中でも，細く曲がりくねった材を梁として効果的に用いているのが，千葉県山武郡九十九里町から川崎市立日本民家園へ移築された作田家住宅である．

作田家住宅は九十九里浜に面した半農半漁の集落に建設された大型の農家建築で，平入の床上部分と妻入の土間部分という二つの建物が接して1軒になっている「分棟型」とよばれる形式となっている（図3.2-43）．外見は2棟であるが内部空間は接続して一つとするために，土間部分と床上部の境界あたりには，土間棟の側柱が独立柱列となって並んでいる．この二つの建物の軒接合部は，両側から雨水が流れ込んでくる「谷」となるため，木を割り抜いてつくった雨樋が入れられており，屋内からその雨樋を見ることができる．

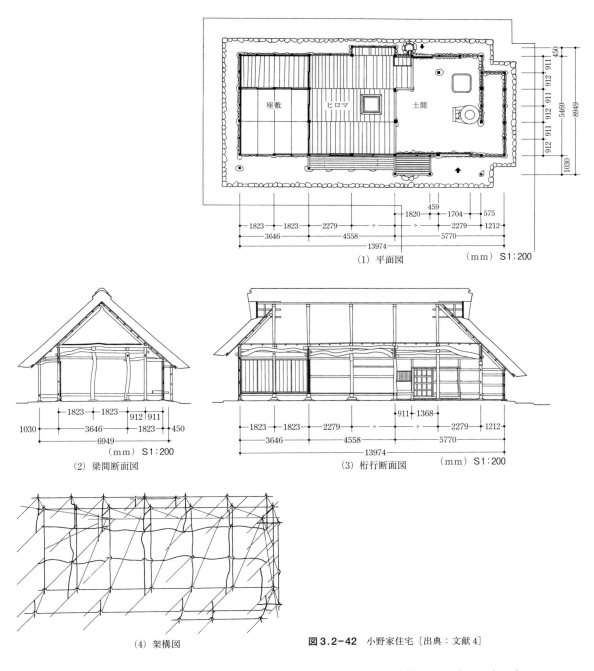

図3.2-42 小野家住宅［出典：文献4］

　床上部は棟束を残してはいるが2段に梁を組み上げた扠首構造となる．そのうち下方の緩やかに曲がる部材が上屋梁で，その両端部から内側に約0.9 m引き込まれた位置には，上屋梁を支える桁行方向の梁が掛かり柱も置かれている．この位置が本来の上屋柱の位置といえ，上屋柱から前後にオーバーハングして上屋梁を掛け出すこうした架構の手法は椎名家住宅と類似しているから，作田家住宅も四方下屋（3.2.4項参照）からの発展形と位置付けることができよう．

　通常の四方下屋と異なるのは，独立柱を除去するために梁行方向と桁行方向の梁をネット状に交互に重ねている点で，これは椎名家住宅や伊藤家住宅ではみられなかった特徴である．これは二重梁の手法の変形といえるものであるが，構法的に興味深いと同時に，曲材が縦横に編まれているかのように見える意匠も優れたものとなっている．

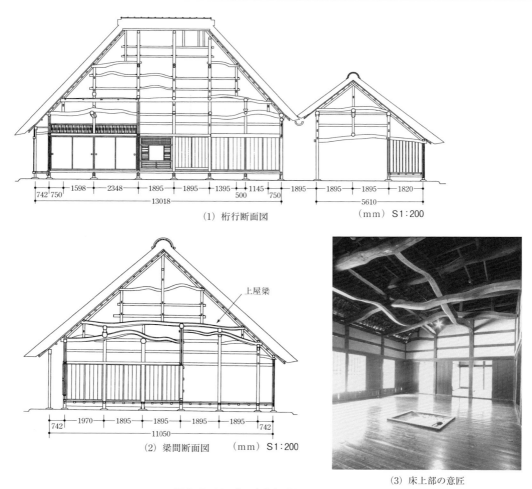

図 3.2-43 作田家住宅 [出典：文献 5]

e. 上屋下屋構造の崩壊

農家建築が，分割された構造ブロックによって構成され，各構造ブロック境界に柱列を並べ，そこに梁行・桁行方向の梁を縦横に掛け渡して荷重を集中するようになってくると，上屋と下屋という構造上の枠組は次第に曖昧なものになっていく．

山梨県南巨摩郡身延町の門西家住宅は 18 世紀初期頃の建築と推定される遺構で，そうした上屋下屋構造が曖昧となった初期の事例と位置付けられる（図 3.2-44）．間取りと構造のブロックは，土間部分・板敷部分・座敷部分に 3 分割され，柱は各ブロックの境界と側面のみに立ち，空間内部に立つ独立柱はない．最も大きな空間となる土間部分では，棟通筋に立つ 2 本の大断面の柱とそこに掛けられた桁行方向の梁が屋根荷重を支持していることが桁行断面図から読みとれよう．

次に，梁間断面図をみると，柱の高さは側柱も内部の柱もすべて揃えられ，その頂部に組まれた梁で一度フレームは完結している．このフレームの上部には 3 本の束が立てられて，その上に置かれた断面の細い横架材の上に扠首が組まれている．この横架材は扠首組の下弦材として機能するだけで，水平耐力をまったく担当していない．こうした構造の考え方は，背の高い上屋とそこに取り付く下屋という上屋下屋構造の枠組とはまったく異なるものといえよう．

3.2.2 項 c で取り上げた菊家家住宅ですでに，扠首組は柱位置の制約から逃れていたが，門西家住宅では，ほぼ同じ高さの柱を梁と挿物・貫によって固めたフレーム部分と，屋根を支える構造体はほぼ完全に分離している．このうち前者は「軸組」，後者は「小屋組」とよばれ，18 世紀中期以降にはこの二つが明確に分離した構造形式が全国的に一般化していく．

［光井 渉］

3.2 農家建築の構法

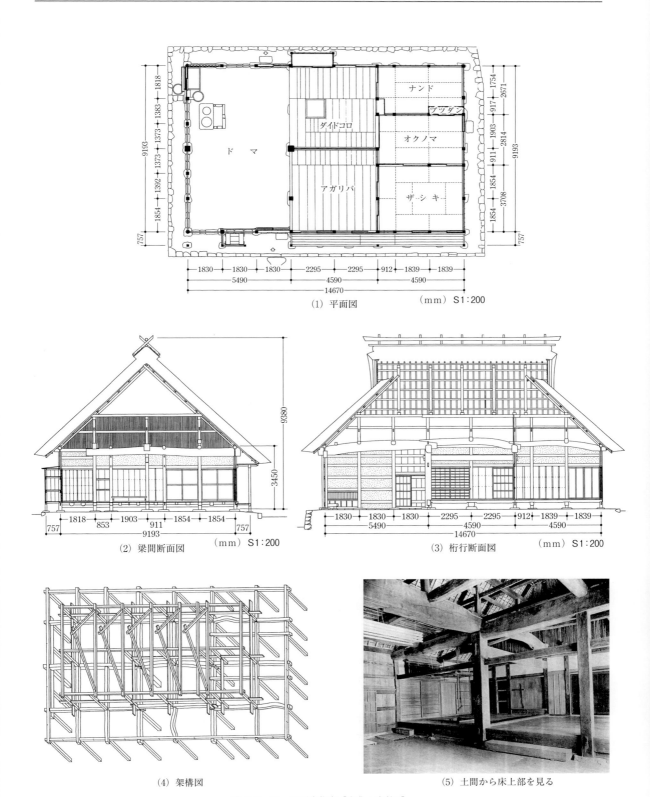

図 3.2-44　門西家住宅 ［出典：文献 6］

248　第3章　住宅系建築の構造

■文　献

(1) 宮澤智士編『日本の民家4 農家Ⅳ』学習研究社，1981.
(2) 『神奈川県指定重要文化財岩沢家住宅移築理工事報告書』1990.
(3) 日塔和彦・亀井伸雄編『重要文化財吉田家住宅修理工事報告書，続日本の民家重要文化財修理報告書集成〈2〉』2007.
(4) 塩尻市教育委員会編『重要文化財小野家住宅保存・活用調査報告書』2006.
(5) 吉田　靖編『日本の民家1 農家Ⅰ』学習研究社，1981.
(6) 重要文化財門西家住宅修理委員会編『重要文化財門西家住宅修理工事報告書』1969.
(7) 吉田　靖『日本における近世民家（農家）の系統的発展』奈良国立文化財研究所，1985.
(8) 『指物の変遷過程と歴史的造架構の類型化に関する研究』平成13〜16年度科学研究費補助金研究成果報告書（研究代表者・源愛日児），2005.

3.2.6　構法の進展：軸組と小屋組

a. 軸組と小屋組

　3.2.5項eで言及した門西家住宅のように，複数の構造ブロックからなる軸組と扠首を用いた小屋組を明確に分離する手法は，18世紀中期を過ぎた頃から農家建築の主流となっていく．ここでの軸組は，上屋と下屋の区別なくほぼ同じ高さの柱によって構成されるフレームを基本とし，これによって均一な高さの室内空間をつくり，柱や梁の配置とは無関係となった小屋組は，屋根荷重を均等に支えるように扠首を配置するようになる．こうした状況が出現していく過程を実例で確認してみよう．

　滋賀県長浜市から滋賀県立近江風土記の丘へ移築された旧宮地家住宅は，軸組と小屋組の分離が顕在化し始めた1745年の建築である（図3.2-45）．「伊香型」とよばれる間取りは特徴的で，妻入の外観をもち，土間・ニウジ（土座のヒロマ）・ザシキとネマが順に並ぶ形式となる．

　構造は，土間とニウジが一体となった部分とザシキおよびネマの部分という二つの構造ブロックに分割されている．このうち，土間とニウジとの境界部分で切断した断面図をみると，一応は上屋下屋構造を基本としていることを理解できる．しかし，上屋梁に該当する位置にかかる横架材は「ウスバリ（薄梁）」とよばれるきわめて薄い断面をもつ材料で，軸力しかかからないトラスの下弦材としての役割のみを担わされていることが明白である．なお，旧宮地家住宅ではウスバリとよばれているこの部材は，一般的には「扠首台」

とよばれている．

　軸組に加わる水平力の支持は，内部では内法高に入れられた挿物，前後および両側面では腰高・内法高に入れられた貫が受け持ち，これらによって梁行方向のフレームは固められている．そして，土間部分の棟通筋にただ1本だけ独立して立つ太い柱から掛けられた長い桁行方向の挿物と上屋柱直上に載る桁材の上に，ウスバリはただ載っかっているだけであることが確認できよう．

　このように旧宮地家住宅は，上屋下屋構造の枠組を維持しつつも，屋根を構成する小屋組が下部の構造体から分離し始めている事例と位置付けられる．こうした軸組と小屋組の分離によって，複数の役割を合わせもっていた梁材は，単一の役割を受け持つ複数の部材に分化していく．軸組と小屋組の分離に伴って，建築全体の構成部材数は増加するが，個々の部材の役割は逆に明確なものとなっているのである．こうした明確化も18世紀以降の農家建築構法に顕著な特徴といえよう．

　鳥取県八頭郡若桜町の三百田家住宅は元禄7年（1694）の建築で，土間の一部を大型の厩とする変形の広間型三間取りの間取りをもつ遺構である（図3.2-46）．この間取りを反映して，桁行方向で四つの構造ブロックに大きく分割され，また棟通筋に並ぶ強い柱列によって梁行方向にも2分割されている．

　断面図から明らかなように，各構造ブロックの境界面は，縁側に立つ柱を含めて5本の柱で構成されている．このうち中央3本の柱は，内法高に通じる差鴨居で緊結され，その下方はすべて開放的な引戸となっている．この差鴨居の上には3段の貫を通す束の列が立てられ，その上に載せられた3本の桁行方向の横架材で，扠首組を支持している．こうした構造ブロックの境界面が三百田家住宅の構造の基本で，室内で印象的にみえる梁行・桁行方向の緩やかに曲がる梁材は，この境界面が桁行方向に倒れるのを防ぐと同時に，構造ブロック内部の屋根荷重を構造ブロックの境界面に伝達する役割を担っている．

　この家の構造も上屋下屋構造から発展したものであることは梁行断面図から明らかであるが，上方に湾曲する梁は本来の下屋柱から棟通に向けて掛けられたものであり，上屋柱という存在がこの家ではみあたらない．加えて，扠首組を支える3本の桁行方向の部材のラインで，小屋組と軸組がはっきりと分離しているから，そもそも上屋と下屋の区別を論じることはこの建

3.2 農家建築の構法

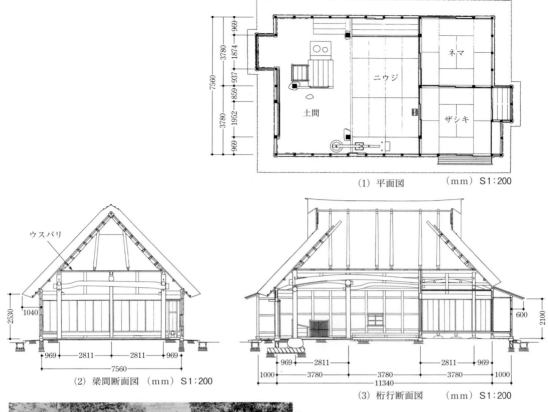

(1) 平面図　　　(mm) S1:200

(2) 梁間断面図 (mm) S1:200

(3) 桁行断面図　　　(mm) S1:200

(4) 薄梁

図 3.2-45　宮地家住宅［出典：文献1］

物では意味がない．

　このように，三百田家住宅は，構造ブロック境界を固める手法と交差する梁を用いて上屋下屋構造から脱却している．そして，成の高い差鴨居を用いることで，構造ブロック境界の面的な強度を保ちながらも，内法下には可動式の建具を入れて開放的な空間をつくることにも成功している．18世紀後半以降，こうした差鴨居の出現によって，従来閉鎖的で壁の多かった農家建築は開放的なものへと変質していく．書院造の影響を受けた畳敷の続間座敷の普及もこの時期に同時に進行した現象であるから，両者の間に密接な関係があったと推定できる．

b．折置組と京呂組

　折置組と京呂組は上屋梁と桁との関係を示す用語であるが，両者の差は，単なる部材の納まり方という範疇を超えて，建築の構造全体の仕組みを端的に現すものとなっている．そのため，建築史研究者は，折置組・京呂組のいずれであるかを農家建築の年代判定基準の指標の一つとして用いてきた（図 3.2-47）．

　まず折置組は上屋梁の上に桁を置く形式を指すが，この上下関係は，梁間方向のフレームを優先してつくり，そのフレームを桁行方向に結合して全体を構成しようとするものであるから，シンプルな上屋下屋構造はこの折置組に該当することになり，結果として折置

250　第3章　住宅系建築の構造

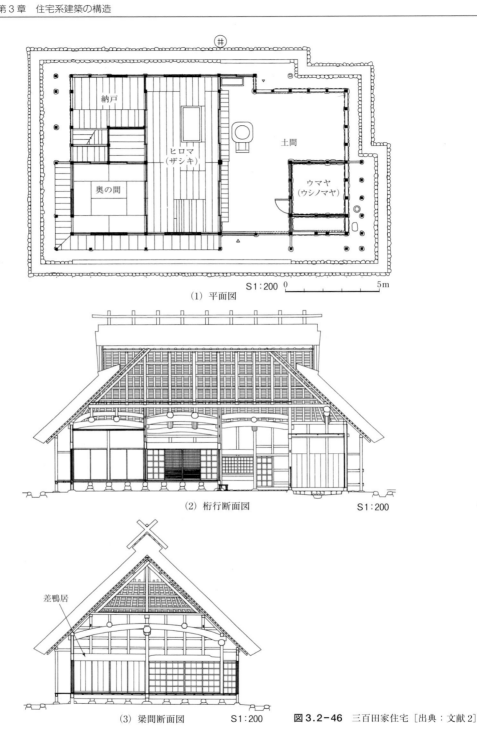

図3.2-46　三百田家住宅［出典：文献2］

組を採用する農家建築は古い形式ということになる．
　一方，京呂組は，桁材の上に上屋梁ないし扠首台を置く形式を指している．これは桁行方向の梁が発達し，軸組と小屋組が分離した形態になって初めて用いられるものである．したがって，全体的な傾向としては，京呂組を採用する農家建築は折置組を採用するものよりも後の時代のものであることは間違いない．
　以上のように，構法・構造の発展段階でいえば，折置組の方が古式で京呂組の方が新しい．しかし，こうした変化を促したのは，上屋柱の移動・除去という間

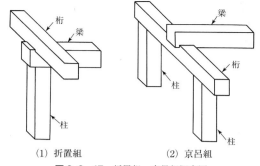

(1) 折置組　　　(2) 京呂組
図 3.2-47　折置組・京呂組概念図

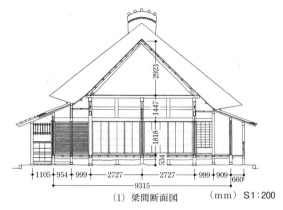

(1) 梁間断面図　　　(mm) S1:200

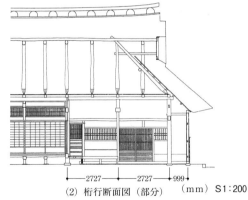

(2) 桁行断面図（部分）　　(mm) S1:200

図 3.2-48　服部家住宅［出典：文献 3］

取り上の要求であり，この点で不都合を生じなかった地方では，古式な上屋下屋構造のまま折置組が残存している．また，逆に 17 世紀という早い段階で京呂組を採用した事例も存在している．

愛知県弥富市の服部家住宅は，承応 2 年（1653）の建築でこの地方では屈指の古さといえる遺構である（図 3.2-48）．明快な上屋下屋構造で，上屋柱が土間内部に残り，部材もすべて荒い仕上げの直材で，曲材を用いないなど時代を反映した古風な点をいくつも見出すことができる．しかし，上屋下屋構造を基本にしつつも，桁行方向の部材がまず上屋柱列を固めて，その上に上屋梁が乗る京呂組となっている．

服部家は，16 世紀に入植して江戸時代を通じて庄屋を勤めた家系で，住宅は 19 世紀の改造が大きいが，当初から間取りも武家風のものであった．こうした家系の特徴を勘案すると，上層建築の構法の影響を受けて，後世に一般化する用い方とは別系統の京呂組を早い段階で採用した可能性が指摘できる．

こうした建設年代が相前後する事例に加えて，二重梁形式の進化形では，何重にも梁が交互に組まれているために軸組の構造がきわめて複雑化し，折置組と京呂組という区別自体が曖昧となっている場合も多い．すなわち，折置組か京呂組かという区別は，垂木構造か扠首構造かという区分と同様に，傾向としての時代性を示しているが，建築の絶対的な建設年代を示すものではないことに留意しておくべきだろう．

c. 和小屋系の農家建築

農家建築で軸組と小屋組が分離していった背景として，構造のブロック化以外に寺社建築や貴族武家住宅などの上層建築で発展してきた和小屋構法の存在を考慮しておかねばならない．

垂木構造や扠首構造などは，農家建築という枠組の中で自律的に発展していったものとみなせる．しかし，戦国時代末期から江戸時代の初頭にかけては，依然として農民と武士との境目は曖昧で，17 世紀に農村部をリードした庄屋層の多くは武士から帰農した者であるから，農家建築に上層建築の要素が入り込む余地は大きかったと想定しておく必要もあろう．

そして，農家建築の発生よりも前に完成していた和小屋構法は，一度軸組を組み上げた後に，束と貫からなる小屋組を乗せていくもので，初めから軸組と小屋組の分離を前提としている．したがって，和小屋構法を通じて，軸組・小屋組の分離という手法を農家建築が学んでいった可能性について考慮しておかねばならない．

静岡県伊豆の国市（旧韮山町）の江川家は，鎌倉時代から続くこの地の地侍で，江戸時代にはこの地に留まりながら代官を勤めた．なお，幕末に反射炉と台場を築造したことで著名な江川太郎左衛門英龍はこの家の出身であり，太郎左衛門は代々世襲された名前である．

江川家住宅は全体としては宝永 4 年（1707）の建築であるが，一部に中世にさかのぼる部材や 17 世紀の

構造体も残り，江戸時代の庄屋層の祖にあたる戦国時代の地侍の住宅を考える上で希少な遺構となっている（図3.2-49）．中でも土間に立つ「生柱」とよばれる掘立の円柱などは，通常の農家建築とはまったく異なる雰囲気を伝えている．構造は，大断面の柱と梁によって軸組を形成し，その上に，ほぼ1間（1.9 m）ピッチで束を立て，その束を縦横に貫で繋いで小屋組を形成する手法でつくられており，江戸時代初期の寺社建築などと同じ考え方となっていることが理解できる．なお，現在は銅板葺となっているが，本来は茅葺である．

このように江川家住宅は，農村部に所在しながらも，古い時期から完全な和小屋構法を採用した事例である．江川家のように農村部に居住していた武士身分の代官らは，江戸時代中期までは数多く存在していた．そうした農村部の武士の住宅が江川家のようなもので

あったとするなら，その構法が周辺の農家建築に影響を与えたはずで，和小屋構法を通じて，軸組と小屋組を分離する考え方が普及した可能性を指摘できよう．

ここで，江川家は武士身分を継続したやや特別な存在であるから，もう少し一般的な家系の住宅についてもみてみよう．

秋田県仙北市の草彌家住宅は，19世紀前半頃に建設された上層の農家建築で，茅葺の主屋棟と土間棟がL字型に接合するこの地方独特の曲家の形式となっている（図3.2-50）．主屋棟と土間棟は同時に建設されたものであるが，主屋棟では整然と水平ラインが並ぶ軸組上に和小屋の小屋組を作るのに対して，土間棟では下弦材の中途を切断したような変形の扠首構造を用いている．このように草彌家住宅では，和小屋と扠首構造を併用しており，19世紀には両者がともにポピュ

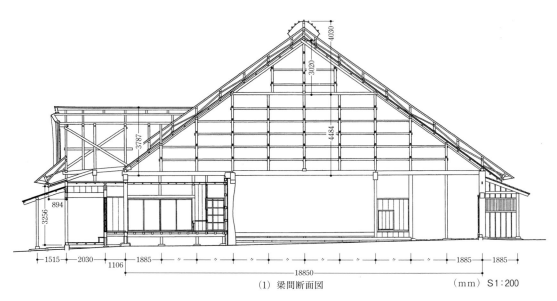

(1) 梁間断面図　　　　　　　　　　　（mm）S1:200

(2) 土間軸組

(3) 土間小屋組

図3.2-49　江川家住宅［出典：文献4］

3.2 農家建築の構法

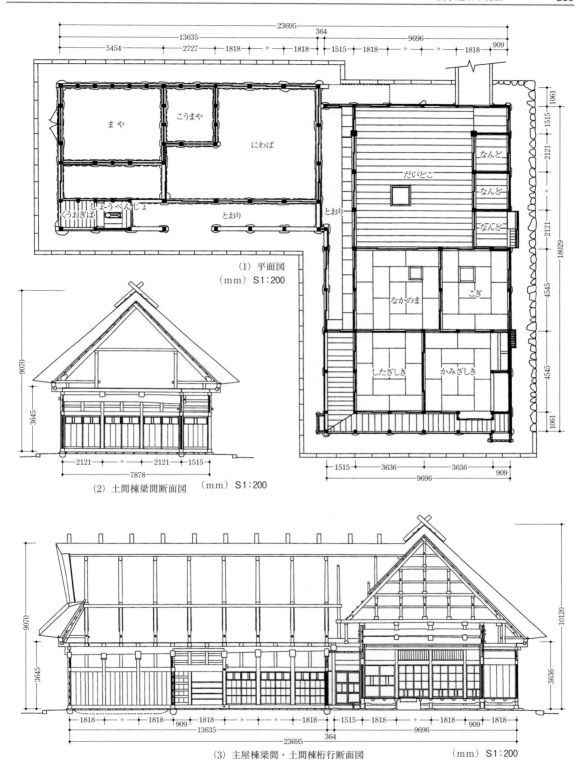

(1) 平面図 (mm) S1:200
(2) 土間棟梁間断面図 (mm) S1:200
(3) 主屋棟梁間・土間棟桁行断面図 (mm) S1:200

図 3.2-50 草彅家住宅 ［出典：文献 5］

ラーな構法となっていたことを理解できよう．

d．和小屋系要素の取り込み

　草彅家住宅では和小屋と扠首構造を併用しているが，これとは異なる和小屋と扠首構造を折衷したような構法も存在している．

　栃木県芳賀郡市貝町の入野家住宅は天保 8 年（1837）に建設された大型の農家建築で，棟のラインを 2 度折り曲げる複雑な屋根形態をもつ（図 3.2-51）．断面図から理解できるように，この建物では軸組と小屋組が完全に分離している．まず軸組は，土間部分と床上部分がそれぞれ別の構造ブロックとなり，土間部分では二重梁を用いて柱を除去し大空間を得ているのは，18 世紀以降の農家建築の手法に適ったものである．次に小屋組では，軸組上に敷梁を置き，その上に貫で固められた束をほぼ等間隔に立てて一段高い櫓状の構造をつくるのは和小屋的である．しかし，そこで一段切り離して，扠首台を載せて扠首組を設けているのは，農家建築的な手法である．

　入野家住宅が和小屋と扠首構造を折衷した手法を採用している理由としては，以下の二つが考えられよう．まず第一には施工途中の危機回避で，不安定な大スパンの扠首構造を避け，下方の和小屋によって少しでも上方の扠首組のスパンを小さくすることを目指したというものである．そして第二には 2 度も鍵型に折れ曲がる屋根を自在につくるためである．

　入野家住宅以外でも，和小屋と扠首構造を組み合わせた小屋構造をもつ遺構が江戸時代後期以降の大型農家の間で散見される．その直接の目的はさまざまであるが，和小屋系の手法が農村部に浸透していなければ，こうした事例は出現しないことに留意しておくべきである．

　軸組との分離が果たされれば，小屋組は柱や梁の配置をまったく考慮することなく自由に行えることになる．垂木構造でも扠首構造でも和小屋でもあるいはそれらの折衷でも，小屋組構法はその時々の状況に応じ

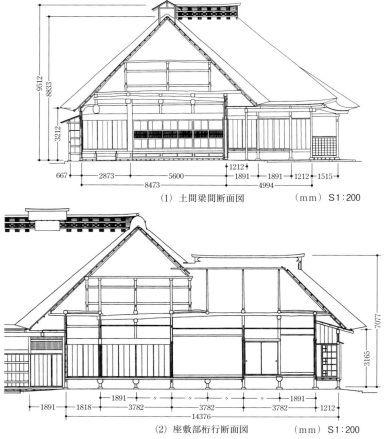

(1) 土間梁間断面図　　（mm）S1:200

(2) 座敷部桁行断面図　　（mm）S1:200

図 3.2-51　入野家住宅［出典：文献 6］

て選択可能なオプションとなっていったのである．そして，こうした融通性があったからこそ，茅葺から桟瓦葺への転換などの近代以降の農家建築の変容がスムーズになされたといえよう．　　　　　　[光井　渉]

■文　献
(1) 滋賀県教育委員会編『重要文化財宮地家住宅修理工事報告書』1970.
(2) 鳥取県教育委員会編『重要文化財三百田家住宅修理工事報告書（鳥取県文化財調査報告書 第4集）』1964.
(3) 文化財建造物保存技術協会編『重要文化財服部家住宅修理工事報告書』1979.
(4) 重要文化財江川家住宅修理委員会編『重要文化財江川家住宅修理工事報告書』1963.
(5) 秋田県田沢湖町『重要文化財草彅家住宅修理工事報告書』1996.
(6) 文化財建造物保存技術協会編『重要文化財入野家住宅修理工事報告書』1988.
(7) 吉田　靖『日本における近世民家（農家）の系統的発展』奈良国立文化財研究所，1985.
(8) 『指物の変遷過程と歴史的造架構の類型化に関する研究』平成13～16年度科学研究費補助金研究成果報告書（研究代表者・源愛日児），2005.

3.2.7　曲家（接合の構法）

農家の主屋において複数の建築を接合するものとして，建物を「鉤の手」に配する岩手県の曲家，東北から新潟の日本海側に広がる中門造がある．また，関東では棟を乙字型にする三棟造や，主屋棟より低く建物を接続させる角屋が広くあり，九州北部では棟をロ字形やコ字形などに構えるクド造が分布する．本項ではこれらの民家の成立と建物の接続の方法について考える．

a. 曲　家

岩手県の旧南部藩領を中心に分布することで著名な曲家は，一般に主屋の土間前方に馬屋が突出し，鍵形の平面形式を有する．歴史的に曲家の成立は，古くは直家であった主屋の別棟として馬屋があったものが，18世紀中期頃から両者が一体化して成立したとされる（文献1）．なお，後述する中門造との相違は，中門造が馬屋の先端に妻入で出入口をもち，馬屋の入隅側に沿って通路を設けるのに対し，曲家が建物入隅の馬屋部分に平入で出入口の大戸を配し，ウマヤを馬屋建物の間口一杯に設ける点などであるとされる．

さて，かつて岩手県紫波町に所在した旧工藤家住宅主屋は典型的な曲家である（図3.2-52）．同住宅は18世紀中期頃の建築とされ，当初から曲家として建築された最も古い部類に属するものと考えられている（文献1）．接続の方法を建物の上方から屋根，小屋組，軸組の順に見ていきたい．一般に馬屋は主屋に比べて間口が狭いため，馬屋屋根の棟高さは一段低くなるが，主屋と馬屋の軒高さは原則的に同じ高さで回す場合が多い．旧工藤家住宅の場合もほぼ同様の形式となるが，主屋の折置組に対し馬屋が京呂組のため，馬屋の軒桁の方がやや高く，正面入隅部で軒先を斜めに納める．小屋組は主屋の扠首，屋中竹までの全体をまず組み上げ，ここに曲家部分の小屋組を突き付ける．

(1) 外観

(2) 接続部

図3.2-52　旧工藤家住宅 [撮影：筆者]

なお，主屋に最も近い馬屋側の扠首は主屋平側の上屋桁上に据えられることになるが，建ち所は他の馬屋扠首よりも高い位置のために材が短く，特に入隅側の部材は上屋桁途中で納めざるを得なくなり，やや不安定である．軸部では入隅部で，馬屋軒桁は主屋下屋の柱頂部で主屋の下屋桁と交差し，さらにこれよりも半間内側に建つ柱が側面で受けて納まる．主屋下屋の柱で馬屋軒桁を受けてもよいのであるが，ここでは馬屋軒桁が主屋軒桁上に渡腮として納まるに過ぎないためであろうか，実際には馬屋の軒桁を半間奥まで延ばして連結している．また，軒桁はこの半間の柱間途中で馬屋2組目の上屋梁を受けるため，馬屋側の材がわずかではあるが主屋側に入り込んでいるのを見ることができる．しかし，曲家では後の中門造のような小屋材の一体化をみることはできず，全体としてはこの建物では主屋に馬屋を突き付けた接続との印象が強い．このように曲家において，主屋と馬屋は時代が降っても緩い接合の方法を採るのが一般的である．

b．中門造

中門造は秋田県から山形，福島，新潟県など，東北日本海側深雪地区に分布する．曲家との違いはすでに一部を述べたが，中門造における建物の接合は馬屋に限るものではなく，座敷前に玄関，座敷なども接続させ，この部分を「座敷中門」とする．馬屋と座敷の両方に中門を備えるものを「両中門造」ともよぶが，さらに背面への突出をもつものなどもある．中門造も当初の形式は直屋の主屋があり，この各部に中門と呼称される部分が接続することにより成立したとされるが（文献2），特権的な層においてはすでに18世紀初期において座敷中門をもつものもみられることから，中世住宅における「中門」との関連を指摘する考えもある（文献3）．

中門造でも主屋に接続する部分が後補の場合や，18世紀初期などの古い遺構では曲家に見たような緩い接続となる場合が多いが，主屋と中門が同時に建てられるようになると両者の関係はだんだんと密になった．19世紀前期とされる秋田市の嵯峨家住宅は主屋土間

(1) 外観

図3.2-53 旧奈良家住宅 ［出典：文献5］

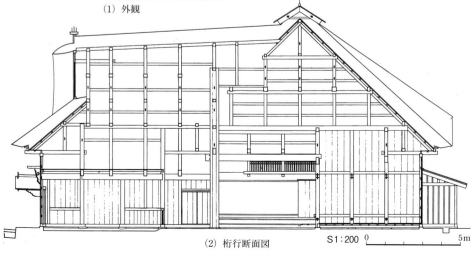

(2) 桁行断面図　　S1:200　0　　5m

表側の上屋筋中央に建つ柱により前方で接続する馬屋中門の小屋中引梁を受ける構成をとるが（文献4），同じ接続方法はすでに18世紀中期の秋田市，旧奈良家住宅にもみることができる（図3.2-53）．旧奈良家主屋は馬屋と座敷が取り付く両中門の形式で，建物は和小屋組で最上部のみに扠首を用い，馬屋の中引梁を受ける主屋土間の柱は他に比べ一段と太い八角形断面のものとなっている．また，この住宅では軒を主屋，両中門とも同じ高さにより船枻造で回すが（文献5），このように時代が降ると主屋と中門部分は内部の構造でも一体化し，その接続は緊密になったとみなすことができよう．

c．三棟造

関東において栃木県や，埼玉県，神奈川県には馬屋や居室を主屋の各面に張り出した例が多くみられる．角屋は主屋より棟が低いものを指す場合が一般的であるが，埼玉ではこの突出部分が「マガリ」「ツノ」などの呼称をもつことが報告されている（文献6）．一方，特に栃木県の宇都宮東，北部では「曲家」「三棟造」と呼称され，棟を乙字形に配する住宅が上層民家を中心に散見される．三棟造はいわゆる分棟型の民家の分布とも重なり，両者は平面形式も類似することなどから，これらはすでに18世紀前期，分棟型から成立したとする考えが有力である（文献7）．

栃木県に所在し，天保8年（1837）に建築された入野家住宅は，三棟造民家の代表例である（文献8）．入野家住宅では南面した主屋の西側に広い土間，東側に居間などの主体部を設け，これらの正面東寄りに食い違い座敷部が接続する．屋根は前述のように土間−イマ−ヒロマ−ゲンカンを乙字型に繋ぎ，さらにジョウダンを一段落ちた角屋とする（図3.2-54）．この住宅では差鴨居を多用し，部屋境の柱の省略が進む．また梁組は桁，梁行とも梁を2段ずつ架けて交互に挟む二重梁の構成などが土間を中心にあり，これらとはまったく分離して小屋組が建っている．各部ともこのように進んだ構造とすることができるが，特に上屋梁を受ける梁組を平面全体の同じ高さで格子状に張り巡らすことが，複雑になる屋根の構成を可能としている．つまりこの建築は建物を並立させる分棟型から成立したにもかかわらず，その痕跡が微塵もみられぬほどに一体化が進んだといえるが，これを可能にしたのは軸，梁組における構造の発展とみなして差し支えないであろう．

(1) 外観

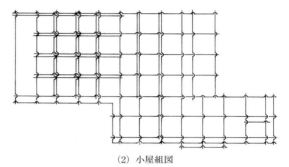

(2) 小屋組図

図3.2-54 入野家住宅［出典：文献8］

なお，分棟型は次項でも述べるが，関東地方でも江戸時代は広く分布した．分棟は厳密な意味では建物の接続とはいえないが，屋根の谷部に大樋を設けるなどして，一般に平面上での使い勝手は一体の建物とみなしても差し支えない．見方を変えれば，構造的には最も緩い建物の接続方法ともいえよう．

d．クド造

九州地方には広く分棟型が分布し，九州ではこれを「二つ家」とよぶ．そしてこれに隣接する九州北部，佐賀県を中心に寄棟造の屋根をコの字型につくり，谷に瓦葺の片流屋根を置くクド造や，棟をロの字型にする漏斗造の民家がみられる．地元で前者を「鍵屋」「曲家」とよび，後者は「四方谷の家」「底の家」ともよばれる．このような複雑な屋根の成立要因には，佐賀藩における厳しい梁間規制もあげられるが，二つ家や直家が鍵屋など複雑な屋根の形状に変化していく中で，漏斗型は18世紀中期以後に生まれたと考えられる（文献9）．

福岡県の平川家住宅主屋は18世紀末頃の建築である（文献10，図3.2-55）．この建物を南正面から見ると，妻入で3棟の建物が並んだように見えるが，実際は寄棟造の屋根を冂型に回した主屋の西側に納屋が建つも

(1) 外観

図3.2-56 旧太田家住宅 内観

部分への降雨はすべて入隅角の一点に集中するため，屋根に降った雨・雪など降雨の処理が問題となる．後者については茅葺に杉皮などを下地に挟んだり，被せて葺いたりする工夫や，入隅下地に瓦を葺く工法もある．

[平山育男]

■ 文 献

(1) 川崎市編『旧工藤家住宅移築修理工事報告書』1972.
(2) 関口欣也「秋田県の民家の曲家と馬屋（第3章）」秋田県教育委員会編『秋田県の民家』1973.
(3) 御船達雄「中門造民家の17世紀における存在形態について」日本建築学会計画系論文集，541号，2001.
(4) 『嵯峨家住宅修理工事報告書』1984.
(5) 『旧奈良家住宅移築修理工事報告書』1966.
(6) 埼玉県教育委員会編『埼玉県の民家』1972.
(7) 津田良樹『街道の民家史研究』芙蓉書房出版，1995.
(8) 文化財建造物保存技術協会編『入野家住宅（主屋・表門）修理工事報告書』1988.
(9) 佐賀県教育委員会編『佐賀県の民家』1974.
(10) 文化財建造物保存技術協会編『平川家住宅保存修理工事報告書』1981.

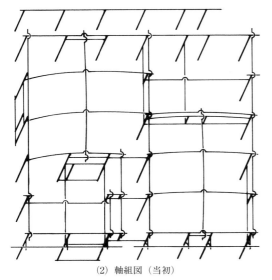

(2) 軸組図（当初）

図3.2-55 平川家住宅［出典：文献10］

ので，これらの間に樋を渡す．主屋は2回の改造を経ているが，棟高さがいずれも異なる姿は当初以来のもので，その理由は，各部における梁間が異なることに求めることができる．ところが特に樋部分や正面で軒高さを揃える必要があるため，梁間の異なる各建物間では軒の出や扠首勾配の調整などが行われ，茅葺の葺き降ろしも随所にあり，自在ともいえる屋根の形態はこの住宅における見どころの一つともなっている．なお，梁組は樋を受ける樋の間を除き，主屋の当初部分ではほぼ同じ高さにおいて一体に回しており，全体に構造の緊密さがみられる．

なお，特に茅葺の多い農家建築において建物を接合する場合，構法上で最も苦慮する点は入隅となる部分の納め方となる（図3.2-56）．具体的には第一に小屋組材および扠首などの部材がこの部分に集中するため，それらをどのように配するのか．第二には，この

3.2.8 多層化の構法

歴史的な建造物において多層の建物の形態を示す場合，「○重△階」（○△にはいずれも数字が入る）とする表現方法を用いる．「○重」は屋根の重なる数を示し，「△階」は階数を示す．ところで近世の農家系民家では原則的に「一重△階」の建物に限られる．これは民家が原則的には平屋建てで，屋根裏部分に上階を設けることにより多層化を図ったことによるものである．本項では各地でみられた多層化の構法と成立の背景について考える．

a. 高八方

「はっぽう（八方）」とはもともと青森，山形から石

(1) 外観

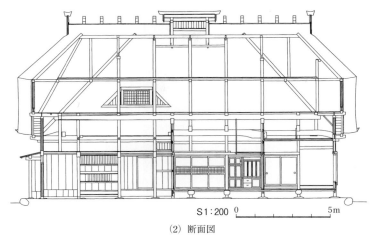
(2) 断面図

図3.2-57 旧渋谷家住宅［文献1］

川の日本海側地域においては茅葺屋根面に設けられた採光や換気用の窓を指したものである．一方，「たかはっぽう」は山形県東田川郡朝日村（現鶴岡市），田麦俣の集落が著名である．これは農家で茅葺寄棟造妻面の屋根に開口部を設け，屋根裏に2，3階を設けたものを指し，一般に「高八方」の漢字をあてる．

高八方の代表例にはかつて田麦俣に所在した旧渋谷家住宅をあげることができる（図3.2-57）．この住宅は寄棟造屋根の平側正面に八方，妻側面には高八方を設ける複雑な屋根形式で，全体としては一重三階となる（文献1）．ところで上階の成り立ちをみると，2階，3階は1階に比べ階高が極めて低く，2階は1階の上屋梁上に床板を敷くことにより成り立っていることがわかる．これより2階以上は建物の小屋組，すなわち茅葺の扠首組内に設けられていることが理解できるのである．実際に上階は明治時代における改造によって成立したものである．小屋組に現存する架構から考えると19世紀前期の当初において，この住宅の屋根形式は一般の寄棟造であり，大棟の規模は現在の半分以下の長さに過ぎなかったと考えることができるのである．また，高八方は従来，屋根裏であった部分への採光・通風のため窓を設けるために妻を切り上げたもので，規模拡大の要請とあわせて高八方の造形となったといえる．ところで，これらの改造を推し進めた最大の要因は養蚕に発するもので，それが寄棟造であった建物を特色ある造形にまで改造させたのである．

b．合掌造

世界遺産にも登録された合掌造は，富山・岐阜両県を流れる庄川沿いに分布する切妻造の民家としてあまりにも有名である．ここでは多層化という観点に絞ってこの建物の特色をみて行きたい．

富山県南砺市に所在する羽馬家住宅は江戸時代中期の建築とされ，一重三階の構造形式を有する（文献2）．この住宅は1階が柱・梁などからなる軸組で構成され，2階は上屋梁上の扠首が構成する小屋組の中に構成されるもので，2階床板は上屋梁上，3階床板は扠首間に渡された合掌梁上に張られている（図3.2-58）．このように2階以上が小屋組である合掌内部に構成される点で，合掌造における多層化の構法は，前述の高八方と同様の性格をもつといえよう．なお，高八方は採光に対して「八方」なる窓を設けることにより対応し

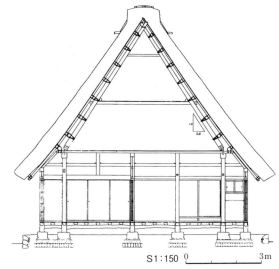

図3.2-58 羽馬家住宅 断面図［出典：文献2］

図 3.2-59　旧江向家住宅　外観

図 3.2-60　嶋崎家住宅　梁行断面図

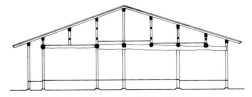

図 3.2-61　竹ノ内家住宅　梁行断面図

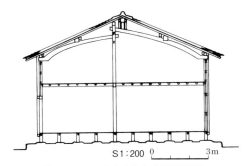

図 3.2-62　小倉家住宅　梁行断面図

たが，白川の合掌造においては，古くは妻面を茅や筵で塞いだとされるが，養蚕で採光・換気の必要が生じたため，縦板張で障子戸を設けるようになったとされる（文献3，図3.2-59）．

c．本棟造など

本棟造は切妻造妻入，板葺を一般とする民家で，長野県南部を中心に広がる．近世では庄屋や本陣などにみられる形式で，規模の大きいものが多く，緩く延びる屋根の線が印象に残る建物である．

18世紀前期の本棟造である嶋崎家住宅（長野県塩尻市）では2階がつくられず，梁が軒桁高さに据えられ，小屋組には貫が細かく配される（図3.2-60）．これに対して寛政11年（1799）に建築された本棟造の住宅である竹ノ内家住宅（長野県下伊那郡）は，構造的にも進んだ部類に入る（図3.2-61）．この住宅では梁が軒桁より低く，梁組を全体的に低い位置に納めるなどして，養蚕に用いられた2階の階高を確保している（文献4）．

このように2階のために小屋組の空間を活用する一方，軸組も2階の構成にかかわる扱いは上述の高八方，合掌造などにはみられず，構造的には一歩踏み出したものといえよう．

なお，本棟造の多層化にみられた構成は広く町家の建築にはみられるもので，農家系の民家でも中二階として散見される．2.2.7項dであげた福岡県平川家でも，上屋梁を扠首を受けるだけ短く切断して枕梁とし，

やや低い位置に繋梁を入れ，これを床梁として2階を作る類似した構成がみられる．同家ではこの部分を物置などに用いたという．また，石川県の小倉家住宅（石川県白山市）はさらに積極的に小屋組を与次郎組にする一方，通柱で2階階高を確保するなど進んだ構法がみられる（文献5，図3.2-62）．

d．兜　造

これは東北地方南部から関東甲信越，伊豆地方に広まる屋根形式で，一部では兜屋根（東京，静岡）や袴腰（宮城）の呼称もみることができる（文献6）．兜造は屋根形式についての呼称で，一般には茅葺屋根で入母屋造や寄棟造の妻面を形態面から見ると垂直に切り上げたものとされ，その形が兜に類似することから生まれたものであるが，ここでは広く屋根の平側面も含めて類似の屋根形態をもつ建物の構成について述べる．なお，兜造・兜屋根の呼称が一部の地域では上述した高八方の屋根面における開口部を伴った形態を指す場合もあるが，ここではその形式は除外し，群馬県の富沢家住宅（群馬県吾妻郡）を中心に多層化の構成

3.2 農家建築の構法　　261

(1) 外観

(2) 断面図

図 3.2-63　富沢家住宅 [出典：文献7]

を考察する（文献7，図3.2-63）．

　さて，富沢家住宅は平側を切り上げた形式をもち，2階は梁行で裏側下屋部分が1階より狭いだけでかなり広くなっている．さて多層化という観点からこの住宅の断面をみると，2階部分には一部ではあるが1階からの通柱も使われていることがわかる．また，小屋組をつくる上屋梁は2階上部に5間の長さをもつ材が渡され，さらに小屋組内に梁間3間の二重梁が渡されることに気付く．このような構成は富沢家住宅の2階部分がまったく当初より計画されたものであることを示し，さらに2階までが柱梁などの軸組により構成され，その上に小屋組がつくられていると見なすことができるのである．

　このようにみると富沢家住宅の屋根形式は「屋根を垂直に切り落とした」としたが，より正確には「2階屋根と1階下屋屋根を連続に葺き降ろした」とする表現の方が正確であろう．つまり，この住宅は屋根を切り落としただけでは成立せず，1・2階の平面構成まで含め高度に計画がなされたものであることがわか

る．ところで富沢家住宅も形式的には一重2階建てとするため，外観上の体裁は上述した各形式と同じものである．しかし，この住宅における2階部分は，小屋組内を重層的に区切ることにより成立した高八方や合掌造などとは根本的に異なるものであった．そして近代以後において，養蚕の発展とともに2階建住居は全国に広く普及したが，その中で広く採用された形式は富沢家住宅などに見られた本格的な重層化による軸組をもった多層化の構成であった．　　　　[平山育男]

■ 文　献
(1)「旧渋谷家住宅解説」関野克監修『日本の民家1 農家Ⅰ』学習研究社，1981．
(2) 羽馬家住宅修理委員会編『羽馬家住宅修理工事報告書』1963．
(3) 宮澤智士『合掌造りを推理する』1995．
(4) 吉澤政己『東海・中央高地のすまい』INAX，1996．
(5) 白峰村編『小倉家住宅修理工事報告書』1964．
(6) 日本建築学会民家語彙収録部会編『日本民家建語彙解説辞典』1985．
(7)『富沢家住宅修理工事報告書』1977．

3.3 町家建築の構法

3.3.1 農家・武士住宅・城郭と類似する構法

a. 町家建築の二つの系統

町家建築は，江戸時代以降に普及した日本の伝統的な都市型住宅の建築形式で，間口が狭く奥行が長い「鰻の寝床」状の都市の住宅敷地に対応するために以下のような特徴をもっている（図3.3-1）．
① 通りに面した部分に「接道型」の主屋を置き，敷地奥にその他の付属屋を並べる配置計画．
② 「通土間」とよばれる細長い土間部分と，1～2列の床上部分から構成される主屋の間取り．

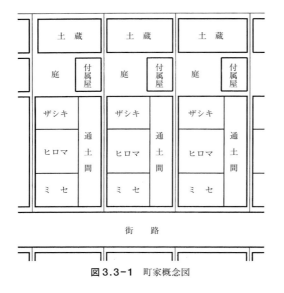

図3.3-1　町家概念図

城下町などに建つ町家はこうした形式をもち，外観や間取りの上では農家建築よりも画一的である．しかし，在郷町など農村部に所在する小都市の町家も含めると，外観や間取りは似通っていても，構造形式がまったく異なるものも数多く存在し，構法の観点から一義的に町家建築を定義することは困難となっている．これは町家建築が，貴族・武士住宅や寺社建築あるいは農家建築など多方面から影響を受けているからであろう．

このように町家建築に収斂される建築要素は多種多様であるが，ここでは，鈴木嘉吉と大場修の見解に主に依拠しながら，特に顕著な二つの系統を中心に，その構法・構造的特徴をまとめてみたい．

まず第一の系統は，太い柱と梁に依存する構造で，多くの場合，軸組と小屋組が明確に分離するもの，である．ここに属するものは大規模なものが多く，城下町よりも在郷町で多く見受けられ，農家や武士住宅からの影響が大きいものといえよう．なお，このタイプには前述した典型的な町家とは異なった要素をもつものも存在している．

続いて第二の系統は，両側面の壁面を固め，また屋根面まで達する通柱を多用し，梁にあまり依存しないもの，である．これに属するものは，近畿地方の大都市や各地の城下町あるいは宿場町などに広く分布し，比較的小型の事例が大部分である（なお，大場修は，前者を「大梁型」，後者を「通柱型」とよんでいる）．

本項ではまず第一の系統について説明し，3.3.2項では第二の系統から発展していったさまざまな構法形式を，そして，3.3.3項では町家の宿命ともいえる高層化の手法について扱うことにする．

b. 町家の成立過程と構造形式

群馬県沼田市の旧生方家住宅（同市上之町から沼田公園に移築）は，東日本で屈指の古さを誇る町家建築の遺構である（図3.3-2）．城下町沼田は，18世紀中期に整備された比較的新しい都市であるが，生方家住宅の建築年代は，その都市整備以前の17世紀までさかのぼる．したがって，生方家住宅は城下町以前の小規模な家屋密集地に建設された遺構であり，町家という建築類型の成立過程を考えるうえで重要な存在となっている．

まず外観は，城下町の町家に多い棟を街路と平行に置く平入ではなく，棟が街路に直交する妻入で，正面向かって左側面のみ大屋根の軒先を出桁造風にしている．こうしたデザインとなるのは，移築前には正面側と左側の両方に出入口を設けていたためである．

間取りは，正面側を「ミセ」2室と細長い土間とし，この部分の上にのみ2階を設けている．2階部分は板敷の3室からなるが，中央室以外には窓がなく，居室としては未完成である．この正面部分の形状は一般の町家建築と似通っているが，その奥の部分では片側に

3.3 町家建築の構法　　263

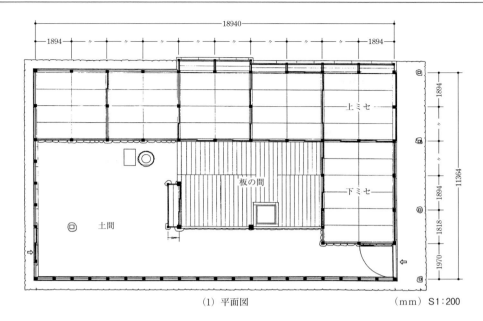

(1) 平面図　　　　　　　　　　　(mm) S1:200

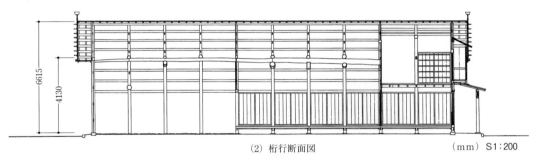

(2) 桁行断面図　　　　　　　　　(mm) S1:200

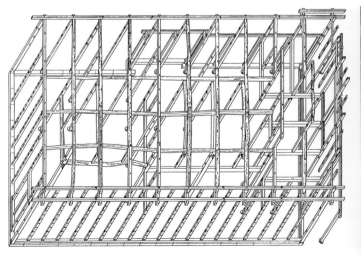

(3) 架構図

(4) 内部

図 3.3-2 旧生方家住宅［出典：文献 1］

4室を設けて残りは広い土間とし，土間の一部を囲炉裏を設けた板の間とする点などきわめて特殊である．

構造は，この間取りを反映して，正面側と背面側が完全に分断されている．両者の境界には，屋根面まで達する通柱の柱列が並び，正面ファサードを構成する同様の通柱列との間でフレームを形成している．すなわち，正面側の部分は，大屋根を通柱が直接支え，その中途に床を設ける総2階形式となっている．一方，背面側は，約4.1 mの軒高に対応したラインに梁と桁を廻して，その下を軸組，その上を和小屋の小屋組としている．軸組は，梁間方向のフレームを桁行方向に1間間隔に並べる単純な手法でつくられ，梁材の断面は比較的細い．このように構造の考え方は非常にシンプルで，正面側では棟持柱構造との類似性を，背面側では梁間方向フレームを連続させて並べるという原初的な構造システムが見出せる．

以上のような旧生方家住宅の構成は，低密度の原初的町並が都市的に成長していく状況を反映したものである．まず低密度の立地状況では，間口一杯に建築を建てて正面からのみ出入りする必要性はなく，敷地の片側に寄せて側面から出入りする建築を建てる方が自然である．旧生方家住宅の背面側は，この低密度の状況に対応して成立した部分といえ，3.2.6項cで言及した江川家住宅と似通った和小屋系の農家と類似するものと位置付けられよう．この部分を母体にして，密集度の向上とともに前面街路側に店舗としての建築を取り付けたものが，現在の形状ということになる．このように生方家住宅の構造と間取りの特異性は，農家からの発展経緯を示すものと解釈することができる．

c. 農家や城郭との類似性

旧生方家住宅の構造形式は，農家から町家が成立していく段階的な過程を示す遺構であったが，農家建築からのより強い影響を見出せる遺構も存在している．

奈良県御所市名柄の中村家住宅は，差鴨居に残された墨書から1632年という建築年代が判明する遺構である．名柄は，林業と関連して街道に沿って発展した街村集落で，農村と都市の中間的な性格をもっている．そうした立地条件を反映してか，その住宅も農家と町家の中間的な性格となっている．

中村家住宅は，広い間口をもつ敷地の左側に寄せて建てられ，その軒先は街道に接しているが，向かって右側の部分は街道からやや後退し，前面には塀を置くため，完全な接道型建築とはなっていない（図3.3-

3）．間取りは，向かって左半分は「釜屋」，右半分は土間と床上部2列となっている．この右側部分の広い土間は，通路空間である町家の通土間とは明らかに性格が異なり，農家建築の土間と類似するものである．また，梁間断面図から確認できる構造も農家的で，棟を境にして前後に二分される約8 mの中央フレームの前後に，差し掛けの下屋を設ける形式は「上屋下屋構造」（3.2.3項参照）の影響が強く，棟通筋の柱の直上に棟束を立て，その前後の束と貫で連結した小屋組も，和小屋と垂木構造（3.2.1項参照）の折衷的なものである．

このように，中村家住宅の間取りと構造の基本は農家的なものである．一方，本瓦の屋根や漆喰で塗り込める外壁などの外観は町家的である．こうした二つの要素を兼ね備える存在は，農村部に在郷町などに広くみられ，見逃すことのできない町家建築の構法上の一つの類型となっている．

この中村家住宅は農家建築との類似性を指摘できるものだが，他の種別の建築と構法的に類似しているものも存在している．

歴史的な町並みで有名な奈良県橿原市今井町の今西家住宅は，今井町の有力者であった十市氏の末裔である今西氏が，都市自治の伝統がいまだ色濃く残存していた1650年に建築したものである．白漆喰で塗り込めた外壁や本瓦葺の大屋根など，城郭と見紛うばかりの外観は，今井町の中でも象徴的な存在となっている（図3.3-4）．

間取りは，中村家住宅と同様に広い土間と6室からなり，土間の正面ばかりか側面にも出入口が付く点を含めて農家的である．構造は，1間を約1.99 mとする大きめの基準寸法が厳格に守られ，このグリッドに従って約4.7 mの高い柱を，梁間では約2間・2間半・2間，桁行では4間・2間・2間の間隔で並べ，その上に太い断面の大梁を掛けて軸組を構成している．小屋組も同様に基準寸法が守られ，軸組上に1間スパンで束を立てて，3段の貫で固める和小屋形式を基本とし，入母屋破風をつくる部分では，外側の束から貫を掛け出し，垂木状の斜材で受ける凝った手法を採用している．

明快なグリッド・均等長の柱・良材を用いた柱や大梁に頼る構造・軸組と小屋組の分離・和小屋の小屋組・軒先や入母屋破風のつくり方など，今西家住宅の特徴は上層建築とりわけ城郭建築と類似している．近畿地方の中世までさかのぼる町家の住人には，在郷武士の

3.3　町家建築の構法

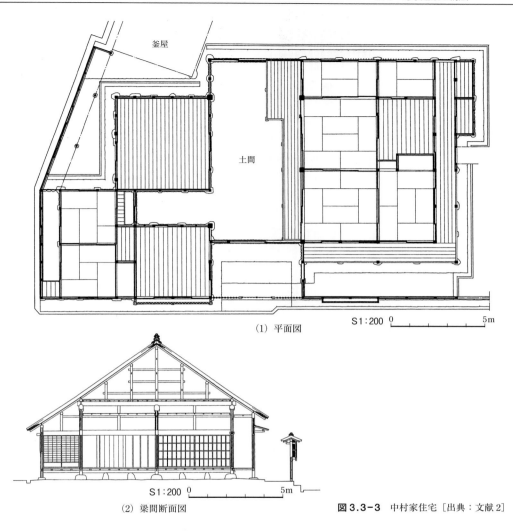

(1) 平面図

(2) 梁間断面図

図3.3-3　中村家住宅［出典：文献2］

系譜をひく者も多く，そうした家系の住宅は，城郭や武家住宅と起源を同じくする重厚なつくりとなり，今井町などの大型在郷町ではこうした構造形式が継承されたのである．

d．城下町の古式な遺構

中村家住宅や今西家住宅は，農村と都市との中間的な存在である在郷町に立地するものであるから，そこに農家建築や城郭などの構法的な要素が見出されても不思議ではない．一方，16〜17世紀に計画都市としてつくられた城下町に目を転じると，本節の冒頭で述べた第二の系統に属する町家建築が大部分であるが，一部の古い遺構の中には異なる系統のものも散見される．17世紀中期までさかのぼる山口県萩市の菊屋家住宅は，そうした事例の代表的な存在である．

菊屋家は武士から藩の御用商人に転じた家系で，その屋敷地は，正面と向かって右側面で街路と路地に接する角地に位置している．さらに，屋敷地の左側は庭園として使用されているから，左右両側ともに隣家とは接していない．こうした配置は都市住宅である町家建築としてはきわめて異例である．その主屋は切妻造・平入で，大屋根の棟高は約8mにも及び，正面側には奥行約1.6mの土庇が付くため2階建てに見えるが平屋である（図3.3-5）．間取りは，基本的には中村家や今西家と同様に広い土間と床上部2列を基本とし，正面街路側は床上部の「ミセ」のほかに，土間の一部に床を貼って「土間向五畳」としている．これらは正面街路と強い関連をもつが，奥の部屋列は土間に向かって対面しており，通路空間としての通土間とはまったく異なる印象となっている．また，向かって左

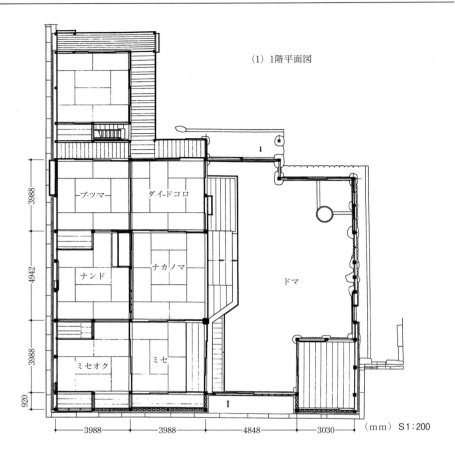

(1) 1階平面図

(2) 2階平面図

図 3.3-4 今西家住宅
[出典：文献 3]

3.3 町家建築の構法　267

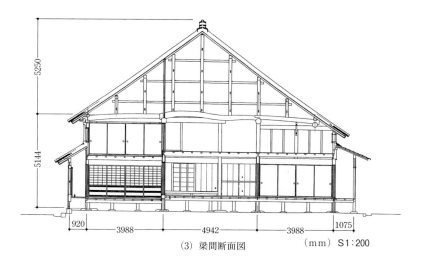

(3) 梁間断面図　(mm) S1:200

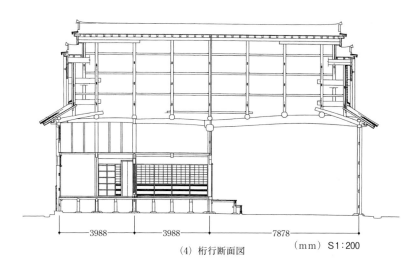

(4) 桁行断面図　(mm) S1:200

(5) 正面全景

第3章 住宅系建築の構造

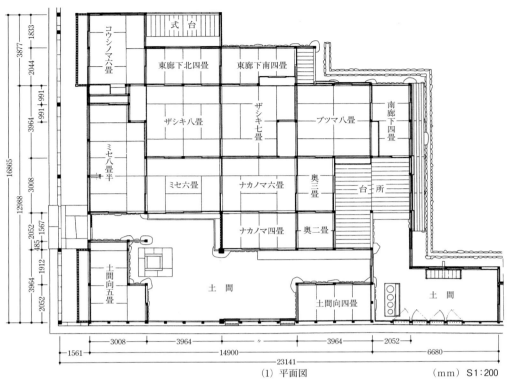

(1) 平面図　　　　　　　　　　(mm) S1:200

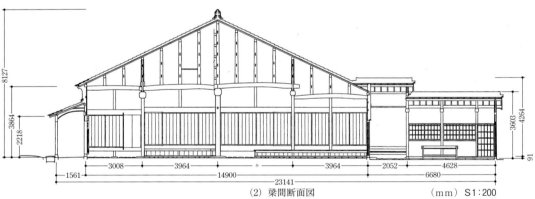

(2) 梁間断面図　　　　　　　　(mm) S1:200

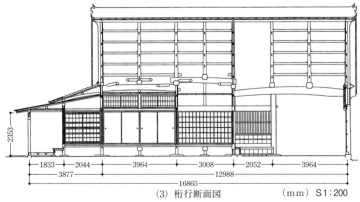

(3) 桁行断面図　　(mm) S1:200

(4) 外観

図3.3-5　菊屋家住宅［出典：文献4］

端に「式台」を設け，床上部の左列は庭園との関係が強い床の間付きの座敷列となっている．

　構造は，上下方向では軸組と小屋組が明確に分離し，前後方向では棟通筋が強く建築を規制し，左右方向では土間と床上部との境界が明確となっている．軸組は，軒の位置とほぼ一致する高さに縦横に掛けられた大梁を基本とするが，床上部では，内法高を差鴨居で繋ぎ，床下位置を大引き・根太で固める．したがって，土間部分は床上部分よりも相対的に弱く華奢な構造となっている．これは，長い土間が通じ，正面と背面の両方を開放的にせざるを得ない町家建築にとって宿命ともいえる弱点である．この弱点を補うように，菊屋家住宅では，土間側の側面を壁面として固め，また土間部分と床上部との境界部分でも内法上を強固な壁面として対応している．小屋組は，軸組の大梁を基準面として立ち上がる和小屋で，梁間方向には束が半間ピッチで等間隔に並ぶが，桁行方向では土間部分と床上部との間で一度小屋組が切れて水平力が逃げるようになっている．

　このように菊屋家住宅では，間取りおよび室内空間の観点からは，正面側ミセ部分・床上部右側と土間部分・床上部左側という三つのブロックを指摘でき，構造の観点からは土間部分と床上部分という二つのブロックが指摘できる．こうした状況となった理由は，構造体としては武家住居を参照しながら，機能的には町家に求められるものを押し込んで接道型住居としたからではないかと推察される．前述の生方家住宅では，町家に求められる機能が付加していく段階が構造体の中に残存していたが，菊屋家住宅では，構法や構造の系譜と機能や室内空間の系譜が異なっていることを確認でき，ここから町家建築誕生のメカニズムの複雑さが想起できよう．

e．見せる構造体

　以上のような事例から理解できるように，町家建築は，城郭建築・武家住宅・農家建築が，都市という立地環境の中で交錯して誕生したものといえるだろう．したがって，はじめに述べた大梁に依存する内部架構という特徴は町家建築に独自なものではなく，近世建築に共通する特質である．しかし，繁栄した都市においては，頭上を飛ぶ梁の架構は構造上必要なものというよりも，富を象徴する記号となっていく．

　富山市北部の日本海に面した東岩瀬は回船業で栄えた港町で，その中心に建つ明治11年（1878）建築の旧森家住宅は，見せるための架構が発達した遺構である（図3.3-6）．南北街路に東に面して建つ主屋は，通土間と床上部3列からなる大型の町家で，床上部の正面側と背面側に2階を設けるが，通土間と床上部中央の「オイ」は屋根面まで吹き抜ける背の高い空間となり，縦横に走る梁組を見せている．

　この印象的な梁組が，固められた壁面や部屋境に屋根荷重や水平力を分散する役割を担っていることは間違いない．しかし，旧森家住宅の屋根は石置板葺であり（現在はトタン葺），その軽い重量を勘案すると，このような重厚な梁組を用いる必要はない．したがって，この梁組は構造上の要求というよりも意匠上用いられたものとみなせることになる．こうした「見せる」ための架構は，農家建築でも発達するが，材木伐採の制限が緩くなった幕末から明治期にかけて，富を蓄積した町家建築で特に顕著なものとなっていく．　［光井　渉］

(1) 外観

(2) オイ

図3.3-6 旧森家住宅

■ 文　献

(1) 文化財建造物保存技術協会編『重要文化財生方家住宅移築修理工事報告書』1973.
(2) 文化財建造物保存技術協会編『重要文化財中村家住宅修理工事報告書』1982.
(3) 奈良県文化財保存事務所『重要文化財今西家住宅修理工事報告書』1962.
(4) 文化財建造物保存技術協会編『重要文化財菊屋家住宅修理工事報告書』1981.
(5) 鈴木嘉吉「概説 近畿の町家」『日本の民家 6 町家Ⅱ』学習研究社, 1980.
(6) 大場 修『近世近代町家建築史論』中央公論美術出版, 2004.
(7) 吉田 靖編『日本の民家 5 町家Ⅰ』学習研究社, 1980.
(8) 富山県教育委員会編『富山県の近代和風建築』1994.

3.3.2　側壁と通柱を用いた構法

a. 側面の壁を固める構法

前項でみたような木太い柱や梁に頼る豪壮なタイプに対し，京都や大阪など近畿地方の大都市や各地の城下町あるいは宿場には，両側面の壁面（平入の場合には妻壁）を固め，内部に細い通柱を配して棟やモヤ材を直接支えるタイプの遺構が多数存在している．京都は古くから都市を形成していた地域であるから，こうした町家は，前項で述べたような江戸時代の初め頃にさまざまな建築類型が交錯する過程の中で生み出されたものとは異なる系譜の中で成立したものと考えなければならない．

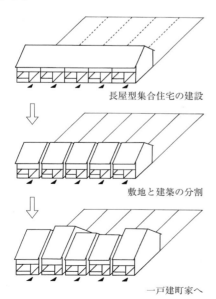

図 3.3-7　供給住宅分割仮説概念図

ここで参考となるのは，町家建築の原型を供給住宅として捉える野口徹の学説である．この説は，古代都市平安京が 10 世紀以降に解体していく過程の中で，都市中間層によって接道型の長屋が平入で供給され，それが分割されることによって町家建築が成立したと考えるものである（図 3.3-7）．

この説に従えば，京都や奈良の町家建築にみられる形式の画一性，とりわけ圧倒的に平入が多いことなどが容易に説明でき，また側面の壁面に頼る構法も長屋の分割によって成立したものが残存したと考えれば理解しやすい．そして，16 世紀末から 17 世紀初頭に計画的に建設された各地の城下町や宿場にあっても，同様のプロセスが近世権力によって徹底して実施されたと考えれば，京都と同じ系統の町家が城下町や宿場に普及している状況を無理なく理解できる．

こうした仮説を念頭に置いて，本項ではまず京都・奈良の小規模な事例から検討し，続いて大型化していく中で，どのように構法が発展していったかを追っていこう．

b. 京都・奈良の町家

京都市左京区鞍馬本町の瀧澤家住宅は，京都と丹波を結ぶ街道に沿って展開する鞍馬寺の門前町に所在する．宝暦 10 年（1760）に建設されたこの建築は，町家主屋としては標準的な規模で（間口約 9 m・奥行約 12 m），1 階を通土間と 1 列 3 室の床上部，2 階は正面側のみを居室とし，残りを収納空間として用いる間取りも典型的なものである（図 3.3-8）．

架構は，全体的に柱の本数が少なく，軸組と小屋組が明確には分離しておらず，約 1 m ピッチで並ぶ通柱を貫で固めた強固な両側面の壁体をベースにして，その間に棟やモヤ材などを掛け渡して屋根を支持している．すなわち，この建物では両側面の妻壁が主要な構造体で，建物内部の柱や横架材は全体構造の上では補助的な役割にとどまり，2 階の床を支持することが主な役割となっているため，建物全体を貫くような大梁は存在していない．2 階上部に掛け渡された斜材も部材断面が小さく屋根荷重を受けるのみであるから，これも 3.3.3 項で詳述する登梁というよりも，垂木が発達したものといえよう．また，棟よりも正面側の奥行を短くし，さらに棟部分で段差をつけて，背面側の屋根を掛けているのは，正面の軒高を確保して 2 階居室部の階高を確保するための措置で，こうしたこまかな対応も前項で取り上げたような大型の町家建築では

3.3 町家建築の構法

(1) 外観

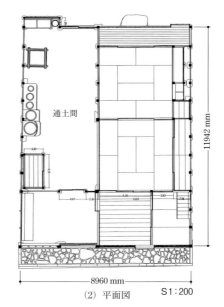

(2) 平面図　S1:200

(3) 梁間断面図　S1:200

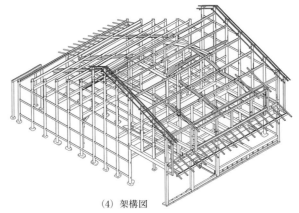

(4) 架構図

図 3.3-8　瀧澤家住宅［出典：文献 1］

みられない特徴である．このように，瀧澤家住宅は，3.3.1 項 c の今西家住宅などとはまったく異なる構造となっていることが理解できる．

　両側面の壁体に依存するこの構造では，正面や背面から受ける水平力には比較的強いが，横から受ける水平力にはほとんど無力である．ここで，こうした構造の町家建築が建つ環境を考えると，両隣にも同じような形式の建物が建っていることが前提であり，お互いがもたれかかり合うようにして建っている状況にあるといえよう．

　こうした構造の考え方は京都付近のみでみられるものではない．奈良で最古の部類に属する井岡家住宅（奈良市下高畑町から川崎市立日本民家園へ移築）は，通土間と 1 列 3 室型という間取りをもち，通柱で固め

図 3.3-9　井岡家住宅　土間と側壁［出典：文献 2］

図 3.3-10 高知県室戸市吉良川の煉瓦造側壁をもつ町家

られた両側の壁体が構造面で重要な役割を果たしていて，瀧澤家住宅と同様の間取りをもち，構造の考え方もきわめて似通っている（図3.3-9）．

このような両側面の壁体に頼る構法は，明治以降には煉瓦壁体に置換される場合もある（図3.3-10）．こうした事例は全国に分布しており，瀧澤家住宅のような構法の広がりと根強さを理解できる．

c．町家の構造ブロック

側面の壁体を固めて屋根荷重を支え，内部構造を簡略化する手法は，簡便でありかつ間取りの自由度も高い．しかし，横方向の水平力に対しては脆弱であるため，間口を広げて大型化することは困難である．そこで，大型化のために，側面壁体と同時に内部構造も固め，かつ農家建築でみられたように全体をいくつかの構造ブロックに分けていく手法が採用されていくことになる（3.2.5項参照）．

奈良市の藤岡家住宅は，奈良町中心部の元興寺町に所在する町家建築で，前述した井岡家住宅よりも少し後の18世紀前半に建設されたものである（図3.3-11）．平入の外観は，正面向かって右側が1段低い「落棟」の形式となるために，ほかの奈良町の町家とは異なった印象となる．規模は，間口約13m・奥行約14mで，間取りは，左側に土間列（街路側の一部に床が設けられる），右側には2列の床上部を配し，土間に接した床上部の1列は4室構成で，落棟の部分に対応するもう1列は，街路から直接入る形式の座敷となる．

このように藤岡家住宅は，床上部2列で土間の幅が広いため，瀧澤家住宅や井岡家住宅と比較すると一回り以上も大きいが，前項で取り上げた床上部2列の今西家住宅や中村家住宅ほどには大規模ではなく，構造の考え方も両者の折衷的なものとなっている．

まず，両側面の壁体を半間ピッチに柱を立てた強固な壁としているのは，瀧澤家住宅と同じ手法である．しかし断面図から受ける両者の印象が異なっているのは，独立した小屋組をもたない瀧澤家住宅に対して，藤岡家住宅では軸組と小屋組が明快に分離しているからである．

その小屋組は，梁間方向には半間ピッチ，桁行方向には1間ピッチで束を立てて，それらを貫で縦横に繋ぐ和小屋の形式をとっている．この和小屋の小屋組は建物全体を一つの構造体として貫くが，それを支持する軸組は，土間部分と床上部2列でそれぞれ独立性の高い構造ブロックを形成している．そして，各構造ブロックに掛かる梁も水平耐力と屋根荷重の両方を受け持ち，構造ブロックの要であると同時に意匠上のポイントともなっている．

落棟と対応している座敷列には長押が回り，床や棚が備わり，吊天井や化粧軒裏など，表層的な造作を見せる書院造の意匠となっている．これは，土間部分の簡素で直接構造材を見せるデザインとは対照的であり，構造ブロックが意匠上の境界ともなっている．

このように藤岡家住宅は，大型化と空間および意匠上の分割を指向したために，側面の壁体だけに頼らない構造となったものと位置付けられよう．側面の壁を重視しながら，間取りや意匠に応じていくつかの構造ブロックに分割し，内部の梁にも構造的な役割をもたせるこうした構法は，18世紀後半以降に全国各地の城下町などで一般化していく．

山口県萩市の熊谷家住宅は，前節の菊屋家住宅とは異なり18世紀に成功した新興町人の居宅で，その屋敷地は約6000m^2にも及び，主屋以外に離座敷2棟・土蔵9棟が現存している．

明和5年（1768）に建設された主屋は，間口約14.7m・奥行17.7mの平入主体部の側面に，式台玄関や茶室となる別棟が接続する形式となる（図3.3-12）．主体部の間取りは，一部に床を設ける土間部分と各4室からなる2列の床上部分からなる．桁行断面図からわかるように，構造もこの構成に従って三つの構造ブロックに分割され，それぞれは天井の有無に関係なくいずれも大梁を2段3段に重ねて軸組を固める手法を採用している．構造のブロック化は間口方向のみならず奥

3.3 町家建築の構法　273

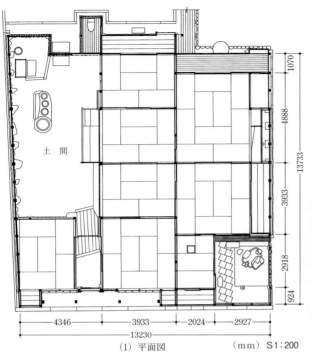

(1) 平面図　　（mm）S1:200

(4) 土間まわり

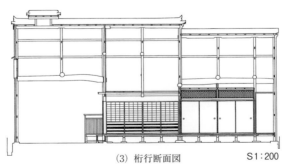

(2) 梁間断面図　　S1:200

(3) 桁行断面図　　S1:200

図 3.3-11 藤岡家住宅 ［出典：文献3］

行方向にも及んでいる．梁間断面図からわかるように，正面側の部屋の背面にあたるラインで，内法よりも上部を壁面として固めて構造システムを切り替え，この位置から軒下に向けて登梁を掛けて2階の階高を確保しているのである．

続いて側面部分を見ると，土間側の壁面では，通柱を半間ピッチで並べて強固な壁体をつくってはいるが，大梁と内法に入る差鴨居で軸組を強く固めるシステムが機能しているために，実際には壁体にあまり依存していない．その証拠に，床上部側の側面では，玄

第3章 住宅系建築の構造

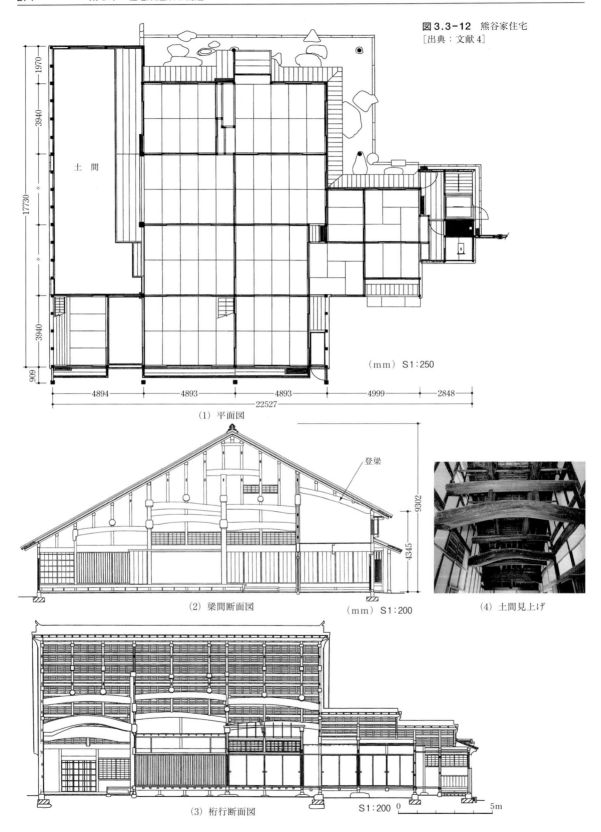

図 3.3-12 熊谷家住宅
[出典：文献 4]

(1) 平面図
(2) 梁間断面図
(3) 桁行断面図
(4) 土間見上げ

関・茶室を側面から接続させるために壁を省略し，柱間間隔も2間まで飛ばしている．

以上，熊谷家住宅の構法は，本節のこれまでの記述の中でみてきたさまざまな要素をすべて包含しているといって過言ではなく，18世紀の段階で町家建築が非常に精緻な構法の体系を獲得したことを裏付ける事例となっている．

d. 土蔵造形式の町家

熊谷家住宅のように，通柱と側面の壁体によって構造の骨格をつくりながらも，間取りに対応して分割された構造ブロックを併用する構法は，18世紀以降に大型町家の一般的な構法となり，これをベースとして新たに「土蔵造」という類型も生み出されていく（図3.3-13）．

土蔵造の町家は江戸時代末に出現し，明治期に防火性能の高さと堅牢さ，あるいは豪華なイメージがもたらす富の象徴性によって日本中に普及する．とりわけ江戸時代後半以降に経済力を増した関東地方や関西・瀬戸内沿岸部の在郷町では，各地域で独自な発達をみせることになる．土蔵造のさまざまな構法的特徴の細部については後述するが，ここでは木蝋の生産で栄えた愛媛県内子町の上芳我家住宅を事例にあげてみてみよう．

上芳我家住宅は，町並景観で有名な八日市護国地区の中央部に所在する大型の屋敷地に建ち，主屋以外に離れ・釜場・出店倉・土蔵などから構成されている．明治27（1894）に建設された平入の主屋は，間口約16m・奥行約12mと大規模で，屋根裏部屋を含めて3階建てとなっている（図3.3-14）．外観は，クリーム色を基調にしながら白や海鼠壁を随所に配した漆喰壁面を見せ，正面・背面・右側面の3面には特徴的な瓦庇を付けている．

間取りは，幅が広い土間部分と床上部2列からなり，町家というよりも農家的である．構造の基本は，正面および両側面に1間ピッチで巡らされた柱列にあり，そのうち両側面は通柱となり厚い塗壁で固められ，正面側の2階も虫籠窓を含めて塗り込められて土蔵造の外観となっている．両側面の通柱の径は比較的小さいが，建物内部，土間と床上部の境界に据えられた2本の柱は大断面で3階まで達し，この柱と両側面壁との間に渡された大梁が内部構造の要となり，その上に束を交えながら梁行桁行交互に2重3重に梁を重ねて屋根荷重を支持している．

壁体と通柱に構造の主体を委ねる考え方の基本は，瀧澤家住宅などと似るが，内部の木太い柱や丸太状の梁を用いた架構，あるいは二重・三重梁による小屋組は，京都などで発達した町家建築とはまったく異質であり，間取りを含めて，大型の農家建築に近いものといえよう．

江戸時代後半以降に発達した在郷町は，農村部で生産された商品作物を加工・集約する機能を担っていた．そこで発達した構法は農家建築の構法と近似しながらも，城下町などで完成していた町家建築の間取りを取り入れて，上芳我家住宅のような形式を生み出したといえよう．経済的に潤った在郷町で特に土蔵造町家が発達した直接の理由は，防火・堅牢という機能的な部分と富の象徴性にあったといえるが，開放的な町家に比べてはるかに閉鎖的，すなわち塗壁を多用する農家建築の伝統も，在郷町の大型町家で土蔵造を普及させた要因であったのかもしれない． ［光井 渉］

■文　献

(1) 京都府教育庁指導部文化財保護課編『重要文化財瀧澤家住宅修理工事報告書』1985.
(2) 川崎市編『重要文化財旧井岡家住宅移築修理工事報告書』1986.
(3) 奈良県教育委員会事務局文化財保存事務所編『重要文化財藤岡家住宅修理工事報告書』1998.
(4) 文化財建造物保存技術協会編『重要文化財熊谷家住宅主屋及び新倉修理工事報告書』2002.
(5) 文化財建造物保存技術協会編『重要文化財上芳我家住宅主屋ほか九棟保存修理工事報告書』2011.
(6) 野口 徹『中世京都の町屋』東京大学出版会，1988.
(7) 高橋康夫『京町家・千年のあゆみ』学芸出版社，2001.
(8) 宮澤智士・三沢博昭編『内子の民家と町並み』内子町，1991.

図3.3-13 川越の土蔵造町家

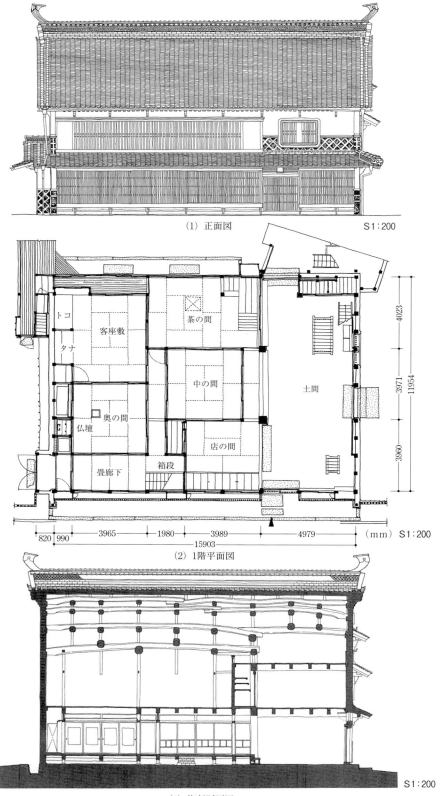

図 3.3-14 上芳我家住宅
［出典：文献 5］

3.3　町家建築の構法　　277

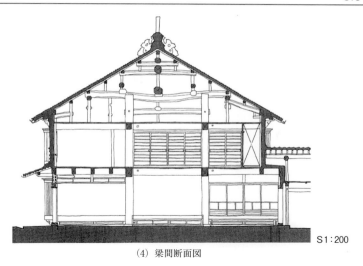

S1：200

（4）梁間断面図

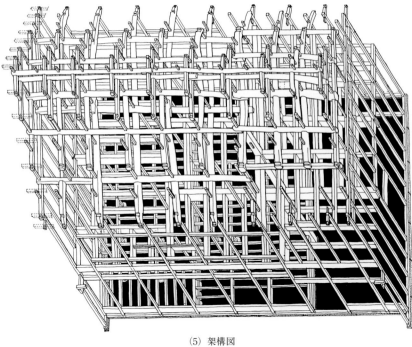

（5）架構図

3.3.3 高層化の手法

a. 町家の高層化

都市の発展は，市街地域自体の拡大と既存市街地における密度の向上という二つの傾向を伴う．前者は農村部の市街地化という都市計画的課題であるが，後者は敷地の有効利用であって，建坪・容積の向上という建築的課題を伴ってくる．このうち，限られた敷地での建坪の増加は，採光・通風など環境面での不利な条件を作り出すが，その解決は隣家も含めた配置や間取りなどの建築計画的な課題として処理される．一方，容積向上のための高層化は構法的な課題である．

江戸時代後半から明治・大正期にかけて，町家建築およびその系譜に連なる都市住宅は，平屋から2階あるいは3階建てへと高層化している．この時期に農家建築も高層化されているが，その比率は町家建築に較べて小さく，またほとんどの場合で2階以上の用途は居室ではない．したがって，高層化は町家建築に固有の構法的な課題である．それでは，町家建築の高層化のためにどのような工夫がなされたのか，具体的な事例で確認していこう．

b. 総2階形式

2階部分を設けるうえで最もシンプルな発想は，1・2階部分の階高を確保した軸組をつくり，その上に屋

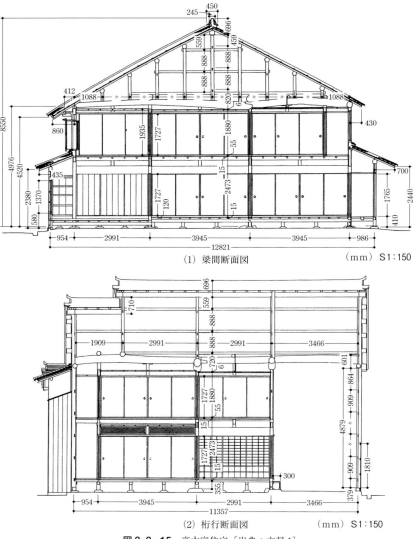

図3.3-15 高木家住宅 [出典：文献1]

根をかける形式の構法であり，結果として総2階となる．この発想は，3.3.1項cで取り上げた今西家住宅ですでに実現している（図3.3-4参照）．しかし，今西家住宅の軸組は十分に高いにもかかわらず，後述するように2階建てとしては未完成である．そこで，同じ今井町に所在し，総2階形式の町家として完成されている高木家住宅を取り上げ，両者を比較しながら検討してみよう（図3.3-15）．

高木家住宅の建築年代は，今西家住宅よりも約200年後の19世紀前半と考えられている．主屋の基本骨格は，切妻造・平入の総2階の主体部分の正背面に庇屋根を付けたもので，間取りは通土間と床上部2列からなる．構造は，大屋根の軒高さまでの軸組をつくり，そこから正背面に庇を出し，軸組内部を上下に分割して1・2階とする．小屋組は，軸組を構成する大梁上に載る和小屋となる．このように高木家住宅は，土間の幅が狭い点を除けば，間取り・構造ともに今西家住宅ときわめて似通っている．

しかし，相違点もまた指摘できる．まず2階部分に注目すると，今西家住宅では，正面側の2室のみを居室とし，ほかは板敷の物置で天井も貼られていない．一方，高木家住宅では2階全部を居室として用いることが可能となっている．ここで両者の軸組部分の高さを比較すると，今西家住宅は総高約4.7mで，2階が居室となる正面側での内訳は，床下0.6m・1階階高2.3m・2階階高1.8m，建物の奥側ではさらに2階充当部分は低くなっており，2階を居室として用いるのは困難である．一方，高木家住宅の軸組の総高は約4.8mでほぼ同じであるが，床下0.4m・1階階高2.5m・2階階高1.9mに分割することで，2階階高の確保に成功している．また今西家住宅では，1・2階の境界ラインは場所によって微妙に前後するが，高木家住宅では，1階部分の階高を建物全体で揃え，1・2階の境界部分周辺には差鴨居などの横架材を回していて，水平耐力の点でも効果的である．

ほかにも相違点はある．今西家住宅の大屋根は入母屋造で，両側面では入母屋破風をつくるために複雑な木組を用いているが，軸組と小屋組は完全に分離している．一方，高木家住宅は切妻屋根で，両側面部には正確に半間ピッチで通柱列が並び屋根面まで達しているから，ここでは軸組と小屋組が一体化していることになる．これは，前項でみた側壁を固める構法である．

以上のように高木家住宅では，総2階という枠組の中で，2階部分を居室として充実させるために，軸組を高さ方向で効率的に分割し，2階部分の床高さを揃え構造的に安定させるため，1・2階の境界を統一し水平材を床上部全体に回している．そして，土間部分で桁行方向に不安定となる町家建築の宿命に対しては，側壁を通柱を用いて固めるという対応をしているのである．

c. 登梁の使用と「はね出し」

江戸時代には，周辺環境や材木供給の実状に応じて，総2階形式とは異なるさまざまな構法も用いられている．それらはいずれも，軸組の高さを抑えながら正面街路側の2階を居室として整備するための工夫であり，中でも前項の熊谷家住宅にみられたような「登梁」を使用する構法が最も一般的である．

滋賀県近江八幡市は城下町として建設された計画都市で，現在も町家建築が建ち並ぶ伝統的な町並みが保全されている．その町並みの中に建つ旧西川家住宅は宝永3年（1706）の建築で，切妻造・平入となる主体部分は間口約12.9m・奥行約17.6mと規模が大きい（図3.3-16）．主体部分の1階間取りは，土間部分と床上部2列を基本とし，正面側の奥行約4mの部分にのみ2階が設けられている．

構造は，土間側の側面で屋根面まで達する通柱列が半間ピッチで並び，壁面が塗り込められている点や，内部に独立して立つ通柱が要所に入れられている点から，前項で紹介した瀧澤家住宅の系譜から発達したものと位置付けられる．また，桁行断面図から明らかなように，土間部分と床上部2列がそれぞれ構造ブロック化しているのも，18世紀の大型町家建築では当然である．ただし，通柱にも依存しているために，高木家住宅のように建物全体の一定のラインで明快に軸組と小屋組が分割されるのではなく，構造ブロックごとあるいは通柱を挟んだ前後で大梁が掛けられる位置は上下している．

旧西川家住宅の正面軒高は4mに満たず，総2階形式の高木家住宅よりも約1m程短く，正面軒下の位置で2階の壁面高は約1.5mであるから，この高さに水平な梁を入れれば，2階は居室化できない．そこで，軒桁から奥に向かう梁を屋根勾配に合わせて傾斜させた登梁として，階高を確保している．

ここで，登梁の高い方の端部をみると，屋根面まで達する通柱に柄差しで納まっていることがわかる．この部材が前節の瀧澤家住宅（図3.3-8参照）のように通柱上端に載せられているだけなら，屋根荷重のみ

第3章 住宅系建築の構造

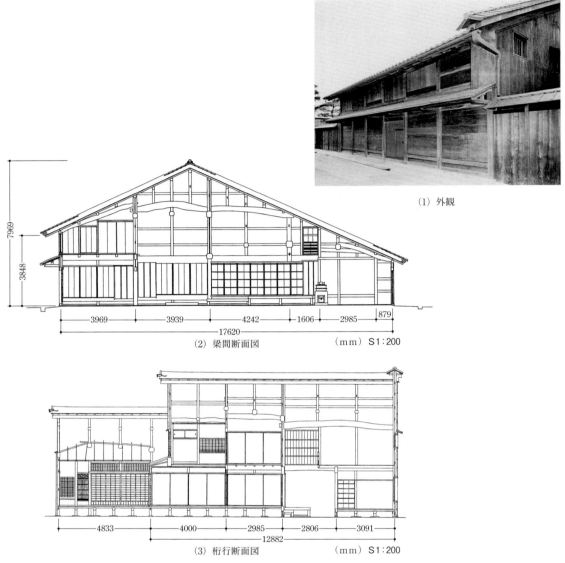

(1) 外観

(2) 梁間断面図　(mm) S1:200

(3) 桁行断面図　(mm) S1:200

図3.3-16　旧西川家住宅［出典：文献2］

図3.3-17　つし二階（奈良県宇陀市松山の町家）［撮影：筆者］

を受ける垂木の一種とみなせるが，これが水平耐力も併せて担当するようになったため，旧西川家住宅のような納まりになったと考えれば，構法的な進化の状況を理解できよう．

登梁を用いた構法によってつくられる2階居室では，登梁の下面に添わせて傾けて天井板が貼られ，さらに余裕のない場合には登梁の間に天井板を貼り込むなどして，畳敷の座敷としてしつらえられている．こうした「つし二階」とよばれる空間は，町家に特有のものとして登梁とともに全国に普及している（図3.3-17）．

3.3 町家建築の構法

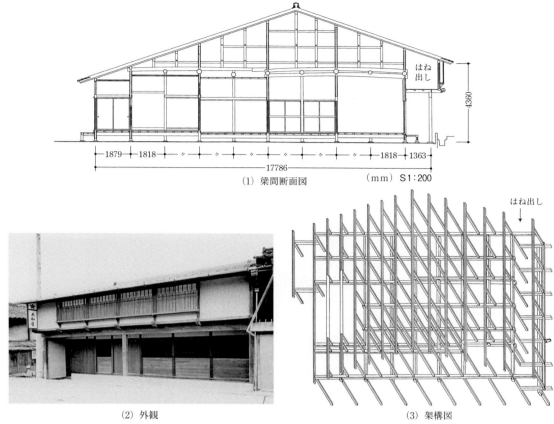

(1) 梁間断面図　(mm) S1:200

(2) 外観　　　　　　　　(3) 架構図

図 3.3-18　真山家住宅［出典：文献 3］

　つし二階のほとんどは登梁を用いた構法でつくられているが，これ以外の構法も存在している．そうした特殊な構法の一例として，「はね出し」とよばれるものについてもみておこう．

　長野県佐久市の真山家住宅は，中山道の宿場町望月に所在する 1766 年に建設された遺構である（図 3.3-18）．建築の規模形状は，間口約 11 m・奥行約 18 m の切妻造で，平入の主体構造部と背面側の突出部からなる．このうち主体部分の構法は，両側面の壁体を固めながらも，梁を用いて軸組と小屋組を分離していく形式となるが，軸組の高さが低いので，通常の手法では 2 階は設けることは難しい．そこで真山家住宅では，軸組柱の中途から水平材を街路側に掛け出し，その水平材を下から支えるように桁を置き，その桁を独立柱で支える手法で，正面側に中 2 階をつくり出している．

　こうした構法によるため，中 2 階部分の高さは軸組の構造とは無関係に任意に決められる．そこで，床を貼らないピロティのような 1 階部分の高さを限界まで低くし，中 2 階の床高さも抑え，両者をある程度実用

図 3.3-19　三澤家住宅（長野県伊那市から川崎市立日本民家園へ移築）の石置板葺屋根［出典：文献 4］

に耐えるものに仕上げている．これがはね出しとよばれる形式で，付加構造によって最低限の高さをもつ 2 階を設けたアクロバティックな構法の事例である．

　なお，真山家住宅は現在は瓦葺となっているが，旧

は板葺であった．瓦葺の全国的な普及は明治以後で，江戸時代以前の町家建築のほとんどは「石置板葺」であり（図3.3-19），登梁やはね出しのような構法は，軽い屋根荷重を前提として発達したものであることを指摘しておきたい．

d．挿物と根太天井

2階が発達すれば，軸組は高くなり，必然的にトップヘビーで不安定な構造となってしまうので，何らかの措置が必要となってくる．一般的には，1・2階の境界部分を利用して水平耐力の向上を図ることで，内法位置に建物全体を貫くように差鴨居を通すのがその代表的な対応例である（図3.3-20）．1階の内法位置は，軸組全体の中央部に該当するので，ここに横架材が通れば軸組全体の変形を防止する上で効果があり，また，内法高が揃うことで内部空間の一体化も実現できる．ただし，1本の柱の四方から差鴨居を入れる四方差しは柱の断面欠損を大きくし，別の意味で構造的には好ましくない．

また2階の発達は，2階の床をどのように支持するのかという問題も発生させる．平屋の場合には，1階の天井は必要不可欠ではないし，設ける場合でも吊天井のような軽い造作物でかまわない．一方，2階を使用する場合には積載荷重に耐えるようにしなければならなくなる．

そこで用いられるようになったのが「根太天井」で，積載荷重に耐えるようにおおむね30～50 cm程度のピッチで並べた角材の根太の上に厚板を置くもので，1階の天井と2階の床を兼ねるため，軸組の高さに余裕のない町家建築に最適である（図3.3-21）．

根太天井の支持方法は，1階内法を構成する差鴨居が天井根太を直接受ける場合もあるが，それでは1階階高があまりにも低くなるので，差鴨居の上方に根太掛けを別に据えて天井根太を受け，差鴨居と根太掛けとの間の間隔で1階階高を調整するものが多い．根太天井は，上下から見え掛りとするのが通例であるが，床上部の背面側などにつくられる町家の座敷では根太天井の下方に竿縁天井などの吊天井を設ける場合もある．差鴨居や根太掛けの位置は，ミセの間など正面側

図3.3-21 鈴木家住宅（福島県福島市から川崎市立日本民家園へ移築）の根太天井[撮影：筆者]

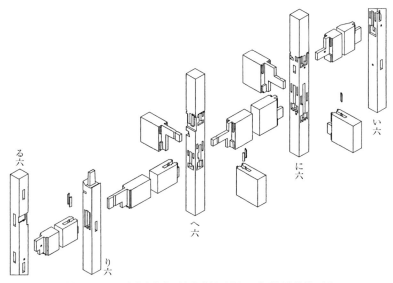

図3.3-20 高木家住宅（奈良県橿原市）の差鴨居取付仕口図

の居室階高で決まってくるから，その位置から天井を吊れば必然的に座敷階高は低くなる．階高が低い町家座敷が多い理由はここにある．

根太天井は，2階の積載荷重に耐えるような頑丈なつくりにしなければならない．結果として軸組内に根太掛け・天井根太・天井板面からなる水平剛面が出現することになり，差鴨居と併せて床上部分の水平耐力は向上することになる．一方，吹抜けとなる土間部分にはこうした水平剛面はないため，2階の発達によって構造面でのバランスはさらに悪化することになる．

e. 3階建ての町家

町家の高層化は，江戸時代には2階建てまでで発達を終了している．3階建て以上の町家建築が発生したのは明治以降で，それも，1919年の市街地建築物法によって3階建てが事実上不可能になるまでのごく短期間の間に，東京・大阪・名古屋などの大都市で建設されたに過ぎない．

名古屋市内の堀川運河沿いに位置する旧舟入町から犬山市の博物館明治村に移築された旧東松家住宅は，明治34年（1901）に建設された3階建ての町家である．その規模は，間口約7.8 m・奥行約15 mで，切妻造・平入・桟瓦葺の大屋根を基本とするが，背面から妻入の屋根が突出するため，棟はT字型になる．この建築の最大の特徴はその高さにあり，大屋根の軒高は約7.4 mに達し，間口長さにほぼ匹敵する（図3.3-22）．

1階間取りは，通土間と床上部1列（部分的に2列になる）からなる単純なものであるが，2・3階は，通土間上部を吹抜けにしながら，複雑に部屋が交錯する．構造は，梁間断面図から明らかなように，正面側街路と平行に三つの構造ブロックに分割されている．このうち中核となるのは中央のブロックで，ここを基本にして大屋根が掛かり，前後のブロックは下屋的な扱いになっている．そして，それぞれの構造ブロックで挿物を入れる高さが異なっているために，床・天井の高さはばらつき，各階で室境界に段差が生じている．特に，正面側の構造ブロックでは，大屋根が低く被さってくるために，1〜3階とも階高を圧縮し，同時に登梁を用いて3層の空間を確保している．

一方，コアとなる正面から中央の構造ブロックでは，階高には少し余裕があるが完全な暗室となるため，少

しでも居住条件を良くするため土間上部を吹抜けにするほか，背面側のブロックには3階を設けず全体を下げ，その上部で窓を確保している．この建物の屋根形状が前述したような形式となるのは，この採光・通風用の窓を確保するためである．続いて，桁行断面図をみると，通常の町家では土間部分と床上部分で構造ブロックを別にする場合が多いが，ここでは1・2階および2・3階境界部分に入る横架材は両側面壁の間で通り，構造は一つになっている．このため，土間上の吹抜け部分には，この横架材が見え掛りとなって現れてくる．

間口が狭く奥行きが長い町家建築では，平屋や2階建ての場合でも，建物中央部分の通風・採光は困難で，そのために中庭を整備するケースが多い．3階建てとなるとさらに困難で，旧東松家住宅のように構造的な面での工夫を凝らしても，中央部分などの居室条件はきわめて劣悪になってしまう．3階建ての町家建築が普及しなかった理由は，構造上の問題よりもこうした環境面の問題にあったといえよう．

ここで最後に，町家建築の構法を考える上で重要な要素の一つとして，改造の容易さを指摘しておきたい．都市居住者の1か所への定着率は低く，町家建築では所有者・居住者の変更が頻繁に行われ，間取りの改造はもとより，1棟を2棟に割る，あるいは2棟を合わせて1棟とするといった大改造も珍しくない．

旧東松家住宅の場合，所有者は替わっていないが，平屋あるいは2階建てだったものを改造して現在のような姿にした可能性がある．いくつかの完結した構造ブロックの集合体として建築をつくる手法は，変化への適応性能が高く，これも町家建築の構法の一つの特徴ということができるだろう． ［光井 渉］

■文 献

(1) 奈良県教育委員会編『重要文化財高木家住宅修理工事報告書』1979.
(2) 滋賀県教育委員会文化部文化財保護課編『重要文化財旧西川家住宅修理工事報告書』1988.
(3) 文化財建造物保存技術協会編『重要文化財真山家住宅修理工事報告書』1977.
(4) 川崎市編『神奈川県指定重要文化財三澤家住宅修理工事報告書』1973.
(5) 『重要文化財旧東松家住宅修理工事報告書』2004.
(6) 大場 修『近世近代町家建築史論』中央公論美術出版,2004.

284 第3章 住宅系建築の構造

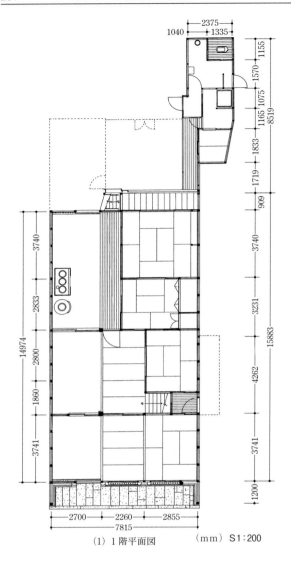

(1) 1階平面図　　（mm）S1：200

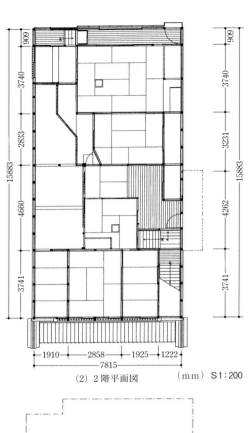

(2) 2階平面図　　（mm）S1：200

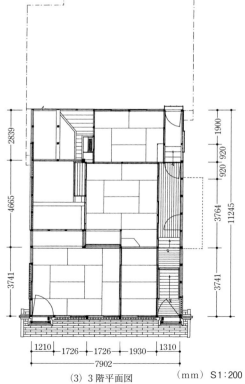

(3) 3階平面図　　（mm）S1：200

図3.3-22　旧東松家住宅［出典：文献5］

3.3 町家建築の構法

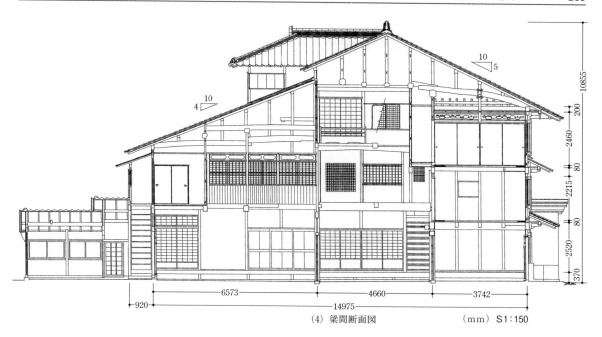

(4) 梁間断面図　　　　　(mm) S1:150

(5) 桁行断面図　　(mm) S1:150

3.4 各種住宅建築の構法

3.4.1 貴族と僧侶の住宅

　律令体制が確立した8世紀以来，わが国では天皇を中心とした貴族政治がおよそ1000年以上にわたって展開されてきた．また6世紀に伝来した仏教は，時代とともに大きな発展を遂げ，それに仕える僧侶も貴族と同様に特権を有し，政治や文化に大きくかかわってきた．

　こうした特殊な支配層にあった貴族や僧侶の住宅は，その特異な生活習慣に従い，どのような構造的特性を有していたのであろうか．現在において，貴族や僧侶の住宅がそのままの形で残る遺構の例は少なく，体系的な理解は困難であるが，先学による復原研究などの例を交えれば，少しではあるがその特性を垣間見ることができる．

　そこで本項では，貴族の住宅として，法隆寺東院伝法堂（奈良県斑鳩町），慈照寺東求堂・観音殿（京都市左京区），鹿苑寺舎利殿（京都市北区），仁和寺金堂（京都市右京区）および冷泉家（京都市上京区）を例に，僧侶の住宅としては，東福寺竜吟庵方丈および妙法院庫裏（いずれも京都市東山区）を例として，その構造的概要・特性を語彙の説明などとともに記していくこととする．

a．貴族の住宅

(1) 法隆寺東院伝法堂　この建物は奈良時代の橘夫人の奉納にかかわるもので，前身建物からの移築・建増しによって，この地に伝法堂として成立したものである．昭和13年から18年（1938～43）にかけて解体修理が行われた際，詳細な調査によって改変の履歴が明らかになると同時に，伝法堂成立以前の前身建物についても復原考証が行われ，その委細が明らかになった．現在の伝法堂は，軸組において次のような形式をとっている．

構造概要
・桁行7間，梁間4間，一重，切妻造，本瓦葺．
・柱はすべて円柱．側柱に地覆，腰長押，内法長押，頭貫で柱を固める．柱上の大斗，虹梁，肘木で丸桁を支える．
・桁は各柱通りとその中間に通す．側柱と入側柱の間は繋虹梁，その上の蟇股，斗，肘木で桁を受ける．
・入側柱間は大虹梁，その上に蟇股，斗を置き二重虹梁，さらに蟇股，斗，肘木を置き棟木を受ける．二重虹梁両支点部に肘木を置き桁を受ける．
・軒は地垂木と飛檐垂木による二軒．

　前身建物に関する復原考証によると，元は桁行5間，梁行4間，一重の規模で，板敷の床があり，柱上には大斗，肘木を置き，柱間は虹梁，蟇股，斗，肘木で桁や棟木を受け，檜皮の切妻屋根であったとされている．

　規模や平面は異なるものの，基本的な構造は前身建物と伝法堂で大きな差はなく，構造上は寺院建築に類するようにみえるが，推定された平面，壁の位置などから，邸宅に関するものであったろうと指摘されている．そのため現存する貴族住宅としては，最も古い遺構ということになる．

　なおこの前身建物は，復原考証を受けて復原模型が製作されていて，東京国立博物館に保管されている（文献1に紹介）．

(2) 慈照寺東求堂　現在，臨済宗相国寺派に属する慈照寺は，室町幕府八代将軍の足利義政が隠棲生活をするため，文明14年（1482）に造営を開始した山荘「東山殿」を発祥とする（図3.4-1）．武芸よりも学問や風光明媚を好み，普請道楽でもあった義政が西芳寺（苔寺）の庭園と建物を模して造営し，義政が没するまで作事が続いた．義政が死去した延徳2年（1490）の時点で，東山殿には常御殿，会所，西指庵（持仏堂），東求堂（阿弥陀堂），観音殿，太玄関，弄清亭，

図3.4-1　慈照寺東求堂［撮影：筆者］

超然亭，釣秋亭などが配されていた．その後山荘は義政の菩提寺に改められ，慈照寺と称するようになる．しかし天文から永禄年間（1532〜1570）にかけ，慈照寺にほど近い如意岳城および勝軍山城付近で繰り返された戦乱の影響で多くの建物が失われ，東山殿の遺構として残ったのは，東求堂と観音殿（銀閣）のみであった．近世になって以降は，邸宅となったり大名による寺院の再興が図られたりなどの曲折を経ながらも，山荘創建以来の領地をおおむね維持したまま寺院として存続してきた．

東求堂は，義政の持仏堂として文明17年（1485）に建立され，慈照寺になってからはこの東求堂が仏殿として機能し，日常の勤行が営まれてきた．棟札や諸史料から，元文3年（1738），寛保2年（1742），寛政から嘉永の頃（19世紀前半），明治27年（1894），大正2年（1913），昭和26年（1951）の各期に大小修理工事を経たことが判明しており，その間に屋根や間仕切りなどに改変が施されたが，昭和39年（1964）に着手した修理工事によって，後世に行われたすべての改変を当初の状態に復原した．書院造が成立する以前において，柱間が6尺5寸に統一され，棚と付書院の座敷飾りを有するなど，書院造の定型にみられる特徴が多数含まれ，書院造の成立過程を示す貴重な事例である．

構造概要

- 桁行6.9m（南面5間，北面3間），梁行6.9 m（東面2間，西面3間），一重入母屋造，檜皮葺．
- 平面は南面中央に2間四方の仏間（拭板敷，西側南寄りに二重床，西側北寄りに棚四段（内部）と畳敷きの腰掛床（外部）），南面東側に4畳の脇座敷，北面西側に6畳間，北面東側に4畳半の書斎（同仁斎，北側東寄りに付書院，北側西寄りに違棚）の4室を配し，周囲に榑縁を回す．
- 柱はすべて角柱．柱間は6.5尺を基準とする．足固貫（梁行方向のみ），内法貫，切目長押，内法長押，天井長押で柱を固める．
- 内法長押と天井長押間の小壁，天井長押と天井間の蟻壁は漆喰塗り．側柱上は舟肘木を置き桁を支える．
- 天井は仏間が折上小組格天井，四畳間・六畳間・書斎が猿頬縁天井．
- 軒は二軒で疎垂木．

このうち内法貫の一部において，通常よりも幅のあるものが用いられ，他に例をみない珍しい構法がとられている．この成の広い板状の内法貫は，四畳間の東

側，書斎の東側，六畳間の東・南・西側に使用され，柱間が2間の場合は厚7分・成1.6尺，柱間が1間半の場合は厚7分・成1.4尺となっている．厚さが7分の松板で，各柱へは大入れとしている．使用する目的について，昭和39年（1964）の修理工事報告書によれば，貫の垂下と建物の歪を防止する，柱間が2間の場合は釣束受けを併用するなどの理由があげられている．なおその他の内法貫は，2寸6分幅に1寸5厘厚の檜材である．

舟肘木は，高さ3寸3分，柱芯からの長さは1尺7寸，柱芯から端部までの中央付近に反り元があり，急な反りから徐々に緩やかな反りとなる．また建物正面にあたる南面の一部柱間では通し材になっており，意匠への影響も少なくない．

各柱は頭繋ぎで固定され，その上に小屋束および棟束を立てるため，棟木が1.63尺北側へ寄っている．そのため南側の屋根勾配は北側よりも緩くなると同時に，妻面の破風は左右の開きが異なり非対称となっている．

持仏堂として，構法上の特徴を多く有する建物であるが，座敷飾りをもつ畳部屋があり，開口部には引違い舞良戸と明障子（内側）を建て込むなど，居住空間としての機能が強調されている．

(3) 慈照寺観音殿（銀閣）　昭和26年6月9日：国宝，明治33年4月7日：指定．

慈照寺の前身である「東山殿」に建立された観音殿は，書院造による新しい様式を備え，足利義政の意向が十分に反映されている．義政が東山殿に居を移す前に御所としていた烏山殿および室町殿にも先代義教の設けた重層の観音殿は存在していたが，義政はこれを室町殿と烏山殿との間で2度にわたって移築するにとどまり，自ら観音殿を新築することはなかった．したがって義政にとって観音殿の新築は，待望の普請であったが，東山殿の施設の中では，最も遅い長享3年（1489）2月に上棟し，義政はそれから11か月後に没したため，義政自身が完成を見届けることはできなかったようである．

これまでに寛永16年（1639），元文3年（1738），明治28年（1895），大正2年（1913）の各期に大小修理工事を経たことが判明している．なおその間の棟札や諸史料では，北西の隅部における突出部（板縁など）の存在，建具の有無・種類などに，現在との相違がみられたものの，大正2年の修理工事で大規模な部材の交換が行われたため，現状の遺構から改変の履歴をた

どることはできない.

多層の構造をもつ観音殿は,第三代将軍足利義満が永和4年(1378)に崇光上皇の仙洞御所跡地を御所とした室町殿,義満の長男で第四代将軍足利義持が御所とした三条坊門殿,義満が応永4年(1397)に西園寺家の菩提寺であった地を別荘とした北山殿などに先例をみることができる.居住を目的とした多層の殿舎は,鎌倉時代以降,主に禅宗寺院を中心に展開してきたが,義満らはこれを庭園に配する建築として積極的に取り入れ,将軍職の居宅における大きな特色付けとした.

構造概要

・東面および西面7.9m,北面7.0m,南面5.9m,二重,宝形造,柿葺.

[下層/心空殿(しんくうでん)]

・平面は池に面した東面が正面となり,概ね田の字形に4室を配する.南側は東に4畳相当の広縁(ひろえん),西に8畳相当の板間,北側は東に6畳の座敷,西に5畳相当および3畳相当の板間が設けられている.

・柱はすべて面取角柱を礎石建て,地覆,縁長押(えんなげし)(南面のみ),内法長押,天井長押で柱を固める.柱上に舟肘木を置き桁を支える.

・軒は東面が二軒で,その他は一軒疎垂木(ひとのきまばらだるき).

[上層/潮音閣(ちょうおんかく)]

・平面は3間四方の拭板敷に格天井,東面および西面に長連床(ちょうれんしょう).

・東西方向にかかる大梁4本に沿って管柱(くだばしら)を立て,縁長押(南・北面),内法長押を回し,頭貫を通す.柱上は出三斗(でみつど),中備は柱間中央に間斗束(なかぞなえ).

・軒は二軒で,大疎垂木.北面を除き花頭窓(かとうまど).

修理履歴

・半解体(大正3年/1914),屋根(昭和26年/1951),屋根(昭和55年/1980).

下層は書院造の住宅風,上層は禅宗様の仏堂風の意匠(ぜんしゅうよう)を有する.下層を住宅風とする手法は金閣と同様であるものの,寝殿造ではなく,書院造の形式に従っている.応仁の乱以降,書院造の住宅形式が様式化するなかで,義政の時流への意識が構法上の特性からもみてとれる.

(4)鹿苑寺舎利殿(金閣)(ろくおんじ) 鹿苑寺とは,鎌倉時代に西園寺公経が創建した西園寺を基に,寝殿や勝景庭(さいおんじきんつね)園を擁した同家の伝領「北山殿」を発祥とする.南北朝時代の初頭に足利義満が西園寺家と所領の交換によって入手し,義満好みの御所「北山殿」が造営され,義満の没後応永27年(1420)頃に土地や建物の一部

を再利用しながら菩提寺として創建され,鹿苑寺と名付けられた.創建当初の建物は,応仁の乱(応仁元年/1467~文明9年/1477)で多くを焼失し,現在の方丈や書院など主要な堂宇は,延宝期に再建されたものである.また,義満の北山殿以来,唯一の遺構であった舎利殿(金閣)は,昭和25年(1950)7月に放火によって焼失し,昭和30年(1955)に再建された.そのため現在の金閣は歴史的遺構ではないものの,再建にあたっては十分な調査検討がなされ,創建時の状態として復元されている.

このような多層構造は,室町殿,北山殿(西園寺家),さらに古くは洛西の西芳寺においても建立されていたが,いずれも二層であり,舎利殿の三層は,義満より後年の三条坊門殿や前出の東山殿と比べても特徴的であった.

構造概要

・桁行5間(東西38.61尺),梁行4間(南北28.08尺),三層,宝形造,柿葺.

[初層/法水院(ほっすいいん)]

・平面は桁行5間,梁行4間のうち南側1間通りを広縁とし,その北側は間仕切りのない広間で,北側1間の西寄りに仏壇,東側中央付近に階段を設ける.四周に切目縁,南面・西面北面の西寄り一部に高欄(きりめえん)を配する.

・柱は角柱(6寸)の礎石建て,側柱を一層および二層の通柱(とおばしら)とする.柱間は7尺を基準とし一部10寸5分または14尺,縁長押,内法長押,頭長押で柱を固める.

[二層/潮音洞(ちょうおんどう)]

・平面規模は1階と同様で,東側2間に上下階への階段室,西側3間の仏間,仏間南寄り1間の広縁からなり,四周に高欄を配し,挿肘木二手先の腰組で支(さしひじききふたてさき)える.

・柱は角柱(5寸).縁長押,内法長押,頭貫で柱を固め,柱上と柱間中間の大斗で梁と軒桁を支える.(だいと)

・軒は二軒で角垂木を疎らに配置,隅木は禅宗様.

[三層/究竟頂(くっきょうちょう)]

・平面は3間四方の一室.

・柱は角柱(4寸5分),二層目の土台梁上に立てる.地覆,内法長押,頭貫で柱を固め,柱上の大斗および出三斗ならびに間斗束で軒桁を支える.

・各面の中央一間に桟唐戸,両脇一間に花頭窓を設ける(さんからと)

・軒は二軒で角垂木をまばらに配置,隅木は禅宗様.

・屋根は南北方向に大梁2本の上に束を井桁を二重に組み，露盤を置く．

修理履歴
・解体修理：明治37〜39年（1904〜06）．
・再建工事：昭和27〜30年（1952〜55）．

舎利殿としての造立だが，初層に寝殿造の住宅風，二層に和様の仏堂風，三層に禅宗様の仏堂風と，各層に異なる構法すなわち意匠を取り入れることで，楼閣建築としての特徴を際立たせ，庭園景勝の一部とした．また，高所から庭園を眺望する遊興あるいは社交の場としても用いられ，為政者にしか成し得ない豊かさと嗜好がうかがえる．

(5) 仁和寺金堂 仁和4年（888）の創建以来，多くの皇子皇孫が門跡となり，御室御所ともよばれてきた名刹である（図3.4-2）．現在は真言宗御室派総本山であり，平成6年（1994）に「古都京都の文化財」として世界遺産に登録されている．史跡指定されている境内には，国宝の金堂をはじめ，五重塔，観音堂，御影堂，遼廓亭など，14棟の重要文化財指定を受けた建造物が配されている．

金堂は，過去2度にわたる焼失に見舞われ，現存するものは，寛永年間の復興にあたって慶長度に造営された内裏紫宸殿を下賜され，移築したものである．移築にあたっては仏殿として利用するために大幅な変更が施されたが，そのまま引き継がれた箇所も多く，帝の居所としての名残がうかがえる．

構造概要
・桁行7間，梁間5間，一層，向背1間，入母屋造，本瓦葺（もとは檜皮葺）．
・柱はすべて丸柱．側廻丸柱は地覆，縁長押，内法長押で，内陣丸柱は内法長押，中間長押で柱を固める．側柱と入側柱の間（外陣，後陣）は，繋虹梁，蟇股，肘木で桁を受ける．
・入側柱間（内陣）に大虹梁を渡し，虹梁上端中央に蟇股，肘木，二重虹梁，豕扠首で棟木を支え，小屋を組む．
・軒は三軒で，下二段が繁垂木，上一段が疎垂木，隅部のみ柱上に肘木を置く（もとは，尾垂木付二手先の斗棋を置き，軒を支えていた）．
・床は全面にわたり板敷，天井は化粧屋根裏．
・外周の建具は，蔀戸と妻戸，間仕切は，外陣内陣間の板扉と内陣後陣間の来迎壁のみ（もとは，身舎と北庇の間に賢聖障子を立てていた）

仏殿としての機能を取り入れながらも，大概において紫宸殿の姿をとどめている．外観の瓦葺や内部間仕切りによる内陣の配置は，仏殿らしい構成を示し，化粧屋根裏による高い室内空間の保持，三軒および蔀戸などは，宮殿らしい構造が残されたもので，それらが全体で調和した意匠となっている．

(6) 冷泉家住宅 冷泉家は，冷泉為相（藤原定家の孫）を祖とし，和歌や蹴鞠を家業とする羽林家格の公家である．屋敷地は，慶長11年（1606）から京都市上京区今出川通烏丸東入に位置し，現在に至っている．現当主は25代目にあたり，家業の継承に欠かせない土地・建物・典籍・文書といった家伝資産の多くは，現当主が理事長を務める公益財団法人冷泉家時雨亭文庫によって保全と管理が行われている．およそ750坪の敷地には，主屋・御文庫・土蔵・御輿屋・表門・居宅などが配され，近世以前の公家屋敷の様子を現在に伝える唯一の事例である（図3.4-3）．

公家の生活には，吉書始・歌会始・乞巧奠といったさまざまな「晴（ハレ）」の年中行事があり，日常の「褻（ケ）」と区別することで，生活に節づけがされている．こうした年中行事や祭祀は，冷泉家の生活であり家業でもあり，それが家屋の構成や使い方に特徴を与えて

図3.4-2 仁和寺金堂 ［撮影：筆者］

図3.4-3 冷泉家 ［撮影：筆者］

いる.

構造概要

［座敷部］
・桁行 16.8 m, 梁行 11.7 m, 入母屋造, 杮葺.
・南面式台付入母屋造.
・東面庇付属.
・北面突出部 桁行 6.0 m, 梁行 7.1 m, 両下造.
・柱はすべて角柱, 足固貫, 足固, 内法貫, 内法長押で柱を固め, 正面入り側通りと式台は舟肘木を用いて軒桁を受ける.
・その他の柱上は, 敷桁に大梁や梁を架け, 和小屋に入母屋造（東側のみ, 西側と突き出し北側は切妻）の屋根とし, 勾配にはわずかなむくりをつける.

［台所部］
・桁行 16.6 m, 梁行 11.6 m, 切妻造, 妻入, 南面庇付, 桟瓦葺.
・柱はすべて角柱（うち通柱 2 本：土間北東隅を大黒柱, 同東南寄りを小黒柱）. 足固貫, 足固を通し, 通柱間と大黒柱西側には框を通す.
・柱上部は指物ならびに差鴨居を渡し, 敷桁に大梁や梁を架け（通柱へは柄指し）, 和小屋に切妻造の屋根とし, 勾配にはわずかなむくりをつける.

［取合部］
・桁行 3.0 m, 梁行 7.7 m, 両下造, 杮葺.

修理履歴

・平成 4〜12 年（1992〜2000）.

　九条家や近衛家ほど広大な土地を有しない冷泉家では, 狭小であっても古制に準じた構成の邸宅を設け, ハレに伴う儀式を行わなければならなかった. ハレの場となる座敷棟とケの場である台所棟が渡殿ではなく, 表向きの動線となる「玄関」や「待ち合い」, 奥向きの動線となる「渡り廊下」（元は御清所）の二つによって繋げられ, 公家住宅の特徴である複数の構造体が連結するを形式を踏襲しつつも, 合理的な連結と配置がされている.

　また座敷棟では, 上之間から使者之間までの 3 室とかつて北側に位置した旧鞘之間との間, 使者之間と南側鞘之間との間などで, 内法長押上の小壁や欄間が一部省略されており, 部屋境の建具装置を取り外すことで, 儀式の規模や用途に応じた広い空間使いが可能となっている.

　公家社会に伝わる文化や故実は, 中世以来, 時勢や武家との関係に影響されながらも, その権威を象徴するものとして, 儀礼や格式が重んじられ, 住宅にも一定の法式が用いられてきた. 限られた規模の建物で, 人々を招いての饗宴や季節ごとの節会を効果的かつ効率よく行うための配置, 構成, 構造上の工夫が公家住宅としての特徴を際立たせている.

b. 僧侶の住宅

(1) 竜吟庵方丈　竜吟庵は, 東福寺の第三世住持および南禅寺の開山として知られる無関普門禅師（仏心大明国師）が晩年の居所とした塔所で, 東福寺の北東に位置する. 正応 4 年（1291）12 月に無関普門が入寂して以降, 塔頭として営まれ, 現在は臨済宗東福寺派の寺院で東福寺塔頭の第一位となっている. 伽藍には表門（重要文化財）, 開山堂, 方丈（国宝）, 庫裏（重要文化財）を配するが, 創建当初の委細は明らかになっておらず, 塔頭としての体裁が整ったのは応永年間といわれている.

　このうち方丈は, 禅宗寺院における客殿（住まい, 接客, 法事などに用いる）では, 応仁の乱以前にさかのぼる現存最古の遺構として, 昭和 38 年（1963）に国宝指定されている.

構造概要

・桁行 16.5 m, 梁間 12.9 m, 一重, 入母屋造, 杮葺.
・平面は, 南側正面に一間通り柱間吹放しの広縁があり, その後方は「室中」を中心に西側を「上間南」, 東側を「下間南」とし, 3 室とも北側に奥室を配す計 6 室からなる. 東・北・西の 3 面に榑縁を回す.
・柱はすべて角柱, 縁長押, 内法長押, 上長押（南面のみ）で柱を固め, 入側柱上に舟肘木を置き丸桁を支える.
・入側柱と南北室間境の間に大梁を架け, 北側 3 室と広縁は繫梁（広縁東西両端のみ繫虹梁）によって南側 3 室と連結する.
・屋根は一体として和小屋を組み, 棟心を左右対象の位置に定め, 入母屋造とする.
・垂木は一間四ツ割の疎らとし, 南面のみ二重とする.

特　徴

・住職が日々の勤行や学人への指導を行う「室中」が際だって大きく, この「室中」と住職の居間である「上間南」を含む南側 3 室を主要構造として, 広縁や南側 3 室が付されている.
・室中の奥は, 真室として仏壇や脇壇を構えていたが, 元は眠蔵（寝室）・囲炉裏間（湯沸かし）・小寮（住職らの控室）などの小部屋が設けられ, 住職の

日常生活作法に必要な施設と機能によって構成されていた．
・正面の両脇間に蔀戸，妻側に板戸の小口を設けている．
・柱間寸法は6.8尺を採用している．

これらの特徴は，この方丈が応仁の乱以前に建立された遺構であることを示すものであるが，応仁の乱以降は，社会状況や寺門の経済状況の変化によって，昭堂の売却や施設の整理を余儀なくされ，方丈に木像や頂相，位牌を安置するなど，徐々に祭享としての設備が付加されていく．近世以降も，寛文，貞享，元文，寛政，文化の各期に修理と改造が行われたため，今や建立当初の姿を完全に知ることはできないが，塔頭方丈の用途や目的が時代とともに変化したことの表れでもある．

昭和33年から37年（1958〜62）にかけて行われた修理工事では，柱間装置や室内敷設の現状変更を行い，応永年間から正長頃の姿への復原がされている．この復原により，祭享の施設をもつよりも以前の住居としての方丈の姿が表されている．

(2) 妙法院庫裏　南叡山妙法院は，天台宗に属する門跡寺院である．初代の門主は最澄とされ，平安時代末期に延暦寺西塔の区域に所在した一子院が起源とされている．鎌倉時代は，現在の京都市祇園町南側付近において営まれ，文禄年間（16世紀末）の頃までに，現在の東山七条に移転している．この東山七条への移転は，豊臣秀吉が造営した方広寺の大仏および大仏殿が文禄4年（1595）に完成したことと関係しており，同年9月に秀吉を施主とする千僧会（仏教8宗から各100人が出仕して営まれる斎会法事）が「大仏経堂」で営まれ，妙法院がその執行を担当したことから，「大仏経堂」が現存する庫裏であったと考えられている（図3.4-4）．

庫裏とは，住僧のための炊事・食堂施設を基本とし，寺院の事務処理や居住空間として日常的に用いられる建物であるが，日常空間であるため，時代に応じた改変や改築が行われやすく，中世にさかのぼる同様の遺構は，大徳寺塔頭黄梅院庫裏と法隆寺薬師坊庫裏のみである．

構造概要
・桁行21.8 m，梁行23.7 m，一重，入母屋造，妻入，玄関1間，唐破風造，本瓦葺，北面庇を含む．
・平面は，桁行および梁行ともに3分割となるよう室内の柱が置かれ，桁行は西側から土間・板間・座敷の3列に分かれる．正（西）面中央の土間入口に玄関を設け，北西を土間とする以外は各隅とも座敷や脇間，板敷の小間など，建具で仕切られた部屋を配す．その他はすべて板敷の広間で，桁行の中央四間の列では，梁行全長にわたる大広間を形成している．
・柱はすべて角柱，柱間の基準は6尺5寸．側柱は内法貫，飛貫で柱を固め，柱上に舟肘木を置き軒桁を支える．
・梁組は，大広間中央4間四方の柱上に梁行方向の大梁を2本架け，その上に桁行梁，さらにそれと直交する小梁を配し，束と貫で小屋組を形成する．また小屋組上部に梁行中央6間分の二重梁を渡し，棟束と母屋束を支える．

屋根の荷重を梁架構を介して軸組に伝えることで，中間に柱のない大空間と大きな屋根をつくり出している．居室にわたる空間はほとんどなく，農家の土間と同様に天井を張らずに梁組を露出していることから，炊事を中心に行う施設であったが，時の政権に応じて大規模法要を営むためであったことは，仏教や僧侶の置かれた社会的状況を象徴しているともいえる．為政者の求めに応じて施された梁架構の工夫は，近世にみられる屋根構造・梁組の手法に繋がっていくこととなる．

［山口俊浩］

図3.4-4　妙法院庫裏［撮影：筆者］

■ **文　献**
(1) 伊藤延男編「住居」日本の美術，No.38，1969．
(2) 服部文雄編「住居」日本の美術，No.161，1979．
(3) 工藤圭章編「住居」日本の美術，No.197，1982．
(4) 浅野清編「住居」日本の美術，No.245，1986．
(5) 日本建築学会編『日本建築史図集（新訂版）』彰国社，

1980.

(6) 太田博太郎『日本住宅史の研究 日本建築史論集Ⅱ』, 1984

(7) 太田博太郎・川上 貢『日本建築史基礎資料集成 16 書院Ⅰ』中央公論美術出版, 1970.

(8) 「法隆寺2」『週刊朝日百科 日本の国宝 第2巻』1997.

(9) 「仁和寺」『週刊朝日百科 日本の国宝 第14巻』1997.

(10) 「冷泉家時雨亭文庫・泉屋博古館・藤井斉成会『週刊朝日百科 日本の国宝 第63巻』1998.

(11) 「慈照寺・真正極楽寺・禅林寺・南禅寺・金地院・本能寺」『週刊朝日百科 日本の国宝 第68巻』1998.

(12) 「妙法院・青蓮院」『週刊朝日百科 日本の国宝 第69巻』1998.

(13) 「豊国神社・建仁寺・泉涌寺・東福寺・龍吟庵・法性寺」『週刊朝日百科 日本の国宝 第71巻』1998.

(14) 川上 貢「公家住宅の変遷について」『冷泉家の歴史』朝日新聞社, 1981.

(15) 熊本達哉「寛政再建時の冷泉家住宅について」『建築史学』日本建築史学会, 1998.

(16) 『重要文化財冷泉家住宅座敷及び台所ほか3棟修理工事報告書』京都府教育委員会, 2001.

(17) 『国宝慈照寺銀閣修理工事報告書』京都府教育委員会, 2010.

(18) 『国宝慈照寺東求堂修理工事報告書』京都府教育委員会, 1965.

(19) 工藤圭章「東山文化を伝える庭園建築」『不滅の建築8 銀閣寺』毎日新聞社, 1989.

(20) 中尾正治「国宝慈照寺銀閣修理工事について」『全文連文化財通信』全国国宝重要文化財所有者連盟, 2009.

(21) 『法隆寺国宝保存工事報告 第8冊』法隆寺国宝保存事業部, 1943.

3.4.2 書 院 造

a. 住宅様式としての書院造

　書院造は, 寝殿造とともに, わが国の近世以前の住宅様式を示す概念として規定されるものである. 通常, 古代 (特に平安時代) の住宅様式である寝殿造に対して, 中世後半から近世にかけて成立を遂げた住宅様式を書院造とよび, 明治以降, 現代まで続く和風住宅, さらには和室の舗設の基本型となっているものである.

　古代の貴族住宅の様式として確立された寝殿造に対して, 書院造は, 中世以降新たに実権を掌握した武家階級が, 政治・社会・文化において独自の体制を確立してゆく過程で, その公的および私的生活の場としてつくり上げた住宅様式とされるものである. 住宅様式としての書院造の特徴は, 次のように説明されるのが一般的である.

　① 対面や接客に使用される大書院や小書院, 日常生活の場となる御座の間などの殿舎を中心に, 台所や家政を執り行うための付属施設, 能舞台・茶室といった遊芸の施設など, 機能に応じた建物が用意され, 表向きから奥向きに整然と配置される. また主要な建物の周囲には苑池を築く.

　② 角柱を用い, 殿舎の内部は柱間を間仕切によって仕切り, 用途の異なる多くの部屋に分けられ, 複雑な間取りとなる.

　③ 屋内には全面に床が張られ, 廊下など一部板敷の部分を除き, 部屋には畳が敷き詰められ, 格天井や竿縁天井などが張られる.

　④ 主要な部屋には, 書画や生け花, 文具などを飾るための装置である, 床, 棚, 付書院, 帳台構えなどによって構成される「座敷飾り」がつくり付けられる.

　⑤ 間仕切に用いられる建具は, 主に可動式の引違戸 (明障子, 舞良戸, 襖戸, 板戸) であり, 部分的に設ける土壁や張付壁は, 柱見込み内 (柱面内) に納まる真壁とする.

　書院造の様式は, 以上のような外形的な特徴において整理されることが通例であり, 構造形式あるいは構法上の要素によって規定することは, 一般には行われていない. ただし, わが国の木造軸組建築は, 構造材や各部を構成する部材が仕上材や装飾によって被覆され隠されることはなく, また装飾などの付加的要素も一般には多くない. 特に住宅建築においては, 小屋組や床組を除けば, 構成部材がそのまま外形上の造形の主たる要素となる. したがって, 書院造の様式的特徴として列記される各部分の構成, 仕様, 納まりの詳細をみることによって, 書院造の建築構法上の特徴を抽出することはできる.

　先に掲げた書院造の様式規定の観点に加えて, その構法や仕様, 部材の納まりなど細部の特徴を付け加えれば, 書院造の特徴は以下のようになるだろう.

　① 柱配置や梁組など軸組の架構は, 中心部分に身舎, その外側に庇を回す寝殿造のような構成は明確ではなくなり, 全体がほぼ一体的に構成される.

　② 柱は比較的断面の小さい面取角柱で, 礎石または土台上に立ち, 柱どうしは中間部を数段の貫や長押などの水平材で繋ぎ, 頂部に桁または梁を架けて連結する.

　③ 比較的細い軸部材を用いた柱梁構造で, 伝統的には, 筋かいや火打などの斜材を用いず, 垂直に立つ柱と, 柱どうしを繋ぐ桁, 梁, 貫, 長押など水平材によって構成されるフレームが主体構造となる軸組を形づくっている. 社寺建築に使われる柱上組物は用いな

いが，桁を受けるため柱上に舟肘木を置くものは多い．ただし舟肘木を使う場合でも，見え掛り部分のみの片蓋材として意匠的に扱うのがほとんどで，その場合には構造材としての役割はない．

④ 全体に部材が細く壁の少ない開放的なつくりで，部屋境などの柱を省略することもあるため，内法上小壁の壁下地に構造を担う力板を用いたり，長押・鴨居を一体化して横架材の断面を大きく取るなど，見え隠れの部分でさまざまな構造補強の工夫を行うことがある．

⑤ 柱，桁，梁などの部材どうしの緊結は，継手・仕口によることが一般的であり，金物は補足的に使われるのみである．主要構造材をはじめ造作材がそのまま意匠要素となるため，継手・仕口は複雑になり，部材どうしの細かな納まりも洗練され，社寺建築などにはみられない技法が使われることがある．

⑥ 屋根は，桁・梁上に小屋束を立て小屋貫を通して固め，棟木，母屋を置いて和小屋を組み，野垂木を掛け，その上に野地（木舞野地あるいは板野地，地域によっては竹簀の子野地も使われる）を張って屋根材を葺く．入母屋が多いが，寄棟，切妻の場合もある．屋根材は，本瓦葺から茅葺まであり，地域や用途に応じて多様であるが，初期は檜皮葺や柿葺の軽快な屋根が多く，江戸時代以降，時代が降ると桟瓦葺が多くなる．

⑦ 数部屋からなる主体部（母屋）の周囲には，入側とよばれる庇に相当する部分や縁側を巡らすのが一般的である．この部分は水平の天井を張らず，化粧屋根裏として外周の軒と連続的な仕様とすることが多い．化粧屋根裏および軒まわりは，多くは疎垂木で木舞打ちとする．

⑧ 壁は，内法上を除けば，おおむね床や棚などがつくり付けられる部分に限って設けられ，その他の柱間の内法下，床面までは着脱可能な引違戸を建て込んだ開放的な構成である．内法上は主に土壁とするが，部屋境にはさまざまな意匠の欄間を入れ，また周囲の縁や入側との境には，要所に油煙窓を開ける．

⑨ 外まわりの柱間は，明障子引違や，一筋雨戸を立て，開放的な外観を呈するのが一般的である．

b．書院造の確立過程

書院造が独自の住宅様式として成立した室町時代中後期までさかのぼる建築遺構は，数がきわめて限られている．最も古いものでは，建築年代が1387年（扁額年紀による）あるいは1428年頃（大工名による）で，

図3.4-5　竜吟庵方丈 外観［撮影：光井 渉］

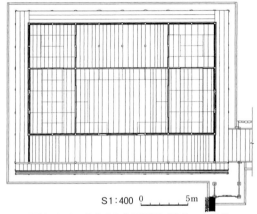

図3.4-6　竜吟庵方丈 平面図［出典：文献9］

応仁の乱以前にさかのぼる唯一の方丈建築である竜吟庵方丈（京都市東山区）がある（図3.4-5）．

竜吟庵方丈は，柱，桁，長押など木柄の細い軸部材で構成され，屋内は敷鴨居を入れ引違戸および板壁で6部屋に整然と仕切る（図3.4-6）．各部屋とも床は拭板敷で畳を部分敷きとし，猿頬天井を張る．方丈型の平面はもとより，軸組や細部の納まりや構成も，以後の住宅建築の特徴をみることができる．しかし軸組は，中心となる桁行4間・梁間3間の室中部分（表側中央の部屋）と，この周囲の側まわりなどとの一体性がないために古式である．また正面入側の建具に蔀を用いること，敷鴨居の溝が1本で子持障子の形式となること，足固貫が梁間方向のみに通されていることなど，各部に古い時代の技法を伝えている．加えて，柱間寸法は桁行・梁間とも柱心々6尺8寸で，これも後世の基準柱間寸法より大きく古式である．

外部に面する正面入側柱筋およびそのほか三面の側柱筋では，柱上に舟肘木を載せて桁を受け化粧屋根裏をつくるが，舟肘木，側桁（正面側は入側桁）は外部

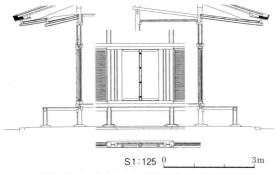

図 3.4-7 竜吟庵方丈 矩計図［出典：文献 9］

図 3.4-8 竜吟庵方丈 梁間断面図［出典：文献 9］

に化粧として見えるだけの片蓋材で，柱が立登せとなって直接梁・桁を受けている（図 3.4-7）．このことは，先行する住宅様式である寝殿造の外観上の形式・意匠を踏襲しつつも，軸組，小屋組においては，野屋根の発達などによって求められる新しい構成が成立しているといえる（図 3.4-8）．また外まわりでは，正面入側通りと両側面および背面はほぼ 1 間ごとに柱を立てるが，右手奥室の東面のみ中央柱を省略して柱間 2 間とし，この部分では，化粧桁の下に長さ 2 間分の長大な舟肘木を渡している．柱，化粧桁，舟肘木のこのような納まりは，慈照寺東求堂や銀閣（京都市左京区）などでもみられ，中世にさかのぼる住宅系遺構に特徴的にみられる古い手法である．

竜吟庵方丈をはじめ，慈照寺東求堂・銀閣あるいは妙喜庵書院（京都府乙訓郡大山崎町），今西家書院（奈良県奈良市）のような書院造の初期の例は，部材の木柄が細く，さらに柱や化粧垂木などの面取りも大きいため部材の見かけ上も細身であり，全体に簡素，簡明，華奢で軽快な外観を呈する．これらはいずれも小規模な遺構で主要な殿舎とはいえない．古い時代の本格的な書院造の遺構がほとんど残らない中で，西教寺客殿（滋賀県大津市）は，明徴はないが豊臣秀吉時代の伏見城遺構とも伝えられ，安土桃山時代にさかのぼるとみられる大型の書院の例である．しかし，この建物も

主要な構成部材の木柄は細く，こうした本格的な書院であっても時代がさかのぼるものは，先にあげた中世の遺構と共通する特徴をもっていたと考えられる．

安土桃山時代に近世武家政権が成立すると，書院造は様式的に確立される．床，棚，付書院，帳台構えといった座敷飾りの形式や配置が定型化し，これらを備えた上段の間などの主室と，これに続く複数の表向きの座敷を中心に，複雑な平面をとるようになる．

こうしたなか，中世末から近世初頭（江戸時代初期）にかけて，広縁の一端に短い中門廊を突出させた特徴のある平面，外観をもつ定型化した殿舎が数多くみられる．こうした殿舎の典型を示すものとして，滋賀県大津市の園城寺光浄院客殿（慶長 6 年/1601），同勧学院客殿（慶長 5 年/1600），東京都文京区の護国寺月光殿（桃山時代，旧園城寺日光院客殿）など，きわめて近い形式の遺構が残っている．慶長 10 年（1605）頃に成立したとされる大工木割書である『匠明』が掲載する「昔主殿之図」および「当代広間之図」は，当時のこうした規範化・定型化した殿舎の有り様を端的に伝えている．ただし初期の洛中洛外図屏風にも，室町殿や細川管領邸の中心殿舎を表側に妻面を見せ短い中門廊を突出した同様の形式に描写しており，すでに中世末期には，少なくとも外観に関しては，この形式が武家住宅の正式な様式として定型化していたとみることもできる．

この時代の中心殿舎は一般に「主殿」とよばれ，短い中門廊を突出した特徴ある形式をもつとともに，平面構成や使われ方など機能面でその前後の時代の住宅建築と異なることから，これらを「主殿造」と名付け，中世末期に確立した独自の住宅様式として書院造とは別に位置付けるべきとの主張もある．しかし，現状ではこれらを中世から近世の住宅様式である「書院造」の一過程として，包含してわが国の住宅様式を区分するのが一般的である．

同じ主殿の形式ではあるが，『匠明』の昔主殿と当代広間を比較すると，後者は平面において遥かに巨大化し，部材の木割も太く，構法の点でも大きく発展したと考えられる．書院造は，江戸幕府によって武家政権が確立されるのに伴って，近世の住宅様式として成立する．その姿がこの『匠明』の当代広間に示されており，遺構としては二条城二の丸大広間など，江戸時代初頭の大規模書院造にみることができる．

以後，書院造は，幕藩体制を基盤とし，近世の住宅様式として全国各地そして各階層に普及するととも

に，わが国の住宅の基層を形成するものとなり，明治以降の近代の住宅も，これを継承してゆくことになる．

c．書院造の構法・技法の特徴

書院造は，これまでみてきたように中世末から近世にかけて変遷を経て，江戸時代初期に様式的に確立する．こうした成立過程を踏まえ，各時代の書院造の構法および技法上の特徴を遺構に即してまとめてみよう．

まず，3.4.1項でもとり上げたが，中世にさかのぼる書院造の事例として慈照寺東求堂があげられる．慈照寺は，足利義政が将軍職を退いた後，京都東山の景勝地を選んで文明14年（1482）から建立した山荘東山殿を継承するものである．延徳2年（1490）の義政の没後，その法号である慈照院にちなんで臨済宗相国寺末の慈照寺となったが，永禄頃の兵乱によって施設はほとんど焼失し，東山殿時代のもので現存するのは銀閣と東求堂の2棟のみである．

東求堂は方丈のすぐ東に短い廊下で連絡する建物

図 3.4-9 東求堂 外観 ［撮影：光井 渉］

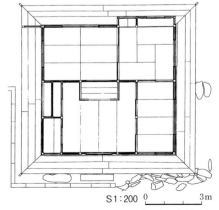

図 3.4-10 東求堂 平面図 ［出典：文献10］

で，足利義政の持仏堂として文明18年（1486）に建設された（『蔭涼軒日録』による．図3.4-9）．約7m四方の規模で，錦鏡池の汀に接して南面する．一重入母屋造，檜皮葺で，内部は2間四方の仏間を中心に4室に区画される．北東隅の4畳半が付書院・違棚をつくり付けた「同仁斎」とよばれる座敷で，座敷飾りを備えた最古の遺構である（図3.4-10）．このほか西面外部中央には，縁から1尺6寸5分の高い位置に框を通し腰掛状の床がつくり付けられている．

東求堂は小規模で，ほとんど装飾もない簡素な建物であるが，初期の書院造の構法や技法をよくとどめていて貴重である．その柱間寸法の決定は，柱間2間・1間半・1間の各柱間がいずれも基準寸法の倍数となっているため，心々制に基づくものである．そして，その柱間の基準寸法は実測値では6尺5寸2分となるが，建築当初の1尺に3厘の「延び」があったとすると計画柱間寸法を6尺5寸となる（文献10）．同様の延びについては，室町時代にさかのぼる遺構と推定されている雲峰寺書院（山梨県甲州市）でも報告されている（計画寸法1間が6尺に対して1分5厘の延び）．

基準柱間寸法が近世初頭に広く普及する6尺5寸よりわずかに「延び」があるのは古式を示すが，ここでは後世に基準となる間尺寸法にごく近い点にむしろ注目すべきであろう．すなわち，すでにこの時期には意匠的な要素とともに，構法上も近世に大成する書院造の要素が整いつつあったといえるからである．なお，前述の竜吟庵方丈では柱間寸法は1間6尺8寸であり，応仁の乱以後に6尺5寸に統一されてゆく以前の特徴を示すとされている．

東求堂では，全体に木柄の細い部材が使用され，主要な柱は径3寸8分角・面内3寸5厘（実測値）で，足固貫，内法貫，飛貫，および内法長押で軸部を固め，舟肘木を載せて側桁を受ける．舟肘木および側桁はいずれも見込み寸法の小さい半割材を，柱中途を欠き込んでつくった蟻仕口に落とし込んでいて構造的な役割は希薄であるから，主に外観を整えるための部材である．ただし見込み寸法は大きく，その点は初期の様相を伝えている．主要な柱は各面ともいわゆる立登せ柱となって側桁より上に延び，天井裏で構造材である桁を受け，これに小屋梁を架けて小屋組を構成している．このように書院造で一般的な軸組がすでにここで成立している（図3.4-11）．

一方，梁組は，入側筋と南北列部屋境に大梁が架かり，その前後に繋梁で拡張する形式であり，梁間全長

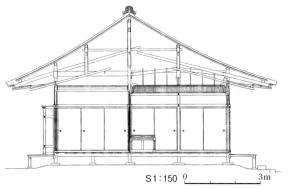

図 3.4-11 東求堂 梁間断面図 ［出典：文献 10］

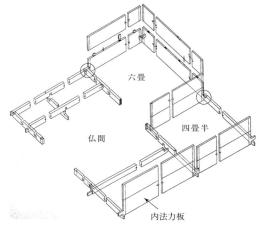

図 3.4-12 東求堂 内法力板詳細図 ［出典：文献 10］

に一体的に梁を架ける近世的な手法とは異なっている．柱や梁などの主要軸部材には目の詰んだ檜の良材が用いられ，柱では総数 19 本のうち 8 本が四方柾の木取りによるとされる．また柱の面取りが床下，天井上とも見え隠れ部分で省略されているのも中世らしい．

構法面での工夫として注目されるのは，柱間の内法上小壁の下地に力板を入れて補強している点である（図 3.4-12）．外まわりの側背面において柱を省略しているが，木柄の細い軸部，中間柱の省略といった書院造の特性に応じて，構造的な配慮がなされている．この力板は，柱間が 2 間ないし 1 間半の箇所に用いられ，柱真に厚さ 7 分の松板が上下 2 枚矧ぎで挿入されていた（昭和 38～40 年の保存修理において檜板に変更）．各柱には深さ約 1 寸の大入れとし，上下の板は鉄の合釘で緊結されていた．力板は軸部の剛性を高めることを目的とするとともに，内法貫の垂下防止および 2 間柱間の中間で釣束を受ける材としても機能した

と考えられている．そして，力板のない部分では，成 2 寸 6 分・厚 1 寸 5 厘の檜材の内法貫を通して固めている．

化粧桁は隅部のみ柱太さと同等の見込み寸法をもつが，これより 5 寸～1 尺入った部分は内側の厚みを落としているため，保存修理以前は 1 間の柱間でも桁の垂下が目立っていたという．そのため，保存修理において小屋裏に吊木を追加して補強している．

その他細部についても注目される点がいくつかある．まず軒まわりは，二軒疎垂木・化粧屋根裏で，化粧小舞は地軒・飛檐軒とも中間に 1 本通すのみで間隔の大きい配置となっている．化粧裏板は，後世では薄い長片板を用いるのが一般的であるが，ここでは板厚 4 分の比較的厚い板材を用い，裏板どうしに竹の合釘を多数打って一体化を図っている（図 3.4-13）．少ない部材数で軽快な意匠をつくるため，構成する部材の断面寸法や緊結方法を工夫して強度を保つ配慮をしていることがうかがえる．さらに垂木配置をみると，一間四割に配られている．垂木が載る側桁は柱上に舟肘木を載せて支えるが，垂木は柱真を踏み，かつ舟肘木両端木口と垂木外面が一致するように配られている．このように部材の納まりはすでに細部まで統一的な原則が定められている．

東求堂の軒で忘れてはならないのが，各面の配付けを除く平部分の化粧地垂木が側桁より小屋裏に延びて，垂木尻を小屋梁や垂木掛けに載せていることである．時代の降る書院造の建物では，化粧垂木尻は側桁

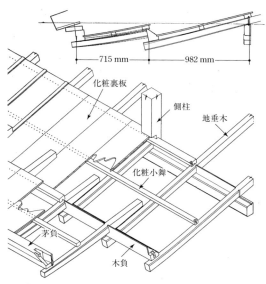

図 3.4-13 東求堂 軒まわり詳細図 ［出典：文献 10］

3.4 各種住宅建築の構法

で止まり，軒荷重は桔木で負担するのが一般的である．これに対し，ここでは化粧垂木が未だ一定の構造的部位としての役割を担っている．なお，化粧隅木，垂木，化粧小舞など軒まわりの材は，一般には下端柾に木取りされるが，東求堂ではいずれも側面に柾目をみせるように使われている．木材の変形を拘束するための配慮としてこのような使い方をしたとも考えられるが，確証はない．

さらに細部では，面戸部分の化粧小舞の納まりにも注目される．東求堂ではこの部分に幅広の小穴を突いた小舞を用い，面戸板や木負を納めている．見え掛りのみ化粧の半切の小舞を打つ後世の簡略化したものとは対照的な丁寧な納まりである．

続いて，近世初頭の書院造として，光浄院客殿・勧学院客殿を取り上げてみよう．

光浄院客殿と勧学院客殿は，ともに滋賀県大津市の園城寺の子院内に建てられたもので，住持の接客用の施設である（図3.4-14）．前述のように二つはほぼ同時期に建設され，短い中門廊を突き出し，正面に入母屋造の妻面を見せるいわゆる主殿造とよばれる外観構成をもつ点に特徴がある（図3.4-15）．この短い中門廊を突出させる平面そして外観は，武家住宅の象徴的な形式として，特に格式が求められるような場合に採用された．その典型が後述する江戸城本丸の大広間などである．また寺院においても，寿量院客殿（貞享5年/1688）のような例もある．

これらの遺構が注目されるのは，前述のように，この形式が大工木割書『匠明』において「昔主殿之図」として，それ以前の時代に一般的だった「主殿」の姿を忠実に伝えている点である（図3.4-16）．光浄院客殿・勧学院客殿の木割は，『匠明』の昔主殿と比較するとやや木柄が太いが，構造形式の点でこれらは中世末から近世初頭の住宅建築の典型的な姿を伝えていると考えられる．正面の入側柱およびその他三方の側柱は小屋裏に立て登らせて敷梁を受け，柱途中に片蓋の舟肘木，化粧桁を組み入れて化粧軒を受けている（図3.4-17）．こうした軸組の基本的な構成は，東求堂や竜吟庵方丈など，時代を遡る初期の書院建築の手法を

図3.4-14 光浄院客殿 外観 ［撮影：光井 渉］

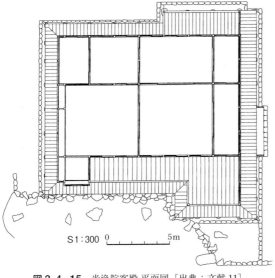

図3.4-15 光浄院客殿 平面図 ［出典：文献11］

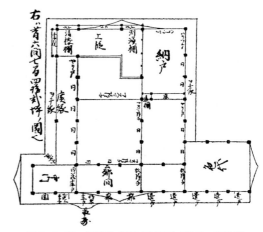

図3.4-16 『匠明』「昔主殿之図」［出典：文献8］

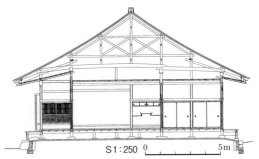

図3.4-17 光浄院客殿 梁間断面図 ［出典：文献11］

踏襲しており，ここで成立した構成や構法は，この後の江戸時代の住宅建築にも継承されている．

しかし，この時代には架構や構法の細部は，大型化や構造上の要請に応じた発展をみせており，特に軸部を構成する貫や長押など横架材ではさまざまな工夫がみられる．例えば，新長谷寺客殿（岐阜県関市）は江戸時代前期の建物であるが，柱間や使用箇所に応じて，内法貫と内法長押を一木でつくり出したもの，内法貫の両側面に長押を矧木して一体化したもの，そして貫の代わりに両側に内法長押をつくり出した一木を用いるものを使い分けている．

江戸時代中・後期になると，書院造は武家や公家の住宅だけでなく町家や農家にも普及する．こうした住宅では内法材として成の高い差鴨居が多用されるようになるが，接客用の座敷との境に用いられる差鴨居は，意匠を整えるために座敷側の見付面を内法長押型につくり出すことが一般によく行われている．

d．江戸時代の大規模な書院造

（1）二条城二の丸御殿　『匠明』において「昔主殿之図」と対比的に掲げられているのが「当代広間ノ図」である（図3.4-18）．この両者は，梁間が大きく正方形に近い主体部の一端に短い中門廊を突出した平面の特徴は共通しているが，規模において大きな隔たりがあり，したがって構造についても異なるところは少な

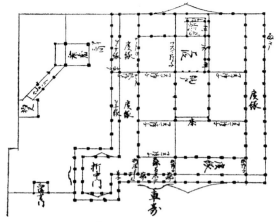

図3.4-18　『匠明』「当代広間之図」［出典：8］

図3.4-19　二条城二の丸御殿 外観［撮影：光井 渉］

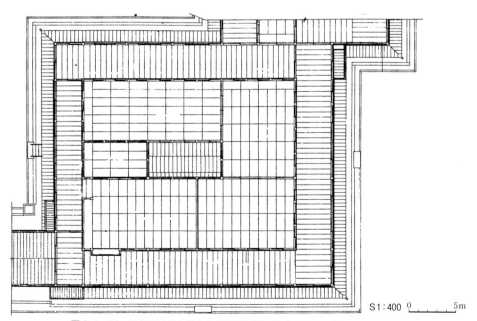

図3.4-20　二条城二の丸御殿大広間 平面図［出典：文献12］

3.4 各種住宅建築の構法

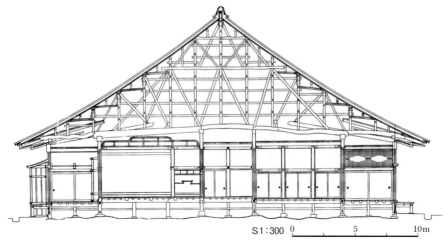

図3.4-21 二条城二の丸御殿大広間 梁間断面図［出典：文献12］

からずあったと考えられる．この「当代広間」の具体的な姿を示している遺構が，二条城二の丸御殿（京都市中京区）である（図3.4-19）．

二条城は，慶長8年（1603）に徳川家康が征夷大将軍の宣下を受けるにあたって京都の居館として建設された．二の丸御殿はこのとき創建され，その後，寛永3年（1626）9月の後水尾天皇行幸に際して大改造が行われた．さらに破損状況検分の記録が残る貞享3年（1686）以前には，当初柿葺であった屋根が現状の本瓦葺に変更されている．

二条城二の丸御殿の創建は光浄院，勧学院などとほぼ同時期であるが，秀吉の聚楽第などの系譜を継ぐ武家政権の最も重要な居館の中心舎であるため，規模は格段に大きく，平面や室内装飾も大きく異なっている．突出した中門廊がなく平面形式は異なるものの，『匠明』の「当代広間」に相当するものとしてよい（図3.4-20）．

主要御殿は，遠侍・大広間・黒書院・白書院の四棟で，いずれの御殿でも柱は成の高い化粧桁あるいは小屋裏に延びて敷梁を受けて軸部を構成する．片蓋の舟肘木・化粧桁を付けるのは，限られた部分でしかない．入側部分もすべて屋内に取り込み天井を張るため，舟肘木で桁を支え化粧屋根裏を受けるという中世以来の伝統的な形式や意匠に拘束されることがなくなったためであろう（図3.4-21）．

天井との際には蟻壁長押または天井長押を回す．規模の大きい大広間と遠侍では，軸組の枢要となる表側の各部屋の隅柱を他より一回り太くしている．寛永の改造は部屋割や室内意匠に関するもので，基本構造は慶長創建時を踏襲していることから，「荷持柱」とよばれたこうした手法が確認できる最古の例とされている．広間とよばれた大型の書院造の出現に伴う近世特有の手法ということができる．こうした荷持柱を導入することはまた，柱太さが異なるため，柱芯を偏芯させて配置するか，隅部を欠いた断面にするなど，部材の納まりにおいても細かな調整が求められる．

化粧軒では，地垂木尻を化粧桁より奥に延ばして垂木掛けで止め，軒先の荷重を負担するようになっている．江戸時代中期以降では，化粧垂木尻は化粧桁までで止まり奥の見え隠れ部分は省略され，化粧軒の部分は桔木で支持するのが一般的であるが，こうした形式には未だなっていない．大型で軒の出が大きいことに対応するためと考えられる．

小屋組は当初のものが残るが，後世に小屋束を補足している．また南および西面の側まわりに柱を補足している（補足柱は細いため一見して判別できる）．これらは本瓦葺に変更したことに伴って補強されたものと考えられる．

外まわりは現在，柱間ごとに引違いの腰障子を立てるが，これは明治修理後の構えである．庭園側など主要な面では，側柱外に付く一筋敷鴨居に板戸と「替障子」を使い分けて立て込んでいたことが，戸袋の大きさや江戸時代中期の絵図への書き込みなどから知られ，この形式は明治の修理まで踏襲されていた．一筋雨戸は，二条城の例が遺構で確認できる最古の例である（図3.4-22）．なお，昼間は開放または明障子を立て，戸締まりとしてその外に一筋で板戸を走らせる現在一般的な雨戸としては，金地院方丈（寛永4年/1627，

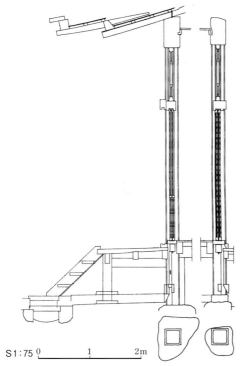

図 3.4-22　二条城二の丸御殿大広間 矩計図 ［出典：文献 12］

京都市左京区）などに古い例がある．桂離宮中書院・新御殿（京都市西京区）の外まわりにも一筋雨戸はあるが，これらは江戸時代中期の改造によるものである．こうした外まわり建具の発展によって，住宅建築の外観意匠も開放的なものへと大きく変化している．

　なお，『匠明』の「当代広間」の平面図には背面側に「雨戸」の表記があるが，これは通常のような一筋雨戸ではなく，篠山城二の丸大書院（慶長 14 年/1609 頃，兵庫県篠山市）などにみられるように，各柱間に引違板戸を建て込んだ古い形式であったと考えられる．伝聚楽第大広間，仙台城広間の絵図などにも同様の仕様が伝えられている．

　(2) 江戸城本丸御殿大広間　武家の住宅様式としての書院造は，二条城二の丸御殿にみるように，江戸時代初期，とりわけ寛永期に規模，形式ともに大成されたといってよい．その後も江戸城をはじめとする大名居館において大型の大広間が建設され，こうした儀式のための施設を中心に伝統的な形式が踏襲される．しかし，『匠明』の「当代広間」のような梁間の長大な建物は，中央部にどの面も外面しない暗がりの部屋をつくらざるを得ないため，次第に，主室（上段の間），二の間，三の間といった対面など式正の儀式に必要な

部屋を一列または矩折れに並べた合理的な平面に変化してゆく．

　東京都立中央図書館所蔵「江戸城造営関係資料（甲良家伝来）」所収の構造図によって詳細が判明する江戸城本丸御殿を例にとれば，寛永 17 年（1640）造営の大広間は『匠明』の「当代広間」と同じく表から裏へ 3 列に部屋を配置した梁間の長大な御殿であるが，明暦 3 年（1657）の大火後に再建された万治度本丸の大広間は，暗がりの間となる中央部の部屋を省略してコの字型に部屋を並べた平面形式となり，以後，幕末に造営された大広間もこの形式を踏襲している．寛永度から幕末の造営まで，短く突出した中門廊を備える点は一貫して踏襲されるが，平面形式および建物全体の構成は大きく変貌をとげたのである．外観においても，長大な梁間全体に大屋根を架け大破風を見せる豪壮な姿から，棟が長く連なる扁平な構成へと変化している．

　一方で，軸組はより強固なものに発展している．柱または柱上の桁を繋ぐ梁組は，桁行の梁を上下に挟んで梁間に二重に梁を架けて剛性を増し，さらに江戸時代中期以降では，梁組の交点で大栓を用いて上下の梁を一体化するようになる．また床組では，それ以前の貫に代わって角材の足固めが使われるようになり，さらに土台を用いて柱の足元全体を一体化するようになる．江戸時代初期のものでは，床高さに足固貫を通し，土台は用いず礎石立であった．このような江戸時代初期の書院建築が近代になって行われた修理に際して，足固貫に代わって矩形断面の足固材に変更されたり，足固貫の両側に新たに挟み梁を補加して補強することはしばしば行われている．

　さらに大広間のような大型の書院造の構造面における特徴として注目されるのは，建物の大型化と部屋境の中間に立つ柱を省略するのに伴って，荷持柱とよばれた他より太い柱を部屋の四隅に用いるようになるこ

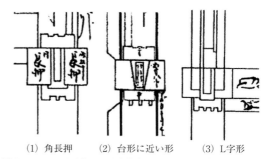

(1) 角長押　　(2) 台形に近い形　　(3) L 字形

図 3.4-23　万延度江戸城本丸御殿の長押形状 ［出典：文献 3］

とである．こうした技法が普及するのは，江戸幕府による大規模な御殿が建設されるようになった慶長期の初めころからと考えられ，『匠明』に示された「当代広間」の出現と機を一にすると考えられている．

建物の大型化に伴ってその他でも軸部の強化が進められている．江戸城の弘化度本丸御殿大広間などでは，断面が矩形の「角長押」が多用されるとともに，これに鴨居を金具で緊結して一体化を図る仕様がみられることが報告されている（図3.4-23）．

弘化度および万延度の本丸御殿は，二条城二の丸御殿などにはない土台を備え，また足固貫は二条城二の丸御殿などより厚みのある断面の大きい材を用い，小屋組に筋かいが多用され，構造的にはそれまでなかった書院建築へと変貌したと指摘されている．

江戸時代中期以降の書院造は，外観や室内意匠は江戸初期までに確立された形式を格式の表現として基本的に踏襲するが，その一方で，軸組や細部の技法などに工夫が重ねられ，構造的には大きく発展を遂げたといってよい． ［大和　智・光井　渉］

■文　献

(1) 西口三恵・伊東龍一・江島智子「荷持柱をもつ御殿の特徴と大工」『学術講演梗概集』，日本建築学会，2008．
(2) 江島智子・伊東龍一・西口三恵「荷持柱の配置と万延度江戸城本丸御殿を中心とした荷持柱の役割に関する分析」『学術講演梗概集』日本建築学会，2008．
(3) 相澤佑二・伊東龍一・渡邉慎也「江戸城御殿にみられる角長押に関する研究　その1　万延度本丸御殿における検討」『学術講演梗概集』日本建築学会，2010．
(4) 渡邉慎也・伊東龍一・相澤佑二「江戸城御殿にみられる角長押に関する研究　その2　弘化度本丸御殿における検討と角長押の役割」『学術講演梗概集』，日本建築学会，2010．
(5) 堤谷正一「寛永度造営の二条城二の丸殿舎外廻りに関する復原的考察」『学術研究発表会梗概集』日本建築学会，1969．
(6) 太田博太郎編『日本建築史基礎資料集成十六　書院I』中央公論美術出版，1971．
(7) 伊藤要太郎『匠明五巻考』鹿島出版会，1971．
(8) 太田博太郎監修・伊藤要太郎校訂『匠明』鹿島出版会，1971．
(9) 京都府教育庁指導部文化財保護課『重要文化財竜吟庵方丈修理工事報告書』1962．
(10) 『国宝慈照寺東求堂修理工事報告書』京都府教育委員会，1965．
(11) 『国宝光浄院客殿・国宝勧学院客殿修理工事報告書』滋賀県教育委員会，1980．
(12) 恩賜元離宮二条城事務所『重要文化財二条城修理工事報告集　第二集』1956．

3.4.3　武家住宅

近世城下町は，寺社地に寺院や神社，町人地に町家や長屋，武家地には武家住宅が建てられた．独立した屋敷に住むのは中級以上の武士で，禄高によって屋敷地の広さや門構えが異なった．住宅には整った書院座敷をつくり，玄関を構え，接客に備えた．単なる住まいだけでなく，接客機能を重視する点に特徴があり，間取りと構造が工夫されている．

一方，足軽以下の身分の軽い武士たちの住宅には接客重視の傾向はない．むしろ一定の質をもった住空間を，いかに合理的に確保するかが求められたのである．

a．住機能と接客機能の対峙（中級武家の住宅）

目加田（めかた）家（山口県岩国市）は旧岩国藩吉川家の家臣であった．主屋は入母屋造，桟瓦葺（さんがわらぶき），平入（ひらいり）形式で，19世紀前半に建てられたと考えられている（図3.4-24）．低い軒と当地方独特の両袖瓦を用いた屋根が外観上の特徴である．

建物の間取りは向かって右手が土間・台所部，左手が座敷部で，正面中央に式台玄関が突出し，右に脇玄関がある．座敷部は大小の部屋が入り組んだ複雑な間取りだが，正面側が続き間の接客空間で，背面側が居室や寝室の生活空間である．この間に畳廊下を設け，空間を分ける点は武家住宅らしい．座敷は整った書院座敷であるが，華美なつくりではない．土間入口は妻側にあり，その土間も1間半×3間と小さい点に特徴がある．土間を側面に追いやり，家の正面側を接客用途に限定しているのである．

構造は，報告書（文献1）の梁組図と断面図を見ると，座敷部では本屋が梁間4間半とられており，三方に半間幅の庇を巡らせて，そこを縁側と床の間や押入にあてている．式台部分は又下屋（またげや）で取り付き，大屋根をそのまま葺き下ろす．座敷部の複雑な間取りは，中央部畳廊下の柱列をうまく用いて，2列の中引梁（なかびきばり）（桁行梁）を通し，これに登梁（のぼりばり）状に上屋梁を投げ掛けることで，上屋・下屋境に柱を建てるのみで屋根を支えることができている．この構造のため，屋根荷重は小屋梁レベルで処理され，差鴨居（さしがもい）を用いずに座敷の軽快かつ端正な意匠を可能にしている．

若林家は新潟県村上市にある武家住宅である（図3.4-25）．主屋は東西棟の居室部南西に，南北棟の座敷部が取り付くL字形で，寄棟造茅葺（よせむねづくりかやぶき）屋根のそれは，

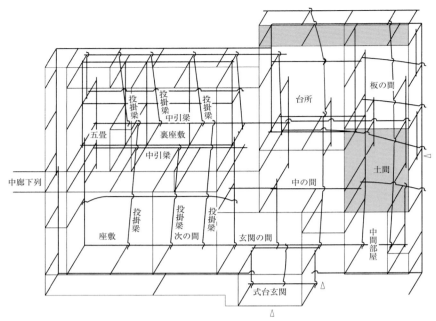

図 3.4-24 目加田家住宅 平面と架構の関係［出典：文献1より作成］

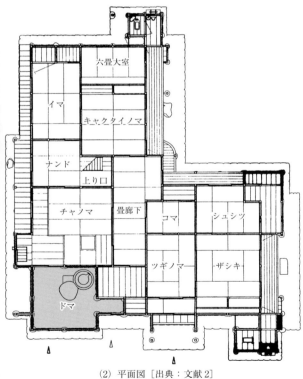

（1）外観

図 3.4-25 若林家住宅　　　　　（2）平面図［出典：文献2］

あたかも農家の曲屋に見える．西側が正面で，式台玄関が取り付く．18世紀末期の建築と考えられている．

居室部は間仕切りが食い違う比較的複雑な間取りで，チャノマやナンド，イマを配する．座敷部は床の間と違棚のある八畳のザシキを中心に4室を配するもので，居室部の座敷部との境は，長さ3間半の畳廊下がある．全体に部屋割は細かく設定されており，土間も狭く，武家住宅らしいものである．

居室部，座敷部ともに，構造は上屋，下屋に分かれ，ザシキ・ツギノマ境やチャノマ・畳廊下境などを除くと，ほぼ1間おきに柱が建つ．差鴨居の使用はチャノマまわりだけに限定されている．報告書（文献2）で指摘されているが，梁類はきゃしゃにできている．例えば扠首を載せる上屋梁は4寸×6寸（120 mm × 180 mm）ほどと細く，直材に製材されている．梁材が細いぶん，必要なところに柱を建てており，梁は繋ぎ程度の役割を果たすだけである．これは建築年代を考えると古式にみえる．しかしこのように柱が密に建てられるのは，部屋割が細かいからこそできるのである．

報告書（文献2）によれば，若林家住宅は転用古材が多い．柱は大半が新材のスギ材だが，小屋組，床組などの野物材だけでなく，化粧材（床の間板や天井板，敷居類）にも，転用材が多数使われている．建築の際に木材を節約したためであるが，前述の横架材のきゃしゃな点は，ここに起因するものでもあろう．

b．要素の反復と定式化による量の確保（下級武士たちの住宅）

新発田藩城下町であった新潟県新発田市内には，足軽長屋が現存している．この長屋は城下南東の下屋敷に，天保13年（1842）に建てられたもので，それまであった前身長屋を建て直したと考えられている．ここにはこのほかに4棟の長屋が並んで建っていた（図3.4-26）．明治維新後は払い下げられ，1戸ごとにその住人の所有となって，それぞれ住みやすいように内外が改造された．

修理工事で復原された姿を見ると，桁行24間，梁間3間の寄棟造茅葺屋根に，背面側に幅1間の庇を付けた建物である．このきわめて細長い建物に，八つの住まいがとられている．8戸は間取りが少しずつ異なるが，規模は均一で，各戸は壁で仕切られている．1戸は畳敷2室と板間1室よりなり，入口土間は踏み込み程度でしかない．背面側の庇には，土間の炊事場が取られている．内部に座敷飾りの類はなく，天井も張られていない．住宅として簡素なつくりであり，接客用途はまったく重んじられていない．

報告書（文献3）を見ると梁間は3間で，これは2間の上屋梁間前後に，半間の下屋を付けて下屋部を取り込んだものである．扠首の建つ筋には正面・背面の2通りに敷桁を通し，これに京呂組で上屋梁を掛けている．この敷桁は2間スパンを飛ばせる径7寸（210mm）程度の断面があり，1戸あたりの間口（桁行）3間のうち，この敷桁によって2間分は上屋柱を建てずに済ませている．しかし残りの1間分は上屋柱が建ち，敷桁継手はここに設けられる．この柱筋は各戸ともに板間と畳敷部屋列の境にあてており，上屋柱を部屋境の間仕切り柱として使っている．長屋はこの構造を桁行方向に反復させて造られており，各戸の微妙に異なる平面形も，この単位構造に制約されながら実現しているのである．

近代幕開けの明治7年（1874），北海道の開発と北方防備を兼ねるため，明治政府によって屯田兵制度が創設された．募集された屯田兵は近代国家の兵士たちであったが，半農半士の生活で，厳しい気候のもと荒野に挑んだ．

琴似屯田兵屋（北海道札幌市）は兵士とその家族の住居として，同年につくられたもので，類似のものが明治31年（1898）まで道内につくり続けられた．当

(1) 外観

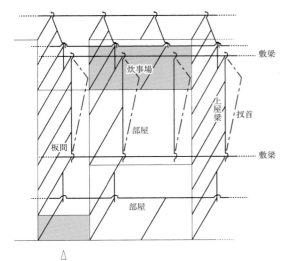

(2) 単位平面と架構の関係 ［出典：文献3より作成］

図3.4-26　新発田藩足軽長屋

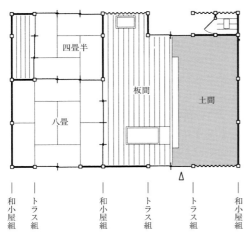

図 3.4-27 琴似屯田兵屋和洋小屋組の区分
[出典：文献 4 より作成]

初の計画は長屋形式であったが，開拓使顧問ホーレス・ケプロンの意見によって，各戸ごとに独立した家になったという（図 3.4-27）．この単一のつくりの兵屋が，整然と区画された兵村の街区に並べられていた．

兵屋は桁行 5 間，梁間 3 間半，切妻造柾板葺屋根の平屋建ての住宅である．平面は土間とそれに面した居間に相当する板の間を設け，さらに上手に畳敷きの 2 室をとるもので，農家の広間型三間取りによく似る．どの部屋も天井がなく小屋裏まで吹き抜けで，さらに外壁は土壁真壁造に下見板張りである．極寒の地にしては，防寒対策が不十分なつくりである．

構造は比較的単純である．梁間 3 間半のうち，背面側半間は下屋庇で取り付き，大屋根をそのまま葺き下ろす．背面下屋庇はそのまま部屋内に取り込む．上屋部の梁間 3 間は，部屋境や妻壁で和小屋組とし，部屋列の中央筋ではキングポストトラス組を使用する．いわば和様折衷の構造であるが，このほかに洋風の要素はみられない．

これらの小屋組をよく見ると，まず和小屋組は，部屋境に柱が立つため，大断面の小屋梁を使用せずに済ませている．一方キングポストトラス組は，梁間 3 間で柱を立てずに屋根を支えているが，構造が合理的なトラス組のために，陸梁（小屋梁）をはじめとする部材断面を小さく済ませている．またトラスを採用したので中引梁に相当する桁行方向の梁は入っていない．単に和様折衷の小屋構造ではなく，間取りと小屋構造は強く関連しており，細い材料を使いながら，余計な柱を立てずに済むように，構造が合理的に計画されて

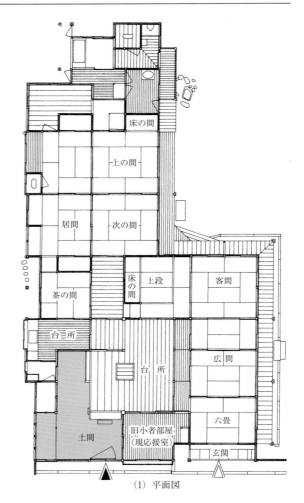

図 3.4-28 林家住宅 [出典：文献 5]

いるのである．このような合理的構造をもった単一の兵屋が，整然と並ぶ計算しつくされた計画性は，西洋人によって指導されながら，日本が近代国家として歩みはじめた状況をよく物語っている．

c．正面性と意匠の軽さ（社家の住宅）

広島県宮島町の厳島神社南西のあたりは，神社にか

かわる人々が住む社家町であった．林家は宮島三家のうちの一つで，代々上卿職を務めた．厳島に現存する唯一の社家である（図3.4-28）．

屋敷は細長い敷地の正面に石垣を積み，石段を上ったところに表門を構え，主屋は前庭をおいて建つ．主屋の背後は座敷部が続き，泉水庭園がつくられている．

主屋は妻入形式の住宅である．居室部は桁行7間，梁間7間の規模で入母屋造桟瓦葺，座敷部は桁行4間半，梁間4間半の規模で切妻造桟瓦葺である．主屋は元禄16年（1703）頃建設されたが，18世紀末期に一部を焼失し，居室部主要構造を残し大きく改造され，そのさいに座敷部も付加された．

居室部の平面は，向かって左手に土間を取り，右手に式台玄関を構えた床上部分を設けるもので，土間後側には板の間の台所が張り出す．床上部分の上手は，玄関から奥へ続き矩の手に折れ曲がる接客空間である．一番上手の上段の間は，床の間を構え，三畳分を上段として一段高くし，接客の構えとして入念に造られたものであるが，当初この部屋は壁で閉ざされた閉鎖的な部屋で，その下手の部屋に床の間があった．構成材は木細く，接客空間の柱や長押は面皮材で数寄屋風のつくりになっている．

林家住宅（文献5）の断面図を見ると，居室部の広い梁間は，土間境と床上部部屋境の二通りに桁行に敷梁を据え，これと側桁間に上屋梁を掛けることで，実現されている．小屋組は束立てに小屋貫を通した和小屋組で，重ね梁などは見られない．小屋材の仕上げや，小屋組の繋ぎが少ない点に建築年の古さが現れている．屋根は現状が瓦葺であるが，元は柿葺であったと考えられており，軒の出が深く，緩い勾配とあいまって軽やかな屋根型をつくり出している．

正面の妻は豕扠首を見せ，それに付加するように右手に式台妻を設け，木連格子をはめる．これらは正面から見た際の格式を表したものだが，正面ファサードには質実さと軽やかさが同居した社家らしい雰囲気があり，武家住宅にしばしばみられる重厚さとは対極的な建築表現となっている． [御船達雄]

■文　献

(1) 文化財建造物保存技術協会編『目加田家住宅修理工事報告書』岩国市，1979.
(2) 文化財建造物保存技術協会編『若林家住宅修理工事報告書』村上市，1989.
(3) 文化財建造物保存技術協会編『旧新発田藩足軽長屋修理工事報告書』旧新発田藩足軽長屋修理委員会，1972.
(4) 「琴似屯田兵屋」吉田 靖編『日本の民家 第1巻 農家Ⅰ』学習研究社，1981.
(5) 「林家住宅」鈴木 充編『日本の民家 第7巻 町家Ⅲ』学習研究社，1981.

第 4 章

城郭建築の構造

4.1 天守・櫓

　城郭建築の天守・櫓の特徴として，複数の階数をもち，屋根を重ねることがある．ここでは，その構造的な特徴を述べる．

　複数の階数をもち，屋根を重ねた天守・櫓（以下，天守・櫓）は，16世紀後半の安土桃山時代から盛んにつくられはじめ，元和元年（1615）に一国一城令が出されたことに伴い，江戸時代初期以降は一部の例外を除き，ほとんどつくられなくなる．先学の研究により，天守・櫓の祖形は，大屋根をもつ平屋建ての建物の屋上に物見台をのせたもので，天守・櫓の構造形式は，時代とともに変化したことが明らかにされている．現存する建設年代が古い天守の最上層には，縁や手摺りを巡らしたものが多く，天守に物見台としての機能があったことがうかがえる（図4.1-1）．

　天守・櫓の構法の変化については，藤岡通夫らにより，望楼式から層塔式に発展したと考えられている．これは，天守・櫓の外観の形態に現れる特徴から分析したものである．望楼式は，建物の屋上に物見台をのせた形態の面影を留めたものと考えられており，最上層の屋根の棟を下層の屋根と棟を直交させたように置く点に特徴がある．現存する最古の天守といわれる丸岡城天守（福井県，天正4年/1576）は，その典型的な例である．層塔式は，寺社建築の多重塔のように，上層の屋根を下層の屋根よりも小さくして重ねていく形である．宇和島城天守（愛媛県，寛文11年/1671）は，その典型的な例である．現存しないが江戸城天守も，甲良家に残された図面によると層塔式である（文献1，図4.1-2）．

　層塔式が建設年代の新しい天守・櫓に多くみられることは事実である．とはいえ姫路城天守（兵庫県，慶長6～14年/1601～09）のような大規模な天守では，望楼式と層塔式を合わせたような形態をとることが多い．また，松本城天守（長野県，元和初年頃，図4.1-3）

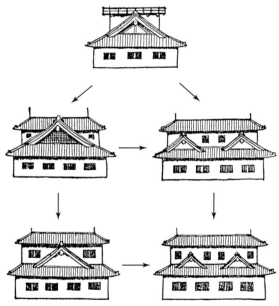

図4.1-1　屋根形式の推移［出典：文献1，作図：藤岡通夫］

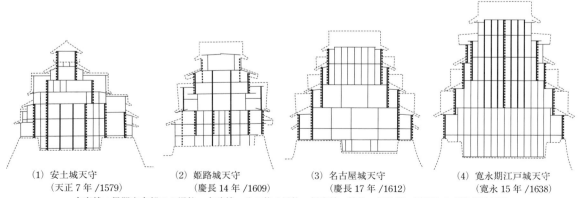

（1）安土城天守　　　（2）姫路城天守　　　（3）名古屋城天守　　　（4）寛永期江戸城天守
　（天正7年/1579）　　（慶長14年/1609）　　（慶長17年/1612）　　　（寛永15年/1638）

太実線：梁間中央部での通柱，太破線：その他の通柱，細実線：管柱，細破線：石垣および建築外周線

図4.1-2　天守の発展過程［出典：文献1，作図：内藤　昌］

4.1 天守・櫓

のように，初期の天守でも，層塔式に似た形のものもある．このため，両形式の違いを単純な発展図式だけで読み解くことは困難である．

そこで内藤昌は，通柱の使用方法に注目して，望楼式，層塔式をそれぞれ前期・後期の2種類に分類している．すなわち，2階分の通柱を使ってその頭に梁を井桁に組むことを基本単位として，高層となる場合にそれを積み重ねる「井楼式通柱構法」と，通柱位置を1・2階から2・3階，3・4階と各階に使って組み上げる「互入式通柱構法」に分け，前者から後者に構造が発展したとしている（文献3）．

内藤の分類以外にも，通柱に注目すると，建物全体に及ぶような長い通柱を用いる例もある．姫路城天守，高松城北之丸月見櫓（香川県，延宝4年/1676）がその例で，姫路城天守は1階から6階に及ぶ柱，高松城の櫓は1階から小屋組に及ぶ柱を使っている．この両者は，長い通柱を建物の中央に用いる点も共通している．

現存例ではないが，神奈川県の小田原城天守でも指図に中央に1本の通柱が使用されていたことが記録されている（文献4）．長い通柱を用いる工法は，背の高い骨組を早く立ち上げ外敵に見せるうえで有効だったのではないかと考えられる．その一方で，長い柱を使う中央部が沈下しにくいのに比較して，部材を積み上げていく周辺部が水平方向の構造材のめり込みによって沈下しやすく，経年による沈下量の差が出やすいという欠点をもっている．

通柱を多く用いることのほかにも，天守・櫓は，構法上のさまざまな特徴をもっている．主要なものとしては，

① 隅を直角としない不整形の平面をもつものが多いこと，
② 基礎に土台を用いること，
③ 指付けの仕口をもつ梁を多用すること，
④ 上階の床面を支える梁の架け方に工夫があること

などをあげることができる．

①②は，石垣上の限られた地盤上に建物をつくることによるもので，限られた土地を有効に利用するための方法と考えられる．②は，安定して柱が立つことを助けるためのもので，これも限られた地盤の上に背の高い建物が建つ弱点を補うための対策と考えられる．柱の自立という点では，③も柱と梁による軸組の

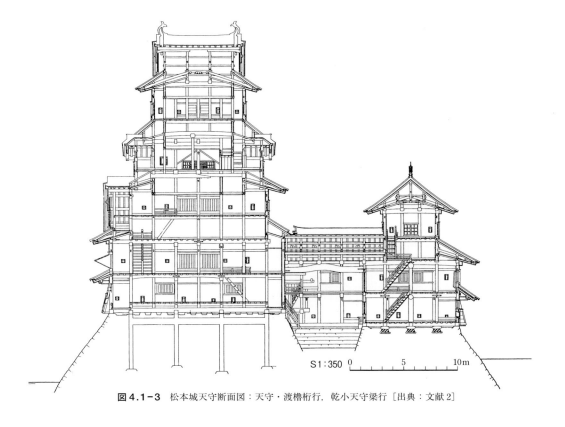

図4.1-3　松本城天守断面図：天守・渡櫓桁行，乾小天守梁行［出典：文献2］

強化となるので，その助けとなったと考えられる．④は，建物を高く積み上げることに伴う上部荷重を受けるための工夫である．具体的には，梁を縦横に重ねて，梁成の有効高さを増している．このことに加え，床面を構成する梁に，③の指付けの仕口を両端または片端に用いることによって，軸組の水平面剛性を高め，かつ，上部の荷重で梁に引き抜く力が掛かることに対抗しようとしたものと考えられる（文献 5）．

このほかにも，①のような平面に屋根をつくるため，隅木が 45°に収まらない「振れ隅」を用いることが多いこと，③の梁で，両端に指付けの仕口をもつものに注目すると，丸岡城天守や松本城天守（図 4.1-3），熊本城宇土櫓（熊本県，慶長 6〜12 年/1601〜07）といった比較的に建設年代の古い天守・櫓では，その使用例が少ないことや，長い通柱をもつ姫路城天守（図 4.1-4），高松城北之丸月見櫓（図 4.1-5）では，長い通柱の中間に振れ隅を用いて固めることで各階の高さを決め，かつ，通柱の自立を助け，軸組の中心となる背の高い骨組が安定して立つ工夫がなされていることなど，さまざまな特徴がある（文献 5）． ［後藤 治］

■ 文　献

(1) 平井 聖ほか『日本建築史基礎資料集成 14 城郭 I』中央公論美術出版，1978．
(2) 太田博太郎ほか『日本建築史基礎資料集成 15 城郭 II』中央公論美術出版，1982．
(3) 内藤 昌『復元大観 1 城と館』世界文化社，1988．
(4) 西 和夫ほか『小田原城天守模型等の調査研究報告書』小田原城天守模型調査団，2015．
(5) 源愛日児ほか『指物（指付け技法）の変遷過程と歴史的木造架構の類型化に関する研究』科学研究費補助金報告書，2005．

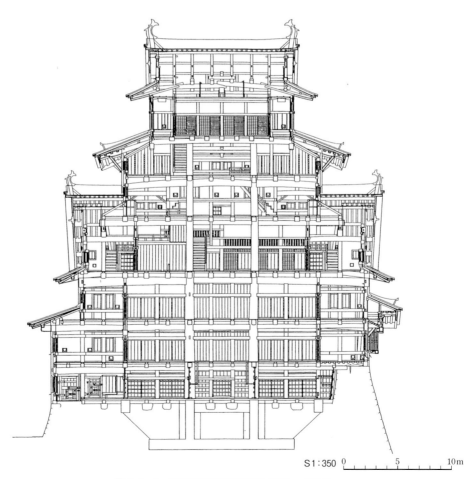

図 4.1-4　姫路城天守東西断面図 ［出典：文献 3］

4.1 天守・櫓　311

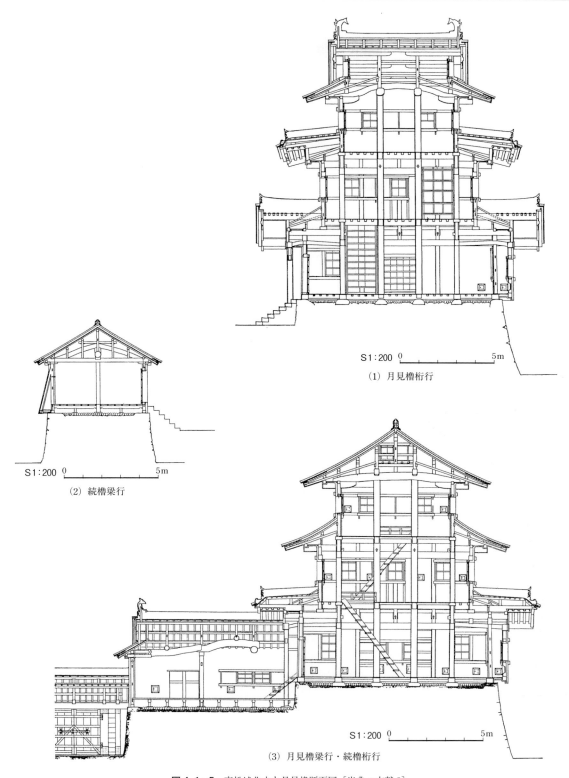

S1:200　0　　　5m
（1）月見櫓桁行

S1:200　0　　　5m
（2）続櫓梁行

S1:200　0　　　5m
（3）月見櫓梁行・続櫓桁行

図 4.1-5　高松城北之丸月見櫓断面図［出典：文献 2］

4.2 城郭の門と塀

4.2.1 城門

現存する城門の形式には，櫓門，高麗門，薬医門，棟門，埋門などがある．枡形とよばれる広場を形成する厳重な虎口（出入口）では，高麗門と塀・多聞櫓・櫓門からなる枡形門がつくられた（図4.2-1）．高麗門から枡形に入り，直角に折れた位置に櫓門を建てるのが通例で，現存例では，旧江戸城田安門（東京都，寛永13年/1636頃），同清水門（万治元年/1658頃），同外桜田門（寛文3年/1663頃），丸亀城大手門（香川県，寛文10年/1670頃），金沢城石川門（石川県，天明8年/1788）などがある．

a. 櫓門

櫓門は2階建ての門で，階下を門とし階上を櫓として使用する．城門の中で最も堅固な形式の門である．階上は，通常，一重の櫓であるが，姫路城ぬの門（兵庫県，慶長6～14年/1601～09）のように，二重の渡櫓とするものもある（図4.2-2）．また，中部地方以南の城郭では門の両袖に石垣を設けるのが一般的で，関東地方以北では，例えば弘前城（北の郭北門・三の丸追手門・二の丸南門・二の丸東門（青森県，いずれも慶長16年/1611））のように石垣をもたない例が多い（図4.2-3）．

櫓門の構造は，まず正面の柱筋に鏡柱とよばれる断面矩形の柱を，長辺を正面に向けて立て，頂部を冠木で繋ぐ．この冠木は寺社建築の門に用いられる冠木とは異なり，しばしば矩形断面の長辺を縦に用いる．背面側には角柱を立て，頂部を内冠木とよばれる水平材で繋ぐが，正面ほど精巧でなく仕上げが粗い場合もある．これらの冠木上に梁間方向の大引を渡し，桁行方向に根太を張って階上の床をつくる．このとき，正面側では大引を冠木よりも張り出させて腕木とし，その先端近くに出桁をかけて階上の柱の土居桁とすることが多い．すると，正面側では階下よりも階上が若干張り出すことになる（図4.2-4）．

階下の柱間は，正面側中央間を広くして両開きの扉を設け，多くの場合，脇間の片側ないし両側に片開きの潜戸（脇戸）を設ける．扉はいずれも内開きで，飾金具や帯金物を多用して重厚につくることが多い．これに対応するため肘壺（肘金と壺金からなる）とよばれる鉄製の巨大な蝶番を用い，肘金を鏡柱の城内側に，壺金を扉の側面に固定して回転軸をつくる（図4.2-5）．櫓門に限らず城門の扉には肘壺を用いるのが一般

図4.2-1　旧江戸城清水門［出典：文献1，第72図］

図4.2-2　姫路城ぬの門 正面［撮影：筆者］

図4.2-3　弘前城三の丸追手門 正側面［出典：文献2，写真5］

4.2 城郭の門と塀

(1) 正面［出典：文献3, 写真5］

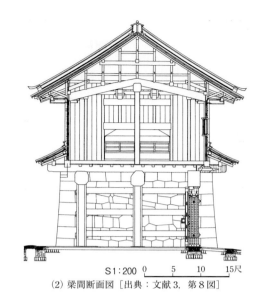

(2) 梁間断面図［出典：文献3, 第8図］

図4.2-4　金沢城石川門櫓門

的である．

　櫓門の階上は，門前の敵に攻撃できるよう縦格子の窓を設ける．また階上は，通常，軒下も含めて漆喰塗りの大壁とするが，姫路城菱の門（慶長6〜14年/1601〜09）は，柱形や長押形をみせた漆喰壁とし，花頭窓を設けて窓框や格子を黒漆塗りにつくり，金の飾金具を打つなど華麗に仕上げている（図4.2-6）．先述した弘前城の各櫓門では，真壁として柱や長押を素木のまま用いている．やはり櫓門に限らず，城門では内部を素木として天井を張らず，小屋構造をそのまま見せ，寺社建築で使う野小屋をもたないのが通例である．

b．高麗門

　高麗門とは，断面矩形の鏡柱上に冠木を渡し，棟木を置いて切妻平入りの屋根を架け，鏡柱と背後に立てた控柱とを貫で繋いで，その上部にもやや低い切妻屋根を架けた形式の門をいう（図4.2-7・8）．鏡柱間に両開きの扉を設け，開門した扉は鏡柱と控柱とを繋ぐ屋根の下に納まる構造となっている．片開きの脇戸をつける場合は，左右いずれかの脇間のみに設ける．高麗門に限らないが，脇戸をつくらない場合，両開きの扉に片開きの潜戸をつくり込む例も少なくない．控柱相互の間隔は，鏡柱間と同寸とする場合のほか，鏡柱より広くとるため貫が平面ハ字形をなす場合とがある．

図4.2-5　肘壺（篠津神社表門＝旧膳所城北大手門）
［撮影：筆者］

図4.2-6　姫路城菱の門 正側面［撮影：筆者］

(1) 正面

(2) 背面

図 4.2-7 姫路城ろの門［撮影：筆者］

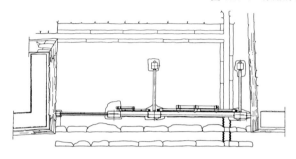

図 4.2-8 姫路城ろの門 平面図［出典：文献 4, 図面 42］

図 4.2-9 金沢城石川門表門 正面［出典：文献 3, 写真 4］

図 4.2-10 鞭崎神社表門（旧膳所城城門）の構造［撮影：筆者］

高麗門の冠木は，櫓門のように鏡柱にのる形式が多いが，先述した枡形門を形成する旧江戸城，金沢城，丸亀城の各高麗門では，鏡柱間に冠木を貫状に挟む構造とし，冠木中央に束を立てて棟木を受けている（図4.2-9）．現存最古例となる姫路城の6棟の高麗門（慶長6〜14年/1601〜09）には，この鏡柱間に冠木を挟む構造の門はなく旧江戸城田安門（寛永13年/1636頃）あたりから現れるやや新しい形式らしい．

姫路城の各高麗門（いの門・ろの門・への門・との二門・との四門・りの門，いずれも慶長6〜14年）の構造は，冠木上の腕木を城内側にのばして控柱が直接これを受け，扉にかかる低い屋根の棟木となる．名古屋城の各高麗門（二之丸大手二之門・旧二之丸東二之門・表二之門，いずれも慶長17年頃）も同様の形態であり，高麗門は棟門の発展形と理解することができる．ところが，旧膳所城の城門である篠津神社表門（滋賀県大津市，慶長頃）・鞭崎神社表門（滋賀県草津市，慶長頃）では，正面に現れる冠木上の持送り付きの腕木と，控柱が受ける低い屋根の棟木とが別材であり，合理的な構造とはなっていない（図4.2-10）．

c. 薬医門ほか

国指定重要文化財の城門のうち，薬医門は膳所神社表門（滋賀県，旧膳所城城門，明暦元年/1655），松山城二ノ門（愛媛県，文化〜安政/19世紀前中期），高松城北之丸水手御門（香川県，江戸末期/19世紀中期）の3棟である．形式は寺社の薬医門によく似るが，膳所神社表門では，控柱間隔を鏡柱間よりも広くとって貫を通し，冠木の長辺を縦に使うなど，櫓門や高麗門にも見られた城門独特の手法を備えている．またここでは，両開き扉の上に楣貫を渡す点は，寺社の薬医門

4.2 城郭の門と塀

(1) 背側面 [撮影：筆者]

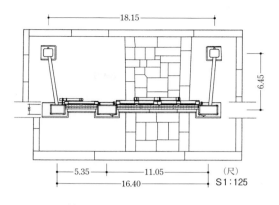

(2) 平面図 [出典：文献5, 図面1]

図4.2-11 膳所神社表門（旧膳所城城門）

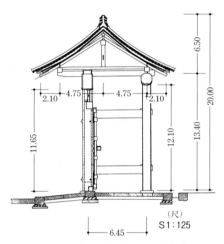

図4.2-12 膳所神社表門（旧膳所城城門）断面図
[出典：文献5, 図面13]

図4.2-13 姫路城水の二門 背面 [撮影：筆者]

図4.2-14 二条城二の丸西門 正面 [撮影：筆者]

には見られない形式である（図4.2-11・12）．

重要文化財指定を受けている城門の棟門は3棟で，いずれも姫路城（兵庫県）に建つ（ちの門・水の一門・水の二門，いずれも慶長6〜14年/1601〜09）．矩形断面の鏡柱を用い，水の一門・水の二門では扉を片開きとする．また，3例とも脇戸をもたず，扉につくりこんだ片開きの潜戸を備えており，寺社の棟門とはやや異なる手法をもつ（図4.2-13）．

土塀下の石垣に横穴をあけるように設けた門を埋門という．二条城二の丸西門（慶長7〜8年/1602〜03，寛永2〜3年/1625〜26），姫路城ほの門（慶長6〜14年）がその例で，門扉の構造は櫓門や高麗門などと同様である（図4.2-14）．

4.2.2 塀

　現存する近世の城跡では立派な石垣が目だつが，往時はその上に多聞櫓が建つか，もしくは塀がめぐらされていた．とりわけ城の外周部には塀が多く，また各曲輪ごとに設けるため，総延長が数 km に及ぶ塀もあったという．塀は，単に敵の侵入を防ぐだけでなく，矢や鉄砲の射撃を行う盾となり，また城内の道を形成するための側壁としても機能した．

　現存する塀は，熊本城長塀（熊本県，慶長 6～12 年/1601～07）を除きすべて土塀である．熊本城長塀は延長 252.7 m をほぼ直線で残す現存最長の塀で，下部を下見板張り，上部を漆喰壁とする（図 4.2-15・16）．角形の親柱に貫を通して横方向に緊結し，石製の控柱を城内側に立てて上下 2 本の貫で親柱と繋ぐ．

図 4.2-15　熊本城長塀 内側 ［出典：文献 6，写真 6］

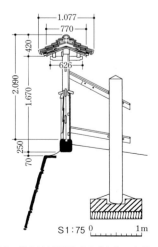

図 4.2-16　熊本城長塀断面図 ［出典：文献 6，第 5 図］

図 4.2-17　二条城二の丸東門南方多門塀 ［撮影：筆者］

親柱を貫通する腕木を壁面から直角に出し，その先端で出桁を受け，棟木から出桁に厚い野地板を渡して桟瓦を葺いている．

　土塀の構造は，大きく分けて木製の親柱を控柱で補助するものと，土を積み上げて控柱をもたないものとがある．前者は親柱を木製の土台上に立てるものが多く，塀自体は現存しないものの宇和島城本丸腰曲輪（愛媛県）のように，親柱を礎石上に立ててその間を地覆でつないだものもあった（文献 7）．控柱は垂直に立てて親柱と貫で緊結する構法と，斜めに立てて親柱を直接支持する構法とがある．いずれにしても控柱は掘立柱で腐朽しやすいため，石製とする例も少なくない（図 4.2-17）．松山城仕切門内塀（文化～安政年間/19 世紀前中期）は，現状では控柱の下部のみ石製とし，親柱と接する上部は木製としている．

　一方，親柱をもたない土塀は，平瓦と土壁を交互に積み重ねる練塀と，土を版築によって層状に搗き固めた築地塀とに細分される．ただし，単に土に小石などを混ぜて積み上げた土塀でも，漆喰などの表面仕上げを施せばこれらと区別がつかないため，控柱をもたない土塀を単に練塀と称することもある．親柱をもたない土塀の現存例は，姫路城で見ることができる（図 4.2-18）．独立して立つため，壁厚は基底部で 70～90 cm，最上部で 50～70 cm と厚い．城郭に用いられた築地塀の例は，姫路城水の一門北方築地塀（兵庫県）の 2 間分，延長 5.2 m（基底部幅 1.20 m，最上部幅 0.71 m）である（図 4.2-19）．これらとは別に，金沢城石川門から延びる土塀は，城の内側と外側で別々につくって中空の構造としており，太鼓塀と称している．

　瓦屋根を支持する土塀上部の構造は，塀の壁面から水平に腕木を出して出桁を受け，垂木を渡すのが一般

4.2 城郭の門と塀

図4.2-18 姫路城にの門 東方の土塀［撮影：筆者］

図4.2-19 姫路城水の一門 北方築地塀［撮影：筆者］

図4.2-20 姫路城菱の門 東方土塀の狭間［撮影：筆者］

図4.2-21 狭間の構造（姫路城菱の門東方土塀）
［撮影：筆者］

的である．塀の外側は険しい石垣となることが多いため，補修が困難となる．このため塀の外側下部を風雨からしのぐ板張りを設けることがあり，現存例では松山城（愛媛県）や高知城（高知県）にみることができる．塀には矢狭間や鉄砲狭間を設ける城郭も多く，中でも姫路城の土塀は，円形・三角形（鉄砲狭間），縦長長方形（矢狭間）をなす大小の狭間がならびユーモラスな印象を与えている（図4.2-20）．これらの狭間は，塀の断面中心付近で最も狭くし，城内側で最も広くとる（図4.2-21）． ［箱崎和久］

■文　献

(1) 『重要文化財旧江戸城田安門，同清水門修理工事報告書』1967.
(2) 『国寶弘前城二ノ丸辰巳櫓，同丑寅櫓及三ノ丸追手門維持修理報告書』1941.
(3) 『重要文化財金沢城石川門・三十間長屋保存修理工事報告書』1969.
(4) 『国宝・重要文化財姫路城保存修理工事報告書Ⅰ』1964.
(5) 『重要文化財膳所神社表門修理工事報告書』1983.
(6) 『重要文化財熊本城監物櫓・長塀修理工事（屋根葺替・部分修理）報告書』1984.
(7) 三浦正幸『城の観賞基礎知識』至文堂，1999.

4.3 各部構法

4.3.1 石垣

a. 石垣

城郭の石垣は，近年の発掘調査で，時代の変遷や構造が明らかになってきている．石垣は，表面仕上げと内部構造で構成されている．ところが，既往の文献は，多くが外観上の仕上げと形態の分類に終始し，内部構造そのものについて解説しているものは意外に少ない．

構造を含めて記述した既往の文献には文献1～5などがある．また，加工技術と関連して石材の表面仕上げを紹介したものとしては文献6などがある．

石垣の力学的な仕組みは，現代でも全面的な解明には至っていない．そのため，修復時に伝統的な構法で強固な石垣を築造するには，熟練した職人の経験則に頼らざるを得ないという現状がある．

b. 石垣の構成部位

一般的な分類による石垣の種類を図4.3-1に示す．石垣は，積石，裏込め，基礎，盛土部で構成される．また，石垣自体を構成する石積みには，練積みと空積みがある．

練積みは，裏込めをコンクリートやモルタルなどの接着媒体で固めて積む方法である．空積みは，接着媒体を用いずに積む方法で，城の石垣はほとんどが空積みである．一部，滋賀県の鎌刃城の石垣などに，石の隙間に飼石を入れるのではなく，粘土で接着する練積みがある．

積石は，石垣の表面に積む石である．そのうち，隅角部は角石，角石の両脇は角脇石，それ以外は築石で構成される．

仕上げは，①手を加えず自然石のまま積み上げる野面石，②切り出した石に少し手を加えた割石，③切り出した石に手を加えて形を整えた切石に分類される．切石の表面は，仕上げ方によって，びしゃん，のみむしりなどさまざまによび分けられる．

裏込めは，積石の背面にある玉砂利などを充填した控えの層のことである．充填する石は，玉砂利や割栗石の場合が多い．海外の古城では，裏込めも石積みの

浜松城（静岡県）：野面石

宇和島城（愛媛県）：野面石

伊賀上野城（三重県）：打込接

肥前名護屋城（佐賀県）：打込接

新発田城（新潟県）：切込接
(1) 布積み：横方向の石の列がほぼ並ぶ

高松城（香川県）：切込接
(2) 乱積み：横方向の石の列が乱れる

福山城（北海道）
(3) 亀甲積み：六角形に加工した石を隙間なく積む

五稜郭（北海道）
(4) 谷積み：石の対角線を縦に向けて斜めに積む

図4.3-1 石垣の種類［出典：文献2, p.47］

例がある．裏込めは，配水経路の役割を担うと同時に，地震などによる積石への衝撃力を和らげる役割も果たしている．

基礎は，石垣の最下層で地盤と接する箇所を指し，そこに据える石を根石という．根石は，通常，岩盤などの丈夫な地盤まで掘り込み，据え付ける．十分な地耐力が期待できない場合は，杭を打ち，木で土台を組んで地盤を補強し，その上に根石を据える．

盛土部は，裏込めの背面の地盤を指し，土を盛って地盤とする盛土と，斜面を削って地盤とする切土の場合がある．埋戻しは，版築とよばれる工法を使う．版

築は，2寸ごとに焼いた貝殻などを混ぜて突き固める工法である．盛土部は，玉石や割石を層状に敷き詰めて暗渠をつくり，配水機能を備える場合もある．最後には，整地用としても盛土が施される．

c．石垣を積む技術

積石は，表面を面，背面を艫面，奥行を控えとよぶ．積む際には，石垣の表面近くで積んだ石が上下に接する「二番」とよばれる2点と，積石控え部分の飼盤石とよばれる1点の3点を意識して積む．

3点で囲まれた面積が広いほど，石は安定度を増す．また，積石の艫面を大きく，高さを厚くした方が構造上は安定する．

積石同士は，上下を胴飼石，左右を迫飼石で支える（図4.3-2）．加えて積石の上下の間に，楔，鎹状の敷金を据え付け，積石の角度調節や滑出しを抑制する仕掛け，構造上重要な部分では，積石と積石を「ちぎり」で連結する場合もある．

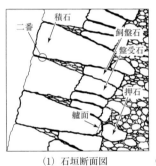 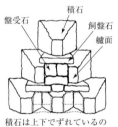

(1) 石垣断面図　　(2) 石垣を背面からみた様子

図4.3-2　石垣の積み方［出典：文献3，p.57］

［後藤　治・二村　悟・澤田浩和］

■文　献
(1) 内藤　昌『城の日本史』日本放送出版協会，1979.
(2) 三浦正幸『城のつくり方図典』小学館，2005.
(3) 後藤　治・澤田浩和「土木遺産の保存活用を支える伝統技術3 石垣と石工」『国づくりと研修103』全国建設研修センター，2004.
(4) 大久保森造・大久保森一『石積の秘法とその解説 改訂増補版』理工図書，1987.
(5) 笠　博義・山本浩之「城郭石垣の維持管理と補修」地盤工学会誌，599，2011.
(6) 後藤　治・澤田浩和「土木遺産の保存活用を支える伝統技術7 石材加工技術」『国づくりと研修108』全国建設研修センター，2005.

4.3.2　壁

a．城郭の壁

一般的に壁は，室内側をしつらえる内壁と，外観を彩る外壁とがある．特に，城郭にみられる壁は，室内外の下塗りに土を，上塗りに白漆喰を塗り込めた重厚で分厚い壁であることが多い．

現在，各地の土蔵に見られる分厚い白漆喰壁は，この城郭の壁の技術が普及したものである．そのため，この構法を一般には土蔵造とよぶ（以下，分厚い漆喰壁を「土蔵造」）．その好例に，姫路城大天守（兵庫県，慶長13年/1608）がある．

一方，一般の住宅には漆喰壁の工法自体が普及する．壁は，土蔵造ほど厚くはないが，塗り込む壁の厚さや工程の違いから，塗籠造，塗屋造とよび分けることもある．その中で，最も壁の厚いものが土蔵造である．ここでは，姫路城を例に城郭の壁の工法をみてみたい．

なお，漆喰壁の普及と同時に，漆喰や土壁といった湿式の塗り仕事を専門とする左官職人の地位も確立する．

b．土蔵造の工法

土蔵造は，下塗りを土塗りの荒壁とし，上塗りを白漆喰で仕上げる．

まず，柱の外面に刻んだ苆掛刻みに横架材を架け，和釘で打って壁骨とする．次に，室内側に竪下地を配置し，木の枝や細い幹を用いて藁縄で締めた木舞を編み付け下地とする．

下地が出来上がると，外壁をつくる作業に移る．この下地に，団子状に丸めた藁苆（苆とは塗壁の補強などとして塗壁材料に混ぜられる繊維材料の総称）まじりの土を投げて打ち付けていく．このような，団子状の土を投げ付ける作業を「手打」という．手打で外壁の下地をつくるのは，城郭の壁のように厚みを必要とする場合に，鏝塗りで仕上げていくには非効率的だからである．

下地となる木舞には，流し縄という城壁の厚い土の層が木舞からずり落ちないよう繋ぎ止める工夫を施す．長さ30 cm内外の藁縄を，木舞に頻繁に結び付けておき，手打した土の表面に引き出し，擦り込む．

手打した土の乾燥を待って，今度は裏側から同種の土を手打する「裏返し」という作業を行う．姫路城は特に壁が厚いので，裏返しも手打で行うが，通常は鏝

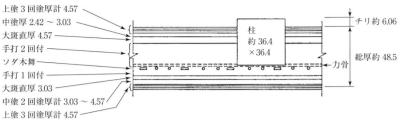

図4.3-3 姫路城大天守壁水平断面図 [出典：文献2]

塗りである（図4.3-3）．

次に，再び内壁面に手打を加え，荒壁の厚さを増す．そのうえで，両面に大斑直し，斑直し，中塗りを行い，中塗層をつくる．斑直しとは，塗り付けた面の凹凸を直すために均し塗りを行うことである．

中塗層には，小石などの余計な雑物を取り除いた土に，藁苆を混ぜて鏝塗りをする．こうして中塗層が出来上がると，上塗りを漆喰で3回塗る．

漆喰は，消石灰に砂や糊・苆などを混ぜて水で練ったもので，土壁の上塗りとして用いられる仕上材である．上塗りは，消石灰を主とし，最初の2回塗りには麻苆，最後の上塗りには紙苆を用いる．砂は混入させない．

姫路城では，壁厚の関係から丁寧な仕事をしているが，一般には，荒壁，裏返しが終了すると，壁の両面を斑直しし，中塗り，上塗りの順で仕上げて終わる．

c．塗籠造と塗屋造

前記のように，漆喰壁には塗籠造と塗屋造という塗り厚の薄いものがある．特徴は，壁だけでなく，軒裏，破風，窓格子，扉に至る壁面のすべてを漆喰で塗り込むことである．これは，土蔵造と比べ，下塗り，上塗りともに薄い．こうした，一般に普及した漆喰壁は，防火の面で町家の不燃化に貢献する．城郭の壁に端を発するので，もともと庶民に身近な技術ではなかった．近世になり，江戸幕府が城下町の防火対策として触れを発し，この壁の使用を奨励する．このことが，土蔵造の工法を基礎とする塗籠造と塗屋造の一般への普及に拍車をかける．

d．押縁下見板張り

板壁自体は，鎌倉時代からみられる．けれども，技術的に優れたものがみられるのは，城郭の外壁に用いられた押縁下見板張りが始まりといえる．特に，簓子下見板張りは，竪の押縁を下見板の傾斜に合わせて刻むなど，留め方に細かな技術がみられる．

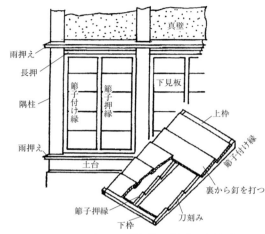

図4.3-4 真壁の下見板張り [出典：文献6]

この簓子下見板張りは，真壁と大壁の場合で工法が異なる．このことは，意外に知られていない．ここでは，それぞれの工法を紹介してみたい．

真壁の場合（図4.3-4）は，上方に長押を納めその上に雨押えを取り付ける．下方は，土台の上に雨押えを取り付ける．こうして，真壁造の柱間に，四方を囲んだ箇所を設ける．その両側縦に簓子付け縁を設け，中央縦に簓子押縁をいれ，上下を木枠で納めた四角い枠をつくる．簓子付け縁と簓子押縁は，下見板を納めるよう，刀刻み（段々に斜めに刻み込む）が施されている．その刀刻みの幅と角度に合わせて下見板を載せ，裏側から釘打ちする．出来上がったパネルを，真壁造の柱間に嵌め込み，付け縁の内側から柱に横釘を打つ．

一方，大壁の場合（図4.3-5）は，柱間の胴貫や地貫の外側に間柱を立て，幅広い下見板を張る．その上から，刃刻みを施した簓子押縁を間柱や柱の位置に当て，背中から大釘を打って止める．また，隅柱には，柱の内側に見切縁を入れて，下見板の木口を隠し，背中から大釘で打ち込む．ともに表面は，普及型では柿渋，最高級では黒漆を塗布して仕上げている．

この押縁下見板張りの良さは，漆喰壁に比べ，雨水にさらされた箇所の劣化が遅くなるという点である．

4.3 各部構法

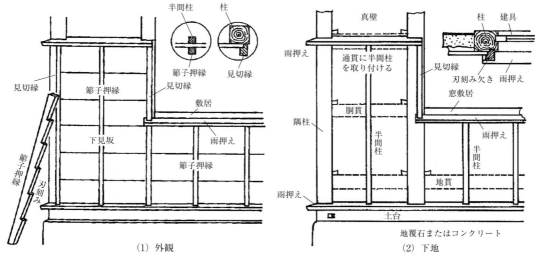

図4.3-5 大壁式簓子下見 ［出典：文献6］

(1) 組立て

(2) 取付け

(3) 完了

図4.3-6 押縁下見板張りを用いた城郭の現存例
［出典：文献7］

　漆喰壁との工程の違いは，外壁仕上げの際に中塗りや漆喰塗を省略する点である．

　やはり，押縁下見板張りも漆喰壁と同様に，時代が降るとともに，商家や民家に広く用いられるようになる．こうした，押縁下見板張りを用いた城郭の現存例には，松本城（長野県），松山城（愛媛県），犬山城（愛知県）などがある（図4.3-6）． ［澤田浩和］

■ 文　献

(1) 『国宝重要文化財姫路城保存修理工事報告書Ⅲ』文化財保護委員会，1965.
(2) 山田幸一『壁』法政大学出版局，1981.
(3) 『建築大辞典 第2版 普及版』彰国社，1993.
(4) 後藤 治『日本建築史』共立出版，2003.
(5) 三浦正幸『城のつくり方図典』小学館，2005.
(6) 長尾勝馬『図解木造建築の知恵－秀れた技術者となるために』理工図書，1982.
(7) 『重要文化財丸岡城天守修理工事報告書』重要文化財丸岡城天守修理委員会，1955.

4.3.3 石落

a. 石落とその種類

　城郭には，防御のための設備が発達していた．外部を監視し，襲撃があればすぐさま，矢，銃，弾，石などを放つのである．中には，沸かした糞尿や汚水を浴びせたという話もある．石落とは，その名のとおり，石垣を登って攻め入る敵から城を防御するため，塀，門，櫓，天守に設けた，石を落とすための設備である（図4.3-7）．なお，攻撃用に壁面に設けられた小さな穴は狭間と呼ぶ．

　石落の特徴は，外観から判別できぬように工夫している点である（図4.3-8）．その方法は，城壁面よりも石を落とす部分の壁面を空中で迫り出す．こうして，石落の眼下に敵が見えれば，下に向けて石を放つので

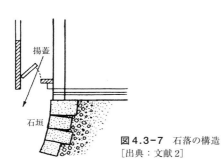

図4.3-7　石落の構造
[出典：文献2]

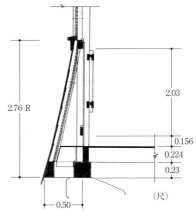

図4.3-8　石落の断面［出典：文献4］

図4.3-9　大洲城三の丸南隅櫓（愛媛県）石落組立て
［出典：文献4］

(1) 組立中石落壁下地

(2) 組立中東側石落

(3) 組立中石落

(4) 組立中1階外部太鼓壁下地

ある.

石落は敵に判別されないよう擬似化する工夫を施している. 例えば, 雨戸の戸袋のように見せる戸袋型, 出窓のように見せる出窓型, 城郭の裾を袴のように斜めに張り出す袴腰型などである.

代表例をあげれば, 戸袋型では松山城(愛媛県, 安政元年/1854 や熊本城(慶長 12 年/1607), 出窓型では名古屋城(愛知県, 慶長 20 年/1615, 昭和 20 年戦災で焼失), 裾腰型では姫路城(兵庫県, 慶長 13 年/1608)や高松城(香川県)がある. ただし, 裾腰型は和歌山城天守(嘉永 3 年/1850)のように袴が曲線を描き漆喰で塗り籠めたものや, 松本城小天守(長野県, 文禄末～慶長初年築)のように押縁下見板張りで仕上げられたもの, 松江城天守(島根県, 慶長 16 年/1611)のように屋根を降ろすようにして壁面をふかすものなどがある.

また, 設置位置は, 戸袋型は開口部の両側, 出窓型は中央, 裾腰型は角隅とある程度分類できる.

さらに, 出窓型には屋根が付く. 例えば, 高松城北之丸月見櫓(延宝 4 年/1676)は, 桁行 2.54 尺, 梁間 12.96 尺で, 屋根は西側が千鳥破風, 北側が唐破風で

ある.

そのうえ, 石落の幅は, 広すぎると逆に忍び込まれ, 狭すぎると効果的な大きさの石を投下できないので, 迫り出す隙間は 8 寸ほどがよいとされる.

b. 構 法

石落の構法は, 多くの場合, 外壁を傾斜させて造作し, 迫り出した部分に床板として厚い板で蓋をする. その床に, 蝶番を付けて可動させる. 必要のないときなどは, 換気用の開口部としても用いられ, 開け放たれていた.

なお, 櫓門では, 壁面を外に張り出すのではなく, 門扉の外側上部で, 渡櫓の床板に蝶番を設けて, 真下に石が落とせるよう工夫していた(図 4.3-9).

[澤田浩和]

■文　献

(1) 内藤 昌『城の日本史』日本放送出版協会, 1979.
(2) 人見春雄・野呂肖生・毛利和夫編『図解文化財の見方』山川出版社, 1993.
(3) 三浦正幸『城のつくり方図典』小学館, 2005.
(4) 大洲城三の丸南隅櫓修理委員会編・発行『重要文化財大洲城三の丸南隅櫓修理工事報告書』1965.

第 5 章

各部構法の変遷

5.1 屋根

5.1.1 瓦

a. 本瓦葺

わが国の瓦葺の歴史は、6世紀末の飛鳥寺（奈良県）の造営にあたり、百済から瓦博士が渡来したことによって始まった。

中国では、平瓦のみを組み合わせて葺く方法から始まり、丸瓦が発明されるなど発展段階を示す。しかしわが国では、伝来時点で本瓦葺の形式が成立していた。伝来以後の発展段階としては、まず丸瓦の変化があげられる（図5.1-1）。飛鳥寺の当初瓦は行基式とよばれる、片方が窄まって葺重ねとなる瓦である。その後間もなく、葺重ねとして玉縁をつくり出し、現在の形式（玉縁式）の丸瓦が使われた。玉縁式の方が葺重ねは少ないので、材料も少なくて済む。行基式の瓦は、元興寺極楽坊（奈良県）で現在も見ることができる。ここでは玉縁式と併用されているので、外観上の違いを見比べることができる。ちなみに地中海沿岸の瓦は現在でも行基式と同じかたちである。

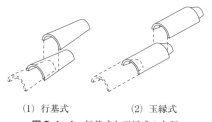

（1）行基式　　（2）玉縁式
図5.1-1　行基式と玉縁式の丸瓦

瓦が伝来した6世紀末には、丸瓦の先端に瓦当（軒丸瓦）が用いられても、軒平瓦が取り付けられることはほとんどなかったようである。軒平瓦が一般的になるのは7世紀後半と考えられている（文献5）。

棟の両端を納める手法としては、鴟尾、鬼瓦、獅子口がある。鴟尾、鬼瓦はともに、瓦の伝来時点から使われ、唐招提寺金堂（奈良県）には奈良時代創建時のものが残っている。鴟尾の方が鬼瓦よりも格が高かったとされるが、中世に入ると使わなくなる。しかし、桃山時代以降の城郭建築で鯱として復活するが、理由は不明である（文献6）。獅子口は法隆寺聖霊院厨子（奈良県、弘安7年/1284）にみられ、中世以降にみられる。

b. 桟瓦葺の登場

鎌倉時代までの瓦の葺き方は、葺土による固定方法で不変であった。しかし、室町時代の建築である法隆寺南大門（永享10年/1438）、瑞花院本堂（奈良県、嘉吉3年/1443）の瓦で、変化がみられるようになる。この両者の瓦は法隆寺の瓦大工橘吉重によるものと知られている（文献1）。それまでの軒先瓦は落下防止のために釘穴をあけておき、長い瓦釘を野地に打って止めていた。これに対して瑞花院本堂の瓦は、軒平瓦に「懸かり」を設けた引っ掛け瓦である（図5.1-2）。この引っ掛け瓦は軒平瓦の前半両側面を立ち上げて懸かりとし、軒平瓦の次に葺く二の平瓦の前半を、懸かりの内側にはまって引っ掛かるように狭めたかたちにする。さらに、軒丸瓦の裏側には懸かりに引っ掛ける堰を設けている。軒平瓦自体は瓦座に引っ掛かることで落下を防ぐ。

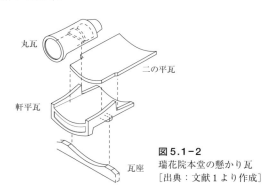

図5.1-2
瑞花院本堂の懸かり瓦
［出典：文献1より作成］

以上のように橘吉重は、軒先瓦の瓦釘に代わる方法として懸かりを発明し、瓦がずり落ちるのを防ぐ工夫をした。

近世初頭になると、葺土を用いずに瓦を葺く本瓦の空葺き構法の例をみることができる。閑谷学校講堂（岡山県、元禄14年/1701）は屋根まわりに贅沢とも入念ともいえる手法を用い、いくつかの工夫がみられる（文献2）。その中で、空葺きは瓦棒を用いることで成り立っている（図5.1-3）。瓦棒は、土居葺き上の流し板の目板に釘打ちで止められており、平瓦の当り・葺足、丸瓦の玉縁当り・引っ掛け当りを彫り込んでいる。

専修寺如来堂（三重県、延享5年/1748）では、縦瓦桟を用いて空葺きを実現している（文献3）。縦瓦

5.1 屋根

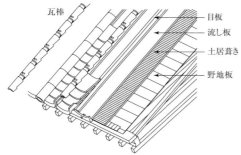

図5.1-3 閑谷学校講堂の本瓦空葺き構法［出典：文献2］

桟は山形状に木材をつくり出し，平瓦に設けた引っ掛け桟が掛かる桟受けを欠き込んだものである．桟自体は土居葺きに釘打ちで止めている．丸瓦はそれまでの手法どおりに，葺土を用いている（図5.1-4）．興福寺南円堂（奈良県，瓦葺：明和3年/1766）でも縦瓦桟による空葺き構法であるが，ここでは「登瓦座」とよばれている（文献7）．しかし，この桟は瓦を引っ掛ける方法を採るのではなく，瓦を釘止めにすることを目的としている．丸瓦はやはり葺土を用いる．

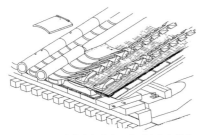

図5.1-4 専修寺如来堂の本瓦空葺き構法
［出典：文献3，p.121 挿図67］

本瓦の空葺き構法の一方で，江戸時代には桟瓦が発明される．江戸は幾度かの大火によって，瓦葺の必要性が高まったものの，本瓦葺は一般家屋には金銭的にも，構造的にも負担の大きいものであった．それでも火災予防のために，平瓦を並べただけの平瓦葺なるものが現れた．しかし，それでは雨水防止には不十分である．そこで，平瓦の合間（目）を塞ぐために，丸瓦の代わりに目板（桟）を平瓦に一体化した桟瓦が発明された．延宝7年（1679）のこととされている．この種の瓦は熊本城平櫓など熊本地方では目板瓦とよばれ（図5.1-5），元禄10年（1697）を示す銘のものが発見されており，明治頃まで使われてきた（文献4）．

このようにして発明された桟瓦は葺重ねが少ないので，材料が軽減される．その結果，広く普及することになった．

落下防止を目的とした懸かりをもつ引っ掛け瓦．葺土を用いない空葺き構法．材料の軽減を実現した桟瓦．これらが結実して現在の引っ掛け桟瓦の姿になったのは明治10年（1877）頃のことである．

■文　献

(1) 奈良県文化財保存事務所『瑞花院本堂修理工事報告書』奈良県教育委員会，1974.
(2) 岡山県教育委員会編・発行『閑谷黌講堂外四棟保存修理（第一期）工事報告書』1961.
(3) 文化財建造物保存技術協会『専修寺如来堂修理工事報告書』専修寺，1990.
(4) 熊本市『熊本城平櫓修理工事報告書』1978.
(5) 森 郁夫「瓦」『文化財講座 日本の建築1 古代I』第一法規出版，1976.
(6) 平井 聖『屋根の歴史』東洋経済新報社，1973.
(7) 奈良県教育委員会『興福寺南円堂修理工事報告書』1996.

5.1.2　植物系：樹皮葺

国内で樹皮葺といえば，主に使われるのは檜皮と杉皮である．檜皮は，仏寺の中心建築を除いたまわりの建物，神社，寝殿造などの公家住宅に用いられることが多く，杉皮は主に民家に用いられた．

樹皮を剥いで屋根材を利用することは，質を問わなければ板を得ることより容易であるのは当然のこと，道具が石器に限られると，茅を刈り取るより簡単である．その中で特に樺は，常呂遺跡（北海道，縄文時代）

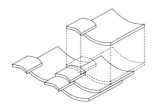

図5.1-5
熊本城平櫓の目板瓦
［出典：文献4］

図5.1-6 常呂遺跡復元竪穴住居10号
［出典：文献1，p.23 第32図右上写真］

の竪穴住居復元例（図5.1-6）など，原始古代には北方文化圏の竪穴住居に多かったようだ（文献1）．

檜皮葺は，古代になると瓦葺とともに仏教建築に用いられる．『扶桑略記』をはじめ，諸寺の資財帳から檜皮葺が多くの堂塔に用いられたことがわかり，したがってこれらの建築技術の発展とともに，檜皮葺も原始時代より進歩したと考えられる．

古代の檜皮葺の構法について，永井規男は石山寺造営に関する文書や『延喜式』木工寮式などから考察を行っている（文献8）．それによると，

① 檜皮の長さが中世では2.5尺前後が一般的であるのに対して，古代では3尺と長い檜皮が用いられている．
② 檜皮を何枚か重ねて穴をあけ，縄などで木舞下地に縫いつけた．
③ 段葺きとして押縁で押さえた．

以上の特徴をもっていたと推測し，檜皮に穴をあける前例として登呂遺跡（静岡県，弥生時代）の遺物を，段葺きの類例として大山祇神社本殿（京都府，応永34年/1427），厳島神社摂社大元神社本殿（広島県，大永3年/1523）の長板段葺きをあげている．また，茅葺との類似性も指摘している．「押桿」「桟」など現在の茅葺にも使われる言葉が史料にみられること，アイヌの住宅や復元竪穴住居は茅を段葺きにしていることから，古代檜皮葺の技法と原始古代竪穴住居の茅葺・樹皮葺との関連性を推測できる．

古代末期から中世初頭には，前述のように檜皮が短くなり，竹釘によって檜皮を打ち止めるようになる．これに対応してか，下地は流し板を張るようになる（文献9）．また，この頃には桔木が軒に入るので，軒を厚葺きにする必要があり，中世以降は軒付けの発達がみられるようになる（文献5）．

軒付けは軒付皮が垂れ下がるのを防ぐため，下層に蛇腹を設ける．蛇腹には厚皮を小端立てに並べる共皮蛇腹（図5.1-7）と，短冊状の板を転びを付けて並べる木蛇腹（図5.1-8）がある．共皮蛇腹は春日大社本社本殿（奈良県，文久3年/1863，文献2），日吉大社西本宮本殿（滋賀県，天正14年/1586）などでみられる．現存最古の檜皮葺と目される白山神社本殿（長野県，元弘4年/1334）は，木蛇腹で転びも大きく，茅負上に直接並べられて裏甲を用いていない（文献3）．その後は裏板の簡略技法や二重軒付が現れる（図5.1-9）．下地も流し板張りであったが，再び木舞に戻る．古代檜皮葺の木舞は縄を結びつけたが，今度は竹釘を

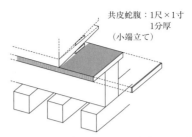

図5.1-7 共皮蛇腹軒付［出典：文献2より作成］

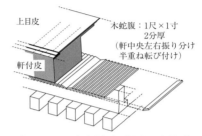

図5.1-8 木蛇腹軒付［出典：文献3］

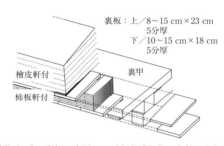

図5.1-9 裏板・裏甲・二重軒付［出典：文献4より作成］

打ち付けるためである．

杉皮葺は京都や奈良などの杉の産地の民家でよくみられたが，寺院でも庫裏などでは用いられることがある．西園院客殿（奈良県，桃山時代）の杉皮葺は，前述した古式の檜皮葺のように，押え竹によって固定している（図5.1-10）．記録によると「大和葺き」とよばれている（文献5）．長岳寺庫裏（奈良県，寛永7

図5.1-10 西園院客殿の杉皮葺［撮影：筆者］

年/1630) でも同様の方法であり，下地を木舞竹にして，縄で結び付けている．奈良県吉野地方には大和葺きの民家があり，釘を使わずに葺き上げられる．

このように，杉皮葺も檜皮葺のように，古くは釘止めよりも縄で結び付ける方法が用いられたと考えられる．釘を用いる方法としては，以下のように分類される（図5.1-11）．

・2枚重ねの杉皮を，皮の長さを葺足として葺き上げる「熨斗葺き」，「さらし葺き」．
・皮長さの半分を葺足とする「吉野葺き」．
・葺重ねを長く取ることで，押えを隠しながら葺く「鎧葺き」．
・檜皮葺のように竹釘で打ち止めながら葺く「切葺き」．

地方ごとにさまざまな名称があるが，吉野葺きが全国的に多い葺き方のようである（文献6）．

杉皮は，茅葺の雨仕舞いの補強に使われることも多い（文献7）．武蔵山地では杉皮の混ぜ葺きがみられる．混ぜ葺きは縞状に葺き仕上げると虎葺きとよばれる（図5.1-12）．檜皮が立木から採取される一方，杉皮は伐採した杉から採取されるため，杉皮の利用は林産地に多い．

■文　献
(1) 宮本長次郎「原始・古代住居の復元」日本の美術，第420号，2001.
(2) 奈良県教育委員会『春日大社本社本殿四棟外九棟修理工事報告書』1977.
(3) 谷上伊三郎編・発行『檜皮葺きの技法』1980.
(4) 奈良県教育委員会『室生寺五重塔（災害復旧）修理工事報告書』2000.
(5) 奈良県教育委員会『西園院客殿他二棟修理工事報告書』1970.
(6) 川島宙次『滅びゆく民家 屋根・外観』主婦と生活社，1973.
(7) 安藤邦廣ほか『住まいの伝統技術』建築資料研究社，1995.
(8) 永井規男「古代の檜皮葺技法に関する考察」橿原考古学研究所『日本古文化論攷』吉川弘文館，1970.
(9) 石田潤一郎『物語ものの建築史 屋根のはなし』鹿島出版会，1990.

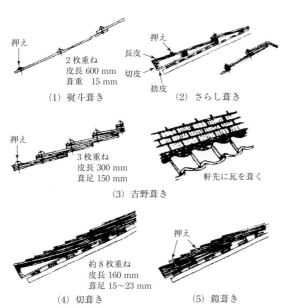

図5.1-11　杉皮葺の分類［出典：文献6，p.63 図113］

5.1.3　植物系：茅葺

茅葺屋根において，葺き上げる茅の使用法には，茅の根元を下に向ける真葺きと，上に向ける逆葺きの二通りの方法がある（図5.1-13）．

真葺きは太い根元が外に出るので耐久性に優れ，雨仕舞いのために厚い葺き上がりとなる．今日の国内で一般的であるほか，ヨーロッパの民家は真葺きである．

図5.1-12　旧宮崎家住宅（東京，江戸後期）の虎葺き［出典：文献7，p.35 右上写真］

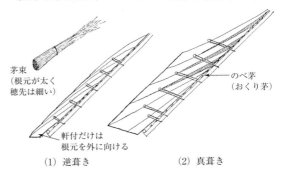

図5.1-13　真葺きと逆葺き［出典：文献1，p.109］

図 5.1-14 諏訪大社下社御射山内穂屋
［出典：文献2，別図版第134図］

北海道のアイヌの民家は段々に葺き上げる真葺き（段葺き）である．したがって真葺きは，寒冷地の葺き方と考えられている（文献5）．

一方，逆葺きは細い穂先が外に出るので耐久性は劣るが，雨仕舞いに優れて薄い葺き上がりが可能である．国内では南西諸島で行われ，朝鮮半島，東南アジアやアフリカなど温暖多雨地域の葺き方であると考えられている．国内のその他の地域でも，付属建物や仮設的な建物で行われることがあり，笹を葺く場合には逆葺きであるほか，万葉集には「逆葺き」の語が見える．

諏訪大社下社（長野県）御射山祭のかつての穂屋（図5.1-14）は，神社の社殿がもともと収穫の頃の新嘗祭のたびに建てられる仮屋的な建物であったことを示し，逆葺きである．伊勢神宮（三重県）の社殿は倉庫式で20年の式年遷宮制の建物であり，真葺きである．現在でも仮設的な建物で逆葺きが用いられることも合わせると，社殿の恒久化に伴って，耐久性に優れる真葺きへ変化したと推定される．これに従えば，その他の建築においても，仮設性が薄れて恒久的な建物になるにつれ，逆葺きから真葺きに移行したといえる．

神社以外で，茅を屋根材に用いる建物が耐久性を獲得するのは，一般に中世頃と考えられている．中世絵巻で茅葺屋根を見ると，『一遍上人絵伝』（歓喜光寺蔵）巻5「大井太郎館」では主屋は厚葺き，庇は薄葺きで異なる葺き方をしている（図5.1-15）．また，多くの絵巻物では葺足の描写が不明瞭だが，『粉河寺縁起絵巻』や『洛中洛外図』など穂先を描いているもの（図5.1-16）と穂先を描かないものがあり，変化や混在の状況がうかがえる．

近年まで残る逆葺きは，仮設的な小屋の逆葺きのほか，奄美大島では古い茅や短い茅で適宜に根元と穂先の上下を変えて厚みをとり，仕上げにススキなど長い

図 5.1-15 『一遍上人絵伝』（歓喜光寺蔵）の茅葺屋根
［出典：文献4］

図 5.1-16 『洛中洛外図』の茅葺屋根（米沢市上杉博物館所蔵）
［出典：文献3］

図 5.1-17 奄美大島（龍郷町）の茅葺　［撮影：筆者］

茅で逆葺きする（図5.1-17）．奈良盆地の大和棟民家では，ススキによる真葺きで厚みをとり，仕上げに稲藁を逆葺きしていたという（文献6）．

真葺きに関して道具の変遷をみると，茅を葺く様子を描く『地蔵菩薩霊験記絵』（根津美術館蔵）「伯耆の大山の僧」で使われているのは鍬と鎌で，農具が中心である（図5.1-18）．今日仕上げに使われる中間支点

5.1 屋根

図 5.1-18 『地蔵菩薩霊験記絵』の茅葺（根津美術館所蔵）

の鋏がないが，中間支点の鋏が現れるのは鉄砲と同じ頃とされる（文献7）．また，茅葺を生業とする職人の出現は江戸時代になってからと考えられているため（文献8），今日の真葺きを鋏で仕上げる方法は江戸時代以降に発生した専門の職人によるものといえる．九州は，鋏の役割を果たす屋根葺き用の大鎌が発達した地域で，鋏導入以前の仕上げ方法をうかがい知れるほか，かつては仕上げない地域も多かった．

棟仕舞いの構法は，地域ごとで雨仕舞いと補強の工夫が積み重ねられた．その結果豊かな地方色を示し，棟飾りとして装飾性を帯び，民家では特に魅力的な要素の一つである．

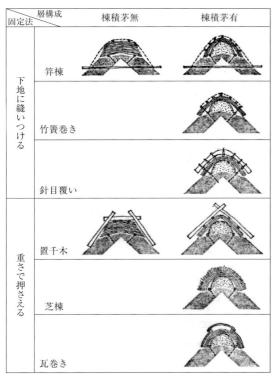

図 5.1-19 棟仕舞いの分類［出典：文献1, p.109］

棟仕舞いの地方色を構法的にみると，屋根面の合わせ目を隠す茅の構成と，棟の固定法の2軸で分類できる（文献1）．まず，屋根面の合わせ目を隠す茅の構成は棟積茅の有無で分けられる．棟積茅とは，蓑茅（縫い目を隠すための折り曲げた茅）の枕として棟と平行に積み上げる茅のことで，棟積茅をもたない地域の屋根は，職人の手を借りずに葺かれるので，簡単で初期的な姿をとどめる構法と考えられる．

次に，棟仕舞いの固定方法は2種類に大別され，さらにそれぞれが細分類される（図5.1-19）．固定方法の大別のうち，下地に縫いつける方法はしっかりと固定できるが，縫いつけることで新たな縫い目をつくってしまうので耐久性に難がある．重さで押さえる方法は，耐久性に優れるが安定性に難がある．その他に箱棟があるが，箱棟と瓦巻きは全国的にみられ，瓦の普及に伴う比較的新しい構法であろう．

古墳の副葬品や神社の鰹木にみられ，歴史的に古いと考えられる棟の一つが笄棟である．逆葺きの南西諸島，棟積茅をもたず相互扶助で葺かれる白川郷で見られる．中世絵巻でも建物の多くは笄棟のように描かれる．置千木は神社で用いることも多いが，民家でも全国的に山間部で散見でき，周辺の資源と対応する．一方で，平野部に多いのが縄を多用する針目覆いで，分布も西日本に多く，平地・稲作とのかかわりをうかがわせる（文献1）．

竹簀巻きは竹を簾状に編んで，蓑茅に被せ，端部を押さえ竹に結んで固定する方法である．分布は竹が自生する範囲に重なる．職人による高度な装飾に用いられるなど発達段階を示すが，身近な材料として，竹が古くから何らかの形で用いられても不思議はない．

東北から中部・山陰地方山間部にかけては芝棟が一般的であった．棟に乗せた土を重しにして，そこに芝など植物を生やし，その根で固定するという，有機的な棟仕舞いである．近年，原始古代の竪穴住居では，

茅や樹皮で屋根を葺き，その上に土を葺いていたことが明らかとなっており，御所野遺跡（岩手県，縄文中期）などで復元されている（文献9）。また，ロシアや北欧では屋根に土を乗せることから芝棟は北方文化とも考えられている。

■文　献
(1) 安藤邦廣『茅葺きの民俗学』はる書房，1983．
(2) 宮地直一『諏訪史 第二巻後編』古今書院，1937．
(3) 『週刊日本の美をめぐる No.21 都のにぎわい洛中洛外図』小学館，2002．
(4) 『新修日本絵巻物全集（全30巻）』角川書店，1975〜1981．
(5) 安藤邦廣ほか『住まいの伝統技術』建築資料研究社，1995．
(6) 川島宙次『滅びゆく民家　屋根・外観』主婦と生活社，1973．
(7) 岡本誠之『鋏—物と人間の文化史』法政大学出版局，1979．
(8) 菅野康二『茅葺きの文化と伝統』歴史春秋出版，2000．
(9) 宮本長次郎「原始・古代住居の復元」日本の美術，第420号，2001．

5.1.4　植物系：板葺

　板葺は，古代に飛鳥板葺宮が記録としてあるように，早くから行われていたと考えられるが，竪穴住居や家形埴輪などに板葺と推定されるものは見当たらない。古代には床や壁に板を用いることがあっても，屋根に用いることはあまりなかったと考えられ，葺替えのたびに板を得るほどには，製材技術が発達していなかったのであろう。それでも，緩勾配となる庇やほかの葺材の土居葺きに用いられるなど，雨仕舞いに対する信頼性は比較的高かったと考えられる。

　古代の板葺として，奈良時代の藤原豊成板殿（滋賀県）は関野克の復原によって，長板を棟から軒先へ一段で葺き下ろしたとされている（文献1）。また，板の両側を上下に重ねて並べていたとされ，法隆寺金堂・五重塔の裳階の大和葺き（奈良県，図5.1-20）はこの種の例である。一段で葺き下ろす方法は他に，目板葺がある。板を詰めて並べ，継ぎ目を目板で押さえる方法である。雨仕舞いとしては本瓦葺と似た仕組みなので，板を瓦風に加工した木瓦葺なるものもあり，中尊寺金色堂（岩手県，天治元年/1124）や当麻寺曼陀羅堂（奈良県，応保元年/1161）の閼加棚（図5.1-21）でみられる。

　古代には，比較的幅広で厚く，長い板を用いていたが，時代が降るにつれ，徐々に板は薄く短い削ぎ板へ移り変わり，柿に至る。この過程の中間形式とし

図5.1-20　法隆寺五重塔裳階の大和葺き［撮影：筆者］

図5.1-21　当麻寺曼荼羅堂の本瓦葺（上）と閼加棚木瓦葺（下）［撮影：筆者］

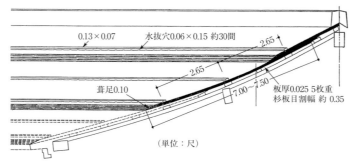

図5.1-22　大山祇神社本殿の長板段葺き［出典：文献2, p.28］

図5.1-23　厳島神社摂社大元神社本殿の長板段葺き［出典：文献3, 第10図右下写真］

て、大山祇神社本殿（京都府、応永34年/1427）、厳島神社摂社大元神社本殿（広島県、大永3年/1523）の長板段葺きがあげられる。大山祇神社本殿では長さ7尺から7.5尺、2分厚の長板を5枚重ねにし、棟から軒先まで3段で葺いている（文献2、図5.1-22）。大元神社本殿では長さ4尺前後、1.5分前後厚の長板を1段6枚重ね十数段で葺いている（文献3、図5.1-23）。ともに葺重ねや中央を押縁で押さえ、押縁には水抜き穴を彫る。材料・構法的には大山祇神社本殿より大元神社本殿の方が年代通りに進歩している。

この長板段葺きは中世には庶民住宅にも用いられている。『星光寺縁起絵巻』「屋根葺き地蔵」では、6段ぐらいに葺いた板屋根を井桁に組んだ押えで固定し、さらに石や枝付きの小丸太をのせる様子が描かれる（図5.1-24）。『洛中洛外図』など他の絵巻物でも、井桁に組んだ押えに、石を置いて固定した板葺の建物が見られる。これら庶民住宅ではおそらく1段1枚から2枚重ねで葺いている。

図5.1-24 『星光寺縁起絵巻』（東京国立博物館所蔵）
[出典：文献4]

板葺の中で最も小さく薄い板を葺くのが柿葺である。構法的にも押えを用いるのではなく、竹釘で1枚ずつ打ち止める。柿葺がいつ頃から用いられるようになったかは明らかではないが、法隆寺聖霊院厨子（弘安7年/1284）は古例である。また、一般的に柿葺は3mm前後の板厚だが、4.5mm前後の板厚のものは木賊葺、10〜30mm厚のものは栩葺という。

木賊葺は板葺の中で格が高いとされ、仙洞御所に用いられたこともあった。栩葺は寺社建築では春日大社本社板蔵（奈良県、寛永9年/1632）、延暦寺根本中堂及び廻廊（滋賀県、寛永17年/1640）がこれにあたる。しかし、春日大社本社板蔵では文書によれば木賊葺ともされており（文献5）、栩葺と木賊葺の区別は厚さ以外にあったか、曖昧であったかもしれない。いずれにしても、栩葺は寒冷地や東北地方に多く、弘前八幡宮本殿（青森県、慶長17年/1612）に厚い栩葺が現存する。厚い栩葺になると鉄釘を用いる（文献6）。

民家建築における板葺屋根は、木羽葺とよばれることも多い。釘止めされないこともあり、その場合は木材と置石で押さえる方法を採った。これは、葺板を上下・表裏反転させて、板を何度も再使用するためであった。置石を屋根に整然と配置する渡辺家住宅（新潟県、文化14年/1817）（図5.1-25）や旧笹浪家住宅（北海道、19世紀前期）など、雪国の山地から日本海側に多い。

町家では釘で止めることもあり、トントン葺きとよばれることもある。また、かつて江戸の町家では桟瓦が普及する前段階、つまり18世紀に一時的に牡蠣殻葺が盛んに行われた。これは板葺屋根が火災に弱いために現れた葺き方で、牡蠣の殻を板葺屋根に乗せたものであった。

図5.1-25 渡辺家住宅の置石屋根
[出典：文献5、p.125左中写真]

図5.1-26 函館古写真にみる置石屋根
[提供：函館市中央図書館]

■ 文　献
(1) 浅野 清『昭和修理を通して見た法隆寺建築の研究』中央公論美術出版，1983．
(2) 京都府教育委員会編『大山祇神社本殿修理工事報告書』1966．
(3) 国宝嚴島神社建造物修理委員会編『厳島神社摂社大元神社本殿修理工事報告書』1958．
(4) 『新修日本絵巻物全集（全30巻）』角川書店，1975〜1981．
(5) 安藤邦廣ほか『住まいの伝統技術』建築資料研究社，1995．
(6) 関野 克「在信楽藤原豊成板殿考」寶雲，第20冊，1937．
(7) 平井 聖「屋根の歴史」東洋経済新報社，1973．
(8) 奈良県教育委員会『春日大社本社板蔵他二棟修理工事報告書』1972．
(9) 服部文雄「近世の建築技法」『文化財講座 日本の建築4 近世I』第一法規出版，1976．

5.1.5　その他の葺材

　金属を屋根材として使った国内の例としては，古代に西大寺（奈良県）で銅瓦を用いたという記録がある（文献1）．しかし，詳細は不明であり，その後江戸時代まで金属は屋根材として登場しない．
　慶長14年（1609）に足尾銅山が開山すると，その後，銅瓦葺がみられるようになる．翌15年（1610）には駿府城天守（静岡県），17年（1612）には名古屋城天守（愛知県）に用いられた．現存最古の例は日光東照宮透塀（栃木県，寛永13年/1636，図5.1-27）である．また，寛永17年（1640）には久能山東照宮（静岡県）の建物が檜皮葺から銅瓦葺に葺き替えられ，以後の建物は葺替えも含めて銅瓦葺が急増する．
　江戸時代には鉛も屋根材として用いられている．瑞龍寺仏殿（富山県，万治2年/1659）と金沢城石川門（石川県，天明8年/1788）他諸建築が鉛瓦葺である．これは雪国のこの地方は，通常の瓦では凍って割れるので，加工の容易な材を瓦形にして葺いたと考えられている．同様の考えで，丸岡城天守（福井県，天正4年/1576，図5.1-28）は石瓦葺である．しかし，鉛は結局のところ寒暖の差に弱いのであまり普及しなかった．
　銅や鉛による金属瓦葺は，叩き延ばして，半丸の瓦棒を下地にして瓦形に葺いたものであり，金属板葺の一種である．明治に入ると，圧延技術の発展から板材が使用されるようになり，金属板葺が行われるようになった．金属板葺は瓦棒を用いるのが一般的であったが，瓦棒は板材と板材の継手に必要であり，瓦形の瓦棒は形を整えることが主な目的である．

図5.1-27　日光東照宮透塀
［出典：文献2，図版p.18下 五 透塀］

図5.1-28　丸岡城天守石瓦
［出典：文献3，写真67図 三重隅鬼］

図5.1-29　粘板岩を葺いた対馬の板倉［撮影：筆者］

　石瓦葺の丸岡城天守は同地の笏谷石を使っており，石を産する地域には石屋根をみることができ，特に民家で多い．屋根材として石を用いる場合，層状節理が発達した石を板状に採石するものと，加工が容易な石を瓦状に削り出すものがある．板状の石としては対馬の粘板岩（図5.1-29），諏訪の鉄平石，宮城県の天然スレートなど，加工が容易な石としては新島の抗火石，宇都宮の大谷石などがある（文献4）．

5.1 屋根

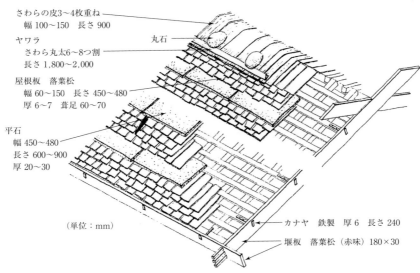

図5.1-30 葺込み屋根構法図［出典：文献4, p.129左図］

また，諏訪地方は主に板葺屋根であり，置石が使われていたが，明治以降に鉄平石が手に入るようになると，板に葺き込んだり（図5.1-30），石だけで葺くようになる．

■ 文 献
(1) 平井 聖『屋根の歴史』東洋経済新報社, 1973.
(2) 日光二社一寺文化財保存委員会『国宝東照宮門・透塀修理工事報告書』1967.
(3) 重要文化財丸岡城天守修理委員会『重要文化財丸岡城天守修理工事報告書』1955.
(4) 安藤邦廣ほか『住まいの伝統技術』建築資料研究社, 1995.

5.1.6 下地構法，軒裏の納まり

屋根下地の構法としては，小舞，板張り，檜皮や柿による土居葺などがみられる．この中で，古代から一般的であったと考えられるのが小舞下地である．

小舞下地では垂木に縄がらみとする例がみられる．これは，垂木に縄を通す桟穴が彫られ，垂木と小舞を縄で結び，釘を使わずに止める．法隆寺大講堂（奈良県，正暦元年/990）の桟穴は垂木1本ごとに千鳥に配される（文献1）．また，桟穴を彫る垂木の形状は，角垂木の場合は山型の鎬をつくる（図5.1-31）．丸垂木の場合は新薬師寺本堂（奈良県，奈良時代）で馬蹄形にしていた（文献2, 図5.1-32）．どちらも，目に付かない上面に加工を施すことで，桟穴を彫りやすく，

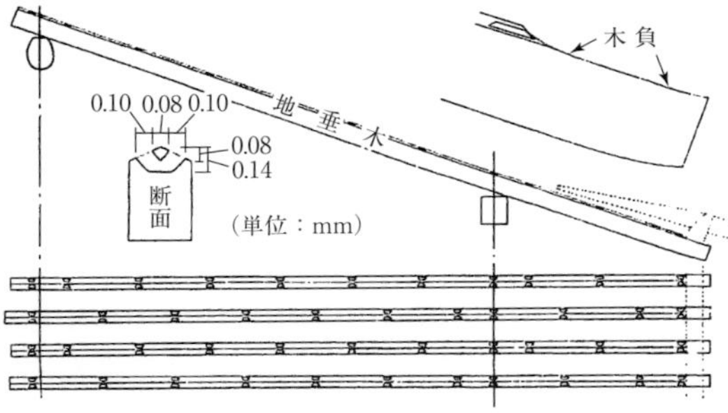

図5.1-31 法隆寺大講堂地垂木と桟穴
［出典：文献1, 図版35中同実測図］

図5.1-32 新薬師寺本堂地垂木と桟穴
［出典：文献2, 写真第62図］

縄を見せないようにし，さらにその形状により揚塗り（漆喰）のなじみが良くなる．縄がらみ構法は，近世の屋根下地でも小舞の止釘痕が見当たらない例があることから，古代から使われ続けた技法と考えられている．岡寺書院（奈良県，正保元年/1644）にこの例が

図 5.1-33 新薬師寺本堂網代下地
[出典：文献2，写真第107図]

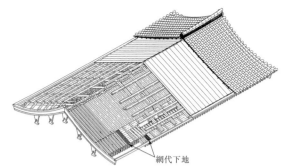

図 5.1-34 教王護国寺（東寺）慶賀門屋根架構図
[出典：文献3，p.47 第13図上]

みられる（文献5）．

このように，釘を使わずに済ませるのは，第一に釘の節約である．閑谷学校聖廟（岡山県）および閑谷神社社殿の屋根下地では，鉄釘の代わりに銅釘を用いている（文献6）．このことから，屋根下地は雨漏りなどによって錆びるおそれが他の部位よりも大きいので，釘を使わずに済ませる構法が使われ続けたといえる．また，釘よりも振動に対して弾力があると考えられている（文献7）．

軒裏は，見上げられることから化粧である必要があり，主に垂木と間を塞ぐ小舞揚塗りか裏板によって構成される．新薬師寺本堂は，軒裏の構法を二度変更していると推定され（文献2），当初の構法は垂木に桟穴を彫り，この桟穴を利用して割小舞を編み付け，漆喰揚塗りとしていた．次に鎌倉時代初期の修理によって，軒裏を網代下地による揚塗りとし（図5.1-33），江戸後期の修理によって，化粧裏板胡粉塗りとしていた．この変遷は時代ごとの技法を反映している．

網代下地は中世初期までの建築にみられ，鎌倉時代初期の秋篠寺本堂（奈良県）や教王護国寺（東寺）慶賀門（京都府，図5.1-34）などがこの例である．網代は小舞よりも揚塗りを薄く塗ることができるため，裏板を張る際に板の刎目を隠すのに適している．裏板は横張りと縦張りに分けられるが，縦張りは垂木によって刎目を隠すことができるものの，軒の反り上がりとの関係から，技術的には横張りの方が容易である．どちらも古くからみられるが，横張りの方が一般的であり，縦張りは垂木間隔が狭まる本繁垂木などの普及によって用いられることになった（文献8）．

[黒坂貴裕]

■ 文 献

(1) 浅野 清『昭和修理を通して見た法隆寺建築の研究』中央公論美術出版，1983．
(2) 奈良県教育委員会『国宝新薬師寺本堂修理工事報告書』1996．
(3) 京都府教育委員会『重要文化財教王護国寺慶賀門修理工事報告書』1995．
(4) 奈良県教育委員会『新薬師寺本堂，地蔵堂，南門，鐘楼修理工事報告書』1996．
(5) 奈良県教育委員会編・発行『岡寺書院修理工事報告書』1988．
(6) 岡山県教育委員会編・発行『閑谷黌聖廟，閑谷神社々殿及び石塀保存修理工事報告書』1962．
(7) 文化財建造物保存技術協会『文化財建造伝統技法集成 継手及び仕口 上巻』東洋書林，2000．
(8) 伊藤延男・五味盛重「中世建築の構造技法」『文化財講座 日本の建築3 中世II』第一法規出版，1976．

5.2 壁

5.2.1 土壁

a. 仕上げ

　土壁の歴史は，非常に古く縄文時代後期にはすでに土壁を立ち上げた竪穴住居が存在していたと考えられる．しかし，当時の土壁は，今日の下塗壁である荒壁（粗壁）程度のものであり，精度の低いものであったと想定される．上塗りを伴う本格的な土壁は，仏教の導入とともに朝鮮半島からもたらされたものである．精度の高い土壁を仕上げるためには，熟練した技能者，藁などの植物を壁土に混ぜた材料，平滑に仕上げるための工具など，さまざまな技術が要求されるからである．

　現存する建物最古の土壁の例は，法隆寺西院伽藍（奈良県）のものである．国宝五重塔では，穂先まである藁を含んだ粘土分の多い下塗りに，藁と砂を混ぜた中塗り，その上に白土と白砂を主成分とする上塗りが施されていた．表面に近い層ほど亀裂が生じないように砂分を多くするなど，現代に通じる技術が古代より確立していたことが確認できる（文献1）．

　古代において上塗りを施す土壁は，寺院・宮殿など上流階級のみに用いられ，上塗りに水酸化カルシウムを主成分とする漆喰が用いられるようになること以外大きな技術的な進歩はみられない．

　その後，中世になると『春日権現霊験記』にみられるように，防火の観点から土倉がつくられ，ここにも上塗りを施したものが発見できる．しかし，民衆の住宅においては荒壁や中塗壁のものが大部分を占め，漆喰の上塗りが富の象徴となっていたことがわかる．

　土壁の需用が急速に伸びたのは，近世初期の城郭に姫路城（兵庫県，図5.2-1）のような総塗籠のものが登場してからである．大規模な事業を通して，壁職人（左官）の社会が拡大し，漆喰の大量生産が可能になったことと相まって，黄金時代を築くことができた．さらにもう一つ土壁技術を向上させたものに茶の湯がある．千利休によりはじめられた侘茶の世界において，茶室の壁材には庶民の荒壁を洗練された感性で芸術的に仕上げた色付壁が用いられたからである．京都では聚楽土（褐色），黄土，大阪には大阪土（赤色）など関西を中心として多くの色付壁が開発され，近世を通

図5.2-1　姫路城

して発展していった．

　近世の発達した技術は，京都の揚屋建築である重要文化財角屋でみることができる．ここには磨大津壁と称する微粒の色土に少量の漆喰・紙苆に弁柄や墨などの色粉を加え，朱色・浅藍色・玉子色の艶のある壁を作り出したり，壁面に青貝を嵌めこみ螺鈿細工のように見せる部屋まで存在する（文献2）．

　さらに江戸時代の末期には，漆喰壁をレリーフ状に盛上げ彩色を施した鏝絵の壁が入江長八により考案されるが，一時的な流行に終わってしまった（文献3）．

　現代では，工期の短縮・プレハブ住宅の普及などにより土壁の施工が減少している．

b. 下地

　本格的な壁下地の工法が確認できるのは法隆寺西院伽藍からである．国宝金堂の初重では，見付け約12 cm，見込み約5.5 cmの頑丈な檜割材を間渡材として水平に7通り渡し，両端は柱に桟穴を開けて差し込み，楔で固定していた．それに檜割材の横木舞（約2.4 cm角，両面同じ高さに約9 cmピッチ）と縦木舞（幅約4 cm，厚さ1.5 cm，両面交互に約15 cmピッチ）を藤蔓で絡みつけたものであった．

　この当時の工法は，壁の荷重を横の間渡材のみに懸けるため，ここに大きな部材が必要であること，両面に木舞を組んでいるため，壁が厚くなること，木舞に木材のみを用いることを特色としていた．ただし，縦・横の木舞は柱などに固定しない点は今日とまったく同じ工法である（文献4）．

　その後の変化は，西暦1200年頃壁を薄くする手法

として現れる．そのためにはまず壁の荷重をそれまでの間渡材のみにもたせるのではなく，柱の中央に挿入した間柱や筋かいに負担させるようにすること，縦木舞を両面から組まず片面のみ取りつけること，さらには木舞に竹材を用いることなどの改良が加えられた．

建保7年（1219）に建立された重要文化財法隆寺東院舎利殿及び絵殿には，在来のものと新しい工法が混在しており，その過渡期に位置していることが確認できる（文献5）．

さらに，土壁の需用が増大する近世初期には柱間に貫材を多用し，縦方向には力貫を挿入するなど，壁荷重をうまく構造体に伝達するような工法が開発されたこと，間渡材や縦・横の木舞すべてを竹材にすることにより，より薄い壁を実現することが可能になり，瀟洒な茶室建築などに応用されるようになった（図5.2-2）．

図5.2-2 壁下地

明治時代になると，洋風建築の技術が導入され，壁の下地として木摺りが用いられるようになった．この工法はそれまでの日本建築の壁が，非構造体であったことと異なり，柱に木摺りを打ちつけ，完全に構造体の一部としている点に特色がある．

5.2.2 板 壁

壁に木材を使用するためには，高床建築で屋根が地上に接していないことが前提となる．高床建築は，長野県の阿久遺跡の発掘により縄文時代前期まで遡ることが報告されている．また同時代の青森県の三内丸山遺跡では，丸太を積み上げて壁とする校木も発見され，板壁の古い例として校倉造が存在したことがわかる．

さらに弥生時代後期には柱に溝を切り，柱間に上部から横板を嵌めこむ技法が用いられたことが，島根県の上小紋遺跡より出土した柱や板壁から確認された．また同時代の静岡県の山木遺跡では，井桁組の横板壁が確認され，板による校倉造も存在した（文献6）．

その後，弥生時代に存在した2種類の工法のうち前者が，伊勢神宮や住吉大社など古代からの歴史をもつ神社建築に受け継がれ，後者が奈良の正倉院正倉や唐招提寺宝蔵など宝物を保管する校倉造の蔵として伝えられたと考えられる．構造的には，水平力に耐えられるよう厚い横板が用いられることが多かった．

板壁に新たな工法が加わるのは，鎌倉時代の初め禅宗様の建築が導入された時である．禅宗様の建築はこれまでの日本の木造家屋と異なり，柱を貫通する貫を使用することにより細い柱でも安定した構造体を構築できる点で格段の進歩を示していた．これにより板壁で水平力を負担する必要がなくなり，薄い縦板張りとすることが可能となった．現存する遺構には鎌倉時代まで遡るものはないが，室町時代中期に建立された神奈川県の円覚寺舎利殿などにより確認することができる（図5.2-3）．

図5.2-3 円覚寺舎利殿

さらに土壁と併用する形で用いられる工法もある．それが中世末の激しい武力闘争の中から生まれた城郭建築に用いられている下見板である．天正4年（1576）に建立された現存する最古の福井県の丸岡城天守にその例を見ることができる．これは土壁の漆喰塗とも連動するが，漆喰の供給料が少ない時点では，軒の短い城郭で土壁のままでは長持ちしないため，荒壁の上から板を張りつけ防火面と壁の耐久性を図る工夫がされたと考えられる．最も有名なものに長野県の松本城があるが，ここでは下見板が外壁の面積の約7割を占め，しかも黒漆塗りであるため，全体が黒っぽく見える．世に烏城とよばれる所以である（文献7）．

5.2.3 その他の壁

壁をもつ住宅は，縄文時代早期前葉の鹿児島県の加栗山遺跡に17棟確認されている．その後，関東地方や青森県まで広がりをみせている．当時の壁柱は比較的太い均一な材と並べ，草や小枝により壁を構成していたと考えられる．弥生時代から古墳時代にかけては板壁や土壁の普及により草壁は少なくなったと考えられているが，稲作により発生した藁により外壁を形成したものもあったと考えられる．その後も，土や木材などの壁材に変更されたものが多くあったが，草壁の一種である茅壁は，現在大阪府豊中市に移築されている重要文化財旧山田家住宅（江戸時代後期）にその例をみることができる．この住宅は，もと長野県の新潟寄りの山間部（秋山郷）にあったものであるが，山形県の内陸部や埼玉県の一部などにも近世中期まで茅壁の民家が確認できる（文献8）．

家形埴輪には，京都府の丸塚古墳などに薄い板を織り上げた網代壁を表現しているものが存在する．この網代壁は，その後古代の庶民住宅壁の主流となっていることが，平安時代後期に成立した『年中行事絵巻』などにより確認できる（図5.2-4）．この絵巻の庶民住宅の壁は，外壁だけでなく，長屋の隣家境の内壁にも網代壁が用いられていたことがわかる．しかし，これらの庶民住宅でも応仁の乱（1467〜77）以降，土壁となっていることが『上杉本洛中洛外図屏風』により確認できる．

一方，平安時代の上流階級では，室内に張付壁が用いられている．12世紀中頃に成立した『類聚雑要抄』には「押し障子」と書かれているもので，障子に絹と紙で下張りを施し，絹の上張りをした上に大和絵などが描かれたものを，柱間に嵌め殺しとするものである．鎌倉時代以降には絹に代わって唐紙が用いられるようになる．ちなみにこの張付壁を半分にし，敷鴨居を取り付けたものが襖障子として発展した．

近世には，海鼠壁とよばれる土蔵の腰まわりなどに正方形の瓦を張りつけたものが普及した．これは，湿気に弱い漆喰壁の代わりに外壁に用いられたものであり，近世を代表する景観を形づくった．

近代に入ると明治政府の計画により銀座に煉瓦街が形成されるなど統一した壁をもつ，景観美もこれを最後にコンクリート・ガラスなど，多様化の時代へ入ってゆく．

[平井俊行]

■文献

(1) 法隆寺国宝保存委員会編『国宝法隆寺五重塔修理工事報告書』1955．
(2) 京都府教育委員会編『重要文化財角屋修理工事報告書』1971．
(3) 文化財建造物保存技術協会編『重要文化財旧岩科学校校舎修理工事報告書』1993．
(4) 法隆寺国宝保存委員会編『国宝法隆寺金堂修理工事報告書』1956．
(5) 法隆寺国宝保存事業部編『国宝建造物法隆寺東院舎利殿及絵殿並伝法堂修理工事報告書』1943．
(6) 宮本長二郎『日本原始古代の住居建築』中央公論美術出版，1996．
(7) 松本市教育委員会編・発行『国宝松本城』1966．
(8) 吉田 靖「民家」日本の美術，60号，1971．

図5.2-4 『年中行事絵巻』中の庶民の住宅の壁

5.3 開口部

5.3.1 建具

建物に用いられている現存最古の建具は，法隆寺金堂（奈良県）の両開きの板扉である．それは，一枚の板材からつくられており，軸部と扉面も同一材からなる．法隆寺金堂より前の時代の建具については，発掘調査でいくつかの発見例があるが，いずれも同じ開き戸形式で1枚の板から軸部や扉面をつくり出した板扉である．

その後に現れる最初の形式の変化は，扉面が複数の板材でつくられるようになることである（図5.3-1）．この複数の板材への変化は，扉面となる幅広の板材が確保できる原木の入手が困難になったことと関係するものと考えられる．通常，複数の板材は，水平方向の桟に止めることによって一体化される．このため，板は縦板となる．唐招提寺金堂（奈良県）の板扉は，その例である．

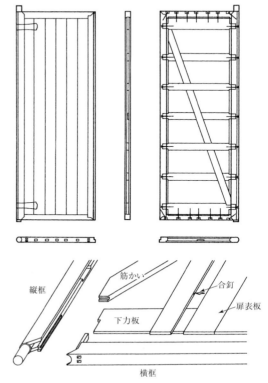

図5.3-3 平等院鳳凰堂の板扉［出展：文献3］

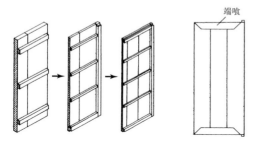

図5.3-1 板戸の変遷　　**図5.3-2** 端喰を使った板戸
［出展：文献2］　　　　　　［出展：文献2］

この形式はさらに変化し，軸部材と板材が別材となる．そして，上部と下部には，端喰とよばれる横板が使われるようになる（図5.3-2）．端喰は，縦板のあばれを端部で止め，扉面の一体性を強化する役割を果たす．この形式の板扉の多くは，板面を外側，桟を内側に向けて用いるが，平等院鳳凰堂（京都府）のものは，両面に板を張って桟を内部に隠しており，現代のフラッシュ戸と同じかたちになっている．また，平等院鳳凰堂の板扉の内部には，扉面強化のために，水平方向の桟だけでなく，筋かい状の斜材も入れられている（図5.3-3）．

鎌倉時代には，さらに新しい形式の開き戸の板扉が登場する．桟を化粧で表し，桟の間に化粧板（綿板とよばれる）を入れたもので桟唐戸とよばれる．桟唐戸は，大仏様，禅宗様という新様式とともに，中国からもたらされ，国内に普及した．桟唐戸では，扉の外周四方を桟で囲い，片方の縦桟が軸部材の役割を兼ねる．そして中間部にも適宜桟を水平（場合によっては縦方向）に入れ，骨組によって扉面の構造を強化し，桟の間に板を入れる．桟と桟の仕口は柄差しで納め，桟と綿板の仕口は桟に小穴を掘って納める．浄土寺浄土堂（兵庫県）の板扉は，その好例である（図5.3-4・5）．

以上のような経過により，開き戸の板扉の扉面は，その強度を面材に頼るかたちから骨組による桟に頼るかたちに変わったことになる．その結果，扉に用いる板材は，次第に厚さが薄く，小幅のもので済むようになった．これによって，扉全体の重量が軽減されるだけでなく，板材の原料となる木材の節約にもなった．

5.3 開口部　　341

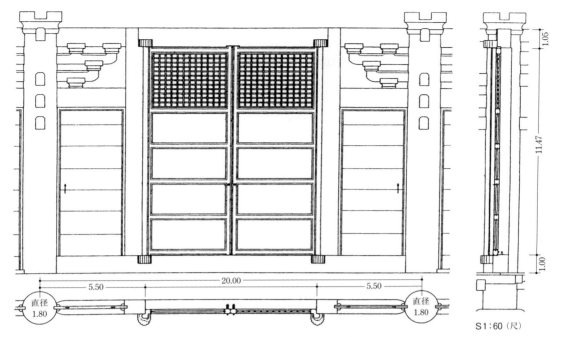

図 5.3-4　桟唐戸 [出展：文献 4]

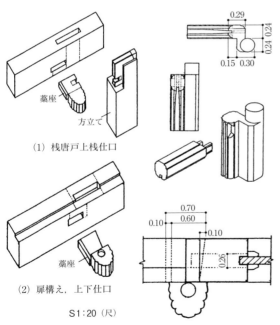

(1) 桟唐戸上桟仕口

(2) 扉構え，上下仕口

S1：20 (尺)

図 5.3-5　桟唐戸の仕口 [出展：文献 4]

開き戸の板扉の他に，扉の回転軸を水平方向に用いる揚戸形式の建具も古くからあったと考えられている．揚戸は，板材からつくると重量が重く，開閉に困難が伴う．このため，建具の軽量化が早期から図られ，遅くとも平安時代には扉面を格子状につくった揚戸が登場していたことが，絵巻物などの絵画史料によって判明する．

この形式の揚戸は，板を張ったものは蔀，板を張らないものは格子と古くはよび分けていた．蔀の板は，片面に張る場合と，格子を両面にみせてその間に張る場合がある．蔀はまた，上半分だけを揚戸にして，下半分を取り外し可能な建込みとする半蔀とよばれる形式にすることが多い．これは，揚戸の重量対策であると同時に，平安時代の住宅建築では窓としての役割を果たした．

絵画史料や古文書から，平安時代後半になると，開き戸や揚戸のような回転式の建具の他に，引違い形式の建具である引き戸が貴族などの上層階級の住宅において普及したことがわかる．引き戸をつくるには，鴨居と敷居に建て込むなど，細かな仕上げと納まりが必要で，容易な開閉のためには，建具を軽量にする必要もある．このため絵画史料にみられる引き戸は，建物の内部の間仕切りに用いる襖が早期から確認されるだけでなく，建物の内外を仕切る引き戸として，扉面を板材とする板戸のほかに，扉面の板を支える横桟を化粧としてみせる舞良戸，遣戸とよばれる形式の戸が早期から使われている．

襖は，格子の表面に和紙を張ったかたちで，史料上では障子，襖障子と記されている．現在の障子のよう

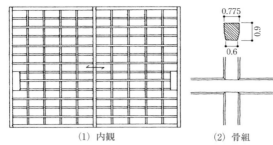

図5.3-6 教王護国寺（東寺）大師堂の障子［出展：文献2］

に，建物の内外の仕切りに使い，和紙を張って明かりをとる形式の引き戸は，史料上では明障子とよばれており，平安時代末期から上層階級の住宅で普及した．教王護国寺（東寺）大師堂（京都府，康暦2年/1380）には，創建時の明障子が現存している（図5.3-6）．格子状の組子と周囲の枠框の寸法が近く，形状が格子戸に近いことがわかる．

　現存する建物をみると，引き戸による内外の仕切り方は，古くは板戸2枚に明障子1枚を入れる方法がとられている．このため，鴨居と敷居の溝は3本になり，開放時に，室内に入る明かりは，開口部の半分という形になる．室町時代の上層階級の住宅や，江戸時代前期の民家建築には，この形式が用いられている．雨戸が登場すると，板戸の役割は雨戸が担うようになり，内外の仕切りには，明障子だけが用いられるようになる．このため，鴨居と敷居は2本溝となり，雨戸の開放時には開口部全体から室内に明かりが入るようになる．雨戸は，上層階級の住宅で江戸時代前期から普及し始め，民家建築では江戸時代後期から末期にかけて普及し始める．　　　　　　　　　　［後藤　治］

■文　献
(1) 高橋康夫『建具のはなし』鹿島出版会，1985．
(2) 木造建築研究フォーラム編『木造建築事典　基礎編』学芸出版社，1995．
(3) 秋山光和 ほか編『平等院大観　第一巻　建築』岩波書店，1988．
(4) 木造建築研究フォーラム『木造建築事典　実例編』学芸出版社，1995．

5.3.2　茶室の開口部

　茶室には，工夫を凝らしたさまざまな種類の開口部が設けられている．それらの開口部は個別に特有の名称をもつものが多い．茶室の開口部に工夫が加わるようになるのは，草庵風の茶室がつくられるようになってからのことで，特徴あるいくつかの開口部については，著名な茶人の創意によるものと伝えられている．ここでは，茶室由来の開口部の代表的な事例として，躙口，下地窓，突上げ窓を紹介する．

a. 躙　口

　露地から客人が茶室に出入りする際に通る，小さい引き戸形式の板戸を使った出入口のこと（図5.3-7・8）．非常に狭く，躙り入る（手と膝とを使って膝を摺って進む）ほかないことにその名の由来がある．千利休によって創案されたといわれている（『利休居士伝書』）．

図5.3-7　躙口［撮影：菅澤　茂］

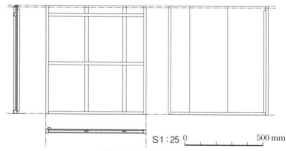

図5.3-8　躙口図

図5.3-9　貴人口［撮影：菅澤　茂］

高さ2尺2寸，幅2尺1寸を一つの標準とする．躙口の戸には，「もとは民家の古い雨戸の一部を切り取って扉口に利用した」という説があることから，①両脇の竪框と下框をもつが上框をもたない，②室内側に桟をみせる，③板は二枚半とし戸尻の方に半枚幅の板をとりつける，といった仕様の戸を用いることが多い．

躙口に対して，立った状態で出入りする出入口を貴人口と称して区別することも多い（図5.3-9）．貴人口の呼称は，大名や貴族を招き入れるために茶室に設けた出入口であることに由来する．

b．下地窓

壁の下地に使う材を格子状に組んで，それを窓の格子のように見せるかたちにつくった窓（図5.3-10～12）．土壁の一部を故意に塗らずに，壁の下地をそのまま見せて窓にしたようなかたちに見えることに，その名の由来がある．古くは塗り指し窓とよばれた．民家において用いられていた開口の一つと考えられており，実際に壁の下地をそのまま見せたかたちのものもあるが，本来の土壁の下地とは別に下地窓用に材を組んでつくる場合が多い．千利休の考案とする説（『南坊録』）と津田宗及による考案とする説（『細川三斎御伝受書』）がある．

枠を組んで，枠内に寒竹や葭などを格子状に組み，それぞれを釘で打ち付け，藤などの蔓を巻き付ける．枠は表面を荒らした貫に建て込んだ後，壁内に塗り籠め，開口部まわりの仕上げは左官仕上げとする（図5.3-11）．格子に使う葭は外側を竪，内側を横としその間隔は不揃いである場合が多い．通常の土壁の下地には竹を縦に割った割竹を密に編んで用いるが，茶室の開口において割竹を用いることはまれである．片側の壁面に掛障子もしくは引障子を付属させる．

c．突上げ窓

蝶番を使った開き戸形式の窓で，頬杖（方杖）とよばれる棒を用いて支えて下から突き上げるようなかたちで開放状態を保つことにその名の由来がある（図5.3-13・14）．突上げ窓は局地的に一部分のみを照らすことが可能であり，最も見せたいと思う部分にスポットライト的に光を当てられるため，茶室に好んで用いられており，特に屋根の傾斜部にトップライト状に用いられることが多い．突上げ窓は，蔀戸などと同じ原理であることから，古くから存在していたと考え

図5.3-10　下地窓［撮影：菅澤 茂］

図5.3-12　下地窓［撮影：菅澤 茂］

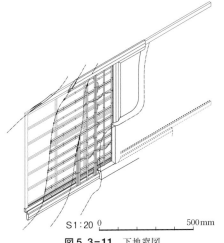

図5.3-11　下地窓図

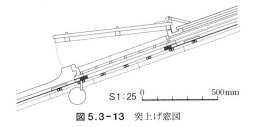

図5.3-13　突上げ窓図

図 5.3-14 突き上げ窓外観

られている．茶室に突上げ窓を取り入れた創始者は，北向道陳（『茶道旧聞録』），草部屋道設（『利休居士伝書』），千利休（『細川三斎御伝受書』），千道安（『不白筆記』）らであると伝えられるが，確かなことはわかっていない．

一般的な茶室の突上げ窓は，雨風に直接さらされる外側を板戸で覆い，内側に障子を設ける．障子の部分は，古くは掛障子であったが現在は摺上げが一般的となっている．障子の紙面についても，古くは油障子が用いられたが，現在はガラス窓が用いられるようになっている．これらの変化は，すべて雨仕舞いに起因している．トップライト状に用いるため，雨仕舞いが最大の課題であり，設計・施工においてほかにもさまざまな工夫が行われている．

d．その他の開口部の例

その他の開口部としては，機能や場所を示すものがある．給仕を行う水屋に通じる出入口にあたる茶道口（図5.3-15），炉の前に開く窓の風炉先窓（図5.3-16）はその例である．特殊な例としては，色紙窓（二つの窓を上下にずらして配置した窓）のように，形態に名前が由来するものもある．

[後藤 治・澤野堅太郎・菅澤 茂]

図 5.3-15 茶道口［撮影：菅澤 茂］

図 5.3-16 中柱，色紙窓と風炉先窓［撮影：菅澤 茂］

5.4 基　礎

5.4.1 掘立柱と礎石

a．柱の立て方

柱の立て方には、大きく分けて掘立柱と礎石建ちがある。民家の場合、礎石建ちとは称さず、文献史料にも現れる石場建とよぶことが多い。掘立柱とは文字どおり地面に穴を掘って柱を立てる方法で、先史時代以来、現代でも簡易な建物には用いる構法である。ただし、掘立柱建物という場合、現状の日本考古学や建築史学では、地面（地表面）に柱穴を掘る建物を指し、地面を掘り込んだ後に掘立柱を立てる竪穴建物は、掘立柱建物とは称さない。掘立柱の最大の特徴は、立てた柱が自立することであり、このため柱間を繋ぐ横材も太くなくてよく、比較的簡単に建物として成立する。

一方の礎石建ちは、地面もしくは基壇上に据えた石（礎石）の上に柱を立てる方法で、6世紀末頃、仏教建築とともに大陸からもたらされた構法である。柱が太ければ自立するが、横材で繋いで安定させる必要がある。

外見は掘立柱だが、地下に礎石をもつ建物の発掘例もある。7世紀後期の漏刻台（水時計施設）と想定される水落遺跡（奈良県明日香村）では、地下に礎石を据え、礎石間を玉石でつないで柱相互を地中梁でむすんでいたと考えられる（図5.4-1）。礎石上面には柱を挿す径40cm、深さ10～15cmの円形の穴を穿っている。検出した各礎石の円形の穴底面の比高は最大6cmで、単に掘立柱の下に置いたのではなく、柱底面を水平に揃える意図を読み取れる。すなわち構造的には礎石建物に近いが、柱を自立させる掘立柱の特性をも備えていることになる。日本ではこのような技法は例が少ないこともあって名称がない。塔の心柱を支持する礎石（心礎）も、後述するように7世紀には地下に据える例が多く、この場合は地下式心礎と称している。また、同一建物で掘立柱と礎石を混用する例も平城宮跡ほかで発見されている（文献2）。

掘立柱建物では、単に柱を地中に据える例が多いが、しばしば地中で頑丈な根固めを行うことがある。平城宮跡東院庭園東南隅の掘立柱建物（隅楼と俗称）に使われていた柱は、礎石状の上面平滑な河原石上に柱を立て、柱と河原石間には楔状の木片を入れて柱を垂直に立てる工夫をしていた（図5.4-2）。さらに柱脚部に貫を通して腕木とし、柱穴底に据えた枕木と直角に交差させている。これは付近の地盤が弱いため、柱の沈下を防ぐ目的もあっただろうが、柱頭部の高さをそろえ、精密な上部構造をつくるための技術と考えられる。ここまで堅固な根固めでなくても、掘立柱の底に小石や板などを置く技法は、細い柱をもつ小規模な掘立柱建物にも見られ、やはり沈下防止と柱頭部での高さ調整を目的としたものと思われる。

6世紀末に礎石建ちの技術が伝来しても、使われたのは寺院の中心部のみで、宮殿建築では用いられなかった。発掘調査が進む前期難波宮（難波長柄豊碕宮：大阪市、645～653年）や飛鳥浄御原宮（奈良県明日香村、672～694年）では、宮中枢の建築でも掘立柱を用いている。はじめて礎石が用いられた宮殿は

図5.4-1　水落遺跡の推定漏刻台建物遺構
［出典：文献1, PL.10］

図5.4-2　平城宮跡東院庭園隅楼の柱根
［出典：文献3, PL.26］

藤原宮（奈良県橿原市，694〜710年）で，大極殿や朝堂，それを囲む回廊のほか，朱雀門など宮を囲む大垣に開く門を礎石建ちとしていた．西方官衙と称している地区では，主柱は掘立柱で，床束を礎石建ちとする建物も検出されている（図5.4-3，文献4）．余談になるが，ここから判明する床の構造は，桁行方向に大引を渡し，梁間方向に厚板を張るものと考えられ，法隆寺東院伝法堂で判明した床構造とほぼ同様と考えられる．また，飛鳥浄御原宮では，掘立柱の主柱とともに掘立柱の床束の柱根も検出しており（図5.4-4，文献5），やはり同じ床構造を復元できる．いずれも発掘調査で古代建築の床構造が判明した好例であり，掘立柱建物でも礎石建物と同様の床構造をもつことが判明した．

平城宮（奈良市，710〜784年）における礎石建物の様相も藤原宮と同様だが，加えて宮内省や兵部省・式部省など官衙の正殿を礎石建物としていた．しかし，平城宮でも掘立柱建物の割合は圧倒的に高く，とりわけ天皇の住まいである内裏とその周辺はほとんどが掘立柱建物であった．

貴族の邸宅も，通常，掘立柱建物である．法隆寺東院下層遺構として有名な聖徳太子の斑鳩宮（奈良県斑鳩町，601〜643年）は，掘立柱建物で構成されていた．平城京の発掘調査では，現在のところ礎石建ちの住宅建築は発見されていない．平城宮に近い左京三条二坊に居を構えた有力貴族・長屋王の邸宅でも，発掘調査の及んだ範囲内では礎石建物を検出していない．また，正倉院文書によれば，石山寺食堂として施入された紫香楽宮（滋賀県甲賀市，8世紀中期）の藤原豊成板殿も径約40cmの掘立丸柱である．発掘調査では，旧地表面がすでに削平を受けた，礎石および礎石据付痕跡などを検出できないきらいがある．法隆寺東院伝法堂の前身建物は橘夫人から施入された住宅建築であり，これは礎石建物であるから，一部の貴族住宅は礎石建ちとされたらしいことがわかる．

寺院でも中心堂塔からはずれた周辺の付属建築には掘立柱を使用していた．639年に発願された日本最初の勅願寺である百済大寺（吉備池廃寺）では，金堂・塔・中門・回廊は礎石建物とみられるが，僧房は掘立柱建

図5.4-3 藤原宮西方官衙の床束礎石をもつ掘立柱建物
［出典：文献4，PL.12下］

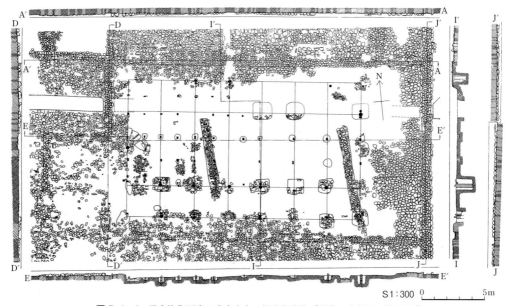

図5.4-4 飛鳥浄御原宮の床束をもつ掘立柱建物［出典：文献5，第19図］

図5.4-5 吉備池廃寺の掘立柱僧房 SB340
[出典：文献 6，PL.23]

図5.4-6 山田家の掘立柱 [出典：文献 11，写真集 p.209]

物である（図5.4-5）．また，創建期の法隆寺東院では，夢殿を囲んで建つ建物は，伝法堂を除けば掘立柱建物であった（文献7）．これら古代の宮殿や寺院に建てられた掘立柱建物は，現在われわれが「掘立小屋」などと称するイメージとはまったく異なる．当麻寺本堂（曼荼羅堂，奈良県葛城市）は2棟の掘立柱建物の部材を転用して建てられたと考えられており（文献8），掘立柱の場合も礎石建ちとよく似た構法で建てられたものもあるらしい．

掘立柱から礎石建ちへ移行する時期は，宮殿や寺院，貴族邸宅，武家邸宅，中下層庶民の民家などといった建物の性格や社会階層などのほか，中央と地方といった地域性も考慮する必要があり単純ではない．長野県東部にあたる佐久地方の民家では，17世紀中期には掘立柱が大半であり（文献9），藤島亥治郎の報告によれば，1954年頃，佐久市取出町には掘立柱建物が2棟残存していた（文献10）．1970年代を中心として全国的に行われた緊急民家調査により，江川家（静岡県伊豆の国市），野嶽家（鹿児島県南大隅町），山田家（長野県栄村）など，掘立柱をもつ民家も発見されている．このうち江川家の掘立柱は「火伏せの守護神」として前身建物の柱を祀っており，現存建物とは構造的に関係がない．野嶽家は19世紀中頃に建てられたと推定され，後世の改造により一部に礎石が混入していたが，現存しない．日本民家集落博物館（大阪府豊中市）に移築保存されている山田家は，18世紀後半の比較的大規模な民家である．構造的に重視された上屋柱4本のうち2本を掘立柱としており（図5.4-6），掘立柱から礎石建ち（石場建）への移行には慎重な手続きを踏まざるを得なかったことが指摘されている（文献12）．

b．礎石の形状

礎石は，すでに奈良時代には自然石や切石に柱脚木

図5.4-7 本薬師寺金堂跡の礎石 [提供：奈良文化財研究所]

図5.4-8 山城国分寺塔跡の礎石 [撮影：筆者]

口をひかりつけるようになるが，飛鳥・奈良時代のものは上面に柱座や地覆座を設け，また出柄や柄穴をもつなど，精巧な加工を施すことが多い．このうち7世紀の寺院では，柱座や地覆座をつくり出すものの上面は平滑に仕上げており（図5.4-7），柱座上面中央に出柄をつくるようになるのは，法隆寺東院夢殿（奈良県斑鳩町，739年）頃からで，東大寺および国分寺の造営とともに畿内や西国に普及するようである（図5.4-8）．

柄穴をもつ礎石は，先述した水落遺跡の推定漏刻台遺構，野中寺金堂（大阪府羽曳野市，7世紀中期），奥山廃寺（奈良県明日香村，7世紀）推定講堂所用の礎石のほか，法隆寺食堂（8世紀）の礎石（図5.4-9）などがあり，特に法隆寺食堂の礎石は水抜きの溝をもつことで知られている．しかし，やはり水がたまりやすくなるせいか事例は多くない．建物が倒壊した状態で発見されたことで有名な山田寺回廊（奈良県桜井市，7世紀中期）の礎石は，柱座に蓮弁を刻む精緻な加工を施しており（図5.4-10），中世建築では御上神社本殿（滋賀県野洲市，鎌倉後期，図5.4-11）の縁束に，近世建築では東大寺大仏殿（奈良市，1705年）に類例がある．

塔の心柱を受ける礎石を心礎とよぶ．心礎上面の形状は，自然石で平滑に仕上げるもの，円形柱座を掘りくぼめるもの（川原寺：奈良県明日香村，7世紀後期，図5.4-12），仏舎利を納める舎利孔をもつもの（飛鳥寺：奈良県明日香村，6世紀末，図5.4-13），円形柱座をつくり出すもの（山城国分寺：京都府木津川市，

図5.4-9 法隆寺食堂の礎石
［出典：文献13, p.105 第41図］

図5.4-10 山田寺回廊の蓮弁彫刻のある礎石［出典：文献14, PL.41-5］

図5.4-11 御上神社本殿縁束の礎石
［撮影：筆者］

図5.4-12 川原寺塔の心礎
［出典：文献15, PL.15 上］

図5.4-13 飛鳥寺塔の心礎
［出典：文献16, PL.32 中］

図5.4-14 本薬師寺西塔の心礎
［提供：奈良文化財研究所］

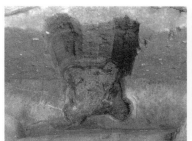

図5.4-15 尼寺廃寺塔の心礎と添板痕跡
［出典：文献17, 図版19 上］

図5.4-16 野中寺塔の心礎
［撮影：筆者］

図5.4-17 本薬師寺東塔の心礎
［提供：奈良文化財研究所］

8世紀後期，図5.4-8参照），出柄をもつもの（本薬師寺西塔：奈良県橿原市，7世紀後期，図5.4-14），など多様である．やはり飛鳥・奈良時代に精巧な加工を施しており，上記の要素を併用するものも少なくない．

柱座を掘りくぼめる場合，周囲の三方もしくは四方に添柱や添板の半円形の穴を穿つことがある．法隆寺若草伽藍や尼寺廃寺（奈良県香芝市，7世紀後期，図5.4-15）では四方に，橘寺（奈良県明日香村，7世紀後期）や野中寺（図5.4-16）では三方に添柱の穴をあけている．尼寺廃寺の心礎は巨大で，据え付ける際に割れてしまっていたが，添板の痕跡が明瞭に残っていたことで知られている．本薬師寺東塔（図5.4-17）や薬師寺西塔（奈良市，8世紀前期）では，円形柱座を掘りくぼめた底に舎利孔を穿ち，舎利孔を円形の蓋石で覆うことから，断面が3段の凹字形になる．薬師寺西塔では，さらに上から1段目の縁辺部に溝を掘り，また水抜き用の穴を穿っていた（図5.4-18）．本薬師寺西塔は，柱座をもたないものの，一般の礎石を含めても出柄をもつ最古例になるようだ．なお塔心礎については，全国の事例を集成・分析した岩井隆次の研究（文献19）が参考になる．

c．礎　盤

鎌倉時代にもたらされた禅宗の建築では，礎石と柱脚とのあいだに平面円形の礎盤を挟む．功山寺仏殿（山口県下関市，元応2年/1320）や善福院釈迦堂（和歌山県海南市，嘉暦2年/1327，図5.4-19）など古い遺構は木製で，石製のものは東福寺三門（京都市，応永12年/1405，図5.4-20）あたりから現れ，京都でよく用いられた．礎盤の断面は上半を凹形，下半を凸形の曲線とする．江戸時代に輸入された黄檗宗の建築では，平面が角形をなす礎盤のほか，側面が太鼓型に張ったり，彫刻をつけたりする例もある（図5.4-21）．江戸時代になると宗派にかかわらずしばしば向拝柱の下に備える．

　　　　　　　　　　　　　　　　　　　［箱崎和久］

■文　献

(1) 奈良国立文化財研究所編『飛鳥・藤原宮発掘調査報告Ⅳ－飛鳥水落遺跡の調査』奈良国立文化財研究所，1995．
(2) 蓮沼麻衣子「古代建築における掘立柱と礎石の併用」浅川滋男・箱崎和久編『埋もれた中近世の住まい』同成社，2001．
(3) 奈良文化財研究所編『平城宮発掘調査報告ⅩⅤ－東院庭園地区の調査』奈良文化財研究所，2003．
(4) 奈良国立文化財研究所編『飛鳥・藤原宮発掘調査報告Ⅱ 藤原宮西方官衛城の調査』奈良国立文化財研究所，1978．
(5) 奈良県立橿原考古学研究所編『飛鳥京跡一』奈良県教育委員会，1971．
(6) 奈良文化財研究所編『吉備池廃寺発掘調査報告』奈良文化財研究所，2003．

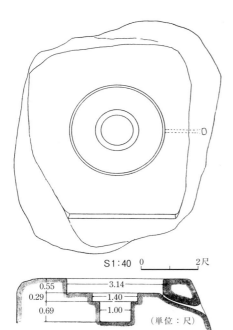

図 5.4-18 薬師寺西塔の心礎実測図
［出典：文献18, 図版第44］

図 5.4-19 善福院釈迦堂の礎盤
［撮影：筆者］

図 5.4-20 東福寺三門の礎盤
［撮影：筆者］

図 5.4-21 万福寺大雄宝殿の礎盤
［撮影：筆者］

(7) 『法隆寺東院に於ける発掘調査報告書』国立博物館，1948.
(8) 『国宝当麻寺本堂修理工事報告書』奈良県教育委員会，1960.
(9) 箱崎和久「文献にみる近世信濃の民家」浅川滋男・箱崎和久編『埋もれた中近世の住まい』同成社，2001.
(10) 藤島亥治郎「江戸時代民家の文献的研究－特に信濃佐久の民家について」『建築史研究14』，1954.
(11) 長野県史刊行会編『長野県史 美術建築資料編 全1巻（2）建築』長野県史刊行会，1990.
(12) 西山和宏「掘立柱をもつ近世民家」浅川滋男・箱崎和久編『埋もれた中近世の住まい』同成社，2001.
(13) 法隆寺国宝保存事業部編『国宝建造物食堂及細殿修理工事報告』法隆寺国宝保存事業部，1936.
(14) 奈良文化財研究所編『山田寺発掘調査報告』奈良文化財研究所，2002.
(15) 奈良国立文化財研究所編『川原寺発掘調査報告』奈良国立文化財研究所，1960.
(16) 奈良国立文化財研究所編『飛鳥寺発掘調査報告』奈良国立文化財研究所，1958.
(17) 『尼寺廃寺Ⅰ』香芝市教育委員会，2003.
(18) 日本古文化研究所編『薬師寺伽藍の研究』日本古文化研究所，1937.
(19) 岩井隆次『日本の木造塔跡－心礎集成とその分析』考古学選書20，雄山閣，1977.

5.4.2　基壇とその構造

a．基壇の建築法と種類

　礎石建物では，防湿・防水対策として建物の基礎を地盤面よりも高く築く．これを基壇とよぶ．古代寺院の主要堂塔や宮殿建築の基壇築成には，通常，砂質土と粘質土を互層に搗き固めた版築という構法を用いる．
　興福寺中金堂（奈良市，8世紀前期）や奈良時代前半の平城宮大極殿（通称，第一次大極殿：奈良市，8世紀前期）のように，安定した地盤の場合は，基壇部分の地盤を削り残したうえに版築を行うが，百済大寺（吉備池廃寺）金堂（奈良県桜井市，639年発願）のような軟弱な地盤では，地表面を掘り込んだのち版築を行う掘込地業を施す（図5.4-22・23）．飛鳥寺（奈良県明日香村，6世紀末）や川原寺（奈良県明日香村，7世紀後期）では掘込地業の底部に玉石を敷き詰めており，概して古い時代の方が掘込地業を行って丁寧に基壇を築く傾向がある．ただし11～12世紀でも，法勝寺金堂や尊勝寺阿弥陀堂（いずれも京都市）などで掘込地業を施しており（文献3），また金剛心院釈迦堂（京都市，1154年供養）のように，掘込地業を行ったうえで玉石と粘土を交互に積む堅固な地業をつくる例もある（図5.4-24，文献4）．当然のことながら，掘込地業の底面は周囲よりも低くなるため湧水が集ま

図5.4-22　吉備池廃寺金堂の掘込地業
［出典：文献1，PL.6-1］

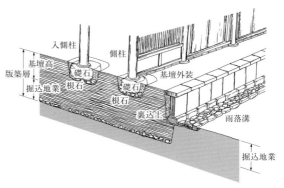

図5.4-23　掘込地業と基壇の構造［出典：文献2を一部改変］

図5.4-24　金剛心院釈迦堂の玉石積地業
［出典：文献4，図86-12］

りやすい．百済大寺（吉備池廃寺）金堂では，掘込地業周囲にやや深い溝を掘って地業内に浸入した湧水を集めるとともに，掘込地業からこの周囲の溝に排水溝を接続させていた．
　基壇は版築を積み重ねて築くが，縁辺部はなだらかな斜面とし，建物本体の完成後，ほぼ垂直に削り落として基壇外装をつくる．大官大寺塔跡（奈良県明日香

村，8世紀初期）は，基壇外装の施工直前に焼失したらしく，周囲からは焼けた建物の壁土などが出土するものの，基壇外装は検出されず，マウンド状に築かれた版築が約 36 m 四方に及んでいた．薬師寺金堂（奈良市，8世紀前期）では，版築が基壇縁辺部でゆるい斜面をなしながらとぎれており，基壇縁辺部を削り落とす築成法を知ることができた．

礎石を据え付けるタイミングは，築成中の基壇上面に据える場合（山田寺金堂・塔：奈良県桜井市，7世紀中後期）と，ある程度基壇を積み上げたのち，築いた版築に穴を掘って礎石を据える場合（薬師寺金堂・西塔・講堂，興福寺中金堂：いずれも 8 世紀前期）とがある．いずれも礎石据え付け後にさらに版築を積み増す場合が多い．礎石は沈下を防ぎ，また安定させるため礎石下に根石と称する河原石を置く．階段の構造には基壇と同時に土盛りする例と，基壇縁辺部を削り落とした後に改めて土を盛る例がある．

塔の心柱を支持する心礎は，上面が基壇の土中にあるもの（地下式）と基壇上面に現れるもの（地上式）があり，前者は 7 世紀を中心として用いられ，それ以降はほぼ後者となる．現存建築で地下式とするのは法隆寺五重塔のみだが，昭和 19 年（1944）に焼失した法輪寺三重塔（奈良県斑鳩町，7世紀末）も地下式心礎をもっていた．遺跡では，日本最初の仏塔である飛鳥寺（6世紀末，図 5.4-13 参照）をはじめ，川原寺（奈良県明日香村，7世紀後期，図 5.4-12 参照），山田寺（7世紀後期），尼寺廃寺（奈良県香芝市，7世紀後期，図 5.4-15 参照）などが地下式心礎をもつ事例として知られている．地上式の最古例は法隆寺若草伽藍の塔（7世紀前期）で，百済大寺（吉備池廃寺）の塔も地上式と考えられる．百済大寺塔跡では心礎はすでに抜き取られていたが，心礎を基壇上に引き上げるための版築による斜面を確認した（図 5.4-25，文献 5）．元興寺（奈良市，8世紀後期）や山城国分寺（京都府木津川市，8世紀後期）の塔跡のように，心礎上面の標高がほかの礎石よりも高い場合がある（図 5.4-8 参照）．これは基壇築成時に心礎を他の礎石と同時に据え付けたため，心礎がほかの礎石より大きいぶん上面高くなったものと考えられる．

版築縁辺部をほぼ垂直に削り落としたのち，基壇の外側を覆う施設を基壇外装あるいは基壇化粧とよぶ．版築との間には，裏込土をいれて外装の石材を固定する（図 5.4-23 参照）．基壇外装には乱石積（図 5.4-26），瓦積（図 5.4-27），塼積，切石積（図 5.4-28），壇正

図 5.4-25 吉備池廃寺塔跡基壇断面にみえる版築斜面
［出典：文献 5，PL.10-1］

図 5.4-26 飛鳥寺東金堂の二重基壇
［出典：文献 6，PL.13 中］

図 5.4-27 檜隈寺講堂の瓦積基壇
［提供：奈良文化財研究所］

図 5.4-28 法隆寺金堂の二重基壇 ［撮影：筆者］

図 5.4-29 興福寺東金堂の壇正積基壇 ［撮影：筆者］

図 5.4-31 薬師寺金堂跡基壇上面の布敷
［提供：奈良文化財研究所］

図 5.4-30 伊丹廃寺金堂の基壇 ［出典：文献7, 図版第9］

図 5.4-32 河内国分寺塔跡基壇上面の四半敷
［出典：文献9, 第9図］

積（図 5.4-29）などの種類があり，伊丹廃寺金堂（兵庫県伊丹市，8世紀前期，図 5.4-30）では玉石と瓦を混用していた．壇正積基壇は地覆石・羽目石・葛石・束石からなり，束石のないものを切石積基壇と称している（文献8）．

壇正積基壇は地覆石の下に延石を伴うことが多く，また古代では束石の位置を建物の柱筋に合わせるのが通例である．発掘調査では束石の有無を検証することが困難なため，壇正積基壇の確認例は多くないが，寺院や宮殿の主要建築には用いられた最も格の高い形式と考えられる．切石積基壇は法隆寺金堂・五重塔，薬師寺金堂などに例がある．また，法隆寺金堂・五重塔のように，上成・下成の2段からなる基壇を二重基壇とよぶ．上成・下成ともに切石積もしくは壇正積とする例は他に現存しないが，飛鳥地方には低い下成基壇を玉石で区画した二重基壇をもつ堂塔跡が珍しくない．

飛鳥寺の東金堂および西金堂では，低い下成基壇上に小礎石を据えており（図 5.4-26 参照），同様の例は新羅・皇龍寺（7世紀）など韓半島（朝鮮半島）の寺院遺構にもみられる．奈良県下の古代寺院で壇正積もしくは切石積の基壇に用いられる石材は，比較的柔らかい凝灰岩が多いが，飛鳥寺や山田寺など7世紀の寺院では，しばしば重量のかかる地覆石のみ花崗岩を用いている．凝灰岩は風蝕しやすいため，後世に花崗岩に替えられることが多く，法隆寺金堂・五重塔では，元禄9年（1696）に下成基壇のみ凝灰岩を花崗岩に取り替えている．

基壇外装に石材を用いず木製とする例は，近江国庁の政庁東側区画の礎石建物（滋賀県大津市，8世紀中頃），毛越寺南大門・廊・講堂（岩手県平泉町，12世紀），永福寺二階堂・薬師堂・阿弥陀堂（神奈川県鎌倉市，13世紀）などで検出されており，三河国分寺塔跡（愛知県豊川市，8世紀中期）のほか，遠江国分寺（静岡県磐田市，8世紀中期），では金堂・塔以下いずれも木製の基壇外装をもつことが発掘調査の結果判明した．木材で造った壇正積基壇は痕跡が残りにくいため確認しにくく，吉備池廃寺金堂・塔も木製基壇の可能性が指摘されている（文献5）．

基壇上面は土間タタキとするのが一般的と考えられるが，薬師寺金堂跡では凝灰岩を布敷とし（図 5.4-

31),河内国分寺塔跡（大阪府柏原市，8世紀中期，図5.4-32）では建物外の基壇上面を凝灰岩製の四半敷としていた．また，法隆寺金堂・五重塔の床や基壇にはマンガンが塗られ，当初は黒色だったことが確認されている．

d．亀腹

古代の寺院や宮殿では，主要建築を土間としたため基壇を築いたが，8世紀以降，床を張って縁を設ける建物が多くなると，基壇外装を伴う高い基壇はつくられなくなってゆく．これに代わって現れたのが亀腹である．

亀腹は建物の床下で地盤を盛り上げる基礎構法で，縁束は壇下に立てる．現存建築では表面の仕上げを漆喰塗とするのが通例だが，これがいつから行われているのか明確でない．法隆寺聖霊院（奈良県斑鳩町，弘安7年/1284）では建立時の亀腹に漆喰を塗り重ねてきたことが確認されている．先述したように，土間建物の基壇は版築の縁辺部をなだらかな斜面に築くが，これが亀腹の初現的な形態と考えられる．すなわち，床張りで縁をもつ建物でも基礎の初期構法は同じで，縁下にあたるために基壇外装を省略したのが亀腹の起源だろう．亀腹には立ち上がりのなだらかなものと，ややきついものとがあるが，後者は壇の縁辺部を多少削り落とした形態を伝えると考えられる．

現存建築では，一乗寺三重塔（兵庫県加西市，承安元年/1171）の亀腹（図5.4-33）が最古例といわれ，ここでは地盤を削り出してつくっている．観心寺金堂（大阪府河内長野市，正平年間/1345～69）の亀腹はほぼ垂直に立ち上がる（図5.4-34）が，これは平安時代に建立された前身建物の基壇を受け継いだためらしい．なお，床張りの建物では礎石と床との間に隙間ができる．このため側柱筋の床下を縦格子などで仕切った犬防ぎを設けることが多い．

中世になっても門のほか禅宗寺院の仏殿や法堂といった中心堂塔は土間の建築とした．このため基壇をもつが，東福寺三門のような低い壇正積基壇とする例があるものの，総じて古代ほど高く規格的な基壇をつくることはまれで，多くの場合，低い切石積や乱石積程度の比較的簡単なものとする．上面の仕上げは石や塼を用いた四半敷とする例もあるが，土間タタキとする場合も少なくない．

e．懸造

建物を懸崖に建てる懸造では，三仏寺投入堂（鳥取県三朝町，12世紀）や不動院岩屋堂（鳥取県若桜町，14世紀），笠森寺観音堂（千葉県長南町，慶長2年/1597）のように，崖面の地盤に直接柱を立てるのが

図5.4-33　一乗寺三重塔の亀腹［撮影：筆者］

図5.4-34　観心寺金堂の亀腹［撮影：筆者］

図5.4-35　長谷寺本堂舞台の礎石［出典：文献10，p.40］

第5章 各部構法の変遷

図 5.4-36 室生寺金堂全景［撮影：筆者］

通例である．しかし，江戸時代になると清水寺本堂（京都市，寛永 10 年/1633）や長谷寺本堂（奈良県桜井市，慶安 3 年/1650，図 5.4-35）のように，ある程度地盤を造成したうえに礎石を据え，柱を立てる例もある．

室生寺金堂（奈良県室生，9 世紀）は身舎桁行 3 間×1 間の四周に廂をめぐらせた正堂の前方に桁行 5 間×梁行 1 間の礼堂をつけている．現在の礼堂は寛文 12 年（1672）修理時のものだが，乾元 2 年（1303）の絵図に描かれており，遅くともこの頃には礼堂が付加されていたことがわかる．礼堂の床下は懸崖となるが，柱は人工的に築かれた地盤上に礎石を据えて立てられている（図 5.4-36）．　　　　　　　　　　　［箱崎和久］

■文献
(1) 奈良文化財研究所編『吉備池廃寺発掘調査報告』奈良文化財研究所，2003．
(2) 奈良国立文化財研究所編「吉備池廃寺発掘調査現地説明会資料」奈良国立文化財研究所，1997．
(3) 『平安京提要』角川書店，1994．（平安京内およびその近郊の離宮・別業について発掘調査成果を集大成している．個々の詳報はここで引用している文献を参照されたい．）
(4) 京都市埋蔵文化財研究所編『鳥羽離宮跡Ⅰ－金剛心院跡の調査』京都市埋蔵文化財研究所，2002．
(5) 奈良文化財研究所編『吉備池廃寺発掘調査報告』奈良文化財研究所，2003．
(6) 奈良国立文化財研究所編『飛鳥寺発掘調査報告』奈良国立文化財研究所，1958．
(7) 伊丹市教育委員会編『摂津伊丹廃寺跡』伊丹市教育委員会，1966．
(8) 田辺征夫「古代寺院の基壇」『原始古代社会研究 4』校倉書房，1978．
(9) 柏原市立歴史資料館編『河内国分寺と国分尼寺』柏原市立歴史資料館，2001．
(10) 奈良文化財研究所編『重要文化財長谷寺本堂調査報告書』奈良文化財研究所，2004．

5.4.3　土　台

土台を使用した古い例としては，神社建築と城郭建築がある．神社建築では，流造，春日造といった小規模な社殿にみられる．両形式の発生に関わる賀茂神社（賀茂別雷神社，賀茂御祖神社），春日大社においては，古くは式年造替が行われており，その際に社殿を移動（曳家）したことが記録されている．このことから，土台は建物を移動する上で便利だったために使用されたものと推定されている（文献 1）．古代の校倉造では，基礎の独立柱上に，井桁状に水平材（台輪，頭貫）を置いているが，これは小規模な社殿の土台と同じ機能をもつものと考えられる（図 5.4-37）．

城郭建築で，石垣の上にある建物は，側まわりに土台を用いていることが多い．石垣によって造成される地盤面は，大きさが限定される．このため土台は，限られた地盤面を最大限有効に利用し，かつ，建物の平面形状を定めるために用いられたものと推定されている（文献 2）．石垣の上にある建物の平面が，敷地の形状にあわせた不整形で，隅を直角としない場合もあることは，土台の役割を裏付けている．

城郭建築の天守や櫓では，柱に梁が指し付けられていることが多い．これは，柱を安定して立たせることに，一定の配慮が払われていたことを示している．このため，城郭建築の土台には，地盤上に 1 階柱を安定して立たせるための機能もあったと考えられる（文献 3）．

民家建築にみられる土台は，その起源を城郭建築に求める説もある（文献 2）．けれども，民家建築において土台が普及するのは近世後半で，近世前半の民家

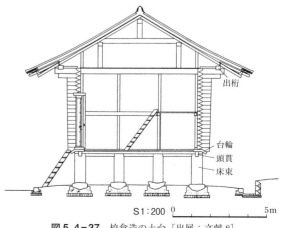

図 5.4-37　校倉造の土台［出展：文献 8］

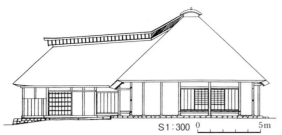

図 5.4-38 民家建築の土台（左が土間側）［出展：文献8］

には土台は用いられていない．このため，民家建築の土台と城郭建築の土台の関係は不明である．

民家建築には城郭建築のような地盤面の制約がない．これに加え，民家建築の土台は，側まわりに使われることが多く，特に土間のある下手側に用いられることが多い（図5.4-38）．土間まわりには土壁が多いことから，民家建築の土台が，上からくる土壁の納まりのために柱間の足元に入れた地覆状の部材から発達した可能性も指摘されている．接地している地覆や柱の足元は，経年により腐朽しやすい．その保全にかかわる改良要求から，次第に接地する木部全体が，土台に置き換えられたとする仮説に基づく指摘である（文献4）．

密集市街地に建つ町家では，小規模な社殿建築と同じ機能をもつ土台の使用例がみられる．密集市街地では隣棟との間隔がとれないため，戸境壁の施工が困難になる．このため，戸境から離れた敷地内で，土台を置きその上に柱などの軸組を組み上げ，あらかじめ戸境壁をつくり，出来上がった後にその壁を戸境の位置に移動するという施工方法が取られている（文献5）．

土台を建物全体に回す工法が普及するのは，基礎の立ち上がりがつくられるようになる近代に入ってからである．

なお，発掘調査によって，鎌倉市の鎌倉時代の方形竪穴建物の遺構から，土台が発見されている（図5.4-39）．建物の性格は不明だが，この土台は，部材に残る痕跡と，掘り下げた地盤面の上に置かれることから，柱の自立を助け，水平に床板材を張るために置かれたものと推定復原されている． ［後藤 治］

■文 献

(1) 稲垣榮三・宮澤智士『日本建築史基礎資料集成二 社殿II』中央公論美術出版，1972．
(2) 伊藤鄭爾『中世住居史』東京大学出版会，1995．
(3) 源愛日児ほか『指物（指付け技法）の変遷過程と歴史的木造架構の類型化に関する研究』科学研究費補助金報告書，2005．
(4) 後藤 治『建築学の基礎6 日本建築史』共立出版，2003．
(5) 『重要文化財小坂家住宅修理工事報告書』．
(6) 玉井哲雄「絵巻物の住宅を発掘史料から見る」『絵巻物の建築を読む』東京大学出版会，1996．
(7) 木造建築研究フォラム編『図説 木造建築事典 基礎編』学芸出版社，1995．
(8) 木造建築研究フォラム編『図説 木造建築事典 実例編』学芸出版社，1995．

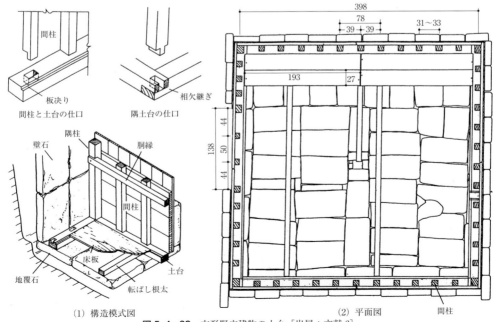

図 5.4-39 方形竪穴建物の土台［出展：文献6］

5.5 接合部・金具

5.5.1 継手，仕口

a. 継手，仕口の基本形と合成

以下では，材軸方向に継ぎ足す接合を継手，二材が角度をもって組み合う接合を仕口と称するものとして，日本の木造建築の変遷との関連から，継手，仕口の年代的特徴をみてゆく．日本の木造建築は多種類の構造材を組み合わせて架構し，そこに造作や建具を建て込んで成り立っている．それらの部材の大きさ，断面形状，部材の構成，荷重，視線との関係などは一様ではなく，多様な継手，仕口が発達した．その多様さは比較的単純な形を組み合わせて，接合部に求められる複合的な要求に応じるというデザインの方法によって生み出されている．

一例として圓成寺本堂（奈良県，文明4年/1472）長押の入隅仕口を取り上げる（図5.5-1）．如意寺阿弥陀堂（兵庫県，鎌倉前期）では，見上げとなる長押下端を，同一部材が対等な関係で接合していることを表す留めとし，上端は突付けとし，かつ突付けのずれ，隙間を隠すものとして入輪（本項では材側面から延び

る小突起を入輪，胴付面を両脇に持つ小突起を目違いとする）を組み合わせた仕口である（図5.5-2）．柱との仕口は，柱に溝を切り下端の留めの先を指し込み，片方の長押を柱に釘止めしている．

このような仕口に対する，圓成寺本堂での改変点は，まず，柄指鼻栓（枘差とも書く）により両長押を引き付け固定する仕口とし，次に留めに目違いを付して，下端の面の不揃いを防ぎ，また継目の隙間を深く見せないようにしている．さらに入輪から留めへの変り目で，側面方向に向き違いの隙間が見えることを嫌って，入輪は留めまで下ろされ，かつ留めに入輪の形が表れないよう，入輪の出が徐々に短くなるように斜めに削られている．これを「鼻咬留」といい（文献2），その早い例は，旧燈明寺本堂厨子（神奈川県，室町前期）長押にみられる．このようにさまざまな改良が単純なかたちの組合せによって行われている．そこで，この

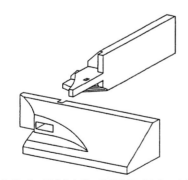

図5.5-1 圓成寺本堂，長押入隅［出典：文献1］

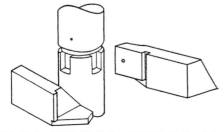

図5.5-2 如意寺阿弥陀堂，長押入隅［出典：文献1］

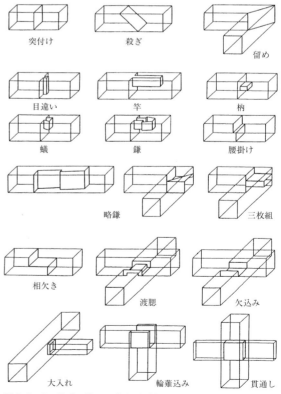

図5.5-3 継手，仕口の基本形（鼻栓，車知栓など栓類，楔などを略している）［出典：文献3］

組合せの要素となる単純なかたちを基本形（図5.5-3），接合部のさまざまな要求に応じるために基本形を組み合わせることを合成とよぶこととする．

さまざまな継手や仕口を生成する基本形と合成という捉え方，デザインの方法は古代から近代にまで継続しており，継手，仕口の歴史的変化をもたらしている．より大きな変化に，新たな基本形が登場する場合と，基本形の用途，目的が変化する場合とがある．それらの変化には時代的な節目があり，12世紀末頃，14世紀末頃，16世紀が変化の比較的大きな時期である（文献3）．

変化がある時代に集中する背景として，架構や造作の時代を画するような構法的変化が考えられる．この変化において新たな基本形が導入され，あるいは既存の基本形が従来とは別の目的で使われ始め，それが連鎖的に他のさまざまな基本形の用法に影響し，多くの変化が短期に起こっている．確かに，継手，仕口の強度，見え掛り，作業性などを改善しようとする意識は，時代を越えた底流としてあるが，さまざまな継手，仕口の変遷は，全体として捉えると，構法的な変化に呼応している．継手，仕口の変遷をたどる視点には基本形の変遷，部位部材別の変遷などいろいろとあるが，ここでは構法の変化を反映している継手，仕口を中心に紹介してゆく．

b．古代から中世前半へ

まず，古代に用いられた継手，仕口の基本形には鎌，相欠き，殺ぎ，留め，渡腮，輪薙込み，大入れ，柄（目違いや竿と未分化な），込栓などがあった．古代の架構は，積上げ式に，部材を下から上へ順に組んでつくられ，継手，仕口も上から落し込んで組むものが多い．まず，継手をみてゆくと，桁，母屋，棟木，通肘木，台輪など長材では下に支えのある位置で，真継ぎとして鎌継ぎで継がれた．頭貫は柱へ大入れまたは輪薙込みとし，その位置で突付けあるいは相欠継ぎに釘または栓打ちである．鎌継ぎとしない理由は，柱へ輪薙込まれ，より安定して支持されているからであろうか．長押は柱へ側面から釘止めされ，突付継ぎである．垂木では殺ぎと柄を合成した継手などが用いられた．

仕口では横架材の交差部に渡腮が多く用いられ，横架材と束，柱など垂直材との仕口では柄指など落し込む仕口である．横から指し込む仕口は例が限られ，繋梁と入側柱での柄指と，台輪隅部での三枚組などがあった．込栓は垂木の柄継ぎや拝みでの三枚組や柄差しに用いる丸栓があった．法隆寺金堂（奈良県，飛鳥

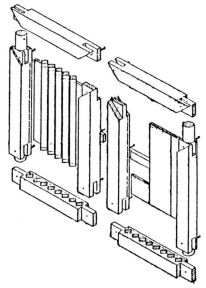

図 5.5-4 法隆寺五重塔，連子窓［出典：文献1］

時代）や法隆寺五重塔（奈良県，飛鳥時代）の連子窓框には留めを正面側に見せ，三枚組，柄，相欠きのいずれかを合成した仕口がみられる（図5.5-4）．留めは接合材が勝ち負けをつくらず折半して接合していることの表現であろうか．留めの仕口は留めを見え掛りに用い，見え隠れでいかに仕口を固定するかを問題として中世，近世に発達している．醍醐寺五重塔（京都府，天暦6年/952）には台輪の三枚組の出隅先を留めにする仕口があり，木口を露わさないようにする意図も考えられる．これら留めの仕口は基本形を組み合わせるという方法が古代にもみられる例である．

さて，古代から中世前半への大きな構法的変化には，貫構造の導入に代表されるように構造強化に大きな関心が払われたこと，ならびに，中古から始まる野屋根がさらに発展し，軒が桔木により支持されるようになる中で，組物，化粧垂木，天井，妻飾りなど化粧部分が主体構造から分離する方向へ向かったことがあり，法隆寺聖霊院（奈良県，弘安7年/1284）足固貫，桔木（ともに当初材）からは，後者の変化がうかがわれる（図5.5-5）．それぞれの変化に対応する継手，仕口が発達し，継手，仕口それ自体をより強固にしようとする工夫もみられた時代であった．

まず，貫構造を導入した大仏様建築の継手，仕口をみておく．貫の継手は中世，近世を通して多くが略鎌継ぎである．この略鎌という基本形は古代になく，大仏様建築の影響下に成立したと思われる．ただ，大仏様建築の貫などにおける技法を直に移植したものでは

図 5.5-5　法隆寺聖霊院，断面
［出典：文献 18］

なかった．略鎌の形は確かに浄土寺浄土堂（兵庫県，建久 3 年/1192）貫，虹梁木鼻，挿肘木などに用いられているが，同堂や東大寺南大門（奈良県，正治元年/1199），東大寺開山堂内陣（奈良県，正治 2 年/1200）などの大仏様建築において，その軸部を繋ぎ固める仕口の全体からは，略鎌というかたちがその本質的特徴ではなかったことがわかる（図 5.5-6）．略鎌のほかに，相欠き（交差部）や腮などのかたちも使われ，貫など接合二材を柱など第三材の中に指し込んで噛み合わせるときに，第三材には引掛り分だけ大きめの穴をあけ，噛み合わせた後に生じる引掛り分の隙間を楔で埋め（以下，埋楔とする），その結果どの方向にも解けなくなる仕口をつくるという，機構的なところにその特徴がある．

噛合せと埋楔を特徴とし，特定のかたちに捉われな

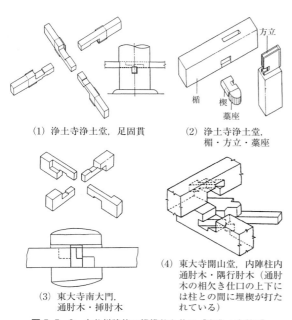

(1) 浄土寺浄土堂，足固貫
(2) 浄土寺浄土堂，楣・方立・藁座
(3) 東大寺南大門，通肘木・挿肘木
(4) 東大寺開山堂，内陣柱内通肘木・隅行肘木（通肘木の相欠き仕口の上下には柱との間に埋楔が打たれている）

図 5.5-6　大仏様建築の機構的な仕口［出典：文献 1］

いこのデザインの方法は普及定着しなかったようだ．貫などの交差部で相欠き，埋楔とする仕口のほかは，日本の継手，仕口に定着したのは略鎌という特定のかたちであり，中世前半には頭貫を含めた貫類に限って用いるという形式的ともいえる受容が行われた．貫の導入により，古代の積上げ式の構造から，軸組構造への大きな転換が果たされたのであるが，大仏様建築における機構的貫仕口の理解，普及は困難なことであったに違いない．太山寺本堂（兵庫県，弘安 8 年/1285）足固貫継手は柱内で突付けでしかなく，楔も機構的埋楔ではなく，断面が斜めの締め固める楔が用いられた．一方，太山寺本堂頭貫継手は貫とは異なり，柱へ上から落し込んで組めるためであろう，略鎌が採用されている．このような事例も含みつつ中世前半の貫，頭貫の継手には略鎌が多く用いられている．

次に貫以外の構造強化の技法とその仕口を，中世後半の展開も含めて，みてゆく．中世寺院には，柱の上に組物を置き，その上に天井を張る意匠とは別に，柱を天井裏へ延ばしやがて組物を消滅させていった塔や阿弥陀堂などにみられる流れを汲むものがある．中世前半から後半にかけて，側柱上の組物と内外陣境柱の間に架けられる野の繋梁を柄指鼻栓で内外陣境柱に繋ぐ構造が現れる．浄土寺阿弥陀堂（広島県，貞和元年/1345）はそのような当初仕口の残る例である（図 5.5-7）．柄指の技法は古代にも例が多く，栓打ちとすることも垂木の拝みなどにみられるが，柄指鼻栓で繋ぎ，軸組をつくることは古代の寺院建築では行われていなかった．壱岐原の辻遺跡（長崎県，弥生時代）では栓穴をもつ柄指の部材が出土し，また，木工品では古代に柄指鼻栓の事例や柄指割楔の事例もみられ（文献 14），古くからの接合技術であった．

中世後半の瑞花院本堂（奈良県，嘉吉 3 年/1443），不動院本堂（奈良県，文明 15 年/1483）になると，小屋部の繋梁が堂の四面と内外陣境の柱を柄指鼻栓で繋ぐという，完成度の高い，形式の整った架構を示している（図 5.5-8）．柱を貫だけでなく虹梁，指梁，指鴨居（差鴨居とも書く）のような太い材によって架構してゆく近世建築の先駆の一つといえよう（文献 5・6）．

また，柱を組物の上に延ばし，桁や梁と直接繋ぐ技法もこの時代に現れる．般若寺楼門（奈良県，文永/1264～75 年）では組物を片蓋とし，柱を桁まで延ばしている（組物と噛み合う梁行の木鼻は柄指鼻栓により柱に引付け）．片蓋の技法としても柄指鼻栓の仕口としてもごく早い例である．片蓋の部材の固定に

5.5 接合部・金具

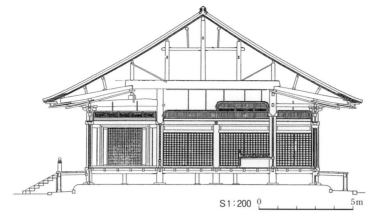

図5.5-7 浄土寺阿弥陀堂，繋梁・柱［出典：文献19］

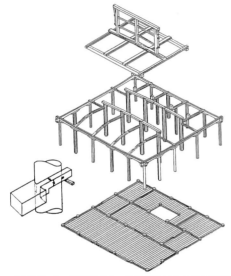

図5.5-8 不動院本堂，柄指鼻栓による軸組架構
［出典：文献1・5］

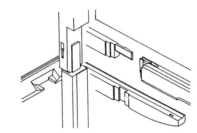

図5.5-9 竜吟庵方丈，柱・舟肘木［出典：文献1］

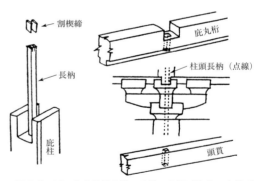

図5.5-10 住吉神社本殿，庇柱・丸桁［出典：文献1］

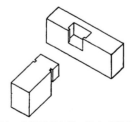

図5.5-11 大報恩寺本堂，肘木［出典：文献1］

は吸付蟻も用いられ，竜吟庵方丈（京都府，嘉慶元年/1387）では舟肘木，化粧桁を片蓋とし，柱を野小屋へ延ばしている（図5.5-9）．住吉神社本殿（兵庫県三田市，永享8年/1436）では，頭貫を輪薙込む柱から長柄をつくり出し，頭貫，組物，桁を貫いて，その先端を柄指割楔で固めている（図5.5-10）．類似の技法は不動院本堂，新長谷寺本堂（岐阜県，長禄4年/1460）にもみられる．貫構造とともにこのような柱と桁類を直接つなぐ架構法とそのための仕口が考案されていた．

中世前半には横架材同士の仕口の強化も行われている．古代末から中世初めには肘木，虹梁，頭貫など横架材同士がT字形に接合する箇所で従来の大入れ，相欠きなどに替え，鎌を用いる（左右の入輪とも解釈できる）例が現れる．当麻寺本堂（奈良県，永暦2年/1161）虹梁，大報恩寺本堂（京都府，安貞元年/1227）肘木などである（図5.5-11）．この仕口は中世前半に散見される程度で，より一般的であったのは，やはり鎌倉前期から現れる蟻掛けの類である．東大寺鐘楼（奈

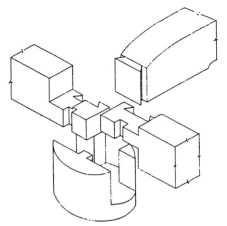

図 5.5-12 東大寺開山堂，頭貫・繋虹梁［出典：文献 1］

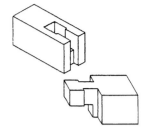

図 5.5-14 当麻寺本堂，桁［出典：文献 1］

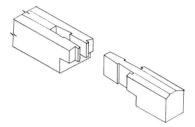

図 5.5-15 興福寺大湯屋（奈良県，応永頃/1394-1427），桁［出典：文献 20］

良県，承元/1207～11 年）肘木，東大寺開山堂頭貫・繋虹梁，太山寺本堂天井枠など多くの事例がみられ，中世後半，近世に継承されている（図 5.5-12）．

蟻は古代中国の木棺に用いられ，古代日本でも木工品に確認されているが（古代中国の蟻については文献 7，古代日本の蟻については文献 6 参照），古代日本の建築の継手，仕口には残存例がほとんどなく，中世前半にも継手には使われていない．蟻を用いる仕口には，契蟻，掴蟻，吸付蟻，寄蟻など固有名をもつ技法があり，その例をあげておく．契蟻は太山寺本堂をはじめ板扉・定規縁などにみられ，そこには寄蟻の技法も用いられている（図 5.5-13）．吸付蟻は前記，竜吟庵方丈などに用例がある（図 5.5-9 参照）．掴蟻は，元興寺極楽坊（奈良県，寛元 2 年/1244）天井板の剝ぎ合わせに用いる例が古い（修理工事報告書には前身建物のものとあり，掴蟻が当初か否かの記述はない）．掴蟻は，破風の拝みに用いる用法が知られている．天井板にせよ破風にせよ室町後期以降の事例が多い．

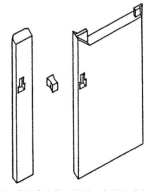

図 5.5-13 太山寺本堂，板扉・定規縁［出典：文献 1］

継手自体の強度を高める工夫も，鎌継ぎにおいて，鎌首を補強し，捩れを抑えるため，鎌首下に目違いを合成した継手（いわゆる「腰入目違い」）がみられるようになる．古くは当麻寺本堂，桁継手にあり，以降桁継手だけを取り上げても法隆寺聖霊院，新長谷寺本堂などと続き，近世大工書『匠家仕口雛形』（甲良棟利写，享保 13 年/1728）にも記されている（図 5.5-14）．継手の強度を高めるという意味では，時代は中世後半になるが，引張力が作用したときに材の割裂を抑える一対の目違いを付した両目違鎌継ぎが現れる（図 5.5-15，文献 8）．

新たな基本形という意味では，古代には未分化な状態であったと思われる凸形（枘，目違い，竿）から，目違いが弁別されて出現したのは中世前半頃であろう．一定の形状の小突起，すなわち目違いがほかのさまざまな基本形と合成した事例から，そう推測される．図 5.5-2・11・14 はそうした事例であり，ほかにも図 5.5-16 に示す継手，仕口があった．この時代の目違いは，継手，仕口の位置のずれを抑える役割を担うものが多い．

以上のように，積上げ式の架構から軸組への転換をはじめ，構造の強化は古代から中世前半の継手，仕口を特徴づけているが，構造から化粧部が分離されることも，中世前半に始まる．桔木による軒まわりの非構造化，小屋部と軸部の直接の架構による組物などの非構造材化（文献 9）のほかに，浄土寺本堂（広島県，

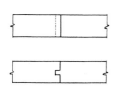
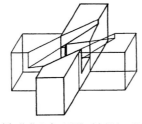
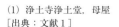

(1) 浄土寺浄土堂, 母屋
[出典: 文献1]

(2) 海住山寺五重塔（京都府, 建保2年/1214), 丸桁 [出典: 文献21, 修理工事報告書より書き起こし]

図 5.5-16 中世初期に現れた目違

嘉暦2年/1327) など妻飾りを小屋構造に柄指鼻栓で引き付けることも始まっている. このように化粧部を非構造化してゆく流れは, 近世にも続く流れとなり, 中世後半にさまざまな継手, 仕口をもたらした.

c. 中世前半から後半へ

室町時代中頃には和小屋の架構が成立している. ここでいう和小屋は, 屋根荷重をおおよそ規則的に配置した束で受ける小屋組, 不規則な柱配置を含む軸組, 両者の配置を調整する梁組からなる構成である. 石津寺本堂（滋賀県, 室町前期）の復原小屋組は, 大梁上に桁行の梁（梁挟み, 束踏みともいう）が架かり, そこに立つ小屋束が, 柱と不揃いな位置に等間隔に配置された和小屋の早い遺構である（図5.5-17, 文献10）. 古代にくらべ非対称な軸組を構造的に可能にしているのは, 貫などで柱を繋ぐ架構であり, 意匠的に可能にしているのは小屋組・梁組と軸組とを区画する天井である. 和小屋は小屋組の単なる類型としてではなく, 軸組, 平面の変化と連動して成立したものとして理解することが重要であろう.

小屋での野材による架構が発達し, また前述のように古代に構造材であった部材の中に, 非構造材化してゆくものがあり, その結果生じた野か化粧か, 構造か非構造かという違いに対応して継手, 仕口が発達したのが中世後半における特徴である. 非構造的な化粧材の発達は, 冒頭の圓成寺本堂の長押仕口のような, 細部にまで見え掛りの形や精度を意識した継手, 仕口を生み出している. 新たな基本形（中世前半にも例はあるが）として竿車知がみられるようになり, それは非構造の化粧材の継手に, 精度を高める意味で用いられる場合が多い. 一方, 継目を意識する必要のない小屋組などの野材では, 材を部留りよく使え, 支承の仕口による材欠損のない箇所で継ぐ持出継ぎが登場している.

また, これは略鎌という基本形がそれまでとは違った用途で用いられるという変化でもあった. 母屋桁, 垂木, 根太など, 上から荷重を受ける構造的野材において, 略鎌に目違いを合成したかたちである追掛継ぎや布継ぎなどが用いられたのである. 円教寺食堂（兵庫県, 室町中期）野母屋桁の布継ぎ（持出継ぎ）, 圓成寺本堂根太の追掛継ぎ（真継ぎ）, 正蓮寺大日堂（奈良県, 文明10年/1478) 足固貫の尻挟継ぎ（持出継ぎ; 金輪継ぎや尻挟継ぎに似ているが, 略鎌に柄を合成したもので, 中世後半に事例がある) などがある（図5.5-18）. 野材の持出継ぎを略鎌系継手とする理由は, まず強度的に優れ（文献11）, 意匠上嫌われる複雑な継目も野材では問題にならないからであろう. ちなみに, 当時, 化粧桁, 通肘木など化粧の構造材の継手は両目違鎌継ぎなどによる真継ぎであった.

これら略鎌系の継手には中世前半に貫, 頭貫に用いられた略鎌とは, さまざまな相違点がある. 材軸に平

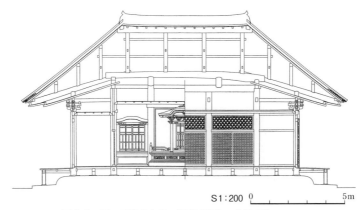

図 5.5-17 石津寺本堂, 断面 [出典: 文献22]

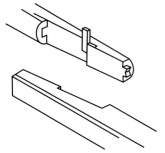

図 5.5-18 正蓮寺大日堂, 足固貫 ［出典：文献 1］

行な接合面の傾斜化, その接合面を水平ではなく垂直とする設置法, 貫類だけでなく野母屋, 野垂木, 野隅木, 根太などでの使用（その一方, 頭貫に使われなくなる）, 布継ぎ, 追掛継ぎなど略鎌への目違いの合成, 持出継ぎでの使用, という特徴である（文献 12）.

中世後半に入ると非構造の化粧材にも持出継ぎの例がみられるようになる. 化粧材の真継ぎの見え掛りが突付けであるのに対し, 持出継ぎで見え掛りを殺継ぎとする用例が現れるようになる. 殺継ぎは材の収縮に対し継目の不連続感が生じにくい, 一方が他方を受けているように見え安定感があるなどが採用の理由として考えられる. この殺ぎの早い例は竜吟庵方丈天井竿縁にあり, 久安寺楼門（大阪府, 室町中期）高欄架木では持出継ぎで同様の殺継ぎが真継ぎの突付けと対照的に使われている（図 5.5-19）.

茅負にも見え掛りを殺ぎとする継手は明王院五重塔（広島県）など早くから現れるが, この殺ぎは見え掛

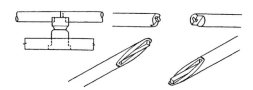

図 5.5-19 久安寺楼門, 高欄架木（上図：真継ぎ, 下図：持出継ぎ）［出典：文献 1］

りへの意識からか, 継いだ 2 材を釘で垂木に縫い止めることからかどちらとも考えられる（図 5.5-20）. 中世後半には, 略鎌を見え隠れに, 厚みの薄い殺ぎを見え掛りに配する芒継ぎのタイプの継手が多く現れる（図 5.5-21）. 軒先は垂下しやすく, 茅負の長手方向の形を保つために, 強度と意匠の両面を考慮して, 裏側を強度のための追掛継ぎ, 表側を殺ぎとしたのであろう. 天井竿縁もその中間を支承する部材がなく, 継ぐときは必然的に持出継ぎである. 早くから殺ぎがみられるのはおそらくそのためで, それ以外の, 長押など他の造作材では, むしろ中世末から近世初め頃に殺継ぎの事例が増える.

目違いの役割は中世前半にははずれを防ぐ程度であったが, 中世後半には見え掛りの改善に用いられるようになる. 円教寺食堂切目長押継手は見え掛かる二面の表面に寄せて L 字形の矩折目違いを付し, 捩れなどによる継目の段差を抑え, 縮みに対して隙間が見通せないように配慮している（図 5.5-22）. 本項の冒頭に紹介した圓成寺本堂天井長押下端の留めに付された目違いも, 同様の意味をもつ. 同堂の柱・鴨居仕口は従来の大入れに替え, コの字形の箱目違い（箱状の入輪）が用いられている（図 5.5-23）. 大入れでは鴨居の変形によって継目に大きな隙間ができる可能性があるが, 箱目違いでは目違いの幅内での変形に納まり, 隙間を抑えるものとなる. 海住山寺文殊堂や木幡神社楼門（栃木県, 室町中期）など, 枠肘木では相欠きに入輪を合成した仕口が登場する（図 5.5-16・24）. この仕口は, 相欠きの上半, 下半での継目の向き違いを隠し, 仕口の緩みを抑える意味をもつものであろう.

留めを見え掛かる二面, 三面にめぐらせる仕口も発達し, 上端, 側の二面に留めを回す例には圓成寺本堂天井長押がある（図 5.5-25）. この仕口の下端の留めは勝ち負けのないことを表す留めであるが, 側面の留めは, 木口を隠しているともいえる. 中世後半には, 継目を接合材の稜角に重ね, 木口を隠す意図がより明

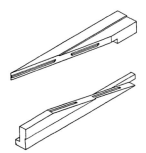

図 5.5-20 明王院五重塔, 茅負 ［出典：文献 1］

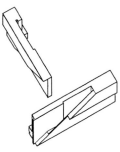

図 5.5-21 円教寺食堂, 茅負 ［出典：文献 1］

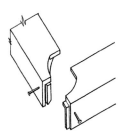

図 5.5-22 円教寺食堂, 切目長押 ［出典：文献 1］

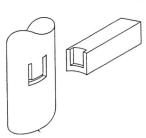

図 5.5-23 圓成寺本堂, 柱・鴨居 ［出典：文献 1］

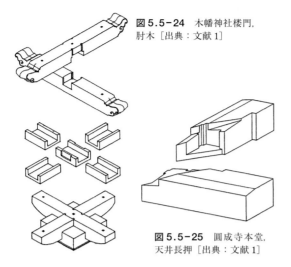

図 5.5–24 木幡神社楼門，肘木［出典：文献 1］

図 5.5–25 圓成寺本堂，天井長押［出典：文献 1］

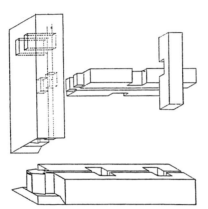

図 5.5–26 法隆寺聖霊院，蔀戸框（室町後補）［出典：文献 18］

確な例が現れる．法隆寺聖霊院蔀戸框のうち室町時代の後補の仕口はその好例で，端燕や雛留めに繋がる技法である（図 5.5–26）．また，冒頭に記した「鼻咬留め」のような，継目に対する細やかな工夫など，中世後半の造作材仕口からは見え掛りに対する繊細な意識がうかがわれる．

中世前半に横架材同士を固めるために用いられた蟻の場合にも，中世後半には化粧材であることを意識した技法が現れる．久安寺楼門頭貫など木鼻付き頭貫の隅仕口や桁の隅仕口を相欠きとし，その木鼻側に蟻を合成する仕口である（図 5.5–27）．これは，相欠きの大きな欠きによって，先端に押えのない木鼻が反るなどゆがむことを，蟻によって防ぐ意図と推測される．なお蟻については，中世後半に木負（中世前半は目違継ぎ），化粧木舞など限られた部材に蟻継ぎの使用が始まる（図 5.5–28）．木負の継手は地垂木幅のあたる

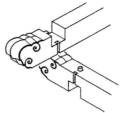

図 5.5–27 久安寺楼門，頭貫［出典：文献 1］

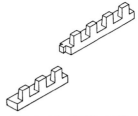

図 5.5–28 明王院五重塔，木負［出典：文献 1］

見え隠れに納めるのだが，その箇所は，飛檐垂木が掛かるため成（厚み）が薄く，継手長さが十分にとれないために，鎌継ぎとせず，短い蟻継ぎが採用されたのではないか．

d．中世後半から近世へ

中世後半には略鎌や目違いなどの基本形がそれ以前とは別の意味，役割に用いられるという変化が認められたが，中世から近世への変化では，基本形の意味，役割に関する変化は生じていない．むしろ，中世後半の見え掛りを目的とする技法の延長で，より複雑精緻な継手，仕口が発展したこと，架構の変化にともなって，既存の技法である柄指鼻栓・込栓，竿車知などを応用する継手，仕口が発達したことに特徴がある．架構の変化とは，梁組の上に束と桁行，梁行との高さを違えた貫の整然とした立体格子を組み，小屋の規模に応じてその構成を二重，三重と重ねる小屋組形式；桔木，丸桁桔，出梁，力垂木など複数の桔木類；入側などの柱を建て登らせて小屋梁に届かせ，その中間を，虹梁，指梁，指鴨居などで繋ぎ，足元を指足固（柱へ指付けて接合する足固），土台，割土台などによって固める軸組；肘木尻や尾垂木尻を小屋束へ繋ぐなどの変化であった（図 5.5–29，文献 13〜15）．

まず造作材では，室町後期から，車知栓や埋栓（金輪継ぎなどで組んだ後に残る穴を埋め，継手を固める栓を埋栓というものとした，図 5.5–18 もその例）などを用いる継手，仕口が，少なからずみられるようになる．早い例では，圓成寺本堂長押の埋栓，本蓮寺本堂（岡山県，明応元年/1492）長押の車知栓を用いた継手がある（図 5.5–30・31）．これらは見え掛りを突付けや殺ぎに見せ，継目がずれないように目違いを付し，見え隠れに車知栓や埋栓を用い，固める継手である．見え掛かる二面ないし三面を突付け，殺ぎ，留めなど直線の継目とし，見え隠れに車知栓，埋栓などを使って引き寄せる継手や仕口は，概して「箱」と称さ

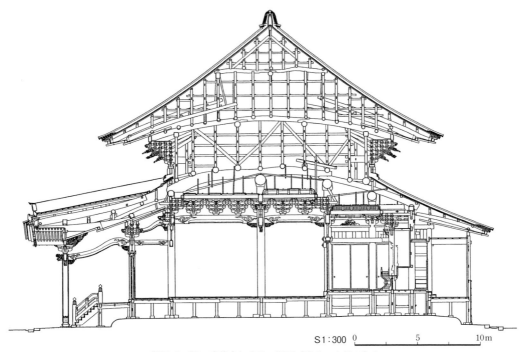

図 5.5-29 專修寺如来堂，断面［出典：文献 23］

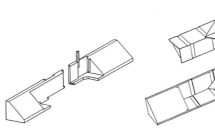

図 5.5-30 圓成寺本堂，内法長押［出典：文献 1］

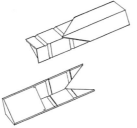

図 5.5-31 本蓮寺本堂，長押［出典：文献 1］

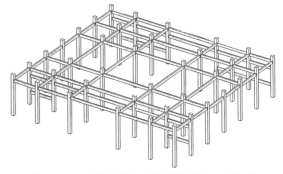

図 5.5-32 寶林寺仏殿，軸組架構［出典：文献 5］

れ，さまざまなかたちが考案されている．この種の継手は，天井竿縁，茅負，縁框，実肘木などにもみられる．精度の求められる，木柄の細い材に対して，直接に材自体を槌で打つことなく，車知栓や埋栓を打って材を引き寄せて継目を合わせる技法である．

一方，軸組をはじめとする構造では，野材のみならず化粧材でも太い横架材の先端を柄につくり，柱，束に指し込んだ柄を，鼻栓，込栓，車知栓などによって固定するさまざまな仕口が発達した．それらを総称して指付け技法，またその太い横架材を総称として指物とよびたい（文献 5・6）．それらは中世寺院ではどちらかといえば，野材に用いられていた仕口であったが，中世末から近世初めに化粧材へも用いる傾向が強

まり，軸組の構造にかかわる重要な技法となった．寶林寺仏殿（静岡県，寛文 7 年/1667）は飛貫，内法貫，腰貫の高さに指物の入る架構で，仕口は竿車知継ぎ，柄指込栓，雇鎌など指付けの仕口である（図 5.5-32）．以下では指付けの近世的な仕口を取り上げる．

入輪は前述のように見え掛り上の意味をもつが，傳香寺本堂（奈良県，天正 13 年/1585）小屋束・母屋仕口には『匠家雛形 増補初心伝』（文献 16）に記された「かかへ仕込」（抱え仕込み）がみられ（図 5.5-33），野材の仕口でもあることから，この仕口の柄の下端に付けられた入輪は柄への荷重集中を避けるためのもの

5.5 接合部・金具　365

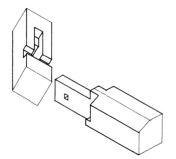

図 5.5-33　傳香寺本堂, 小屋束・母屋 [出典：文献 1]

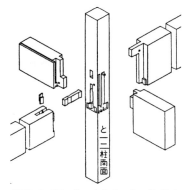

図 5.5-35　豊田家住宅, 柱・指鴨居
[出典：文献 25]

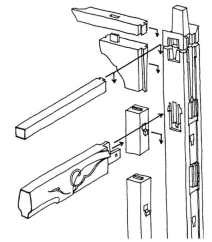

図 5.5-34　寶林寺仏殿, 柱・虹梁 [出典：文献 24]

であろう．指付けの仕口では，入輪は，見え掛りと，柄の補強という二重の意味をもつ場合がある．寶林寺仏殿柱・虹梁のような，箱目違いと柄指込栓を合成した仕口「香の図」は，その一例である（図 5.5-34）．
　醍醐寺如意輪堂（京都府, 慶長 11 年/1606）柱・繋虹梁には，文化財修理工事報告書によれば「引独鈷車知栓止め」という雇材による指付け技法が使われている．同報告書写真と名称から柱に寄蟻で取り付ける雇材の他端を竿車知として虹梁を繋ぐ仕口「雇柄」と思われる．豊田家住宅（奈良県, 寛文 2 年/1662）指鴨居にも，雇柄が用いられ，またこの柱・指鴨居仕口は「四方指」の例でもある（図 5.5-35）．
　これら指付けの仕口は，指物の太さと形，三方指など取り付く指物の数，それらの納まる高さの違い，指し込む順，面する部屋の格式などによって，指付けに使う基本形（柄，栓・車知・楔，入輪，略鎌，蟻）をどう組み合わせ，柱内での交差部をどう欠くかが応用的に考えられ，そのかたちは一様ではない．近世の継手，仕口にみられるこのような複雑な形は工具の発達

と連動してのことであっただろう．
　近世の持出継ぎでは追掛継ぎなどに比べ強度の低い腰掛鎌継ぎや腰掛蟻継ぎが用いられるようになる．この腰掛けは持ち出して継ぐときに鎌や蟻にのみ荷重が集中しないための受けである．腰掛蟻継ぎの早い例は，慈照寺東求堂（京都府, 文明 17 年/1485）頭繋ぎ（荷重を受けていない小屋材）にみられ，腰掛鎌継ぎは彦根城天守（滋賀県, 慶長 11 年/1606）桁などに例がある．ただ，腰掛蟻継ぎは明治期の『日本家屋構造』（文献 17）でも「仮建物の桁，母屋等に用いらる」というほどの継手である．腰掛蟻継ぎは追掛継ぎなどよりも容易に制作でき，使う場所，仕様レベルを選んで使い分ける考え方を示唆する継手である．　　　[源 愛日児]

■文　献
(1) 文化財建造物保存技術協会編・発行『文化財建造物伝統技法集成』1986.
(2) 佐久間田之助『日本建築工作法』槇書店, 1950.
(3) 源 愛日児「ジョイント」『現代建築の発想』丸善出版, 1989.
(4) 木村法光『正倉院の木工品に見る接合技法について』正倉院事務所編『正倉院の木工』日本経済新聞社, 1978.
(5) 源 愛日児・モリスマーティンノーマン・後藤 治・大野 敏・堀江 亨『指物（指付け技法）の変遷過程と歴史的木造架構の類型化に関する研究』科学研究費補助金研究成果報告書, 2005.
(6) 源 愛日児「指物架構の類型とその成立過程」所収前掲『指物（指付け技法）の変遷過程と歴史的木造架構の類型化に関する研究』.
(7) 田中 淡訳編『中国建築の歴史』平凡社, 1981.
(8) 岩楯 保「鎌継形式の時代的変遷について その 1」建築学会中国九州支部研究報告, 第 3 号, 1975.
(9) 藤井恵介『日本建築のレトリック 組物を見る』INAX, 1994.
(10) 大森健二『社寺建築の技術』理工学社, 1998.
(11) 杉山英男・西浦忠輝「古建築構造材の力学的研究」『自然科学の手法による遺跡・古文化財等の研究』1980 など.

(12) 源 愛日児「中世遺構にみる略鎌系継手,仕口の変遷に関する研究」日本建築学会計画系論文報告集 356 号,1985.
(13) 服部文男「近世の建築技法」『文化財講座 日本の建築 4 近世 1』第一法規,1976.
(14) 岡田英男「中世から近世への建築技術の変化と特質」『近世社寺建築の研究 第三号』奈良国立文化財研究所,1992.
(15) 領家堯之「継手・仕口について」所収前掲『近世社寺建築の研究第三号』.
(16) 石川七郎左衛門重甫『匠家雛形 増補初心伝』須原屋,文化 9 年 /1812.
(17) 斎藤兵次郎『日本家屋構造』信友堂,1904.
(18) 法隆寺国宝保存工事事務所編集発行『法聖寺国宝保存工事報告書第十二冊・国宝法隆寺聖霊院修理工事報告』1955.
(19) 浄土寺阿弥陀堂・露滴庵及び中門修理委員会編集発行『重要文化財浄土寺阿弥陀堂・露滴庵及び中門修理工事報告書』1970.
(20) 奈良文化財保存事務所編集発行『重要文化財興福寺大湯屋・国宝同北円堂修理工事報告書』1966.
(21) 内田祥哉 他『在来構法の研究』住宅総合研究財団,1993.
(22) 滋賀県国宝石津寺建造物修理出張所編集発行『国宝石津寺本堂修理工事報告』1939.
(23) 文化財建造物保存技術協会編『重要文化財専修寺如来堂修理工事報告書』専修寺,1990.
(24) 文化財建造物保存技術協会編『重要文化財寶林寺仏殿・方丈修理工事報告書』重要文化財寶林寺仏殿・方丈保存修理委員会,1990.
(25) 奈良県文化財保存事務所編『重要文化財豊田家住宅修理工事報告書』奈良県教育委員会,1976.

5.5.2 接合部金具：釘・鎹

釘・鎹は,法隆寺において既に使用され,古来より重要な建築材料である.和釘(図 5.5-36)は,明治初期までは一般に流通していた釘であったが,大量生産が可能で廉価な洋釘の輸入が開始されると,明治 25 年(1892)頃には和釘の時代は終焉した(文献1).しかし和釘は,木材に楔のように喰い込む独特の四角錐の胴部と,錆びにくい性質をもち,耐久性に優れ,

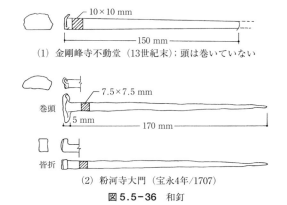

(1) 金剛峰寺不動堂(13世紀末);頭は巻いていない

(2) 粉河寺大門(宝永4年/1707)

図 5.5-36 和釘

かつては火事場跡の釘拾いや,釘直しが職業として成立していた.

a. 和釘の再利用率の高さ

重要文化財粉河寺大門(和歌山県粉河,宝永 4 年 /1754)の保存修理工事では,解体した釘のうち 6 割を再利用できた.大門では約 3 万本の和釘が使用され,軒面積 1 m^2 あたり 113 本,木材 1 m^3 あたり 105 本となる.釘長さは,首下 8 分(約 24 mm),1 寸(約 3 cm),1.2 寸,1.5 寸,1.8 寸,2 寸以上は 5 分刻みに 7 寸までであり,頭の形は巻頭と一部に皆折がある.高い再用率は,錆びにくい鉄の性質と,和釘の形状による.

b. 錆びにくい釘をつくる (図 5.5-37,表 5.5-1)

大門の和釘は純度の高い鉄からできている.純粋な鉄に近いほど錆びにくいが,現代の鉄には添加物が意外に多い(文献2).また鉄の硬度は炭素量によるが,大門の釘は,炭素量の多い硬い部分と,少ない軟らかい部分が層状に重なった,硬さとしなやかさを併せもつ構造であった.大門で補足した和釘の製作では,添加物および不純物の少ない工業用純鉄を用い,炭素量は,薬師寺の釘製作を参考に 0.1 ％ とした(文献3).

江戸期の製釘法は,板状の地金または古鎌を,鏨で細い棒状の「小割」に切り割って釘をつくっていたというが(文献1),大門の和釘断面の観察からも,そのことが裏付けられた.また中世の釘には層状の組織はみられず,製釘法に変化があったことが推察できる.

c. 和釘の解体と施工法,鎹の形状について
(図 5.5-38・39)

和釘は四角錐なので,専用の釘抜きを用いればきれいに解体ができ,鉄が軟らかいため変形を直すことも容易である.変形を直す際,特に鎹のツメの角度には注意が必要である(図 5.5-40).古建築の技術は,現代では再現不可能なものもある.修理に際し,少しでも多くの部材を使い続けることに留意したい.

[鳴海祥博・鈴木徳子]

■ 文 献
(1) 安田善三郎『釘』安田善三郎(非売品),1917.
(2) 井垣謙三「古代上質鉄の探求」古文化財之科学,第 29 号,1984.
(3) 白鷹幸伯「生鉄,半硬鋼,鋼,鋳物のはなし(3 の章)」『鉄,千年の命』草思社,1997.
(4) 吉岡勇蔵『昭和 51 年度木工技能研修講義録』.

5.5 接合部・金具

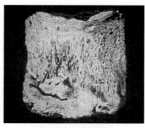
(1) 不動堂釘断面

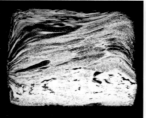
(2) 大門釘断面

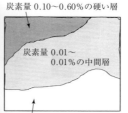

図5.5-37 和釘断面：不動堂の釘の組織は全体に均質である．大門では組織は層状を成し，両側面には切断された組織の流れがみられる．[提供：大阪精工株式会社]

表5.5-1 鉄の成分分析 [提供：株式会社神戸製鋼所]

種類	炭素	ケイ素	マンガン	リン	硫黄	銅	ニッケル	クロム	モリブデン	アルミニウム
大門の和釘	0.13	0.06	< 0.01	0.049	0.006	0.01	< 0.01	< 0.01	< 0.01	0.025
従来の角釘	0.14	0.22	0.36	0.026	0.044	0.31	0.14	0.15	0.02	0.002
市販の丸釘	0.10	0.20	0.57	0.019	0.019	0.06	0.03	0.06	0.00	0.004
工業用純鉄	≤ 0.02	≤ 0.03	0.20〜0.30	≤ 0.03	≤ 0.03	≤ 0.25	≤ 0.15	≤ 0.15	−	−

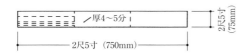

図5.5-38 釘の地金を小割りする法：釘の地金「長割」は金物屋で買う．焼いては鏨で切り，1/3ないしは1/4ずつ小割にする．農村などでは古鎌から取った．[出典：文献1]

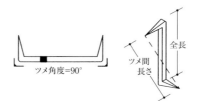

図5.5-40 鎹のツメの角度：2材を「強く引き付ける」には，平鎹は外側で直角につくり，手違い鎹の場合は全長とツメ間の長さを等しくするとよい．

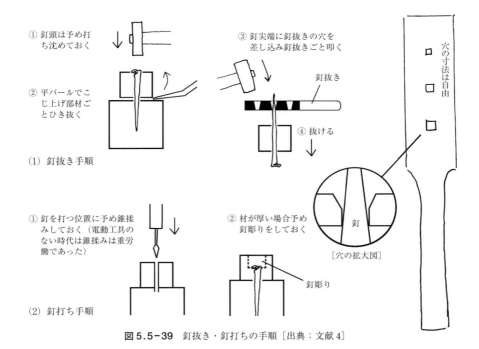

図5.5-39 釘抜き・釘打ちの手順 [出典：文献4]

5.5.3 装飾用金具

　建築を装飾する金具を飾金具とよび，錺金具と表記することもある．飾金具は金，銀，銅，錫，鉄などを単独の素材として用いる場合と，合金を素材とする場合があり，素材がもつ金属の特性を利用した製作技法，すなわち金属の溶解性を利用した鋳金（鋳造），金属の展延性を利用した鍛金（鍛造），金属の削穿性を利用した彫金の各技法を使い分けて製作される．古代の史料である『興福寺西金堂造佛所作物帳』（文献1）などに銅工・鐵（鉄）工が，『延喜式』に鍛冶工・鋳（鋳）工・鐵工などの職工名がみられるが，これらの職工名は素材，技法の違いが反映されている．

　一方，『造法華寺金堂所解』（文献2）にみられる物作工・火作工・真作工・砥磨工・堺打工・金泥工・魚子打工・熨金工・打金薄工などの職工名は飾金具の製作工程に携わる職工名であり，古代における飾金具製作がすでに分業体制で行われていたことがわかる．

　さて，飾金具というと建築を彩る役割，すなわち建築の荘厳性や意匠性を高めるものと考えられがちである．しかし，扉金具や襖引手金具のように実用的なものや，部材端部の木部を保護するもの（垂木木口金具，貫木口金具など），建築部材の納まり上の不都合を補填するもの（長押隅金具，格縁辻金具など），さらには長押や扉板材などの止釘を隠蔽するもの（六葉金具，唄金具など）などがあるように，金具は本来実用的な機能をもつもので，次第に飾金具とよばれるに相応しい造形意匠を兼ね備えるようになったと理解すべきである．ここでは，金具の取付き位置や，金具の意匠，製作技法の具体に注目して，飾金具の歴史的展開をみることにする．

　では，古代の寺院建築において飾金具はどこに取り付いているのであろうか．まず，法隆寺金堂（奈良県）では隅木と尾垂木の木口や破風板に透かし文様の金具が，同五重塔では隅木，尾垂木に加え垂木，縁高欄の木口に同様の金具が取り付いている（図5.5-41）．垂木木口金具は玉虫厨子，平等院鳳凰堂中堂（京都府），中尊寺金色堂（岩手県）などにもみられ，やはり透かし文様を表した金具となっている．さらに大官大寺講堂跡（奈良県）出土の隅木木口金具，本薬師寺跡（奈良県）出土および阿弥陀浄土院跡（奈良県）出土などの垂木木口金具があり，いずれも透かし文様の金具である．

図5.5-41　法隆寺五重塔軒まわり木口金具（奈良県，建物は飛鳥時代）：昭和修理時に金堂金具にならい製作．［撮影：筆者］

　これらを製作技法からみると，鋳造製（素材は青銅ないしは銅．法隆寺金堂，平等院鳳凰堂中堂，大官大寺など）と鍛造製（素材は銅で板状．玉虫厨子，中尊寺金色堂など）とに二分される．鋳造製と鍛造製の違いはあるものの，古代における垂木木口金具は，忍冬唐草文様，宝相華唐草文様などを透かしている点で共通しており，鎌倉時代以降の飾金具のほとんどが，銅板（鍛造）製の表面全体に鏨で文様が彫金されている点と大きく異なっている．

　ところで，木材の風化，腐朽は部材の木口から進行する．軒先位置である垂木木口を保護するための木口瓦が中国，韓国，日本などで出土していることからわかるように，早くから部材保護の観点からその対策が図られていた．古代の垂木木口金具が透かし金具となっているということは，これらが寺院などの中心的建物を荘厳することに主眼が置かれ製作されたとみてよいであろう．

　中世に入ると，新たな建築様式が導入されたこともあり，建築を荘厳する装飾手法の採用は目立たなくなる．その中で，和様建築の内陣，とりわけ須弥壇，厨子まわりは，平安時代からの荘厳意図が継承され，飾金具，

図5.5-42　浄妙寺本堂須弥壇金具（和歌山県，鎌倉時代後期）：須弥壇・高欄要所の金具は銅製金鍍金の出八双形金具．格狭間の飾り板は裏からの打出し．［撮影：筆者］

漆塗（蒔絵，螺鈿，木目塗など）などの装飾手法で荘厳された建築遺構がある．金剛峯寺不動堂（和歌山県），浄妙寺本堂（和歌山県，図5.5-42）の須弥壇はその代表例で，飾金具と木目塗を採用している点で共通する．この時代の飾金具は，地金である銅板全面に宝相華文や蓮華文などを毛彫り，蹴彫りで線彫りした比較的穏やかな意匠となる．ところが，木目塗，螺鈿を採用している点で浄妙寺本堂須弥壇と共通する千體寺厨子（奈良県）の出八双金具は，肉合彫りを取り入れ宝相華文を彫金している（図5.5-43）．近世に入り花開

く飾金具の多様な展開に先行する金具といえる．

近世に入ると，飾金具は意匠，製作技法の両面で趣向を大きく変え，随所に金具が取り付くようになり，建築装飾面での一翼を担うようになる．この意匠，製作技法の変化の大きさ，内容は飾金具に限らず造形世界全般にいえることで，いわば時代がもつ表現の指向性が当時の建築や美術工芸品に現れている．その指向性とは，表現におけるモチーフの多様化と，立体的表現技法の採用であり，近世建築の装飾要素をこの点から注目すると，木彫，漆塗，彩色，金工といった装飾手法・技法の変化を理解することができる．この具体を飾金具でみていこう．

変化の様相は，近世初頭の画期的建築といってよい御殿建築，霊廟建築などに如実に現れている．まず彫金文様の造形要素として，宝相華文，蓮華文，鳳凰，唐獅子などに加え，実在する動植物といった具象的図柄や多様な幾何学的文様が現れ，これらを巧みに組み合わせた華麗な金具が出現する．また，豪華さを強調するための彫金技法，すなわち鋤彫り，肉彫り，肉合彫りといった立体的な金具を生み出せる技法が採用され，さらに七宝を施した金具も増加する．複数の地板

図 5.5-43 千體寺紫檀塗螺鈿厨子基壇上框金具（奈良県，鎌倉時代）：銅製金鍍金・墨差し．［撮影：筆者］

図 5.5-44 名古屋城本丸御殿御成書院（上洛殿）長押金具拓本（愛知県，部分）：釘隠を兼ねるもので，建物は戦災で焼失．［撮影：筆者］

図 5.5-45 二条城二の丸御殿黒書院帳台構際内法長押金具（京都府，寛永3年）：銅製重ね金具の上板は金鍍金・墨差し，下板は銀鍍金．［撮影：筆者］

図 5.5-46 二条城二の丸御殿遠侍勅使の間帳台構框金具（京都府，部分，寛永3年）：銅製金鍍金．文様背景の「地」は細密な石目魚々子打ちで墨差し．［撮影：筆者］

図 5.5-47 名古屋城本丸御殿対面所襖引手金具（愛知県，慶長19年）：五つの部品からなる銅製の組合せ金具．金鍍金・墨差し．［撮影：筆者］

図 5.5-48 名古屋城本丸御殿御成書院（上洛殿）襖引手金具（愛知県，寛永11年）：銅製金鍍金・墨差しで，引手底板と座金に七宝技法を用いる．［撮影：筆者］

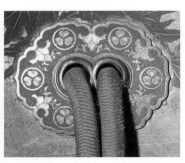

図 5.5-49 二条城二の丸御殿遠侍勅使の間帳台構引手座金具（京都府，寛永3年）：四つの部品からなり，銅製金鍍金・墨差し．［撮影：筆者］

図 5.5-50 妙義神社本殿内法長押金具（群馬県，宝暦 6 年）：三つの部品からなり，銅製金鍍金・墨差し．割りピン状の唄頭で一体とする．［撮影：筆者］

を重ねた金具が出現するのも近世に入ってからのことで，重ね金具の装飾効果を上げるため，透かし彫りが再び現れ，金鍍金，銀鍍金，煮黒目などの異なる地金色揚げ手法を取り入れた組合せ金具も出現する．このような飾金具の典型に，都久夫須麻神社本殿（滋賀県），名古屋城本丸御殿（愛知県，図 5.5-44），二条城二の丸御殿（京都府，図 5.5-45・46）などの長押や張台構などを飾る熨斗形金具がある．一方，襖などの引手金具の造形意匠も発達する．その典型も名古屋城本丸御殿（図 5.5-47・48），二条城二の丸御殿（図 5.5-49）にみられる．

以上のように，近世初頭における飾金具の具体をみれば，安土城天守（滋賀県），聚楽第（京都府），名古屋城御殿を失った今日，二条城二の丸御殿は，日光東照宮（栃木県）建築とともに，装飾建築の画期を示す建築遺構といってよい．寛永度造替の日光東照宮建築は，その後，装飾要素が多い寺社建築に大きな影響を及ぼすものの（図 5.5-50），寺社系の飾金具は次第に幾何学的文様を線彫りで表したものが主体となり，初期の造形的勢いは減少の歩をたどる．一方，桂離宮（京都府）を契機として展開する数寄屋系建築では，自由闊達，かつ近代的な造形要素を備えた釘隠金具，引手金具などが製作されるようになり，新たな意匠美をもつ金具として庶民層にも普及し，近代を迎える．

［窪寺 茂］

■文 献
(1) 福山敏男『日本建築史の研究』桑名文星堂，1943．
(2) 竹内理三編『寧楽遺文 下巻』東京堂，1944．

5.5.4 扉 金 具

扉金具には扉を支持する金具と戸締り用の金具などがあり，その形式，形状は扉の開閉方式と連関する．鉄，銅，青銅，真鍮などを素材とし，主に鍛造，鋳造でつくられ，接合は蝋付け，かしめ，沸かし接合が古来より用いられている．

扉の片側を軸にして開閉される板扉，桟唐戸などでは軸摺木部を補強するための軸摺金具が上下に付けられる．円筒を釘止めしたものが初期的で，これに柄を付け強度を上げたものをその形状から柄杓金具とよび，柄の部分でも扉と釘止めされる．軸受穴の周囲にも木部保護用の金具が備えられることが多い．

軸元の木部は扉の回転や，経年の風圧による振動で亀裂が生じやすい．軸元の上下に打たれる八双金具は，元来これを防ぐための補強金具で，奈良時代にすでに現れている．形状は出八双と入八双があり前者が先行する．法隆寺綱封蔵（奈良県）の出八双金具は青銅鋳造製で，奈良時代の形式を伝えるものといわれている（文献 1）．浄瑠璃寺三重塔（京都府）の軸摺金具は柄杓金具形式（鍛鉄製）で，軸元，軸受の双方に補強金具が備わっている（図 5.5-51）．

回転式扉を，柱や無目鴨居などに取り付ける金具を吊金具，蝶番金具などとよび，環金具を吊元の木部と扉の双方に打ち付け，軸棒を差し込み両者を結合する．

図 5.5-51 浄瑠璃寺三重塔初重扉金具（京都府，平安時代後期）：出八双，軸摺金具とも鍛鉄製で仕上げ塗装は焼漆か．［撮影：筆者］

図 5.5-52 法隆寺普門院表門扉吊金具（奈良県，正徳 2 年）：鍛鉄製焼漆塗装．入八双金具は構造的機能がない飾り．［撮影：筆者］

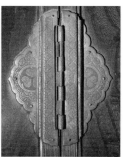

図 5.5-53 仙台東照宮内陣正面板扉金具（宮城県，寛文頃）：銅製金鍍金．［撮影：筆者］

5.5 接合部・金具

図5.5-54 浄瑠璃寺三重塔初重扉金具（京都府，平安時代後期）：右が鍛鉄製の落とし猿で，仕上げ塗装は焼漆か．[撮影：筆者]

図5.5-55 尾崎神社拝殿蔀戸戸締り金具（石川県，建物・寛永20年）：外開き蔀戸の横猿金具で鍛鉄製焼漆塗装（製作年代不詳）．[撮影：筆者]

図5.5-56 日光東照宮奥社銅神庫箱錠（栃木県，建物・承応3年）：鍛鉄製焼漆塗装（製作年代不詳），中（ばね付き），下が一体となる箱錠で，上は鍵．[撮影：筆者]

図5.5-57 富士山本宮浅間神社本殿樽形錠金具（静岡県，建物・伝慶長9年）：銅製金鍍金（製作年代不詳），施錠原理はばね形式．[撮影：筆者]

図5.5-58 堀内家住宅主屋引違戸戸締り金具（長野県，江戸後期）：鍛鉄製焼漆塗装．門棒をスライドさせて施錠する．[撮影：筆者]

図5.5-59 樗谿神社幣殿引違戸戸締り金具（鳥取県，慶安3年）：鍛鉄製焼漆塗装．ばね形式で専用の鍵を用いて開錠する．[撮影：筆者]

扉規模が大きい場合は，頑丈な肘壺金具（図5.5-52）を用いる．諸折戸を構成する個々の扉を結合する際も蝶番金具が用いられ，板扉ではこれが飾金具化する（図5.5-53）．桟唐戸の場合はその形状から蜻蛉金具ともよばれる．

戸締り金具のうち，扉側から敷鴨居や柱などに棒状のものを差し込み戸締りとするものを枢とよび，「くるり」「くろろ」「猿」などともよばれる．猿では上方に向けて差し込むものを上げ猿，下方に向けるものを落とし猿（図5.5-54），横方向に向けるものを横猿（図5.5-55）とよぶ．

両開き戸の戸締りは，中央に打掛けや箱錠（図5.5-56），海老錠，樽形錠（図5.5-57）などを備える．箱錠，海老錠などの施錠の原理は板ばねを利用した単純なもので，錠の横から鍵を差し込み，板ばねを狭めて開錠する．

引違戸の場合，門棒を一方の縦框の側面に差し込む方法（図5.5-58）と，召合せ位置の双方の框を貫くように門棒を差し込む方法（図5.5-59）などがあり，江戸時代に入るとさまざまな形状，形式のものが考案されるようになる．

図5.5-60 明治期の個人住宅の文庫蔵錠前飾板（長野県，明治11年）：銅製（色揚げは不詳）．巾着を象った地板に宝尽くし文様などを彫金している．[撮影：筆者]

図5.5-60は蔵の錠前飾板で，宝尽くし文や鶴亀，大黒天など，富と繁盛を表徴する図像を彫金することが江戸時代後半から流行し，一見鍵穴がわからないようなからくりが加えられているものもある．

[窪寺 茂]

■文 献

(1) 奈良県教育委員会編・発行『法隆寺網封蔵修理工事報告書』1966．

第6章

建 築 生 産

6.1 生産組織

6.1.1 営繕組織

a. 古代の律令制下の営繕組織

奈良時代は，律令制のもとで官僚組織により管理・経営から施工までの全体が行われた．8世紀の建設官司には，造京司・造寺司・造宮省・木工寮などが存在したが，9世紀初頭までに木工寮が主導の地位を固めた．また，主として修理事業を担うべく修理職が設けられ，9世紀末以降は常設されて木工寮と並立した．しかし，律令制の崩壊が決定的となる10世紀以後は，造国・所課国制により各国国衙へ造営を負担させるようになり，木工寮・修理職は国衙工房の集合体を統括し，技術的な指導などを行う立場に変化した．

人員構成をみると，木工寮・修理職など諸建設官司は長官・次官・判官・主典の四等官を軸とし，これに下部職員の史生，領（将領），算師を加えた人員で事務系官僚組織が構成された．加えて，大工（少工），長上工，番上工の3階層からなる技術者集団が存在し，その下に仕丁や飛騨工などの赴役民が存在した．

b. 中世の営繕組織

中世には古代のような国家的規模の営繕組織は存在しなかった．律令制下の造寺司は縮小されて造寺所となり，次第に寺僧の経営する寺院工房となるが，特に11世紀以後は寺領荘園を経済基盤とする中世的な修理所へと変貌した．工匠たちは，特定の権門寺社と寄人・神人関係を結ぶ小工匠集団の集合体として存在し，大工―引頭（いんとう，いんどう）―長（ちょう，おとな）―連（れん，つれ）からなる労働組織を編成した．

中世後期になると，室町幕府や戦国大名は有力工匠を属僚化して職制内に位置づけた．室町幕府の作事組織は作事惣奉行とその下で奉公衆が勤める作事奉行衆からなり，奉公衆の中から作事奉行・普請奉行を世襲する家が現れ，「御作事方」として職制中に位置づけられた．また技術系の職制は，御大工，棟梁，番匠（ばんじょう，ばんしょう）という3階層に分かれていた．

c. 近世の幕藩体制下の営繕組織

江戸幕府においては，土木工事を普請方が，建築工事は作事方，小普請方の各役所が担当した．作事方は寛永9年（1632）に，普請方に組み込まれていた建築担当組織を母体に成立し，主に大規模建築の造営を行った．一方，小普請方は修理を主な業務とした破損奉行を前身とするもので，17世紀後半以降に成立した．

作事方の技術系の職制は，御大工頭を筆頭に大工棟梁，大工肝煎，絵図師，物書などからなる（図6.1-1）．御大工頭を世襲した四家のうち鈴木，木原，片山の三家は，江戸にいて関東一円の作事を管轄したが，中井家は京大工頭とよばれ，京にあって五畿近江六か国の建築業務を管轄した．京の組織は江戸とは呼称などに違いがあり，京大工頭の下に御扶持人棟梁，頭棟梁，並棟梁などの棟梁組織が編成された（図6.1-2）．

小普請方の組織も作事方とほぼ同じ構成と考えられるが，当初は小普請方大工棟梁には専属の者はなく，作事方大工棟梁が交替で出向していた．しかし後に小普請方定棟梁とよばれる専属の棟梁が置かれ，世襲されるようになった．

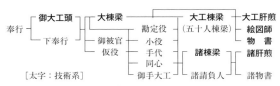

図6.1-1 作事方の職制［出典：文献1］

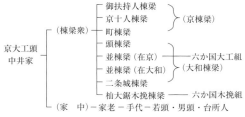

図6.1-2 元禄5年の中井家大工支配［出典：文献3］

■ 文　献

(1) 田辺 泰・渡辺保忠「建築生産（3-12）」『建築学大系 4-I 日本建築史』彰国社，1957.
(2) 永井規男「歴史のなかの建築生産システム」『新建築学大系 44 建築生産システム』彰国社，1982.
(3) 谷 直樹『中井家大工支配の研究』思文閣出版，1992.
(4) 吉田純一「幕藩体制と生産組織（Ⅲ-1-2-3）」『新建築学大系 2 日本建築史』彰国社，1999.

6.1.2 工匠（木工）

a. 律令制下の工匠

現在，大工と称される木造建造物を建てる工匠は，古代・中世には木工（こだくみ）または番匠とよばれた．大工は元々「おおいたくみ」と訓じ，律令制度における工匠たちの指導的地位の官職であり，奈良時代から平安時代にかけて主要な建設官司であった木工寮・修理職の技術系の最高指導者は，それぞれ木工大工・修理大工とよばれた．これらの官司では，大工・少工の上層官工が本部組織で設計や技術指導を，長上工が各現場の技術指導を行い，下部労働力に番上工や仕丁や飛騨工などの赴役民が存在した．

b. 中世の工匠（図6.1-3）

律令制度の崩壊が決定的となる11世紀以降は，上層官工は弟子をもって小工匠集団を形成し，貴族らの私的な作事に参加するようになった．同時期の寺院工房も同様に，親方―弟子の関係に基づく小工匠集団で構成され，大規模な作事ではこうした集団が技能労働の単位として結合し，「大工―長（ちょう，おとな）―連（れん，つれ）」の組織が編成された．13世紀初頭の奈良・京都では，特定の権門寺社と寄人・神人関係を結ぶ小工匠集団同士が，安定した収入の確保を目指して座を形成するに至り，複数の座が参加する工事組織には，新たに大工のもとに座ごとの統括者として引頭（いんとう，いんどう）が置かれるようになった．

13世紀中葉には，施主と工匠との相互契約に基づく施工権である大工職が成立し，広く全国的に展開した．大工職は世襲されたため，「大工―引頭―長―連」の組織は血縁による固定化を招き，大工職保有者とその一族からなる階層と，それ以外の下部組織を構成する連層とに分離していった．こうした階級的分化に際して連層を実質的に統率し，指導する立場として15世紀初頭に棟梁という職位が現れた．出現期の棟梁は大工職よりもはるかに低い地位であったが，16世紀以後は大工職と対等以上の立場で工事に参加する者が現れるようになった．

c. 戦国期～江戸時代の工匠

戦国期には，衰退した荘園領主にかわり戦国大名が直接工匠たちを属僚化し，支配するようになった．工匠たちは郡や郷の地域単位に組としてまとめられ，戦国大名が任命した有力工匠に統率された．組の統率者は前述の棟梁たちであり，座や大工職は有名無実化し，ついには織豊政権による廃止へとつながった．

江戸時代初期には，組の制度の延長上に五畿近江六か国において大工組制度が敷かれ，京大工頭中井家の支配下に置かれた．またこれと前後して工匠の自治組織としての仲間が出現し，一定数の職人株を設定して膨張する職人数を制限して既得権の確保を図った．仲間への加入資格は修練により一定の技能を身につけることだったが，株の数に限りがあるため，親方と徒弟の中間に位置する株をもたない中間職人が増大した．彼らは営業権をもつ仲間大工に雇われ，親方―職人―徒弟という労働関係を結ぶこととなった．

■文献

(1) 大河直躬『番匠』法政大学出版局，1971.
(2) 永井規男「歴史のなかの建築生産システム」『新建築学大系44 建築生産システム』彰国社，1982.
(3) 国立歴史民俗博物館編『古図にみる日本の建築』至文堂，1989.

図6.1-3 『春日権現験記絵巻模本（巻一）』（東京国立博物館所蔵，原本：延慶2年/1309）［出典：文献3］

6.1.3　その他の工匠

　日本の建築分野の工匠は，崇峻元年（588）の飛鳥寺創建時に百済王から送られた技術者（寺工・鑪盤博士・瓦博士・画工）に源流を求められる．ずっと降り康永元年（1342）の天竜寺造営では木工・瓦師・壁塗・鍛冶・檜皮師が確認できるのだが，永井規男によれば（文献5），この構成は奈良時代とほぼ変わらず，その間は職種の分化がなかった．その後15世紀に材料加工に従事する杣・大鋸引・木挽（木引，小引）が明確に専業化し，16世紀に彫刻を専門とする彫物師が木工から分出し，さらに近世には指物師や建具職などが分出した．

a. 左官（土工，泥工，壁塗）（図6.1-4）

　建築の柱間に下地をつくり土を塗り，鏝などを使用して土壁や漆喰壁を仕上げる工匠．左官の名称は近世初期以来のものだが，山田幸一によると（文献4），その語源を律令制の四等官の最下級にあたる「属（さかん）」に求める説（『大言海』（1937年）による）は信ずるに足らず，語源は不明である．古代の律令制下では左官専門職は土工とよばれ，土工司（9世紀以降は木工寮が吸収）に統括された．また，下地の作成や下塗など，特に専門的技能を要しない作業は役夫が行い，壁画仕上げにする際の上塗りは画師が行った．平安時代中期以降，左官専門職は一般に壁塗とよばれたが，塗工（壁大工），中塗工（壁塗）などに職種が細分化され，以後中世を通じて中塗り以前と上塗りとで職種が分かれるようになった．

左官専門職は近世初頭の城郭の建設ラッシュで増大したが，これを過ぎると活躍の場を町へ移し，町屋や土蔵などの比較的壁厚の薄い土壁を手がけるようになったため，次第に全工程を左官が統一施工するようになった．また江戸中期以降，土蔵の漆喰塗が一般化すると，扉に華麗な鏝絵（漆喰彫刻）を施すようになり，幕末から明治にかけて入江長八（文化12〜明治22年/1815-89）のような名人が活躍した．

b. 杣，大鋸，木挽（小引）（図6.1-5）

　杣は山で材木を伐採し，斧を用いて荒い角材に仕上げる工匠で，平安時代から東大寺の荘園などに存在したが，中世前期までは木工との分業が必ずしも明確でなく，木工自身が杣山へ入って材料加工に従事することもあった．大河直躬によれば（文献2），15世紀以前は一般に材木を加工する工匠を杣と称したが，15世紀に大工道具の発達により大鋸や小引が分化した．

　大鋸は二人用縦挽鋸の名称で，乾兼松によると（文献1），使用が認められる最古の実例は白山神社拝殿（滋賀県湖南市）の三十六歌仙の板額（永享8年/1436在銘）である．15世紀前半から大鋸を扱う工匠を「大鋸」または「大鋸引」と呼称する史料が多く現れるので，専門職としての大鋸の成立はこの時期と考えられる．またほとんど同時期に「木挽（木引，小引）」という名称も現れるが，これはガガリ（またはカガリ）とよばれる一人用の小型縦挽鋸を用いて比較的小さな材を挽き割る工匠をさす．桃山時代になると一人用の前挽鋸が出現し，近世の木挽はこれを用いた．江戸時代には，京大工頭中井氏の支配下に建築の主要な職種として杣・大鋸・木挽が所属しており，杣大鋸木挽棟

図6.1-4　壁塗（菱川師宣筆『和国諸職絵尽』，貞享2年/1685）[出典：文献8]

図6.1-5　大鋸引（『三十二番職人歌合絵巻』，室町時代）[出典：文献9]

図 6.1-6　火消しに向かう鳶（英一蝶筆『大名火消絵巻』，江戸時代）［出典：文献 10］

図 6.1-7　檜皮葺（菱川師宣筆『和国諸職絵尽』，貞享 2 年/1685）［出典：文献 8］

梁の下におかれた．また大鋸と木挽をあわせ，単に木挽と称する場合もあった．大鋸引や木挽は，近代以降，機械製材の急速な普及により職を失っていった．

c. 鳶（図 6.1-6）

土木・普請工事（地形普請とよばれる基礎工事や土蔵普請など）に携わった職人．戦国期から近世初頭の建設ラッシュ時に日用（日雇い）の単純労働力が大量かつ恒常的に必要になり，日用頭の差配の下，職能的集団として成立した．「鳶の者」「鳶職」「鳶人足」「仕事師」ともよばれ，京坂地方では「手伝い」，武家では「手間の者」とも称した．鳶という名称は，樫棒の先に鋼鉄製の鉤をつけた鳶口とよばれる道具を用いたことに由来する．鳶は基礎工事とかかわりの深い，家屋の解体・破壊にも携わったため，火消人足として建物の破壊により延焼をくい止める消火活動を広範に請け負った．町抱えの火消人足＝鳶人足は組ごとに頭取・小頭・纏持・梯子持・平（人足）から構成され，町共同体から捨銭と称する毎年の手当や出火出動時の賃銭などを得た．火消人足としての収入は本業の土木・普請工事によるものに比べればわずかなものであったが，火消しを請け負うことは，その場所を平素の本業のテリトリーとすることを意味した．

d. 檜皮葺工（檜皮師），瓦葺工，屋根葺（葺工）
（図 6.1-7）

瓦は，古代の律令制下では土工司（9 世紀以降は木工寮が吸収）や臨時建設官司の造東大寺司の造瓦所などで瓦工（瓦作・瓦師）が製造し，瓦葺工が屋根に葺いた．しかし中世から江戸中期にかけては瓦工と瓦葺工の分業は不分明であり，遠藤元男によれば（文献 6），瓦葺工が専門の職人として瓦工から分化したのは瓦葺が一般に普及し，需要の増大により注文生産から商品生産へと変わった 18 世紀以後のことであった．

一方，檜皮を屋根に葺く檜皮葺工も古代から存在し，木工寮などの建設官司に所属した．12 世紀になると檜皮葺工は職人化し，中世には木工同様，京都・奈良において檜皮葺座の形成もみられた．

檜皮葺工や瓦葺工などは屋根葺または葺工と総称されるが，特に 17 世紀までに専門職人化していた柿葺職人をさして屋根葺と称する場合もあった．

［山之内　誠］

■文　献

(1) 日本学士院編『明治前日本建築技術史』日本学術振興会，1961.
(2) 大河直躬『番匠』法政大学出版局，1971.
(3) 村松貞次郎『大工道具の歴史』岩波書店，1973.
(4) 山田幸一『壁』法政大学出版局，1981.
(5) 永井規男「歴史のなかの建築生産システム」『新建築学大系 44 建築生産システム』彰国社，1982.
(6) 遠藤元男『建築・金工職人史話』日本職人史の研究 5，雄山閣，1985.
(7) 吉田伸之「近世の身分意識と職分観念」『日本の社会史第 7 巻 社会観と世界像』岩波書店，1987.
(8) 黒川真道編『江戸風俗図絵』柏書房，1993.
(9) 森　暢編『伊勢新名所絵歌合・東北院職人歌合絵巻・鶴岡放生会職人歌合絵巻・三十二番職人歌合絵巻』新修日本絵巻物全集 28，角川書店，1979.
(10) 菊地貞夫ほか編『近世風俗図巻 第 3 巻 芸能・諸職』毎日新聞社，1974.

6.2 設計・施工方法

6.2.1 模型

建築の計画段階で模型を製作して検討することは，すでに古代から行われていた．神護景雲年中（767-770）に百万塔を納めるための小塔殿の「様（ためし）」を工匠につくらせているが，当初のものはデザインが悪いのでつくり直したことが知られている（文献4）．またさらに遡れば，崇峻元年（588）に百済王からわが国に寺工らの技術者とともに，飛鳥寺金堂の「本様」が送られたが，これも模型と考えられる．詳細な建地割（立・断面図）がつくられるのは16世紀以降であるから，ことに中世以前は模型の製作が立面構成の検討や積算業務に大きな役割を果たしたと考えられる．

a．海龍王寺五重小塔，元興寺五重小塔

海龍王寺五重小塔（奈良県，図6.2-1）および元興寺五重小塔（奈良県）は，ともに様式・技法から奈良時代の製作と考えられ，10分の1の縮尺である．覆屋内部に安置されてきたため，軒まわりの部材などが非常によく残されており，奈良時代の建築技法を知る上で貴重な資料である．海龍王寺五重小塔は，内部の構造を省略して枠板のまわりに外部の組物などを取り付けるが，外観は緻密かつ精巧につくられ，特に組物は薬師寺東塔（奈良県，天正2年/730）に酷似した技法が用いられている．

一方，元興寺五重小塔は内部まで精巧につくられているが，各部分寸法の規格がきわめて単純で工作の簡便化に最大限の考慮が払われている点に特徴があり，各国国分寺塔の普及量産との関連が指摘されている（文献2）．両塔とも，デザインを検討するための模型として製作されたのか，小塔自身が信仰の対象として製作されたのか，必ずしも明らかではない．

b．小田原城雛形

小田原城天守閣（神奈川県）の模型は4点存在し，このうち五重のものが1点，残りは三重である．三重天守閣のうち小田原市蔵（昭和37年（1962）東京大学から寄贈）のものが明治3年（1870）に取り壊された宝永3年(1706)再建天守の実施案，また他の2点(東京国立博物館蔵，大久保神社蔵，図6.2-2)はまったく同じ物で，文政元年（1818）および文政4年の修理時に再建計画としてつくられたらしい．さらに五重天守閣は当時の藩主大久保家に伝わり，天明2年（1782）の地震で傾いた後の再建計画のためにつくられたと考えられている（文献1・5）．いずれの模型も柱・梁など軸組の構成と，屋根の形状を表現することに重点が置かれており，小田原市蔵の模型が2面のみ壁を入れ

図6.2-1　海龍王寺五重小塔［撮影：筆者］

図6.2-2　小田原城天守閣模型（大久保神社蔵）
［出典：文献5］

ているほかは，壁を省略し，内部まで軸組を見せている．4点とも計画段階で意匠や構造の検討などに用いられたと考えられる． ［山之内 誠］

■文　献
(1) 藤岡通夫「小田原城天守とその模型について」建築学会論文集，27号，1942.
(2) 『大和古寺大観 第3巻 元興寺極楽坊 元興寺 大安寺 般若寺 十輪院』岩波書店，1977.
(3) 『大和古寺大観 第5巻 秋篠寺 法華寺 海龍王寺 不退寺』岩波書店，1978.
(4) 太田博太郎『日本建築の特質 日本建築史論集Ⅰ』岩波書店，1983.
(5) 八木清勝「小田原城天守考察」坪井清足・吉田 靖・平井 聖編『復元大系日本の城 2 関東』ぎょうせい，1993.

6.2.2　図　面

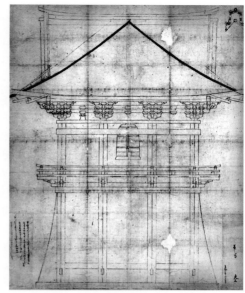

図6.2-3　善光寺造営図 鐘楼図（長野県善光寺所蔵）
［出典：文献1］

a．古代：指図の一般化

日本最古の建築図面の遺品は，奈良時代の「東大寺殿堂図」（正倉院蔵）である．これは大きな麻布に講堂と三面僧坊を描いた配置図で，全面に方眼を引いて建物の外郭線を描いている．平安時代には建築技術者による設計図とよべる遺品はないが，貴族の日記や寺院の記録に建築の平面図や配置図を載せたものが多数現れる．これらは主として宗教儀礼・行事などの記録のために各建物の柱と柱筋を描き，必要なさまざまな情報を加えたもので，「指図（差図）」「地指図」とよばれた．これらは平面図や配置図を作成することが建築技術者以外にも一般化していた傍証とみられる．

b．中世：建地割の出現と原寸引付図

鎌倉時代から室町時代には，建築技術者による配置図として「宇佐宮上宮仮殿地判指図」（宇佐神宮蔵）以下数点が確認されている．縮尺100分の1程度で，ヘラ引きした後に墨差しで柱と柱筋を描く手法が一般的であった．しかし，本格的な立・断面図を伴う例は16世紀まで降り，享禄4年（1531）の「善光寺造営図」（図6.2-3）が最も古い．以後次第に遺品も多くなるが，これらは立面の一部を断面とし，「地割」「建地割」とよばれた．濱島正士によれば（文献1），縮尺10分の1で墨差しで描かれることや，建具や小屋組などの詳細は書かれないことからみて，当時の立・断面図は大工が施工図としてつくったもので，設計者が施工者と別であったり，設計者が施主など他人に見せたりする

ためのものではなかった．詳細については，直接現場で原寸引付図を板図にして描いたと考えられる．使い終わるとその板が転用されたり処分されたりするため遺品は少ないが，奈良県五條市の御霊神社本殿（文明4年/1472）の天井板に実例が確認されている．

c．近世：分業化と図面の多様化

近世には，配置図においては一間を何分かに縮小し，その方眼をヘラや朱・墨で引いたものをベースに使用する例が多くなり，色紙を使用した貼絵図や，書絵図に淡彩を施したものが現れた．立・断面図は，縮尺が建物の規模によりさまざまにとられて施工図として使用できない100分の1の図も現れ，寸法が細かに書き込まれるようになった．また配置，立・断面図とも毛筆できれいに描かれるようになった．これは，幕府の大規模な造営などにおいて複数の大工が分担するため，他人が見て施工できる図が必要になったことによる．19世紀初頭には，分業化の進行に伴い工事の受持ち範囲が細分化されたため，設計図の種類や構成概念は現在のものと変わらない水準に広がった．

［山之内 誠］

■文　献
(1) 濱島正士「指図と建地割図について」国立歴史民俗博物館編『古図に見る日本の建築』至文堂，1989.
(2) 濱島正士『設計図が語る古建築の世界—もう一つの「建築史」』彰国社，1992.

6.2.3 枝割，六枝掛

a. 枝割の導入とその背景

枝割とは，垂木同士の心々間隔の寸法を基準として，柱配置をはじめとする建築各部の寸法を決定する設計手法をさす．

古代においては，各間が基準尺の整数倍になるように柱配置を決め，桁と柱心を手挟むように垂木を配置し，ほかの各垂木はその間を適当に間配って納めた．したがって，柱間によって垂木間隔に若干の差異があるのを常とした．垂木の部材寸法が大きく，また間隔を広く用いた古代においてはこの差異は問題にならなかったが，野屋根が発達し，13世紀頭初に屋根裏で桔木などによる構造補強を積極的に行うようになると，屋根荷重の負担から開放された化粧垂木は一種の天井材としてより繊細な意匠とすべく，その断面を細く，間隔を狭くするようになった．

大森健二によれば（文献2），垂木間隔（c）に対する地垂木幅（a）と地垂木成（b）の和の割合（$c \div (a+b)$）は，13世紀前期から1.0に近い値をとるようになる（図6.2-4）．

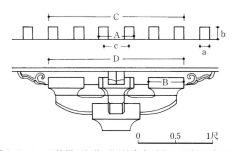

図6.2-4　六枝掛の組物（円教寺金剛堂，天文13年/1544）

このような垂木の配置方法を本繁垂木と称し，この場合の垂木間隔は枝（または支）という単位で数えられる．このように垂木間隔を狭くとるようになると，柱間ごとの垂木間隔が不揃いだと目立つので，柱間寸法を一枝寸法の倍数にとり，すべての柱間で垂木間隔を統一するようになった．

安貞元年（1227）建立の大報恩寺本堂（京都府）は，10・12・14・16尺という整数値からなる古代的な柱間寸法をとるが，偶々一枝寸法を2/3尺としたために各柱間で枝割の統一が実現した．しかしながら，ここでは偶然性が多分に感じられるのも事実である．明確に柱間寸法が枝割によって完全に定められるように

なったのは正安2年（1300）建立の本山寺本堂（香川県）ころからであり，ここでは一枝寸法を6.3寸とし，柱間の中央間は10.08尺（16枝），脇間は8.82尺（14枝）としており，明らかに枝割による計画と考えられる．

ただし，濱島正士によると（文献1），層塔においては各重の柱間を逓減させる複雑な調整がなされた関係上，これに伴い巻斗や肘木の部材寸法の逓減なども行われたために枝割の整備が単層の建物よりも遅れ，全重を同一の枝割で統一する遺構は，三重塔では応永7年（1400）建立の常楽寺三重塔（滋賀県），五重塔では応永14年の厳島神社五重塔（広島県）が最も早い実例として知られている．

b. 六枝掛の成立

前述の大報恩寺本堂などでは，すべての柱間で枝割が統一されたものの，丸桁の出の寸法を決定づける組物の寸法体系が，枝割と無関係に設定されていたため，丸桁付近で枝割が乱れる不都合が生じていた．これに対し，組物の寸法体系と枝割とに関係をもたせた早い例は，文永3年（1266）建立の蓮華王院本堂（三十三間堂，京都府）にみることができる．この仏堂は出組の組物をもつが，一枝寸法が0.92尺強で，丸桁の出は倍の1.85尺となっているので，丸桁の位置を挟んでも垂木間隔が乱れていない．

このように一枝寸法の倍数として柱間や組物の出の寸法を決める手法は13世紀中期以後，次第に定着し，14世紀には定式化するようになった．そして，さらなる視覚的整備の進行が，六枝掛という手法を生み出した．

六枝掛とは，各柱上の組物と垂木との間に成立する視覚的整備の手法であり，三斗における巻斗それぞれの上に2本ずつ垂木を対応させ，巻斗の幅を垂木2本分の幅とし，また三斗組の総幅を垂木6本分の幅に一致させる組み方の名称である．すなわち，図6.2-4においてA＝BかつC＝Dとなる．一枝寸法c，垂木幅a，垂木成bとして，本繁垂木（$c = a + b$）において六枝掛とするには，$B = c + a$，$C = 5c + a$とすればよく，すなわち$B = 2a + b$，$C = 6a + 5b$という具合に，垂木寸法により巻斗の寸法や配置が決定されることとなった．

六枝掛の成立が確認できる最も早い例は，愛媛県の太山寺本堂（嘉元3年/1305，図6.2-5・6）であり，以後六枝掛は全国へ急速に広がった．もっとも，巻斗同士の間隔を正確に2枝としておきさえすれば，巻斗

6.2 設計・施工方法

図 6.2-5 愛媛太山寺本堂 正面（嘉元 3 年 /1305）
［撮影：筆者］

図 6.2-6 愛媛太山寺本堂 組物と本蟇股（嘉元 3 年 /1305）
［撮影：筆者］

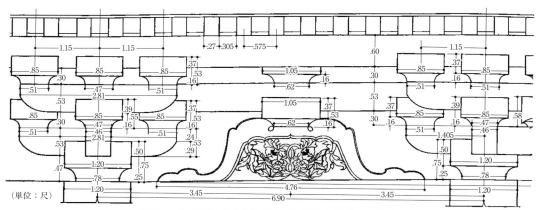

図 6.2-7 愛媛太山寺本堂 側まわり詳細図　［出典：文献 3］

幅が正確に垂木 2 本分の幅でなくとも六枝掛にほぼ近い状態になる．上記の太山寺本堂でも，実測値では巻斗幅が 0.85 尺なのに対し垂木 2 本分の幅は 0.845 尺であり，巻斗の方が 5 厘大きい（図 6.2-7）．これを誤差と認めるか否かは微妙な判断であるが，このように枝割に則って組物の心々寸法を揃えながらも，巻斗幅が垂木 2 本分の幅と多少ずれるような六枝掛風のものも多くつくられた．

上記のような寸法体系の整備を促した原因の一つには，13 世紀中期頃から禅宗様（ぜんしゅうよう）が導入されたことがあげられる．禅宗様では複雑精緻な組物を詰組（つめぐみ）にして配置する都合上，組物同士の間隔が柱間を規定しており，また各組物は巻斗幅をいくつかに割った長さなど，部材寸法から割り出した寸法を基準単位とする方眼上に整然と配置される（文献 2）．すなわち，禅宗様により建築全体にわたり部材寸法と部材間隔を有機的に調整する木割（きわり）的な考え方のシステムが導入されたのであり，このことが禅宗様以外の建築に与えた影響は決して小さくなかったと考えられる．　　　　　［山之内 誠］

■文　献

(1) 濱島正士『日本佛塔の形式，構造と比例に関する研究』私家版，1983.
(2) 大森健二『社寺建築の技術』理工学社，1998.
(3) 関口欣也『日本建築史基礎資料集成 7 仏堂Ⅳ』中央公論美術出版，1975.

6.2.4　木　割

a. 木割書の出現

日本の木造建築において中世に用いられた枝割制などの設計技術は，近世になるとさらに発達し，建築全体の部材寸法と部材間寸法を包括的に比例関係として把握する体系にまとめ上げられた．この原理を木割（きわり）または木砕（きくだ）などと称し，それらを記した書物を木割書と称する．現在知られる最古の木割書は，江戸幕府作事方の大工，平政隆の覚書『愚子見記（ぐしけんき）』（天和 2 年 /1682）に収められている，長享 3 年（1489）の『三代巻（さんだいのまき）』である．しかしその内容は未熟なものであり，

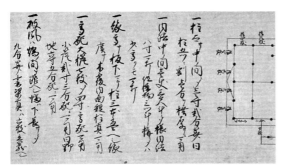

図 6.2-8 『匠明』堂記集（東京大学所蔵，江戸時代の写本）
［出典：文献 4］

により画一化され，微妙な調整は捨象されることにもつながった．　　　　　　　　　　　　　　　　［山之内 誠］

■ 文　献
(1) 伊藤要太郎『匠明五巻考』鹿島出版会，1971．
(2) 中川 武『木割の研究』私家版，1986．
(3) 伊藤龍一「大工技術書と様式（Ⅲ-1-3-1）」『新建築学大系 2 日本建築史』彰国社，1999．
(4) 国立歴史民俗博物館編『古図にみる日本の建築』至文堂，1989．

具体的な建築の設計に関してはごく簡単な比例関係を記すだけで，理念的な段階に留まった．

本格的に体系化された木割書は 16 世紀後期から出現するが，代表的なものに幕府作事方大棟梁の平内家に伝来した『匠明』がある（図 6.2-8）．これには慶長 13 年（1608）の平内政信の奥書および慶長 15 年の父吉政の添書があり，建築類型別に「殿屋集」「社記集」「堂記集」「門記集」「塔記集」の 5 巻で構成されるが，それぞれ柱間寸法に比例係数を乗じて得られる柱太さなどの基準寸法をもとに，各部の寸法の目安を比例により示す内容となっている．同様に作事方大棟梁であった甲良家にも『建仁寺派家伝書』（18 世紀初）が伝わるが，これらの成立した背景の一つには幕府内での小普請方の台頭に対する危機感から，作事方の両家が自家の正統性や権威を主張する必要が生じた事実が存在した．

b．木割書の刊行と普及

上述の木割書は家伝書であって一般の目に触れる性質の書物ではなかったが，江戸時代中期以降になると『新編雛形』（明暦元年/1655），『新編拾遺大工規矩尺集』（元禄 13 年/1700）など，多くの木割書が木版印刷されて刊行され，広く一般に普及するようになった．

中川武によると（文献 2），『匠明』が大凡の比例関係の目安を示すのみで，詳細な寸法の決定・調整を設計者の審美眼に委ねているのに対し，刊行された木割書ではこうした感覚的規定を一元的な数値に置き換えていく傾向があり，そのために比例数値を複雑化させる方法（『新編雛形』）や，多種の基準寸法を採用する方法（『新編拾遺大工規矩尺集』）がとられた．建築需要が増大した近世において，木割書が底辺にいた大工たちの技術を向上させ，一定水準以上の建築の実現に果たした役割は甚大であったが，一方で，形態が木割

6.2.5　柱割と畳割

a．畳寸法と柱間寸法の規格化

太田博太郎によれば（文献 1），畳が部屋一面に敷き詰められるようになったのはおおよそ応仁の乱（1467 年）以後であり，それ以前の畳は移動可能な座具であった．古代の住宅である寝殿造においては，室内は基本的に全て板敷で，人の座る場所にのみ畳を敷いていたが，中世には広い部屋において，周囲にぐる

図 6.2-9 『蒙古襲来絵詞』（宮内庁所蔵，鎌倉時代）
［出典：文献 4］

図 6.2-10 『桑実寺縁起』（滋賀県桑実寺所蔵，天文元年/1532）［出典：文献 5］

りと畳を敷き，中央部分は板の間にする「追回し」とよばれる敷き方が行われた．その様子は，鎌倉時代の『蒙古襲来絵詞』（永仁元年/1293）などで確認できる（図6.2-9）．以後，貴族や武家の住宅では，広い部屋に畳を追回しに敷くことが一般化したが，上述のように15世紀後期以降には敷き詰めるようになった（図6.2-10）．

畳を敷き詰めるためには，畳がきれいに納まるように畳寸法と柱間寸法を一定の規格に揃える必要が生じた．太田博太郎によれば，柱間寸法は平安時代には10尺以上でまちまちの寸法だったが，次第に縮まるとともにばらつきもなくなり，15世紀後期の京都では6尺5寸になっている（文献1）．畳寸法も同様に，柱間寸法と互いに密接な関係を持ちながら同時並行的に規格化の道をたどったと考えられる．

b．柱割と畳割

畳寸法と柱寸法の規格化が進むと，建築の平面計画は規格化された1間の長さを基準にして，その半分の間隔（半間）のグリッドを描き，そのグリッド上に柱を置くように設計されるようになった．この計画方法を柱割または心々柱間制と称す．柱割は，桃山時代ころまでは全国的に行われ，それ以後は主に東日本で用いられた．

基準となる1間の長さは地方により異なる．通常，畳を敷き詰める際には敷居を避けて敷くため，仮に1間＝6.5尺で柱幅0.5尺とすると，1間幅に畳を敷く場合の畳寸法は6.5－0.5＝6.0尺，2間幅に敷く場合は（6.5×2－0.5）÷2＝6.25尺となり，部屋の大きさによって畳寸法は変化する．

これに対し，畳寸法を統一する計画方法は畳割または内法柱間制と称す．畳割では畳の大きさを一定（通常6.3×3.15尺）にし，その外に柱を配置する．この手法は桃山時代以降，主に西日本において採用され，天正14年（1586）建立の大徳寺黄梅院本堂（京都府）ですでに成立していることが知られている．　［山之内　誠］

■文　献
(1) 太田博太郎『床の間』岩波書店，1978.
(2) 西　和夫『工匠たちの知恵と工夫』彰国社，1980.
(3) 佐藤　理『畳のはなし』鹿島出版会，1985.
(4) 小松茂美編『日本の絵巻13　蒙古襲来絵詞』中央公論社，1988.
(5) 小松茂美編『続日本の絵巻24　桑実寺縁起　道成寺縁起』中央公論社，1992.

6.2.6　論治垂木，規矩

a．論治垂木と規矩

論治垂木とは，木負が隅木に取り付いた位置に取り付けられる飛檐垂木のことである．軒において丸桁位

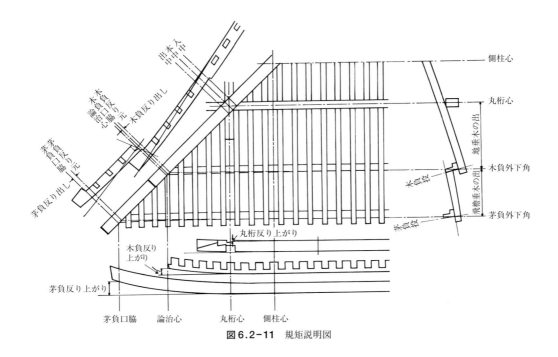

図6.2-11　規矩説明図

置より外側の垂木を枝割を乱さずに取り付けるためには（図6.2-11），木負が反り上がるに従い，投げ勾配に沿って反り出すことを考慮し，隅木との仕口の口脇位置を決め，それを基準に論治垂木の心（＝論治心）を決める．そしてこの位置から出中までを何枝半かに割り付け，また垂木と直交する丸桁心から木負の反り元（反り出しを考慮しない）位置までの長さを平の地垂木の出とする．さらに飛檐垂木は，論治心から一番外側の垂木（＝一番垂木）までを何枝かに割り付け，茅負の反り出しを考慮して隅木との仕口の口脇を決め，木負の反り元から茅負の反り元までを平の飛檐垂木の長さにとる．

このように曲尺を使用して図式解法により仕口位置を割り出すことを規矩または規矩術と称す．

b．論治垂木の登場

大森健二によれば（文献2），明確な意志をもって論治垂木が用いられた実例は唐招提寺礼堂（奈良県，建仁2年/1202）や大報恩寺本堂（京都府，安貞元年/1227）が最も古いが，しかしここでは上記のような規矩術は未だ確立していなかったため，木負の口脇が本来あるべき位置よりも外側にずれていて，このため強引に口脇に納められた論治垂木によってこの付近の枝割が間延びし，大報恩寺本堂などでは隅の垂木を扇状に広げて配置している（図6.2-12）．これは濱島正士による海住山寺五重塔（京都府，建保2年/1214）の分析によると（文献1），本来入中から平の地垂木の出をとった位置を木負反り元とし，それに反り出しを加えた位置を木負口脇とすべきところを，近似的に本中から平の地垂木の出をとった位置を木負口脇としたために，本来の位置より木負口脇が外側へずれたものと考えられる．このため，木負は地垂木に合わせて押し込まれ，撓め出しの納まりとなっていた．

c．規矩術確立と発達

冒頭に述べた規矩術が確立した早期の例は，濱島正士によると（文献1），兵庫県の石峯寺三重塔（15世紀中期）や奈良県の不動院本堂（文明15年/1483）である．これにより軒全体の枝割が統一され，隅木にあらかじめ木負・茅負・配付垂木の仕口を工作することが可能になった．以後，規矩術は和算学を支えとして発達し，19世紀には幕府作事方大棟梁の平内廷臣により大成され，『曲尺捷逕』（文政9年/1826），『矩術要解』（天保4年/1833），『矩術新書』（嘉永元年/1848）などの大工技術書として刊行された．

[山之内　誠]

■文　献
(1) 濱島正士『日本佛塔の形式，構造と比例に関する研究』私家版，1983.
(2) 大森健二『社寺建築の技術』理工学社，1998.
(3) 伊藤龍一「大工技術書と様式（Ⅲ-1-3-1）」『新建築学大系2　日本建築史』彰国社，1999.

6.2.7　番　付

番付とはさまざまな部材を組み上げる際に据付け位置を示す心覚えとして記される符丁であり，新築や修理の際に組み上げるための覚えとしての組上番付と，移築や修理に伴っていったん解体する際に記される解体番付がある．符丁には方位，一連の数字や仮名，あるいは記号や絵符号があり，さらに部材名称などの術語も用いられるが，独立した符丁の単なる寄せ集めではなく，全体としてわかりやすく体系化されたシステムからなる．

番付は工事を担う指導的な工匠によって記され工匠集団内で一定の形式が伝承される．したがって，番付から個々の建物の沿革を知り得るばかりでなく，建築界の地域性や工匠の交流の様相をうかがうことができる．さらに，番付は建物の形態的な変化や生産技術の発展段階に応じてさまざまな形式が考案され，また造営精度の向上，生産システムの合理化や効率化に伴って，番付の適用範囲が次第に拡大していき，近世にはほとんどすべての部材に適用されるようになる．

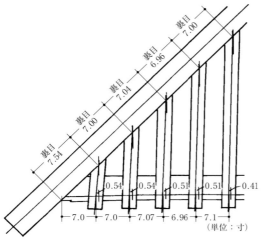

図6.2-12　大報恩寺本堂の隅軒

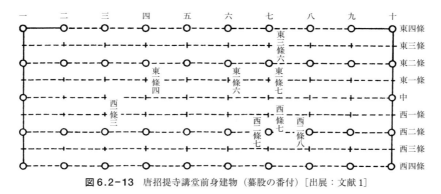

図6.2-13 唐招提寺講堂前身建物（蟇股の番付）［出展：文献1］

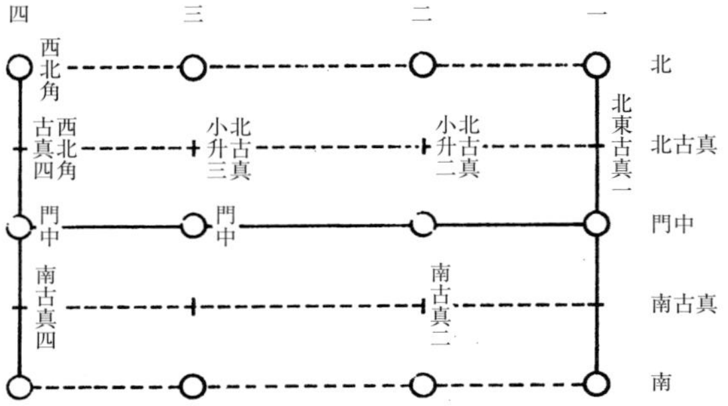

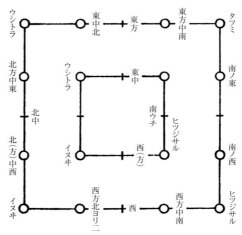

図6.2-14 法隆寺東大門（組物・蟇股の番付）
［出展：文献1］

図6.2-15 東大寺開山堂（柱・組物・中備の番付）
［出展：文献1］

a．古代・中世前半の番付

現場合わせによる組上げが主であった古代においては，組上番付は現場での部材調整が困難な場合とか，塗装に伴っての絵合わせの必要などに応じて限られた部位に用いられた．しかし，解体移築に際しては唐招提寺講堂（奈良県）や法隆寺東大門（奈良県）のように，建物の部材全体を表示し得る体系的な番付を必要とした（図6.2-13・14）．方位もしくは方位と数字の組合せによる表記方法（以下，方位番付という）を用い，棟通りから前後に振り分けて桁行方向に数を追う形式になり，構造主体が前後対称な古代建築にふさわしいシステムとして生み出されたものといえる．

鎌倉時代から室町前期にかけての中世前半には，古代以来大和で行われていた方位番付が，畿内とその周辺を中心に全国的に普及する．大和では早くから内部にも外まわりと同程度に番付が用いられるようになるが，地方では未だ組物を中心とする軒まわりに用いられた．番付の使用は六枝掛けの成立にも象徴されるような軒まわり整備の進展にとって重要な技術的裏付けとなったといえる．

番付の形式は，東大寺開山堂（奈良県，建長2年増築時）の番付のように（図6.2-15），三間堂や塔婆のような求心的平面の場合には中心からみた四面と四隅の方位で示すが，横長平面の場合は棟通りで振り分ける古代以来の形式がみられる．また，密教本堂に代表される奥行の深い建物に対しては四面の方位を記し各面ごとに一端からの数を追う方法が現れ，方位番付にも時代の要求に応じた変化をみることができる．

b．中世後半の番付

14世紀末から15世紀初頭にかけて，数字のみで表記する回り番付・時香番付・組合番付の使用が相次いで確認できる（以下，中世新番付と総称する）．中世新番付に共通する特色は，起点と進行方向を定めることによって数字のみで位置を表示することであり，抽象的，数学的思考方法の成熟を示すものともいえよう（図6.2-16）．また，回り番付と時香番付は正面向かって右隅を起点とし，正面柱筋から番を振り始める共通の原則がある．野小屋の成立に伴って奥行の深い平面形態が実現され，構造主体が前後対称でなくなり，正

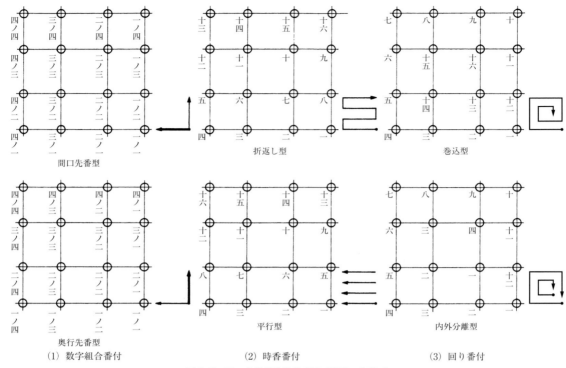

(1) 数字組合番付　　　　　(2) 時香番付　　　　　(3) 回り番付

図 6.2-16 中世新番付模式図 [出展：文献 2]

面性が芽生えたことが番付の形式にも反映されたといえよう．

　回り番付は，遍照院三重塔（岡山県，応永23年/1416）のように初期の段階においてはもっぱら側まわりに用いているから，中世前期以来の軒まわり整備に対する技術的要求から考案されたと考えられる．室町中期には京都を中心とする一帯を挟んで，東日本と西日本の広範な地域で用いられ，室町後期には建物内部にまで番を振ったものが増え，善光寺薬師堂（愛媛県，文明15年/1483）などの巻込型と，薬王院本堂（茨城県，享禄2年/1529）などの内外分離型とがある．

　時香番付は，柱筋ごとに折り返しながら番を振っていく形式で，南北朝兵乱後の京都で造営活動が再び活性化する時期には生まれたと考えられ，清水寺本堂（島根県，明徳4年/1393）の内部（図6.2-17），向上寺三重塔（広島県，永享4年/1432）などにみられることから，主要街道筋に沿って急速に広まったとみられる．室町後期には，円教寺金剛堂（兵庫県，天文13年/1544）など時香番付の変形ともいえる平行型が大阪湾岸などの各地で散見される．

　数字組合番付は直交座標で示すシステム化が進んだ形式であり，円教寺食堂（兵庫県，寛正頃，図6.2-18），

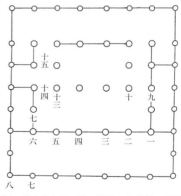

図 6.2-17 清水寺本堂（柱・頭貫・内法貫・飛貫の番付）

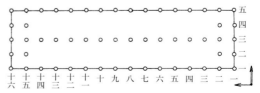

図 6.2-18 円教寺食堂（柱・組物・虹梁などの番付）

桑実寺本堂（滋賀県，室町前期，図6.2-19）など，奥行（梁行）方向を先番，間口（桁行）方向を後番とするものが播磨や近江の湖東地方にみられ，活発な造営

6.2 設計・施工方法　387

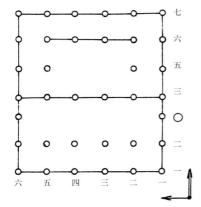

図6.2-19　桑実寺本堂
（礎石・足固貫・頭貫・桁・内法長押・繋虹梁・組物の番付）

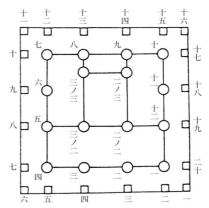

図6.2-21　松尾寺本堂（頭貫・内法貫・地貫の番付）
［出展：文献2］

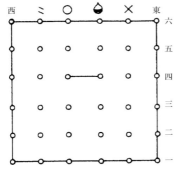

図6.2-20　延暦寺常行堂・法華堂（両堂同一形式の番付）
［出展：文献2］

活動を背景にした地方建築界の動向を反映したものとして注目できる．なお，湖東でも延暦寺常行堂・法華堂（滋賀県，文禄4年/1595）などでは間口方向に符丁，奥行方向に数字を組み合わせた延暦寺工匠独自の番付形式がみられる（図6.2-20）．また，室町後期には松尾寺本堂（長野県，大永8年/1528）の内陣部など（図6.2-21），北陸から北信にかけての地域では間口先番型が用いられる．

総じて東日本では地域ごとに番付の形式は定型的であるのに対して，西日本では特に近畿から山陽にかけては混在傾向が著しく活発な工匠の交流をうかがわせる．一方，大和では古代以来の方位番付に徹しており，建築的伝統の根強さをうかがわせる．

c．近世の番付

野小屋に対しても次第に規矩的な納まりが重視され，円教寺食堂に数字組合番付が用いられたのを早い例として，室町後期には小屋組にも軸部と同一形式の番付を適用したものが各地で確認できる．京都でも興臨院本堂（天文～永禄）など室町後期には軸部・小屋組ともに時香番付を使用していたことが知られるが，歓喜光寺本堂（京都府，慶長6年）など，慶長年間には小屋組にイロハ組合番付を用いる手法が定着する．

イロハ組合番付は，イロハ順の仮名を先番とし，後番に数字を組み合わせた形式であり，小屋束が方眼状に整然と配られたことに応じて小屋組専用の番付として考案されたと考えられる．軸部と小屋組とが構造的な分離を遂げたことを示すものであり，この時期，地方でも軸部と小屋組にそれぞれ異なった形式の中世新番付を適用したものが現れる．

江戸時代には，各地で番付形式の混在傾向が進むものの，東北，中国，四国，九州では前代以来の回り番付が主流であり，関東では間口先番型の数字組合番付が隆盛する．

イロハ組合番付は，次第に全国的に流布していくなかで小屋組専用としての性格は失われ，軸部に対しても使用されていく．また，イロハ組合番付では番数が少ない方向にイロハを当てる傾向があったが，次第に番数の多少よりも間口方向に優先的に当てる傾向が強まっていく．
　　　　　　　　　　　　　　　　　　　　［清水真一］

■文　献

(1) 清水真一「番付考―古代・中世初期の番付」『奈良国立文化財研究所創立30周年記念論文集（文化財論叢）』同朋舎出版，1983.
(2) 清水真一「番付からみた室町・桃山建築界」『奈良国立文化財研究所研究論集Ⅷ』1989.
(3) 清水真一「番付墨書」『日本中世史研究事典』東京堂出版，1995.

6.3 木の建築をつくる主要道具

6.3.1 技術と道具

a. 木の建築をつくる技術

わが国は, 豊富な木材資源に恵まれて, 古くから木を材料とする建築がつくられ, その技術が発達してきた.

(1) 建築構法 建築には, 環境条件や機能などと関連して, 地盤に対する床面の位置により, ①平地形式, ②竪穴形式, ③高床形式などの種類がある.

木を主たる材料とする建築, すなわち木の建築は, 基礎, 軸部, 屋根などの部位によって構成されている. 基礎構造には, ①掘立構造, ②礎石建 (立) 構造, ③土台建 (立) 構造などがある. 軸部構造には, ①斜材 (ドーム状含む) だけの構造, ②水平材 (ログ) だけの構造, ③垂直材 (柱) と水平材 (梁・桁など) による構造などがある.

これら, 地盤に対する床の位置, 基礎構造, 軸部構造などの組合せによって, わが国では, 数千年前からさまざまな構法の建築がつくられてきた. 例えば, 縄文時代, 約4000年前の出土部材 (桜町遺跡, 富山県) によって, 柱径約60 cm・掘立基礎・高床形式の大型建築の存在が推定されている (文献1).

(2) 建築部材接合法 木の建築を構成する部材の接合法は, ①自然木の枝分かれ部分 (股木) などを利用する方法と, ②部材に何らかの加工をほどこして接合する方法 (継手・仕口) とに大別される.

わが国では, 約4000年前の出土部材 (同前) に, 枘・枘穴接合や欠込みを加工した接合などの形状が確認でき, 建築部材接合の技術が, 相当古くから発達していたと考えられる (文献1).

(3) 建築用材と道具 木の建築の用材は, ①広葉樹 (主として硬木) と②針葉樹 (主として軟木) とに大別され, それを工作する道具には, ①打製石器, ②磨製石器, ③金属器 (わが国では主として鉄器) などの種類がある.

わが国では, 磨製石器を使用していた縄文時代の建築用材として広葉樹のクリが多く使われ, 約2000年前の弥生時代に道具の材質が石から鉄に変化すると, 建築用材としてスギやヒノキなどの針葉樹が多く使われるようになった (文献2).

b. 木の建築をつくる道具

木の建築をつくる工程は, 伐木・製材・部材加工の段階に大別される. この各段階で用いられる道具は, その用途・機能によって, いくつかに分類することができる.

第一に, 樹木を切り倒し (伐木), その原木から所定の大きさの材木をつくり出す (製材) ための道具が必要である. これらを, 「造材機能」の道具 (斧・大型鋸など) と称しておく.

第二に, 原木を製材したり, 部材接合部を加工したりする前には, 真墨や切墨などを墨付けする道具が必要である. これらを, 「基準機能」の道具 (スミツボ・サシガネなど) と称しておく.

第三に, 建築各部を構成する部材の切削や接合部の加工に使う道具, いわば用材を直接工作する道具が必要である. これらを, 「一次機能」の道具 (鋸・鑿・カンナなど) と称しておく.

そして第四に, 道具を手入れするための道具や, 建築部材の組立てに使用する道具などが必要である. これらを, 「二次機能」の道具 (砥石・ヤスリ・クギヌキなど) と称しておく.

以上, 各機能の道具は, 各時代の建築生産面からの要請を契機として, 道具の使用者 (大工) と製作者 (鍛冶) との相互交流によって改良が加えられてきた. また, 建築生産面の大きな変革期には, 外来の道具が, その編成に加えられることもあった.

c. 近代の「標準編成」

19世紀末から20世紀前半にかけて, わが国の木の建築をつくる技術は, 加工の精度において最高の水準に達したといわれている. この時代に修業を積み, 第一線で仕事をしてきた建築大工に関する調査報告によると, 本格的な仕事には, 約180点の大工道具が必要 (標準編成) であったという (文献3).

以下において, 木の建築をつくる道具の中で, 特に重要な役割を果たしたと考えられる主要な道具 (スミツボ・サシガネ, 斧, 鋸, 鑿, カンナ) を取り上げ, それらが近代の多様化のピークに至るまでに, どういう変遷をたどってきたのか概観する. 記述の構成としては, 文献・絵画・実物・建築部材 (刃痕) などの諸

資料の分析を通して，各道具の発達史とその画期を明らかにし，建築生産との関連でその要因を考察する．

6.3.2 スミツボ（墨斗）とサシガネ（曲尺）

a. 近代の墨掛定規類

近代の建築用墨掛定規類は，工事全般に用いるスミツボ（黒色）・スミサシ・サシガネが各1点，造作工事に用いるスミツボ（朱）・スミサシが各1点とケビキが2点で，計4種類7点が建築大工の道具編成に含まれていた（文献3）．この中からスミツボとサシガネを取り上げる．

b. 近世以前のスミツボとサシガネ

(1) スミツボ 古代・中世の文献では，「墨坩」（『万葉集』8世紀），「墨頭」「墨壺」「墨窪」（『正倉院文書』8世紀），「墨斗・スミツボ」（『倭名類聚抄』10世紀）など，多様であるが，近世には「墨斗・スミツボ」（『和漢船用集』18世紀）と「墨壺・スミツボ」（『道具字引図解』19世紀）のいずれかの表記に統一される．

古代・中世の絵画では，スミツボの前方部と後方部が同じ幅で，糸車の後方（尻）が開放形式（尻割形）のものが描かれているが，近世になると，ほとんどが閉鎖形式で描かれるようになる．また，19世紀初め以降，前方部（墨池）幅広・後方部（糸車）幅狭で，大きな径の糸車をもつスミツボが描かれるようになり，それ以前からの形状のものと併用されるようになったことを知ることができる．

スミツボの実物の古い例としては，8世紀の出土遺物（栄根遺跡，兵庫県）がある（図6.3-1）．

図6.3-1 古代のスミツボ（8世紀，栄根遺跡出土遺物の模写図）
［原資料：兵庫県・川西市教育委員会所蔵］

(2) サシガネ 古代・中世の文献では，「曲尺・マカリカネ」（『新撰字鏡』9世紀），「鉤金・マカリカネ」（『古今目録抄』鎌倉時代），「鉏・マカリカネ」（『類集文字抄』15世紀）などの記述があり，近世の文献では，「矩・まがりかね」（『和漢三才図会』18世紀），「矩・サシガネ」（『和漢船用集』）などの記述がある．なお，近世における「曲尺」表記は，「木匠営造尺」（尺度の一種）とする用例もある（『和漢三才図会』）．

サシガネの目盛に関して，「裏尺・ウラカネ」「当表一尺四寸一分四厘余」という記述（『和漢三才図会』）もあり，裏側には表側の$\sqrt{2}$倍の目盛（裏目）が刻まれていたことを知ることができる（図6.3-2）．

中世・近世の絵画には，黒色に塗られた金属製とみられるサシガネが，多く描かれている．

サシガネの実物としては，16世紀後半の出土遺物（堺環濠都市遺跡，大阪府）が古い例の一つで，断片であるが裏目も確認できる（文献4）．

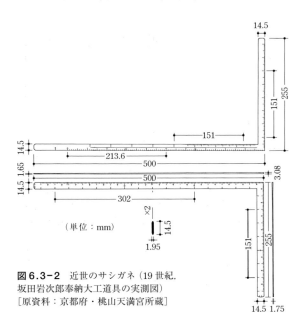

図6.3-2 近世のサシガネ（19世紀，坂田岩次郎奉納大工道具の実測図）
［原資料：京都府・桃山天満宮所蔵］

c. 墨付けの精度・効率と道具の改良

スミツボは，6世紀末以降，仏教建築とともにわが国へ伝来したと推定されるが，16世紀頃まで，後方部開放形式であったと考えられる．17世紀頃以降，後方部が閉鎖形式に変化（構造強化）し，18世紀後半頃以降，前方幅広・後方幅狭で大きな径の糸車をもつ形状のものが出現（細い墨糸を早く送り出し巻き戻す）したと推定される．これらの形状変化は，建築生産における墨付けの精度と効率を向上させる動きの反映であったと考えられる．

サシガネも，6世紀末以降，仏教建築とともに伝来したと推定されるが，当初から金属製であったか不明である．また，裏目出現の時期も，10世紀頃，12

世紀後半頃，14 世紀頃など，諸説あり，その解明は，今後の課題である．

6.3.3　オノ（斧）

a. 近代のオノ

伐木・製材段階も含め，近代の建築工事に使用する斧は，伐木用の刃幅が狭い大型縦斧（キリオノ），原木荒切削用の刃幅が広い大型縦斧（ハツリオノ），そして建築部材荒切削用の小型縦斧（大工斧）と横斧（チョウナ），の計 3 種類 4 点に分類できる．なお，木柄軸線と刃先線とが，ほぼ平行なものを縦斧，ほぼ直交したものを横斧と称する．

b. 近世以前のオノ

古代・中世の文献では，伐木用縦斧を「斧・ヲノ・ヨキ」（『倭名類聚抄』：①），「鐇・ヲフノ・ヲノヨキ」（『延喜式』10 世紀：②）と，原木荒切削用縦斧を「鐇・タツキ」（同前：①），「鐇・タツキ」（同前：②）と，そして製材後の部材を荒削りする横斧を「釿・テヲノ」（同前：①），「手斧・テヲノ・テヲウノ」（同前：②）と，それぞれ記述している．近世の文献でも，これらの表記が継承されているが，「鐇」を「まさかり」と読む文献（『訓蒙図彙大成』18 世紀）が，18 世紀後半以降にみられるようになる．

古代・中世の絵画では，斧身の袋部分に雇柄を装着し，それを木柄に取り付けた袋式の縦斧が 12 世紀中頃（『扇面法華経冊子』）や 14 世紀前半（『石山寺縁起絵巻』）のものなどにみられ，斧身の孔に木柄を装着した孔式の縦斧が 12 世紀後半（『粉河寺縁起絵巻』）を早い例として，14 世紀以降に数多く見られるようになる（図 6.3-3・4）．絵画に描かれた横斧は，いずれも袋式の斧身を曲柄に装着した形式で，16 世紀頃までは無肩袋式が，17 世紀以降，有肩袋式が多くみられる．

鉄斧の実物は，弥生時代以降の出土遺物に，少なからず確認できる．縦斧と推定される鉄斧は，石斧からの流れをくむ茎式（斧身端部を柄にあけた穴に装着）が弥生・古墳時代に，袋式（斧身端部につくったソケットに柄を装着）が弥生時代から古代まで，そして孔式（斧身にあけた孔に柄を装着）が古墳時代と 14 世紀頃以降に，それぞれみられる．また，横斧と推定される鉄斧は，弥生時代以降，近代にいたるまで袋式である．

c. 木材供給面での効率向上と木柄装着形式

伐木用の縦斧は，弥生時代から 14 世紀頃まで袋式を基本とし，弥生・古墳時代に茎式が，古墳時代に孔式が，それぞれみられる．12 世紀から 14 世紀にかけて，孔式の鉄斧が再びみられるようになり，この頃が袋式と孔式の併用期で，15 世紀以降，孔式に統一されたと考えられる．

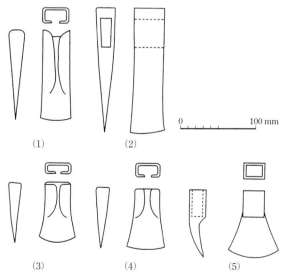

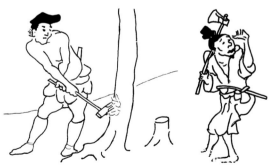

図 6.3-3　中世の袋式縦斧（14 世紀，『石山寺縁起絵巻』の模写図）［原資料：滋賀県・石山寺所蔵］

図 6.3-4　古代の孔式縦斧（12 世紀，『粉河寺縁起絵巻』の模写図）［原資料：和歌山県・粉河寺所蔵］

(1) 鳶尾遺跡出土鉄斧（11 世紀頃）［原図版：文献 5］
(2) 金光寺（推定）遺跡出土鉄斧（14 世紀）［原図版：福岡県立九州歴史資料館提供］
(3) 平城宮跡出土鉄斧（8 世紀）［原図版：奈良国立文化財研究所提供］
(4) 五反島遺跡出土鉄斧（9 世紀）［原図版：大阪府・吹田市教育委員会提供］
(5) 草戸千軒町遺跡出土鉄斧（14 世紀）［原図版：広島県立草戸千軒町遺跡調査研究所提供］

図 6.3-5　古代・中世における斧（推定復元図）

原木荒切削用の縦斧は，古墳時代に刃幅の広い有肩袋式鉄斧がみられるが，古代・中世の形式が不明である．近世以降，有肩孔式鉄斧が見られることから，古代・中世のある時期に，袋式から孔式への移行があったと考えられる．

部材荒切削用の横斧は，弥生時代から16世紀頃まで無肩袋式を基本とし，その後，近代にいたるまで有肩袋式が多くみられる．袋部分の鍛造技術は，古墳時代と14世紀頃以降に，完全鍛着（鍛造により袋部を密閉させた形状）の例がみられる（図6.3-5）．

以上より，鉄斧の発達史上の画期は，古墳時代の5世紀頃と，中世の14世紀頃にあったと考えられる．その背景には，伐木・製材・部材荒切削の各段階で，鉄斧の構造強化により工作の効率を向上させようとする動きがあったことが推定される．

6.3.4 ノミ（鑿）

a．近代のノミ

近代の建築大工が使用する鑿は，主要構造材の接合部加工用が2種類17点，造作材の接合部加工用が6種類24点，木栓や釘などの接合材打込穴加工用が3種類3点，そして曲面加工用が1種類5点で，計12種類49点が道具編成に含まれていた（文献3）．

b．近世以前のノミ

古代・中世・近世いずれの文献でも，「鑿・ノミ」と表記・呼称されている．18世紀中頃の文献（『和漢船用集』）では，用途別に多様に分化していたことを知ることができる．

中世・近世の絵画では，14世紀頃まで，鑿を打割製材（うちわり：鑿であけた穴に楔を打ち込んで割裂させる）に使用している場面が多く描かれ，16世紀以降は鑿を何らかの接合部加工に使っている場面が多く描かれる傾向にある．また，鑿叩きに使っている槌は，13世紀から18世紀まで木製のものが描かれ，19世紀初め以降に鉄製のものが描かれるようになる（図6.3-6）．

弥生時代以降の出土遺物の中に，柄の装着方法として，袋式と茎式の両形式の鑿が見られる．厚手の穂先には前者の形式が，薄手の穂先には後者の形式が，それぞれ主として使われる傾向にある．同じ遺跡（草戸千軒町遺跡，広島県）から出土した14世紀頃の実物にも両形式がみられる．このうち，茎式の鑿は，首部分が円形に近い多面形断面で，茎との境界には明瞭なマチ（区）が形成されている．これは，17世紀以降に確認できる鑿の基本形状と同じものである．また，

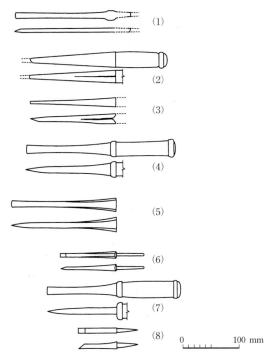

図6.3-6 中世の打割製材法（13世紀，『当麻寺曼荼羅縁起』の模写図）[原資料：神奈川県・光明寺所蔵]

(1) 尾上出戸遺跡出土鉄鑿（8世紀）[原図版：千葉県・印旛郡市文化財センター提供]
(2) 柳之御所跡出土鑿（12世紀）[原図版：岩手県埋蔵文化財センター提供]
(3) 一木ノ上遺跡出土鑿（11～12世紀）[原図版：大分県・宇佐市教育委員会提供]
(4) 光明寺二王門発見鑿（13世紀と推定）[原図版：国立歴史民俗博物館提供]
(5,6) 草戸千軒町遺跡出土鑿（14～15世紀）[原図版：文献6]
(7) 立石遺跡出土鑿（16世紀）[原図版：文献7]
(8) 八王子城跡出土鑿（16世紀）[原図版：文献7]

図6.3-7 古代・中世における鑿（推定復元図）

15 世紀以降の出土遺物の中に，袋式の鑿がほとんどみられなくなる（図 6.3-7）．

鑿の刃部断面形状については，弥生時代以降の出土遺物に，両刃・片刃のいずれの形状も見ることができる．ただ，この場合の片刃は，片刃に近い両刃（偏心両刃）のものがほとんどを占める．錆化のない状態で，本来の意味での片刃が確認できる古い例は，16 世紀末のもの（宝塔寺発見鑿，京都府）や 17 世紀後半のもの（東大寺伝世鑿，奈良県）などである．

c．部材加工精度向上と茎式・片刃への統一

打割製材法から挽割製材法（縦挽鋸による製材：後述）への変革があった 14 世紀から 15 世紀頃，鑿の形状・構造にも変化があったと考えられる．打割製材法の時代，鑿には打割製材用（主として両刃で袋式）と部材加工用（主として片刃に近い両刃で茎式）との二つの用途があったが，製材技術の変革により，後者が主要な用途となった．この 15 世紀頃以降，わが国の建築用の鑿は，刃部断面が片刃で，柄の装着形式が茎式という形状・構造に統一されていったと考えられる．

さらに，18 世紀後半から 19 世紀初めにかけて，鑿叩き用の槌が，木製から鉄製に移行したと推定される．

これらの変化は，いずれも建築部材の加工精度を向上させようとする，建築生産面での動きを反映したものと考えられる．

6.3.5　ノコギリ（鋸）

a．近代のノコギリ

近代の建築大工が使用する鋸は，造材用が 2 種類 2 点，構造材加工用が 3 種類 3 点，そして造作材加工用が 5 種類 7 点で，計 10 種類 12 点が道具編成に含まれていた（文献 3）．

b．近世以前のノコギリ

（1）杣のノコギリ　古代・中世の文献に，杣が用いる伐木用の大型鋸に関する記述は見出せない．近世の文献（『雍州府志』17 世紀）では，「杣人」「所用」の道具として「大鋸」（この場合は「おおのこきり」と呼称したと考えられる）の記述が見られる．古代から近世までの絵画の中で，鋸による伐木の場面を描いたものを見出すことができない．

（2）木挽のノコギリ　木挽が用いる製材用の大型

鋸に関しては，古代の文献にその記述は見出せず，中世の文献（『下学集』15 世紀）に，「大鋸・ヲガ」の記述がみられる．近世の文献（『愚子見記』17 世紀）には，「大仏殿成ル」頃（方広寺大仏殿，1588 年着工），「世ニ前引ト云物」が「出来」た，と記されている．また同じ文献に，「小木ハ大工童（ワラハ）ニ鐹（カガリ）ニテ引セ用ユ」との記述もある（文献 8）．18 世紀初めの文献（『和漢三才図会』）には，「大鋸・おが」「前挽大鋸・まへひき」「台切大鋸・たいきり」の 3 種類が記されている．

古代から近世までの絵画の中で，13 世紀末から 14 世紀初めのもの（『極楽寺六道絵』）に二人使いのオガ

図 6.3-8　中世の二人使い製材鋸・オガ（13 〜 14 世紀，『極楽寺六道絵』の模写図）［原資料：兵庫県・極楽寺所蔵］

図 6.3-9　近世の一人使い製材鋸・マエビキ（17 世紀，『人倫訓蒙図彙』の模写図）［原資料：国立国会図書館所蔵］

図 6.3-10　近世の一人使い製材鋸・カガリ（17 世紀，『三芳野天神縁起絵巻』の模写図）［原資料：埼玉県・三芳野神社所蔵］

6.3 木の建築をつくる主要道具　393

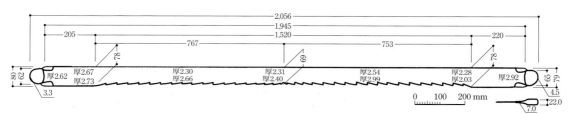

図6.3-11　中世の二人使い製材鋸・オガ（15世紀頃，石峯寺伝世オガの実測図）［原資料：兵庫県・石峯寺所蔵］

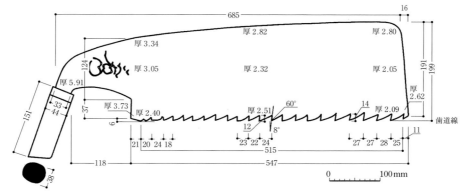

図6.3-12　近世の一人使い製材鋸・マエビキ（17世紀頃，三右門銘伝世マエビキの実測図）［原資料：竹中大工道具館所蔵］

の使用場面が，17世紀後半のもの（『人倫訓蒙図彙』）に一人使いのマエビキの使用場面が，そして17世紀中頃のもの（『三芳野天神縁起絵巻』）にカガリと推定される鋸の使用場面が，それぞれ描かれている（図6.3-8～10）．

二人使いのオガの古い伝世品としては，15世紀頃と推定されるもの（「石峯寺伝世オガ」）が（図6.3-11），一人使いのマエビキの古い伝世品としては，17世紀頃と推定されるもの（「三右門銘伝世マエビキ」）が（図6.3-12），それぞれ現代まで伝えられている．しかし，近世以前にさかのぼるカガリの実物は，まだ確認できていない．

(3) 建築大工のノコギリ　建築大工が用いる部材加工用の鋸に関しては，古代・中世の文献に「鋸・ノホキリ」（『新撰字鏡』『倭名類聚抄』），「鋸・ノコキリ」（『類聚名義抄』11世紀），「鋸・ノコギリ」（『下学集』）などの記述があり，近世の文献では共通して「鋸・ノコギリ」と記されている．また，18世紀中頃の文献（『和漢船用集』）に，鋸身先部分の形状に関して，「近比」，「鋒尖」から「頭方（ケタ）」形状に変化した，との記述がある．

中世の絵画では，歯道が外湾した「鋒尖」形状の鋸（いわゆる「木葉形鋸」）が描かれ続ける．近世になると，18世紀頃までの絵画に，「鋒尖」と「頭方」のいずれかが描かれているが，19世紀以降，建築工事場面に「鋒

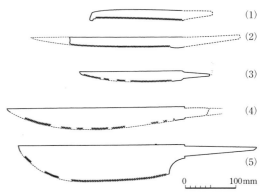

(1) 長勝寺遺跡出土鋸（8世紀）［原図版：千葉県・印旛郡市文化財センター提供］
(2) 一木ノ上遺跡出土鋸（11～12世紀）［原図版：大分県・宇佐市教育委員会提供］
(3) 白石洞窟遺跡出土鋸（9～13世紀）［原図版：文献9］
(4) 草戸千軒町遺跡出土鋸（13世紀頃）［原図版：広島県立草戸千軒町遺跡調査研究所提供］
(5) 上野下郡遺跡出土鋸（15世紀頃）［原図版：三重県教育委員会提供］

図6.3-13　古代・中世における鋸（推定復元図）

尖」形状の鋸は描かれなくなる．

鋸の実物は，4世紀以降の古墳時代の遺跡から出土している．4世紀から5世紀頃までの多様な鋸身装着法の時期を経て，6世紀以降，茎式の装着法を基本とする形式に移行していった（文献9）．歯道の形状に関しては，7世紀頃まで直線形状が，8世紀頃から10

世紀頃まで内湾形状が，11世紀頃から18世紀頃まで外湾形状が，そして19世紀以降再び直線形状が，それぞれ多くみられる．時代が降るに従って，鋸身幅が広く，茎が長くなる傾向にある．鋸歯形状は，13世紀頃まで二等辺三角形のもの（押しても引いても機能するが性能は低い）が多く，15世紀頃から，鋸歯が柄の方向に傾いたもの（引き使い）が多くみられる（図6.3-13）．

c．製材技術の変革と建築部材加工精度の向上

数千年前の縄文時代から，木を材料とする建築をつくる工程において，製材は打割法によって行われていたと考えられる．石斧・石鑿・楔を用いて用材を割裂させ，所定の大きさの部材をつくる製材法は，約2000年前の弥生時代に，石から鉄へ道具の材質が変化しても，そのまま継承されたと思われる．

しかし，古代末から中世初めにかけて，多くの水平材（貫など）によって軸部を固める建築技術が，大仏様・禅宗様などの新様式とともに大陸から伝来すると，角材や板材などを正確に製材することが必要となった．また，割りやすい良材の入手が困難となってきたことも大きな要因となり，打割製材法から鋸による挽割製材法への転換の必要性が，大きく高まったと考えられる．建築生産面でのこうした動きを背景に，縦挽製材用の大型鋸（オガ）が，大陸から舶載されたと推定される．

挽割製材によって，正確な角材や板材が供給されるようになると，建築部材加工用の鋸にも，加工精度を向上させる改良（広い鋸身幅，長い茎，引き使いの鋸歯など）がほどこされたと考えられる．

6.3.6 カンナ（鐁・鉋）

a．近代のカンナ

近代の建築工事に使用するカンナ（鉋）は，平面切削用が2種類13点，溝などの切削用が10種類17点，曲面切削用が3種類6点，面取などの切削用が2種類4点，そして鉋台調整用が1種類2点で，計18種類42点が道具編成に含まれていた．

b．近世以前のカンナ

わが国では，歴史上，形状・構造が異なる2種類のカンナが使われていた．一つは双刃系の刃部を有する穂部分を茎で柄に装着したカンナ（近世にヤリカンナと呼称），いま一つは鑿の穂先を広くした刃部を台に彫った溝に装着したカンナ（近世にツキカンナと呼称）である．

古代・中世の文献では，「鉋」（『万葉集』），「鐁・カナ」（『新撰字鏡』），「鐁・カナ」（『倭名類聚抄』），「鐁・カンナ」（『下学集』）などの記述があり，近世の文献では，「鐁・ヤリカンナ」と「鉋・ツキカンナ」とが併記（『和漢船用集』）されている．また，鉋の由来について，18世紀初めの文献（『和漢三才図会』）に，「凡百年余以来」との記述がある．

中世の絵画にある建築工事場面では，鐁が描かれ続け，鉋の使用場面は見出せない．近世に入ると，17世紀の絵画（喜多院所蔵『職人尽絵』）に鐁と鉋の両方が描かれ，18世紀以降は鉋だけの描写となる．また，17世紀初めの絵画（喜多院所蔵『職人尽絵』）に描かれた鉋は，幅の狭い形状である．

鐁は，弥生時代以降の出土遺物にみられるが，当初は小型で，古代以降，建築の主要部材の切削も可能な大きさのものが出現する（6.3-14）．現在確認されている最古の鉋は，大坂城遺跡の1590年代の地層から出土したもので，幅の狭い形状で，刃幅約1寸2分を測る（6.3-15）．

鐁は，切削対象である木材表面の凹凸に応じて刃部が動くため，切削面の精度や平滑さという点では，性能の低い道具といえる．より高い精度の切削面をつく

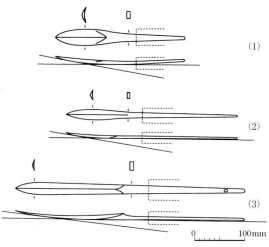

(1) 尾崎遺跡出土カンナ（8〜10世紀）［原図版：文献10］
(2) 一木ノ上遺跡出土カンナ（11〜12世紀）［原図版：大分県・宇佐市教育委員会提供］
(3) 興福寺北円堂発見カンナ（13世紀と推定）［原図版：文献11］

図6.3-14 古代・中世におけるカンナ（鐁）（推定復元図）

6.3 木の建築をつくる主要道具

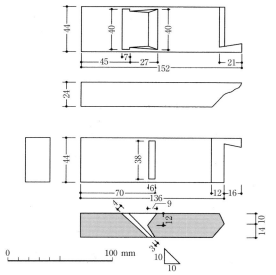

図 6.3-15 中世末の可能性を残す出土カンナ（鉋）
(16世紀，大坂城遺跡出土カンナの実測図)
[原資料：大阪府教育委員会所蔵]

り出すためには，刃部を固定して部材面を移動させることが必要で，ここから鉋の発想が生まれたものと考えられる．18世紀初めの文献（『和漢三才図会』）に，鑓と比較して，鉋による切削が「甚捷且精密」と記されていたのも，その点を指摘したものと推定される．

14世紀初めの建築部材(金剛峯寺不動堂，和歌山県)に，原初的鉋と推定される刃痕が残っていることから，遅くともこの時期には，鑓を主とし，鉋を従として二つの切削道具が併用されていた可能性がある．15世紀中頃の建築部材(正蓮寺大日堂，奈良県)には，長いストロークで通りよく切削した同一幅の刃痕（やや凸丸の刃部）がみられることから，この時期には，近世以降の鉋に近い形状・構造のものが，限られた範囲で使われていたと推定される．17世紀前半の建築部材(正法寺本堂，京都府)に残された鉋の切削痕は，刃幅約1寸2分（約36 mm）で，比較的幅が狭い．

c. 建築部材表面切削精度・効率の向上と二つのカンナ

遅くとも14世紀初めには，すでに使われていたと考えられる原初的鉋は，16世紀後半には，扁平な台に甲穴をほり，その押溝に，断面が楔形状の刃部を装着する，という日本の鉋の特徴をそなえた形状にまで，改良が進められていた．この改良は，15世紀中頃までには，なされていたと推定される．東アジアの大陸部で使用されていた推し使いの鉋の影響があったとすれば，14世紀後半から15世紀前半の時期と推定される．

その後，平面切削用の道具として，鑓と鉋の併用が続くが，17世紀代に両者の主・従の関係が逆転し，鉋が主役の座についたと考えられる．18世紀初めの文献（『和漢三才図会』）に記されていた「凡百年余以来」とは，この状況を反映したものと推定される．

14世紀頃から17世紀頃までの二つの切削道具の併用と主従の逆転は，前述した製材技術の変革と密接に関連していると考えられる．建築部材表面を精度良く，高い効率で切削するという，建築生産面からの要請は，形状・構造の異なる二つの切削道具，鑓から鉋への転換という形で実現されたと推定される．　　　[渡邉　晶]

■ 文　献

(1) 桜町遺跡発掘調査団編『桜町遺跡調査概報』学生社，2001.
(2) 山田昌久「考古学から見た建築材・構造部材」木造建築研究フォーラム編・発行『先史日本の木造建築技術』2000.
(3) 黒川一夫『わが国大工の工作技術に関する研究』労働科学研究所，1984.
(4) 岩田重雄「堺環濠都市遺跡出土の計量器について」堺市教育委員会編・発行『堺市文化財調査報告』第51集，1990.
(5) 土井義夫「鉄製農工具研究ノート―古代の竪穴式住居址出土資料を中心に」『どるめん』1981.
(6) 広島県草戸千軒町遺跡調査研究所編『草戸千軒町遺跡発掘調査報告書Ⅱ』広島県教育委員会，1994.
(7) 佐々木蔵之助「中世『鑿』考―八王子城あしだ曲輪跡出土の鑿について」『八王子城研究第3号』八王子城研究会，1986.
(8) 内藤　昌『愚子見記の研究』井上書院，1988.
(9) 伊藤　実「日本古代の鋸」潮見浩先生退官記念事業会編・発行『考古論集』1993.
(10) 斎藤基生「岐阜県尾崎遺跡出土のヤリガンナについて」『貝塚，第52・53号』1998.
(11) 乾　兼松「工具」『明治前日本建築技術史』日本学術振興会，1961.

■ 参考文献

・渡邉　晶『日本建築技術史の研究』中央公論美術出版，2004.
・渡邉　晶『大工道具の日本史』吉川弘文館，2004.
・渡邉　晶『大工道具の文明史―日本・中国・ヨーロッパの建築技術―』吉川弘文館，2014.
・渡邉　晶『建築技術比較発達史の研究―ユーラシア大陸の西と東―』中央公論美術出版，2015.

第7章

明治以降の木造建築

7.1 木造建築構法の近代化

7.1.1 洋風技術の導入

近代日本の木造建築の大きな変化は幕末の開国に始まる．村松貞次郎によれば（文献1），幕府，雄藩において，西欧の産業技術を移植する際に外国人建築技術者もそこに関与していた．例えば横須賀製鉄所の設立，始動にはさまざまな専門のフランス人技術者が組織的に編成雇用され，その中には，産業施設，住居などの建設にかかわるフランス人建築技術者がいたのである．そこは同時に日本人工匠たちが洋風建築を習得する場であった．また，旧グラバー住宅（長崎県，文久3年/1863）や旧新潟税関庁舎（新潟県，明治2年/1869）など居留地，開港場では外国人商人の住宅，商館，教会などが建てられ，外国人の施主や技術者が洋式木造建築技術や洋風の表現を日本人工匠に伝えたという．

次いで明治新政府下に，国家制度の整備とともに各地に学校，役所，軍，病院などの施設や，皇族，華族の殿邸などが洋風建築として建てられる時代が訪れる．制度整備は建築教育にも及んだ．

明治6年（1873）に開校された工部省工学寮造家科は明治10年（1877）に工部大学校造家学科と改称され，明治12年（1879）に辰野金吾ら4名の第1回卒業生を送り出している．そこには，ソーン賞受賞建築家のJ.コンドルが招聘され，高等教育機関での建築家教育が緒についたのである．明治10年代すでに工部大学校出身者の設計による洋風木造建築が建てられはじめるが，当時の洋風木造建築の多くは，工匠らによるいわゆる擬洋風建築であった．

その後，工部省の廃止（明治18年/1885）と翌年の臨時建築局の設立，中堅技術者を育成する工手学校の創設（明治20年/1887）などの変化の中，近代的建築教育機関で学んだ建築家（西欧の高等教育機関で建築を学んだ者を含め）たちが洋風木造建築を建てる時代が訪れる．そこで，以下では明治20年頃を境に明治時代を明治前半期，後半期に分けるものとする．

明治24年（1891）には濃尾地震（M8.0）により，岐阜県，愛知県を中心に大きな被害がもたらされた．これを契機に学際的研究機関として震災予防調査会が同年に設立され，建築分野では木造建築の耐震化が大きなテーマとして取り上げられてゆく．

洋風木造建築は，靴履き椅子式で，部屋が独立しているため壁が多く，その壁は軸組を漆喰や下見板などで覆う大壁であった．それに対し，伝統的な木造建築は，座式で，壁が少なく，軸組の見え掛かる真壁であった．両者の意匠や生活様式の違いは大きく，いわば別種の建築であり，当時の伝統的，従来的な木造建築の軸組の基本を大きく変えるものではなかった．

濃尾地震以降，木造建築の耐震化が目指され，それは圧倒的な割合を占める従来的な木造建築が対象であった．まさに当初は，開放的（壁の少ない）かつ真壁という特徴を備えた木造建築の耐震化が企てられたのである．こうした特徴とともにある日本の生活習慣を変えることが非現実的ということが背景にあったのであろう．このような耐震化の考え方は佐野利器『家屋耐震構造論』（大正6年/1917）においてもなお表明されている（文献2）．筋かいを入れた壁を桁行，梁行にバランスよく配置し，上下階の壁の繋がりに配慮した，現代の木造建築に繋がる構造の提示は（文献3），大正，昭和初期にかけて，俸給生活層の増大とともに，洋風小住宅が登場した頃まで待たねばならなかった．

本節では以上の概要をもつ，明治から昭和初期までの木造建築構法のそれぞれの特徴を軸組を中心にみてゆきたい（文献4）．

7.1.2 明治前半期の洋風木造建築

洋風木造建築が日本に導入され，展開した流れには，大きく二つあったという（文献1）．一つは，幕府，雄藩，明治新政府のもとで，西欧の製鉄，紡績など産業技術や鉄道，軍隊制度の導入に際し，外国人技師がその施設建設に直接関与した流れであり，いわば公的な流れである．それに対し，幕末，明治初期には，西欧への窓口となる開港場，居留地が定められ，そこに建てられた外国人の商館や住宅から発する流れがあった．それは日本人工匠の模倣による木造洋風建築や，居留地に学びあるいは見聞した工匠が地方に広めた木造洋風建築の，いわば民間的な流れである．それらは擬洋風

建築と称され，正規の様式を踏まず，工匠が理解，想像した洋風の意匠をまとっていた．両者の違いは小屋組の構造をトラス小屋組とするか，和小屋とするかの違いに現れているという．

しかし，一歩引いてみるといずれにせよ，明治前半期の洋風木造建築と，その後の建築家たちの設計した洋風木造建築との間には，より大きな相違がみられる．一方，近寄ってみると，明治前半期の洋風導入の流れには，横須賀製鉄所のような大規模な事業の建築に共通した特徴，長崎居留地において工匠小山秀之進が建てた旧グラバー住宅など一連の洋風木造住宅に共通する特徴，三島通庸が県令を務めた山形，福島の擬洋風建築にみられる共通の特徴など，公的，民間的と割り切れない導入経路による違いが重なっているように思われる．

明治前半期の洋風木造建築構法の大きな特徴は，洋風の意匠を目指して，洋式技術を取り入れつつ，伝統技術を応用工夫したところにある．構法に影響を与えた洋風の意匠として，基壇状に積み上げられた側石，靴履きの床，高い階高，しばしば総二階的に直立する外観，大壁などがある．特に，両面を大壁とする壁をいかにつくるかが課題であり，それまでにない大壁構法が登場し，その構法を成立させるために導入されたと思われる部分的構法も少なくなかった．

a．大壁の表現と洋型の間柱

従来，壁は柱や貫に取り付けた縦横の間渡竹へ木舞を掻き付け，そこに荒壁を塗るものであった．この伝統的方法によって，壁の両面を塗り込めて大壁の厚みを出すことは難しく，いかにその意匠をつくるかが問題だったのである．旧グラバー住宅，旧オルト住宅（長崎県，慶応元年/1865）などでは貫の両面に木舞を配して厚みを出す方法がとられ，旧開智学校本館（長野県，明治9年/1876）や旧西田川郡役所（山形県，明治14年/1881）では，2層の木舞下地をつくり，それぞれに外側から荒壁を塗る方法がとられた．後者の方法は，近世にも知られた方法で，大工書『御作事方仕口之図』（甲良宗員，享保14年/1729）には「太鼓壁」と称する塀の構法として描かれている（図7.1-1）．また山田幸一『壁』によれば，土蔵の壁などに，2層の木舞を配し，その隙間を石詰めする方法があったという（文献5）．

これらに対し，洋風木造建築の大壁をつくる下地骨組みの標準的な構法は，柱と同じ見込み幅の間柱を用

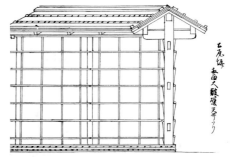

図7.1-1 2層の木舞下地による「太鼓壁」
［出典：『御作事方仕口之図』］

いるものであった．この間柱に対して下見板張り，木摺漆喰，あるいは胴縁へ竪瓦張りに漆喰などの仕上げをほどこして洋風木造建築の大壁はつくられたのである．用語「間柱」は近世にもあったが，この間柱は，柱間中間での壁補強や，押縁下見を取り付けるために用いられた．『日本建築辞彙』（中村達太郎，明治39年/1906）によれば「大三寸」（1寸5分×1寸2分）の大きさの材である．本項では，それぞれを洋型間柱，伝統型間柱とよんで区別する．洋型間柱に木摺りを釘打ちし，漆喰を塗る方法は近世にはなく，少なくとも当時のイギリスやアメリカの建築技術書に間柱，木摺り，プラスター塗りに関する記述があるので，この大壁をつくる方法は欧米から導入されたと考えられる（文献6・7）．

貫を用いる軸組に，洋型間柱を組み合わせることは，1間に3本ほど立つ間柱に3〜5段に貫をさし通す必要があり，作業手間のかかる方法であったに違いない．東山手十二番館（長崎県，明治元年頃），旧新潟税関庁舎，豊平館（北海道，明治13年/1880）などでは，

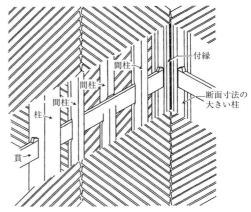

図7.1-2 東山手十二番館，貫を挟む間柱と木摺りによる大壁
［出典：文献38］

貫の両側に伝統型間柱を立てて大壁下地としての見込み幅を得る方法がとられた（図7.1-2）．礎石や土台に立つ不安定な柱を固定するうえで不可欠の部材であった貫と，洋風大壁の下地である間柱を共存させる苦心のうかがわれる過渡的構法である．その後，貫を採用しない洋風木造建築がみられるようになる．旧見付学校校舎（静岡県，明治8年/1875），旧札幌農学校演武場（北海道，明治11年/1878），旧群馬県衛生所（群馬県，明治11年/1878）などは，洋型間柱が用いられた初期の事例である．これら以降の洋風木造建築の遺構では，大壁の表現をとる際に，多く洋型間柱が採用され，普及したのである．

b．洋型間柱と筋かい

このことは別の問題を抱えることとなる．洋型間柱を採用し貫を用いない場合，軸組をいかに安定させるかが問題となる．上記の貫を用いない3例のうち，旧見付学校，旧札幌農学校演武場には筋かいが取り付けられ軸組の変形が抑えられている．旧群馬県衛生所では，漆喰下地の木摺板が斜めに打たれ（この張り方を嵐打ちなどと称した，図7.1-2参照），軸組の変形防止が意識されたと思われる．洋型間柱と筋かいの組合せは旧名古屋衛戍病院（愛知県，明治11年/1878），新潟県議会旧議事堂（新潟県，明治15年/1882），旧西郷従道住宅（愛知県，明治10年代）など，洋式技術を習得する機会があったと思われる設計者による建築に多くみられた[*1]．

これらの筋かいは，洋型間柱によって大壁をつくる際，軸組を成り立たせるために採用されたと捉えられる．現代からみると，筋かいを用いた軸組は伝統的木造建築と相容れない構法として，工匠らの大きな抵抗があったと想像したくなる．実は筋かいをより広く木構造の技術としてみると，近世に筋かいは多く使われていた．橋脚，火の見櫓，門，築地塀の骨組み，建築の小屋組など土木的な構造や建築の見え隠れに筋かいは用いられ，大工書などにも解説された技術だったのである（図7.1-3）．とはいえ，主たる建築の見え掛かる

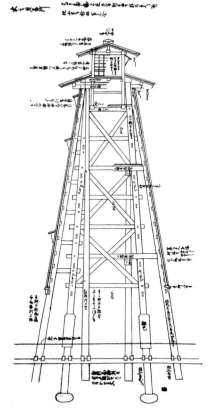

図7.1-3 火の見櫓の筋かい［出典：甲良家『諸絵図全』1800年頃］．下見板などで覆われず軸組の露出する櫓もあった

部位に筋かいは用いられず，筋かいは構造的には有効な部材であるが意匠の視点から隠すべき部材（あるいは土木的部材）という認識だったのであろう．大壁の洋風木造建築において，筋かいは見え隠れとなるため，当時の工匠たちに無理なく受容されたのではないか．

洋型間柱を用いる際に，貫に代えて指物によって軸組を固めるという方法も出現している．それは洋風木造建築の柱とおよそ同幅の窓台や窓楣を窓の両外側に延長して，建物の外周を囲うように柱を繋いでゆく架構法であった（図7.1-4）．その仕口には柱を挟んで竿車知継ぎとするなど近世の指付け技法（5.5.1項を参照）が用いられた．この構法では間柱は窓台や窓楣の高さで途切れることとなる．この方法は旧済生館本館（山形県，明治11年/1878），旧西田川郡役所，旧伊達郡役所（福島県，明治16年/1883）など三島通庸が県令を務めた山形，福島県の遺構に特徴的で，それを施工した工匠は遺構によって異なるので，一貫した指導があったことを示唆している．

[*1] 西欧の歴史的木造建築に筋かいなど，斜材が多く用いられていたことについては，ここでは説明を省く．名古屋衛戍病院は，フランス軍事顧問団を受け入れていた陸軍工兵部門が手がけたとされる（文化財修理工事報告書による）．新潟県議会旧議事堂の設計者，星野総四郎はイギリス人技師のいた鉄道寮で修業している（文献8）．旧西郷従道住宅の設計はフランス人建築技師J．レスカスの設計とされる．

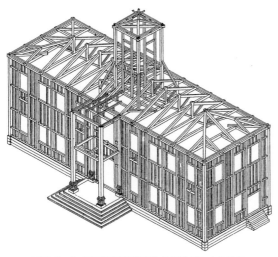

図7.1-4 旧伊達郡役所窓枠を胴繋ぎとする軸組
［出典：文献39］

c. 洋型間柱と胴差し，土台

　また，洋型間柱については，間柱を上下でどう固定するかという問題も生じる．伝統的な真壁では，間渡竹と木舞からなる壁下地は柱や貫に取り付けられ，土台など下端の水平材に壁下地を固定しない納め方もある．それに対し，大壁下地の洋型間柱には，上下端を固定する水平材が必要である．桁や土台はその意味でも必要な部材である．さらに，階高さの高い2層の洋風木造建築で，柱二つ割り以下の間柱を2層分の通し材で用いることには，材の取り回しや，木摺りなどの釘打ちに難がある．階境を区切り，1層分の間柱を受けとめる水平材，胴差しはその意味で有用である．

　また，階境に胴差しを入れる理由として，2層分の高さの間柱は，1層分の高さの間柱2本よりも高価という経済的理由も考えられる．さらに，貫を通さない構造で柱を胴差しによって繋ぎ，固定の一助とするという理由もあったであろう．現在，胴差しは，筋かいの入る耐力壁で，その枠組みを構成する主要部材であるが，明治時代には旧開智学校本館，旧群馬県衛生所など胴差しがあって筋かいのない遺構があり，耐力壁の枠組という意味合いはなかったと思われる．ちなみに，明治時代の2層以上の洋風木造建築のうち，胴差しを用いる洋風木造建築の軒高さが7mを超え，10m台に及ぶものもあるのに対し，軒高の低い旧中込学校校舎（長野県，明治8年/1875），旧岩科学校校舎（静岡県，明治13年/1880年），旧登米高等尋常小学校校舎（宮城県，明治21年/1888）などは，間柱，胴差しを用いず，貫，木舞による軸組であった．

　胴差しは床梁や指鴨居（差鴨居とも書く）に似ているために，伝統的木造建築構法の部材と捉えられがちである．ただ，近世には上階の床荷重などを受ける指物はあっても，それが建物の外周を一巡するように配されることはなかった．例えば，高木家住宅（奈良県，文政～嘉永7年/1818～1854）の場合，部屋の四周を指鴨居がめぐり，胴差し的構成が成立しているように見えるが，両妻壁は半間間隔に立つ2層分の柱に貫が多段に入る構造であり，そこに胴差しは存しない（図7.1-5）．また，近世大工書などにも「胴差」の名称は見られず，幕末，明治初期の洋風木造建築の仕様帳に「胴差梁」，「胴差」の名称が現れる[*2]．欧米の歴史的木造建築に胴差しに該当する部材が使われ，明治時代に出版された欧米の建築技術書にも記述のあることから，

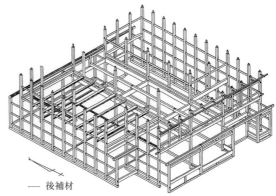

―――― 後補材

図7.1-5 高木家住宅，階境に指物（胴差し）のない近世の妻壁
［出典：文献40］

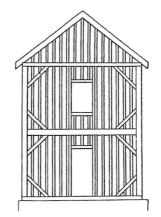

図7.1-6 アメリカの建築技術書にみる胴差し
［出典：文献41］

*2 「堤家文書」の横須賀製鉄所，鍛冶所に関する仕様帳（慶応3年/1867，文献9），駿河町三井組に関する仕様帳（明治6年/1873，文献10）に「胴差梁」の語が現れる．

胴差しは欧米から導入されたと考えられる（図7.1-6）.

前項で取り上げた，上下窓枠の延長材によって建物外周の柱を繋ぐ材は，貫の代替的性格をもつと同時に，階層の中間に多段に挿入された胴差しともいえる．これらは柱に近い見込み幅の材であり，洋型間柱の上下の受け材として機能し，また貫のように多段に入ることによって筋かいの助けを借りずに軸組の安定を図る構法といえよう（図7.1-4）．

土台については，すでに近世にさまざまな用法，用例があったが，明治時代頃の欧米の建築技術書に，外周壁の間柱を受ける土台の記述があることから，この用法については海外技術の導入によると考えられる．しかし，洋風木造建築の土台には間柱を受ける役割とは別の役割を兼ねる場合があった．靴履きのまま中に入る洋風木造建築では，玄関床と内部床の高さの差はわずかである．洋風木造建築では，外観表現として側石を基壇のように積み上げ，そこから直に外壁を立てることが多く，玄関床はその側石の高さに合わせて設けられた．その結果，内部床の根太や床板には外周部でそれらの端部を受ける部材が必要となる．側石上に敷かれた土台はしばしばその役割を果たしたのである．土台は，近世に多数の事例があり，またその役割も多様であった．そのうち城の多聞櫓，長屋，蔵などには，土台に床板や根太などを掛ける例があり，この伝統構法が参照されたとも考えられる（図7.1-7）．

基礎については外周に基壇のように組積の布基礎が設けられていたが，明治前半期頃は内部にはまだ布基礎は設置されていなかった．現在のような構造的役割が期待されておらず，外観意匠の役割を担っていたと考えられる．内部壁下の基礎構法は，礎石上に土台を敷き，そこに柱や束を立てる方法，縦長の束石を立てた上に土台を側土台と同じ高さに配置する方法などがあり試行錯誤の過程にあったと考えられる．

d. 大壁の下地と仕上げ

洋風木造建築の大壁は壁の両面が大壁であることに特徴がある．近世民家などの大壁の場合，外側が大壁であっても，内側を真壁とするのが一般的である．幕末，明治期の洋風木造建築の大壁のうち，漆喰塗り，下見板張り（ペンキ塗り）については，いずれも洋型間柱を下地の骨とし，さらに漆喰塗りの下地については，洋型間柱に木摺打ちまたは胴縁に竪瓦張りとする方法とがあった．

このうち木摺漆喰は先述のように洋式技術であったと思われる．近世の漆喰壁の下地は，一般的には木舞に荒壁を，裏返しの工程を含めて塗り付けるというものであり，木部に対して直接，漆喰を塗ることはなく，軒裏などを塗り込める場合には縄巻きした割竹などを打ち付け，付着をよくして荒壁が塗られた．蟻壁（天井とその下にある蟻壁長押の間の大壁部）などでは下地板に鋸目を刻み，下苧を打ち，付着をはかることも行われた（図7.1-8）．それに対し，木摺漆喰の下地は間柱に木摺板を目透しに打ち，直接に下地の漆喰を塗るという仕様である．この漆喰は木摺板の隙間から裏側へ，隙間幅より幅広くはみ出た状態で凝固することによって付着するもので，伝統技術にない壁構法であった．木摺漆喰の下苧は，洋式技術に伝統技術が取り込まれたものであろう．

この木摺漆喰について，当時のアメリカの建築技術書は，耐候的な見地から外壁のプラスター仕上げに注意を促し，下見板をすすめている（文献7）．明治時

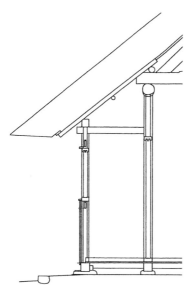

図7.1-7 旧新発田藩足軽長屋（新潟県，天保13年/1842），根太，床板受けとしての土台［出典：文献42］

図7.1-8 普門寺方丈（天和7年/1621），鋸目，下苧を施した蟻壁板［出典：文献43］

図7.1-9 旧群馬県衛生所，正面は漆喰仕上げ，側面，背面は下見板仕上げ

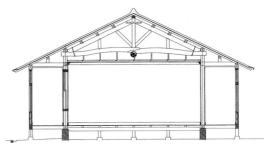

図7.1-10 旧名古屋衛戌病院，和，洋小屋技術の混交
[出典：文献44]

代の洋風木造建築には，外壁を木摺漆喰とする新潟県議会旧議事堂のような例もあったが，旧群馬県衛生所，名古屋衛戌病院，旧三重県庁舎（愛知県，明治12年/1879）などでは，ベランダや廊下など庇のかかる箇所のみ木摺漆喰とし，雨掛かりの外壁は下見板張りや竪瓦下地に漆喰塗りという仕様であった（図7.1-9）．

竪瓦下地の漆喰塗り大壁の場合，竪瓦は洋型間柱に打ち付けた胴縁に釘止めであった．竪瓦は立瓦とも書き，平らな四角い瓦で，海鼠壁に用いられた材料である．海鼠壁は武家屋敷の表長屋，民家の蔵などにみられ，竪瓦を土壁に木釘や竹釘や圧着によって取り付け，目地を盛り上げた漆喰で覆うものである．海鼠壁には雨による壁の剥落を防ぐ意味があったが，幕末の横浜に発生した火事の後，防火の意味を兼ねて洋風木造建築に用いられたという（文献11）．洋風木造建築の海鼠壁は，現存する遺構では，旧新潟税関庁舎が古く，柱や間柱に下地板を釘止めし，それに竪瓦の四隅を釘止めする仕様である．洋風木造建築で漆喰壁の下地に竪瓦を用いる技法は，海鼠壁の転用であろう．

下見と称する外壁構法には，伝統的なものとして押縁下見や簓子下見があったが，洋風木造建築に用いられた下見はそれらとは異なる形式であった．伝統的下見には大壁や真壁を外から覆う，柱間にはめ込んで真壁を覆う，またパネル状の下見とするなどさまざまな仕様があったが，洋風下見はそのいずれとも異なる．洋風下見は，柱，間柱に外側から下見板を釘止めする仕様で，ここでも洋型間柱を前提としていたのである．いずれにせよ，洋風木造建築の大壁表現は，伝統技術になかった壁下地の構造，すなわち洋型間柱によっていたのである．

e. 小屋組

キングポストトラスやクイーンポストトラスなどの洋小屋も，西欧から導入された技術であった．軸組では，大壁などの洋風表現をつくり出すために，伝統技術を応用し，あるいは洋式技術と組み合わせる創意工夫がなされたが，小屋組においては，ペディメント風の意匠，軒蛇腹，漆喰天井など洋風の意匠をつくることは和小屋でも可能である．したがって，軸組や基礎で行われたような表現のための折衷的工夫は試みられなかったようである．洋小屋の優位性は大スパンにあり，洋小屋は学校や役所など8mを超えるような大きな梁間の建築で採用されている．それに対し和小屋の洋風木造建築では，梁間は広くても旧三重県庁舎での7m余程度である．

また，外国人技師の直接関与した建築や，その指導を受けたことのある工匠による建築に洋小屋の例が多く，小スパンの梁間に対し洋小屋とする例もある．日本人工匠の試みた洋小屋では和小屋の技術が混入する場合があった．和小屋と洋小屋の技術の間には，部材に作用する力，部材寸法，仕口などに相違があるにもかかわらず，洋小屋の部材を和小屋の部材のように理解した結果であろう．旧名古屋衛戌病院はそのような例の一つで，敷梁上で，投掛梁を台持継ぎで継ぎ，その上に棟束を立てる和小屋の梁組を構成し，その上部に洋小屋を組んでいる（図7.1-10）．

7.1.3 学士建築家たちの洋風木造建築

明治後半期に入ると，洋風木造建築の軸組を中心に大きな変化が表れる．その変化は，国内外の大学などの高等教育機関で系統的に建築を学んだ建築家たちの設計活動に重なっている．その新しい傾向とは，①間仕切壁下の布基礎（建物外周のみでなく），②中折筋

かいの曲折部に入る胴繋ぎ（中折筋かいは傾斜角が急にならないように枠組みの中間高さでくの字形に折り返して入れられた筋かい），③柱と土台・胴差し・桁さらには窓上下枠・胴繋ぎがつくる枠組のほぼすべてに対称性を意識して取り付けられた筋かい，④床小梁を挟む二重の胴差し（下方の胴差しは下階の頭繋ぎとなり上方の胴差しは上階柱の土台となる）などである．

まず，明治前半期の洋風木造建築では，建物内部の壁（間仕切壁）は床束に支えられた土台や足固めに間柱を立ててつくられるなどの仕様で，布基礎状の構造は設けられなかった．

洋風木造建築の壁内には１間から半間間隔に柱が立ち，およそ１尺５寸間隔に柱二つ割から三つ割ほどの間柱が立てられていた．当時の建築の知識を集成した，三橋四郎『和洋改良大建築学』には，間柱は下見板の釘打ち下地であって荷重を受けるものではないという解説がある（文献12）．しかし，壁自体の荷重は間柱に掛かり，さらに，上階の床小梁を受ける梁下の壁における柱の位置は，必ずしも床小梁と一致せず，上階の荷重は柱のみならず間柱にも掛かると考えられる．洋型間柱による壁は柱だけでなくその全幅で上部の荷重を受ける構成といえよう．当時の布基礎は煉瓦や石を積む構造であるため，集中荷重に対しては不十分な基礎であるが，全幅で荷重を受けるという意味で間仕切壁下の布基礎は意味があったと思われる．

中折筋かいでは，地震力などによって引張力を受ける筋かいが離脱し，圧縮側の筋かいが柱を破損する可能性がある．この曲折部へ，帯金物や箱金物付きの胴繋ぎを挿入することにより，曲折箇所で柱が圧縮側筋かいから受ける応力を胴繋ぎの他端の柱でも分担することになる．さらに柱間ごとの対称的な配置は，圧縮側の筋道が枠組の変形を抑え，引張側の筋かいの離脱を防ぐという，より強固な枠組をつくり出している．

一つの階の軸組には柱上下の水平材（土台，胴差し，桁）のほかに，窓の上下枠や，上記のような胴繋ぎなどが設置される．これらの水平材と柱からなる枠組の，開口以外の小壁，腰壁などを含めたすべてに筋かいの入る壁の構造は，その全体がきわめて剛性の高い壁面となる．さらに，洋風木造建築では壁に囲われた部屋に区画されているため，一定の剛性をもつ床とともに，全体の構造は固定した中仕切のある箱のような構造となる．この構成は，構造を，軸組とみなす伝統木造とも床と壁の構成とみなす在来木造とも異なる強固な構成である．

二重の胴差しとは，下階の柱頂部を繋ぐ胴差し（頭繋ぎ）に床小梁を掛け，その上に上階の胴差し（土台）を敷いて上階の柱を立ち上げる構造である．この構造は，高層の木造建築や，下階から上階を迫り出す建築を可能にする架構法として，西欧の木造建築で伝統的に用いられていた構造である．工部大学校５回生で，陸軍省に勤務した滝大吉は『建築雑誌』に，柄穴による柱の断面欠損の多い通柱よりも，管柱を用いる二重胴差しの架構が有利であると説いた（文献13）．二重胴差しは明治後半期の特徴の一つではあるが，実際には，二重胴差し・総管柱，二重胴差し・一部通柱，一重胴差し・管柱，一重胴差し・一部通柱などさまざまな部材構成がみられる．『和洋改良大建築学』は，陸軍の兵舎などは滝の立案ですべて管柱であったことを紹介しつつ，それでも通柱の欠損がないように金物を使う場合はかえって通柱が有利であると論じている（文献12）．

明治後半期の洋風木造建築で，新しい架構要素をすべて取り入れた建築はまれであるが，多くにいくつかの要素が取り入れられている．ベルリン工科大学に学んだ松ヶ崎萬長が設計した旧青木家那須別邸（栃木県，明治21年/1888）は，中間高さの胴繋ぎ（すべての壁面においてではない），二重胴差し，総筋かい（ほぼすべての枠組に筋かいを設置）を取り入れた建築であった（図7.1-11）．パリ中央工学校に学んだ山口半六が設計した旧東京音楽学校奏楽堂（東京都，明治23年/1890）は，間仕切下にも布石を敷く基礎であった（土台と布石の間には隙間があり間仕切柱ごとに石を挟み入れている）．ロンドン大学に学び，日本での系統的建築教育を築いたジョサイア・コンドルが設計した旧岩崎家住宅（東京都，明治29年/1896）は，煉瓦造の地下室の壁が，木造建築である１階の間仕切壁

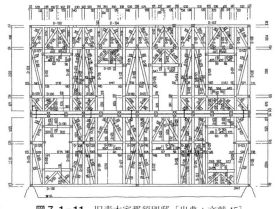

図7.1-11 旧青木家那須別邸［出典：文献45］

図 7.1-12　弘前学院外人宣教師館［出典：文献 46］

の布基礎を兼ね，1 階の中間に胴繋ぎを入れ，すべての枠組に襷筋かいを入れるという構造である（部分修理による）．

このように，新要素は建築の高等教育機関に学んだ建築家たちの設計する洋風木造建築にまず現れたのであり，同時代の旧登米高等尋常小学校校舎や旧福島県尋常中学校本館（福島県，明治 22 年/1889）など，工匠の手になる洋風木造建築には新要素は用いられていない．しかし明治 30 年代後半には，旧第五十九銀行本店本館（青森県，明治 37 年/1904）における階中間の胴繋ぎ付き筋かい，弘前学院外人宣教師館（青森県，明治 39 年/1906）における間仕切壁下の布基礎，階中間の胴繋ぎ付き筋かい，二重胴差しなど工匠が設計した洋風木造建築にも新要素が採用されるようになる（図 7.1-12）．

これらの洋風木造建築の新要素は，明治前半期の洋式の構法要素や伝統技術の応用が，洋風の意匠を表現する技術として用いられていたことと比較すると，強固な構造体をつくる要素であることに特徴がある．また，試行錯誤的な工夫の過程がみられず，完成度の高い形式をもって現れていることにもう一つの特徴がある．こうした特徴は，明治後半期の新要素が近代的建築教育によるものであることを示唆している．

7.1.4　木造建築の耐震化

以上，明治期の洋風木造建築の軸組の変遷を中心にみてきた．では，大多数の従来的木造建築の構法は近代化の中でどう変貌したか．幕末・明治期に始まる洋風との出会いを通して，和風とは何かを，工匠や建築家たちは意識したに違いない．和館と洋館が並立する邸宅では，施主，設計者，施工者はそれぞれに和風の意味や和風像を必然的に問うたであろう．和風建築にもボルト金物などの新要素は次第に取り入れられていたのである[*3]．また，洋風のあるいは近代の生活要素，作法は，公共的な場から始まり，身のまわりに徐々に増え，それまでにない建材，設備，工具などの利用に伴い木造建築の各部にさまざまな変化が生じたであろうが，以下では，木造建築の耐震化という視点から，その展開とそれが在来木造建築につながる軸組の考え方に焦点を絞り，そこに至る過程をみてゆきたい．

明治 24 年（1891）に直下型の濃尾地震が起こり，岐阜，愛知県一帯は大きな被害を受けた．この地震を契機に，翌年，文部省下に学際的組織として震災予防調査会が設置され，建築の分野からは，辰野金吾，曽禰達蔵，片山東熊，中村達太郎ら工部大学校卒業生が委員として参加している[*4]．その後，東京地震（明治 27 年/1894，M 7.0），庄内地震（明治 27 年/1894，M 7.0），陸羽地震（明治 29 年/1896，M 7.2）と大きな地震が続き，同会機関誌などで建築の震災被害調査報告や耐震構法の提案などが繰り返し行われたのである．

そうした中で，耐震を主題として形成されていった木造建築像を追うものとする．ここで，耐震的な木造建築像という，理念的な建築を問題とするのは，それが戦後の在来木造構法のもとになったと考えるからである．昭和初期頃の木造建築構法の実際と，在来木造構法との間には隔たりがあり，在来木造構法は理念的なものが先行して生まれたものである．

昭和初期頃の洋風ではない木造建築の実際はどのようなものであっただろうか．市街地建築物法（大正 8 年/1919 制定）は関東大震災後，大正 13 年（1924）に改訂され，その施行規則で木造建築の筋かい設置が義務づけられているが，昭和初期の実際については，江戸東京たてもの園（東京都小金井市）に移築された，同規則の適用地域に建てられた植村邸（旧中央区新富，昭和 2 年/1927）と適用地域外に建てられた川野商店（旧江戸川区小岩，大正 15 年/1926）が一つの参照となる．

[*3]『旧堀田邸保存整備工事報告書』（文献 14）によれば，明治 23 年（1890）に竣工した和風建築の旧堀田邸にはボルト締め挟み梁，火打材，トタンなどが見られる．

[*4] 震災予防調査会は大正 14 年（1925）に地震研究所と震災予防評議会へと改組し，『震災予防調査会報告 第 101 号』（昭和 2 年/1927）の発行をもって活動を終えた．

前者は，外周壁外側に通貫と柱の差分の見込み幅をもつ伝統型間柱を建て，柱，間柱に面揃いになるように筋かいを取り付けその外側に下地板を打ち，仕上げを銅板張りとするいわゆる看板建築である．外周壁室内側は通貫上下に間渡しを入れ，木舞を搔き付けた下地の真壁で，間仕切壁は両面真壁である．外周壁で塗壁の外側に覆いとなる下見板など（ここでは銅板）を張る方法は近世にあり，その内側に筋かいを打つ方法もすでに明治時代中頃には事例のある，伝統的な技法の延長ともいえる技術である．一方，川野商店となると，その軸組は，貫や指鴨居などを使った，さらに伝統的町家に近い構成の軸組である．

a．濃尾地震と木造建築の耐震化案

濃尾地震での木造建築の被害状況は，洋風木造建築に被害が少なく，伝統的，従来的な木造建築においても精作の建物には被害が少なく，粗造の建物に被害が多かったという[*5]．濃尾地震後に，耐震木造構法が検討，提案された最初の段階で，洋風建築の教育，訓練を受けた建築家たちの目指した考え方は，戦後の在来木造構法の考え方とは違っていた．

まず，濃尾地震後いち早く出版された『日本建築構造改良法』の提案を取り上げる（文献17）．著者伊藤為吉は工部美術学校の教師であったカペレッチの渡米に同行し，同氏の建築事務所に働いた経験をもち，建築の新技術の発明や職工組織の編成などを試みた建築家である．伊藤は伝統的な木造建築の部材とその構成を生かしつつ，仕口を鋳鉄製金物に置き換え，補強する提案を行った．ほぞによる材欠損を減じて仕口の破損を防ぎ，上下方向に仕口が分離するのを止め，接合部の剛性を高めようとする案である（図7.1-13）．伊藤の提案は「習慣の感情及び風俗」を損なわないこと，材木市場の流通材を使い安価であること，鉄物の取付けには，ボルトや木ネジをなるべく避けて楔や逆目釘を使い大工に親しい技術であることなど，既存の生活や生産体制に配慮するものであった．筋かい（斜材）は，地廻桁下の鴨居吊束に取り付けられた，桁荷重を両側の柱に伝える一対の合掌型斜材のみで，軸組の変形防止の筋かいはみられない．

震災予防調査会では，辰野金吾らが機関誌『震災予防調査会報告』に，耐震家屋研究のための振動実験用の試験体図面，仕様を発表し，その中には「純粋なる日本家屋」，「日本家屋改良案」，「洋風家屋」，「洋風家屋改良案」の木造建築4案が含まれていた（文献18・19）．さらに彼らは，庄内地震の被災地山形県に提出した「木造耐震家屋構造要領」，「町家一棟改良構造仕様」，「農家改良構造仕様」，「小学校改良木造仕様」を発表した（文献20）．

この「木造耐震家屋構造要領」は耐震家屋の方針を「…木材は及ぶべくだけ之を毀損せず，其物の有する各種の全能力を利用し，萬止を得ずして之を毀損する場合に於ては，之に倍蓰する能力を有する鉄材を以て其不足を補ひ，又三角形不変の理を応用し，場合の許す限りは何れの部分に於ても三角形を作り，其結合は鉄材の能力により鞏固ならしめ，一家屋全部を締結して一体となす…」と示している．この三角形不変の理という考え方は，その後も繰り返し表明され，筋かいによる木造耐震化のもとになったとされる（文献1）．

しかし，「要領」の示す各部材の接合部図には筋かいの図はない（図7.1-14）．辰野が提出した前記「日本家屋改良案」にも筋かいがまったくなく，「要領」の図同様，ボルト締めによって接合する挟み材方式による構造である（図7.1-15）．この挟み材方式は曽禰達蔵の原案になる「町家一棟改良構造仕様」などにも踏襲されている．「町家一棟改良構造仕様」は，方杖を多用して軸組を固める点では三角形不変の理を生かしているといえるが，興味深いのは，壁の箇所にも筋かいは入れず，方杖で変形に対処し，床・内法を開放的に使えるように配慮している点である（図7.1-16）．これらを通してみると，「要領」の時点での辰野らは，

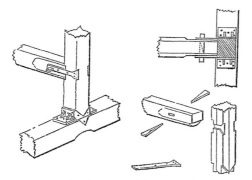

図7.1-13 伊藤為吉考案の接合鉄物　［出典：文献17］

[*5] 被災地各所をおよそ60日にわたって調査した佐藤勇造は，岐阜・愛知県25万余戸のうち，全壊8万2千戸，半壊4万3千戸について各100戸あたりの崩壊数は「粗造日本造瓦屋根70，精作全上25，煉化造り粗造100，全上精作又ハ新規50，社寺粗造ノモノ75，全上精作ノモノ0，西洋造木製0」と記している（文献15）．被災地を調査した伊東忠太もまた，日本家屋の倒壊は構造の不完全な場合の問題と指摘した（文献16）．

7.1 木造建築構法の近代化　407

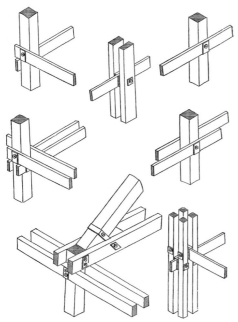

図 7.1-14　「木造耐震家屋構造要領」挿図の挟み材，ボルトによる接合案［出典：文献 20 より抜粋］

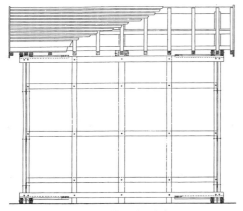

図 7.1-15　震災予防調査会による「日本家屋改良案」［出典：文献 18］

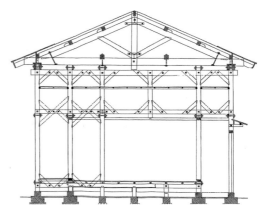

図 7.1-16　「町家一棟改良構造仕様」［出典：文献 20］

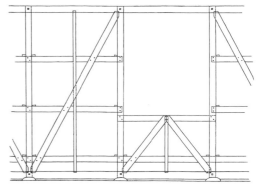

図 7.1-17　外周真壁と押縁下見の間に筋かいを取り付ける案［出典：文献 21］

開放的間取りの日本家屋を，仕口による欠損を少なくして耐震的につくる方法を求めていたように思われる．ただ他の2案には筋かいが組み込まれ，木造軸組としては筋かいの入る構造がより望ましいと考えられていたことがうかがわれる[*6]．

濃尾地震の翌年，文部大臣官房会計課が発行した『小学校建築図案』は，諸府県に対して，校舎設計の参考に構造法と配置，平面図例を示した文書である（文献21）．耐震案として作成された文書ではないが，校舎の外壁に筋かいを取り付ける案が示されている（図7.1-17）．付図と文から，「巾三寸八分厚八分」ほどの筋かいを「表面より柱毎に欠き入れ釘打」し，「外部は都て下見板張とし下見は簓子或は押縁下見」によって覆う仕様である．真壁を伝統的下見板で覆い，建物の外観に筋かいを見せないという取付け方は工匠に受け入れやすい方法であったに違いない．この文書の備考には「西洋風は職工の未熟等に依りて其体裁を失し且堅牢を欠くの虞なき能わず，殊に比較上，建築費を増加する而已ならず修理費も亦多きを免れず，故に大体の構造法を日本風となし西洋風の長所を採り其欠点を補いたるものなり」と記されている．

これらの案に対し，滝大吉の造家学会での講演記録「耐震構造」はむしろ筋かいを含め，洋風木造各部の耐震的改良を提案する内容であった．だが，この講演は滝が陸軍省に提出した「建造物に関する震災予防意

[*6]「小学校改良木造仕様」（中村達太郎原案）は，校舎の間仕切壁，軸壁，腰壁などに筋かいを採用する案であった．「農家改良構造仕様」（片山東熊原案）は四つ間取りの部屋境間仕切り各2間のうち，外側寄りの1間に筋かい入り壁を設け，足固めや長押は挟み材として柱や筋かいを挟む構成の案であった．

見」をもとにしたもので，陸軍関連施設に対する提案の可能性がある（文献13，pp.45-46）．横河民輔は洋風木造建築は耐震的に優れているが，可燃性に難があると考え，防火的な土蔵造の耐震改良案を提案した．すなわち壁土が震動により崩落するのを，襷筋かいでほぼ全壁面を固め，洋小屋と軸組を一体化して抑えるという提案である（文献22）．これらは明治後半の洋風木造建築の新要素をいくつか備えた提案であった．

このように住宅とは用途を異にするものにおいて筋かいを積極的に採用する案もあったが，住宅においては前2案のように，震害の少なかった洋風木造への転換，改良，応用を主張するものではなかった．濃尾地震直後には，開放的な間取りにおいて成立していた当時の暮らし，あるいは工匠が親しんだ技術を考慮して耐震木造家屋を提案する姿勢があったのである．

b．壁の発見

開放的間取りを維持しながら耐震化を目指した初期の耐震化案に対し，その後の庄内地震，陸羽地震などによる震害を調査する中で，次第に壁の耐震性が発見されてゆく過程があった[*7]．庄内地震の震害調査の翌年，再び同地方を訪れ，家屋の改修法を調査した野口孫市は，ある町家の改修に用いられたトラス状の袖壁について「其間取りの設計に於てもなほ，差したる不便を感ぜずして，小壁の付加し得る処なきにあらず」，また木舞下地の土壁について「家屋の傾斜せんとするに際しては，此壁をして斜に圧力を受けしめ，之を破らざれば容易に家屋の顛倒を来さず」と書いている（文献23）．ここからは，壁を耐震的に有効とする見方がうかがわれる．

前述の「町家一棟改良構造仕様」の作成にあたり，曽禰は開放的間取りを保とうとしたように思われるが，陸羽地震では壁の必要性を述べるに至っている．すなわち，間仕切壁の効用について「間仕切壁少き建物は，震動頗る自由にして，変形自ら容易なるものなり」，「間仕切壁は通例建物を堅固にするの効あり，震災地の建物は之に乏し」，「壁下の内法貫は完全の柱固めにあらざれども，其是れなきに優るは素より論ずるまでもなし然れども…間取の許す限り間仕切壁を加へ，且之に筋違材を入れて三角形を構成するに若かざ

[*7] 「壁の発見」の表現は『日本近代建築技術史』（文献1）による．同書は，関東大震災に関する震災予防調査会の『木造被害調査報告』に対して「トラスの発見に次いで，筋かいの発見または壁の発見が行われた」（p.84）ことを指摘している．

るなり」と説いた（文献24）．

さらに，江濃地震（明治42年/1909，M6.8）では，木村調吉により震動方向と壁配置の関係，すなわち壁の剪断亀裂と面内方向の地震力との関係に着目した報告がなされた（文献25）．武田五一は，格間を筋かいでことごとく三角形に組んだ軸部，漆喰壁かセメント壁などをすすめ，今後は西洋式にすべきとまで述べている（文献26）．しかし，その一方，佐野利器の養蚕のために開放的にせざるを得ない家屋に関して，それまでの震害調査報告で繰り返し破損を指摘されてきた指鴨居などを地震力に抵抗する要素と認める論述もあったのである（文献27）．

その後，佐野は日本の構造力学の理論的基礎となる震度法を提唱する学位論文「家屋耐震構造論」を大正5年（1916）に『震災予防調査会報告』に発表する．翌年に発表された同論の後半では，構造種別に耐震的特徴，強度などを論じ，その木造の章で，筋かいは矩形（柱，土台，胴差し，桁などからなる枠組）に加わる曲げ応力を除くので家屋の垂直面にはできるだけ用いるのが原則であると述べている（文献2）．だが同論では，和洋の構造を比較し「洋風家屋は壁体多きが故に，板張又は木摺り張りを利用して剛性を得せしめ易く，且つ筋違を使用し得べき場所多く又，構造材の多くは隠さるるを常となすが故に，鉄物の使用に自由あり…和風家屋に於ては，習慣上事々に之に反するものあり，其れ丈け耐震的改善容易ならず，和風家屋に対する志想，感情の変化と，構造を美化すべき意匠の進化とに因て，和風家屋に於ても，耐震的改善の容易なるに至らんことを希望してやまず」（文献2，p.125）とも書いた．壁の耐震的効果の理解が深化する中，佐野は木造建築の耐震化を，構造的な視点からだけでなく，生業，習慣，感情などを含めて考える必要性を感じていたのである．

その後，壁の耐震性の研究は，鉄骨あるいは鉄筋コンクリート構造の研究の中で大きな展開をみせる．それは内藤多仲が発表した学位論文「架構建築耐震構造論」において「…有壁並剛架構の類を余は耐震壁bracing wall と名付く…」と耐震壁という概念を立て，「D の大なる有壁架構，剛架構又は筋違を有するものを適宜配合し以て横力の大部分をこれらに負担せしめ…」（D は横応力分布）と，ラーメン構造に耐震壁を組み入れた架構理論を樹立したことである（文献28）．内藤がこの理論をもとに構造設計した建築が関東大震災（大正12年/1923，M 7.9）に耐え，普及す

る構造設計法となったことは，木造建築の耐震化研究にも大きな影響を及ぼしたと思われる．

北伊豆地震（昭和5年/1930，M 7.3）後に，谷口忠は，学校建築の筋かい構法を類型化し，その統計的被害調査を『建築雑誌』に発表している．その中で，筋かい入りの間仕切壁によって各教室に区画される細長い校舎の中央部が平面的に撓み破損する震害から，次のように平面剛性の重要性を指摘し，「普通の木造床構造，或は小屋組配置では，床平面及び小屋梁平面は，水平力に対して余りにも剛で無さ過ぎるから，耐震壁を五間毎に置いても全床或は全屋根の荷重を剛架構に迄伝達せしめ得ない」と論じている．この論述の中で，谷口は木造建築にも「耐震壁」という用語を用いたのである（文献29）．

このように構造的相違を類型化して分析的にみてゆく調査方法は，当然の流れとして実験研究へと展開してゆく．同地震の被害調査で，やはり筋かいを分析的に調査した田辺平学は（文献30），その後，大貫筋かいの柱への釘打ち法に関する強度実験から始まり，柱，土台，桁からなるさまざまな真壁，大壁の仕様の違いに関する強度実験まで，接合細部から壁組まで，系統的分析的実験を行っている（文献31）．その論文の一つで田辺らは「水平荷重を受くる各種の木造骨組（無壁並に有壁のもの）に就てその特性を実験的に研究し，出来得れば更に進んで，鉄筋コンクリート構造其他のラーメン建築に於けるが如く，木造有壁骨組を「耐震壁」乃至「耐風壁」として設計し得る様に，その計算規準を得んことを企画した」と書いた（文献32）．このように，耐震性を壁によって定量的に評価できる木造建築という耐震化の方向性が打ち出される段階が訪れたのである．

これらの実験報告に先立ち，北伊豆地震の被害地域で開かれた「耐震建築相談所」などで受けた質問をもとに，田辺は『耐震建築問答』を著した（文献3）．同書の巻末「耐震建築の要項」の壁の項を要約すると，「1 適切な構造の壁；2-1 外周，間仕切壁を縦横になるべく多く配置　2-2 細長い建物では長手の直交方向の間仕切壁を多く，かつ中央付近に集めて配置　2-3 二階建以上では上下の間仕切壁を各階ともかたよらずに配置，かつ下階の壁数を多く配置　2-4 二階建以上では上下の間仕切壁をなるべく同位置に配置　3-1 真壁より大壁が有効（以下略）」という内容である．筋かいを不可欠と述べたことはいうまでもない．さらに，本文の「間取・形状」の項で，「少数の大きな部屋を設けるよりも，小さな部屋を成るべく多数にとる様に」という記述もみられる．

この要項は壁による構造の全体像を論じた点に大きな特徴がある．この要項から想像される建築像は，続き間の開放的な間取りの建物ではなく，上下階で壁の位置が揃いつつ下階の壁が多く，壁で囲われた小部屋の集合からなる大壁の建物であり，まさに，戦後の在来木造構法の原型がここに示されているといえよう．佐野の「家屋耐震構造論」の「要概」が軸材の架構，接合の記述が中心となり，壁（それも「矩形架構面」と書いた）については一項目をあげたにすぎないことや，佐野が和風家屋について習慣上，洋風家屋の構造と異なるため耐震的改善は容易でないと述べ，和風家屋に対する耐震化を考えていた側面のあることと比較すると，大きな踏み出しである．それは壁，耐震壁の発見という側面からのみ論じ得るのだろうか．

c．洋風小住宅という理想

以上のように，濃尾地震に始まる木造建築の耐震化が目指したものは，従来的生活の場である住宅の耐震化であり，洋風木造住宅への転換ではなかった．その後，壁の耐震的効果が次第に取り上げられる中でも，佐野の「家屋耐震構造論」には，軸組接合部の剛性を高めて，開放性を損ねずに耐震化を図ろうとする考えがみられた．このような経緯を含めて考えると，開放的間取りの軸組構造から，筋かいの入る壁構成による構造への転換は，木造住宅の震害調査や耐震化研究の蓄積，発達のみからみるのでは不十分であろう．

内田青蔵によれば，明治末期から大正期に高等教育を受けた都市の中間層が増加し，それは大正7年（1918）に大学，高等学校の新設を認める公布によって決定的になったという．この新たな階層の人々は，都市近郊に展開した鉄道沿線に，彼らのアイデンティティを表現する場所，住宅を求め，郊外を形成したのである．電鉄会社や土地会社，信託会社などが開発した住宅地に，俸給生活層である彼らが購入しやすい月賦制で，住宅が建てられたという（文献33・34）．

佐野利器は「家屋耐震構造論」の中で「和風家屋に対する志想，感情の変化と，構造を美化すべき意匠の進化とに因て，和風家屋に於ても，耐震的改善の容易なるに至らんことを希望してやまず」と書き，金物，ボルトによる耐震化を提案する一方で，興味深いことに，その同年に設立された住宅改良会の顧問を引き受けている．住宅改良は，あめりか屋というアメリカ

の組立住宅の販売事業を興した橋口信助と，テーラーシステムの影響を受けて，家事行為の合理性を歩数によって評価する「動作経済」を提唱した三角錫子とが中心になり設立された．同会は雑誌『住宅』を発行し，起居様式に関するアンケートや設計競技を行い，洋風化への啓蒙活動をすすめ，あめりか屋の洋風住宅は東京西郊を中心に建てられたという．

さらに，佐野は，文部省の外郭団体として大正 9 年（1920）に設置された生活改善同盟会の住宅改善調査会委員長を務めていた．住宅改善調査会は同年に「住宅改善の方針」を発表し，講習会などの啓蒙活動にも努めたのであるが，この方針とは「一 本邦将来の住宅は漸次椅子式に改む可し 二 住宅の間取り設備は在来の接客本位を家族本位に改む可し 三 住宅の構造及設備は虚飾を避け衛生及災害防止等実用に重きを置く可し…」（文献 35）という内容であった．この家族本位の間取を，木村徳国は「居間中心形住宅様式」と名付けている（文献 36）．その翌々年に建築学会主唱のもとに開催された平和紀念東京博覧会に生活改善同盟会が出品した小住宅は，まさにその一例であった（図 7.1-18）．

佐野自身も『住宅論』の中で，接客本位の住宅から家人本位に改まるべきで，そのために一家団欒の居間を中心に住宅を計画することを主張し，下流住宅では居間と寝室，中流住宅では居間，寝室，書斎（要談の接客用を兼ねる）があればよく家族数に応じて寝室を増やせばよいと述べている．子供室について，佐野は家全体が子供室であるべきという見方を述べているが，このことは当時，子供室の必要性を主張する論調が一方にあったことを示している（文献 37）．

こうして壁によって諸室に区画される小住宅が日本の社会に現実味をもって現れた時期にやや遅れて『耐震建築問答』が出版されたことは，きわめて示唆的といえよう．戦前に壁によって諸室に区画される小住宅が普及することはなかったが，戦後われわれの生活は大きく変貌し，特に都市部で開放的間取りの住宅が建てられることは次第に少なくなり，諸室に区画される小住宅が普及していった．壁を前提とする在来木造構法は，この生活の変貌なしには成立，普及は困難であったに違いない．
　　　　　　　　　　　　　　　　　　　　　［源　愛日児］

■文　献

(1) 村松貞次郎『日本近代建築技術史』彰国社，1976，pp.1-37.
(2) 佐野利器「家屋耐震構造論」『震災予防調査会報告 第 83 号（乙）』1917，p.118.
(3) 田辺平学『耐震建築問答』丸善出版，1933，p.118.
(4) 源愛日児『木造軸組構法の近代化』中央公論美術出版，2009．（本項は，同書をもとに概要をまとめたものである．）
(5) 山田幸一『壁』法政大学出版局，1981，p.136.
(6) J. Gwilt, *An Encyclopaedia of Architecture*, London: Longman, Brown, Green and Longmans, 1842, p.543.
(7) C. P. Dwyer, *The Immigrant Builder*, Philadelphia: Claxton, Remsen & Haffelfinger, 1872, p.74.
(8) 関 建世「新潟県会議事堂の意匠と棟梁星野総四郎に就て」日本建築学会論文報告集，76 号，1962，p.344.
(9) 村松貞次郎『日本科学技術史大系 17 建築技術』第一法規，1964，pp.52-55.
(10) 清水清矩『駿河街為換座御用所三階建西洋造御新築仕様帳』1873.
(11) 藤森照信『日本の近代建築 上』岩波書店，1993，pp.46-56.
(12) 三橋四郎『和洋改良大建築学 上』大倉書店，1904，pp.290-293.
(13) 滝 大吉「耐震構造」建築雑誌，74 号，1893，pp.45-61.
(14) 佐倉市教育委員会編集発行『旧堀田邸保存整備工事報告書』2002.
(15) 佐藤勇造『地震家屋』共益商社，1892，pp.1-3.
(16) 伊東忠太「地震と煉瓦造家屋」建築雑誌，59 号，1891，pp.291-295.
(17) 伊藤為吉『日本建築構造改良法』共益商社，1891．伊藤は同内容を「安全建築鉄具ノ発明ニ就キ」建築雑誌，65 号，1892，pp.122-128．および「安全建築鉄具及改良構造法」建築雑誌，67 号，1892，pp.183-191；74 号，1893，pp.39-45 として発表している．
(18) 「構造物雛形調整に関する委員の報告」『震災予防調査会報告』第 2 号，1894，p.164 および付図．
(19) 「構造物雛形調整に関する委員の報告」『震災予防調査会報告』第 4 号，1895，pp.5-11 および付図．
(20) 『震災予防調査会報告』第 6 号，1895.
(21) 文部大臣官房会計課「小学校建築図案」1892.
(22) 横河民輔『地震』金港堂，1891，pp.99-105 および付図．
(23) 野口孫市「明治廿七年山形県地震災後建築視察報告」『震災予防調査会報告』第 9 号，1896，引用箇所は順に p.22，26.
(24) 曽禰達蔵「岩手秋田両県下震災家屋報告」建築雑誌，123 号，

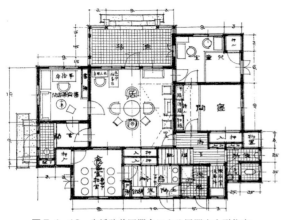

図 7.1-18　生活改善同盟会による居間中心形住宅
［出典：文献 47］

1897，引用箇所は順に p.78，84，79．

(25) 木村調吉「江濃震災地巡見記」建築雑誌，275 号，1909，pp.521-529．

(26) 武田五一「近江震災所感」建築雑誌，273 号，1909，pp.415-422．

(27) 佐野利器「江州地震調査報告」『震災予防調査会報告』第70，1910，pp.65-84．

(28) 内藤多仲「架構建築耐震構造論（四）」建築雑誌，439 号，1923，引用箇所は順に p.14，8-9．

(29) 谷口忠「豆相地方学校建築の震害に就て」建築雑誌，542 号，1931，pp.173-216，引用箇所は p.192．

(30) 田辺平学「耐震構造上より見たる筋かいの効果」建築雑誌，542 号，1931，pp.159-171．

(31) 田辺平学・狩野春一ほか「大貫筋かいの仕口に関する実験」建築雑誌，590 号，1934，pp.1087-1101 に始まり，田辺平学・後藤一雄・菊田守雄「木構造骨組の実用横力分布係数並に計算法に関する一二の問題」建築学会論文集，第 17 号，1940，pp.329-338 に至る 8 編の研究．

(32) 田辺平学，勝田千利「交番水平荷重を受くる木造無壁骨組の実験」日本建築学会論文集，第 5 号，1937，引用箇所は p.35．

(33) 内田青蔵『日本の近代住宅』鹿島出版会，1992，3 章．

(34) 内田青蔵・大川三男・藤谷陽悦『図説・近代日本住宅史』鹿島出版会，2001．

(35) 「生活改善同盟会」建築雑誌，402 号，1920，p.281．

(36) 木村徳国「居間中心形住宅様式の史的位置」日本建築学会論文報告集，第 54 号，1956，pp.841-844．

(37) 佐野利器『住宅論』文化生活研究会，1925．

(38) 文化財建造物保存技術協会編『長崎県指定有形文化財東山手十二番館保存修理工事報告書』長崎市，1996．

(39) 文化財建造物保存技術協会編『重要文化財旧伊達郡役所保存修理工事報告書』桑折町，1979．

(40) 奈良県文化財保存事務所編『重要文化財高木家住宅修理工事報告書』奈良県教育委員会，1979．

(41) G. Townsend, "Carpentry", *Cyclopedia of Carpentry and Contracting*, Chicago: American School of Correspondence, vol.1, 1910.

(42) 文化財建造物保存技術協会編『重要文化財旧新発田藩足軽長屋修理工事報告書』重要文化財旧新発田藩足軽長屋修理委員会，1972．

(43) 文化財建造物保存技術協会編『重要文化財普門寺方丈修理工事報告書』普門寺，1984．

(44) 博物館明治村編集発行『明治村建造物移築工事報告書 第七集 名古屋衛成病院』1992．

(45) 河東義之＋小山高専建築学科河東研究室編『旧青木周蔵那須別邸修理工事報告書』栃木県，1998．

(46) 文化財建造物保存技術協会編『重要文化財弘前学院外人宣教師館移築修理工事報告書』重要文化財弘前学院外人宣教師館保存修理実行委員会，1980．

(47) 「平和紀念東京博覧会出品小住宅」建築雑誌，427 号，1922，pp.57-58 および付図．

7.2 木骨石造・木骨煉瓦造

7.2.1 木骨石造・木骨煉瓦造の概要

　木骨石造・木骨煉瓦造は，木造の軸組と組積壁を組み合わせた構造をもつ建築のことである．組積壁の材料は，石，煉瓦，コンクリートブロック，鉄網コンクリートなどであり，煉瓦のものを「木骨煉瓦造」，それ以外を「木骨石造」という．また，組積壁は基本的に荷重を負担しない張壁であり，厚く自立可能なものもあれば，木軸なしでは自立できない薄いものもある．一方，木軸の構法自体は通常の木造と相違点はない．

　木骨石造・木骨煉瓦造は，古くから世界各地でつくられている．一般によく知られているのは，中世以降に北部ヨーロッパでつくられた町家や農家の建築で，木材の柱梁とその面内に積まれた石や煉瓦によるその構法は，イギリスでは half-timbered construction，フランスでは colombage，ドイツでは fach-werkbau とよばれるものである（図 7.2-1）．これらは主な用途が住宅建築であること，建設地が開発を免れる幸運に恵まれたことから，今日まで保存されてきたものであるが，工場などの実用的な施設や，中心市街地の商業建築などにも，木骨石造・木骨煉瓦造でつくられたものもあった．しかし，それらが現存する例はきわめて少ない．

図 7.2-1 木骨組積壁の民家［出典：文献 1］

　木軸と煉瓦壁の納まりでは，ハーフティンバーのように組積壁が軸組の構面内に充填される場合と，木造軸組が組積壁で被覆される場合がある．後者では，外観から木骨石造・木骨煉瓦造とは判断するのは難しくなる．前者の場合でも組積壁に左官仕上げを施したものは同様に特定が困難である．また，建物内部に自立可能な木軸で構成されていても外周壁に木柱がない建物は，組積造であり木骨石造・木骨煉瓦造ではない．

　木骨石造・木骨煉瓦造を採用する理由は，主に二つある．一つは意匠上の理由から，そしてもう一つは防火上の理由からである．前者は，組積造を木造軸組の外側に配置し，外観を組積造に見せかけることになる．なお，躯体の上に組積造の化粧を施し，組積造に見せかけることは，古代から現代に至るまで，木造に限らず，ほかのあらゆる主体構法にもみられる現象である．この場合，歴史的な分類では化粧や防火性能に重点が置かれ，例えば外壁材料が石材ならばその建物は「石造」とされてきたが，最近では主体構法の方を表現するようになってきた．

　防火上の理由からは，火気を使用する工場や工房，綿など貴重な可燃物を保管する倉庫，都市部における商店建築が木骨石造・木骨煉瓦造で建てられた．また，従来は土蔵造でつくられたような建物の外壁を石積みや煉瓦積みに置き換えたものもある．

　意匠的にも，防火的にも，本来ならば純然たる組積造建築をつくることが望まれるところだが，建設費や工期の，あるいは技術的な問題から，次善の策として選ぶ構法が木骨石造・木骨煉瓦造であった．

　わが国では近代以降，西欧建設技術の導入に伴い木骨石造・木骨煉瓦造がつくられるようになったが，明治末から昭和初期にかけて，鉄骨造や鉄筋コンクリート造の技術が確立してくると，主体構法としての存在意義を失い，また鉄網モルタルや張付煉瓦（タイルのこと）が導入されるようになると仕上げとしても存在意義を失っていった．

　大正 9 年（1920）に「市街地建築物法」などが施行されるが，ここで，木骨石造・木骨煉瓦造は「木骨煉瓦（石）造建築物トハ厚 3 寸以上ノ煉瓦積（石，人造石又ハコンクリート）ヲ以テ木骨ヲ被覆又ハ充填シテ外壁ヲ構成スルモノ」と定義された．これと同時に「準

耐火構造」であると定められるが，明治から大正初期に発生したいくつかの地震の経験から，木骨石造・木骨煉瓦造の耐震性の評価は低く，建物の高さや柱の小径などで煉瓦造や他の木造よりも厳しい扱いを受け，衰退することとなった．

7.2.2　木骨石造

木骨石造のうち，石材つまり天然石材の使用は，煉瓦やコンクリートのように工業生産体制を必要としておらず，適当な石材が産出すればそれで十分なために，早くから，また広範囲に存在する．

天然石材は材料の寸法に制限がなく，大きくて薄い平板をつくることができるので，木軸に張り付けることも可能である．このような構法を文献によっては「木造石張り」と記しているものもある．

幕末から明治初期にかけて，外国人建築家の設計によって，木骨石造の建築が建てられた．例えば，長崎居留地の住宅，新橋と横浜の停車場（ブリッジェンス（R. P. Bridgens）設計，明治5年/1872）などがあげられる．現存するものはきわめてまれである．

a．オルト住宅主屋

オルト住宅主屋（長崎県，図7.2-2）は幕末（1865頃）にイギリス人の設計によって日本の業者が施工したといわれている．貫構造と和小屋の組合せからなる日本的な軸組に，石張りを施して西洋建築に見せかけたものである（文献2）．長崎旧居留地にはほかに木骨石造としてリンガー住宅がある．

b．龍谷大学本館

明治12年（1879）に建てられた龍谷大学本館（京都府）の外壁は，ほとんどが左官塗りで，石張りはコーニスやオーダーなどに限定されている．

小屋組はトラス構造，柱梁は筋かいを用いた洋式軸組である（図7.2-3）．部材の寸法は，隅柱242 mm角，ほかの柱は242×212 mm，筋かいは212×212 mmである．このような軸組に和泉砂岩の板を張り付けている（図7.2-4）．柱形については以下のような仕様となっている．

「長さ80〜200 cm，見付巾35 cm，見込15cm，2〜3丁継，鉄製太枘継（径18 mm，長6 cm前後，膠着剤は硫黄），木骨柱及び土台，窓台の横架材から連結金物引止め（継手付近見隠れに金物彫りを施す，平鉄製長15 cm，木部へは鋲止）」（文献3）．

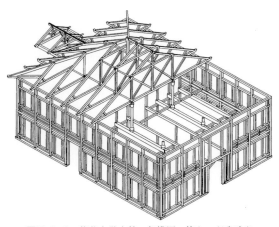

図7.2-3　龍谷大学本館・架構図：筋かいが省略されて描かれている　[出典：文献3]

図7.2-2　オルト住宅主屋　[出典：文献2]

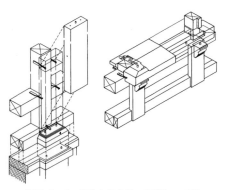

図7.2-4　龍谷大学本館・石張りの工法　[出典：文献3]

7.2.3　木骨煉瓦造

　木骨煉瓦造のわが国への導入は，幕末から明治初期にかけて，西洋人によってもたらされた．フランスの海軍技師によって建てられた横須賀造船所（神奈川県，明治4年/1871）や彼らがかかわった富岡製糸場（群馬県，明治5年/1872），フランス人宣教師の手になる羅典神学校（長崎県，明治8年/1875），いわし網工場（長崎県，明治18年/1885），神戸の居留地住宅などである．

　明治も中期に差し掛かると，西洋建築技術を修得した日本人の設計によって木骨煉瓦造がつくられるようになる．ドイツで建築を学んだ松ヶ崎萬長設計の柴田承桂邸（東京都，明治19年/1886）や東京美術学校鋳金科鋳造工場（東京都，建設年不詳）などがあげられる．

　木骨煉瓦造を建設するために，煉瓦とセメントが必須であり，これらを国内生産する努力が払われた．セメントは，ポルトランドセメントではなく，石灰モルタルが使用されることが多い．これらの新しい建築材料の生産がその後に建設事情に与えた影響はとても大きいものである．

　上記にあげた木骨煉瓦造の木軸と煉瓦壁の関係をみると，ほとんどが充填型である．充填される煉瓦の積み方が半枚積み（長手積み）と1枚積み（小口積み）とでは，当然であるがそれぞれ壁厚が異なってくる．なお1枚積みにするには柱の径がおよそ22 cm以上必要であるので，比較的大規模な建物でしかみられない．

　フランスで1892年に上梓された "Charpante en Bois Menuiserie"（文献4）に木骨煉瓦造の工場（図7.2-5・6）が，紹介されている．煉瓦壁の厚さは22 cmあるいは11 cmで，「煉瓦壁が正しく十分に施工されたならば，建物は傾くことはなく，揺れに対しても効果的である」という内容のことが書かれており，木軸に煉瓦

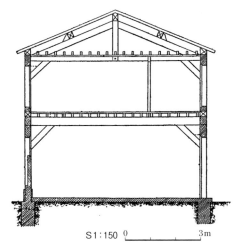

図7.2-6　木骨煉瓦造建築の断面図［出典：文献4］

壁を充填することは，躯体の剛性を高めると認識されていたようである．

　充填方式の利点として，金物などを用いなくても面内方向に固定可能なことがあるが，面外方向には脆弱でさまざまな対策が考案されている．

a．横須賀造船所

　横須賀造船所は，軍艦の国産を目的として幕府によって計画され，元治2年（1865）にヴェルニー（F.L. Verny）により設立図案が提出された．その後，明治政府に引き継がれ，明治2年（1869）の錬鉄工場を始めとして種々の施設が順次建設された（図7.2-7・8）．ヴェルニーのほか，多くのフランス人技師が招来され，フランスの建設技術が導入された．造船所の木骨煉瓦造もその一つである（文献5）．先述の図7.2-5によく似た建物であり，木骨煉瓦造におけるこの形式は，工場建築の標準的なものと見なすことができる．すでに当時の建物は残っていないが，写真や文書からわか

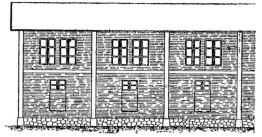

図7.2-5　木骨煉瓦造建築の立面図［出典：文献4］

図7.2-7　製罐工場と鋳造工場［出典：文献5］

図7.2-8 旋盤鑢鏨工場の内観［出典：文献5］

る構法的な特徴は，以下のとおりである．
・トラスの使用
・接合部における金物の使用
・メートル法の採用

b．富岡製糸場

富岡製糸場の繰糸工場と2棟の繭倉庫は，明治5年（1872）の竣功である．富岡製糸場は，生糸を扱うフランス人技師であるブリューナー（Paul Brunat）によって計画された．

図7.2-5の木骨煉瓦造や横須賀造船所と比較すると，規模や立面，架構形式などの詳細はまったく異なるが，主体構法は共通する．このことは，フランスではこのタイプの基本となる構法が確立しており，それぞれの建物は個別の設計であることを示している．

繰糸工場は平屋建てであるが，東西の繭倉庫は通柱を合せ梁で挟んだ2階建ての建物である．木造軸組には土台がなく，柱は高い基礎石の上に直接建てられている．また，小屋組はキングポストトラスである．2階建ての倉庫においては，真束がそのまま通柱となっており，傘型の変形トラスとなっている（図7.2-9）．この傘型の変形トラスは他の西洋の建築でも見ることができ，この建物固有のものではない．変形トラスの方杖は，合掌梁と平行ではなく直交している．繰糸工場におけるトラスは真束が柱になっていないこと以外は，繭倉庫のトラスと同様である（図7.2-10・11）．

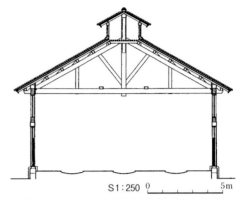

図7.2-10 繰糸工場の断面［出典：文献6］

図7.2-11 繰糸工場の内観［撮影：筆者］

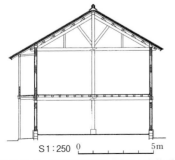

図7.2-9 繭倉庫の断面［出典：文献6］

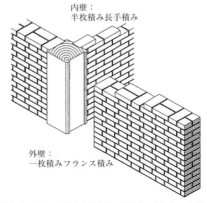

図7.2-12 木軸と煉瓦壁の納まり［出典：文献6］

なお，トラス梁の張間寸法は柱の内法で 12 m，間隔は 3.6 m である．屋根勾配は 30°となっている．

煉瓦壁は，側面外壁がフレミッシュ積み（フランス積みともいう）の一枚積み，妻壁や内壁が半枚積みとなっている．煉瓦が木軸から外れないように柱には 15 ミリほどの決りが彫られている（図 7.2-12）．目地は砂漆喰が用いられていた．

c．ド・ロ神父の木骨煉瓦造

長崎では，明治初めに赴任したド・ロ神父（Marc Marie de Rotz）によって，木骨煉瓦造の建物が建てられた．羅典神学校とド・ロ神父記念館（いわし網工場跡）が現存する．

羅典神学校　羅典神学校は，明治 8 年（1875），大浦天主堂の裏手につくられた．木軸に煉瓦壁を充塡する形式である（図 7.2-13・14）．煉瓦壁は，「こんにゃく煉瓦」（227×106×39 mm）を半枚積みにしたものである．目地材は天川漆喰が用いられている．こんにゃく煉瓦は，長崎特有の厚みの薄い煉瓦で，幕末に造船所建造のためにオランダ人ハーデス（H.Hardes）によってつくられたのが最初である．

木造軸組は，柱を土台に柄建てにしたものであり，小屋組は和小屋である 6 尺（1,818 mm）間隔に建てられた柱には深さ 15 mm の決りが彫られ，そこに煉瓦壁は大入れにされ，面外に外れないようになっている．

ド・ロ神父記念館（いわし網工場跡）　明治 18 年（1885），ド・ロ神父は，漁村振興のために「いわし網工場」をつくっている（図 7.2-15）．この建物も木骨煉瓦造であるが，表側の煉瓦壁は（224×109×55 mm）の煉瓦をフレミッシュ積みの 1 枚積みとしたも

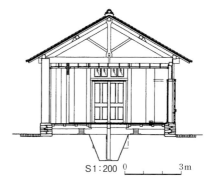

図 7.2-15　いわし網工場跡の断面［出典：文献 8］

図 7.2-13　羅典神学校の断面［出典：文献 7］

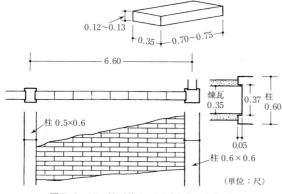

図 7.2-14　煉瓦積みの図［出典：文献 7］

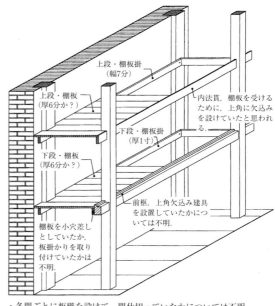

図 7.2-16　1 枚半積みの煉瓦壁［出典：文献 8］

のである．1枚積みにしているために煉瓦壁は柱面の外側にはみ出したものとなっている．裏側の煉瓦壁が1枚半積みとなっており，竈室に柱が露出しないようになっている（図7.2-16）．柱は基礎石に直に建ち，土台はない．小屋組は洋小屋である．

d．神戸居留地住宅：神戸居留地十五番館とハンター邸

明治の初め，神戸の居留地に建てられた住宅のいくつかは，木骨煉瓦造であった．その比率は，「明治3年（1870）に127棟中6棟，同5年（1872）に210棟中7棟」（文献9）であった．現存するものでは，神戸居留地十五番館（以下，十五番館とする），ハンター邸などがある．

明治14年（1881）建設の十五番館（図7.2-17・18）と明治22年（1889）建設と伝えられるハンター邸は，木軸に煉瓦壁を充填したものである．内外とも左官仕上げが施されているので，外観からは木骨煉瓦造とはわからない．十五番館は224×105×52 mm，ハンター邸は236×97×60 mmの煉瓦を，ともにイギリス積みで1枚積みとしている．どちらも，柱の太さは6寸角なので，煉瓦は柱や土台面より両側に約1寸

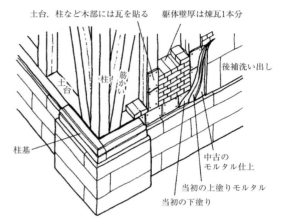

図7.2-18 神戸居留地十五番館の壁隅角部
［出典：文献9］

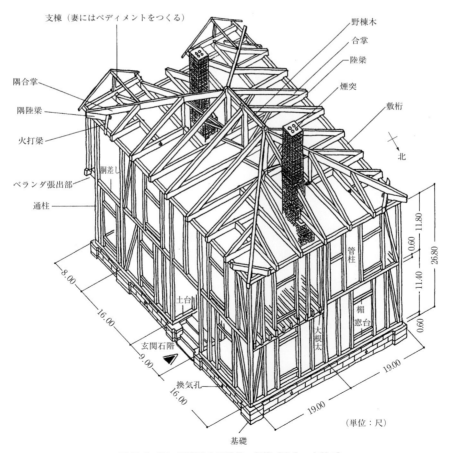

図7.2-17 居留地十五番館の架構［出典：文献9］

ずつはみ出すように積まれるが，柱には竪瓦が貼られるので，左官下地としては面一になる．また，柱の側面は薬研彫りの溝が突かれている．この溝の効果は目地材を充填しやすいことのほかに煉瓦壁が固定されるように太柄の役割を果たしている（図 7.2-19）．なお，十五番館の目地の材料分析では，ポルトランドセメントが使用されたという結果がでている．

十五番館，ハンター邸ともに土台，筋かいが用いられている．

ハンター邸の煉瓦は，上面と下面に深さ 3 mm の窪みが付けられている（図 7.2-20）．これは，柱に付ける溝と同じく，目地モルタルに太柄の役割を期待したものである．

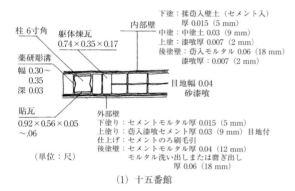

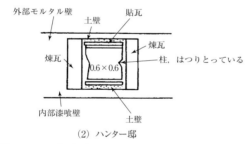

図 7.2-19 煉瓦と柱面の納まり［出典：文献 9・10］

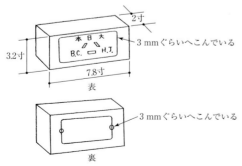

図 7.2-20 旧ハンター邸の煉瓦［出典：文献 10］

e．マニラの木骨煉瓦造

ハンター邸でみた窪みのある煉瓦と似たような例を，マニラを視察した中村達太郎は明治 29 年（1896）に報告している．

「木骨とそれからして煉瓦とはよく地震の際に離れるものでありますが，それを防ぐにはマニラの造家師も窮したようであります．一つの仕方は特別の煉瓦を拵えていくらか木と煉瓦と離れるのを防ぐというのであります．」

上下の煉瓦が外れないように両面に深さ 0.6 寸（文献 11）の窪みが施され，これに加えて小口部分に突起と溝が付けられ，隣どうしが嵌合するようになっている（図 7.2-21）．図 7.2-22 に示すとおり，柱にも溝が彫られているが，反対側は絵が切れていて不明である．おそらく反対側にも溝があって，上下で突起の向きが反対になるように煉瓦を積んだものと思われる．

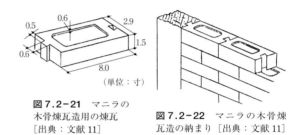

図 7.2-21 マニラの木骨煉瓦造用の煉瓦
［出典：文献 11］

図 7.2-22 マニラの木骨煉瓦造の納まり［出典：文献 11］

7.2.4 木骨コンクリートブロック造

コンクリートブロックで組積造を建設する技術が生まれると，木骨石造にもコンクリートブロックを用いることが行われた．

移情閣 八角塔 3 階建ての特徴的な建物が，中国人貿易商の邸宅として神戸の海岸に建てられた．建設年は大正 5 年（1916），設計は日本人の手によるものである．

鉄筋コンクリートの布基礎に葛石を介して木軸が載せられている．木造軸組は外周壁と内部の独立柱による架構の 2 重構造になっている．外周壁の軸組は筋かいによって固められている（図 7.2-23）．隅柱は通柱であるが，3 階分の長さを確保するために金輪継ぎによって階の途中で継がれている．

コンクリートブロック積みは外周壁の木軸に手違鎹で緊結されている．主要な部材の寸法は，土台 151 mm 角，柱見付け 151 mm，見込み 151 mm，筋かい

幅 121 mm 厚さ 39 mm，平ブロック長さ 455 mm，幅 191 mm，成 204.5 mm である（図 7.2-24・25）.

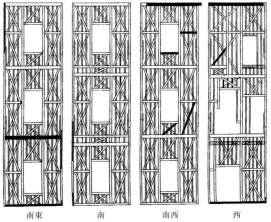

図 7.2-23　移情閣南面外周壁の木軸［出典：文献 12］

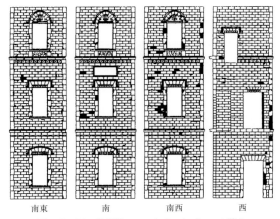

図 7.2-24　移情閣のコンクリートブロック積み
　　　　　［出典：文献 12］

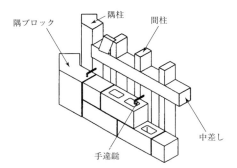

図 7.2-25　コンクリートブロック積みと木軸の詳細
　　　　　［出典：文献 12］

7.2.5　木骨石造・木骨煉瓦造の土着的な流れ

わが国にとって，木骨石造・煉瓦造は外来の建築技術であるが，民間に普及した結果，新たな流れが生まれている．それは，在来の土蔵造の木軸はそのままに土壁を石張りや煉瓦壁に置き換えたものである．各地で造られたが，現存する著名なものをあげると，小樽の石張りの商家建築（北海道），大谷石の土蔵（栃木県），喜多方の煉瓦蔵（福島県）などである．

耐火性能にすぐれる大谷石や新島の抗火石は，木骨組石造の外装として都市部でも利用された．ともに産地では，屋根葺材としても用いられ，組積造のみで荷重を支持できることがわかると壁に木軸のない純然たる組積造へと変化するなどの現象も共通している（組積造への変化は文献 13・14 に示されている）．

a. 喜多方の煉瓦蔵

喜多方に煉瓦蔵が建てられるようになったのは，鉄道工事に伴って煉瓦の製造が始まった明治 30 年代からである．喜多方の煉瓦蔵には，組積造と木骨煉瓦造が並存している（図 7.2-26）．煉瓦壁はイギリス積みで，組積造がおおむね 1 枚半積みであるのに対して，木骨煉瓦造は 1 枚積みが多い．

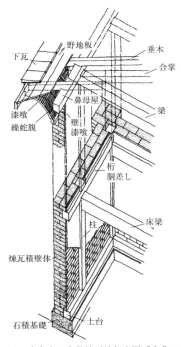

図 7.2-26　喜多方の木骨煉瓦造組立図［出典：文献 15］

木骨煉瓦造では，木柱の中心線の近くに煉瓦壁の内側が来るように積む．このことによって木軸と煉瓦壁が遊離しにくいようになっている．さらに柱に5寸釘を打ち煉瓦壁との緊結を行うこともある．建物の隅角部では，煉瓦を柱型状に積む．これには，木柱によって薄くなった煉瓦壁を構造的に補うことと，木軸と煉瓦の寸法のずれを調整する意味がある．寸法は木軸が優先され，煉瓦には端数が発生するからである．

煉瓦は，寸法が（220～210 mm）×（115～100 mm）×（60～55 mm）で，凍害対策から釉薬に灰汁などを使用し暗褐色をしている．目地の材料は，ポルトランドセメントが普及する以前は粘土や漆喰が用いられていた．

また，1階を組積造とし2階を木骨煉瓦造とした混構造もみられる．小屋組はキングポストトラスとすることが多い（文献16）．

b．鹿児島の石造倉庫

鹿児島も木骨石造の多い地域で，大正3年（1914）に発生した桜島地震の被害調査をした内田祥三は以下のように記している．

「石材が豊富で其価格が廉いものですから，木骨石造は鹿児島市中到る所にあります，殊に倉庫の如きものは過半木骨石造なのであります．」（文献17）

石材は溶結凝灰岩で火山活動の結果生成されたものである．

木軸は図7.2-27に示すように，土台はなく，貫で固められた1間間隔の柱が厚さ1尺4寸の腰壁の上に建てられている．この柱に，厚さ9寸の石材が手違鎹で留められる．

鹿児島の木骨石造倉庫は，土蔵に近いものから近代的倉庫までと範囲が広いため，規模や小屋組形式はまちまちである．柱と石の固定方法も標準化しておらず，ボルトを使うもの，棕櫚縄で縛るものなどがあるが，総じて石と柱が強固に緊結されていない．中にはまったく固体されていないものもある．また，柱は腰石にただ乗っているだけで，やはり固定はされていない．

桜島地震による木骨石造の被害は甚大で，「震災予防調査会」は，高さの制限，木軸の改良，石壁の厚さの制限，金物による石どうしと木柱への緊結を県に促した．この内容は「市街地建築物法」に反映され，木骨石造・煉瓦造の衰退へとつながっていった．

[福濱嘉宏]

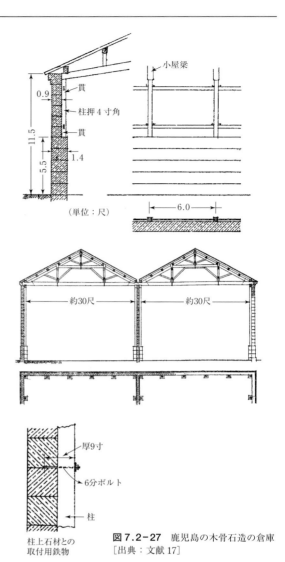

図7.2-27 鹿児島の木骨石造の倉庫
[出典：文献17]

■ 文　献

(1) 三橋四郎「口絵」『和洋改良大建築学　上巻』大倉印刷所，1895．
(2) 文化財建造物保存技術協会編『重要文化財旧オルト邸修理工事報告書』長崎市，1979．
(3) 京都府教育庁指導部文化財保護課編『重要文化財竜谷大学本館並びに附守衛所保存修理工事報告書』1997．
(4) J. Denfer "Charpente en Bois et Menuiserie, Baudry et Cie" 1892．
(5) 横須賀海軍工廠編『横須賀海軍船廠史（明治百年史叢書）』1973．
(6) 文化財建造物保存技術協会編『旧富岡製糸場建造物群調査報告書』富岡市教育委員会，2006．
(7) 文化財建造物保存技術協会編『重要文化財旧羅典神学校修理工事報告書』宗教法人カトリック長崎大司教区，1981．
(8) 文化財建造物保存技術協会編『長崎県指定史跡ド・ロ神父記念館（いわし網工場跡）保存修理工事報告書』外海町，

2002.
(9) 文化財建造物保存技術協会編『重要文化財旧神戸居留地十五番館保存修理工事報告書』株式会社ノザワ，1993.
(10) 兵庫県教育委員会編・発行『旧ハンター氏邸移築工事報告書』1964.
(11) 「中村達太郎演説 マニラの建築に就て」建築雑誌（造家学会），第118号，1896.
(12) 建築研究協会『兵庫県指定重要文化財移情閣修理工事報告書』兵庫県，2001.
(13) 吉岡 丹・小西敏正「大谷石を使用した蔵の構法と歴史に

関する調査研究」日本建築学会学術講演梗概集．計画系58（建築計画），1983.
(14) 安藤邦廣・乾 尚彦・山下浩一『住まいの伝統技術』建築資料研究社，1995.
(15) 北村悦子「特集・煉瓦造建築再考」『住宅建築』建築資料研究所，1989.
(16) 北村悦子『普請研究13号 会津喜多方の煉瓦蔵発掘』普請帳研究会，1985.
(17) 内田祥三「鹿児島市に於ける建築物の構造と其震害（二）」建築雑誌，338号，1915.

7.3 伝統構法から軸組構法へ

明治時代になって，欧米から，筋かいや小屋トラスなどのトラス理論を応用した構法が紹介されたが，それらは，比較的大型の木造に普及した．一般のほとんどの住宅は伝統的な構法のままつくられ続けた．筋かいなどの構法は，その後，少しずつ，都市部の住宅から，取り入れられていった．

ここでは，明治からおおむね昭和60年（1985）頃までの木造住宅の構法の変化をまとめる．それは，伝統構法から，筋かいを多用した大壁の構法への変遷といえる．言い換えれば，伝統構法から軸組構法への変化とまとめられる．

7.3.1 モデュール

畳には，関西地方の6.5尺を基準とした京間や，東日本の6尺を基準とした田舎間（関東間）など，地方によってそれぞれ特有な規格がある．また，柱の芯々寸法を基準にする芯々制（真々制）と柱の内々を基準にする内法制とがある．京間という言葉は，単に畳の寸法を表す場合と，ダブルグリッドの畳押え（内法制）を表す場合，そして両方の組合せを意味する場合があるので，注意が必要である．表7.3-1に代表的な寸法を示す．

表7.3-1 畳規格の分類 ［出典：文献1］

名 称	畳寸法（縦×横）（内法制）	柱間1間（芯々制）
京 間	6.3尺×3.15尺	6.5尺
佐賀間	6.2尺×3.1尺	
六一間	6.1尺×3.05尺	6.3尺
中京間	6.0尺×3.0尺	
田舎間	5.8尺×2.9尺	6.0尺
小 間	5.0尺×2.5尺	5.7〜5.8尺

16〜20世紀に建てられた日本民家を対象とした調査（文献2）によると，畳の寸法は，京間・中京間・田舎間の三つが主であった．その分布は，西日本が京間，東日本は中京間・田舎間で，その境界は，琵琶湖付近とされている．

関西地方は，戦前の住宅はほとんどが京間で，昭和30年代から徐々に田舎間が普及した（文献3）．そし

て，昭和50年（1975）以降は，関西でも京間よりも田舎間の割合が高くなったといわれている．昭和40年代は，いわゆる住宅メーカーが勃興した時期にあたり，西日本での変化は，そうした住宅メーカーが，芯々制田舎間で販売したことがきっかけとなった．なお，四国，九州地方は，昭和60年代の前半でも，950 mmが過半を占めていたことが報告されている（文献4）．これらの地域は，全国展開の住宅メーカーの展開があとになった地域である．

また，現在では，ほとんど全国で芯々制を採用しているが（文献5），芯々制への移行は，ほとんどの地域で，前述の田舎間（910モデュール）の普及と同時期である（文献6）．

7.3.2 基礎

基礎は，固定荷重や積載荷重などの鉛直荷重，および地震力などの水平荷重を支持し，それらの力を下部の地盤に安全に伝えるための構造部分をいう．基礎の主な形式を図7.3-1に示す．直接基礎には，各柱の下に独立した基礎を設ける独立基礎があり，玉石や飛石などもある．また，外壁や間仕切壁下に連続的に一体化した布基礎は，昭和40年代以降の住宅の代表的な基礎である．そして，基礎底面全体を基礎スラブとしたべた基礎がある．

江戸時代以前の古民家は，石場建てと，石場建てに土台が組み合わされた並石，延石の基礎であった．そして，明治時代になると，布石が徐々に増える（文献1）．その後，布基礎が普及するが，初期の布基礎は，

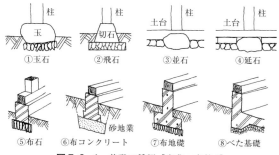

図7.3-1 基礎の種類 ［出典：文献1］

延石・布石・布コンクリートを指しており，延石や布石には，石材や煉瓦が用いられていた．布基礎は，必ずしもコンクリート造を意味しない．

布コンクリートが普及したのは，昭和初期である．ただし，これは都市部の場合であり，地方ではさらに遅れたことが予想され，昭和40～50年にかけてといわれる（文献8）．昭和46年（1971）に建築基準法施行令の改正があり，木造建物の基礎はコンクリートまたは鉄筋コンクリート造の布基礎とすることが定められている．

また，基礎に鉄筋が入れられるようになったのは昭和45年（1970）頃からで，「鉄筋を入れ始めた」時期のピークは昭和60年前後（1980年代）といわれる（文献6）．

住宅金融公庫（当時）の仕様書は，木造住宅の構法に大きな影響力があったが，昭和57年（1982）の仕様書に鉄筋コンクリート造の布基礎が入り，昭和60年（1985）には無筋コンクリートがなくなった．住宅基礎への鉄筋は，地震災害などを契機として徐々に普及していたが，公庫仕様書の改訂によって確実なものになった．

地域別には，北陸・東北・北海道などの北日本では，有筋化が比較的早い．北日本では，地震が頻発することや，凍害対策として基礎が高い傾向にあるが，これらが早期の有筋化につながったと考えられる．

7.3.3 架構・軸組

軸組は，建物の骨格を構成する部材をさし，土台を軸組最下部の水平材とし，その上に通柱，管柱，胴差し，桁，梁，筋かいなどの部材がある．

昔の日本の住宅には土台がなかった．土台の上に柱を立てるようになったのは，神社を除けば，城郭建築以後といわれる．それが，戦国時代の終焉とともに，大きく発展した江戸で，特に，火事で頻繁に建て替えられた町家に広がったとされる．

柱と桁の緊結方式は，折置組は江戸時代にみられ，京呂組は明治以降に発達したという（文献1）．現在，一般的なのは京呂組である．

a. 貫構造と筋かい

明治まで，日本の住宅の壁は貫・真壁の構造であった．大正8年（1919）初版の『改良日本家屋構造』（文献9）には，「日本家屋軸部ハ，胴差又ハ通貫ニ依リテ柱ヲ連結シ，組ミタルモノナレバ，成ル丈ケ是等ノ数ヲ多クシ，且ツ堅固ニ取り付クレバ丈夫ナ家屋トナリ，耐震ノ度ヲモ増加ス」とある．筋かいの記述はない．

また，三橋四郎の『和洋改良大建築学』は，明治37年（1904）初版の，明治を代表する建築全書であるが，筋かいを「従来ノ日本家屋ニ其設ナク西洋建築ニ特有ノ構造」（文献10）と述べている．大正14年（1925）の横山信の『建築構造の知識』に紹介されている和式軸組は，図7.3-2のようなものである（文献11）．筋かいは入っていない．

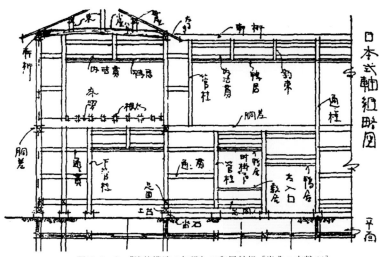

図7.3-2 『建築構造の知識』の和風軸組［出典：文献11］

その後，明治24年（1891）の濃尾地震，および大正12年（1923）の関東地震を経て，さまざまな形で，筋かいの必要性が説かれるようになる．例えば，渋谷五郎は，大正10年（1921）の『日本建築学（上巻）』（文献12）で，「軸部を耐震的に組むには（中略）洋式に行ふ如く柱と柱の間に筋違を入るれば非常に家屋を堅固ならしむるの功あり」と述べている．

また，前述の横山信の『建築構造の知識』（文献11）は，関東大震災後の大正14年（1925）に出版されたものであるが，「筋違は，（中略）軸組をして振動に抵抗せしめる為には唯一必須の用材である」と述べている．図7.3-3は，同書の洋風軸組を示している．震災後とあって，多くの筋かいが入れられている．

b. 真壁と筋かい

貫構造の真壁に筋かいを入れるのは容易ではない．前述の三橋の『和洋改良大建築学』（文献10）には，図7.3-4のような，貫構造に筋かいを入れた図も載せている．貫構造に，強引に筋かいを入れた感は否めない．実際にこのような建物が建てられたかは疑わしい．

前述の渋谷の文献でも，「日本家屋は皆真壁なるが故大てい壁厚は柱の半分厚約二寸なると以て柱真に筋

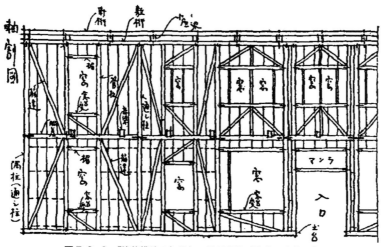

図7.3-3 『建築構造の知識』の洋風軸組 ［出典：文献11］

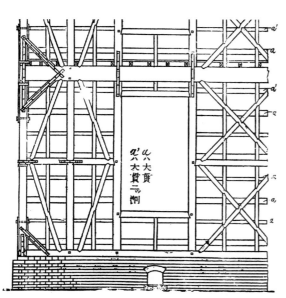

図7.3-4 『和洋改良大建築学』の貫構造筋かい ［出典：文献10］

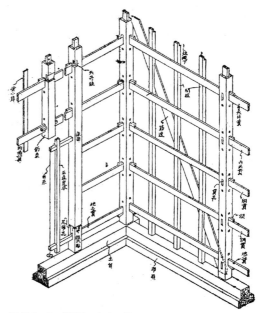

図7.3-5 『普通日本家屋構造』の軸部 ［出典：文献13］

違を入れても壁の塗り上げに困るなり」と述べて，筋かいが納まらないことを説明している（文献12）．

関東大震災後の本でも同様である．前述の横山は，筋かいを「是非使用して地震の振動に備ふべきである」と述べているが，「小舞壁の如き真壁にあっては，この筋違に大貫材を用ひるとしても，壁内へ塗込むことが困難であるから，多くは柱外面へ欠き込みとし，これを大釘打に取付ける」と述べている（文献11）．佐久間田之助の『普通日本家屋構造』にその図がある．これを図7.3-5に示す（文献13）．

c．洋風中心の折衷様式

以上のように，真壁への筋かいを併用する提案がいくつかなされたが普及しなかった．貫と筋かいをめぐって，洋風軸組と和風軸組は融合することなく併存していく．

一般的には，筋かいは大正12年（1923）に起きた関東大震災以後に普及した（文献5）といわれているが，それも，都市部の住宅や，比較的規模が大きく西洋式の軸組でつくられた学校建築などに留まっていた（文献5）．

昭和23年（1948），福井地震が発生し，昭和25年（1950）に建築基準法が制定された．ここで，筋かいが義務づけられ，必要量も定められた．しかし，新たな法律ができても，筋かいは普及しなかった．逆に，住宅業界の反対を受けて，昭和34年（1959）の改正時に，耐力壁の所要量の過半を筋かいとする，という規制がなくなったといわれている（文献14）．

このように，明治時代から二つの構法が並立してきた経緯を，杉山英男は「エリートの木造」と「大工の木造」という言葉で説明する．「一つは，江戸時代の木造の技術を伝承した流れで，この流儀を支えたのは大工棟梁たちであったから，これを「大工の木造」と呼ぶ．「大工の木造」は公共建築から締め出されていき，住宅建設の中に閉じこもらざるを得なくなっていった．もう一つは，濃尾地震後に西洋流の木造技術を参考にして我が国の木造構法を耐震的にしようと大学出のエリートたちにより提唱された技術の流れで，これを「エリートの木造」と呼ぶ」（文献14）．

図7.3-6・7は，昭和42年（1967）の工業高校の教科書である（文献15）．図7.3-6の洋風軸組は，筋かいが襷で入れられており，また，方杖とよんでいるが，腰壁にも筋かいが入っている．筋かい端部はボルト締めされている．前述の「エリートの木造」で，学校など大型木造建築を想定した仕様になっている．ただし，昭和34年（1959）の「木造禁止決議」にみられるように，昭和30年（1955）代前半，反木造キャンペーンが繰り広げられ，大型の木造建築は，実際には，昭

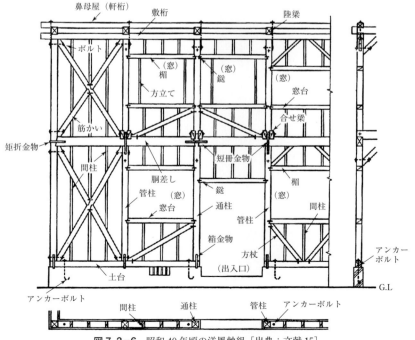

図7.3-6 昭和40年頃の洋風軸組［出典：文献15］

第 7 章　明治以降の木造建築

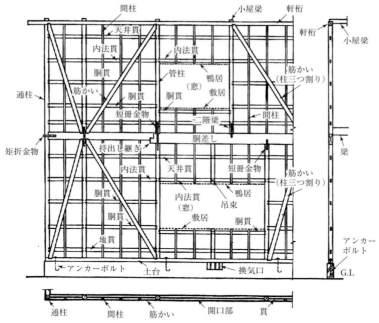

図 7.3-7　昭和 40 年頃の和風軸組［出典：文献 15］

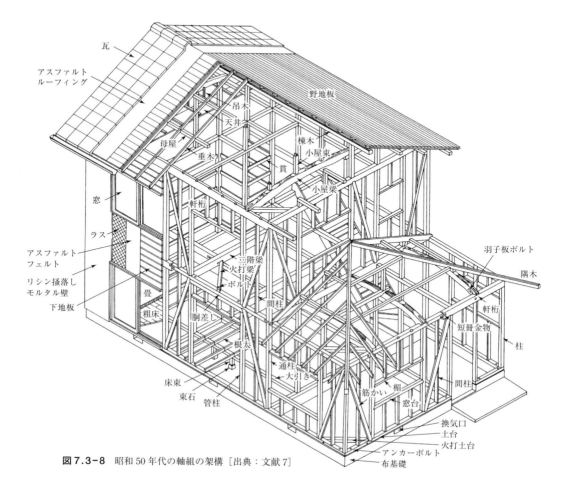

図 7.3-8　昭和 50 年代の軸組の架構［出典：文献 7］

和40年代にはほとんど建てられなくなっていた．

筋かいを使い始めた時期は昭和21～25年（1946～1950）で，昭和46～55年（1971～1980）に新規採用のピークを迎える（文献5）．実態としては，戦前から使われていたのは都市部を中心とした地域のみで，多くは，戦後に住宅金融公庫融資の利用率の向上とともに普及した．

図7.3-7の和風軸組は，筋かい入り大壁構造への変化の途中過程を示している．貫の入った軸組に筋かいも取り付けられている．外壁側は筋かい入り大壁，内部は和室真壁の納まりを想定している．こうした構法を経て，内壁も大壁になり，和室部分にのみに真壁が残るという構法へ変化していく．

それを後押ししたのは，以下の三つが要因であった．①いわゆる住宅メーカーの出現，②住宅金融公庫（当時）の仕様書の影響，③洋風中心の生活様式への変化．

上記の「真壁から大壁への転換」は，昭和50年から昭和60年頃までに急速に進行した．渡辺一正による昭和50年（1975）頃の調査（文献16）によると，近畿以西では，真壁の割合が高いという．しかし，平成7年（1995）頃には，全国的に，「和室以外は大壁造」になっている（文献17）．これらは，真壁用のラスボードと大壁用の石膏ボードの生産量が逆転した時期からも裏付けられている．

このようにして形成されたのが，昭和50年代のいわゆる「在来軸組構法」であった．これを図7.3-8に示す．地震に対する抵抗要素は筋かいである．小屋組には，まだ大鼓落しの梁が架けられている．

7.3.4 接合部

接合部は，木造住宅の構造設計で，最も重要な部分の一つである．日本では，精巧な継手・仕口が生み出され，明治時代にその頂点を迎えたといわれている．

一方で，明治になると鉄の大量生産と洋風建築の導入により，少しずつ接合金物が補強材として使われるようになる．ただしそれは，学校や庁舎などの大型の木造建築についてであった．金属が高価だったためで，庶民の住宅は，一般に接合金物の使用は少なく，接合の主流は嵌合接合であった．

戦後もしばらくは，一般住宅に用いられていた構造用接合具といえば，釘とボルトと鎹であった．ボルトは，西洋式の軸組や屋根トラスに用いたのが最初と考えられる．当時はボールトと呼ばれていた．

また，羽子板ボルト，アンカーボルトは，戦後から導入が始まり，昭和50年（1975）頃までには大部分の住宅に取り付けられるようになった．

昭和40年（1965）頃から，軸組構法にも各種の接合金物が使われ始める．これには，昭和30年代後半から開発された各種のプレハブ住宅，ツーバイフォー構法が，釘と簡易な金物で構造体を構成しており，その影響を受けたためと考えられる．そして，昭和52年（1977），（財）日本住宅・木材技術センターが設立され，Ｚマーク表示金物（在来軸組構法用金物）やＣマーク表示金物（枠組壁工法用接合金物）といった木造住宅用接合金物の，標準仕様が定められた．図7.3-9に各種金物を示す．釘・ボルト・鎹など，用途に応じて様々な種類がある．そしてこれらが，住宅金融公庫（当時）工事共通仕様書に位置づけられたことから，広く普及することとなった．

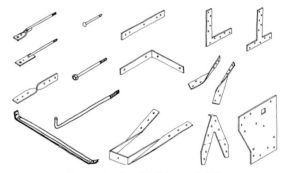

図7.3-9 在来軸組構法用接合金物

一方，金物が普及するのに反比例するように，継手・仕口は集約され，その種類数は減少していく．継手・仕口の種類が大きく減少したのは，昭和56年（1981）～平成2年（1990）頃といわれる（文献5）．

減少のもう一つの原因は，初期には電動工具の普及があった．電動工具は，昭和30年代後半から普及し始め，昭和40年代の高度経済成長期に一気に普及した．（株）マキタの電動工具は，発売当初の昭和35年（1960）は3機種だったが，その後，昭和40年（1965）には20機種，昭和45年（1970）には100機種と大幅に伸びている．

そして，昭和60年代以降は機械プレカットの普及が要因として加わる．昭和50年代に開発された機械プレカットは，昭和60年代以降，急速に普及していくが，そこでは，蟻か鎌が継手・仕口の標準的な加工形状とされた．

7.3.5 壁の構法

a. 土 壁

戦前までの住宅の壁構法の主流は土壁であった．また，昭和 50 年（1975）頃を調査した渡辺一正によると，土壁の採用状況には顕著な地域性がみられるという（文献 16）．中部地方の西部，近畿地方，中国地方の東部，四国などの採用率が高く，他方，寒冷地の北海道・秋田，強風の鹿児島・宮崎，そして東京ではほとんど用いられてない．

土壁の減少は，工期が長いこと，工事費が高いこと，職人の減少などが理由とされるが，特に，乾燥期間が長いことや，水あわせのスペースが必要なこと，臭いが発生することなどは，都市部の住宅には向かないとされた．そして，壁の下地は，土壁ではないが真壁納まりの可能な構法に置き替わっていく．すなわち，間柱や貫に釘打ちした石膏ラスボードが，真壁構法の下地として用いられるようになる．また，昭和 50 年（1975）から 60 年（1985）にかけて，真壁の採用自体が減少していくと，さらに土壁の採用率は低下した．採用率の高かった地域でも，昭和 60 年〜平成 5 年（1985〜1993）くらいまでの間に，特別に伝統構法にこだわる特殊な住宅を除いて，土壁は採用されなくなる．

b. 内 壁

前述のように，昭和 30 年代から 40 年代にかけて，土壁からラスボード下地の真壁に変わったが，昭和 50 年から 60 年にかけて，真壁自体の採用が減少した．このとき，内壁は大壁構法の石膏ボード下地のクロス仕上げに変更された．これ以後，大都市近郊の新興住宅に建てられた住宅のほとんどは和洋折衷の住宅で，それらでは，従来，洋間だけが大壁でほかは真壁だったものが，和室のみ真壁でその他はすべて大壁構法が採用された．建物全体が，真壁主体から大壁主体に変わったのである．ちなみに，こうした住宅は，地域的には，関東以北の都市部での採用が早く，西日本が後である．

なお，この大壁構法主体への変化は，その後，軸組構法の成り立ちを根幹から変化させることとなる．すなわち，骨組部材が見えないことから，無節や柾目などの木材の見栄えは，その価値を失っていく．つまり，日本の林業に決定的な影響を及ぼすことになる．また，構造体の継手・仕口も見えないため，従来の複雑で精巧な継手・仕口は必要なくなり，機械プレカットの普及を促進することになる．

c. 外 壁

図 7.3-10 に，外壁の壁下地材を示す（文献 17）．戦前の塗壁下地の材料は，竹小舞と木摺りが中心であった．木摺りを打つ構法は，明治初期に西洋建築とともに導入された．その後，明治 41 年（1908）にはワイヤラス，大正 4 年（1915）には平ラスが国産化され，金属製のラス下地構法が普及し始める．

外壁の仕上げの構法は，古来は土壁が主流であったが，その後，板壁が普及する．

新海は，昭和 30 年（1955）2 月の『都市木造住宅の地方性に関する研究』（文献 1）の中で，「ラスモル

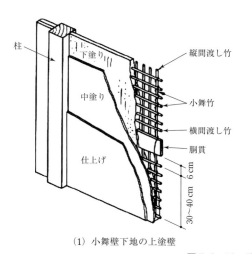

(1) 小舞壁下地の上塗壁　　(2) 石膏ボード壁下地

図 7.3-10　壁下地構法［出典：文献 7］

タル壁は最近普及をみたものである」と述べている．つまり戦前は，主に外壁仕上材としては，押縁下見板張りまたは真壁漆喰が一般的であり，モルタルは戦後に普及したと述べている．モルタル外壁は，都市防火の観点から空襲の始まった頃から国策として普及を勧めていた．しかし，戦争中は物資の不足や経済的な理由により，普及は一部に留まっていた．昭和23年（1948）の消防法や昭和25年（1950）の建築基準法の制定により，都市部の準防火地域内の建物は，防火構造が必要となった．これを受け，都市部でモルタル外壁が増え，そのモルタル外壁構法が地方へも普及した．

昭和50年（1975）頃を対象とした渡辺の調査（文献16）によると，外壁仕上げはモルタル塗りが最も多い．また，地域的には，東北から北陸地方で金属サイディングを用いているものが多いという．

しかし，一世を風靡したモルタル塗り工法も，この後，昭和50年代から60年代にかけて衰退していく．ひび割れや内部結露などの耐久性上の課題，および工期が長いことが指摘された．そこで，工期が短く，ひびが発生しない，また施工の容易さと低コストなどの特徴をもつ，サイディングが普及していく．平成10年（1998）の坂本功らによる木造住宅100年史（文献5）の調査では，昭和56年～平成2年（1981～1990）をピークとして，サイディングが普及したとしている．

7.3.6 屋根

小屋組には伝統的な和小屋と外来の洋小屋がある．日本の軸組構法住宅のほとんどは和小屋である．洋小屋組は単純な切妻屋根には向いているが，複雑な形態には不向きである．さらに一般に軒を深くすることが難しいなど，日本の屋根には適さないことから普及しなかった．

また，屋根の形状は，古民家では，東北・関東・四国・九州地方では寄棟，近畿から西日本では入母屋が主流であったといわれている．しかし，昭和30年（1955）頃，各都市で最も多く用いられている屋根形状は切妻とされている（文献1）．戦後まもなくの都市部は，構法が比較的簡単な，切妻が多かったようである．しかし，昭和62年（1987）度の旧住宅金融公庫調査によると，寄棟が切妻より多くなっている．徐々に，切妻から寄棟への変化が進んでいる（文献4）．

図7.3-11に，寄棟の小屋組を示す（文献18）．和小屋で，1間間隔に梁が架かっている．その上に，母屋を支える小屋束が半間間隔で入っている．

日本の住宅の屋根材は瓦が一般的であるが，古くは，杮葺や柾葺などの板葺，または茅や麦を用いた草葺であった．関東地震の後，関東の都市部の屋根は，これらに代わってトタン屋根が普及したといわれている．

都市部を対象とした新海悟郎の調査（文献1）によると，昭和25年（1950）当時の既存住宅の屋根葺材は，粘土瓦が約60%，次いでトタン金属板の約20%，板ルーフィング（大半は板）の約10%，セメント瓦の約4%，の順である．そして，その和瓦の普及時期は明治35年（1902）以前，トタンは大正後期としている．ただし，地方での比率はこれと異なる可能性が高い．

昭和50年代初頭を対象とした渡辺の調査（文献16）によると，ほとんどの地域で瓦葺が主流となっており，例外は，北海道・秋田で，鉄板葺が首位と述べ

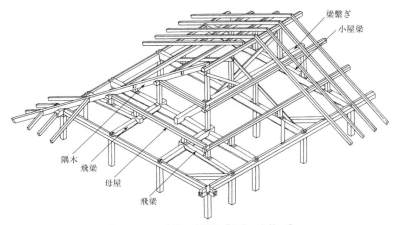

図7.3-11　寄棟の小屋組［出典：文献17］

ている．瓦が使われていないのは，北海道・東北地方北部の諸都市であるが，これは，寒冷多積雪地域で凍害のおそれがあるため，そもそも和瓦が使用できないことによるものである．この他，渡辺の調査では，スレート瓦を主流とする高知，セメント瓦を主流とする鹿児島などの地域性がみられるという．

昭和62年（1987）度の旧住宅金融公庫の調査（文献4）による屋根葺材の種類は，粘土瓦が約40%を占めている．ただし，この調査では，瓦の次に彩色石綿板が採用されている．いわゆるコロニアル葺とよばれるものである．この後，主に首都圏・近畿地方を中心に，この傾向は加速し，大きな工務店の供給する住宅については，ほとんどが粘土系から彩色石綿板の瓦に変化した．

以上のように，おおむね昭和35年（1960）頃までの軸組構法の住宅は，都市部の住宅を除いて，伝統構法とほとんど同じ構法で建てられ続けた．しかし，その後の高度成長期を経て，昭和60年（1985）頃までの間に，木造住宅の構法は一変した．また，それを牽引したのは，いわゆる住宅メーカーであった．住宅メーカーは，生産性を高めるため，乾式の材料を用いた．そして，真壁構法から大壁構法に変わることによって，大工技術の意味が失われ，また，木目を重視する日本の林業も価値を失っていく．しばしば，「木造軸組構法は日本の伝統構法を受け継いでいる」といわれるが，実態をみれば，伝統構法を受け継いではいないことがわかる．　　　　　　　　　　　　　　　　［大橋好光］

■文　献

(1) 新海悟郎『都市木造住宅の地方性に関する研究』建設省建築研究所，1957．
(2) 山下浩一・安藤邦廣・乾 尚彦・井上勝徳「住宅構法の地域特性（重要文化財民家修理工事報告書による解析 その1）」日本建築学会大会学術講演梗概集，1981．
(3) 瀬川康秀・深尾精一・鵜沢康久「既存木造住宅の構法に関する調査研究（その1 関西地方の住宅の概要・屋根・基礎）」日本建築学会大会学術講演梗概集，1980．
(4) 住宅金融公庫『昭和62年度公庫融資住宅の地域特性の分析』住宅金融公庫，1988．
(5) 坂本 功監修『日本の木造住宅の100年』日本木造住宅産業協会，2001．
(6) 大橋好光『木造軸組構法住宅の構法の変遷に関する研究』（財）日本住宅総合センター，2010．
(7) 日本建築学会編『構造用教材』日本建築学会，1995．
(8) 飯塚五郎蔵・高橋茂男「木造住宅布基礎の実態調査」日本建築学会学術講演梗概集，1987．
(9) 吉田全三『改良日本家屋構造』大日本工業学会，1919（18版 1933）．
(10) 三橋四郎『和洋改良大建築学 上巻』大倉書店，1940（13版 1921）．
(11) 横山 信『建築構造の知識』アルス，1925（8版 1926）．
(12) 渋谷五郎『日本建築学 上巻』須原屋書店，1921．
(13) 佐久間田之助『普通日本家屋構造』吉田書院，1939（8版1947）．
(14) 杉山英男『地震と木造住宅』丸善出版，1996；杉山英男『杉山先生に聞く，木質構造の将来』』木造建築研究フォラム，1998．
(15) 田口武一・飯塚五郎蔵『建築構造1』実教出版，1962（改訂版 1971）．
(16) 渡辺一正『建築生産技術の地域特性—在来木造住宅構法実体調査—』建設省建築研究所，1979．
(17) 建築図解事典編集委員会『図解事典 建築のしくみ』彰国社，2001．

7.4 木質プレハブ構法・ツーバイフォー構法

昭和35年(1960)から45年(1970)までの10年間に、日本の住宅生産は60万戸から140万戸へと倍増する。この間、軸組構法も大きく変革を遂げ、生産量を増大させるが、それを上回る需要があった。バブル経済期もそうであったように、建設の需要が大きく、人件費が高騰している時期には、それまでは経済的に成り立たなかった構法が実現できるようになる。木質プレハブとツーバイフォー構法もそうした構法の一つであった。

7.4.1 木質プレハブの誕生

日本で木質プレハブがスタートしたのは、昭和37年(1962)にミサワホームが建設大臣認定、いわゆる38条認定を受けたのが最初である。そして、その後、2〜3年の間に次々と名乗りをあげ、10社近くの木質プレハブが成立した（文献1）。昭和30年代末から40年代前半はプレハブ住宅乱立の時代であった。このうち、今日まで繋がるシステムとして重要なのは、接着パネル工法である。図7.4-1は、ミサワホームのシステムで、その後、中型パネルシステムはプレハブ住宅の主流となっていく。

図7.4-2の大型パネル工法は、敷地条件に余裕のある場合などで建設されたが、構造的には、いずれも接着パネル工法であった。

木質プレハブは、現在残っている会社は多くはないが、昭和40年代には、さまざまな会社が名乗りをあげていた。当時のプレハブの構法を概観すると、興味深いことに気づく。それは、軸組式のプレハブ住宅は、平成10年頃の軸組構法の合理化工法と非常によく似ているということである。

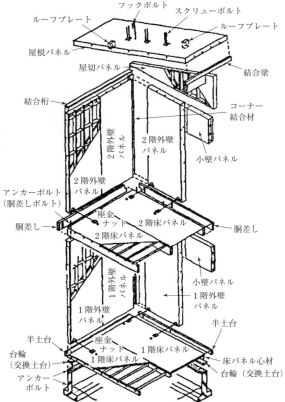

図7.4-1　ミサワホーム F350型［出典：文献2］

図7.4-2 ミサワホーム・コア350型［出典：文献2］

図7.4-4 ダイケンホームBW型［出典：文献2］

図7.4-3 永大ハウスFC型［出典：文献2］

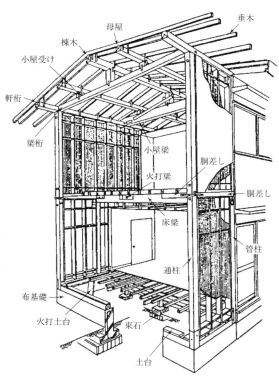

例えば、図7.4-3に示す永大ハウスFC型は、パネル化を採り入れた軸組合理化工法と考え方は同じである．図7.4-4のダイケンホームBW型も同様である．

7.4.2 木質プレハブの特徴

杉山英男は著書の中で、これらの構造システムの特徴として、以下の3点をあげている（文献2）.

① 柱のない，壁式構造であること．
② 壁，床，屋根などのパネル生産にあたって，接着剤を頻用していること．
③ 使用木材がほとんど外材であること．

また、その構造形式は、図7.4-5のように、分類できるとしている（文献2）.

そして、木質プレハブの会社がたくさん出現したのを受けて、鉄骨系を中心に以前からできていたプレハブ建築協会に木質部門をつくる動きが活発になった．

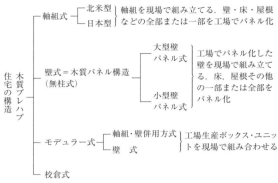

図7.4-5 木質プレハブの分類［出典：文献2］

また，その動きには，住宅金融公庫（当時）も関わっていた．そして，同協会に木質部会をつくるにあたって，杉山を中心に「木質パネル構造設計基準」が作成された．各種の試験法や，壁の耐力壁のせん断抵抗の評価法を提案していた．

そして，この時つくられた基準が，後の日本建築センターの木質系建物の構造評定の内規に取り入れられていく．さらには，これが，後のツーバイフォー建築の技術規準の素案になっていった（文献1）．

プレハブの開発で培われた成果が，枠組壁構法へと繋がっていることがわかる．

7.4.3 木質プレハブとツーバイフォー構法

このように，初期の木質プレハブ住宅は，軸組構法の要素を取り入れたものもあった．ただし，そうしたシステムは，当時は成功しなかった．どうしても軸組構法の亜流の印象を拭えなかったのであろう．

図7.4-6は，永大ハウスBK型を示している．このBK構法は，日本のツーバイフォー構法の前身となるものである．永大産業は，この後ED構法という，ツーバイフォー構法と同種のシステムを開発する．

永大産業のパネル式住宅は，ED構法を経て，ツーバイフォー構法へと繋がっていく．ツーバイフォー構法はオープン化され，プレハブ住宅とは制度上の位置づけも異なっている．そのため，ツーバイフォー構法はプレハブ住宅と別の起源をもつかの印象があるが，木質系プレハブ住宅の延長上にあったことがわかる．

図7.4-6 永大ハウスBK型［出典：文献2］

7.4.4 ツーバイフォー前史

昭和40年代のツーバイフォー構法は，プレハブ住宅の一種として開発されたが，昭和49年（1974）にいわゆるオープン化される．しかし，この高度成長時に初めて導入されたわけではない．日本には，関東地

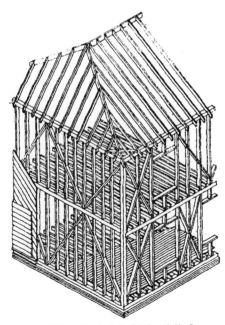

図7.4-7 軽骨造［出典：文献3］

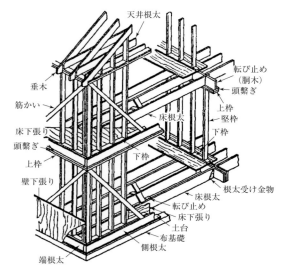

図 7.4-8 枠組壁構法 [出典：文献 4]

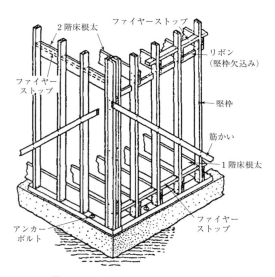

図 7.4-9 バルーン構法 [出典：文献 4]

震後の復旧に際して，アメリカからツーバイフォー構法の前身に当たるバルーン構法（図 7.4-9）が紹介され，実際にかなりの量が建設された．

例えば，昭和 10 年（1935）の内田祥三による『建築構造汎論』には，軽骨造として紹介されている（文献 3）．

「此の構造は 5cm × 10cm 又は 5cm × 12cm 位の木材で殆ど総ての骨組みを構成し，やむを得ない場所に限って大きさの違う材を用いる．（中略）また，此の構造は仕口に切り欠きを用いることは極めて少なく，たいていの場合は釘付けかボルト締とする．」

文章は，寸法を除くと，現代のツーバイフォー構法の説明と見まがうばかりである．なお，参考に載せられている図を見ると，筋かいが入っている．日本でも，昭和 49 年（1974）のオープン化当初は，筋かいの入ったツーバイフォー住宅も建てられた．現代のツーバイフォー構法では筋かいを使うことはない．

7.4.5 ツーバイフォーの登場

杉山英男によると，ツーバイフォー構法は次のようにして生まれた（文献 1）．

「ツーバイフォーにいくまでには，建築センターにおけるプレハブの経験の積み重ねがある．（中略）昭和 47 年に新宿百人町にありました建築研究所で実大実験をやりました．それは，オープン化に向けてのスタートだった．」

続けて，杉山は，「木質構造の将来」で次のように述べている（文献 1）．

「ツーバイフォーが後に枠組壁工法と呼ばれるものになる前に，すでにツーバイフォーのクローズドなシステムが存在していた．オープンは 1974 年 7 月ですけれど，1972 年以降，6 社が登場していた．（中略）永大産業，日本ホームズ，中村合板，日東工営，坂巻商店，そのあと，トーヨーサッシ．更にホームビルダー協会ができ，ホームビルダー協会Ⅰ形というのをだした．」

いわゆるオープン化の前に，7 社のクローズドなツーバイフォー構法が存在したことがわかる．そして，その後，建設省（当時）はカナダなどと連携しながら，ツーバイフォー構法のオープン化に動き出した．そして前述のように，木質プレハブで培われた技術をもとに，ツーバイフォー構法の基準が作成された（文献 1）．

「どうしてシハチ（四尺八尺）の合板をそのまま入れなかったのか，と言われますが，当時シハチの合板をプレスできる会社は，数えるほどしかなかった．（中略）ツーバイフォーを日本中に普及させようとするなら，サブロクしかプレスすることのできない企業にも参入して貰わなければならない．その時は夢が大きく，日本中をツーバイフォーでと思っていた．僕だけじゃなくて，建設省の方々もそう思っていた．」

ツーバイフォー構法への役所の期待もうかがい知ることができる．

また，北米の構法とはいえ，その耐震性能の日本の耐震基準との整合が不安視されたことなどから，ツー

バイフォー構法のオープン化ののち，耐震性能の検証のため，いわゆる建設省(当時)「総合技術開発プロジェクト」(昭和50年/1975) が行われた．ちなみに，枠組壁工法という名前は，枠組み工法という言葉もあったが，杉山があえて「壁」を加えることを希望したということである（文献2）．

図7.4-10に，現代のツーバイフォー構法の代表的な構法を示す．各部構法では，導入から40年がたち，軸組構法との融合も進んでいる．例えば，1階の土台・大引きまわりは，軸組構法と同じつくりに変化した．すなわち，床パネルを張りわたすものから，現在では，床束で大引きを支える方式が使われている．

7.4.6　現代のツーバイフォー構法

以上のような経緯で導入されたツーバイフォー構法住宅は，現在，毎年の住宅建設戸数の約10%を占めるまでに成長した．材料の種類の集約や，合理化された施工法などが，洋風化された現代住宅の住様式・意匠と一致した．

7.4.7　プレハブ住宅の危機と回復

一方，プレハブ住宅も，鉄鋼系・コンクリート系と合わせて，年間住宅新設戸数の約10%に成長したが，その道のりは，必ずしも順風満帆ではなかった．

伊勢湾台風から5年後，昭和39年（1964）9月24日から25日にかけて，台風20号が愛知県地方を襲っ

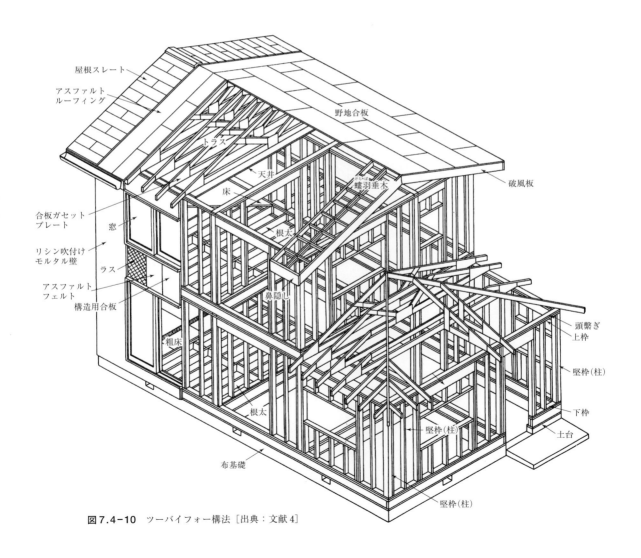

図7.4-10　ツーバイフォー構法［出典：文献4］

た．被害は死者47人，不明9人，負傷530人，住家71269棟，浸水44751棟，耕地16326 ha，船舶594隻（文献5）という，台風としては，特別に大きな被害というわけではない．

しかし，このとき，愛知県内でプレハブ住宅が大きな被害を受ける．特に屋根の被害が大きく，折板の屋根が吹き飛ばされる被害が多かった．そして，それは大きく報道されることとなった．プレハブ住宅の構造性能は大丈夫か，を問うような内容が多かった．

ここに，プレハブ住宅は大きな危機を迎えた．メーカーによっては，生産から撤退するところも現れた．

しかし，結局，プレハブ住宅は，この危機を乗り越える．それは，精力的に技術開発が行われたことに加えて，経済事情も大きかった．これから後，日本は高度経済成長期に突入し，住宅生産は，昭和40年（1965）から5年の間に倍増した．旺盛な需要はプレハブ住宅の危機を覆い隠して余りあった．膨大な住宅建設需要がプレハブ住宅を救ったともいえる．

図7.4-11に，木質プレハブ住宅の代表的な構法を示す（文献6）．工場生産された接着パネルを組み立てる方式で，構造的には壁式構造である．

高度成長期の旺盛な需要を背景として，プレハブ住宅とツーバイフォー構法住宅は誕生した．木質プレハブは淘汰を経て，現代では「接着パネル構法」が残った．構造的には壁式構造である．一方，ツーバイフォー構法は，当初はプレハブの一つとして出発したが，その後，いわゆるオープン化した．そしていずれも，年

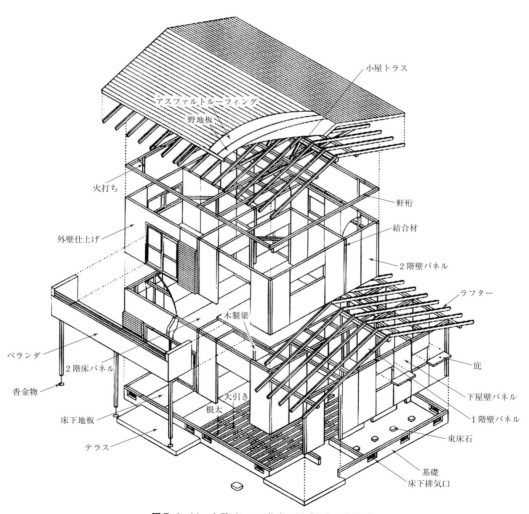

図7.4-11 木質プレハブ住宅の例［出典：文献6］

間住宅新設戸数の約10%に成長し，日本に定着した．それらの構法は，軸組構法にも影響を与えることになる．　　　　　　　　　　　　　　　　　　　　［大橋好光］

■文　献

(1) 杉山英男「杉山先生に聞く，木質構造の将来」木造建築情報ファイル14，木造建築研究フォラム，1998.
(2) 杉山英男『木質構造の設計』丸善出版，1976.
(3) 内田祥三『建築構造汎論』岩波全書，岩波書店，1935.
(4) 日本建築学会編『構造用教材』日本建築学会，1995.
(5) 国立天文台編『理科年表1998年版』丸善出版，1987.
(6) 建築図解事典編集委員会『図解事典　建築のしくみ』彰国社，2001.

7.5 木造軸組構法の新しい展開

軸組構法は，その名前が示すように，柱と梁からなる架構を有している．しかし，その柱・梁の架構の構成は多様である．大きな断面の通柱を多用するものもあれば，すべてを管柱とするものもある．また，構造用合板に代表される，いわゆるエンジニアードウッドの利用も増えている．次々と新しい部分構法が現れ，そのいくつかは，徐々に普及し一般化するという流れが繰り返されている．特に平成2年（1990）頃からの構法の変化は著しく，従来のいわゆる軸組構法とは異なった段階に達したといってよい．

その構法の概要を図7.5-1に示す．以下，おおむね昭和60年（1985）以降の軸組構法の変化を，各部構法ごとに概説する．

7.5.1 べた基礎の普及と立ち上がり高さ・厚みの増大

基礎は，布基礎が一般的であったが，図7.5-2のような，べた基礎を標準採用するところが増えている．もともとべた基礎は，軟弱地盤の対策として用いられていたが，排出残土が少ないこと，防蟻の効果が期待できること，基礎の構造性能の向上が期待できること，作業床ができ作業の効率化にもつながること，などの理由により採用されている．

べた基礎の採用が急激に増えたのは平成7年（1995）頃からで（文献2），阪神・淡路大震災の影響も加わったものと考えられる．ただし，北海道や東北地方などの寒冷地の採用率は低い．凍上の危険性があるためで，これらの地域では，根切りを深くして，基礎高を大きくする傾向がある．

また，基礎の立上りが，少しずつ高くなっていると

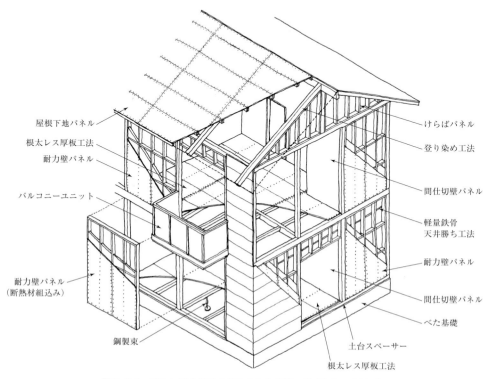

図7.5.1 新しい部分構法を取り入れた架構の例［出典：文献1］

7.5 木造軸組構法の新しい展開

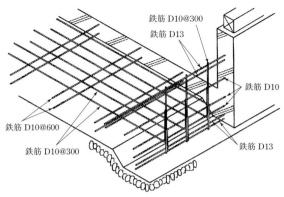

図7.5-2 べた基礎［出典：文献1］

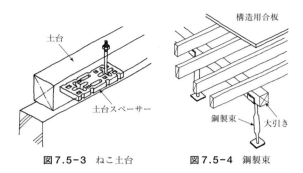

図7.5-3 ねこ土台　　　図7.5-4 鋼製束

いわれている（文献2）．平成2年（1990）頃から，少しずつ高くなる傾向がある．ただし，その場合でも，関西地方は，関東地方よりも低いといわれている．2000年にできた住宅の性能表示制度も影響していると思われる．その中の「劣化の軽減」の項では，基礎上端までの高さが40 cm以上であることを求めている．また，平成27年（2015）頃から，基礎立上りの厚みが大きくなる傾向がある．それまでは，2階建てまでは12 cmが標準であったが，15 cmとするものが増えている．15 cmは，従来，3階建てにのみ採用されていた．

7.5.2 ねこ土台構法と樹脂製・金属製の束の普及

布基礎の立上りが徐々に高くなり，また，べた基礎が広がって防湿性能は大きく改善された．しかし，コンクリートの基礎と木材である土台が直接触れることに変わりはない．そこで，スペースをあける構法が案出された．この構法は，ねこ土台構法とよばれ，古くは木材や石などが使われたが，プラスチック製などの「ねこ」を使った方式に変わり，急速に普及した．

従来の換気口は，基礎の立上りを欠きこむため，地震時などに，ひび割れを生じやすく，構造的には弱点となっていた．ねこ土台方式は，基礎のコンクリートや鉄筋を分断しないので，構造的には有利で，また，基礎の型枠工事も容易である．

現在のねこ土台方式は，図7.5-3に示すように，樹脂製や金属製のスペーサーを基礎と土台の間に挟み，土台を基礎から20 mm前後浮かせ，その隙間から換気する方法である．そのねこ土台の普及時期のピークは平成2～12年（1990～2000）である（文献2）．この時期は，欠陥住宅が社会問題化した時期に相当し，こうしたことも，普及の一因になった可能性がある．また，従来，柱の真下の位置を中心に部分的に設置されていたが，近年は，土台下に全面に敷き詰める構法が広がっている．

床束の構法も変化している．図7.5-4は鋼製束の例を示している．金属製や樹脂製の束を，べた基礎や土間コンクリートなどの平滑面に接着して立て，大引きを直接受けるものである．蟻害の心配が少なく，レベルの微調整が可能なことが特徴とされる．平成の初年から，まず，樹脂製の床束が普及し，後を追うように金属製の束が広がった．新規採用の時期は，平成10年前後（1990年代後期）がそのピークといわれる．また，これらの束の普及時期について，都市と地方の差異は認められない．使用していない地域は，北海道などで，前述のように，これらの地域では，凍上対策から，そもそも床束を使わず，布基礎間に床梁を架け渡す構法のためである．

7.5.3 機械プレカットの伸張

機械プレカットは，昭和50年代初頭に関東地方で始まり，都市部を中心に少しずつ普及した．そして，昭和59年（1984）には，全自動加工機械のプレカットシステムが開発され，生産は一気に増加した．また，同じ年に，（財）日本住宅・木材技術センターによるプレカットのAQ認証制度がスタートしたことから，社会的にも認知されることになった．

機械プレカットは，従来の施工法に比べ，多くの利点がある．工期の短縮，現場人工の軽減，に加えて，現場での残材の軽減，加工の精度向上などの効果がある．

昭和60～平成2年（1980年代後半）に徐々に全国へ広まり始め，平成5年前後（1990年代前半）に普及のピー

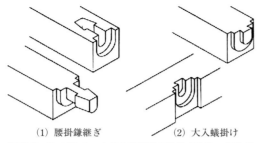

図 7.5-5　プレカットによる継手の形状 [出典：文献 1]
　　(1) 腰掛鎌継ぎ　　(2) 大入蟻掛け

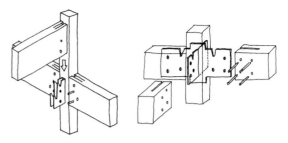

図 7.5-8　構造金物 [出典：文献 3]

クを迎えた．平成 12 年（2000）頃には 70 〜 80％に達し，平成 27 年（2015）では 95％ともいわれる．今や一般的な住宅の加工は，ほとんどが機械プレカットで行われているといってよい．

　機械プレカットの普及は，継手・仕口にも大きな影響を与えた．ルーターとよばれる回転刃で加工することから，図 7.5-5 に示すように，丸みをもった形状になった．また，継手・仕口の種類も蟻と鎌に集約された．

7.5.4　高性能接合金物の普及と構造金物の登場

　昭和 45 年頃（1970 年代）に，図 7.5-6 に示す Z マーク表示金物に代表される木造住宅用接合金物が普及したが，平成 7 年（1995）の阪神・淡路大震災と平成

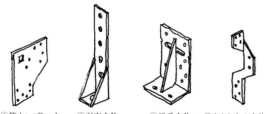

①筋かいプレート　②引寄金物　③梁受金物　④あおり止め金物
図 7.5-6　Z マーク金物や C マーク金物

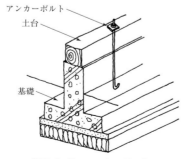

図 7.5-7　アンカーボルト

12 年（2000）の建築基準法の改正により，実質的に，接合部には補強金物が義務化されることとなった．そのため，それ以降，1 棟の建物で使用する接合金物の量は，飛躍的に大きくなった．例えば，図 7.5-7 に示すアンカーボルトの，1 棟あたりの数は以前の 2 倍に増えたともいわれる．

　また，昭和 50 年（1975）頃から普及した接合金物は補強金物とよばれるもので，あくまでも部材自体が嵌合接合されており，金物は補強として留めるものであった．これに対し，構造金物とよばれるものの採用が増えている．これは，金物自体が長期応力も負担し，金物がなければ架構が成り立たないようなものをいう．これらの構造金物を接合部に用いる構法は金物構法ともよばれる．図 7.5-8 に例を示す．柱に構造金物をボルト止めしておき，スリットを設けた梁を落とし込み，側面からドリフトピンを打つものが多い．柱の断面欠損が小さく，構造性能にばらつきが少ないのも特長である．

　これらの構造金物は，一般に，鋼板をプレス切断し，折り曲げて製作される．そこで，折曲金物とよぶこともある．これらは，昭和 60 年代頃から少しずつ採用され始め，急激に増えたのは，平成 8 年（1996）から平成 12 年（2000）にかけてである．また，この金物の普及初期には，大手の住宅メーカーは主に機械プレカットを採用し，地方や大都市周辺の比較的小規模の工務店が構造金物を採用するという傾向がみられた．金物工法は，前述のように柱の断面欠損が小さいなどの構造的な特長に加えて，プレカット機械の設備も比較的小さくて済むという特徴がある．当時，人手不足を補うように，いわゆる「合理化工法」の開発が盛んに行われていたが，経営規模の小さいところでも採用できたのである．しかし，現在の構造金物の普及率は，都市と地方での大きな差はない．都市部の大手住宅メーカーも採用するところが増えたためである．

7.5.5 パネル化

　パネル化とは，壁や床，野地などについて，面材と枠材を一体化したものである．これを，軸組部材に直接施工することで，施工性・生産性を高める構法をいう．壁のパネル化が多いが，床や野地などのパネル化も増えてきている．

　一般的な壁パネルは，枠材・筋かい・間柱・横胴縁・断熱材を組み込んだものである．壁をパネル化することの利点は，壁の下地を構成することのほかに，耐力壁となりうること，断熱工事を事前に完了できること，工場加工による品質や精度を向上させ得ること，工期短縮が可能なこと，などである．

　典型的な壁パネルを図7.5-9に示す．この例では筋かいと筋かいプレートがボルト締めと釘打ちに取り付けられ，内部へ発泡ウレタンの注入が行われる．硬化したウレタン断熱材の耐力寄与から，壁の耐力も向上しているという．建込みは床パネル敷きこみの後に柱を建て，壁パネル，横架材の順で進められる．

　また，近年，真壁が，貫などの土塗りではなく，合板主体の材料となって，真壁仕様の耐力パネルも増えている．さらに，施工性や構造的性能以外の性能の付加，例えば断熱性や気密性の向上を目指したパネル化も進められている．これらのパネルでは，筋かいはなく耐力要素は構造用面材である．

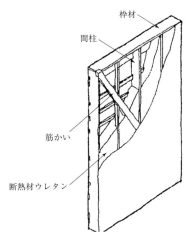

図7.5-9 耐力壁パネル［出典：文献3］

7.5.6 エンジニアードウッドの普及

　エンジニアードウッドとは，構造用合板や集成材，LVL（laminated veneer lumber；単板積層材）などの木質系の再構成材のことで，エンジニアリングウッドともよばれている．再構成材に，ツーバイフォー構法用のディメンションランバーやJAS製材などの格付けされた製材も含めることがある．

　構造用合板は，従来，床や野地などの水平構面への利用が一般的であったが，耐力壁への利用が広がっている．その時期は平成2年頃（1990年代）からといわれる．そして，現在の都市部の軸組構法住宅の多くは，外周壁の耐力壁は構造用合板で，内部間仕切壁を耐力壁にする場合は筋かいというのが一般的である．これには，省エネルギー意識の高まりも後押ししている．厚い断熱材を入れる傾向が強まっているが，外周壁に断熱材を入れるには，筋かいよりも合板の方が納まりがよいのである．

　また，合板耐力壁を筋かいと併用，あるいは釘打ち間隔を小さくすることで高い倍率を獲得し，外周壁だけで壁量を満足しようとするものが現れている．内部は，間仕切りのみとして，自由な間取りとするものである．比較的，小規模の規格型のプランのものに多い．

　床への構造用合板の使用は，昭和40年代からといわれる．合板釘打ちの床は，作業性を高めると同時に，構造性能を高める効果がある．ただし，従来の合板床は，板厚が15 mm程度で，根太に釘打ちされていた．

　しかし，平成10年前後（1990年代後半）から，特に，厚板とよばれる厚さ24～30 mmの構造用合板を使用して，根太や火打ちを省略する方法が増えている．これを根太レス工法とよぶ．省力化と構造面で有利な根太レス工法は，その利用が急速に増えている（文献2）．この納まりを図7.5-10に示す．

　なお，合板も構造用合板だけでなく，OSB（oriented strand board）やパーティクルボード，MDF（medium

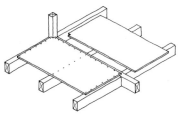

図7.5-10 厚物合板を用いた床の納まり

density fiberboard）など，種類が増えている

また，集成材を住宅の軸組に用いる例が増えている．住宅メーカーにとっては，集成材の価格が下がって製材と遜色なくなってきたこと，また，材の乾燥収縮の心配が少ないことが大きなメリットになっている．30 cmを超える大きな梁材を切り代えることから始まり，比較的小さい断面でも集成材に代えるところが増えている．軸組構法の住宅メーカーでは，機械プレカットの採用に合わせて，すべての柱を集成材としたところも多い．

同様に，ねじれや乾燥収縮が少ないものということで，軸組構法の中に，ツーバイフォー構法用のディメンションランバーを取り入れるところも増えている．

なお，乾燥収縮という点では，ツーバイフォー構法やプレハブ住宅は一歩先んじている．導入当初から乾燥材の使用を前提としてきた．こうした構法では，単にディメンションランバーを用いるのではなく，間柱や筋かいなどにLVLなどの通直性の高い材料を採用するところも現れている．

7.5.7　特殊な架構

兵庫県南部地震（平成7年/1995）その他の地震では，商店のような間口に壁が少ない建物に大きな被害を生じた．そうした間口に壁のない建物を可能にする一つの方法は，いわゆるラーメン架構を実現することである．集成材などを用いたラーメン架構が精力的に開発されている．十数システムが認定を取得して，建設されている．木質ラーメン架構は仕様規定では使えないためである．

また，集成材の柱と特殊な金物で架構を構成していくものには，通柱方式が多い．横架材との接合部が比較的少ないのが特徴である．図7.5-11に例を示す．

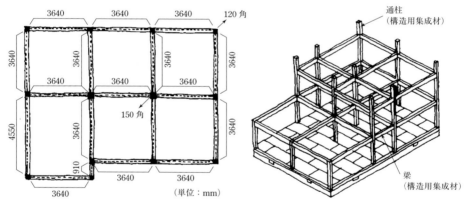

図7.5-11　通柱方式［出典：文献2］

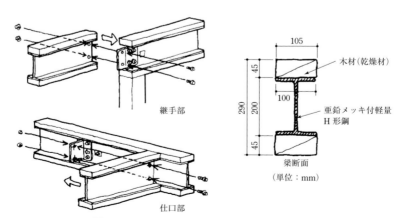

図7.5-12　鋼製梁を使用した架構［出典：文献3］

構造的な柱をすべて通柱とする構法では，原則的に横架材に継手は用いない．横架材はすべて胴差し型で柱に取り付けられる．金物はコストが大きくなりがちで，できるだけ箇所数・種類を少なくするためである．こうした通柱構法の特徴は，部材点数・接合部箇所数を削減することができることで，一般的な構法の 1/2 〜 1/3 になるという．

なお，こうした構造体の明確化に合わせて，構造壁と非耐力壁とを分離することも行われている．構造体以外の間仕切りを非耐力扱いとし，天井・床勝ちの間仕切りシステムとするところが少しずつ増えている．また，天井勝ちのシステムでは，軽量鉄骨を野縁に用いるところが多い．

一方，通柱をまったく使わないシステムがある．通柱なしのシステムは，間取りが 1 階と 2 階で自由にプランニングできること，すなわち，住宅のプランニングの自由度が高く，敷地の形状への対応性にも優れている．また，①接合種類が集約できる，②部材の種類も整理することができる，③プレカットなどの機械が簡略化できる，などのメリットがある．

また，床がプラットフォームとなることによるメリットも大きい．プラットフォーム構法は，作業の効率化や安全の面で，従来の構法に比べ有利である．

横架材に新しい構法，材料を取り入れたものがある．図 7.5-12 に示す構法は，軽量 H 形鋼のフランジ部分に木材を取り付けた梁を用いている．木材は横架材の断面性能を上げるには，材のせいを大きくする必要があるが，鋼材は，ウェブ・フランジの厚みを増せば，材せいを大きくしないで実現できるというメリットが

ある．継手は鉄骨のウェブ部分をプレート接合している．上下に木材が取り付けられているので，釘打ちできるなど，木材の施工性・加工性の良さを保っている．

このほか，構造部材をすべて LVL としたシステムなど，特徴的な材料を用いた構法がある．

木造住宅は，常に新しい部分構法を取り入れてきたが，特に，昭和 60 年（1985）以降，また大きくその構法を変化させた．

こうした変化の要因は大きく分けて，以下の 3 点である．

第一は阪神・淡路大震災（平成 7 年/1995）で，それ以降，構造性能を高めるために，基礎の構法や，接合の補強，耐力壁の構法などが変化した．

第二は，省エネルギー意識の高まりから断熱気密性能を向上させるような構法の採用で，床・壁・屋根などの面部材への合板の採用，耐力壁の合板への変化などがこれにあたる．

第三は，生産性を高めるための工夫からくる構法の変化で，機械プレカットの普及による接合形状の変化・集約，基礎や土台・1 階床まわりの構法の変化，厚物合板の採用がこれにあたる．　　　　　［大橋好光］

■文　献

(1) 建築図解事典編集委員会『図解事典 建築のしくみ』彰国社，2001.
(2) 大橋好光『木造軸組構法住宅の構法の変遷に関する研究』（財）日本住宅総合センター，2010.
(3) 大橋好光「軸組構法合理化の現状 地震に強い「木造住宅」の設計マニュアル」建築知識，1996.

7.6 大規模木造建築

7.6.1 新興木構造（1900–50）・集成材構造初期（1950–60）

日本で大規模木造建築というと，城郭や東大寺大仏殿にみられる伝統構法の社寺建築，五重塔などの仏塔などがすぐに思いつくが，近代に入ると伝統構法とは異なる構造技術・材料によって大規模木造建築が建てられるようになる．

20世紀は，欧米では鉄とコンクリートによる近代建築の時代であり，日本でも，鉄骨造，鉄筋コンクリート造の建物が建てられるようになる．しかし，日本ではこれだけではなく，従来からある木造建築にも構法の変化が起こることになる．この時期には，海外からは鉄とコンクリートといった材料だけでなく，構造力学の理論・構造技術も同時に流入し，木造建築にも影響を及ぼすことになった．

新しい技術は，新たな大規模木造建築を建設可能とし，学校や工場，倉庫などが全国で建設される．これらは，単に平面的に大規模なだけでなく4階建てや5階建ての多層の木造建築でもあった．旅館や住宅でも4階建て，5階建ての建物が見られるが，多層木造建築として圧倒的に多く建てられたのは，繭倉（図7.6-1）と製粉工場（図7.6-2）である．繭を保存・乾燥させる繭倉は，4～6階建てで製糸業全盛期には全国で400棟近く存在していたといわれている．製粉工場も，大正末期以降，鉄筋コンクリート造が主流になるまで全国で100棟以上建設されていたと推定される（文献4）．

これらの木造建築に共通する技術は，金物で補強する伝統的な継手・仕口，筋かい，キングポストトラスによる小屋組などの構造技術のほか，瓦・鉄板屋根，土壁による土蔵式大壁やモルタル塗り壁などの防火技術であるが，伝統構法と構造力学の折衷的な構法が多くみられる．

昭和に入ると，1930年代には田辺平学が，「最新の力学上の知識を応用して，木材の強さを充分に利用した所の，最も経済的な建物」として「力学的木造建築」（文献1），1940年代には，堀口甚吉が「科学的検討を加え，力学的理論を以て設計，構造されたもの．常に建物全体を力学的に考察して，建物のいずれの部分も

図7.6-1　4階建て繭倉（福島県，大正6年/1917頃・平成20年/2008解体）

図7.6-2　5階建て製粉工場（群馬県，明治44年/1911・平成15年/2003解体）［出典：文献4］

一様の安全性を持つようにする．」として「新興木構造」（文献2）と，大工の経験と勘に頼っていた木造建物から構造工学に基づいた木造建築への転換が図られる．こうした転換の試みは，その後も「木質構造」「新木造」などと名前を変えてその後も継続的に行われている．

第二次世界大戦中は，鉄やコンクリートの資材難もあって，多くの構造技術者が木造建築の構造技術の研究に携わることになり，トラス，ジベルといった構造技術の整備により格納庫などの大規模木造建築が実現し，新興木構造の最盛期を迎えることになる．当時の技術資料である「建築物耐震構造要項」（文献3）では，ジベル接合，膠着接合，組立柱，組立梁などが取り上げられている．組立柱では，ボルト締柱，格子柱，組立梁では，トラス梁，板打梁，波釘打梁，ジベル梁，格子梁，板重ね梁が掲載されている．

図7.6-3 東京駅屋根トラス［提供：東日本旅客鉄道株式会社］

図7.6-4 森林記念館（昭和26年/1951）

ここでは，伝統構法で用いられてきた木組だけでなく，積極的に金物を用いた接合が特徴的である．大蔵省営繕管財局の圧入式ジベル鋲，内務省型ジベルをはじめ，織本道三郎によるO式ジベル，クランプは，海外にも輸出されるようになる．これらの金物は，木組の補強としての補強金物だけではなく，それ自体が柄（ほぞ）や栓の代わりとなって仕口を構成する接合金物を目指して開発されていた．現在の金物構法の土台がここに生まれることになる．しかし，こうした大規模木造技術開発も終戦と戦争による木材資源の枯渇により下火になってしまった．

最盛期の新興木構造の技術は，終戦後の応急復旧が行われた東京駅駅舎の屋根にその技術をみることができた（図7.6-3）．小断面の製材をコマ型ジベルやボルトを用いてトラス構造で約15mスパンの梁を実現している．

1950年代になると，構造解析技術だけでなく使用材料も変化することになる．19世紀初頭にヨーロッパにおいて，帯鉄や釘，ボルト，太柄（だぼ）による集成材の原型の組立材が登場すると，20世紀初頭には接着による集成材が出現，1940年代にアメリカでフェノール，レゾシノール樹脂接着剤が開発されるとアメリカを中心に大規模な集成材構造の建築が発達することになる．

厚さ数cmの挽板を積層した集成材は，日本では，導入時には「膠着合成梁」「挽板積層材」などとよばれていたが，「航空機用構造部材に用いられた単板積層材と区別する意味と，挽板を層状のみならず側面或は端部接合して接着加工木材を集成していく意味」（文献5）とを含んで「集成材」と称されることになった．木造建築に用いられる材料として製材だけでなく，エンジニアードウッドである構造用集成材が登場することになったのである．

日本での集成材製造が本格化されると，1951年に日本林業技術協会の森林記念館が東京に建設される（図7.6-4）．比較的荷重のかからない2階の会議室の屋根にスパン9mの円形アーチとしてユリア樹脂接着の湾曲集成材が用いられた．その後，1952年にスパン11mの3ヒンジ・アーチ構造の三井木材工業の置戸工場（北海道）の木材倉庫，1954年にはスパン17mの三井木材工業名古屋工場のハードボード製品倉庫が建設される．

線材である集成材を用いて大規模木造建築を建設する際，集成材であれば比較的容易に大断面の部材を入手することができるため，鉛直荷重に対しては伝統的な木造建築と同様に柱-梁の軸組構造が用いられた．一方，地震力などの水平力に対しては壁を設置できない場合，仕口接合部を剛接合にしてラーメン構造とする必要があったが，当時の接合技術では実現が困難であった．集成材の特徴のもう一つは，製造時に湾曲させて湾曲集成材が製造できることである．湾曲集成材では，鉛直面（壁）から水平面（屋根）まで連続的に材を変化させることができる．

最も単純な架構が，森林記念館に用いられた2ヒンジの円弧状アーチである．単材で1スパンを架け渡すことができ，壁・屋根を構成することができる．しかし，単材では運搬可能な長さで建物のスパンが決まってしまうため，比較的小規模な建物でのみ実現可能である．一方，2ヒンジ・アーチの頂部をピン接合とした3ヒンジ・アーチは頂部の変形が大きくなり，水平反力も大きくなるため構造的には不利であるが，部材を分割することが可能であり，大スパンも実現しやすい．また，アーチ構造といっても，実際には単純な円弧ではなく，湾曲テーパーをもった山形ラーメン構造とみることができる．

いずれも，力の流れが明確であり構造設計，施工が

容易となるため大規模木造の代表的な構造システムとして用いられることになった．アーチ構造の場合，構造形式は一方向のアーチの繰り返しとなり建物は矩形の平面となる．アーチと直交する構面には，ブレースや耐力壁などが水平抵抗要素として配置されることになる．

7.6.2 第一期黄金期（1950-60）

1950年代後半になると，アーチ構造の集成材建築が次々と建設される．用途の大半は体育館であり，次いで学校，幼稚園，集会場など公共施設がほとんどであった．ここで用いられたアーチのスパンは，10～18 mが主流で14.4 m, 10.8 mなどの従来の木造建築と同じ3尺（900 mm）モジュールが多く用いられていた．直交するアーチの間隔も同じ3尺モジュールの3.6 mが多数を占めており，大規模木造になっても従来の木造住宅の設計思想を多く引き継いでいた．

当時，集成材を用いた大規模木造建築に興味をもつ建築家は少なく，飯塚五郎蔵が集成材建築をリードすることになる．終戦直後より集成材の研究開発に携わりながら，多くの集成材建築を設計した．

最初に手がけた集成材建築が，スパン7.3 mの山形アーチをもつ成城幼稚園（東京都）で建築作品として建築雑誌で初めて紹介された集成材建築でもあった．1962年に建設された新発田市立厚生年金体育館（新潟県）は，スパン36 m，棟高12.8 mで，梁断面25×100～112 cmの3ヒンジ・アーチ構造で架け渡している（図7.6-5・6）．この建物は当時，日本最大の集成材建築であり記念碑的建物である．しかし，こうした大規模な体育館では，集成材架構は屋根部分に限定され，下部構造は鉄筋コンクリート構造が用いら

図7.6-5 新発田市立厚生年金体育館（昭和37年/1962）

図7.6-6 3ヒンジ・アーチ体育館

れていた．

小中学校の体育館では小規模なため，壁面，屋根にも集成材架構が可能であった．さらに，大型木造建築に補助金が給付されるなど木材を使用することが目的の一つでもあったため，木材を多用することが重要視され，水平抵抗要素は丸鋼などの引張ブレースではなく木材を用いた圧縮ブレースが多く用いられていた．

一般化された体育館の構造形式は，広く普及することになり，集成材アーチの設計事例は最も盛んだった1960年代前半で年間115棟，建築面積で年間合計約25,000 m³を数えることになった．

しかし，法令上の防火の規制強化，集成材を用いた学校建築への補助金打切りなどによって建設棟数は激減し，年間数棟の規模まで落ち込んだ．木造建築自体，終戦直後，建築全体の木造率90％以上を誇ったが，徐々に低下し1964年には50％を割ることになる．特に，大規模建築は鉄筋コンクリート造，鉄骨造が主流になり，木造は住宅などの小規模建築が主な供給先となってしまう．

それでも集成材に関する技術整備は少しずつ進められ，昭和37年（1962）に今泉勝吉が集成材の燃焼実験の結果を発表し，集成材の炭化速度を考慮した防火性能が明らかにされ，後に準耐火構造の「燃えしろ設計」として大規模木造の防耐火技術につながることになる．昭和38年（1963）に日本木材加工技術協会で「集成材の製造規準」が作成され，昭和41年（1966）には集成材の日本農林規格が制定，昭和46年（1971）の建設大臣通達，昭和47年（1972）の建設省告示でようやく集成材が一般の木材より高い許容応力度を用いることができるようになった．

木造建築で製材のほかに，合板，集成材，その他の木材二次加工品が構造部材として多く用いられるようになったことから，杉山英男が「木質構造」という「木

構造」と区別する言葉を提唱することとなった.

一方,この時代は建築界では鉄とコンクリートによるモダニズム建築の時代であったが,日本では木を用いたモダニズム建築「木造モダニズム」が,アントニン・レーモンド（Antonin Raymond）をはじめ,前川國男,土浦亀城,坂倉準三,丹下健三,吉村順三といった前衛的な若い建築家たちによって遂行されていた.木造住宅に名作が多いが,非住宅の木造建築でも名作が生まれている.

レーモンドは,日本の伝統的建築や民家にも「近代建築」の理念を色濃く表現するようになる.軽井沢聖パウロカトリック教会（長野県,昭和9年/1934）では,小屋架構にシザーストラスが用いられ,トラスのスラストはRC造のバットレスで抵抗している（図7.6-7）.一方,トラス材に用いられる丸太はクリのナグリ仕上げで数寄屋建築の技法を取り入れている.ほかにも,初期の集成材を用いた東京聖十字教会（東京都,昭和36年/1961）,丸太を用いた新発田カトリック教会（新潟県,昭和40年/1965）など新しい用途の建築にさまざまな木材を用いた建築を登場させている.

丹下健三が前川國男設計事務所時代に,東京・御茶ノ水に大スパンをもつ木造として岸記念体育会館（1941,図7.6-8）,前川國男が東京・新宿に木造2階建ての紀伊國屋書店（昭和22年/1947）を設計している.

吉村順三によるトラスを用いた三里塚教会（千葉県,昭和29年/1954）などとともに,木造モダニズムの代表的な建物が八幡浜市立日土小学校（愛媛県,中校舎,昭和31年/1956・東校舎,昭和33年/1958）である（図7.6-9）.土浦亀城事務所出身の松村正恒の設計によるこの建物は,木造建築でありながら伝統的な構法に固執することなく,教室床を支える鉄骨トラス,鋼製方杖,鋼製ブレース,金物接合など各種の構造材料を空間に合わせて適材適所に使用している.

こうした木材に固執しない設計理念は学校校舎建築の床組に多くみられる.住宅より大きいスパンを必要とする教室床組では,大径材が入手困難であったことも影響して,鋼材をうまく活用している例が多くみられる.内藤克雄による西脇市立西脇小学校（兵庫県,1937）では,製材と丸鋼による張弦梁の床組もみられる.

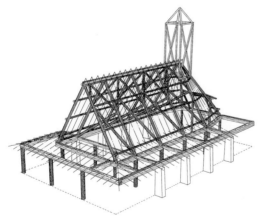

図 7.6-7 軽井沢聖パウロカトリック教会（昭和9年/1934）
［出典：文献7］

図 7.6-9 八幡浜市立日土小学校
（昭和31年/1956・昭和33年/1958）

図 7.6-8 岸記念体育会館（昭和16年/1941）［撮影：深尾精一］

図 7.6-10 所沢聖地霊園礼拝堂（昭和48年/1973）

池原義郎の所沢聖地霊園礼拝堂・納骨堂（埼玉県，1973）では，屋根に用いられた集成材越しにトップライトから光が降り注ぐ空間が，伝統的な木造建築とは異なる空間を演出している（図7.6-10）．

7.6.3 復権期（1980-90）

木造の復権と木造建築見直しの機運から「木造の合理化」が法令の上で検討され，1987年建築基準法と同施行令が改正された．これにより木造建築の高さ制限が解除されるとともに，準防火地域における木造3階建ての建築が可能となった．また，あわせて大断面集成材による木造建築物の特例規定（燃えしろ設計）が新設されたことにより防耐火の面からも大断面集成材の使用範囲を広げることとなった．

集成材の特徴である，湿気および塩害に対する耐候性，塩素に対する耐腐食性などの耐久性，メンテナンス性に優れた利点を生かして屋内プールの太陽の郷スポーツガーデン（神奈川県，昭和58年/1983）が建設される（図7.6-11）．機能性に加えて材料が空間に与える心理的効果（落着き，温かみ）も有料老人ホーム（太陽の郷）の施設として，重要視された．この建物は，竹中工務店の設計によるもので，大規模木造建築では，総合建設業者が木造建築の設計，施工に携わることになった．竣工時に，杉山英男が，「日本の建築家の多くは集成材を知らず，また木材を毛嫌いして逃げてきたから，世界の木造建築の新しい流れから取り残されてしまっている．この建物から木造建築のインターナショナルな流れを読み取ってほしい．」（文献8）と建築雑誌で評している．

この建物は，山形ラーメン構造ながら左右非対称とし空間に変化を加えている．大規模木造建築において技術的，構造的な合理性だけでなく建築としての空間を意識しはじめた建物といえる．技術的には，安代町立田山体育館（安代ドーム，岩手県，昭和61年/1986）がスパン36.6 m，上石津ウッディドーム（岐阜県，昭和63年/1988）がスパン40 m，洞爺サンパレスプレイルーム（北海道，昭和63年/1988）がスパン48 mと大スパンの集成材建築が続々と実現する．

大規模木造建築の構造解析技術の向上は，集成材建築だけでなく，製材，丸太を用いた木造建築にも適用されることとなった．1980年代後半には学校校舎，体育館に木造が採用される例が増加するが，その中で，盈進学園東野高等学校体育館（埼玉県，昭和60年/1985）は，建設当時戦後最大規模の純木造建築として大規模木造建築の復活のきっかけとなる建物である（図7.6-12）．クリストファー・アレグザンダー（Christopher Alexander）の設計で，中世イギリスの木造教会に多い伝統的な架構であるハンマービームトラスを変形し，曲げ材が混在するやや変則的な架構となっている．ここでは，純木造，伝統的木造へのこだわりもみられ，大径材は集成材ではなく，無垢の製材

図7.6-12 盈進学園東野高等学校体育館（昭和60年/1985）

図7.6-11 太陽の郷スポーツガーデン（昭和58年/1983）
［撮影：門馬金昭］

図7.6-13 置戸営林署庁舎（平成5年/1993）

が用いられているほか，主要なトラス接合部は，大工のデザインによる在来の仕口でボルトを込栓のように使用して処理をしている．また，梁間方向，桁行方向に設置されている水平抵抗要素であるXブレースは，丸鋼による引張ブレースではなく，圧縮，引張に有効にはたらくように複雑な金物補強した大径の木材が用いられている．構造計算においては，アレグザンダーが計算機による応力計算を繰り返し行ったほか，松井源吾が光弾性を駆使して構造的検証を加えている．

黒川哲郎＋デザインリーグは，置戸営林署庁舎（北海道，平成5年/1993）で，地域産材の丸太を用いた大規模木造建築を実現している（図7.6-13）．丸太による立体トラスと集成材ブロックを用いた引きボルトによるジョイントが伝統的木造建築とも集成材建築とも異なる独特な空間を形成している．

大規模木造建築に材として用いられる丸太，製材，集成材は基本的に線状の軸材であり，この軸材を接合しながら組み立てる架構形式が中心となる．このため，主に柱梁構造，トラス構造が用いられたが，接合が複雑にならないように一方向の架構，平面トラスといった立体的な架構とはならずに平面的な架構が基本となり，その架構の繰返しにより全体を構成する大規模木造建築が多く建設された．

伝統的木造建築に用いられる木組接合は，構造的には完全な剛接合でもピン接合でもない半剛接合とよばれ，有限な剛性をもつ接合部として評価する必要がある．当時の計算機の能力では，こうした接合部の性能を正確に把握することは困難であり，解析モデルを単純化するためにピン接合として評価をする接合ディテールが求められ金物接合が主流となっていた．

それまでの一方向の単純な架構ではなく立体的な架構として実現したのが，葉祥栄による小国町民体育館（熊本県，昭和63年/1988）である（図7.6-14）．木製立体トラス構造のこの建物は，ボールジョイントに9〜17.6 cm角のスギの製材を接合して47×57 mの大空間を覆っている．ここでは，当時の外国産の大断面集成材に対抗して，国産材，地域材である小径木心持材の製材を用いた架構方法として立体トラスが提案されている．繊維方向の応力に強い木材の特徴を活かした架構システムである．一方，ばらつきのある自然材料への信頼性は，部材の性能試験を行って材料性能を確保している．

八ヶ岳高原音楽堂（長野県，昭和63年/1988）で，吉村順三は，「大空間のための構法として，日本の伝統的構法はスケールアウトになりがちであり，集成材による大架構も木造の暖かさという点では，適切でないと考え，無垢の木材を三角トラス状に組み上げることとした．」（文献9），放射状の複雑な接合部は金物で考えていたが，大工集団の提案により在来の仕口で納めることができている．現代木造と伝統的構法の融合の始まりである（図7.6-15）．

石井和紘の清和文楽館（熊本県，平成4年/1992）の木組による相持の格子梁（図7.6-16）や，安藤忠

図7.6-15　八ヶ岳高原音楽堂（昭和63年/1988）

図7.6-14　小国町民体育館ドーム（昭和63年/1988）

図7.6-16　清和文楽館（平成4年/1992）

雄のセビリア万国博覧会日本政府館（平成4年/1992）の斗栱のような持送り構造は，伝統木造建築の架構を意識しながら構造解析をした現代の大規模木造建築として実現している．

7.6.4　木質ラーメン架構（1990-）

大規模木造建築では，湾曲テーパーをもった2ヒンジ，3ヒンジ・アーチではその建築形態が限定されるため，構造計画のより自由度が高い通直材の活用が望まれるようになる．通直材の活用にあたっては，柱梁フレームによるラーメン構造は空間の自由度からも要望が高かったが，部材どうしの接合が大きな問題となる．

在来軸組構法でも初期の大断面集成材構造でも柱梁の接合部はピン接合としてラーメン構造とはせずに，ブレースや耐力壁で水平力に抵抗することが通常であった．通直材の活用のためには，ラーメン構造を実現する通直材どうしの仕口・継手の剛接合の開発と施工精度の向上が要求されることになる．力学的にみれば，軸力系架構から曲げモーメント系架構へ推移することになった．

木質ラーメン構造は昭和63年（1988）に建設省による「新都市型ハウジングシステム」コンペにおいて多種多様なラーメン構法の提案がなされたのを契機にふるさとの館事務室棟（岩手県，平成元年/1989）でシアプレートを用いた合せ柱形式の山形ラーメン構造，帯広営林支局庁舎（北海道，平成3年/1991，図7.6-17）で鋼板挿入型ドリフトピン接合によるラーメン構造，1992年には鉄筋拘束接合によるLVLラーメン構法システムの38条認定が取得され，RH構法，サミットHR構法などのラーメン構造が登場した．同時期に，ラグスクリューボルト（LSB）の開発も進められた．

（1）合せ梁型　（2）鋼板挿入型　（3）引きボルト型
図7.6-18　柱梁接合方法

木質ラーメン構造は，ラーメン構造といっても完全な剛接合による架構ではなく，有限な回転剛性をもった接合部であり準ラーメン構造，半剛接合，モーメント抵抗フレームなどとよばれている．接合部の評価にあたっては，木材のめり込み，鋼材の降伏などさまざまな因子が影響するため，高度な理論，解析手法が必要とされた．接合部は，構造的には合せ梁型，鋼板挿入型，引きボルト型の大きく三つに分別される（図7.6-18）．

合せ梁型は，伝統的木造の貫構造の延長線上にあるもので単材を2材で挟みこむ接合で，部材どうしの嵌合，木栓，ドリフトピンなどの接合具のせん断抵抗によってモーメント抵抗する．

鋼板挿入型は，柱・梁の中央に鋼板を挿入しそれぞれの部材をボルト，ドリフトピンなどの接合具で接合し鋼材を介してモーメント抵抗するものである．鋼板を各部材の両側面にとりつける場合もある．

引きボルト型は，モーメント抵抗の圧縮側を木材どうしのめり込み，引張側を鋼材で負担するもので，鋼材には単純な引きボルトのほか，グルードインロッド（GIR），LSBなどが用いられる．

合せ梁型接合，鋼板挿入型接合では木栓，ボルト，ドリフトピンなどの接合具の挙動が接合部の挙動を左右するため，同様な接合部をもつ大断面集成材のブレース端部のボルト接合の研究と合わせて開発が進められた．昭和63年（1988）に出版された日本建築学会の『木構造計算規準・同解説』（文献10）では，ボルト接合にヨーロッパ型降伏理論式が導入され接合部設計の理論式の整備に大きな影響を及ぼした．

7.6.5　展開期（1990-2000）

1980年代後半に入ると木質材料の整備，木質構造の解析手法，設計法の整備，実験などによる性能検証が行われ，大規模木造の形態，構造形式が多様化する

図7.6-17　帯広営林支局庁舎（平成3年/1991）

図7.6-19 瀬戸大橋博覧会'88 イベントプラザ（昭和63年/1988）

図7.6-21 なら・シルクロード博覧会（施工中）（昭和63年/1988）［撮影：坂本 功］

図7.6-20 海の博物館（平成4年/1992）

図7.6-22 東稜高等学校体育館（平成元年/1989）

ようになる．アーチやドームなど構造的に合理的な形状の大規模木造建築が多い中，建築家が大規模木造建築に興味を持ち新しい挑戦を行うようになった．

木島安史による瀬戸大橋博覧会'88 イベントプラザ（香川県，昭和63年/1988）は，直径49mの特殊な金物を用いて三角形に組み合わせて構成されたドーム形式となっている（図7.6-19）．しかし，半円形の鉄筋コンクリート造に載っており完全な球形ではなくステージ側が海に向かって開かれた構造となっているため，大きな応力が生じる開口部周辺は鉄骨で補強されるとともに，海からの風を考慮して2本のケーブルで補強されている．木材の接合部で「ずれ」を生じたとしても安全性を確保できるように，接合部のガタを考慮した構造計算を行って安全性の検証が行われている．

内藤廣による海の博物館（三重県，平成4年/1992）では，アーチ構造とトラス構造が，組み合わさった立体的な架構となっている（図7.6-20）．主構造は，それまでの集成材建築と同様に湾曲集成材を用いたアーチ構造であるが，棟に用いられるトラスと切妻屋根を構成する登梁のトラスが組み合わさって，竜の骨のような有機的な構造表現としての空間が創出されている．

このころになると大断面集成材以外の海外の大規模木造建築技術も日本に導入され，マンハイムの多目的ホール（昭和50年/1975）でフライ・オットーによって考案された格子シェルは，なら・シルクロード博覧会登大路会場（昭和63年/1988）に導入される．40×70mmのスギの小断面材で2段の格子に組み全体を強制的に変形させて自由曲面を形成する架構形式である（図7.6-21）．総合案内所（500 m²），テーマ館（2000 m²），なら館（1500 m²）の異なる形のシェル構造を実現している．

木構造の構造解析が可能になると，純粋な木造だけでなく，他の構造材料との混構造も挑戦されるようになった．張弦梁構造は，その代表で圧縮と曲げを負担する上弦材に集成材などの木材を，下弦材の引張材には鋼材を用いて断面を細くすることができている．初期の大規模木造建築にみられる木材へ固執することなく，自由に構造材料を選択して架構を形成するようになる．木島安史による東稜高等学校体育館（熊本県，平成元年/1989）は，スパン36mの切妻屋根にそって山型に配置された張弦梁の架構である（図7.6-22）．

図7.6-23 出雲ドーム（施工中）（平成4年/1992）

図7.6-25 エムウェーブ（平成8年/1996）

図7.6-24 グローバルドーム（施工中）（平成5年/1993）

図7.6-26 大館樹海ドーム（施行中）（平成9年/1997）
［提供：竹中工務店］

上弦材には25 cm角の製材3段重ねの組立材が用いられ，張弦材は鋼材で斜交し，水平ブレースを兼ねている．また，オートポリス・アート・ミュージアム（大分県，平成3年/1991）では，シザーストラスとして用いられている．

混構造，さらに大規模のドームになると，これまでの木造設計者だけでなく，大手組織事務所や総合建設業も設計を手掛けるようになる．

KAJIMA DESIGNによる出雲ドーム（島根県，平成4年/1992）は，直径143 m，高さ49 m集成材とピアノ線による張弦ドームである（図7.6-23）．大断面集成材のアーチ，鉄骨の圧縮リングと束，ケーブル材の引張リング，PC鋼棒のダイアゴナルロッド，テフロン膜とその抑えケーブルとさまざまな構造材料を組み合わせたハイブリッド構造であり，既存の木造関係者だけでは実現できない架構となっている．設計が施工と一体となることで，建て方工法も変化する．木造の軽さを活かして，屋根仕上材の膜や設備を地組で先付けした後，圧縮リングをジャッキで持ち上げるプッシュアップ工法が採用された．

一方，集成材メーカである斎藤木材工業とKAJIMA DESIGNのJVによる信州博覧会グローバルドーム（平成5年/1993）は，木材によるアーチ構造と折版構造の混構造である（図7.6-24）．集成材アーチと小梁に挟まれた野地板パネルは水平力に抵抗する構造材としてはたらく．このため，小梁はトラス状にならず木の葉を連想させる．頂部に開けられたトップライトは，上からの光によって空間を演出する．大きな応力のかかる頂部の圧縮リングはRC造で，ここでは材料が混在している．

大規模なドーム建築が多く建設される中，エムウェーブ（長野県，平成8年/1996）は，ドームとは逆の下凸の空間を構成する世界最大級の木造吊構造屋根である（図7.6-25）．18 m幅で7枚連なる吊屋根は，カラマツ集成材による半剛性吊屋根構造で，集成材と鋼板からなるリブを，60 cmピッチに配して80 mのスパンを掛け渡すハイブリッド構造となっている．鋼板は引張を負担し，湾曲集成材は曲げ剛性を負担するとともに，吊材の軽量化，鋼板の耐火被覆，結露防止，そして化粧材として複数の機能を有している．吊構造の屋根としては，海と島の博覧会・ひろしまのメイン

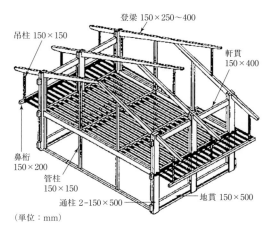

図7.6-27 群馬県林業機械化センター（1995-99）

ステージ（平成元年/1989）で木格子の二方向吊屋根が実現している．

国内最大の木造建築（平成26年（2014）現在）は，秋田県の大館樹海ドーム（平成9年/1997）で，高さ52m，長径178×短径157mの広さを誇っている（図7.6-26）．設計は，伊東豊雄＋竹中工務店のJVとなり，空間表現と建築技術の融合が進み，ドームの形態は完全な球体ではなく建設地の特徴である季節風の影響を最小限にするとともに内部で行われる野球の飛球線を考慮して卵型の柔らかく優美な曲面形状を採用している．

大規模木造建築は，工学的にエンジニアード・ウッド（EW）の整備による材料特性が明確になるとともに，計算機の発達により非線形性の高い木造建築の接合部の詳細な評価が可能となったことで，他構造材料との混構造はもちろん，アーチ，ドーム，トラスといった単純な構造形式だけでなく，それらをうまく組み合わせたハイブリッド構造など可能性が大きく広がった．鉄筋コンクリート造や鉄骨造でこれまで培われてきた，格子梁，シェルやフラットスラブなどを含めたさまざまな構造形式が木造でも実現できるようになったのである．

構造解析技術の向上は，混構造だけでなく木組による木造建築の構造設計も可能とした．これにより，集成材と金物接合による構造が増えるなか，木材の特性を生かした木組接合を積極的に再評価する試みもみられるようになる．群馬県林業機械化センター（平成7-11年/1995-99）事務所棟では，2層多スパンの木質ラーメン構造としているが，接合部は金物接合ではなく，横架材を2本の合せ柱で挟みながらミズナラの込栓を打ち付けて，貫のめり込み効果を利用して構造解析を行っている（図7.6-27）． ［腰原幹雄］

■文 献

(1) 田邊平學『耐震建築問答』丸善，1933.
(2) 堀口甚吉『新興木構造学』竹原文泉社，1941.
(3) 日本学術振興会『建築物耐震構造要項』岩波書店，1943.
(4) 館林市役所市史編纂センター『日清製粉（株）館林工場内の歴史的建造物』館林市，2005.
(5) 菅野蓑作「集成材について」木材工業，Vol.6 No.8, pp.25-28, 1951.
(6) 木質構造研究会編『ティンバーエンジニヤリング読本』オーム社，1984.
(7) 木の建築研究フォーラム編『図説 木造建築事典［実例編］』学芸出版社，1995.
(8) 楠 寿博「建築技術者から見た大規模木造の可能性―竹中工務店の事例から」木材工業，Vol.53 No.8, pp.373-376, 1998.
(9) 新建築社編「木の空間―新木造建築のデザインとディテール」『新建築1992年12月臨時増刊』新建築社，1992.
(10) 『木構造計算規準・同解説』日本建築学会，1988.

第8章

現代の伝統構法

第8章　現代の伝統構法

8.1 災害と木造建築

8.1.1 地　震

わが国で発生した大規模な地震の一覧を表8.1-1に示す．震災予防調査会発足（明治25年/1892）以前

表8.1-1　わが国で死者・行方不明者を出した地震

発生年月日	M*1	地震名	死者，負傷者，行方不明者（人）*2	最大震度*3
1293年5月27日	7	鎌倉地震	死者2万3千余	
1707年10月28日	8.6	宝永地震	死者2万	
1792年5月21日	6.4	肥後国島原地震	死者1万5千	
1855年11月11日	6.9	安政江戸地震	死者1万以上	
1872年3月14日	7.1	浜田地震	死者 約550	(4)
1891年10月28日	8	濃尾地震	死者7273	(6)
1894年10月22日	7	庄内地震	死者726	(5)
1896年6月15日	8.2	明治三陸地震	死者21959	(2〜3)
1896年8月31日	7.2	陸羽地震	死者209	(5)
1923年9月1日	7.9	関東地震	死・不明10万5千余	(6)
1925年5月23日	6.8	北但馬地震	死者428	(6)
1927年3月7日	7.3	北丹後地震	死者2925	6
1930年11月26日	7.3	北伊豆地震	死者272	6
1933年3月3日	8.1	昭和三陸地震	死・不明3064	5
1943年9月10日	7.2	鳥取地震	死者1083	6
1944年12月7日	7.9	東南海地震	死・不明1223	6
1945年1月13日	6.8	三河地震	死者2306	5
1946年12月21日	8	南海地震	死者1330	5
1948年6月28日	7.1	福井地震	死者3769	6
1960年5月23日	9.5	チリ地震津波	死・不明142	—
1983年5月26日	7.7	日本海中部地震	死者104	5
1993年7月12日	7.8	北海道南西沖地震	死者202, 不明28	5
1995年1月17日	7.3	兵庫県南部地震	死者6434, 不明3	7
2001年3月24日	6.7	芸予地震	死2, 負288	6弱
2003年9月26日	8	十勝沖地震	死1, 不明1, 負849	6弱
2004年10月23日	6.8	新潟県中越地震	死68, 負4805	7
2005年3月20日	7	福岡県西方沖地震	死1, 負1087	6弱
2007年3月25日	6.9	能登半島地震	死1, 負356	6強
2007年7月16日	6.8	新潟県中越沖地震	死15, 負2345	6強
2008年6月14日	7.2	岩手・宮城内陸地震	死17, 不明6,負426	6強
2011年3月11日	9	東北地方太平洋沖地震	死・不明2万1千以上	7
2016年4月14日	7.3	平成28年熊本地震	死251, 負2792	7

注：明治以前（〜1867）：死者1万人以上，明治〜1995（平成7）年：死者100人以上，1995（平成7）年〜：死者が発生した地震．

*1　地震の規模（マグニチュード），ただしチリ地震津波はモーメントマグニチュード．

*2　被害数は『理科年表』，総務省消防庁の資料による．死者・行方不明者の合計数を記載する場合は「死・不明」としている．

*3　1925年以前の地震の震度については気象庁の震度データベースには収録されていない．
これらの地震の最大震度については，地震報告・地震年報・気象要覧（中央気象台）によるものを括弧付きで掲載した．
なおこの期間の震度は，微・弱・強・烈の階級で記載してあるので，これに対応する震度を，1〜7におきかえて表現してある．

［出典：気象庁HPをもとに作成］

は被害の詳細が不明な地震が多く，被災者の数も多いので，明治時代よりも前の地震については死者1万人以上の被害地震のみを掲載している．明治以降は死者100名以上が発生した地震を対象としている．平成7年兵庫県南部地震より後の地震については死者が発生した地震を対象としている．

建築雑誌No.1（明治20年/1887）からNo.1745（平成13年（2001）8月）に掲載されているすべての地震被害報告と，日本建築学会の地震被害調査報告書を対象として文献調査を行い，被害写真の分類を行った（文献1）．その結果，木造住宅の被害例（部分被害）としては図8.1-1に示すものがあげられていた．柱脚・筋かい・柱梁の接合部位置での被害は昭和55年(1980)頃までは頻発している．壁・建具の被害は，比較的軽微な被害が多く，いつの時代の地震でも常に認められる．

建物全体の破壊モードとしては，図8.1-2のように整理することができる．これは，既往の研究結果（文献2）とほぼ同様であり，明治以降の被害地震を通観

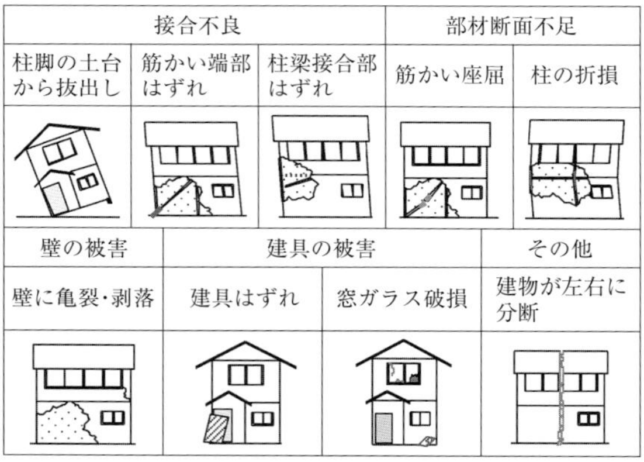

接合不良			部材断面不足	
柱脚の土台から抜出し	筋かい端部はずれ	柱梁接合部はずれ	筋かい座屈	柱の折損

壁の被害	建具の被害		その他
壁に亀裂・剥落	建具はずれ	窓ガラス破損	建物が左右に分断

図8.1-1　木造住宅の部分被害

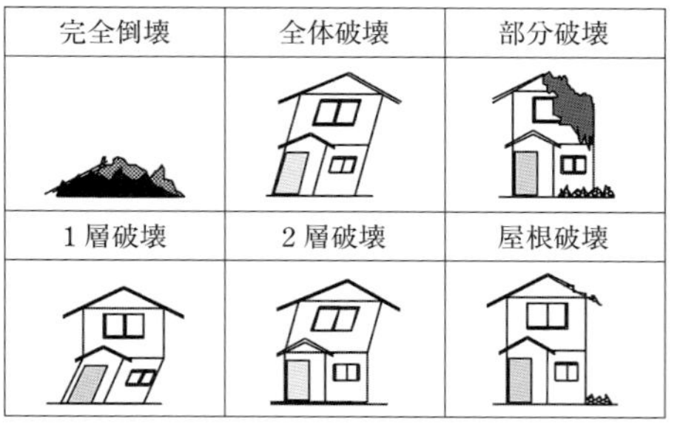

完全倒壊	全体破壊	部分破壊
1層破壊	2層破壊	屋根破壊

図8.1-2　破壊モード

しても木造住宅の破壊モードは，およそこの6種類に大別できることがわかった．完全倒壊は，建物の原型を留めずに倒壊している場合であり，破壊の進行などは必ずしも明らかではない．全体破壊および1層破壊は建物形状にも依存するものの，比較的多い破壊モードであるが，2層破壊はあまり事例が多くない．平屋建ての場合には全体破壊または基礎の破壊が主である．屋根破壊は，破壊モードよりは部分被害としてあげる方が適切な場合が多いが，まれに小屋組が破壊（接合部のはずれが主因）する場合もある．

被害の写真の例を図8.1-3に示す． [藤田香織]

■文　献

(1) 藤田香織・千葉一樹・佐藤弘美・松田昌洋「耐震補強を目的とした既存木造住宅の類型化と戸数調査」住総研 研究論文集，No.37, pp.333-344, 2011
(2) 岡田成幸・高井伸雄「地震被害調査のための建物分類と破壊パターン」日本建築学会構造系論文集，524号, pp65-72, 1999.
(3) 神奈川県教育委員会「国宝円覚寺舎利殿―修理調査特別報告書」1970.
(4) 国立科学博物館地震資料室所蔵「1891年（明治24年）濃尾地震写真（1），枇杷島町人家倒壊実景」

(1) 円覚寺舎利殿（大正12年（1923）関東地震）
　　［出典：文献3］

(2) 2階建住宅：1階層崩壊（平成7年（1995）兵庫県南部地震）［撮影：坂本 功］

(3) 枇杷島町奥の土蔵：壁剥落（明治24年（1891）濃尾地震）［出典：文献4］

(4) 2階建：柱内法位置で曲げ破壊（平成19年（2007）能登半島地震）

(5) 2階被害（平成28年（2016）熊本地震）

(6) 2階建洋館（平成7年（1995）兵庫県南部地震）
　　［出典：文献5］

図8.1-3　地震被害

(5) 文化財建造物保存技術協会「重要文化財旧神戸居留地十五番館災害復旧工事報告書」ノザワ，1998.

8.1.2 地震津波

木造建築の水害の原因には，津波・豪雨などによる浸水があげられる．ここでは，津波を中心にその被害について述べる．わが国の耐震工学は，明治24年（1891）に発生した濃尾地震の被害を契機としてその翌年に設立された震災予防調査会の活動とともに本格的に始動したことが知られている．津波に関しても，濃尾地震とほぼ同時期の明治29年（1896）に三陸沿岸を襲った明治三陸津波を契機として本格的な研究が始まった．当初の議論は主に津波の発生原因についてであり，耐津波，防災に関する研究はあまり行われてこなかった．津波は地震よりもさらに発生件数が少ないため体系的な研究が困難であったことが一因であるといえる．表8.1-2は明治時代から平成23年（2011）までに日本で100人以上の死者・行方不明者を出した地震のうち，津波による被害が観測されたものの一覧である．

木造建築は浸水深4mを超えるとほとんどが流出し，2m以下ではほぼ残存することが既往の研究（文献1）より指摘されている．一方，筆者らの調査より，平屋建ては浸水深2mを超えると流出する事例が多

表8.1-2 わが国で死者・行方不明者を出した地震のうち津波による被害（死者100人以上）が観測された地震（明治以降）

発生年月日	M[*1]	地震名	死者，行方不明者(人)[*2]	最大震度[*3]
1872年3月14日	7.1	浜田地震	死者約550	(4)
1896年6月15日	8.2	明治三陸地震	死者21959	(2〜3)
1923年9月1日	7.9	関東地震	死・不明10万5千余	(6)
1927年3月7日	7.3	北丹後地震	死者2925	6
1933年3月3日	8.1	昭和三陸地震	死・不明3064	5
1944年12月7日	7.9	東南海地震	死・不明1223	6
1945年1月13日	6.8	三河地震	死者2306	5
1946年12月21日	8	南海地震	死者1330	5
1960年5月23日	9.5	チリ地震津波	死・不明142	—
1983年5月26日	7.7	日本海中部地震	死者104	5
1993年7月12日	7.8	北海道南西沖地震	死者202，不明28	5
1995年1月17日	7.3	兵庫県南部地震	死者6434，不明3	7
2011年3月11日	9	東北地方太平洋沖地震	死・不明2万1千以上	7

*1 地震の規模（マグニチュード），ただしチリ地震津波はモーメントマグニチュード．
*2 被害数は理科年表，総務省消防庁の資料による．死者・行方不明者の合計数を記載する場合は「死・不明」としている．
*3 1925年以前の地震の震度については気象庁の震度データベースには収録されていない．
これらの地震の最大震度については，地震報告・地震年報・気象要覧（中央気象台）によるものを括弧付きで掲載した．
なおこの期間の震度は，微・弱・強・烈の階級で記載してあるので，これに対応する震度を，1〜7におきかえて表現してある．
[出典：気象庁HPをもとに作成]

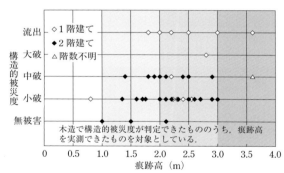

図8.1-4 木造住宅と浸水深さの関係［出典：文献2］

記号	図	被害内容	記号	図	被害内容
D-G2		基礎を含めて流失してしまい，敷地に何も残っていない．	D-K+AⅢ		敷地から移動することなく，瓦礫と化している．
D-G1		躯体は流失してしまったが，基礎は敷地に残存している．	D-KⅢ		傾斜がひどく，内部空間が損なわれている．
D-RⅢ4		津波によって流され，躯体が瓦礫と化している．	D-KⅡ		1/30 rad 以上と思われる急な傾斜，もしくは歪み．
D-RⅢ3		流出により破損した屋根が残っている．	D-KⅠ		1/30 rad 以下と思われる緩い傾斜，もしくは歪み．
D-RⅢ2		流出により屋根が残っている．	D-AⅡ		外壁に巨大な穴が開くなど，構造的に大きな被害を受けている．
D-RⅢ1		流出して敷地から動かされ，転倒した．	D-AⅠ2		外壁の剥落や多少の穴が開くなど，構造的に軽微な被害．
D-RⅡ		流出して敷地から移動し，歪んではいるが自立している．	D-AⅠ1		開口部のみに被害がある．
D-RⅠ		流出して敷地から移動したが，歪みもなく自立している．	D-N		浸水などはしたものの，構造的には無被害．

図8.1-5 過去の地震津波による被害パターン［出典：文献3］

く，建設年が昭和55年（1980）以前の住宅は被害が大きいことも指摘されている（図8.1-4，文献2）．

表8.1-2の津波被害について被害報告書の写真をもとに被害がわかる木造建築60棟を対象として被害の傾向を分類したところ，被害類型は主に以下の3種類であることがわかった（文献3）．

A：直立しているが，壁や開口部に被害
K：傾斜
R：流出

被害の進行としては，A→K→Rの方向で進むと

(1) 床上浸水（昭和58年（1983）日本海中部地震）［出典：文献7］

(2) 浸水と傾斜（昭和39年（1964）新潟地震）［出典：文献5］

(3) 開口部穴あき．消波ブロック（漂流物）の被害でもある（昭和58年（1983）日本海中部地震）［出典：文献7］

(4) 1階開口部周辺の破壊（平成5年（1993）北海道南西沖地震）［出典：文献9］

(5) 1階の倒壊（昭和58年（1983）日本海中部地震）［出典：文献8］

(6) 1階の倒壊（平成5年（1993）北海道南西沖地震）［出典：文献9］

(7) 2階建住宅水没倒壊（昭和39年（1964）新潟地震）［出典：文献6］

(8) 平屋の倒壊．屋根のみ残る（昭和8年（1933）昭和三陸地震）［出典：文献4］

図8.1-6 地震津波による被害

考えられるが，損傷程度として以下の3段階を設定し，無被害などと併せて図8.1-5のようなパターンがあることがわかった．

I：内部空間はほぼ健全
II：被害ありだが内部空間は維持
III：内部空間損壊（つぶれている）

過去の津波被害による木造建築の被災写真を図8.1-6に示す．　　　　　　　　　　　　　　　［藤田香織］

■文 献

(1) 国土技術政策総合研究所，独立行政法人 建築研究所『平成23年（2011年）東北地方太平洋沖地震被害調査報告』2012.
(2) 吉江真太郎『構造材の損傷に着目した木造住宅の津波被害および被害評価手法に関する研究』2013年度東京大学修士論文.
(3) 新田 光・吉江真太郎・藤田香織「文献資料に基づく木造建築物の津波被害に関する研究—1892年以降の地震津波を対象として」日本建築学会学術講演梗概集，2014，pp.571-572.
(4) 「昭和三陸津波」『アサヒグラフ 特別号大震災全報』朝日新聞出版，1933.
(5) 新潟県土木部『公共土木施設被災写真集．1964年新潟地震による被害』1965，p.44.
(6) 日本建築学会『新潟地震災害調査報告』1964.
(7) 「1983年日本海中部地震」『日本海中部地震（津波）調査報告書』秋田県・（財）漁港漁村建設技術研究所，1985.
(8) 東海大学「1983年日本海中部地震」『昭和58年日本海中部地震写真報告集』東海大学海洋学部海洋土木工学科，1984，p.56.
(9) 「1993年北海道南西沖地震」『平成5年北海道南西沖地震・津波とその被害に関する調査』.

8.1.3 台 風

台風は北西太平洋に存在する熱帯性低気圧のうち低気圧域内の最大風速約17 m/s（34ノット，風力8）以上にまで発達したものであり，日本には平均して年に2〜3回上陸する．

台風による被害には風害と水害があげられるが，治水対策が整備されるまでは大河川の氾濫・洪水により数万棟規模の建物流出が繰り返し発生した．明治以降も淀川の大洪水（明治18年/1885）など，台風に伴う水害の記録が多いが，この頃から治水対策が本格的に行われるようになったといわれている．明治から昭和初期にかけて，淀川や利根川など大河川の改修工事，堤防・ダムの建設が行われると同時に，河川法・森林法・砂防法などが整備された．表8.1-3に示すとおり，伊勢湾台風（昭和34年/1959）による全半壊・流出15万棟以上の大被害以降は，被害数が急速に減少している．

一方，強風被害については「子年の大風」（シーボルト台風，文政11年/1828）によるオランダ屋敷の被害など個別の事例の記録はあるが，風速記録のある古い例では大正6年（1917）の台風（風速39.6 m/s）があげられる．東京湾では明治以来最大の高潮が観測され，大阪・名古屋でも大水害が発生した記録がある．この台風による被害を鑑み，木造建築の耐風性能に関する注意（文献1）が建築学会の法規委員会から提案されている．ここでは，筋かい，方杖，金物の利用の推奨や木造真壁造りの3階建ては風害を受けやすいた

表8.1-3 日本に大きな被害を与えた台風の例（昭和以降）
（昭和：死者・行方不明者数が1000人を超えた台風，平成：死者・行方不明者数が40人を超えた台風）

台風名または台風番号	上陸・最接近年月日	人的被害（人）			住家被害（棟）				
		死者	行方不明者	負傷者	全壊・流失	半壊	一部損壊	床上浸水	床下浸水
室戸台風[*1]	1934年9月21日	2702	334	14994	92740			401157	
枕崎台風[*1]	1945年9月17日	2473	1283	2452	89839			273888	
カスリーン台風[*1]	1947年9月15日	1077	853	1547	9298			384743	
洞爺丸台風[*2]	1954年9月26日	1361	400	1601	8396	21771	177375	17569	85964
狩野川台風[*2]	1958年9月26日	888	381	1138	2118	2175	12450	132227	389488
伊勢湾台風[*2]	1959年9月26日	4697	401	38921	40838	113052	680075	157858	205753
平成2年台風第19号[*1]	1990年9月19日	40	131	16541	18183	41954	413		
平成3年台風第19号[*1]	1991年9月27日	62	1499	170447	22965	362	930		
平成5年台風第13号[*2]	1993年9月3日	48	396	336	1448	不詳	3770	不詳	7905
平成16年台風第18号[*2]	2004年9月7日	43	3	1399	144	1506	63343	1328	19758
平成16年台風第23号[*2]	2004年10月20日	95	3	721	907	7929	12514	13341	41006
平成23年台風第12号[*2]	2011年9月3日	82	16	113	379	3159	470	5500	16594
平成25年台風第26号[*2]	2013年10月16日	40	3	130	86	61	947	1884	4258

＊1 『理科年表』による．　＊2 『消防白書』による．

め，できれば避けるべきで，建てる場合は筋かい・金物の利用はもちろんのこと間柱も多く入れ大壁構造にすること，などの記述がみられる．

昭和9年（1934）の室戸台風で，多数の木造小中学校が倒壊する被害が発生した．大阪府下の小学校は3割が全壊・大傾斜の被害を受けたことが報告されている（文献2）．この被害を機に，木造建築の耐風対策が本格的に行われるようになった．室戸台風では関西の文化財建造物，特に建仁寺方丈（京都市東山区）や醍醐寺（京都市伏見区）をはじめとする京都府下の国宝建造物が多く被害を受けた（図8.1-7(1)～(3)）．

調査を行った大岡實は「しかし今回の国宝建造物の被害について考へなければならない事は風自身の害よりも周囲の木の倒れたことによって受けた害の多いことである．」（文献3）と指摘しているように，上下賀茂神社をはじめとして倒木による被害も多くみられ

(1) 大阪市内の小学校：2階倒壊，1階傾斜 （昭和9年（1934）室戸台風）［出典：文献2］

(2) 建仁寺方丈（昭和9年（1934）室戸台風）［出典：文献3］

(3) 醍醐寺五重塔：相輪傾斜
（昭和9年（1934）室戸台風）［出典：文献3］

(4) 室生寺五重塔：倒木被害
（平成10年（1998）台風7号）

(5) 醍醐寺如意輪堂：屋根の被害
（平成10年（1998）台風7号）

(6) 厳島神社左門客神社：覆屋の被害
（平成11年（1999）台風18号）

図8.1-7　台風被害

た．なお，国宝建造物ではなかったが，大阪四天王寺（大阪市天王寺区）の五重塔が倒壊したことについて大岡は，同塔と同程度以上の風を受けたであろう教王護国寺，清水寺，法観寺の五重塔はほぼ無被害であることも鑑み，「この塔の倒壊の原因は容易に決定し難い問題であって我々の簡単な調査では到底断定的な結論をあたえ得るものではない」と前置きしつつも「私の考へでは彼の塔の倒壊はその構造的欠点に帰すべきものであると考へている．」とし，その一つの理由として，斗栱の不在をあげている（文献3）．

室戸台風による人的被害の一因として気象予報・警報の不備も指摘され，その後整備されるようになり，昭和36年（1961）に発生した第二室戸台風ではトランジスタラジオによる気象警報が行われたため建物被害に比して人的な被害が減少している．

伊勢湾台風（昭和34年/1959）は明治以降最大の台風被害を発生させたが，高潮・強風・倒木に加え貯木場からの木材流出に伴う漂流物の被害も大きかった．

名古屋市および周辺の木造建築物の調査を行った，後藤一雄は「今回の台風では水害がはなはだしかったため，風害はクローズアップされなかったが絶対値としては相当高いものであった．」と指摘し，軸組・屋根・外装材の被害について報告している（文献4）．この中で，木造建築物の被害は敷地条件による影響が大きいものの，倒壊したものとして，「工事途中のもの，未入居のもの，構造に不注意な新建築，木造工場・倉庫（主として方杖のみに頼っている構造），老朽建物に多い」としている．さらに，台風のたびに被害を受けてきた木造学校の倒壊が少なかったことを指摘し，その理由として「学校の標準設計奨励の効果のあらわれではなかったろうか．」と考察している．

伊勢湾台風以降の台風被害としては，平成10年（1998）9月台風7号による室生寺五重塔の倒木による被害や，平成11年（1999）台風18号による厳島神社社殿の水害などがあげられるが，総じて伊勢湾台風以降は，被害が大きく減少している．水害については，主に土木工事による治水対策の整備，風害については，法令や標準設計などの整備による個別建築物の対応によるところが大きい．さらに人的被害の減少には気象予報や警報の整備もあげられる．
　　　　　　　　　　　　　　　　　　　　［藤田香織］

■文　献
(1) 「東京地方に於ける木造建築の耐風構造に関する注意私案（大正6年10月12日建築学会通常会提案）」建築雑誌，370号，1917，pp.735-738．

(2) 富士岡重一「大阪市木造小学校校舎の被害状況」建築雑誌，592号，昭和9（1934）年12月，p.1442-1445．

(3) 大岡　實「文部省所管國寶物の被害」建築雑誌，592号，1934，pp.1590-1607．

(4) 後藤一雄・仕入豊和・杉山英男「木造建物の被害」建築雑誌，881号，1960，pp.126-128．

8.1.4　木造建造物の劣化

木造建造物は，木材を主体としてさまざまな材料と技法を駆使してつくられている．それを材質的に分類してみるとかなり広範囲のもの（表8.1-1）が使用されている．木材にしても構造材のように荷重を考慮しなければならない柱や梁などと板壁では，使用目的が異なるため，木材の種類や木取りの方法にも大きな差がある．また，建築金具にしても部材と部材を接合する釘や鎹のように強度を必要とする部分には鉄が使用される．釘隠しや取手など装飾性の高いものは銅合金に金鍍金するなど，要求される機能によって金属材質を変えている．

このように建造物として成り立つために要求される機能をさまざまな材料と技法を複合的に使用して満たしている．しかし，それらの材料は，温度，湿度，光，大気汚染物質による酸化，還元，分解などの化学的変化，振動，荷重などの機械的外力などを原因とする物理的変化，さらに害虫，カビ，バクテリアなどによる生物被害などを受けている．これらの劣化作用は，単一の原因によって起こるわけでなく，それぞれの原因が複雑に絡み合って建造物の風化・劣化を進行させている（図8.1-21）．

表8.1-1　建造物に使用されている材料

分　類	内　容	主な材質
躯　体	柱，軸組，小屋組	木材
屋　根	瓦 檜皮葺，杉皮葺，板葺，柿葺 銅板葺，鉛板葺	粘土焼成品 檜皮，檜板 銅，鉛
壁　体	土壁，板壁	粘土，藁スサ，漆喰，竹材，木材
室内装飾	障壁画，壁画彩色	木材，紙，無機顔料，有機顔料，漆，接着剤
塗　装	彩色，漆塗装，ペンキ	木材，無機顔料，有機顔料，漆，油，接着剤
金　具	釘，鎹，扉金具，装飾金具	鉄，銅，銀，金，各種合金

8.1 災害と木造建築

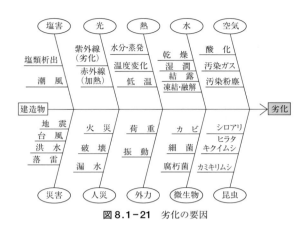

図 8.1-21 劣化の要因

木材の耐久性は主として菌類や昆虫類に対する抵抗性，長い年月をかけた熱的変質すなわち経年変化に対する抵抗性および風雨と日光による摩耗などに分けられる．経年変化と摩耗は大気中において木材に起こる基本的な材質の変化である．例えば，紫外線による建築彩色顔料の変退色や漆の劣化は，温度や湿度の変化によって促進されるとともに顔料層や漆塗膜の剥離につながる．木材や漆などのような有機材質は，石材や金属のような無機材質に比べ劣化速度は著しく速い．

建造物の劣化状態を理解しようとするならば，劣化している部分の材質，構造を知ることである．材質，構造の分析結果に基づいて劣化要因との関係を解析することが可能になる．材質を知るには分析対象物によってさまざまな方法が存在するが，無機材質の場合は，蛍光X線分析，X線回折分析，ICP分析，X線マイクロアナライザーなどが一般的に行われている．有機材質では，赤外線吸収スペクトル分析，紫外線吸収スペクトル分析，フーリエ変換赤外分光法（FTIR）などによって有機材質の同定分析が行われている．

a．酸　素

空気には，主として窒素と酸素が多く含まれている．空気中に約78％存在している窒素は不活性なガスで材質に悪影響を与えるようなことはあまり考えられない．空気中に含まれる約20％程度の酸素が物に接触し，温度，湿度，光などの影響を受けて酸化腐蝕する．このような酸化による劣化は，金属において顕著である．この劣化は，他の因子による劣化に比べ小さいため，あまり問題にされないが，劣化の引き金を引く原因になることを忘れてはならない．

b．温　度

温度変化は，材質の劣化を考えるうえで大きな要素を占めている．一般的に高温になればなるほど酸化などの化学反応速度が速くなるといわれている．湿度変化は多くの場合，温度変化に起因することが多く，湿度変化による乾燥や高湿状態の繰り返しは，木材の収縮による割損害を起こす原因になる．

高温域では昆虫やカビなどの活動が活発になり，それによる食害や腐朽被害が大きくなる．ちなみに韓国においては従来シロアリ被害がなかったが，近年の温暖化によりシロアリの生息域が広がったため，木造建造物に甚大な被害を与えており，その防止が緊急の課題になっている．

日本の建造物基礎には砂岩や凝灰岩など，水をよく含む軟らかい石材が使用されることが多い．0℃以下の低温域では，その水が凍結という状態変化を起こす．凍結した水は温度変化によって融解する．この凍結・融解の繰り返しは，石材崩壊の原因になる．

c．水

水は温度によって液体，水蒸気（湿度），固体（氷）に状態変化する．いずれの状態も大きな被害を木造建造物に与える．

雨などの液体の水は，雨漏りや土壁などの崩壊の原因になる．また，大地に接触している基礎部分などへ土壌水分が毛管現象によって吸い上げられ，常に濡れた状態になり生物被害の原因になる．その水が蒸発して塩類風化の原因になる．さらに，水分絶縁の悪い基礎部分や地下室では，往々にして水分量が多くなり，次に述べる湿度と関係してカビ被害などの問題が発生する．

空気中に存在する気体中の水（水蒸気）は，一般的に湿度といわれている．湿度は，液体の水の直接的作用とは別に，劣化を促進させたり，機械的な割損の原因になるとともに，カビの発生条件を決める重要な環境因子になる．当然のことながらこのことは木造建造物保存において非常に重要な意味をもっている．

湿度には，絶対湿度と相対湿度があり，われわれが日常使用している湿度は，相対湿度をさしている．絶対湿度は，1 m³の空気中に何gの水分が含まれているかをいい，g/m³で表す．相対湿度は，そのときの温度で空気が含むことができる最大の水分の何％を含んでいるかを示す数字である．

日本では年間平均相対湿度が70％を超えるところ

がほとんどである．しかも高温多湿という言葉があるように気温の高い夏季に湿度が高い特徴をもっている．このような高い湿度の環境中で起きる大きな問題は金属の腐蝕である．鉄は湿度が70％を超えると錆が目立つようになってくる．特に金属は熱容量が大きいためいったん冷えると周辺空気の温度までなかなか温まらない．そのために冷えた金属表面に湿度が高い暖かい空気が触れると気体中の水蒸気が液体の水に状態変化して金属表面に結露が発生する．この水によって錆が急速に進行する．

温度と湿度の関係においてカビやバクテリアなどの繁殖活動範囲を説明することが可能である．カビは，低湿度下にあっても温度が高ければ繁殖するし，逆に高湿度においては低温度下においても活動が可能である．一般的には20℃，60％を超すあたりから昆虫やカビ，バクテリアなどの繁殖活動が活発になるといわれている．

d. 光

光は，物理学では電磁波をさし，波長の短いガンマ線から長いラジオ波とよばれるものまである．一般的にわれわれが光として認識するのは，可視光線を意味する．可視光線（400～800 nm）の近くの光の中で，劣化に関与するのは紫外線，赤外線の領域の光である．文化財の構造調査に使われるX線は，紫外線より短い波長の光である．

野外にある建造物は，常に天然光にさらされており，漆塗装の変退色として知られているような影響を受けやすい．これは光の中に物質を劣化させる化学的・物理的要因が含まれているからである．紫外線は，物質劣化を起こす作用が大きく，それは波長が短くなればなるほど大きくなる．可視光線は，人間が文化財を鑑賞する上で欠かせない光であるが，580 nm以下の波長の光は紫外線同様，材質劣化を引き起こす．したがって博物館では，鑑賞に支障がない程度に照度を低くして展示照明している．赤外線は，加熱作用があり，物の表面温度を上昇させ乾燥させてしまう．木材などは，この乾燥によって割損する危険がある．また，この乾燥収縮メカニズムは，木材と漆塗膜や彩色層との収縮の差によって引き起こされる剥離の原因になる．

e. 風

風，建造物周辺の空気の流れは，建造物表面と接触して摩擦を起こし表面の風化を引き起こす．風蝕とい

われる木材表面の風化や木材水分の蒸発などを誘発して割損の要因になったりする．風による被害は，冬季の強い西風による日御碕神社（島根県出雲市）の風蝕が有名である．

f. 大気汚染

われわれが生活している大気中には，さまざまな有害ガスが存在している．その有害ガスには，二酸化炭素，硫黄酸化物，窒素酸化物，オゾンなどがある．粒状物質には浮遊粉塵，降下粉塵などがある．

硫黄酸化物が空気中の水に溶けて，酸性雨や酸性霧の原因になる．硫黄酸化物の発生源としては火山などの自然起源のものから，工場排煙や自動車排気ガスなどの人工起源のものまであり，発生を根絶することは不可能である．この影響は建造物にとって大きなものがあり，銅板屋根の腐蝕（文献1），彩色の変色，石灰岩の溶出，あるいは石造建造物の汚損などがある．特に煉瓦や石造建造物などの近代化遺産に多くの被害を与えている．

g. 塩　害

塩害には，海から風などによって運ばれた海塩粒子が表面に付着して劣化を起こす場合と土や石に含まれる塩化ナトリウムなどの可溶性塩類によって塩類風化を起こす場合とがある．

前者の被害では，厳島神社（広島県廿日市市）の丹塗り塗装（文献2）に使用されている鉛顔料が塩化ナトリウムによって化学変化を起こし変色する例や日御碕神社のように海水を含んだ強い西風による木材表面の摩耗と湿潤化によって風化する例がよく知られている．塩化ナトリウムは，湿度が70％を超すと空気中の水分を吸着して強い酸性の水溶液になって木材を腐朽させたり，あるいは金属腐蝕の原因になる．この場合は主として化学反応による劣化である．

後者の場合，木造建造物では土台に使用された石材の塩類風化の原因になるとともに，石造や煉瓦建造物の塩類風化の原因になる．この場合は，塩類が含まれている水分が材料表面から蒸発するときに残された塩類が結晶化することが被害の原因である．

h. 昆　虫

建造物における昆虫の被害は多様なものがあるが，それは建造物を構成している材料に多種多様な物が使用されているために起きる現象である．昆虫による被

害の多くは食害によるものであり，それは時には致命的な損傷に至ることもある．虫糞などによる被害はわずかなものであるが，昆虫被害を受けている兆候であるため注意を払い，確認した場合には対策を講じる必要がある．害虫としては，シロアリ，シバンムシ，ヒラタキクイムシ，カミキリムシ，ハチ，ゴキブリなどがある．

文化財に被害をもたらすシロアリは，ヤマトシロアリ，イエシロアリ，ダイコクシロアリなどであるが，被害のほとんどはヤマトシロアリ，イエシロアリによるものである．ヤマトシロアリは，ほぼ日本全土に生息しており，文化財指定木造建造物被害の約8割を占めている．イエシロアリは温暖な地域に分布しているが，最近の温暖化によって日本国内においても分布範囲を広げている．シロアリは雑食性であるため木材，プラスチック，ゴム類，繊維，煉瓦，コンクリート，金属などが加害される．しかし主要食物は木材で，木材のセルロースやヘミセルロースを利用してリグニンを排出している．シロアリは，乾燥に弱いため常に湿った木材や土中に生息している．多湿な基礎，床束，根太，柱など建造物の下部材を食害する．一般的に建物上部の乾燥した木材を加害することは少ないが，雨漏りや給排水管からの水漏れがあり，湿っていればやはり加害される．

文化財はシバンムシ，ヒラタキクイムシ，カミキリムシなどの甲虫からも被害を受けているが，その多くは幼虫によるものである．その特徴は木材の中を穿孔するものが多く，被害がかなり進行してから気づくことが多いため注意を要する．

i. 微生物（カビ，細菌，地衣類など）（図8.1-22）

カビや細菌などの微生物による文化財の被害は広範囲に及んでいる．木材の腐朽において，単一の微生物のみが腐朽に関与することは少ないと考えられる．一般的に針葉樹は，白色腐朽菌には抵抗性が大きいため，檜などの腐朽が進行するには褐色腐朽菌の関与が必要である．木造建造物においては，雨や結露しやすい床下のような湿った場所や日光二荒山神社神橋（栃木県日光市）のように漆塗装され，木材中の水分が蒸発できないような条件下では，木材含水率（含水率が30％以下であるならば菌類の活動が妨げられる）が高くなり木材腐朽菌の活動が活発になって腐朽が進み，いわゆる蒸れ腐れといわれる状態になり，粉状に脆弱化して木材としての強度を失い構造材として役立たなくなることがある．

微生物の被害は，結露の起こりやすい場所，日照の少ない北側，温度の低い場所，湿度の高いところ，通風の悪いところなどに多くみられる．そのほかカビ被害の顕著な事例としては，高湿な時期に彩色を施工すると，その表面に膠着材を食料としてカビが発生し，彩色が褐色に汚染され彩色をし直さなければならないことがある．

j. 外力，荷重

木造建造物は，常に柱や梁などの構造材が荷重や振動から建物全体を支えることによって建っている．建物全体の重量はかなり大きなものがあり，その荷重が長い年月特定の場所に集中すると，それがストレスになる．そのストレスに負けた方向に変形が起こる．この変形をクリープという．基礎の不等沈下によって建物がゆがんでしまうとクリープ破壊が起きやすくなる．地震や台風などの強風による振動は，建物を変形させ，シロアリなどの虫害を被っている建物では倒壊に至る可能性がある．

最後に，屋外の厳しい環境に置かれている建造物は，博物館などの屋内で保存されている文化財に比べ劣化速度や程度が大きく，さらにさまざまな材料が使用されていることもあり，その様相は複雑である．

[青木繁夫]

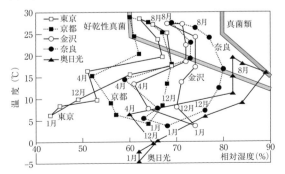

図8.1-22 日本国内のクリモグラフとカビ発生領域
［出典：気象庁『気象統計情報2004年』より作成］

■文　献

(1) 松田史朗・青木繁夫「高徳院国宝銅造阿弥陀如来坐像の表面に生成する腐食生成物の解析」保存科学（東京国立文化財研究所），35号，1986，pp.1-20．
(2) 朽津信明「鉛丹の変色に関する鉱物学的考察」保存科学（東京国立文化財研究所），36号，1997，pp.58-66．
(3) 文化財虫菌害研究所編『文化財の虫菌害と保存対策』文化財虫菌害研究所，1987．
(4) 東京文化財研究所編『文化財害虫事典』クバプロ，2001．

8.2 修理技法

8.2.1 仮設の技法

仮設とは建物本体を完成させるために使用する一時的な施設や設備などのことであり，建物完成後にはすべて取り払われてしまうものである．一般に仮設の範囲は表8.2-1の項目があげられる．

表8.2-1 仮設の範囲

項 目	内 容
準 備	敷地測量 敷地整理 道路占有料 仮設用借地料
仮設建物	監理事務所 現場事務所 倉庫 下小屋 作業員宿舎 トイレ，浴室
工事施設	仮囲い 工事用道路 構台 足場 安全施設
機械器具	各種共通的な機械器具
工事用設備	電気・給排水・通信設備

仮設は一時的なものであっても，本体工事の作業能率や，品質，安全，経済的な面に大きく影響を及ぼすため，その計画には十分な検討が必要となる．

建物の修理にあたっても建物を建てる際に必要な足場や現場事務所などを建設して修理を行うことになる．特に文化財建造物の修理の際には，建物を覆う覆屋（一般的に素屋根とよばれる）を建設し修理を行うことが常になっている．素屋根を建設することで，建物の解体あるいは組立期間中に風雨から保護し，天候に左右されない工事工程を確保できることに利点があるため，近年では一般の建築工事にも採用されることもある．

素屋根は古くから建設されてきたものではなく，江戸時代までは単なる足場だけであったものが，明治の頃から文化財建造物の修理に建設されるようになってきた．素屋根の構造も丸太組が一般的であったのが，近年では単管組または枠組を用いた素屋根や，大規模なもの，特殊なものでは鉄骨造の素屋根が建設されるようになってきている．

a．丸太組の素屋根（図8.2-1）

丸太組の素屋根は文字どおり皮を剥いた丸太材を針金とボルトで結束し組み上げた素屋根である．屋根の合掌も丸太でトラス状に組み上げ，屋根葺材には一般に亜鉛引鉄板を使用し，要所に塩化ビニル板を用いて明かり取りとしている（専修寺御影堂，津市）．

図8.2-1 丸太組の素屋根 [出典：文献1]

丸太組は丸太の長さを自由に変更できるため，複雑な形態の素屋根に適しており，その組み上がった姿は壮観であるが，丸太を一本一本組み上げていくため，熟練した技術が必要となる．現在ではほとんど丸太組の素屋根を見ることもなくなったが，今日でも京都府や奈良県，滋賀県などでは，丸太組の技法を後世に伝えるため，あえて丸太組の素屋根を建設しているところもある．

b．単管組・枠組足場の素屋根（図8.2-2）

単管組や枠組を使った素屋根は現在では一般的に見ることができる．単管組や枠組は一般に使用される仮設資材であるため，建設に当たっても短期間に建設することができる利点がある．屋根の合掌には単管や軽量鉄骨を使用する．丸太組と違い構造計算がしやすく，安全管理が行き届くが，大規模な建物や複雑な素屋根の建設には構造上採用しにくい面もある．

8.2 修理技法

図 8.2-2　単管組・枠組足場の素屋根
[撮影：文化財建造物保存技術協会]

(1) 素屋根の外観

図 8.2-3　鉄骨造の素屋根
[撮影：文化財建造物保存技術協会]

(2) 素屋根内部

図 8.2-4　特殊な素屋根の例（二荒山神社神橋）
[撮影：日光社寺文化財保存会]

c．鉄骨造の素屋根（図 8.2-3）

昭和 45 年（1970）東大寺大仏殿の保存修理で鉄骨造の素屋根が建設されて以来，大規模な建物には鉄骨造の素屋根が建設されることが多くなった．それまでは大規模な建物であっても丸太組の素屋根が建設されたが，丸太組は構造計算がしにくいことや，高所での作業の問題から，鉄骨造の素屋根に移り変わってきた．

鉄骨造の素屋根建設に際しては，大型クレーンを使い建物上空で縦横に鉄骨を振り回して建設していたものから，最近では素屋根の軸組を建物の横であらかじめ建設し，順次建物側に送り込んで建設するスライド式とよばれる建設の仕方に移り変わってきている．

d．特殊な素屋根の例（図 8.2-4）

素屋根を建設するには建物周囲に十分な空地が必要となるが，建物には付属建物が取り付いていたり，近接して建物などが建つなど障害物があることが多い．それら障害物を曳き屋あるいは解体などして取り除いて素屋根を建設するのが一般的であるが，周囲の事情により素屋根の構造を特殊なものにしなければならないこともある．

平成 10 年（1998）から始まった京都市下京区にある西本願寺御影堂修理では，鉄骨造の素屋根であるが，御影堂裏面の庭園や近隣建物の関係上，背面側に素屋根の柱を建てない片持ち形式の構造を採用している．

平成 9 年（1997）から始まった栃木県日光市にある二荒山神社神橋の保存修理では，神橋は文字どおり川に架かる橋であるため，橋の形なりに素屋根を建設した例もある．
　　　　　　　　　　　　　　　　　　　　　[武藤正幸]

■ **文　献**
(1) 文化財建造物保存技術協会編「重要文化財専修寺御影堂修理工事報告書」重要文化財専修寺御影堂保存修理委員会，1989．

8.2.2　解体の技法

解体とは，組み立てと逆の順に部材を丁寧に取り解いていくことで，それができるのは伝統木造建築の優

れた特長であり，この特長ゆえにこれまでも，これからも建物が時代を超えて維持され受け継がれていくことができる．解体によって建物を根本的に修理することができるうえ，解体によって初めて判明する事柄も多い．しかしその一方，解体することで再用できなくなる部材や失われる情報もある．したがって，文化財のように古いものを後世に残そうとする場合は，それが本当に必要かどうか，必要な場合もどの範囲，程度までかについて慎重に判断しなければならない．

解体作業では事前に特に入念な準備が必要となる．準備はまず修理前の状態を記録すること．そのためにはスケッチや写真撮影，実測，作図などの作業を行う．中でもスケッチと実測は，修理においてその後のすべての作業の土台となる重要なものである．解体工事ともなれば，修理の計画を立てるにあたり，一般図一式はそろえる必要がある．建物の平面図，四面の立面図，二方向の断面図である．建物の図面がない場合は，これを作成することから始めなければならない．

a．解体番付と解体手順

解体に着手する前に，建物や部材の番付を決め，解体されてもそれぞれの部材の元の所在地がわかるようにしておく．付け方に決まりがあるわけではないので，工事にかかわる大工や調査員が理解しやすいように決めればよいが，原則を明確にし，わかりやすくすることが重要である．

柱を例にあげると，図8.2-5に示したように組合番付とするのが一般的である．例えば建物に正対して右手前から，桁行（間口方向）は柱筋ごとに「い，ろ，は，…」を，梁間（奥行方向）には「一，二，三，…」を付けてこの組合せで柱の位置がわかるようにする．不規則な位置にあるものには「又」をつけて「又三」などとし，三と四の間にあることを示す．これで「いの一番」といったように柱に名を付けることができ，解体されてもその名によって位置が明らかになる．

番付は柱や梁といった主要部材から，天井吊木や雑巾摺など局部的で小さな部材にまで必要なので，部位によって付け方は異なったものにならざるをえない．例えば小屋組が平面の柱配置と異なるのであれば，小屋組だけで別の組合番付を付けることとなる．垂木であればまた別の振り方となり，各面ごとに隅から「一番，二番，三番，…」と振ってもう一方の隅に至ることもあれば，一方の隅から「正面東より一，正面東より二，…」と付け，他方の隅からは「正面西より一，正面西より二，…」として振分け真で「正面東より二十五」と「正面西より二十五」が隣り合うという付け方もある．この場合はさらに「…二十五振分真」などと記すと位置が明確になって間違いがない．扇垂木の場合などはこのように番付を付けると，垂木の反り型や木口の切り勾配など，左右対称な位置にある部材を比べるのに便利である．

また番付には部材名称も記しておくと小さな部材や類似した形状がある場合など都合がよい．さらに聞き取りや資料などから，部屋名を明らかにしておくか，不明な場合でも工事用に仮に決めておくと番付を振る際には都合がよい．床板や天井板は部屋名称を記して一方の端から順に番号を振ればわかりやすい．建具も部屋名を記して「ザシキ・ヘヤ境東より一」などと記すとわかりやすい．この場合は柱番付も併記して「ザシキ・ヘヤ境東より一 を九柱付」として柱に接する位置であることを示すとより確かである．

このようにして決めた解体番付は，部材の種別ごと

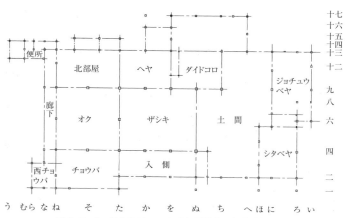

図8.2-5 解体番付：いろはと漢数字の組合番付の例

図8.2-6 敷居に貼られた番付札：部材名と番付を記し部材の方向に沿って記している［撮影：筆者］

図8.2-7 解体工事の様子：上部から順序よく丁寧に解体されている状況［撮影：筆者］

にその配置や継手位置をスケッチした伏図を作成しておく．部材ごとの伏図はその後のさまざまな調査や工事に必要となるものである．

番付を部材に記すには，厚さ3mmのベニヤ板を3×6cm程度に切断した番付札とよばれる板を作成し，これに墨や油性ペンで番付を書いて小釘2本で部材に打ち付ける．札や釘跡が部材に残らないように，できるだけ傷の目立たない箇所に取り付けたい．この理由から建具の場合は上端に打ち付け，瓦では玉縁や葺き重ね部分に記すことが多い．瓦や石など札が打ち付けられない場合は，水性ペイントなどで直接書き，金具などは札を針金でくくりつける．見え掛かり部分へのテープ張付けは跡が残るので避けなければならない．

番付の書き方と札の付け方も実地にあっては重要である．番付と同様に，原則を設けてそれを徹底することで部材の元の所在をより簡明に知ることができる．例えば，常に正面から見た向きで部材の長手方向に文字を書き，正面側に札を取り付けるという原則を設定することがある．こうすると番付札の記載内容から部材の位置を，記載のされ方から部材の据付方向を容易に判断することができる（図8.2-6）．さらに，桁や小屋梁など部材が長尺ものの場合は両端部にその位置を記した札を付けるほか，途中に小屋束や柱の柄穴，または梁どうしが組み合わさる仕口があれば，そこにも位置を示す番付札を打ち付けておくとその後の調査にあたって便利である．

解体作業に先だっては，建物の周囲か四隅に遣形を設置して柱の位置や基準とする高さを記録しておく．遣形杭の頭は後で誤って打ち込まれることのないよう鵄に切っておく．解体の手順は一般的に，内部の片付けが終わった後，畳と建具を搬出し，その後屋根に登って棟から順に解体する（図8.2-7）．したがって作業や調査，記録撮影などに都合のよい足場を計画することが重要である（文献1）．

屋根解体に先だって，天井上に養生ネットを張りめぐらすが，茅葺屋根の場合は先立って天井を解体しておくと，茅のゴミが天井上に積もることなく下まで落ちるので，部材を傷めず掃除も容易となる．野地の解体後，軒まわり，壁，そして小屋組，軸部と順に解体を進める．解体すると形状の残らない部分や変形したまま納まっている箇所は型板などを作成して形状や納まりを記録しておく．造作の解体は取付き状況により建具搬出後か軸部解体に先立って行う．下屋や庇が取り付いている場合は主屋より先にこれらを解体するが，手順の原則は変わらない．作業に際しては宛て板を用いて部材に傷を付けないよう注意し丁寧に行う．解体した部材は釘などを取り除いたうえ同じ種別ごとに整理して保存小屋に格納し，破損のため補修や取替えの必要があるものはチョークで印をつけ，墨書や痕跡の重要なものは別途に保管する．

b．仕様調査と記録

修理にあたって調査する項目は多岐にわたり，実測調査，破損調査，痕跡調査，仕様調査などがある．一つの調査をしていてもさまざまな事柄が同時に目に飛び込んでくるものであり，実際，いずれもが互いに密接に結びついている．したがって，解体中の仕様や破損の調査からそれぞれの相互関係を見きわめることが大切である．

仕様調査は部材の材種，時代区分，継手仕口，表面加工，取合い取付きなどを調査し記録するもので部材の寸法も含むことがある．調査項目の中でも特に解体後ではわからなくなってしまう点が多いので，各専門職人による解体作業に必ず立ち会い，時には自ら解体してみて調査・記録する．記録は部材の種別ごとに配置などを描き込んだ伏図に記入していく（図8.2-8・

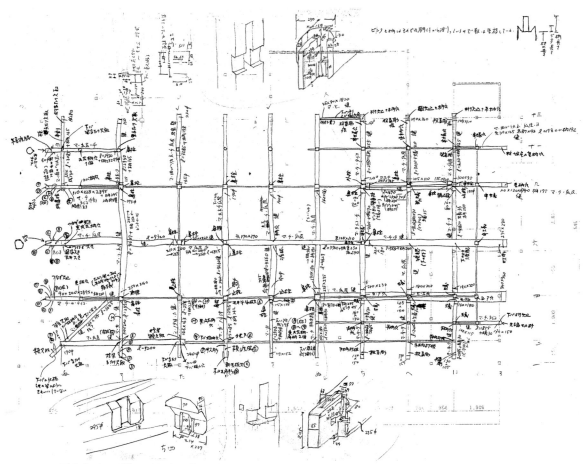

図8.2-8 野帳の一例：梁の伏図に色違いで寸法，仕様を記入している［提供：文化財建造物保存技術協会］

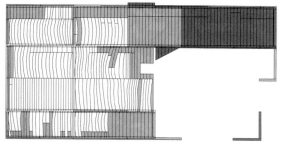

図8.2-9 補修区分図の一例：床板の配置を描いた図に，部材の再用，取替え，補修，新補の区分を示している［出典：文献2］

9）．部材によっては解体が進んでからでないと伏図が作成できないこともあるので，伏図の作成と解体調査は進めながら交互に必要となってくる作業である．なお調査に際して，注意深く観察するためには現場がきれいに清掃されていなければならない．そのうえで調査員も刷毛やライトをもって作業に臨み部材を丁寧に観察する．

調査項目のうち材種は木材や石材の種類別のことである．杉，松，檜，欅といった材種を判別し部材1点1点について記録していく．組織の顕微鏡観察による判定を専門家に依頼する場合もあり成果を上げているが，いにしえの工人と同じ目線をもつために，まずは目視によって判別することが必要である．

時代区分は建物の歴史と直結することで，解体前の実測調査などの際に増築や改造部分と時期が判明していれば，それによって該当部材の時代に見当を付けることができる．しかし当初の部材を転用して改造に利用している場合もよくあるので，増築部分はすべて後の時代の部材だとあたまから決めつけてしまってはいけない．あくまで1点1点丁寧に調査することが必要である．煤などの汚れやキズ，風蝕の度合い，変色の程度または使われている材種の違い，仕上げの違い，取付き状態の違いなどから新旧の区別をする．解体後にそれまでの調査全体を総合して，建物の歴史が判明

表8.2-2 仕様調査まとめ（修理工事報告書の記載例）[出典：文献2]

区分	在来の工法							実施の工法
	時代	材種	継手	仕口	表面加工	取合および取付	
土台（西面，正面，ジョチュウベヤ東面）	3 4	欅 松 杉 欅	腰掛鎌継 腰掛鎌継	平柄 平通し柄	挽肌 鉋	礎石に直据え，柱を柄差	礎石にひかり付け 柱を平柄差，腰掛鎌継
土台（背面，シタベヤ）	5	杉	腰掛鎌継	蟻，突付	鉋	同上	—
上屋柱：ダイドコロ南面西より第3柱（ち九）	1・転用	栂	—	地覆目違柄，各貫穴，西面床板掛欠込穴，敷鴨居横目違穴，框大入柄穴（中略）柱頭平柄	鉋	礎石上に飼物，地覆目違，足固貫内法貫天井貫大通し，框大入，敷居栓止，鴨居釘止，背面繋梁大入鼻栓止（中略）上屋梁を平通柄差に受ける	礎石にひかり付け，金輪継，現状変更により東面繋梁を撤去，床板掛を復旧，桁行各段貫を延長北面框撤去（中略）他は従来通り

してくるだろうから，解体の段階では暫定的にしか時代を決められない部分もあるのはやむを得ないが，現場で調査した時点での判断を記すことは必要である．

表面加工は表面の仕上げの種類や方法を記録する．石材であれば，びしゃんや小叩きといった種別，木材の場合なら大鋸で挽いた挽肌，丸鋸で挽いた挽肌，ヨキや釿で斫った仕上げ，あるいは鉋仕上げなどがあり，場合によっては工具の刃の大きさも推定できる．目視でわかりにくくてもライトを部材の横から当てること

で陰影として浮かび上がることもある．またその記録は摺本を採取すると特徴がよくわかる（図8.2-10）．

継手仕口は取合い取付きと通じる点が多いが，同じ部材どうしが，または他の部材とどのように取り合っているか，そのために部材にどのような仕事が施されているかを記録するものである．柱などは取り合う部材が多く煩雑だが一つずつ見てゆけばよい（表8.2-2）．

壁の場合は後世の修理や化粧直しの塗り重ねがしばしば行われている（図8.2-11）．塗り重ねの状況は壁を削り落としていって層を出すことができる．表面がきれいでも内部から煤けた層が現れることは珍しくない．層を丁寧に出すことで塗り重ねの歴史と，層ごとの材料の違いを調べることができる．内法壁の調査であれば，煤けの広がり方によって，かつては天井が張られていなかったといったことの証拠となることもあり，壁だけの調査でなく建物の変遷に重要な資料を提供する．また解体して壁の下地を調査できれば，用いられる材料や，下地の組み方，取付け方の違いを仕様調査として記録し，時代や地域による工法の特徴を明らかにすることができる． [野尻孝明]

図8.2-10 摺本の例：梁の表面に残る釿による加工痕
[提供：文化財建造物保存技術協会]

図8.2-11 壁の塗り重ね：右端が木舞下地，左に向かって塗り重ね，いったん中塗仕上げとした後，再度塗り重ねて漆喰仕上げとしている [撮影：筆者]

■ 文 献
(1) 木村 勉『近代建築解体新書』中央公論美術出版，1994．
(2) 文化財建造物保存技術協会編『重要文化財平井家住宅保存修理工事報告書』2003．

8.2.3 基礎の修理技法

文化財建造物の分野ではかつて，修理に際して基礎はできるだけいじるものではないとすることが続いてきた．目立った問題がない限り，建設から長年月を経たことで基礎は安定しているのであり，手を加えるこ

図8.2-12 在来の地業：江戸時代末の建物の基礎．割栗石の上に小石，砂を詰めて布石を据え付けている．
［出典：文献1］

図8.2-13 栗石地業：土蔵の束石の例．割栗石を突き固めたところ．この後目潰し砂利を入れてさらに突き固める．
［出典：文献1］

図8.2-14 礎石の据付け：コンクリート基礎の上で小石などを飼い込みながらモルタルで礎石を据え付ける．
［出典：文献2］

とは安定を阻害するという考え方である．しかし近年さまざまな理由により基礎の修理がその内容を大きく変えてきている．基礎を修理するのはどういう場合で，どんな工事が行われているのか．

a．地業と礎石の据え付け

従来からの方法で最も簡単な礎石据付けの補強は根巻補強という手段である．既存の礎石には手を加え

ず，その周囲を掘削したうえでコンクリートを打設して，礎石と一体化させる．こうすることで結果的に礎石底面の接地面積を広くし単位面積あたりの荷重を軽減するものである．地業からやり替えるほどでない場合にこの方法が採用される．これに対して，礎石をいったん撤去して据え直す場合には幾通りかの補強方法がとられる．補強をしない場合は在来どおりに栗石地業のうえに砂利，砂を詰めて礎石を据え付けるが（図8.2-12），これは今日ではまれで，何らかのコンクリート基礎を用いるのが一般的である．

在来の基礎を変更して布基礎とすると意匠が大きく変わるので，その必要がある場合は埋設して地中梁とする．独立基礎や地中梁とする際は，地盤を所定の深さまで掘削のうえランマーなどで転圧して栗石ないし砕石地業とする（図8.2-13）．この上に捨コンクリートを5cm程度の厚さに打設して平坦にならし，さらに必要な大きさ，強度の基礎コンクリートが打設できるよう型枠を組んでコンクリートを打設する．基礎コンクリートが凝固した後，礎石を小石などを飼い込みながら高さや傾きを調整して据え付ける（図8.2-14）．

b．地盤とのかかわり

ボーリングなどの調査によって地盤が軟弱と認められれば必要な地耐力を得られるようベタ基礎や耐圧版，さらには地盤改良といった工事が必要となる．建物が解体を必要としない場合には建物を持ち上げておいてこれらの工事を施工する．

浄興寺本堂（新潟県上越市）では局部的な地盤沈下を防ぐため，建物をいったんジャッキアップして，基礎一面に鉄筋コンクリートの耐圧版を設置した（文献3）．草彅家住宅（秋田県仙北市）でもジャッキアップのうえ，地中において高圧で凝固剤を噴射し土と強制的に攪拌して地盤の改良を行い，その上に地中梁を設置している．この際に約70cmの地盤嵩上げも行われた（文献4）．

嵩上げは補強とは異なるが，豪雨や川の氾濫によって，建物がたびたび浸水の被害を受けたり，周辺地盤が道路改良や家屋の新築などによって高くなった結果，雨水が流入するなどの被害を生じることがある．文化財として保存する考えからは，建設時の地盤高さに建ち続けるのが本来であるが，やむを得ず地盤を嵩上げすることも行われる．

平井家住宅（茨城県稲敷市）も地盤の嵩上げと耐圧版の設置を兼用して同時に行った例である．ここでは

図 8.2-15 耐圧版の設置：建物を持ち上げてコンクリート耐圧版とそれを受ける深礎杭を設置している．
［撮影：筆者］

図 8.2-16 杭打ち機：地中で土とセメントを攪拌しながら建物周囲に杭を打設する．［撮影：筆者］

地盤高さを 30 cm 嵩上げし，さらに建物周囲の雨水処理が円滑になるよう雨落溝もあらたに整備された．修理にあたってよく実施される整備の例である．また地盤が砂地であることを考慮し，耐圧版の鉄筋にはあらかじめ緊張を掛けて強度を増している．なお地盤の嵩上げは，当然のことながら文化財の現状変更行為に相当するもので許可を得て実施している（文献 5）．

旧長谷川家住宅（新潟県長岡市）は既存の地中梁を利用してアンカーを取り，建物内外部に鉄筋コンクリートの耐圧版を設置して外周部にはソイルセメント杭を打設した．建物内部では耐圧版の下に深礎杭を打設してよりいっそうの補強を図っている（図 8.2-15・16）．

旧神戸居留地十五番館（兵庫県神戸市）は阪神淡路大震災（平成 7 年/1995）で被災した後，地盤改良を行ったうえ，木造建築としても，文化財の修理工事としても初めて免震工法が採用された例である（文献 6）．これらの基礎工法は建物自体の構造補強と一体として検討されるものである．阪神淡路大震災以降，耐震性の検討は特に積極的に行われるようになり，一方で文化財の公開・活用も叫ばれるようになったため安全面への配慮が一段と高まった．外から見えない基礎の修理に社会の変化が最も反映されているのである．

［野尻孝明］

■文　献

(1) 文化財建造物保存技術協会編『重要文化財江川家住宅東蔵他一二棟保存修理工事報告書』2001．
(2) 文化財建造物保存技術協会編『茨城県指定文化財無量寿寺本堂保存修理工事報告書』2004．
(3) 文化財建造物保存技術協会編『重要文化財浄興寺本堂保存修理工事報告書』，2004．
(4) 文化財建造物保存技術協会編『重要文化財草彅家住宅保存修理工事報告書』1996．
(5) 文化財建造物保存技術協会編『重要文化財平井家住宅保存修理工事報告書』2003．
(6) 文化財建造物保存技術協会編『重要文化財旧神戸居留地十五番館災害復旧工事報告書』1998．

8.2.4　軸部・軒の修理技法

日本の伝統的木造建築は，部材の破損や腐朽が生じてもその箇所を修理して再利用することで，古くから現在まで建物が伝えられてきた．また，建築資材あるいは建築資材を求める資金調達が困難なときには，不要になった建物を解体して，その中の再利用できる部材を別な建物に再利用するようなことも古来から多々行われてきた．このような古材を再利用することが求められる状況もあって，木部の修理の技術が綿々と培われてきたのである．

木部の修理は継木や矧木，埋木といった同木を用いて補修部分を繋ぐ修理が古くから伝統的に行われてきたが，近年では，文化財建造物の修理においても，状況に応じて合成樹脂を用いたりするような現代科学に基づいた修理も行われるようになってきた．

これらの補修方法は造作材のみならず，応力が掛かる構造材にも同じような修理が行われている．

a．軸部の修理

軸部とは柱や土台，梁，桁などといった小屋組を除く建物の骨格部分を表す言葉であり，屋根や床などの建物の主要な荷重を基礎に伝達し，風力や地震力に抵抗する構造材である．そのため，軸部の修理にあたっては，それらの応力を考慮した補修方法が必要になってくる．

一般建築の修理の場合は，軸部の修理となると手間

隙のかかる修理を避けて，部材そのものを取り替えてしまう傾向が多くみられる．

しかし文化財建造物の場合においては，軸部自体が建物の最も重要な構成部材であり，文化財的価値を最も有するものであることから，極力それを補修して再用することに苦心している．

部材の局部的な腐朽の場合には，伝統的な修理である継木や矧木，埋木などの修理が一般的に行われるが，部材の腐朽が全体に及んでいるとそうはいかない場合がある．その場合の修理では腐朽の状況に応じてさまざまな修理手段が講じられている．

例えば木部表面に腐朽が全体に及んでいる場合に

図8.2-18　合成樹脂や継木・埋木で補修された柱（新宮熊野神社長床）

図8.2-17　新宮熊野神社長床の外観

図8.2-19　梁に木芯を埋め込み，樹脂を隙間に充填している作業（平井家住宅）

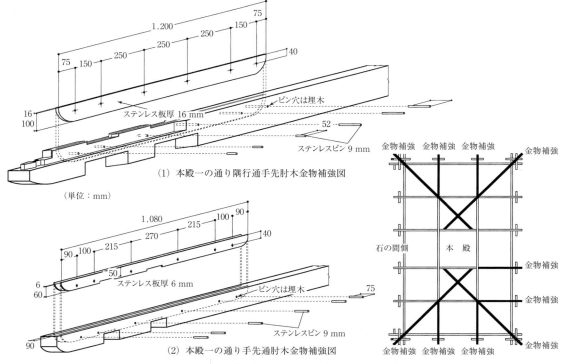
図8.2-20　金属板を挿入した例（大崎八幡宮社殿）

図 8.2-21 柱根継ぎの例（大崎八幡宮）

は，表面に合成樹脂をパテ状に塗り込んで旧形に成形して補修した事例がある．箱木家住宅（兵庫県神戸市），法隆寺地蔵堂（奈良県斑鳩町），新宮熊野神社長床(とこ)（福島県喜多方市，図 8.2-17・18）などである．

木部表面が健全であっても芯が全体に腐朽し空洞化している場合には，新たな芯木をつくってそれに空洞化した古材の表皮部分を張り付けるなどして補修した例として，波宇志別(はうしわけ)神社神楽殿（秋田県横手市），平井家住宅（茨城県稲敷郡，図 8.2-19），慈眼寺(じげんじ)庫裏(くり)（山梨県笛吹市）などもある．

また，部材が途中で折損したものは，中に金属板を挿入して接合した例として，大崎八幡宮社殿（宮城県仙台市，図 8.2-20・21），小山寺(おやまじ)三重塔（茨城県桜川市）などがあり，炭素繊維で補強接合した例は，本興寺(ほんこうじ)方丈（兵庫県尼崎市），池上本門寺五重塔（東京都大田区）などである．

伝統的な修理においても，継木の場合はさまざまな継手が用いられる．継手に応じて古材のある程度健全な部分を加工する必要がある．その加工範囲に応じた継手が要求され，同時に継手の強度も必要とされるため，その状況に応じた継手を選択する必要がある．

このような考え方は，埋木や矧木を行う際にも注意すべきものである．

また，柱の足元が腐っている場合がよくある．その場合，文化財修理の際には，根(ね)継ぎとよばれる柱の継木で修理を行うことが多い．このとき，極力柱の全長を残すように努めるのが肝心で，根継ぎをすることによって柱の旧全長がわからなくならないように努めることが大事なことである．

柱の根継ぎなどの構造材の継木を行う場合には，同位置で継木をしないことが肝要で，それは構造材の場合，継手は一木(いちぼく)材より横からの応力に弱いので，それが同位置で連続するとその位置で外れやすくなるため，同位置の継手を極力避けることを考慮する必要がある．

以上のように，軸部の修理はそのときの状況に応じたさまざまな修理方法が講じられているが，肝心なのはその部材がもつ価値観を判断し，その価値観に応じた修理方法を模索し，適切な修理方法を見出していくことが文化財の修理には必要なことである．

b．軒の修理

軒(のき)の修理の場合は，木部自体の修理は軸部の修理と基本的に同様であるが，それとともに考慮しなければならないことがある．日本の伝統的木造建築は軒の出が深いため，長年にわたる屋根荷重や軒の緩みなどによって軒先の位置が下がっているのが大半である．軒の垂下も隅の部分は柱から隅部分までの距離が平部分より長いため，特に下がりやすい．そのため，軒の垂下は一様に下がるのではなく，隅部分が特に垂下が大きいのが常であり，軒先が波打ち状になっていることが多い．

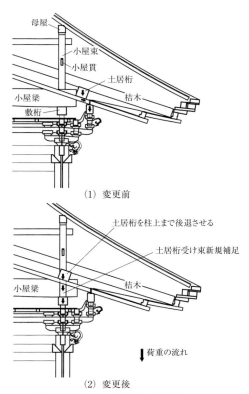

図 8.2-22 土居桁位置の変更例

軒の垂下の原因は，前述したとおり長期荷重によるものや軒の緩み，あるいは軒の腐朽や垂木自体の断面寸法が小さいなどいろいろな要因があるが，それ以外にも原因としてよくある事例に，土居桁の位置が不適切な場合に起こる丸桁の垂下による軒の乱れがある．

土居桁とは，軒を吊り上げる桔木の支点となる部材で，土居桁が往々にして丸桁位置付近に置かれることが多い．丸桁は日本の社寺建築では柱上の組物によって柱の外方にあるのが常で，軒の荷重が桔木によって土居桁を通して丸桁に伝達するが，丸桁が組物によって柱外方位置にあるため，丸桁に伝わった軒荷重が丸桁直下にある組物を通して柱に伝達することになる．そのため，丸桁が柱の外方にある場合には，軒の荷重が直下の手先方向に持ち出した肘木を受けることになり，手先肘木が軒の荷重に負けて垂下したり，場合によっては折損してしまうことがある．

したがって，土居桁を置く場合にはその位置を柱位置に置くことが肝心で，できれば柱上の肘木上端に束を建ててその束に土居桁を載せてやるのが一番である（図8.2-22）．

なお，文化財建造物の修理の場合には，さまざまな条件で土居桁の位置を変更できないことがある．その場合には丸桁の垂下を防ぐため，丸桁桔を挿入したりして丸桁自体の垂下を防ぐ補強を行ったりしている．

また，日本伝統建築の軒は隅が反り上がるのが常であるが，軒の組立てにあたって注意しなければならない点がある．

建物の軒の長さが長い場合，軒の直線部分がその分長くなるため，直線部分を素直に直線状に組み上げると，軒を見上げたとき，目の錯覚で軒の中央部分が盛り上がって見える場合がある．

そのため，軒の長い建物の場合には，わざと軒の中央部分を若干下げて軒反りが真反りのように組み上げることで，これに対処している．

ほかにも，軒の部材自体の修理にあたっては留意しなければならない点がある．軒の反り上がりはすべて計画性をもって反り上げているのであって，無計画に反り上げているのではない．

日本建築は古くから規矩術というものがあり，軒の反り上がりをすべて計算で導き出して，軒の部材を加工している．そのため，軒の部材一つ一つはその計画性に基づいて木取られている（図8.2-23）．その証拠

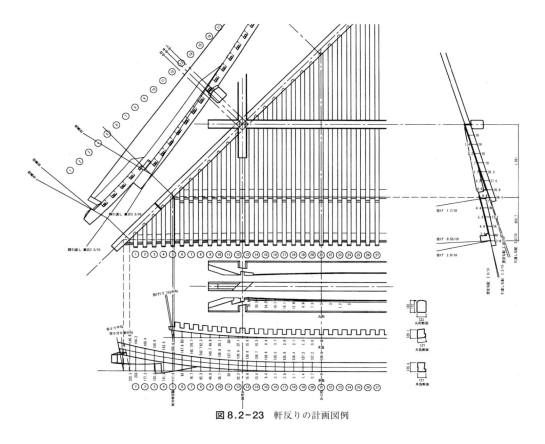

図8.2-23 軒反りの計画図例

図 8.2-24 軒の修復事例（大崎八幡宮社殿）

に軒裏に隠れる部分にその計画墨を残すものが多い．

日本建築の美しさは軒の構成美にあるといっても過言でないように，その曲線の計画性を修理によって失ってはならない（図 8.2-24）．

軒の修理にあたっては，軒の技法を十分に把握して，勝手に軒の曲線を変更したり，部材の形状を変えることのないようにしたい．文化財修理は，軒の部材を外した場合には，部材の形状や裏面に残る計画墨などを精密に測り，それを原寸図に描き起こして，その計画性を把握しそれを再現するように努めている．

なお，軒の反り上がり材である茅負（かやおい），裏甲（うらごう）などを幅広材からつくり出すのではなく，直材に裏から鋸目（のこめ）を入れて曲げて修理している事例がある．直材に鋸目を入れた場合，材料費や加工手間が安価で仕上がるが，部材が組み上がることで軒の剛性が高くなることや日本の伝統技術である規矩術の継承のためにも，本来の工法である幅広材からつくり出すことに努力したい．

c．まとめ

文化財建造物の軸部から軒の補修については，建物がもつ特性，文化財的価値，建立時の計画性などを残しながら修理することが一番大切なことであり，それらを十分に見きわめた上で，最適な補修方法を選択していくことが重要である．また，建物自体に構造的な欠陥がある場合には，それに応じた適切な補強を行うことも大切になってくる．

［武藤正幸］

8.2.5 小屋組の修理技法

ここに述べる小屋組（こやぐみ）とは，建物の屋根を形づくる屋根の骨組のことであり，小屋組は屋根の荷重や屋根に

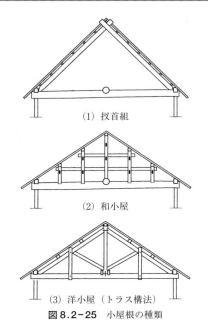

図 8.2-25 小屋根の種類
(1) 扠首組
(2) 和小屋
(3) 洋小屋（トラス構法）

図 8.2-26 扠首組の小屋組

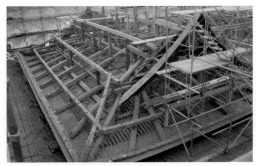

図 8.2-27 柿葺の小屋組

かかる風力，積雪荷重をその下方にある軸部材に伝える役目をもつ．日本の伝統建築の小屋組には，その形状によって和小屋（わごや），扠首組（さすごや）とよばれる小屋組が古くからあり，明治以降には洋小屋（トラス構法）が導入されている（図 8.2-25～28）．

図 8.2-28 本瓦葺の小屋組

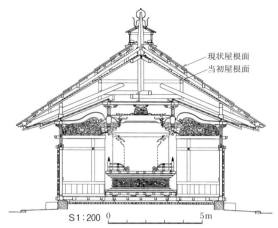

図 8.2-30 古い小屋組と屋根の上に新しい小屋組を重ねた事例（長勝寺御影堂）

図 8.2-29 小屋組の改造例：棟木下に飼物を入れて棟高を高めている

日本は風土的に多雨な環境にあることに加え台風や大雪などにより屋根が傷む機会が多いため，屋根の修理は定期的に行われる．その際に屋根の葺材の修理に留まらず，屋根の形状も変更してしまう場合がある．

また，屋根自体を大きくしたり，屋根の形状を変えることで建物の荘厳性を高める目的で小屋組を変更したり，あるいは，屋根の葺材自体を変えるために小屋組を改変することがある（図 8.2-29）．

このように，小屋組はさまざまな要因により改変されることが多いため，小屋組の修理にあたっては軸部や軒まわりの修理と同様に，十分な注意と綿密な調査が必要となってくる．

a．当初小屋組の把握

小屋組は建物ができ上がってしまえば見えるものではないため，小屋組の改変にあたっては，古い小屋組の材料を再利用している例が数多くある．また場合によっては古い小屋組を残したままその上に新たな小屋組をつくっている場合（図 8.2-30）や，小屋組の一部をつくり替えたりして小屋組の形状を変えている場合もある．

そのため，小屋組には旧の小屋組材がある程度残されている可能性が高く，小屋組の修理にあたっては，現状の小屋組を把握するとともに，旧の小屋組がどう

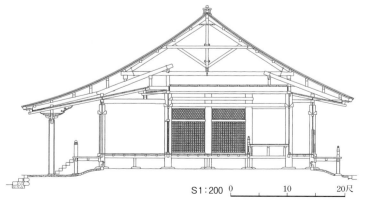

図 8.2-31 小屋組がトラス組に変更された例（豊楽寺薬師堂）[出典：文献 1]

いうものであったかを検討することが重要である．

旧の小屋組を知ることによって当初の形態や技法は無論のこと，場合によっては旧の屋根葺材の種類を知ることにもなる．

現代の保存修理の基礎となる明治期の保存修理工事においては，文化財としての概念で保存修理がなされていたが，小屋組については文化財としての修復概念よりもむしろ構造的な堅牢さを求めた傾向がある．この事例としては，唐招提寺金堂（奈良県奈良市）や豊楽寺薬師堂（高知県長岡郡）の小屋組の修理例がある．

唐招提寺金堂は明治31年（1898）から33年にかけて解体修理が実施されたが，修理前の小屋組が和小屋構造であったものが，修理後にトラス組構造に変更されている．同じく豊楽寺薬師堂でも明治37年（1904）の解体修理によってトラス組に変更されている（図8.2-31）．これらは，いずれも小屋組に堅牢さを求めた結果と考えられており，当初の小屋組についてはほとんど顧みることはなかった．

昭和になると，小屋組についても文化財的な考えが導入されて当初小屋組を尊重することとなり，数多くの文化財建造物修理において当初小屋組について調査研究が行われ，小屋組の復原がなされた例が多い．

(1) 修理後外観

(2) 修理前外観

図8.2-32 小屋組を復原した事例（寶林寺仏殿）
［出典：文献2］

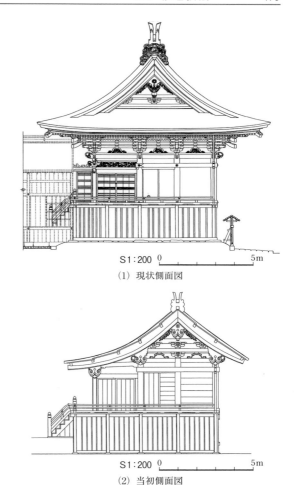

図8.2-33 当初の小屋組が現状と異なる事例（飯野八幡宮本殿）
［出典：文献3］

近年の文化財建造物の修理例をみると，屋根の形状が変わるまで小屋組の改変があった事例として，寶林寺仏殿（静岡県浜松市，図8.2-32）や法華経寺祖師堂（千葉県市川市）などの例がある．寶林寺仏殿は保存修理が行われる前は寄棟造の瓦葺屋根であったが，保存修理中の調査の結果，建立時は入母屋造の柿葺屋根であったことが判明したため，建立当初の形式に復原している．復原の根拠となったものは，残されていた当初小屋組と妻組の痕跡を綿密に整理分析した痕跡調査と類例調査の総合的な成果である．法華経寺祖師堂の場合も，解体修理の調査の結果，それまで入母屋造の銅板屋根であったものを，あまり例のない比翼入母屋造の柿葺屋根に復原されている．

また，小屋組の復原は行われなかったが，調査の結果，当初小屋組が現在と異なっていた事例として，飯野八幡宮本殿（福島県いわき市，図8.2-33）があげ

られる．この本殿は当初屋根が現在の入母屋屋根ではなく，切妻屋根であったことが痕跡調査の結果明らかになっている．

b．当初小屋組の復原にあたっての留意点

当初の小屋組の復原を検討する場合には，十分に注意しなければならないことがある．

改変された小屋組はそのときの屋根葺材と密接した関係にあり，葺材をその葺材以外の材で葺き上げるとなると問題になることが多い．つまり，復原された当初小屋組に変更する屋根葺材をそのまま使うとすると，屋根葺材の種類によっては，復原した小屋組にとって屋根荷重が大きな負荷になってしまう場合や，屋根葺材の葺き方によっては復原した小屋組に別の屋根葺材では葺くことができないことがある．

具体例としては，屋根葺材が当初柿葺または檜皮葺などである場合，その屋根荷重が軽いため大抵その小屋組は小屋束のスパンが広い場合が多く，それを瓦葺に変更した場合には，屋根の積載荷重が大きくなることから，小屋組材の部材自体がその積載荷重に負けてしまう例が多々ある．

また，柿葺または檜皮葺などの場合には軒先に軒付といわれる葺材と同様な材を積み上げてから屋根を葺き上げることになるため，軒先の小屋組は軒付の積上げ分に応じた仕掛けになっているが，それらを撤去して瓦葺に変更する場合には，軒先の小屋組を下げなければ，瓦を葺き上げることができなくなる．

これらのように，小屋組の復原あるいは変更する場合にあたっては，その葺材も同時に考慮しなければならない．

なお，当初小屋組の復原にあたっては，その小屋組が，屋根の維持管理の観点から適切なものであるかどうかを検討する必要がある．当初小屋組に不具合があって，後の改造によってそれを改善した場合もあるので，当初の小屋組が判明したからといって早々に復原を行うことは危険である．

c．旧小屋組材の再用にあたっての留意点

小屋組材は普段目が届かないため，雨漏りによる腐朽や虫害などによる破損を被っていることが多い．被害が大きい場合には，軸部と同様な手法で補修するが，軽度な腐朽の場合には補修されないことがよくある．しかし，雨漏りによる腐朽部分には腐朽菌が生息しており，そのまま放置すると腐朽が進行する場合が往々

図8.2-34 小屋組の修復事例（大崎八幡宮社殿）

にしてあるため，軽度な腐朽の場合でも，その箇所に防腐処理を行うことが肝心である．

また，小屋組材自体に破損が及んでない場合でも，材自体の狂いにより，小屋組の積上げが困難になる場合もある．特に梁材は長年の長期荷重により，中央部が垂下している場合が多く，そのままで小屋組を素直に組んでいくと，横架材が通らなくなる例がある．

この事例を大崎八幡宮社殿（宮城県仙台市，図8.2-34）の修理で痛感している．大崎八幡宮社殿の小屋組はほぼ建立当初の小屋組が残されており，小屋梁や小屋束，母屋，棟木など小屋組を構成する部材がよく残されているため，そのまま組み上げたところ，小屋貫が通らなくなってしまった．これは，小屋梁が中央付近で大きく垂下していたために，その直上に建つ各小屋束の高さに狂いが生じた結果である．この社殿の場合は小屋梁にブナの木が使われていたことが最大の要因であるが，松などのよく小屋組に使われる材種であっても，小屋梁のスパンが長大になるほど，垂下が生じやすいため注意する必要がある．

大崎八幡宮社殿の小屋組の組上げにあたっては，当初の小屋梁や小屋束を傷めることなく組み上げるために，小屋梁の上に小屋梁の垂下分だけの厚板を置き，その上に小屋束を建てることで，この問題を解消することにした．

このように，旧小屋組を再用するのにあたっては，経年による部材の狂いや破損度合いをよく精査してから再用することが必要となってくる．

d．まとめ

以上のように，小屋組の修理についても軸部や軒の修理と同様に細心の注意をもって臨むことが大切であり，見えない箇所だからといってないがしろにしてはいけない．小屋組は，建物の美観を構成する重要な要

素であり，建物の印象や屋根葺材，屋根の耐久性等に大きな影響を及ぼすものであるから，熟慮した上で修理に臨まなければならないものである． ［武藤正幸］

■文　献

(1) 太田博太郎『日本建築史基礎資料五 仏堂』中央公論美術出版，2006.
(2) 文化財建造物保存技術協会編『寳林寺仏殿・方丈修理工事報告書』1990.
(3) 文化財建造物保存技術協会編『飯野八幡宮本殿保存修理工事報告書』1996.

8.2.6　屋根の修理技法

常に風雨にさらされる建造物にあって，屋根は最も傷みやすい部分であり，頻繁な維持管理が必要となる．伝統的な建造物の屋根には幾種類かの葺材，葺き方があり，その修理も材料や工法に応じたものとなる．

a. 瓦　葺

植物性材料が風化により修理の際には取替えを余儀なくされるのに対して瓦葺の場合は点検によって健全なものを選別し再び長く使用することができる．瓦葺の修理には差瓦と葺替えがあり，葺替えは部分的なものと全面的なものに分けられる．

差瓦とは，瓦葺を点検して割れやひびの入った瓦を健全なものと取り替える修理である．都合よく同じ瓦があればよいが，似通ったもので間に合わせなければならない場合が多い．古い瓦葺屋根を調査すると，長い年月の間に維持修理が繰り返された結果，幾種類もの瓦が混じって使われているのが普通である．

葺き替える場合には，調査の結果で最も適切と考えられる瓦を作成して補足する．それが古いものになるか，員数の多いものになるかは，修理の方針や，復原される場合ならその時代設定によって左右されるだろう．いずれにしろ新規に瓦を作成して補足する場合には，形状，寸法は真似できても色合いまではそろえられない．また現代の瓦は内部が稠密で古瓦に比べて「比重」が大きいのが特徴である．また新瓦は耐久性が高い．こうしたことから葺替えに当たっては，古瓦どうし，新瓦どうしを集めて屋根を葺く．

例えば軒先の荷重を軽減しようとすれば，古瓦を軒に使用し新瓦を棟に近い範囲に使用するだろうし，雨量と瓦の耐久性を勘案すれば，反対に棟際に古瓦を，軒先には新瓦を葺くということになる．また建物の古色蒼然さを強調しようと正面に古瓦を集めるという考え方もできるだろう．日照や通風が悪い背面には丈夫な新瓦を使用するという考えもできる．また後の補修用に新規に作成した瓦を予備として保管しておき，そのうえ風雨にさらして屋根の瓦と同様に色肌を変化させておくこともある．

葺替えにあたっては，解体後に古瓦を再用できるものとできないものに選別し水洗いする．瓦の再用，不再用の検査はもっぱら目視と打音による．目で見てひびや割れがあれば再用しない．打音は木槌などで軽く叩いて，キンキンというような澄んだ音なら問題がなく，ビンビンと濁って響く音なら目に見えなくてもひびが入っているものとして使用を見合わせる．ボコボコという低い音の場合も焼きが甘く吸水率が高いので，再用には留意が必要である．

形状については，平瓦にしろ丸瓦，軒瓦などにしろ，ひねり具合や本体に対する瓦当部分の取付角度（のさ掛け）を計測して分類し，それによって屋根のどの位置に使用するかを決める．位置によって屋根は反り方や反り具合が異なるのでそれに対応した部位に配置するのである．また丸瓦でも平瓦でも，前後の瓦の重なりが具合よく納まるよう，あらかじめ寸法を計測して分類し，地上に屋根と同じ反り台をこしらえていったん瓦合せを行い，そのうえで決めた順のとおりに屋根に上げて瓦を葺く（図8.2-35）．

棟の端に載る鬼瓦や，獅子口の大型のものはいくつものブロックから構成されており，補修にあたっては個々に検査した上で不良の個所のみを補修または取り替える．補足にあたっては瓦の場合，湿潤な瓦土で形状をつくった状態から，自然乾燥や窯での焼成を経る

図8.2-35　瓦合せ：屋根のように反った台の上に瓦を並べて合端を調整する．［撮影：筆者］

と寸法は不均一に10〜15%程度は縮むので，それを考慮に入れた生型の整形が必要となる．

古瓦を現代の窯に入れて再び焼き直して吸水率や透水率を下げ色調をそろえるなど性能を向上させて再用することもある．この場合は形状の整った瓦でも新たにひねりやひび割れを生じる場合があるのでどちらがよいか試し焼きなどにより慎重な判断が必要となる．役物など特に貴重な古瓦はシリコン樹脂で補強することがある．この場合は丸ごと浸して乾燥させることを繰り返して強度を出す．またひび割れにはエポキシ樹脂を注入して接着を図るが，割れの両側に小穴を空けて，銅線で縛りつけることも併用する．

軒先の唐草瓦の下に敷瓦（平瓦を敷く）を敷いたり，二の平瓦（唐草瓦のすぐ次の平瓦）の葺足を，それ以降の標準的な葺足より短くしたりするなどは，傷みやすい軒をあらかじめ補強しておくことを目的とした措置である．

屋根荷重を軽減しようとする試みも行われてきた．これには二通りあり，閑谷学校講堂（岡山県備前市）や専修寺如来堂（三重県津市）にみられる空葺（図

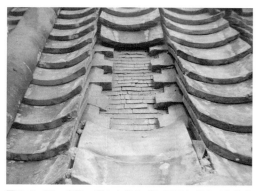

図8.2-36　空葺：葺土を置かずに平瓦を葺く（専修寺如来堂）［撮影：筆者］

図8.2-37　差茅の様子：古い茅を持ち上げて新しい茅を差し込んでいる．［撮影：筆者］

8.2-36）という下地の荷重を軽減するものと，東大寺で実施された瓦そのものを軽くするものである．本瓦葺の場合，屋根土は通常，平瓦の下と丸瓦の下両方に置くが，空葺では平瓦の下には葺土を用いないで瓦を葺くためその分屋根荷重を軽くできる．しかし漏水に備えて下地を厳重にする必要があり閑谷学校でも専修寺でも野地板の上に長さ約33 cmの椹板を葺足約3 cmで屋根全面に葺き込んで瓦葺の下地としていた．柿葺とよんで差し支えないほどの丁寧な仕事である．また専修寺如来堂では土居葺上に，刻みを付けた登桟を取り付け，瓦には裏面に突起をつくり出して登桟に引っ掛けるようにしている（図8.2-36）．

瓦の重量を軽減する手法には「裏抜き」といって下面をこそぐように薄くする方法がある．東大寺大仏殿（奈良県奈良市）の瓦は建物同様，破格に大きなものだが，昭和55年（1980）の修理の際この方法により，平瓦で在来の16 kgから約1割減された．焼き物である瓦の形状をコントロールしようとする方法であり，高度な焼成技術が要求される．なお東大寺では明治修理の際，割付けを広くすることで瓦の総数をそれ以前から約15%削減する工夫もなされていた（文献1）．

b．茅葺，柿葺，檜皮葺

差茅は茅葺屋根修理の基本的な方法で，傷んだ屋根面を木の棒で叩いたり，レーキを掛けるなどして風蝕した茅を取り除き，その後屋根面の茅を少しずつ持ち上げて鼻先が風化して短くなった茅を引き出し，束にした新しい茅を差し込んで補足していき（図8.2-37），最後に刈込みをすることもある．屋根の傷み具合により掛かる茅の量や手間は異なってくるが，差茅をこまめに施工している建物ではそうでない場合に比べて条件により2倍，3倍と屋根の寿命が延びるだろう．古茅は，葺替えにあたって葺地内部の延べ茅として再利用する場合や，特に煤けた古茅を屋根の軒口に使用して新茅との色の違いをきわだたせ化粧とする葺き方もある．

柿葺も修理に際しては材料を取り替えるが，傷んでいない箇所は軒付などを再用したり，平葺も残して繕うことができる．耐久性を向上させようとする試みには屋根に銅板を敷き込む方法がある．銅の緑青が木材の腐朽を抑制することは江戸期には知られ，会津藩下屋敷の仕様書には掘立柱を銅板張りすることが記され，伊勢神宮（三重県伊勢市）ではいつからか掘立柱に銅板を巻いている．多宝塔では銅製の宝鎖の下だけ，

柿葺が腐らない（文献2）．葺き方は原則的に在来と同様であるが，軒付けに水切銅板を，葺地の途中に敷込み銅板（古くは銅線を用いた）を葺足約 30 cm ごとに葺込む（図 8.2-38）こともする．こうした銅板敷込みは近代の仕様と思われるが，比較的古い明らかな例としては，昭和7年（1932）の園城寺光浄院客殿（滋賀県大津市）修理の仕様書に記されたものがある（文献3）．しかしこの工法は銅板が日射で高温になって伸縮するため，日当たりのよい屋根面では銅板のすぐ上の部分で葺板自体が傷みやすく，ちょうど葺足一足分だけちぎれてなくなるという弊害も生じる．軒口の水切銅板が一般的に施工されるのに対し，葺込み銅板は施工される場合とされない場合があるのはこのためであり，施工にあたっても銅板を数 mm 見せる場合と柿板の下に完全に隠してしまう工夫をする場合がある．こうした実例に鑑みて銅板葺込みの際には，その次の柿板のみ厚みを通常の 3 mm でなく 4 mm にするとか，柾目板でなく杢目板を用いれば耐久性が向上するのではないかという修理技法の提案もかつてなされている（文献4・5）．

檜皮葺は柿葺に共通点が多く，部分的な繕い葺もできるし（図 8.2-39），軒付けに水切銅板を取り付けて耐久性を延ばす工夫も同様である．

柿葺・檜皮葺に関するそのほかの工夫として塔など重層屋根の場合に，上の屋根からの雨垂れ部分を補強するためその部分のみ檜皮の葺足を短くしたり，檜皮の間に棕櫚を敷き込むことも行われたことがある．事例として多いのは銅板で（図 8.2-40），近年ではステンレス板も利用されている．

また渡辺家住宅（新潟県岩船郡関川村）の石置き屋根にみられる榑板葺では，一定の年月を経た後，葺板の天地，裏表をひっくり返して風化していない健全な面をあらたに風雨にさらすようにして同じ材料を長く保たせる．葺替えに際しても，再用する板と新しい板を一段おきに交互に葺くことが行われている（図 8.2-41）．

図 8.2-39 檜皮の繕い葺：頂部の外側寄り部分を新しい檜皮で繕って葺いたところ．［提供：文化財建造物保存技術協会］

図 8.2-40 下層屋根における上層屋根の雨落付近の柿葺の飼込み銅板：上層屋根の雨垂れ部分なので細かく飼い込んであるが柿板が破損して銅板が露出している．［提供：文化財建造物保存技術協会］

図 8.2-38 柿葺の敷込み銅板：葺地の途中に銅板を敷き込んでいる．［提供：文化財建造物保存技術協会］

図 8.2-41 榑板葺：石置き屋根葺替えの施工状況．新旧の榑板を一段おきに葺いている．［提供：文化財建造物保存技術協会］

第8章 現代の伝統構法

図8.2-42 金属板葺屋根の下地：カラーステンレス葺とする茅葺型入母屋造り屋根の箕甲部分．櫛形とよばれる下地．［撮影：筆者］

c．植物性屋根の金属板代替

近年では設備など防災体制の普及を背景に，文化財としての真正性，技術の伝承，資材の流通といった観点から本来の植物性材料が使用される機会が多いが，昭和30年代から40年代には，防火上の理由と維持管理の便利，また資材の不足のため重要文化財の修理に際して，茅葺や柿葺が銅板に替えられるケースが相次いだ．

柿や檜皮葺の屋根を，焼失を機会に銅板に葺き替える例は江戸期に例が多い．鶴岡八幡宮上宮（神奈川県鎌倉市）では文政4年（1821）の火災後，再建に際して社殿は柿葺から銅板葺に替えられており，関東大震災（大正12年/1923）による被災後の再建でも踏襲されて，回廊は旧の銅板葺が，その他は昭和初期の銅板が近年まで役割を果たしてきた．

銅板葺を代表とする金属板葺では，下地の拵えから隅や箕甲部分での葺回し，茅葺，柿葺，檜皮葺のいずれを模したものかによって葺足を順に細かくするなどの工夫が技術として確立されてきた（図8.2-42）．しかし最近では葺き替える場合でも，苔類への悪影響を懸念して銅板を避けるケースもある．軟らかな銅板以外で屋根の優美な曲線を葺き上げねばならない難しい仕事となる．

また勝興寺（富山県高岡市）では調査によって建築当初は鉛屋根と判明したが，鉛屋根による環境汚染が懸念された結果，質感などの類似から代替品として亜鉛合金板が採用された（文献6）．　　［野尻孝明］

■文　献

(1) 西條孝之・金多　潔「大仏殿の昭和大修理」佛教藝術學會編『佛教芸術 131号』1980．
(2) 濱島正士「江戸時代以前の建造物保存」文化財建造物保存技術協会編・発行『文建協通信88』2007．
(3) 滋賀県教育委員会編・発行『国宝光浄院客殿国宝勧学院客殿修理工事報告書』1980．
(4) 谷上伊三郎『柿葺の技法』私家版，1982．
(5) 日本民族建築学会編『図説民俗建築大辞典』2001（草屋根葺き，草屋根葺き職人の項）．
(6) 文化財建造物保存技術協会編　『重要文化財勝興寺本堂修理工事報告書』2005．

8.2.7　土壁の修理技法

土壁は，真壁でも大壁でも小舞掻きなど下地の製作から，荒壁付け，斑直し，中塗り，仕上塗りと工程が進められる．その一方，破損の種類は，表面的なもの，ある程度内部まで進行しているもの，下地まで破損しているもの，と区分することができる．すなわち塗重ねの工程と破損の状況を対応させることができるので，破損した部分まで掻き落とし，健全な部分は残したまま修理をすることができる．

表面的な破損は，細かいひび割れや柱，貫などの取

図8.2-43　破損箇所の掻落し：ヘラで丁寧にこそぎ落としていく．［撮影：筆者］

図8.2-44　棕櫚による補強：補修する箇所の補強に棕櫚を塗り込んでいる．［撮影：筆者］

図8.2-45 千手巻き：土蔵の蛇腹を補修するため竹に縄を巻いてねじ留めしている．[撮影：筆者]

図8.2-46 下地の補修：ヨシで編まれた壁下地に新しいヨシを加え縄を締め直して補修している．[撮影：筆者]

図8.2-47 樽縄巻き：土蔵の荒壁の塗重ね状況．乾燥した荒壁に竹釘を打ち込み横方向に縄を取り付けて壁を塗り重ねる．下の壁には縦に下縄が塗り込まれているのがひび割れからわかる．[撮影：筆者]

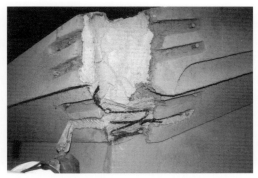

図8.2-48 亀裂の補修：土蔵蛇腹の隅部分の補修．健全な部分に竹釘を打ち込み縄で結わえたうえ砂漆喰，土壁を塗り重ねる．[撮影：筆者]

付き際で1〜2 mmの隙間が空く，「散り切れ」などがある．中塗仕上げのように表面が壁土で仕上げてある場合なら，この程度の破損は，霧吹きで水を吹きかけて土をいったん軟らかく戻し，そのうえで壁を鏝で押さえ直すことで一応の修理はできる．

壁の亀裂は，仕上げに近く砂気の多い固い壁ほど入りやすく，荒壁など下地に近く柔らかい壁には入りにくい．これは経年によるか，地震など衝撃によるかを問わない．このため表面に大きな亀裂のある場合は，塗り重ねの層をヘラで丁寧に削っていき，健全な層を露出させてそれから下は残すことができる．この際，ひび割れに沿って落としやすい部分のみを削り取っていく．そうすることで面としても掻落しの部分を無駄に広げず健全な箇所を残すことができる（図8.2-43）．

ヘラで掻き落としたあと，残った粉状の壁土を刷毛で丁寧に掃除し，水溶性の接着剤を噴き付けまたは刷毛塗りして表面を固める．この上から掻き落とした部分と同じ壁土を塗り重ねることができる．このときに棕櫚や布巾など目の粗い繊維状のものを繋材として塗り込み補強することもある（図8.2-44）．また補修面

からの塗厚が厚い場合は，千手巻き（割竹に縄を巻いたもの）を木部にねじ留めする方法もある（図8.2-45）．

下地から修理する場合は，下地材の竹やヨシまたは木製の小舞が傷んでいればその箇所を取り替えて新しいものにする．部分的に修理する場合は既存の健全な部分と縄や釘などで下地どうしまたは下地と柱，貫などを緊結する（図8.2-46）．この後は，新規に壁を塗る場合と同様に，荒壁から付けて乾燥させながら順次塗り重ねていくことで修理できる．荒壁どうしを塗り重ねる際には，下の荒壁の表面が乾燥する前に凹凸に荒らしておき，乾燥後に水打ちをして付着をよくして塗り重ねる手法（主に関西）と，いったん中塗土を挟むことで付着をよくする手法（主に関東）がある．

亀裂が入ってもその周囲の壁が健全な場合や，亀裂をまたいだ健全な部分に竹釘を打ち込んだうえ，竹釘に藁縄や棕櫚縄を掛けて結わえ付ける手段もある．塗厚が必要な場合も同様に荒壁が乾燥したところに竹釘

を打ち込み，そこから縄をとって次の荒壁土の付着をよくする．土蔵の下縄や樽縄巻き（図8.2-47），または蛇腹の下地を部分的に施工するような要領である．その後，砂漆喰を使うなどして壁を塗り重ねて補修する（図8.2-48）．

色壁や砂壁などのように仕上げに特殊な材料を用いている場合には，表面だけを丁寧にこそぎ落として掻き集め，それを再度使用する．また壁そのものの修理ではないが，壁は健全だが周囲の木部を解体する必要がある場合や，復原が不可能な壁の場合は，壁面全体をクッションや木枠で養生した上で，柱や桁との取り合い部分のみを解体して，木部からいったん壁を切り離して修理する「大ばらし」という手法もとられることがある．

鏝絵や土蔵の軒蛇腹など表面が健全であっても，下から剥離を起こしている場合の補修には，隙間に薬剤を注入して接着する方法がある．ただしこの場合には本体を傷めないよう，本体よりもより弱い接着剤で，かつ将来の修理を考慮して接着剤を溶かす方法のあるものを使用したい．　　　　　　　　　　［野尻孝明］

■ 文　献

(1) 佐藤嘉一郎・佐藤ひろゆき『土壁・左官の仕事と技術』学芸出版社，2001．

8.2.8　塗装の修理技術

一般に日本の伝統的木造建築は素木の建物という印象をもつ人が多い．しかし日本の木造建築は，特に社寺建築では日本に仏教が導入されて以降，主要な建物には塗装が施されてきたものが数多い（図8.2-49）．

図8.2-49　漆・彩色で彩られた建物
（大崎八幡宮本殿・石の間・拝殿）

図8.2-50　ペイント塗りの建物（弘前学院外人宣教師館）

現存する建物では古くは法隆寺金堂（奈良県斑鳩町）内部にみられる仏画や，中尊寺金色堂（岩手県西磐井郡）の漆を使った塗装，近世では日光東照宮（栃木県日光市）を代表とする極彩色の塗装が知られる．また，明治以降では洋風建築にみられるペイント塗りがあげられる（図8.2-50）．

それらの塗装は，古代から日本で伝統的に行われたものとして，顔料を膠などで溶いて絵を描く「彩色」といわれる塗装と，漆を用いる「漆塗り」があり，明治以降に西洋から導入され主に洋風建築に施された「ペイント塗り」に大別できる．

これら塗装は，塗装が施された往時を残すものはほとんどまれである．建築塗装はそのときの事情により塗り替えられるのが常であり，たとえ塗り替えられずに残されたとしても，剥落や変色したりで往時を留めるものはきわめてまれなものであり，場合によっては後世に補修が加えられていたりするものが大半である．

それら塗装の修理にあたっては，ほかの修理と同様に，当時の材料と仕様を把握し，また後世の補修あるいは塗替えがなされてきたかどうかを調べることが大切である．塗装の場合は，たとえ一見塗装面がなくなっていたとしても，部材に隠れている部分や，部材の接合部付近に断片的に残っているものが多い．部材をつぶさに観察して，旧の塗装面を発見することが塗装修理の第一歩になる（図8.2-51）．

旧の塗装面を発見したら，その塗装が何であるかを判断し，どのような材料を使用し，どういった工程で塗られているかを調べ，その塗装がいつの時代のものかを分析し，塗装修理の基礎資料とすることが必要となる．また，塗装がよく残されていたとしても，塗装の劣化状況に応じた修理の程度や修理の方法が必要となるため，慎重な調査が必要となる．

図 8.2-51　現状彩色下にある旧彩色例

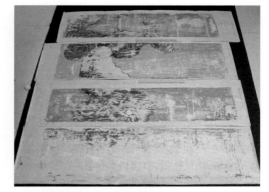

図 8.2-53　彩色の現状を記録した模写絵

図 8.2-52　木地に残る旧彩色文様痕

a. 彩色の修理

彩色は顔料を膠や油で溶いて絵や文様を描いたり，あるいは単色で木地を着色するものである（図 8.2-52）．彩色はその性質上，剥落して塗装面がなくなってしまうものもあり，また，顔料も変色や退色するものであるため，旧の彩色を把握するのは非常に難しい．

彩色の顔料の特定にあたっては，これまでは熟練した専門家による目視での特定に頼るものであったが，近年，彩色の研究が進み，彩色の調査に最新機器が導入され始めた．

彩色が完全に剥落したものでも，場所によっては木地に風蝕差としてその輪郭が残り，光を真横から当てることによってその輪郭を浮き立たせることができ，その画題を知ることが可能になった．

それまで変色したりして困難であった顔料の特定が，顔料の成分を化学分析することにより，客観的に顔料の特定を行うことが可能となった．また接着剤である膠や油，染料系の彩色といった有機物の材料も化学分析によりほぼ特定することができるようになってきた．

色の濃淡についても，顔料の粒子の大きさにより，その明度に濃淡が生じることから，顕微鏡によりその粒子の大きさを測定すれば，色の濃淡が判明するようになった．このようにして，失われた彩色の復原に化学分析を導入することにより，よりいっそうの正確な復原ができるようになってきた．

彩色の修理では，剥落しかけているものは膠などを補って剥落防止を図り，現状の彩色の状況を正確に模写し記録することで，彩色の保存と記録が行われる場合（図 8.2-53）と，剥落などの破損が大きいため塗り替えられる場合の二通りの例がある．彩色の剥落止めも修理技術が進歩し，接着剤に合成樹脂を使用したり，剥離した彩色の裏面に注射器で接着剤を充填し定着させるなどの保存技術も進歩している．

彩色の塗替えの場合には，前に述べたような十分な調査の上で塗替えを行うことになるが，施工にあたっては，まず木地に十分に膠などを浸み込ませることが肝要であり，それを十分に行わないと剥落の原因となることがあるので注意が必要である．

b. 漆塗りの修理

漆は紫外線により，塗り上がった直後から劣化が始まり，劣化が進行すれば表面に亀裂や剥離が生じ，最終的には彩色と同様に木地が露出して素木同様になってしまう．素木同様な状態になっていても，彩色同様に見え隠れ部分に漆の塗装面が残っていたり，木地に漆塗りのための下地処理がなされるなど，詳細に観察すれば漆塗りであったかどうかは判断できるものである．また，彩色と同様に塗膜の化学分析により，漆塗りであるかどうかも特定できるようになってきた．

漆塗りでは旧漆面を残したまま，その上に漆塗りを施すことがよくあり，旧の漆塗りが残されていることがある（図 8.2-54）．漆の塗装面を丁寧に一層ずつ擦り出すことによって層状にその下地を表す方法や，塗

図8.2-54 現状漆塗りの下に残る旧漆塗り

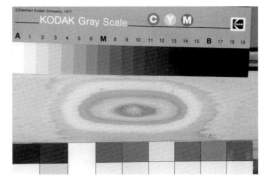

図8.2-56 ペイント塗りの擦り出し調査による塗膜層

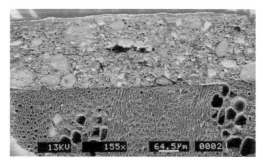

図8.2-55 顕微鏡による漆塗りの断面

装断面を顕微鏡で観察して層を確認することにより，下塗りの工程が判明し，その下に隠れていた旧の塗装層が現れたりする（図8.2-55）．それにより旧の漆塗りの復原が可能となる．

漆塗りの修理は，現状の漆塗りの劣化状況により補修程度を変えることができる．木地から剥離しているものは，いったん木地まで漆を掻き落として修理しなければならないが，下塗りがしっかりしているものは，漆下塗りの層を残した状態で修理ができるし，表面の上塗りだけが劣化している程度のものは，上塗りを塗り重ねることで修理が完了するなど，その劣化程度に応じた補修方法がある．

なお，現状でも文化財の漆塗りの搔落しに際しては，昔どおりに前鉋で漆の塗装面を叩いて落とすことが通常である．これはペイント塗りと異なり，薬品により漆の塗装面を剥離することができないためである．

c. ペイント塗りの修理

ペイント塗りも漆塗りと同様に，紫外線により塗装面の劣化が始まり，亀裂や剥離が徐々に進行する．

また，明治以降に導入されたペイント塗りといっても，当時のものと現在のペイントでは原材料が異なり，本来の明治期に導入されたペイントは現在ではほとんど行われることはない．また，ペイント塗りも単に色付けするものだけではなく，「木目塗り」などといったように木の木目を疑似する塗装技法もあったが，現在ではほとんど行われなくなった．

したがって，明治期に導入されたペイント塗りといっても，時代とともに，材料や技術も変化しているものであるから，その修理にあたっては，ほかと同様なしっかりした調査が必要である．

ペイント塗りの調査でも，まず細部まで観察し当初の塗装面を発見することが必要である．また，現状のペイント塗りも漆塗りと同様に後世に塗り重ねてある場合があるため，擦り出し調査は必要である（図8.2-56）．塗装面の発見も彩色と同様に，時間とともに色が退色するものであるから，色の再現にあたっても極力見え隠れ部分の退色していない色を探すことが必要となる．

ペイント塗りの修理で注意しなければならないことは，旧のペイントを剥がすときに使用した剥離剤が木地に残留し，新たに塗ったペイントがその残留した剥離剤によって，竣工後まもなく剥離することがある．剥離剤を使用した場合にはよく木地の水洗いを行い，剥離剤が木地に残留することがないよう特に注意する必要がある．

また，彩色と同様に，ペイント塗りにおいてもペイントの下塗り前によく木地にオイル分を染み込ませることが肝心である．乾燥した木地にいきなり下塗りを塗ると下塗りの乾燥が早く，施工不良になりやすい．

d. まとめ

どのような塗装であっても塗装面が建築当時のままで残されるものは少なく，塗装の編年と塗装の仕様を把握し，修理方法を検討した上で修理を施す必要がある．また，塗装し直すことによって，建物の景観が大きく変わることから，塗装の復原にあたってはより慎重な検討が必要であろう．特に旧塗装面を落としてし

まうことは，その資料自体を消滅してしまうことになることから，一概に旧の塗装が判明したからといって，やみくもに塗り替えることは考え直したい．

［武藤正幸］

8.2.9　保存科学

　木造建造物保存において保存科学に期待される役割は構造調査，材質分析調査，非破壊損傷調査，保存環境評価調査，伝統的修復技法では修復が困難な場合に対応できる新しい修復技術の開発などである．それらについては，現場の要求に応じてさまざまな技術開発が行われてきた．

a．光学的調査

　建築彩色などの図様や顔料を調査するために可視光線や赤外線，紫外線などが利用される．この調査では，赤外線や紫外線を光源として使用することが多い．

　赤外線の場合では，風化によって可視光線下で見えなくなった壁画の下書き線や墨書などの調査に，物質表面の反射と吸収による相関を画像濃度の差違として記録する赤外線写真あるいは赤外線テレビなどの方法であり，棟札(むなふだ)などの調査にしばしば利用される．

　紫外線を照射すると物質から蛍光が放出される，それを画像として記録すると材質の識別や褪色して失われた下書き線などが可視情報として得られる．わが国では60年間に及ぶ光学的調査の実績があるが，最近の波長可変型分光光源装置の開発やデジタル写真（文献1），さらに画像処理技術の進歩により，新たな研究分野が開拓されつつある．

b．非破壊調査

　建造物は，自然環境，虫害，微生物などの働きかけによって腐朽などの損傷を受けていることが多い．建造物を維持管理あるいは修復するためには，当初の構造や損傷の原因，程度などを正確に把握する必要がある．その調査は可能な限り非破壊調査で行うべきである．調査手法は，目的によってX線透視撮影調査や超音波調査などさまざまなものがある．

　X線透視撮影の例では，昭和36年（1961）に行われた国宝中尊寺金色堂内陣（岩手県西磐井郡平泉町，文献2）のX線調査により巻柱の腐朽，虫害の状態および部材組合せ，釘の位置などが判明して，この情報

が金色堂解体修理の有益な情報になるなどの成果があった．

　超音波は，物体内を通過中に物体の端に当たったり，違う材質の境界に当たった場合，反射する性質をもっている．その性質を利用して傷や空洞などを調べる超音波探傷検査で虫害などの損傷を検査する方法がある．この方法は，重要文化財日本ハリストス正教会教団復活大聖堂（ニコライ堂，東京都千代田区）のコンクリート柱の鉄筋や空洞探傷に使われている．

　物体は自身の温度に応じた赤外線を放射している．これを利用すれば赤外線画像センサーと赤外線撮像装置（サーモグラフィー）で表面温度分布を調べることができる．内部構造の違いによってこの表面温度分布に差ができるため，サーモグラフィーによって剥離や空隙状態を知ることができる．

c．材質分析調査

　文化財に使用されている材質は，金属や鉱物などの無機物と紙，繊維，膠(にかわ)などのような有機物が組み合わさって使用されていることが多い．無機材質の分析法としては発光分光分析，蛍光X線分析（XRF，図8.2-57），X線回折分析（XRD）などがある．微量試料分析には，放射化分析（AA），X線マイクロアナライザー（EPMA）などが主に使用される．有機材質の分析には，赤外吸収分光分析，フーリエ変換赤外分光分析（FTIR），ガスクロマトグラフィー質量分析計（GC/MS）などが一般的に使用されている．これらは知りたい情報の内容や試料の性質によって数種類の分析方法を組み合わせて実施される．分析結果は，光学的調査の結果とともに修復方法を決める有益なデータとして利用されることが多い．

　重要文化財旧札幌農学校演武場（時計台，札幌市中

図 8.2-57　蛍光X線分析

央区）（文献3）における塗装調査では，光学顕微鏡によって塗装回数の詳細観察を行ったあと，薄い塗膜中の顔料の化学組成を分析するには，微小部分の分析と元素の分布状態の情報が必要と判断して電子線マイクロアナライザーを行った．その結果，古い層からバリウムと亜鉛が検出され，新しい層には検出されないことがわかった．チタンは，昭和30年代以降に塗装された層から検出されるが，古い層には検出されていない．カルシウムはすべての層から検出されている．このことによって白色顔料の種類と変遷が明らかになった．このように技術の歴史的変遷を考える重要な情報を提供することが可能である．

d．保存環境評価

木造建造物は，風雨，日照，大気汚染，微生物，昆虫などから複合的な働きかけによって化学的，物理的，機械的な被害を受け，最悪の場合には倒壊に至ってしまう．自然環境の中に建てられている建造物は，その環境から大きな影響を受けている．影響の程度は，立地，構造，建築方法，材質などによって大きな差がある．環境からの影響を最小限にとどめるためには，影響と結果を調査し，それを評価して対策を考える必要がある．

まず，目視観察によって建造物の損傷状態を調査し，その保存環境条件の特性を整理することが必要である．それによって風，雨，温度，湿度などの気象観測，大気汚染状態，地形，地質，景観，利用状況などの調査（図8.2-58）を行い，環境からの影響の程度を評価するとともに被害予測をシミュレーションして被害を最小限にとどめるような措置をとらなければならい．環境問題で薫蒸などができなくなった現在，虫害を予防するためには，生態や環境条件を把握して対策を考えることが大切である．また，建造物を維持管理するために事後評価のための調査計画案を作成してモニタリングをしなければならない．

e．防腐・防虫処理

木材は，外気にさらされていても条件さえよければ1000年以上の耐久性があることは，法隆寺などの例から実証されている．しかし，その欠点は火災に弱いこと，またシロアリ，キクイムシなどの虫害や腐朽菌の被害を受けやすいことである．その対策としては，環境整備，薬品による殺虫，殺菌および建造物を天幕などで覆い臭化メチル（CH_3Br）やフッ化スルフリル（SO_2F_2）などを使用して薫蒸を行う方法などがある．臭化メチルは，オゾン層保護のために先進国では2004年末から使用が禁止されている．その他の薫蒸薬剤も環境保護と人間への健康被害の問題から見直しを迫られ，大きな転換期を迎えている．薬品に頼らない殺虫，殺菌予防システム（総合的有害生物管理）をどのように構築するかが焦点になっている．木造建造物の場合は，博物館資料に比べて規模も大きく，また自然環境にさらされているなど大きな違いがあるために，シロアリ駆除などでクロチアニジン系の薬剤を石油系溶剤に溶かした処理剤が使われることがある．近年では，加害昆虫などの生態を調べ，それらが活動しにくい環境を整備し，管理する方向になっている．この意味からの環境影響評価が非常に重要になっている．

f．修　復

木造建造物の修復では，構造部材の修復に用いるガラス繊維とエポキシ樹脂などを使用した強化プラスチックなどが使用されていたが，ガラス繊維に代わり炭素繊維やケプラー繊維を使用した強化プラスチックが利用されるようになっている．　　　［青木繁夫］

■ 文　献

(1) 城野誠治「可視域励起光を用いた蛍光反応に診る源氏物語絵巻」『光学的手法による国宝・源氏物語絵巻調査報告書』東京文化財研究所，2004.
(2) 中里寿克「中尊寺金色堂漆芸部材の修復（上）」保存科学（保存科学研究センター），11号，1973，pp.29-46.
(3) 『重要文化財旧札幌農学校演武場（時計台）保存修理工事報告書』札幌市，1998.
(4) 日本シロアリ対策協会『しろあり及び腐朽防除施工の基礎知識』1999.
(5) 山野勝治「文化財害虫の防除対策―虫害ゼロを目指して独自の総合害虫管理システムの確立を」『文化財の虫菌害』文化財虫害研究所，2000.

図8.2-58　日光東照宮上神庫での温湿度・紫外線量調査

8.3 構造実験と理論解析

8.3.1 柱

木造建築の柱は1.1.1項で述べているとおり，仏教の伝来とともに伝わった新しい技術により掘立柱から礎石建が現れた（図8.3-1）．いずれも鉛直力 W に対しては大差ないが地震や台風などの水平力 P に対してさらに建設途中の安定性に関しては大きく異なる．掘立柱は柱脚部を土で固めて自立させるため建設当初は安定しており，特に建設途中は有利であるといえる

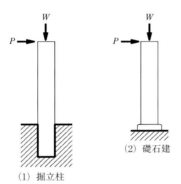

図8.3-1 柱の脚部

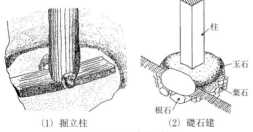

図8.3-2 柱脚詳細

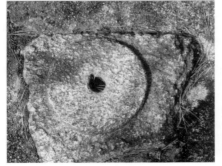

図8.3-3 法起寺鐘楼の礎石

（図8.3-2・3）．掘立柱を対象とした構造的な検証は，片岡（文献1）による模型実験や，出雲大社（島根県出雲市）復元に伴う考察などが行われている．掘立柱は基本的に片持ち柱構造であるが，柱脚の固定度は埋め込む長さや周囲の土の突き固め具合によって異なり，経年による影響も著しいことが知られている．

礎石建の柱に関しては，昭和12年（1937）に坂静雄が行った法隆寺（奈良県斑鳩町）の構造性能に関する一連の実験的研究に含まれている．この一連の研究は，社寺建築などの木造建築の構造に関する研究の先駆的な事例である．古代の社寺建築のように柱の細長比が小さく，横架材や小屋材は柱の上に積み上げる形式の場合，水平力に対して柱の曲げ・せん断変形はほぼ無視でき，柱は剛体と仮定してその転倒に要する水平力を復元力と考えるというものである．この仮定に基づき坂（文献2）は法隆寺金堂軸部の縮小模型を対象とした水平加力試験を行い，理論値と実験結果は比較的よく一致することを示している（図8.3-4）．ただし，最大耐力は剛体と仮定した際の理論値の8割ほどになり，これは柱脚部などの木材のめり込みによるものであると考察されている．

この研究を河合・坂本（文献3）はさらに発展させ，平城京朱雀門復元に伴い縮小模型実験を行い（図8.3-5），荷重変形関係の推定式を提案している．その後は，後藤ら（文献4）や前田（文献5・6）により，柱の転倒復元力の解析的な検証と推定式の精査が行われている．現在も社寺建築のうち特に門など柱の細長比が小さく，耐力壁が少ない建物を設計する際には，柱の転倒復元力を考慮した設計が行われる．

しかし，中世以降になると横架材は柱に穴をあけて

図8.3-5 柱の転倒復元力の実験（1990，東京大学坂本研究室）

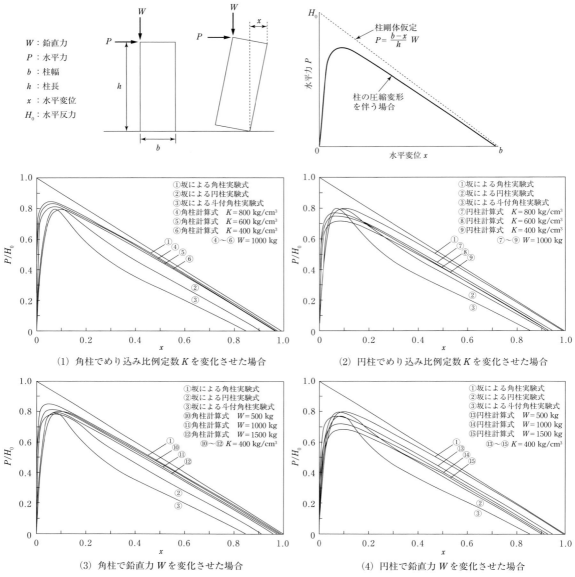

図8.3-4 柱の転倒復元力実験と理論 [出典：文献3]

通す貫が用いられるようになる．これ以前のように柱の上に積み重ねられる形式に代わり，柱と貫による軸組が形成され，水平力に対する抵抗機構も変化することとなる．さらに，時代が下るにつれ柱の細長比が大きくなる傾向が指摘されているが，これに伴い柱は剛体仮定が成立しない，軸組（ラーメン架構）の曲げ部材として機能するように変化していく傾向が認められる．　　　　　　　　　　　　　　　　　[藤田香織]

■文　献
(1) 片岡靖夫「古建築の構造特性―掘立柱と初期礎石上の柱による構造の考察」日本建築学会大会学術講演梗概集，1990．
(2) 坂 静雄「社寺骨組の力学的研究（第1部 柱の安定復原力）」日本建築学会大会論文集，1941，pp.252-258．
(3) 河合直人・坂本 功「古代木造建築の柱傾斜復元力に関する模型実験」日本建築学会大会学術講演梗概集，1991，pp.91-92．
(4) 西村 督・後藤正美「強制水平変位を受ける円柱の分岐挙動解析」日本建築学会北陸支部研究報告集，第54号，2011．
(5) 前田達彦「伝統的木造建築物における柱傾斜復元力の転倒限界に関する考察」日本建築学会大会学術講演梗概集，2008．
(6) 前田達彦「伝統的木造建築物における柱傾斜復元力の転倒限界に関する考察（2）」日本建築学会大会学術講演梗概集，2009．

8.3.2 接合部

a. 半剛接合

木造建築の架構のうち軸組構法では，柱と横架材などの接合部である仕口を力学的にどのように捉えるかが，構造設計に大きな影響を与える．木材は，コンクリートや鉄と異なり自然材料であり，金物や筋かいなどを利用しない限り，強固につくった仕口でも完全な剛節点として計算すると，地震などの水平力がかかった場合に計算値よりも建物の変形が大きくなる．このため，現在の木造住宅などでは，仕口部を回転モーメントにまったく抵抗しないピン節点と考え，耐力壁によって水平荷重に耐えるように設計するのが基本となっている．いわゆる「剛構造」である．

これに対し，社寺や古民家のような日本の伝統的建築物は，通貫・土壁・組物など各部分の水平荷重に対する抵抗力は比較的弱いが，変形しながら全体で耐えようとする「柔構造」であるといえる．力学的に完全な剛節点でも完全なピン節点でもない仕口部を，半剛ラーメン接合，半固定節点，半剛節仕口などとよぶ場合もあるが，本項ではこれらを「半剛接合」という．つまり半剛接合とはモーメントの増加に伴い回転角が変化する接合部である．ある架構を柔構造として力学的に把握するためには，仕口部を半剛接合として解析しなければならない．

木造建築物の構造設計を剛構造で行うべきか柔構造で行うべきかという議論は，古くは1930年の「剛・柔構造論」にまでさかのぼることができる（文献1）．日本の伝統的仕口には半剛接合と捉えられるものが多いものの，半剛接合の力学的性状を十分に解明することは困難であり，これが近年まで剛構造による構造設計のみを発達させてきた大きな理由の一つであるといえる．

例えば，通貫接合による架構では水平荷重を受けた場合，通貫接合部に回転モーメントが生じ，貫の上下面が三角形状にめり込み，変形が大きくなるに従って回転モーメントへの反力が大きくなる（図8.3-6）．つまり，通貫接合はモーメントの増加に伴い回転角が変化する回転ばねとして解析しなければならない．この回転ばね係数は，樹種や柱の見付け幅，貫の断面寸法により変化するため，「半剛接合」を構造解析に取り入れるには，これらの関係を支配している木材のめり込みを理論化することが重要である．

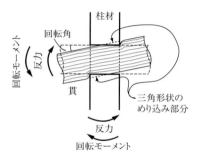

図8.3-6 通貫接合部の回転状況

b. めり込み理論

木材のめり込み性状は，樹種，材せい，加圧面の大きさおよび加圧面と材端の距離（以下，縁端距離という）などの影響を受ける．一般に加圧面寸法が小さいほど，また縁端距離が大きいほど，木材のめり込みに対する単位加圧面積あたりの抵抗力は増加する．稲山正弘は，材せい，加圧面寸法および縁端距離などを変化させた数百体のめり込み実験を行い，表面の薄板の下に無数の材厚方向の全面横圧縮ばねが並び，内部もばね相互が薄板でつながれた力学モデル（図8.3-7）を仮定し，弾性めり込みの理論式を以下のように導き出した（文献2）．

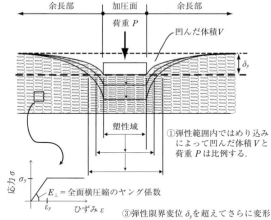

図8.3-7 木材のめり込み力学モデル

弾性域における等変位および三角変位めり込み基準式

(a)(b)での変数は図8.3-8を参照のこと.

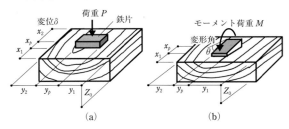

図8.3-8

(a) 等変位めり込み

$$P(\text{N}) = \frac{x_p\, y_p\, C_x\, C_y\, E_\perp}{Z_0} \cdot \delta$$

・降伏変位

$$\delta_y(\text{cm}) = \frac{Z_0\, F_m}{E_\perp \sqrt{C_x\, C_y\, C_{xm}\, C_{ym}}}$$

(b) 三角形変位めり込み

$$\sum N(\text{N}) = \frac{x_p^2\, y_p\, C_y\, E_\perp\, \theta}{Z_0}\left[\frac{1}{2} + \frac{2Z_0}{3x_p}\left(1 - e^{-\frac{3x_1}{2Z_0}}\right)\right]$$

$$\sum M(\text{N·cm}) = \frac{x_p^3\, y_p\, C_y\, E_\perp\, \theta}{Z_0}\left[\frac{1}{3} + \frac{2Z_0}{3x_p}\left(1 - e^{-\frac{3x_1}{2Z_0}}\right)\right]$$

・降伏変形角

$$\theta_y(\text{rad}) = \frac{Z_0\, F_m}{x_p\, E_\perp \sqrt{C_x\, C_y\, C_{xm}\, C_{ym}}}$$

$E_\perp$：前面横圧縮ヤング係数（$E_\perp \fallingdotseq (1/50) E_\parallel$ とする）

ここで，(a)(b)における諸変数は以下のとおり.

x_p, y_p：長方形加厚面の長さ（繊維方向）と幅（繊維直交方向）(cm)

x_1, x_2, y_1, y_2：各部の縁端距離 (cm)

Z_0：材厚 (cm)，δ：変位 (cm)，θ：変形角 (rad)

$$C_x = 1 + \frac{2Z_0}{3x_p}\left(2 - e^{-\frac{3x_1}{2Z_0}} - e^{-\frac{3x_2}{2Z_0}}\right)$$

$$C_y = 1 + \frac{2Z_0}{3ny_p}\left(2 - e^{-\frac{3ny_1}{2Z_0}} - e^{-\frac{3ny_2}{2Z_0}}\right)$$

$$C_{xm} = 1 + \frac{4Z_0}{3x_p},\quad C_{ym} = 1 + \frac{4Z_0}{3ny_p}$$

n：繊維方向の繊維直交方向に対する凹みの広がりの比を表す置換係数で，杉 $n=5$，米松 $n=7$.

F_m：縁端距離を無限大としたときのめり込み降状応力度で，$F_m = F_{cv} \times 2.4/3$

加圧面を均等にめり込ませる，等変位めり込みでは，弾性域は1～3mm程度までで，縁端距離が十分にあれば降伏点に達した後はゆるやかな勾配を描いて荷重が増大し続ける．通貫接合部のような三角変位めり込みの場合は，弾性域と塑性域の境界が明瞭でなく，上に凸の荷重変位曲線となる．

この算定式により，木材のめり込み部分の剛性・耐力が予測でき，仕口部を「半剛接合」として力学モデル化する大きな手がかりが得られた．

c. 柱貫接合部のモデル化

稲山はさらに，柱貫接合部における貫の成と幅および柱の見付け幅を変化させた曲げ実験を行ったのち，三角変位めり込み式を使い，柱貫接合部における回転剛性 K_θ と降伏モーメント M_y を以下のように導き出している（文献3）.

柱貫接合部の回転剛性と降状モーメントの算定式

・回転剛性

$$K_\theta(\text{N·cm/rad}) = x_p^2\, y_p\, E_\perp\left\{\frac{x_p}{Z_0}\left(C_{xm} - \frac{1}{3}\right) + 0.5\mu C_{xm}\right\}$$

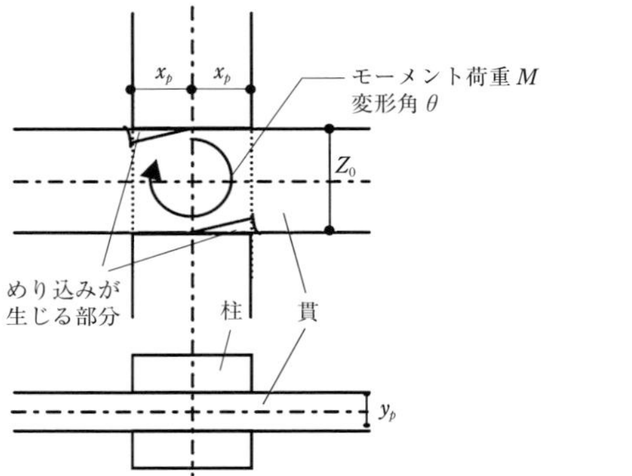

図8.3-9

・降伏モーメント

$$M_y(\text{N·cm}) = \frac{K_\theta\, Z_0\, F_m}{x_p\, E_\perp\, C_{xm} \sqrt{C_{ym}}}$$

x_p, y_p, Z_0 は図8.3-9の各部寸法 (cm)

μ：摩擦係数．貫が柱を貫通し対角位置にくい込み摩擦が生じる場合は $\mu = 0.6 \sim 0.8$，貫が柱を貫通せずすべり摩擦になる場合は $\mu = 0.3 \sim 0.5$ とする．

他の各記号は「弾性域における等変位および三角変位めり込み基準式」（図8.3-8）に同じ．

回転剛性の算定式中の $0.5\mu C_{xm}$ は，貫の回転に伴い柱の境界部が貫孔の外につぶれながら貫にめり込んでいく「くい込み効果」による剛性の増加を示している．したがって，貫が柱内部で止まっており，回転とともに貫が抜け出してくるような場合にはすべり摩擦

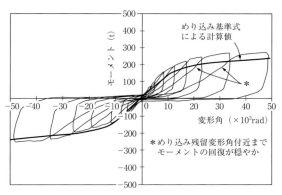

柱，貫とも米松集製材
($E_0 = 1200$ kN/cm², $F_{CV} = 0.9$ kN/cm², $n = 7$)
$X_P = 25$ mm, $Y_P = 50$ mm, $Z_0 = 300$ mm

図 8.3-10 柱貫接合部における曲げモーメントおよび変形角の関係

となるため $\mu = 0.3$ 程度として，剛性を算定することができる．柱貫接合部の回転モーメント荷重と変形角の関係の一例を図 8.3-10 に示す．柱貫接合部は，剛性および降伏耐力を大きくするのは困難であるが，降伏後も徐々に荷重が増加し続け，めり込み特有の非常に粘り強い塑性変形能力を示す．ただし，めり込みによって決まる変形性状は，地震力のような正負繰返し加力を受けた場合，一度受けためり込み残留変形角付近まで一気に揺り戻される，スリップ型の復元力特性になる特徴があり，注意が必要である．

d．その他の接合部のモデル化

その他の接合部として，伝統的な継手・仕口である竿車知継ぎを例としてあげると，図 8.3-11 のように複雑な接触面があり力学的な解析が難しいことがわかる．

花里利一らは，竿車知継ぎの静的加力試験の結果から材料異方性や剥離・摩擦を計算に取り入れた有限要素法を適用し，各接触面におけるめり込み応力の分布を求めた．その結果，接触面に作用する応力を集中力として捉え，前述の三角変位めり込み基準式が適用できることを確かめた（文献 5）．

北守顕久らは，寸法や年輪方向を変えた車知栓の全面横圧縮試験を行い，車知栓単体の剛性・耐力の推定方法を示したうえで，竿車知継ぎの引張性能の評価式を提案している．ここでは，剛性を車知および周囲部材の圧縮応力と変形の関係から導いている．実験結果から竿車知部分の破壊モードを8つに分類し，各々について三角変位めり込み基準式や割裂耐力推定式を用いて耐力を算出する．そして，その最低値を終局耐力とする耐力評価式を提案しており，剛性および降伏耐力の推定値が実験値とよく合致することを確認している（文献 6）．

e．構造設計への応用

近年，伝統構法による木造建築物の大きな変形能力を活かす耐震設計法を構築しようという機運が高まってきている．2008年から国土交通省の補助事業として組織された委員会では，多くの研究機関・大学・NPO法人が参画し，様々な実験と解析が実施されその成果がまとめられた（文献 7）．その中の実験検証部会では，蟻・鎌・柄差し・追掛継ぎ・金輪継ぎ・竿車知継ぎなどの標準的な接合部について，実験および力学モデルの解析結果から，剛性・耐力評価式を導いている．そこでは，設計法への摘要を前提として，樹種や形状の寸法から図 8.3-12 に示す荷重変位（角）関係の特性値を導くことができる評価式として整理されている．

その他，ボルトやドリフトピン，釘やラグスクリューなどの金物を用いた新しい接合方法についても剛性・耐力評価式の整備が進められている（文献 8）．これらの性能評価式は，実務の場面で利用され再度検証されることで，その利便性および精度が向上していくであろう．伝統的な継手・仕口を含む多くの有用な接合部が「半剛接合」として正しく評価され，構造設計に反映されていくことが期待される． ［竹村雅行］

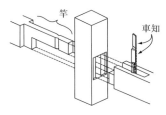

図 8.3-11 竿車知継ぎ

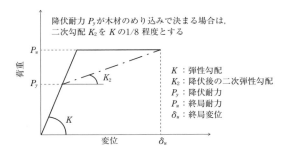

図 8.3-12 継手・仕口の評価式で示す荷重変位特性値

■文献

(1) 村松貞次郎『日本技術史叢書日本建築技術史』地人書館, 1959, pp.111-113.
(2) 稲山正弘「木材のめりこみ理論とその応用」東京大学学位論文, 1991.
(3) 稲山正弘「めり込み抵抗接合の設計(貫構造)」建築技術, 1995, pp.106-111.
(4) 日本建築学会編『木質構造接合部設計マニュアル』日本建築学会, 2009, p.255.
(5) 花里利一・森田仁彦・柳澤孝次「伝統的木造建築の構造性能評価-その5 柱-差鴨居接合部の検討」2002年度日本建築学会大会(北陸)学術講演梗概集 構造Ⅲ, 2002, pp.221-222.
(6) 北守顕久・野村昌史・稲山正弘・後藤正美「雇い竿車知栓留め柱-梁接合部の引張性能評価式の提案」日本建築学会構造系論文集, 第79巻 第695号, 2014, pp.93-102.
(7) 伝統的構法の設計法作成及び性能検証実験 検討委員会「平成24年度 事業報告書・設計法案3. 実験検証部会」1995.
(8) 日本建築学会編『木質構造接合部設計事例集』日本建築学会, 2012.

8.3.3 壁体

日本の木造建築は柱梁を用いた軸組式のものが多く、構造的に鉛直力は柱で支持し、水平力には壁および柱と横架材でなる軸組で抵抗する。水平力に抵抗する耐力壁には、古代から用いられている土壁、近代以降に用いられるようになる木摺漆喰壁などがある。筋かいは力学的には、柱・横架材と併せてトラスを構成する軸部材であるが、筋かいを含めて耐力壁としてとらえることができる。なお、木摺漆喰壁は筋かいが併用されることもある。板壁には横板壁と縦板壁があるが、落とし込み板壁のように太枘などを用いて耐力壁として設計・施工されたもの以外は軸組だけの状態と構造的には変わらないことが多い。

また、校倉造には隅角部の仕口である程度耐力に期待ができるものもあるが、通常は耐力壁として考慮できない。このように耐力的に期待できない非耐力壁としては、外装材に用いられる下見板貼壁などもあげられる。明治時代になると合板が日本で製造されるようになり、構造用合板は昭和44年(1969)にJAS規格ができる。現在は、多種多様な面材が木造住宅の耐力壁として用いられているが、合板はその中でも主要なものの一つである。

木造建築の壁の耐震・耐風性に関する実験的研究のうち最も早い例は、昭和13年(1938)の河野による研究であり、「従来我国に於て普通慣用されているもの9種類に就いて(後略)」として、二本貫・小舞壁・木摺壁・斜羽目・堅羽目・南京下見・下見板・テックス張り・テックス嵌め込みのせん断耐力実験を行っている(文献1)。

同時期に、田邊・後藤らは木造壁体の水平耐力に関する一連の実験的研究を行い、その成果を基に横力分布係数・計算法の提案をし、実験値と良く一致することを示している(文献2〜4)。しかし、その計算過程は大変複雑であり、本文中でも指摘されているとおり「到底この儘では実用には供し得られないが(後略)」というように、提案された計算方法は実用的なものではなかった。

谷口は、土壁(真壁・大壁)、下見板張り、など9種類の木造の壁体に関して正負繰返し静加力試験と自由振動試験を行い、木造の壁体の弾性限界は、柱の回転角にしておよそ1/200 radから1/100 radであること、壁体の固有周期の測定より、「普通の筋かいなき借家建て」では、地震動の主要動の周期が1秒から2秒であることから共振する可能性が高いことを指摘している。さらに、和風真壁にX型筋かいを入れ外部を和風下見板張りとした骨組み、または大壁造として筋かいを入れ外部を南京下見板張りとした骨組みが、倒壊に至るまで減衰係数値が低下しないという点から有利な構造であることなどを指摘している(文献5)。

上記の実験的な研究はいずれも、当時の木造住宅に一般的に用いられる壁構法の耐震・耐風性能を検証する目的で行われたものである。

一方、坂は法隆寺の昭和大修理に伴って一連の実験的研究を行っており、その一環として土壁の実験も行っている(文献6)。土壁に関するほかの実験的研究が主に戸建て住宅を対象としているのに対して、本研究は社寺建築を対象としている点で特徴的である。実験は、断面60 mm角の土壁試験体について圧縮・引張り・曲げ・せん断試験を行っている。その結果、

図8.3-13 壁の実験 [出典:文献8]

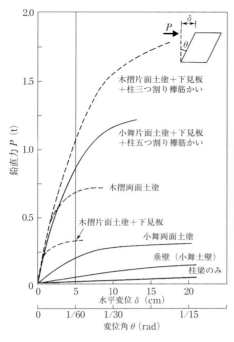

図8.3-14 壁の実験結果［出典：文献8］

粘土成分の多い山土は畑土と比較して圧縮強度が大きいことなどが指摘されている．

　久田は，福井地震（昭和23年/1948）の被害調査を行った結果，木造住宅の被害と壁率に相関があることに着目し，壁体に関して一連の実験的研究を行った（図8.3-13・14，文献7・8）．これより，壁体面に小亀裂を発生し始めるが壁土の剥落には至らず，かつこの付近から変形の増加割合が急増することから1/100 radを許容耐力の目安とし，6尺の真壁を基準1として各壁体の耐力比率が与えられている．また，壁体が連続してある場合はこの数値の和をとることが提案されている．これは，昭和25年（1950）に制定された建築基準法施行令第46条「必要壁量や壁倍率を用いた簡易耐震計算法（壁量規定）」のもととなった研究の一つであり，以降，小規模の木造建物ではいわゆる壁量計算が行われることになった（図8.3-15）．

　昭和25年（1950）に建築基準法が制定される頃までの壁体の実験的研究は，主として，在来の戸建て住宅の耐震，耐風性能の評価を目的としたものであり，当時一般的に用いられていた土壁・下見板張りなどの壁構法を対象としていた．現在では，これら土壁や下見板張りといった壁構法は在来構法というよりは，むしろ伝統構法といわれるようになっている．その構造性能に関する近年の研究としては，文献9〜25などがあげられる．このうち河合は，既往の土壁に関する実験的研究の結果について比較論じた上で，土壁の許容せん断耐力の提案を行っている（図8.3-16，文献

図8.3-15 土壁の振動台実験（平成8年/1996）
［出典：文献23・24］

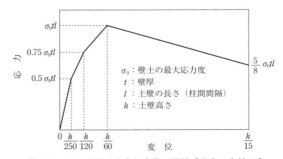

図8.3-16 土壁の応力と変位の関係［出典：文献25］

13)．さらにこれら既往の研究成果をもとに，土壁の荷重変形関係のモデル化を提案しており（文献25），現在，重要文化財（建造物）耐震診断指針（文献26）でもこのモデルが用いられている．　　　　　［藤田香織］

■ 文　献

(1) 河野輝夫「木造壁体の剪断抵抗の実験的研究」日本建築学会論文集，8巻，1938，pp.24-33．
(2) 田邊平孝・勝田千利・後藤一雄「交番水平荷重を受くる木造有壁骨組（真壁）の実験（耐震，耐風木構造に関する研究 第6報）」日本建築学会論文集，9巻，1938，pp.130-139．
(3) 田邊平孝・後藤一雄・菊田守雄「交番水平荷重を受くる木造有壁骨組（大壁）の実験（耐震，耐風木構造に関する研究 第7報）」日本建築学会論文集，13巻，1939，pp.210-219．
(4) 田邊平孝・後藤一雄・菊田守雄「木構造骨組の実用横力分布係数並に計算法に関する二三の問題（耐震，耐風木構造に関する研究 第8報）」日本建築学会論文集，17巻，1940，pp.329-338．
(5) 谷口 忠「建造物の振動減衰性に関する研究（木造の振動減衰性に就て）」日本建築学会論文集，13巻，1939，pp.220-229．
(6) 坂 静雄「金堂構造の安定度判定に関する研究（第六報）土壁強度試験 第一部」文化庁資料，1943．
(7) 久田俊彦「木造壁体の耐力に関する研究」日本建築学会論文集，42巻，1951，pp.71-79．
(8) 久田俊彦「木造建物の耐力計算法一案」建築技術，No.47，1955．
(9) 平嶋義彦・金谷紀行・畑山靖男・神谷文夫「既存木造住宅の耐震補強に関する研究（第4報 壁体の水平せん断耐力試験 その2）」日本建築学会大会学術講演梗概集，1980．
(10) 石田和人「在来構法による木造耐力壁のせん断耐力実験」日本建築学会大会学術講演梗概集，1981
(11) 日本住宅・木材技術センター『木造軸組構法等の開発業務報告書（貫構造・差鴨居構造の設計方法の開発）』1986．
(12) 杉山英男・安藤直人「ぬき軸組を基にした土塗壁，板壁の水平耐力」『住宅総合研究財団報告』1991．
(13) 河合直人「土塗壁の設計」建築技術，1995年11月号，1995．
(14) 西澤英和・井上年和・文化財建造物保存研究会『文化財建造物の耐震性能向上に関する試験研究（伝統的土壁の復元力に関する実験的研究）』文化庁建造物課資料，1997．
(15) 西澤英和・黒岩将人・文化財建造物保存研究会『文化財建造物の耐震性能向上に関する試験研究（オンライン地震応答載荷実験法による伝統的土壁の耐震性能の評価に関する実験的研究）』文化庁建造物課資料，1998．
(16) 保田寿成・前川秀幸『土塗り壁・板壁の水平せん断耐力に関する研究』平成9年度職業能力開発大学校卒業論文，1998．
(17) 鈴木祥之・中治弘行・清水秀丸「木造住宅土塗り壁の実大実験による耐震性能評価（その1 実験の概要と結果）（その2 耐震性能に関する考察）」日本建築学会大会学術講演梗概集（九州），1998．
(18) 柳澤孝次ほか「伝統的木造建築の構造性能評価（その1 土壁のせん断実験）」日本建築学会大会学術講演梗概集（九州），1998．
(19) 建築構造ポケットブック編纂委員会編『現場必携 建築構造ポケットブック 第3版』共立出版，1995．
(20) 文化庁建造物課『文化財建造物の重量概算用資料』文化庁建造物課資料，1995．
(21) 中村 豊・上半文昭・井上英司「1995年兵庫県南部地震の地震動記録波形と分析（Ⅱ）」JR地震情報，No.23d，鉄道総合技術研究所ユレダス開発推進部．
(22) 日本建築学会編『建築耐震設計における保有耐力と変形性能（1990）第2版』日本建築学会，1990．
(23) 藤田香織・坂本 功ほか「伝統的木造建築の壁体に関する振動台実験」第10回日本地震工学シンポジウム，1998．
(24) Kaori Fujita, Isao Sakamoto, et.al., Shaking Table Tests and Analyses of Walls used in Traditional Timber Structures in Japan, IABSE Conference Innovative Wooden Structures and Bridges International Association for Bridge and Structural Engineering, 2001.
(25) 前川秀幸・河合直人・内ння昭人「伝統的木造建築物の振動特性 その9 民家の荷重変形関係と固有振動数の推定」日本建築学会大会学術講演梗概集，2000．
(26) 文化庁建造物課『文化財（建造物）耐震診断指針』1999（改正2012）．

8.3.4　組　物

　組物とは，柱あるいは台輪の上に設けられ，鉛直荷重を柱に伝達する役割を担っている支承部分の名称である．6世紀に，仏教の伝来とともに，朝鮮半島から渡来した技術者によって日本に伝えられたといわれ，木造の寺院・神社建築に用いられる．斗と肘木という2種類の部材が互いに積層して構成され，様式・年代によってその形状は多様である（図8.3-17）．

　組物の力学的特性については，木造層塔の耐震性に関連して言及されることが多い．元暦2年（1185）の地震で法勝寺（京都市左京区）に所在した日本史上最大の塔婆建築であった九重塔が大きな被害を受けた以外では，大型の塔婆建築の地震被害はほとんど伝えら

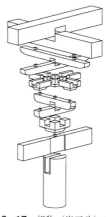

図8.3-17　組物（出三斗）の構成

れていない（文献1）．この事実に鑑みて，木造層塔の耐震性に関する考察が行われてきたが，未だ定説はなく，その考察の過程で組物の地震時の効果が指摘されてきた（文献2・3など）．

組物の実験的研究としては，坂が法隆寺金堂（奈良県斑鳩町）の昭和大修理に伴って行った，一連の研究が最も早い例である．法隆寺金堂の下層1スパン分，1/2大模型の鉛直載荷下における静的水平加力試験を行い（文献4），単体の傾斜復元力に関する実験的研究（文献5）との比較から，胴張り・頭貫・組物がある丸柱は，普通の丸柱と比較すると，引倒し抵抗力と復原力の差（吸収率）が大きい．この原因として，頭貫の摩擦抵抗，組物のエネルギー吸収，柱の胴張りの影響があげられている．さらに，骨組形式が複雑化すればこの吸収率が大きくなり，「この性能こそ，かかる古社寺骨組み構造の動力学的問題を取扱う上に振動の減衰作用として重要な性質で五重塔の耐震性について論議される問題のうち武藤博士がこれを指摘せられている点である．」としている．この後は，薬師寺大講堂（文献6・7），平城宮跡大極殿（文献8），唐招提寺金堂（文献21）（いずれも奈良県奈良市）など歴史的な建造物の復原や修理の際や，伝統的軸組構造の一部として（文献17～20），組物および組物を含む軸組の実験的な研究が行われその構造性能に関する特性が検討されている．

仏堂建築として最も数の多い，三間堂仏殿の一つである重要文化財喜多院慈眼堂（埼玉県川越市）を範とした4本の柱頭と組物から構成される試験体を対象とした，静的鉛直載荷試験・静的水平加力試験・振動台加震試験（図8.3-18）など一連の実験結果をもとに，組物の履歴モデルとその剛性値の算出方法が提案されている（図8.3-19，文献9～16）．これは組物の復元力特性を，初期剛性を大斗の回転による大斗の底のめり込み剛性，第二剛性を部材どうしの滑り（剛性0），第三剛性を太柄のめり込みの総和と仮定して木材のめり込み理論をもとに算出する方法である．提案された履歴モデルを用いた地震応答解析により，組物はその振動特性により建物全体の変形を抑制する効果があることも指摘している．

［藤田香織］

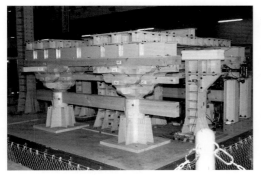

図8.3-18 組物の振動台実験（東京大学坂本研究室・東急建設・文化財建造物保存技術協会，1998）

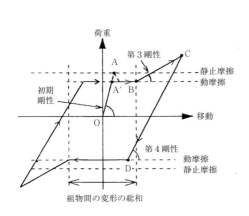
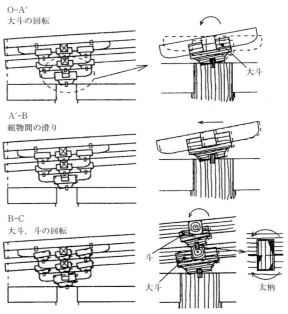

図8.3-19 組物の履歴モデルと剛性値

■文　献

(1) 光井　渉「地震被害と文化財建造物」月刊文化財，390 号，1996，p.13.

(2) Ryo Tanabashi,"Earthquake Resistance of Traditional Japanese Wooden Structures", *Proc.of the Second World Conference on Earthquake Engineering* (*Special Lecture*). 1960, pp.180-181.

(3) 山辺克好・金井　清「五重塔の耐震性に関する研究」日本大学生産工学部報告，21 巻 2 号，1988，pp.91-110.

(4) 坂　静雄『金堂構造の安全度判定に関する研究（第八報 社寺骨組の力学研究 第四部法隆寺金堂内陣架構 1/2 模型の引倒し抗力及復原力）』文化庁保存修理課，1944.

(5) 坂　静雄「社寺骨組の力学的研究（第 1 部 柱の安定復原力）日本建築学会大会論文集，1941，pp.252-258.

(6) 西澤英和『伝統的木構造の耐震性に関する基礎研究（斗供及び小壁の力学特性について）』京都大学建築学科，1996.

(7) 山田憲明・西澤英和『2 方向の地震力を受ける立体架構の動的応答解析（伝統的木構造の地震応答解析）』京都大学工学部建築第二学科 1996 年度卒業論文，1997.

(8) 林　知行・軽部正彦「古代伝統木造架構の実大水平加力実験（その 1 概要と斗組架構実験）（その 2 実大架構実験と履歴性状）」日本建築学会大会学術講演梗概集，1998，pp.269-270.

(9) 坂本　功・大橋好光・木村正彦・藤田香織・安田一男・川久保政茂「伝統的木造建築の組物の振動台実験（その 1 概要と静加力試験）」1997 年度日本建築学会関東支部研究報告集，1998，pp.37-40.

(10) 木村正彦・藤田香織・坂本　功・大橋好光・川久保政茂・安田一男「伝統的木造建築の組物の振動台実験（その 2 組物の振動特性）」1997 年度日本建築学会関東支部研究会，1998，pp.41-44.

(11) 藤田香織・木村正彦・大橋好光・坂本　功「伝統的木造建築の組物の振動台実験（その 3 地震波加振）」日本建築学会大会学術講演梗概集，1998，pp.263-264.

(12) 木村正彦・大橋好光・藤田香織・坂本　功「伝統的木造建築の組物の振動台実験（その 4 組物の上下振動特性）」日本建築学会大会学術講演梗概集，1998，pp.265-266.

(13) 藤田香織・木村正彦・大橋好光・坂本　功「伝統的木造建築の組物の振動台実験（その 5 出組の静加力試験）」日本建築学会大会学術講演梗概集，1999，pp.15-160.

(14) 藤田香織・坂本　功ほか「伝統的木造建築の組物の振動台実験（その 6 出組の剛）」日本建築学会大会学術講演梗概集 C-1，2000，pp.147-148.

(15) 藤田香織・木村正彦・大橋好光・坂本　功「伝統的木造建築の組物の振動台実験（その 7 地震応答解析）」日本建築学会大会学術講演梗概集 C-1 分冊，2001，pp.171-172.

(16) 藤田香織・木村正彦・大橋好光・坂本功「静的水平加力試験に基づく伝統的木造建築の組物の履歴モデルと剛性評価」日本建築学会構造系論文集，2001，pp.121-127.

(17) 鈴木祥之ほか「伝統木造軸組の実大振動実験（その 4）実験結果（1）軸組全体の応答特性」日本建築学会大会学術講演梗概集 C-1，2000，pp.109-110.

(18) 鈴木祥之ほか「伝統木造軸組の実大振動実験（その 5）実験結果（2）解析に基づく応答特性に関する考察」日本建築学会大会学術講演梗概集 C-1，2000，pp.111-112.

(19) 谷　明勲ほか「伝統木造軸組の実大振動実験（その 9）各部の挙動（2）組物」日本建築学会大会学術講演梗概集 C-1，2000，pp.119-120.

(20) 鈴木祥之ほか「伝統木造軸組の実大振動実験・静的水平力載荷実験」日本建築学会構造系論文集，574 号，2003，pp.135-142.

(21) 「唐招提寺金堂斗組の実大圧縮クリープ実験」日本建築学会学術講演梗概集，2004，pp.29-30.

(22) 稲山正弘『木材のめり込み理論とその応用（靱性に期待した木質ラーメン接合部の耐震設計法に関する研究）』東京大学学位論文，1999.

(23) 日本建築学会編・発行『木質構造設計規準・同解説 第 2 版』1995，p.17.

8.3.5　床，屋根，天井

　屋根や床の水平構面に要求される構造性能は，自重や積雪荷重などの鉛直荷重に対する抵抗力と地震力や風に対する水平力への抵抗力の大きく二つがあげられる.

　自重や積雪荷重などの鉛直荷重については，その不具合が軒の垂下や雨漏りなどの形で直接認識できるため，その対応策として，経験則で歴史的に改良が加えられ，進化してきた．しかし，地震力や風に対する水平力に対しては，あまり改良されておらず，近代以降の構造力学の概念が導入されてから，屋根面や天井面の水平構面としての構造性能の重要性が認識されるようになった．そのため，水平構面の構成要素としては火打梁が長く用いられてきた.

　伝統木造建築では，特別に水平構面として構造要素が追加されているわけではないので，既存の部材が水平構面としてどのような性能があるかを評価する必要があり，要素としては，屋根，小屋組，天井，梁組，床があげられる.

a．屋根

　屋根材の水平剛性については，茅葺について河合（文献 1），山崎・中尾ら（文献 2），松田・腰原・坂本ら（文献 3）によるものがあり，静加力実験によると茅自体は剛体に近い変形をし，その下地である扠首，屋中竹，垂木竹といった部材が縄がらみにより半剛接合となり曲げ材としてせん断抵抗することが確認されている（図 8.3-20）．瓦屋根については，河合（文献 1）によると，静加力実験から軒に近い下半分の変形は小さく，上半分の変形が大きく，小舞板，土居葺などが一体化して水平構面を形成していることが確認されている（図 8.3-21）.

図 8.3-20 茅葺屋根のせん断変形

図 8.3-21 瓦屋根のせん断変形

b. 小屋組

茅葺でも瓦葺でも屋根面の水平剛性は小さく，水平構面としての性能は低い．実際の木造建物では，屋根面のほかに，小屋組が立体トラス形状になっており，水平構面としての機能を発揮することができる．重要文化財関家住宅（神奈川県横浜市）の構造補強では，屋根の水平構面として，茅葺屋根と併せて小屋組の水平剛性を評価している（文献3）．この建物では，壁の配置のバランスの悪さから水平構面での地震力の伝達が重要な役割を果たしており，小屋組，屋根葺材を含めた立体解析により水平構面としての性能を検証している（図8.3-22）．また，小屋組に水平構面の性能を期待する場合には，部材に発生する軸力を確実に伝達することが必要であり，部材の接触で伝達可能な圧縮力だけでなく引張力に対する検討が重要であり，端部接合部の補強が必要になる場合が多い．

c. 天 井

天井面も水平構面として寄与することができる．木造建物で用いられる棹縁天井，格天井の静加力実験（文献1）では，棹縁天井も格天井もせん断性能は同程度であるが，棹縁天井では，大変形時に稲子の跳ねや抜け出し，天井-棹縁の留め付け釘の疲労破壊がみられ

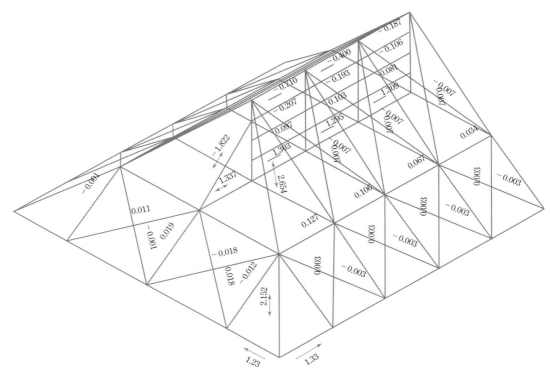

図 8.3-22 小屋組の立体モデルと応力（単位：tf）

る．一方，木組が主体の格天井では，格縁相欠仕口部分でのめり込みが主な抵抗要素となるため，1/5 radまで変形しても耐力低下がみられない．

d. 梁，床組

伝統構法の横架材は，梁間方向と桁行方向が高さ方向にずれて交差し，方向ごとに部材芯のレベルが変わる場合が多い．さらに，その横架材の上に，根太，床板を積み重ねる構成となるため，単純な構造モデルでは明確な水平構面のレベルを設定しにくい．床組全体の性能としては，近似的には各部材が同レベルにあると想定して評価することができるが，詳細には，部材の転び，せん断変形時に大きな軸力が生じる境界梁の接合部でのレベル差を考慮した応力伝達の検討などが必要となる．

e. 水平構面

床，屋根，天井といった水平構面の性能を把握するためには，要素ごとにせん断試験が行われ，図8.3-23のような荷重変形関係が得られている．一般に，各水平構面要素の性能の低い木造建築では，水平構面剛性に寄与できるすべての部材の性能を積み上げていく必要があり，低い性能でもそれらを集積して建物全体として必要な性能を確保することが，建物の正確な性能把握につながる．

さまざまな要素を組み合わせた建物全体の水平構面の性能を把握するために，実建物の静加力実験が近藤ら（文献4）などによって実施されている．中央構面の集中荷重による水平載荷による建物全体の変形を水平構面の剛性を評価した疑似立体モデルにより再現し，剛床仮定モデルに比べて実験値に近い値を導き出している．また，松田（文献3）は構面ごとの集中荷重実験の組合せから，屋根構面の水平剛性を考慮した多質点系モデル（図8.3-24）を用いて各鉛直構面の荷重-変形関係，水平構面剛性を導き出し，地震時挙動を把握するモデルの提案を行っている．

一方，町家など葺き下ろし屋根の建物では，屋根面，2階床面が同じ一つの大きな屋根によって連続的につながるため，現代木造のように水平構面のレベルを設定した層ごとの単純なせん断ばねモデルを用いて評価することは難しい．同様に，母屋に下屋が取り付く場合にも，各耐震要素の高さが変化するため屋根面の変形量が同一でも層間変形角が異なることになる．このような場合には，水平構面の剛性を適切に評価したブ

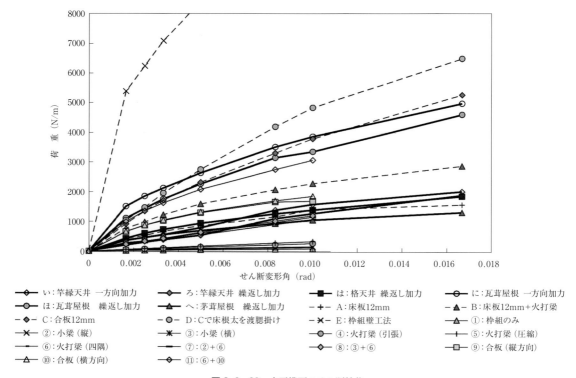

図 8.3-23 水平構面のせん断性能

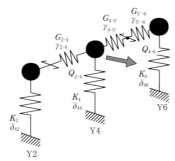

図 8.3-24　水平構面の剛性を評価した質点系モデル

レース置換などを使用した三次元立体モデルで建物全体の挙動を検討する必要がある． ［腰原幹雄］

■文　献
(1) 文化財建造物保存技術協会『文化財建造物等の耐震性能の向上に関する試験研究』1999.
(2) 石橋庸子・中尾方人・山崎　裕「伝統的構法の農家を対象とした茅葺屋根のせん断加力試験」日本建築学会大会学術講演梗概集 C-1, 2005.
(3) 松田昌洋ほか「水平力伝達機構を考慮した伝統的木造住宅の構造解析」日本建築学会大会学術講演梗概集 C-1, 2006.
(4) 近藤哲ほか「伝統的木造住宅の水平耐力に関する実験的研究」日本建築学会大会学術講演梗概集 C-1, 2001.

8.3.6　全体系（常時微動測定および水平加力試験）

a．社寺建築物の構造実験

建築物の構造特性を知るためには，構造体を構成する各部位を抽出し，その構造実験を行い，各部位の構造特性を合わせたものとして建物全体の構造特性を推定することが一般的である．一方，建物全体の構造特性を知るためには，建物全体の構造実験を行えばよいが，実際には実物大建物全体の構造実験を行うことは，経済的な観点から困難である．奈良平城宮跡（奈良県奈良市）の朱雀門や大極殿の復原工事においては，主要構造部の部分的な水平加力実験を行って構造特性を把握した上で，構造設計を行っている．

既存の社寺建築物の構造耐力を知るためには，地震や台風の際に建物に加わる外力を建物に加え，建物各部の変形性状をみる必要があるが，国宝や文化財建築物などでは外力を加えるために構造体に手を加えざるを得ない水平加力試験を実施することは困難である．

建築物を損傷させることなく構造特性を把握できる方法としては，常時微動測定，自由振動測定，強制振動実験などがある．機器の設置が比較的容易で，測定時に機械的な振動を加えない常時微動測定および人力加振は，建物所有者側の許可が比較的得やすい．このことから，五重塔をはじめとする社寺建築物について，古くは，大森（文献1）が法隆寺（奈良県斑鳩町），教王護国寺（東寺，京都市南区），池上本門寺（東京都大田区），日光東照宮（栃木県日光市）などの五重塔で常時微動測定と人力加振を行って以降，複数の研究者が多数の堂宮において，常時微動測定だけでなく起震機を用いた強制振動実験を実施し，固有周期の特定をはじめとして，その振幅依存性や総高さとの関係などについて検討している．

一方，社寺建築物の地震時の強震観測記録は少ないが，恵日山観音寺大宝院五重塔（津観音，三重県津市）における東海道沖地震時の記録（文献2）や法華経寺五重塔（千葉県市川市）における千葉県東方沖地震（昭和 62 年/1987）・新潟県中越沖地震（平成 19 年/2007）などが報告されている．実大建築物ではないが，飛鳥様式で建てられた木造五重塔（縮尺1/5）について大型振動台による実大振動実験において，兵庫県南部地震（平成 7 年/1995）や新潟県中越地震（平成 16 年/2004）の地震波による五重塔の応答に関して詳細な検討を行っている（文献3）．

b．常時微動測定

建物には地盤中を伝播する，潮汐，火山微動，交通・工場振動などにより，常に微小な振動が生じている．これらの微小振動を常時微動といい，建物や地盤の常時微動を測定することにより，建物の固有周期や減衰特性，地盤の卓越周期や増幅特性などを推定することが可能である．初期の頃の微動計は，倒立振子タイプのものが多く使われ，測定したデータを持ち帰ってからデータ処理を行っていたが，近年は小型のサーボ型速度計を使用した可搬型振動計測システムが多く使われていて，計測現場において波形モニターやフーリエ解析を行うことも可能となっている．速度計の性能は表 8.3-1 に示したように，理論分解能は 0.03 mkine（速

表 8.3-1　サーボ型速度計の性能（測定範囲：例）

測定項目	フルスケール	理論分解能
変位	± 2 mm	0.06 μm
速度（L）	± 10 kine	0.3 mkine
速度（H）	± 1 kine	0.03 mkine
加速度	± 2000 Gal	0.06 Gal

［出典：（株）東京測振（VSE-15D）］

度）と高い精度での測定が可能である．

　常時微動測定では，微動計を地盤面と梁上各所に設置し，水平方向の微動を計測するのが一般的であるが，床上や小屋レベルに設置したり，鉛直方向成分の測定を行う場合もある．常時微動測定は，微小の振動を記録するので，記録中に大きな外力が建物に加わるとレンジオーバーして正確な測定ができないことがある．

　一般的にセンサーの最大測定変位は±2 mm程度の場合が多いので，この範囲を超えないように風速計を用いて最大風速や平均風速をモニタリングするとともに，人が建物に触れたり，振動を与えたりしないように気をつける必要がある．見学者が多数訪れる社寺建築物においては，人の動きを制御することや，測定できる時間帯を限定することも要求される．また，常時微動測定と併せて人力加振により建物に固有振動数に近い振動数で強制振動を加え，急停止させることによって建物の減衰波形を記録し，建物の減衰定数を求めることもできる．

　測定はアンプの切替えにより速度だけでなく，加速度や変位でも記録できる．一般的な解析では，測定で記録された微動波形をFFT（高速フーリエ変換）解析処理して建物の伝達関数を求め，建物の固有振動数，減衰定数および振動モードを推定する．

　図8.3-25は元興寺極楽坊（奈良県奈良市）の本堂と禅堂である．元興寺極楽坊本堂と禅堂で測定された常時微動波形と自由振動減衰波形の一例を図8.3-26に示す（文献4）．自由振動減衰波形における振幅の減少割合から，建物の減衰定数を求めることができる．また，記録された常時微動波形の伝達関数を求めたものが図8.3-27である．常時微動波形には，多数の周波数成分が含まれているが，伝達関数で表すと，特定の振動数でピークがみられる．これらの明確なピーク

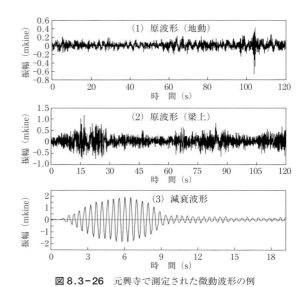

図8.3-26　元興寺で測定された微動波形の例

(1) 本堂

(2) 禅堂

図8.3-25　元興寺極楽坊（本堂・禅堂）

図8.3-27　伝達関数（元興寺）

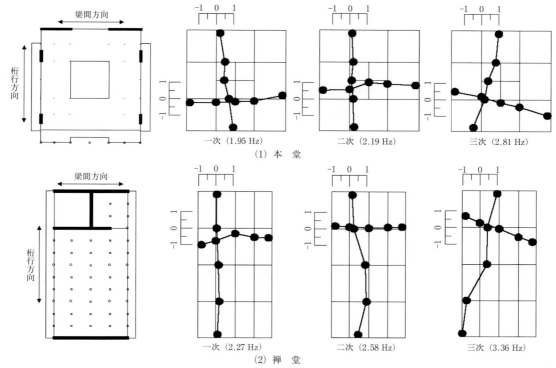

図8.3-28 固有振動数と振動モード（元興寺）

は建物の固有振動数と考えられる．また，特定の振動数における振動モードは図8.3-28のように示すことができる．

常時微動測定や自由振動測定のデータを集積することによって，同種の木造建築物の剛性や強度をある程度推定することが可能であり，定期的にデータを収録しておくことにより，構造体の損傷や劣化の程度をモニタリングしていくこともできる．ただし，接合部や部分的な部位の劣化程度や強度の低下，大変形時の実挙動を推定することは，これからの課題となっている．

［前川秀幸］

■ 文　献

(1) 大森房吉「五重塔の振動に就きて」建築雑誌，No.415，1921，pp.219-226．
(2) 藤田香織ほか「伝統的木造五重塔の振動特性に関する研究 その3 津観音五重塔の地震観測」日本建築学会大会学術講演梗概集 構造Ⅲ，2003，pp.465-466．
(3) 千葉一樹ほか「振動台加振実験から得られた伝統的木造構法五重塔の基礎的な振動特性」日本建築学会構造系論文集，第614号，2007，pp.69-75．
(4) 前川秀幸ほか「伝統的木造建築物の振動特性 その10 元興寺極楽坊本堂，禅堂の常時微動測定」日本建築学会大会学術講演梗概集 構造Ⅲ，2001，pp.145-146．

8.4 構造補強の原理と実例

8.4.1 長期鉛直力(1)：東大寺金堂

a. 国宝東大寺金堂の沿革

現在の東大寺金堂（奈良県奈良市）は三代目の建造物である．初代の大仏殿は聖武天皇の詔によって，天平勝宝3年（751）に造営されたが，創建後約430年を経た平安末期の治承4年（1180）に南都と平氏の争いにより平重衡の軍勢によって炎上．このため，翌治承5年後白河法皇は東大寺再興の詔を発し，俊乗坊重源が勧進し，征夷大将軍源頼朝の寄進を得て第二代目の大仏殿の落慶供養が行われたのは建久6年（1195），焼失後15年を経た後鳥羽天皇の時代であった．

この，鎌倉再興から370年を経た戦国末期の永禄10年（1567），三好松永の合戦で大仏殿は再び灰燼に帰し，江戸初期には露座の状態が続いていた．公慶上人が大仏殿興建の勧進を徳川幕府に願い出たのは貞享元年（1684）で，宝永6年（1709）に，25年の大工事を経て大仏殿落慶供養が行われた．永禄の焼失から150年ほど後のことである．これが現在の大仏殿である．

現在の大仏殿の規模は東西7間，柱真で東西18丈8尺（57m），南北5間・16丈6尺（50.5m），棟高15丈6尺（46.8m）の堂宇であるが，この平面の四周にはさらに25尺余りも突出した屋根があって，木造建築物として世界最大の規模を有している．しかしながら，創建時，および鎌倉再興の大仏殿は梁間7間，桁行11間で，現在の約1.5倍の平面規模であった．

b. 江戸再興大仏殿の構造概要

図8.4-1は江戸再興大仏殿の平面図，図8.4-2は断面図である．この建物の軸組の特色として次の諸点が列記される．

① 柱が長いこと：内陣天井は基壇より約27mと著しく高い．国宝法隆寺五重塔がほぼ納まるほどである．このため，図8.4-2の下屋柱A，側柱B，入側柱Cを17，28，36mと順次長くするとともに，おおむね下屋柱頂部より上部に多段の貫を設置している．これにより小壁を固めるとともに，柱の座屈を防止している．

② 軒出が大きいこと：明治修理前の軒部の詳細を図8.4-3に示す．側柱真C_1から軒鼻隠しC_2までの長さは約8mもあり，身舎の軒は外部8段の挿肘木で丸

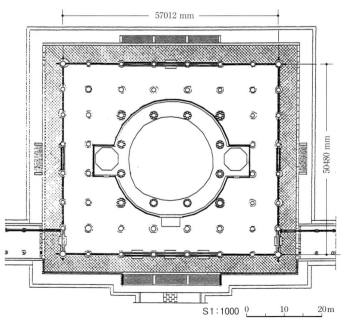

図8.4-1 東大寺金堂 平面図 [出典：原図は文化庁保存図面]

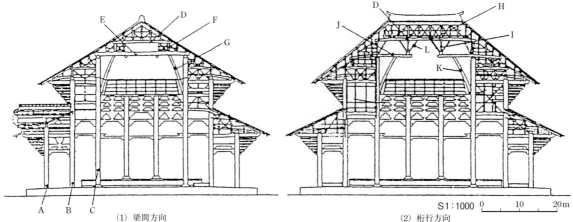

図 8.4-2　東大寺金堂 断面図 ［出典：原図は文化庁保存図面］

桁 G を支持する形態であるが，実際には丸桁の内側に桔木 H を設置して，側柱筋上の桁 I を支点として，入側柱筋で尻 J を抑える一種の丸桁桔構造となっている．

一方，丸桁 G の下端は一種の突出梁形式の挿肘木で荷重を受け，さらにこれを多段の挿肘木で支持する形式であるが，実際には下部より 2, 4, 7 段目が身舎に貫通しているだけで，ほかの肘木に構造的な機能は期待できない．

③ 内陣中央の梁間が大きいこと：内陣の梁間は 23 m と著しく大きい．図 8.4-3 に示すように，大屋根は張間方向には伝統的な和小屋形式で上部の虹梁 D と下部虹梁 E とを小屋束 F で結合するとともに，相互の束を貫と筋かいで固めている．また，大虹梁 E は入側柱筋のほかにスパンの約 1/6 の部位において巨大な方杖 G によって支持している．一方，桁行方向も梁間と同様約 23 m のスパンであるが，ここでは上部の大梁 H で大棟付近の荷重をいったん受けた後，これを 2 本の梁間方向の上部虹梁 D および入側柱の計 4 か所で支持している．

c．大仏殿の構造的な変状

江戸再興大仏殿は竣工後約 100 年を経た文化 3 年（1806）3 月に「二重目の屋根下がる」の記録があり，同年 11 月には唐破風を現在のような銅板に葺き替えるとともに，二重目に支柱が設置された．さらに，天保 8 年（1837）8 月には東北の柱が修理され，軒の垂下を防ぐために隅部に支柱が追加された．

図 8.4-4（1）は明治大修理前，図 8.4-4（2）は現在の大仏殿の外観である．図のように 19 世紀末には上下層の四隅に支柱を建てて辛うじて変形の進行を防いでいる状況にあった．軒先は波打ち，屋根は垂れ，内部の大梁は 1 尺以上も撓んで危険な状態となり，西側の鴟尾は欠落し，隅部の挿肘木は基部から大きく垂下するとともに側柱の不同沈下も著しかった．大雨に際しては建物内部には，雨水が滝のように流れ込んでいたという．また，正面中央の唐破風の上には切妻の屋根を仮設して雨養生を施していた．このように明治中期には大仏殿の損傷はもはや放置できないほど激しくなっていた．

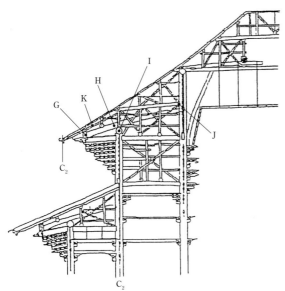

図 8.4-3　東大寺金堂 明治修理前の軒部
［出典：原図は文化庁保存図面］

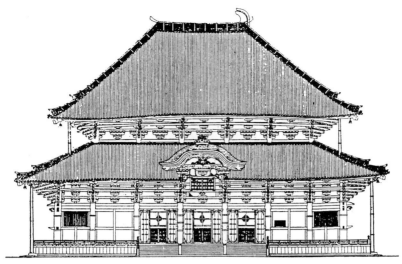

(1) 明治修理前の外観

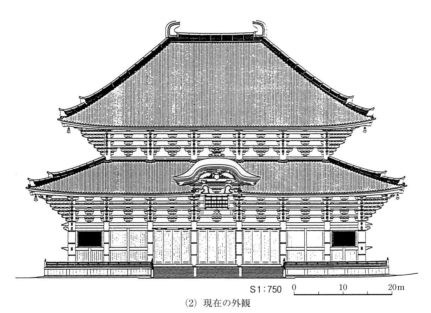

S1:750　0　10　20m
(2) 現在の外観

図 8.4-4 東大寺金堂 明治修理前と現在の外観［出典：原図は文化庁保存図面］

b．明治大修理の構造対策

　明治に入ると，構造的な損傷が著しくなった大仏殿の修理が再三計画されたが，ようやく明治36年(1903)に修理事務所が開設されて調査実測を開始，日露戦争後の明治40年(1907)5月に本格着工し，大正2年(1913)6月に10か年の工期を経てようやく竣工した．

　この修理の目的は宝永年間以来約200年の間に生じた主要部材の腐朽，破損した架構を解体して，部材を補修し断面性能を回復するとともに，単に旧状復帰に留まることなく，江戸再興大仏殿が残していた構造上の課題を根本的に解決して架構の長期間の安定化を図るところまで踏み込んだものであった．

　この工事では巨大な素屋根を丸太で組み，建物の荷重もこれで支え，長さ80尺余り，径5尺もの大梁2丁をはじめ，数千の部材を大仏の頭上で支持し，数本ずつ巨柱を抜き取るという手法が講じられた．

　明治大修理の構造対策の特色は従来まったく考えられなかった鉄骨構造の併用による軸組構造の強化策が採用されたが，見え掛り部分での鉄材の使用をできる限り避けるためにさまざまな配慮がなされた．例えば，

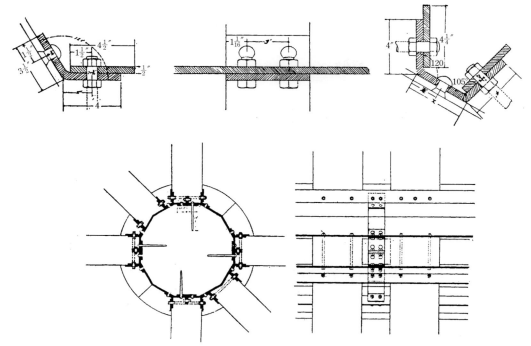

図8.4-5 東大寺金堂 集成木材柱の鉄材補強詳細［出典：原図は文化庁保存図面］

図8.4-5に示すような「桶側造り」と称せられる当初の集成柱の構造を巧みに生かして，山形鋼24条を埋め込んだり，軒先の荷重を支持する男梁は組立て鉄骨箱型断面材に置き換えて，その周囲を旧材と同質の板材にて被覆するなどの方法が採用された．さらに明治大修理では木材乾燥や防腐処理，屋根の軽量化など多岐にわたる先駆的な技術開発が行われたが，ここでは大屋根を支える木造小屋組の鉄骨トラスによる構造補強について述べる．

図8.4-6・7に明治修理における軸組の改修と構造補強の概要を示す．図8.4-6は梁間方向，図8.4-7は桁行方向についてそれぞれ修理前および修理後の状況を対比している．また図8.4-8は内陣のトラス伏図およびダイアモンド状に組まれた水平筋かいの配置である．

図8.4-6・7の修理前の図からわかるように，内陣にかかる大梁は中央で大きく湾曲し，構造材として適正に欠ける状態にあったので，明治大修理では図に示すように，当初の方杖を撤去して，大梁の下端に長さ22m，成5mの鉄骨のダブルワレントラスを架け渡し，その両端には桶側造りの柱内に埋設された柱補強用の山形鋼のガゼットプレートにリベットもしくはボルトにて結合している．

また図8.4-8に示すように桁行方向にも振止めのトラスを架け，さらに雲筋かいを取り付けて内陣全体のねじれを防止している．

江戸再興大仏殿は伝統的な大斗肘木による和様の積上げ方式ではなく，通柱と挿肘木による工法で，さらに小屋組は二重虹梁形式の伝統的な和小屋を改めて，重ね梁形式の大スパン架構を方杖で補強支持するという一種の立体構造を採用していた点に特色が指摘される．このような構造は経済的に大規模建造物を実現する上では画期的な手法であったが，反面部材を部分解体して修理することが難しい．このため，軒組と軸組，さらに梁間と桁行の大梁を一体的に修理しなければならなかったと判断されるが，明治大修理での鉄骨補強は，江戸再興大仏殿の木組の考え方を基本的に踏襲しつつ，補強によって当初の木造架構が偽構造化することなく，多くの課題を解決するのに成功した．

東大寺大仏殿の明治大修理は，明治以前にすでに高度な水準に到達していた工匠の技術を基礎として，欧米の技術者の手をまったく借りることなく，独自の力で幾多の新しい工学技術に日本人の独創的な試みを加えて，前例をみない大工事を完遂させた．これはまさに世界に誇りうる先駆的な事業として特筆される．

［西澤英和］

510　第8章　現代の伝統構法

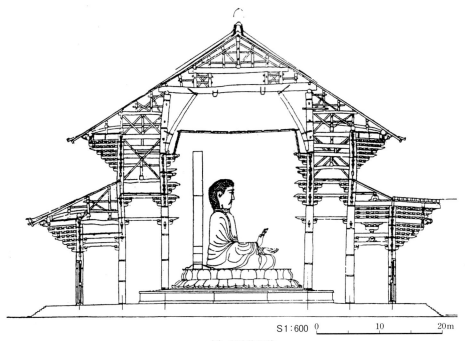

（1）明治修理前

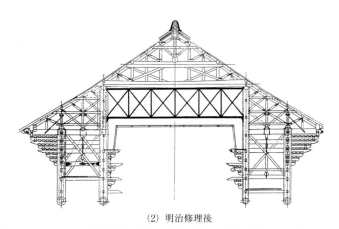

（2）明治修理後

図8.4-6　東大寺金堂 明治修理前と修理後の梁間方向断面［出典：原図は文化庁保存図面］

8.4 構造補強の原理と実例

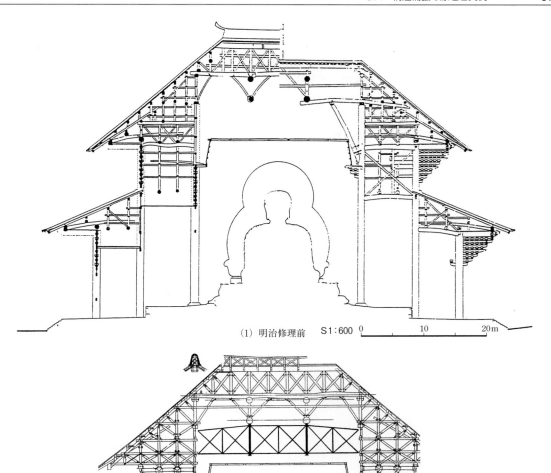

(1) 明治修理前　S1:600

(2) 明治修理後

図8.4-7　東大寺金堂 明治修理前と修理後の桁行方向断面［出典：原図は文化庁保存図面］

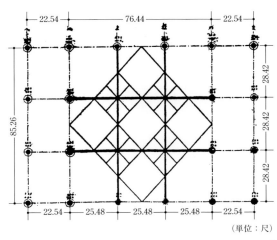

(単位：尺)

図8.4-8　東大寺金堂 明治修理時の補強鉄骨トラスの伏図［出典：原図は文化庁保存図面］

8.4.2 長期鉛直力(2)：清水寺三重塔

a. 国指定重要文化財清水寺三重塔の昭和大修理

北法相宗本山音羽山清水寺（京都市東山区）の三重塔の創建は古く平安時代にさかのぼるが，雷や兵火による焼亡と再建が幾度も繰り返されてきた．現在の塔は寛永6年（1629）の火災の後，三代将軍家光の命により寛永8年着工，同9年（1632）に竣工したもので，総高100尺，軒高66尺の現存最大級の三重塔である．この塔は昭和59年（1984）1月から同61年（1986）12月にかけて大規模な修理が行われたが，その際，当初の架構形態を復原するためにステンレス鋼材を用いた吊構造による構造対策が講じられたので，その概要を記す．修理前後の外観は図8.4-9に示すとおりである．

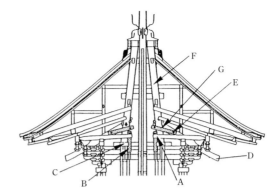

図8.4-10 清水寺三重塔 文化年間修理時の補強

(1) 修理前（軒支柱がある）　　(2) 修理後

図8.4-9 清水寺三重塔 修理前と修理後の外観

b. 修理履歴

この塔の最上層の屋根に関しては，建立後早い時期から構造的な障害が顕在化しており，今日に至るまで何度も修理と構造対策が行われた．再建後184年目の文化13年（1816）には図8.4-10に示すように三層の丸桁より上部の小屋組を全面的に解体して，次のような構造補強が施された．図8.4-11は文化年間の補強が残る小屋組の状況である．

① 丸桁桔木Gの跳ね上がりを防止するため，枠組Bを設けて，丸桁桔木の尻Aを牛引梁Cに緊結した．
② 平の尾垂木Dに樫の栓Eを差し通して，左義長柱Fの後方より枠組Gを追加して緊結し，平の尾垂木の滑り出しを防いだ．

図8.4-11 清水寺三重塔 文化年間の構造補強

しかしながら，このような補強によっても最上層の屋根の経年的な垂下は防止できず，明治40年（1907），昭和2年（1927），昭和4年（1929）にも応急的な修理が行われ，2層と3層に対しては図8.4-9（1）のような軒支柱が設置されたが，これは結果として塔の外観を損ねることになった．昭和59年（1984）からの大修理の目的は，三層屋根の構造的な課題を解消して，軒支柱を撤去し，創建時の姿を復元することにあった．

c. 創建架構の構造的な課題

中世以来，わが国では桔木による軒荷重の支持方法が発達したため，独自の発展を遂げて，より深い軒を形成することが可能となったが，桔木構造は基本的には軒先の荷重と小屋組内の反力とのバランスを前提としているため，いったん荷重の均衡が崩れると部材の経年変化とも相まって軒の垂下などの障害の発生が避けられない．清水寺三重塔の最上層の屋根の問題もこのような桔木構造の荷重のバランスの不備に起因すると考えられる．

図8.4-12に三層の平の断面図を示す．軒先端の荷重や化粧垂木などの荷重Fは材Aを介して桔木H

8.4 構造補強の原理と実例　513

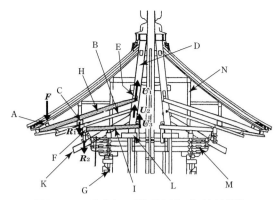

図8.4-12　清水寺三重塔 最上層の荷重伝達機構

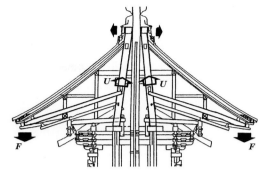

図8.4-13　清水寺三重塔 三層屋根の変形傾向

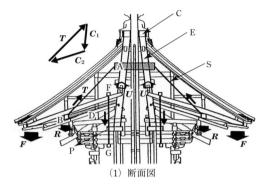

(1) 断面図

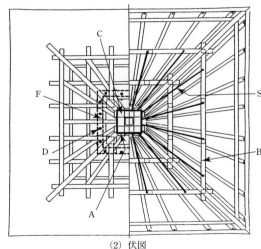

(2) 伏図

図8.4-14　清水寺三重塔 補強材の配置

（ハッチ部）に作用する．桔木Hは地垂木Bの裏側の土居Cを支点とする梃子を形成するので，左義長柱Dには貫Eを介して上向きの力U_1が生じる．

一方，土居Cに生じる桔木Hの支点反力R_1は丸桁Fを経て各通りの軒組で支持される．このR_1は側柱Gの頂部を支点とする丸桁桔I（ハッチ部）および肘木の二手目を支点とする尾垂木Kによる上向きの反力U_2は，左義長柱Dの柄を介して，前述のU_1に累加する．同様に丸桁桔Iからも上向きの反力U_3が加わることにより，結果として左義長柱Dには大きな引抜力が作用して，牛引梁Lから浮き上がる傾向をもつ．

計算の結果，平の面では左義長柱にはU_1，U_2，U_3の合計5.5tの揚力が作用するが，これに対抗する鉛直力は露盤荷重0.3t，左義長柱の自重1tが主たるものであって，屋根面全体では約30tの大きな引抜力が生じることがわかった．

d．構造対策の考え方

小屋組が安定な荷重状態を保持するためには，次の二つの条件が必要である．

① 左義長柱に引抜力が生じないこと．
② 各部材が長期の許容応力度を超過しないこと．

すなわち，三層小屋組は全体としては，図8.4-13のように，桔木の支持機構が著しく釣合いを欠くために，軒や組物が外側に回転するとともに，左義長柱の頂部の井桁枠も迫り出す傾向を有する．そのため，三層の屋根部の内力系のみで力のバランスを改善するという方針に基づいて，図8.4-14に示すような構造対策を施した．

① 左義長柱の頂部にステンレス鋼板製のベルトAを緊結し，井桁枠Cの開口を防止．

② ベルトAと土居Bとの間にターンバックルを有するステンレス鋼棒Sを各面4本設置し，土居Bを吊り上げることによって，土居Bに作用する丸桁桔の支点反力を約3割軽減する．ステンレス鋼棒の張力Tは左義長柱に沿う圧縮力C_1を生じて，牛引梁を押し付ける効果を生む．なお，圧縮力C_2は土居Bを地垂木に沿って押し上げるので，転び止めを付加した．

③ 桔木尻に横材Fを設けて反力を受け，さらにター

ンバックルを有するステンレス鋼棒Sを各面4本配置して，繋肘木Gまで引張力を伝達する．

この際，引張り鋼棒の張力をターンバックルで調整することにより，最上層の屋根に生じていた30tの揚力は完全に消去されて，左義長柱には圧縮力が導入されて小屋組は安定化する．

e．構造補強の実際

三層の小屋組の補強鉄骨を図8.4-15・16に示す．図8.4-15は左義長柱の頂部のベルトA付近の状況で，各面4本の吊材S_1をピン接合している．図8.4-16は吊材S_1と桔木押えFの取付け詳細である．桔木尻には不陸があるため，いったん桔木押えFをおいて，その下面と桔木尻の間に束または楔を挿入している．このように木材と補強鉄骨とはすべてボルトで接合しているので，補強材は将来の修理に際して分解することが容易である．

木造層塔の内部構造は塔ごとに異なるので，その構造対策も一律ではなく適宜工夫する必要があるが，一般に鉄骨による補強システムは部材断面が小さいので，目立たず，またボルトで組み立てると解体撤去も容易である．さらに，部材の寸法変化に応じてターンバックルなどで材長や締付け力の調整も可能なため，層塔以外の木造建築に幅広く適用することができよう．

[西澤英和]

図8.4-15 清水寺三重塔 左義長柱の頂部の鉄骨井桁枠

図8.4-16 清水寺三重塔 軒部のターンバックルによる吊上げ補強

8.4.3 短期水平力

a．水平力に対する抵抗の原理

建築物に対する水平力とは，一般に地震力と風圧力のことである．地震に際してはまず地盤が揺れるのであるが，慣性力と考えると建築物の質量に応じて生じる外力となる．地震時の揺れには水平動だけではなく上下動もあるが，建築物の損傷や倒壊などの地震被害に大きな影響をもつのは水平動であり，通常の耐震設計では地震力が建築物に横から作用する力であると考える．また，台風などの大風に際しては風圧力が建築物に作用する．風圧力には屋根面に垂直に作用する力や軒先の吹上げ力など，水平方向以外の力もあるが，建築物全体でみると，鉛直に建つ外壁に作用する水平方向の力が主であり，さらに屋根面など傾斜した面に作用する力の水平方向成分もあって，これらの水平力に対する耐風設計が重要となる．

これらの水平力に対する木造建築物の抵抗要素は，一般に鉛直構面と水平構面に分けて考えることができる．

鉛直構面とは，柱と梁などの横架材や壁からなる構面で，地震力や風圧力などの水平力に対して抵抗し，その力を地盤に流す役割をもつ．水平力によって建築物が破壊し，倒壊しないためには，鉛直構面のせん断耐力，すなわち，鉛直構面が平行四辺形に変形するのに対して抵抗するときの耐力が十分であることが必要となる．ただし，水平力のうちでも地震力，特に震度6強などのような大地震動時には，建築物が倒壊しないための条件としては，せん断耐力そのものだけではなく，大きな変形に至ってもせん断耐力が維持されるかどうか，つまり粘り（靱性）があるかどうかが重要となる．

水平構面とは，床や小屋組など，大きく捉えれば鉛直構面を水平方向に繋ぐもので，地震力や風圧力を鉛直構面に流す役割を有している．水平構面が柔らかいと水平構面が大きく変形し，場合によっては鉛直構面に力を伝えきれなくなって水平構面自体が破壊してし

まう．一方，鉛直構面の抵抗要素の配置のバランスが悪いと，水平力が作用する中心位置（地震の場合には重心）と鉛直構面が抵抗する中心位置（剛心）にずれが生じる．これを偏心というが，偏心があると地震時には建築物全体がねじれるように振動して，鉛直構面の弱い側が大きく振られることになる．このとき，水平構面がある程度のせん断剛性を有していれば，つまり，平行四辺形に変形する度合いが小さければ，地震力と直交する方向にある鉛直構面もねじれ振動を防ぐ効果を有する．しかし，水平構面が柔らかいと直交壁が効かず，鉛直構面の弱い側の揺れがいっそう拡大され，耐震性能が低下することになる．

b. 補強方法の種類

水平力に対する補強としては，後述するように鉛直構面や水平構面の補強がまず考えられる．主として鉛直構面の耐力や靱性を上げて耐震，耐風を図ろうとするものである．その際に，水平構面の剛性も不十分で建築物全体が一体に揺れていないとすると，水平構面の補強も必要となってくる．

こうした補強が一般的ではあるが，地震力そのものの軽減も耐震性能を向上させる一つの方法であり，広い意味では耐震補強の一種として扱われる．地震力を軽減するには，建築物の重量を軽くする方法と，建築物の揺れの周期を長くして地盤の揺れの周期とずらす方法がある．

地震力は慣性力であるので，建築物が軽くなると，つまり質量が小さくなると地震力は小さくなる．例えば屋根葺材を瓦から鉄板などにして軽くすることで，地震力が小さくなり耐震性能は高くなる．

また，五重塔など高さの高い建築物では，ゆっくり揺れる，つまり1回揺れるのに要する時間すなわち固有周期が長いために，地震に際して地盤と揺れとの間での共振が生じにくい．五重塔は，地震による倒壊の記録がないとされているが，その理由としてこの固有周期が長いことが，説明として用いられている．高さ30 m級の五重塔で，体に感じないくらいの小さな振幅に対して固有周期は1秒程度であり，大地震で振幅が大きくなればさらに固有周期が長くなる．このくらいになると，地震動の比較的細かな揺れに対しては共振を起こしにくく，揺れが大きくならない．ブランコを小刻みに揺らしても揺れが大きくならないのと同じ原理である．

近年の建築物や文化財建造物の修理工事に際して，

基礎に免震装置を設ける場合がある．この免震もこれと同じ原理で，地震動の細かな揺れに対して建築物の揺れが拡大されないようにする技術である．

これらとは別に，減衰を大きくする働きをもった装置を制振装置といい，オイルダンパーのような速度に比例するような抵抗をもつ制振装置，摩擦による制振装置，低降伏点鋼を用いた履歴型の制振装置などがある．こうした制振装置により建築物の減衰が大きければ揺れは大きくなりにくい．木造建築用にも各種の制振装置の開発が行われており，文化財建造物の修理に際して設けられた例もある．

c. 鉛直構面の抵抗要素と補強

現代の木造建築物における鉛直構面の抵抗要素としての代表格は壁である．古くは土塗壁があり，近年では構造用合板や構造用パネル，その他，さまざまな面材を釘打ちした耐力壁があり，通常，柱梁土台などに囲まれた軸組に筋かいを入れたものも耐力壁とみなされている．

筋かいは，明治24年（1891）の濃尾地震における被害状況を踏まえたジョサイア・コンドルの講演において耐震的な効果に優れた洋風の技術として提唱され，その後，数多くの実験的研究を経て，昭和25年（1950）の建築基準法制定時に，今日にも繋がる壁量規定における主要な耐震要素として取り入れられたものである．

しかしながら，わが国における筋かいの使用は決して新しい技術ではなく，建築途中の仮設用には古くから使われていたことが絵巻物などから知られている．また，近年の遺構の修理などにより，早い時期から，仮設ではなく建築物の構造要素としても使用されていたことがわかっており，平安時代にも建築物の軸組に筋かいを用いた例のあることが知られている．早い例では8世紀末とされる室生寺五重塔（奈良県宇陀市），大神神社摂社大直禰子神社社殿（奈良県桜井市）の平安時代後期における改修，平等院鳳凰堂（京都府宇治市）の平安時代末の修理時，鎌倉時代前期の法隆寺東院舎利殿および絵殿（奈良県斑鳩町），同じく鎌倉時代前期の教王護国寺（東寺，京都市南区）の慶賀門，北大門などで筋かいが使われた例が見出されている．

こうした壁による補強は地震や風に対する性能を向上させるうえで有効であり，近年の伝統的建築物の補強にもよく用いられているが，壁を補強するだけでは壁の周囲の接合部，すなわち柱頭柱脚の接合部が引張

破壊を生じやすくなる．壁の補強を行った場合には引抜力を検討し，必要に応じて接合部の補強も考えなければ性能の向上には繋がらない．

伝統的な農家や町屋では，垂壁の取り付いた柱が曲げられることによる抵抗も鉛直構面の抵抗要素として重要である．耐震診断などでは垂壁付き独立柱とよばれて耐震要素として考慮されている．ただし，柱がある程度太くなければ，一般の住宅規模の建物でいえば15 cm角程度の断面がなければ，その寄与はあまり大きいとはいえない．逆に垂壁の付いた細い柱が地震時に折れてしまうという被害が今日でも少なからずみられる．垂壁の部分を補強するだけで柱の曲げ破壊に対する配慮がなければ，柱の折損を招き，かえって耐震性能を低下させることにもなりかねない．

また，柱の上部に横架材との間で斜めに設ける方杖も，内部空間の確保を図りつつ，柱の曲げ抵抗に期待する耐震，耐風要素である．建設当初から用いられる場合もあれば，鉛直構面の補強として用いられる場合もある．これについても柱の曲げ破壊が生じないような慎重な配慮が必要である．

一方，社寺建築では，太い柱の自立性，すなわち柱傾斜復元力が水平抵抗要素として無視できない．比較的太くて短い柱が水平力により傾斜すると，上からの荷重が傾斜を戻す側に働くという効果である．これは補強ではなく，もともとの構造物に備わった耐震，耐風効果である．

その他，柱を貫通する部材である貫も，柱との接合部で回転に抵抗することにより，建物全体が傾くのを防ぐ働きを有する．接合部1か所の回転抵抗は限られているが，数多く設けることにより一定の補強効果を生む．貫は，鎌倉時代に，大仏様とよばれる建築様式とともに大陸からもたらされたものである．重源により建てられた東大寺南大門（奈良県奈良市）や浄土寺浄土堂（兵庫県小野市）などが，この頃の貫構造を用いた遺構として有名である．この技術はそれまでの形式であった和様の形式の建物にも，建築の当初から，あるいはすでに存在する建築物に対する補強方法として用いられるようになっていく．

また，今日の長押は化粧材で水平力の抵抗要素とはなっていないが，平安時代には，鴨居の高さに入る内法長押や敷居の高さに入る切目長押とも，比較的大きな長方形断面をもって柱に組み合わされており，貫と同様に接合部が回転に抵抗して建物の水平抵抗要素になっていたと考えられる．当時から長押のこのような

働きについては認識がなされていたという指摘がある（文献1）．

これらの貫や長押も伝統的木造建築物の補強の選択肢として使われている．

d．水平構面の抵抗要素と補強

水平構面は，実際には床，小屋組，屋根，天井などが組み合わされたものである．今日の木造建築物の耐震設計では，一般に，土台や2階以上の床の床組，小屋組の梁の高さに隅角部を固める斜め材である火打材を設けるか，または床面，屋根面に構造用合板などの面材を釘打ちすることで，水平構面としての剛性耐力の確保が図られている．大きな構造物になると，水平に木材の筋かいや鋼材ブレースを設けることもある．

伝統的な建築物では，一般に火打材が用いられることはないが，気仙大工の建てる住宅では，「すみごおり」とよばれる火打梁が使用されたものがある．丸断面の曲り材を用い虹梁のように見えることから，隅虹梁が語源かと思われるが定かではない．

伝統的な建築物の水平構面剛性，すなわち上から見て平行四辺形に変形する場合のせん断剛性は，床組，小屋組，屋根面，根太天井などによって得られると考えられるが，一般に剛性は今日の構造用合板を用いた床などに比べると小さい．二重，三重に格子状に組まれた梁組などは，渡腮仕口の回転剛性である程度の剛性が得られるが，茅葺屋根や檜皮葺屋根，格天井や竿縁天井の一部を取り出した形の試験体に対して行われた加力試験では，剛性はそれほど大きくないことがわかっている．また，民家や寺院建築の水平加力実験や振動測定などでも，水平構面の変形が無視できず，一体的な挙動が必ずしも確保されていないことが指摘されている．したがって，伝統的木造建築物の耐震補強に際して水平構面の補強が検討される場合も多い．

水平構面の剛性は建築物全体の耐震性能にも影響するが，特に気を付けるべき水平構面の問題としては，下屋の破壊がある．民家では，上屋の部分に十分な壁などの耐力要素がなく，下屋屋根で繋がれた先に，外壁などの耐力要素が設けられている場合が少なくない．しかしながら，下屋の屋根は垂木で繋がれて屋根構面が載る程度で，水平構面としての剛性や耐力は小さく，上部からの地震力が下屋屋根の先の外壁に伝わらずに，下屋屋根が破壊してしまうことが考えられる．このような場合，下屋の屋根面や天井面を補強する必要がある．

e．その他の部分の破壊と補強

実際の地震被害では，上に述べたような鉛直構面，水平構面に関わること以外に，小屋組部分の倒壊，梁などの部材の落下，柱脚の滑りに伴う破壊といった事象もみられる．

小屋組が倒壊するおそれがあるのは主に棟の方向であり，棟束や母屋束に貫や筋かいを設けることで一定の補強となりうる．

梁などの部材の落下は，主として鉛直構面のせん断変形が過大となることに起因する場合が多いと思われるが，繋梁と柱との接合部など，部材の接合部が引張りに対して十分な耐力や変形能力をもたないことも原因として考えられる．こうした破壊に対しては接合部の補強も検討されてしかるべきである．

一方，伝統的建築物では柱脚を礎石に載せただけで水平移動を拘束していない場合が多く，地震時に柱脚が滑り，それに伴って上部構造が破壊する例がある．柱脚の滑りによる破壊としては，隣り合う柱間で滑動量が異なるために足元が開くことによる破壊，柱の通りごとに滑動量が異なるために生じる破壊，礎石からの踏み外しにより上下方向のずれが生じることによる上部構造の破壊などのパターンがある．補強方法としては，脚部や1階床面を補強して一体に移動するような措置や，脚部のアンカーによる固定などが考えられる．

［河合直人・山﨑 泉］

8.4.4　鉛直構面の補強事例

a．構造用合板による壁補強（旧五十嵐家）

旧五十嵐家は江戸時代中期の享保14年（1729）に，福島県会津坂下町中開津に建てられた農家で，昭和43年（1968）に福島県重要文化財の指定を受け，所有者の五十嵐氏より町に寄贈され，昭和44年（1969）に移築復元工事が行われた．さらに平成6年度（1994）から，「歴史とふれあいの里」の拠点の一つとして別の敷地に再移築することとなったが，その工事期間中に発生した阪神淡路大震災（平成7年/1995）の教訓から，十分な耐震補強を行うこととなった．

そのため，木部材と土壁，水平構面を含む三次元フレーム解析により，水平震度0.2とした地震力に対する変形計算を行った結果，現状の土塗壁の場合には想定の1/60 radを超える大きな変形となり，鉛直構面の補強が必要とされた．補強案としては，土塗壁を構

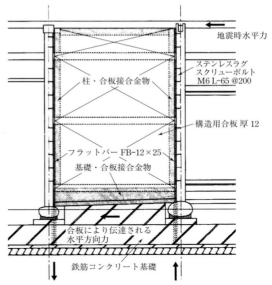

図8.4-17　旧五十嵐家住宅における構造用合板による壁補強
［出典：文献2］

造用合板，モルタル下地，中塗り仕上げとすることが提案され，構造用合板の厚さはもとの土塗壁にあわせて薄くするため，12 mmが採用された．既存の柱に対しては，L字形に加工した鋼板を柱にステンレスラグスクリューで留め付け，このL字形金物に構造用合板をステンレスボルトで留め付けている．また，構造用合板が取り付く柱の浮き上がりを防止するため，L字形金物からフラットバーを延ばして礎石下に設けた鉄筋コンクリート基礎にアンカーしている（図8.4-17）．

もともと壁が少なく，壁配置の偏りもある建築物で，かつ冬期の積雪を考慮した地震力を用いると極めて厳しい条件となるため，高耐力の耐力壁と柱脚接合部が求められた．積雪時の地震力を考えると，この構造用合板厚さ12 mmによる補強でも性能が不足するという検討結果であったが，この点については，12月から3月までの積雪期には閉館となるため，この間は冬期間用の丸鋼ブレースを設置することで対応している．

b．垂壁付き独立柱の補強（本興寺方丈）

本興寺は兵庫県尼崎市にある法華宗（本門流）の総本山で，方丈は元和3年（1617）に建立されている．平成7年（1995）兵庫県南部地震で被災し，平成10年（1998）まで災害復旧工事として解体修理工事が行

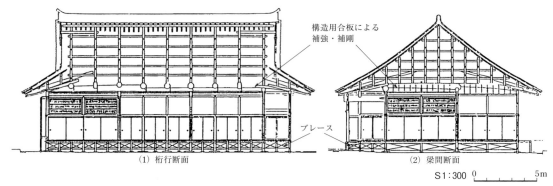

図 8.4-18 本興寺方丈の補強計画 [出典：文献 3]

われた.

方丈の主体構造は桁行 19.82 m 梁間 13.94 m で，約 150 トンの瓦屋根を 43 本の柱で支えているが，これらの柱は大部分が垂壁付き独立柱であり，水平力を負担し得る壁は極端に少ない．地震力に対しては，これらの柱の曲げ抵抗が主要な耐震要素となるが，兵庫県南部地震に際しては鴨居の高さで多くの柱に曲げ破壊がみられた．

補強方法としては，壁の補強や増設による耐震性能の向上には限界があるため，柱の曲げ抵抗に期待する考え方は変えずに，床下に製材または鉄骨によるブレース（断面-60 mm×60 mm）を設け，垂壁は構造用合板で補強，欄間の部分にはステンレス丸鋼のブレースを設けて，床の高さと鴨居の高さの 2 か所で柱の曲げ抵抗を稼ぐこととされた（図 8.4-18）．しかしながら，兵庫県南部地震での被害ですでに柱の曲げ破壊が生じていることや，貫や長押の襟輪による断面欠損が大きいことなどから，柱自体の曲げに対する補強が必要であった．

このため，鴨居の高さで柱長さ 1 m 分，また，床上で柱根継ぎがあるところで長さ 1.3 m に，炭素繊維シートを接着するという補強を行っている．180 mm 角の断面の柱の内部約 20 mm の位置に，柱の四周を削って厚さ 1.29 mm の炭素繊維シートを接着し，20 mm の刎木を行って断面を復するというものである（図 8.4-19）．この補強を行った柱の曲げ耐力については，実際の柱と同様に貫孔と長押の襟輪欠きが設けられた無補強の試験体 2 体，補強長さ 90 cm の試験体 3 体，補強長さ 140 cm の試験体 3 体，合計 8 体の柱の曲げ試験が行われた．

建物全体は礎石より天井までの部分をモデル化した三次元モデルによる立体解析が行われ，その解析結果

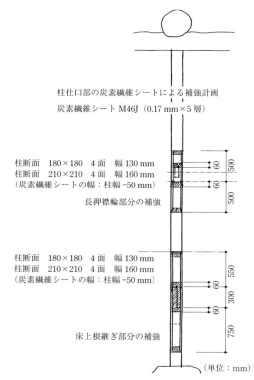

図 8.4-19 本興寺方丈における柱の炭素繊維シートによる補強 [出典：文献 3]

による柱の曲げモーメントと，補強された柱の曲げ耐力との比較から，建物の耐震性能としては，層せん断力係数にして 0.45 程度の性能が確認されている．

c. 柱-貫接合部の補強（周防国分寺金堂）

山口県防府市にある周防国分寺金堂は，安永 8 年（1779）に再建されたもので，平成 9 年（1997）から平成 17 年（2005）まで解体修理が行われた．修理に際しては，柱傾斜復元力，柱-貫接合部の回転抵抗を

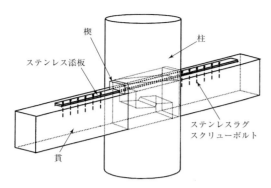

図 8.4-20 周防国分寺における柱−貫接合部の添板補強
［出典：文献 4］

考慮した三次元モデルを含む各種のモデルを用いた構造検討，地震応答解析が行われ，柱−貫接合部の補強や向拝と本体柱の接合部補強が行われた（図 8.4-20）．この補強により，震度 6 強程度の地震に対して変形角 1/30 〜 1/20 程度に留まり，倒壊しないこと，平均風速 35 m/s 程度の風に対して倒壊しないことが確認された．

柱−貫接合部の補強は，柱位置で継がれた左右の貫をステンレス添板で繋いでステンレスラグスクリューで留めるもので，内法貫と足固貫に施された．この柱−貫接合部の補強効果については曲げ破壊実験が行われており，添板補強により 2 割程度の接合部耐力の

上昇が認められる．柱−貫接合部箇所数は，桁行方向 168，梁間方向 108 で，そのうち桁行方向は 72 か所を添板補強することで約 9％の耐力上昇，梁間方向は 28 か所を添板補強することで約 5％の耐力上昇が見込まれる結果となった．　　　　　　　　　　　［河合直人・山﨑 泉］

8.4.5 水平構面の補強事例

小屋組および屋根下地の補強（坂野家住宅）

坂野家住宅は茨城県常総市にある農家で，主屋の居室部は 18 世紀初頭頃に建てられ，その後，天保 9 年（1838）に座敷部を増築している．平成 15 年（2003）から平成 17 年（2005）にかけて解体修理が行われ，その際に鉛直構面の補強として，一部，土壁の厚さを 60 mm から 90 mm に厚くするとともに，貫の継手部の金物補強などにより，耐震性能の向上を図っている（図 8.4-21）．これと併せて，地震時に建物が一体として挙動するように増築部分である座敷部との繋ぎの位置で小屋組に水平トラスを設け，また，背面下屋の化粧野地板に構造用合板を釘打ちして剛性確保を図るという水平構面の補強を行っている．

［河合直人・山﨑 泉］

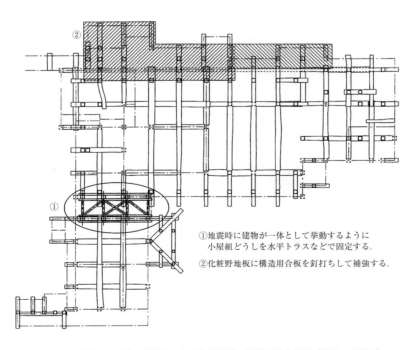

① 地震時に建物が一体として挙動するように小屋組どうしを水平トラスなどで固定する．
② 化粧野地板に構造用合板を釘打ちして補強する．

図 8.4-21 坂野家における小屋組：屋根下地の補強［出典：文献 5］

8.4.6 免震・制振の事例

a. 免震の事例（旧神戸居留地十五番館）

旧神戸居留地十五番館（兵庫県神戸市）は，明治14年（1881）頃に建てられたと考えられている木骨煉瓦造の2階建ての建物で，はじめはアメリカ領事館として使用され，その後，住宅，商館，飲食店として利用された．平成7年（1995）1月の兵庫県南部地震において倒壊し，平成7年9月から平成10年3月までに災害復旧による解体修理工事を受けた．部材を再利用しながら再建されたが，飲食店としての活用が望まれたこともあって，現行基準で要求される耐震性能が必要とされ，対策の一環として重要文化財では初の免震装置の設置が行われた（図8.4-22）．

地盤の液状化対策として柱状改良工法を採用した上で，地下ピットを設け，免震装置として鉛プラグ入り積層免震ゴム4基を用いている．また，その他に上部構造の耐震補強として小屋内の鉄骨補強，煙突の鉄骨鉄筋コンクリート造柱への変更も行われている．

b. 仕口部の粘弾性ダンパーによる制振（願泉寺本堂）

願泉寺は大阪府貝塚市にある浄土真宗本願寺派の寺院で，本堂は寛文3年（1663）に建てられ，平成16年（2004）から平成23年（2011）まで半解体修理が行われた．

壁の少ない建物であり，鉛直構面の抵抗要素としては，柱−貫接合部などの回転抵抗と土塗壁による垂壁が付いた柱の曲げ抵抗が主であると考えられる．三次元フレームモデルによる解析と，等価線形化法を用いた大地震動時の応答予測から，大地震動時には倒壊のおそれが高いという結果となり，補強方法が検討された．土塗壁を増設する案とダンパーにより変形を抑制する案とが検討され，文化財的価値の保全と使用上の理由から，ダンパーを使用する案が採用されることとなった（図8.4-23）．

最終的な補強案は，廊下に面した垂壁の天井裏部分での構造用合板による補強と，粘弾性体を用いたダンパーの床下への設置である．ダンパーは柱と足固め貫との仕口部に取り付けられるが，部材を傷めず後の取

(1) 兵庫県南部地震による被災状況

(2) 修理後の外観

(3) 用いられた免震装置

図8.4-22 旧神戸居留地十五番館の被害と修理
[出典：文献6]

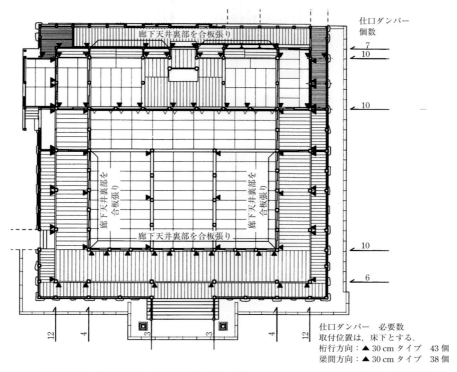

図 8.4-23 願泉寺本堂の補強計画（天井裏土壁合板張り＋仕口ダンパーによる補強案）［出典：文献 7］

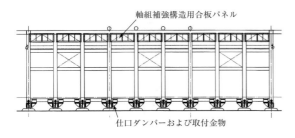

図 8.4-24 願泉寺本堂のダンパーと構造用合板による補強
［出典：文献 7］

り外しも可能となるよう，部材を金物で挟み付けて固定する方法で取り付けられた（図 8.4-24）．ダンパーの数は桁行方向に 43 個，梁間方向に 38 個が必要とされ，これにより，等価線形化法により求めた大地震動時の変形角は，桁行方向で 1/15，梁間方向で 1/17 に収まる結果となった．　　　　　　　　［河合直人・山﨑 泉］

■ 文　献

(1) 濱嶋正士「近世以前における日本建築の耐震工作について」文建協通信，No.89，2007．
(2) 財団法人文化財建造物保存技術協会『重要文化財旧五十嵐家住宅保存修理工事報告書』1997．
(3) 財団法人文化財建造物保存技術協会『重要文化財本興寺方丈・開山堂保存修理（災害復旧）工事報告書』1998．
(4) 財団法人文化財建造物保存技術協会『重要文化財国分寺金堂修理工事報告書』2005．
(5) 財団法人文化財建造物保存技術協会『重要文化財坂野家住宅主屋修理工事報告書』2006．
(6) 財団法人文化財建造物保存技術協会『重要文化財旧神戸居留地十五番館災害復旧工事報告書』2006．
(7) 公益財団法人文化財建造物保存技術協会『重要文化財願泉寺本堂他五棟保存修理工事報告書』2011．

8.5 伝統木造建築の再現と新造

8.5.1 平城宮朱雀門の再現

a. 朱雀門の構造

(1) 復原建物の構造計画 平城宮朱雀門（奈良県奈良市）の復原設計にあたっては，当時の架構形式を忠実に再現することを原則としているが，その一方で現代の木造建築物として適用される各種法令や設計規準との整合も必要とされた（文献1）．

奈良時代の伝統木造建造物では，力学的な応力分散・集中の機構が木組にそのまま現れるため，原則として当時の木組そのものとしている．ただし，軒架構には桔木補強を行っている．

一方，耐震工学的な観点からは，奈良時代様式の木造建築は重い屋根重量と径の太い柱で構成される柱の傾斜復元力を主要な水平抵抗機構としている．しかし，傾斜復元力のみでは現行の法規上必要な耐震性能の半分程度の強度しか確保されないため，初重層塗壁部分に木造積層壁方式の耐震壁を補強している．さらに，柱および木造耐震壁への地震力分配を確実に行うために，二重層の軸組および水平架構には木造筋かいを補強している．

(2) 伝統木造架構の力学機構と設計 伝統木造の架構構成は，鉛直荷重を受ける梁とそれを支持する積重ね形式の木組で構成していることが特徴であり（図8.5-1），その力学機構は剛体的な釣合い機構を応用したものとなる．このような伝達機構を精度高く評価するために，構成要素を忠実に線材モデル化した立体架構モデルにより弾性応力解析を行っている（図8.5-2）．

長期荷重時の変形は，軒架構のたわみ変形が卓越しているが，多段斗組の補剛効果や二重柱による初重尾垂木の回転変形抑制効果も現れ，初重軒先端の沈下変形量は22 mmとなっている（図8.5-3）．

図8.5-2 長期応力解析モデル図

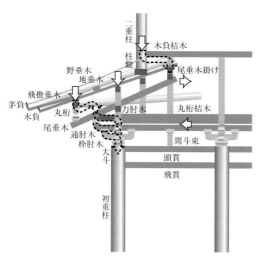

図8.5-1 朱雀門軒架構の構成

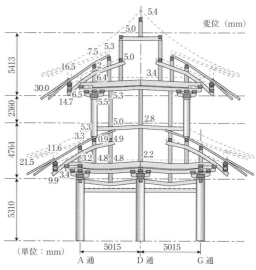

図8.5-3 長期荷重時の架構変形図

天然木材に長期許容曲げ応力度レベルの荷重を継続載荷したクリープ実験によると，全体変形は初期弾性変形の2.6倍程度に増幅することが予想される（文献2）．したがって，将来的には弾性変形に付加してクリープ変形あるいは木組の馴染み変形などが予想され，軒先端は100 mm程度の沈下変形となる可能性もある．

軒架構まわりの応力の伝達経路は，ほぼ木組の形状どおりとなっており（図8.5-4），跳ね出し梁となる尾垂木に応力が集中している．また，部材断面の応力は，長期許容応力度を下回る結果となっている．

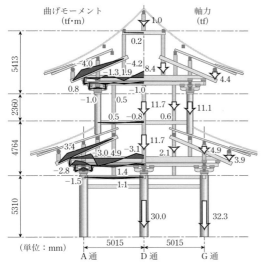

図8.5-4 長期荷重時の架構応力図

図8.5-5 木造積層耐震壁

図8.5-6 木造筋かいとボルト接合部

伝統架構では柱の傾斜復元力が主たる耐震・耐風要素となっている（文献3～5）．しかしながら，大断面柱（直径709 mm）であったとしても，その最大水平抵抗力は支持する重量の10%程度に留まり，現行の耐震設計規準による地震力に対しては，明らかに強度不足となる．このため，耐震・耐風要素として，木造の積層耐震壁および筋かいを補強している（図8.5-5）．

耐震補強部材の接合部は，添え鋼板形式のボルト接合とし，軸部や屋根架構の組立てが完了した時点で取付け可能な接合ディテールとしている（図8.5-6）．

これらの補強による耐震・耐風性能を検証するために，柱・梁・耐震壁・筋かいのみを取り出した立体架構モデル（図8.5-7）により弾性応力解析および地震応答解析を行っている．

なお，初層の設計用風圧力は1380 kN（南北方向）であるのに対して，設計用地震力は1480 kNとこれを上回るため，地震力に対して検討を行う．

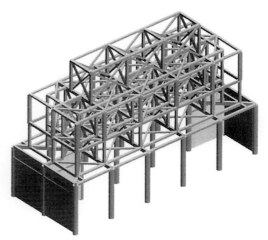

図8.5-7 地震応答用解析モデル図

部材剛性は，柱では傾斜復元力特性に基づき，積層耐震壁では実験結果を参照して評価し，また筋かいでは端部接合ボルトの滑りの影響を考慮して評価し，等価剛性を軸部剛性の20～30%としている．

その結果，設計地震力に対して初重層間変形角はX方向1/66，Y方向1/96とかなり大きいが，部材断面応力および接合部応力はすべて短期許容応力度を下回っている．設計された建物の耐震性能を確認するために，構成要素の非線形性を考慮した骨組架構モデルにより地震応答解析を行った．入力波としては，EL CENTRO 1940 NS，TAFT 1952 EW，建築センター模擬地動の3波に加えて，建設地近傍の生駒断層（断層長さ21 km，距離20 km）を想定し，表層地盤の増幅特性を考慮した模擬地震動（速度振幅0.35 m/s，加速度振幅6.70 m/s^2）も考慮した．

建物の固有周期はX方向1.0 s，Y方向1.4 sと，建物高さ（20 m）に比べ長周期となっている．

レベル-2地震時（速度振幅0.50 m/s）には，最大層せん断力は保有水平耐力レベルに達して，最大層間変形角はX方向，Y方向ともに1/22となっている．ただし，柱や耐震壁は層間変形角1/20程度でも最大耐力の90%程度の耐力が確保されており，安定的な復元力特性を示す領域に留まる．

さらに，建設地おける模擬地震動に対しては，両方向とも最大層間変形角は1/46程度に留まる．

したがって，上記に示す耐震補強を行うことにより，最大級の地震に対しても，変形応答は大きいものの耐震安定性を確保できるものと判断している．

[木林長仁]

■文　献

(1) 木林長仁「伝統木造架構の力学機構」STRUCTURE，No.74，2000．
(2) 楠　寿博・木林長仁・鷲海四郎「ヒノキ材の曲げクリープ性状に関する実験的研究」日本建築学会大会梗概集，1999．
(3) 坂　静雄「社寺骨組の力学的研究 第1部 柱の安定復原力」日本建築学会大会論文集，21号，1941，pp.252-258．
(4) 河合直人「古代木造建築の柱傾斜復元力に関する模型実験」日本建築学会大会学術講演梗概集，1991．
(5) 林　知行ほか「古代伝統木造架構の実大水平加力実験（その1・2）」日本建築学会大会学術講演梗概集，1998．

b. 朱雀門の意匠

朱雀門は，奈良時代に政治・経済の中心であった平城宮の正門として和銅3年（710）に建てられた．門としての機能はもとより，多くの外国使節などを迎える平城宮の顔としての意味をもつ建造物であったことは周知のことと思う．その朱雀門が平成9年（1997），約1300年の時を越えて復原された（図8.5-8）．

現代に蘇った朱雀門は，もちろんといっては語弊が

図8.5-8　復原された朱雀門（南面）

あるが，奈良時代のままであるとは誰しもいいきれない．復原に用いられた直接的なデータはわずかな遺構と出土遺物に限られるからである．しかし，「門」という性格からその形や構造はかなり絞り込むことができる．その中で古代建築，特に奈良時代の現存例を吟味することにより，きわめて当時に近い再現が可能であるという判断から，平城宮跡の復原整備の中でも，メインとなる大極殿に先立って計画が進められたわけである．

当然，復原案作成時には奈良時代当時の朱雀門の意匠が検討された．現存する奈良時代の門の遺構としては，法隆寺中門，同東大門，東大寺転害門などが代表的である．このうち，柱間1間17尺という朱雀門の遺構に規模が最も近いものとして1間に17〜20尺の規模をもつ東大寺転害門を大きさの類例とした．平城宮のシンボルとしての「二重門」という形は，法隆寺中門が唯一の事例となった．また，組物の様式としては，門ではないが奈良時代初期建立になる薬師寺東塔があてられた．これらを参考にしながら，奈良時代建築の特徴を加味し，朱雀門の復原案はつくられた．

しかし，この復原案を現実に建築するためには大きな問題が生じる．構造的な「強さ」である．果たして，当時の朱雀門はどのくらいの構造的強度を保持していたのだろうか．復原案が示された奈良時代の朱雀門は，その梁間断面図が現在の目で見るといかにも心細い架構であった．現存する奈良時代の建築物は，中世・近世そして近現代に修理を重ね，その時々の匠の創意を凝らして守り伝えられてきたものである．復原朱雀門を実際に建築するに際しては，その修理の伝統を受け継ぎ，復原案に伝統的建造物の修理工事の中で蓄えられた日本建築の伝統技法の知識を用いて建築するという手法がとられ，復原実施案がつくられた．

日本建築にとって最も特徴的な意匠といえば，屋根

8.5 伝統木造建築の再現と新造

図 8.5-9 朱雀門復原模型（1965年製作）

図 8.5-10 施工中の丸桁桔木

が表現する形である．朱雀門の復原においても，この屋根の表現が大きな比重を占めたことはいうまでもない．復原朱雀門の復原実施案の中で，最も意匠に大きな変化を与えたのがこの屋根に影響を及ぼす軒の出と屋根勾配であった．

もっともこれは，現代の基準による構造計算上「もたない」という判断がなされたためではある．確かに法隆寺金堂をはじめ，どの古建築でも軒の垂下が建物の経年における変形の最大の要因であることはわかっている．これに対応するため，復原実施案では二つの方法を用いることとした．一つは，軒の出を2尺小さくすること．これによって軒先にかかる荷重がかなり軽減される．そしてもう一つが「桔木」の挿入であった．桔木とは，近世寺社建築の最大の特徴であり，屋根を支える主な工法として近世では当たり前に使われる．中世からこの桔木が使われた例はあるので，あえて中世的な部材といっておく．

しかし，奈良時代の朱雀門はもちろんこの桔木はない．しかも，今回はそれを軒先と丸桁に二重に入れ，近世の大型本堂と同じ工法で軒を支える手法が採られた．この桔木を挿入するためには，そのための隙間が必要である．それが野小屋とよばれる部分になる．それが朱雀門にはない．そのため復原朱雀門ではこれをつくり出すために屋根勾配を変更せざるを得なかった．特に初重はその影響が大きい．二重は初重ほど見た目の影響は受けなかったが，それでも勾配が幾分戻ってしまう．さらには，桔木を挿入する隙間をつくるため，軒先に奈良時代には用いない「裏甲」を入れた．このことにより，軒先が厚くなってしまった．これらの影響から，昭和40年（1965）に製作した模型（図8.5-9）よりも，やや縮み上がった印象をもつ意匠ができ上がっている．

また，その工事も大変であった．この桔木の挿入に

図 8.5-11 梁間方向に入る頭貫や飛貫

初重だけで約3か月の工事期間を費やすことになった．初重は丸桁桔木の先を納めるために軒天井板と桔木の下端を一緒にするという工法をとったが，これを仕合わせるのに驚くほどの時間がかかったのである（図8.5-10）．そのため二重では，天井板と桔木を分離し，丸桁の木余りをぎりぎりにして納める方法に変更した．

最後に，軒以外の工夫を一つ紹介しておく．それは梁間方向に入れた頭貫や飛貫である．これも，法隆寺中門などに後世の補強として入れられていたものを採用したわけで，奈良時代の建造物には側面以外の梁間方向には飛貫はおろか頭貫も存在しない．しかしこれは，正背面にも側面にも現れない．内部に入って側面を見上げたときにのみ，目に映るものとなっている（図8.5-11）．

木造建築の伝統的な工法による補強．もっとも，桔木の挿入については復原工事の途中からすでに賛否両論が聞かれていたが，現代的な補強とは違った観点からの伝統を受け継ぐ工夫がふんだんに盛り込まれているのが復原朱雀門である．これが朱雀門復原時における大型木造建造物復原建築の一頂点であり，また限界であったことを理解していただきたい．［春日井道彦］

■ 文　献
(1) 奈良国立文化財研究所編・発行『学報第53冊 平城宮朱雀門の復原的研究』1994.
(2) 財団法人文化財建造物保存技術協会編・発行『平城宮朱雀門復原工事の記録』1999.

8.5.2 薬師寺大講堂の復原

a. 薬師寺大講堂の構造

(1) 復原薬師寺大講堂　薬師寺大講堂（奈良県奈良市）は，遠く天平の初め8世紀の初頭に造営されたといわれるが，中世には滅失し，江戸時代の末に小規模な堂が再建された．薬師寺では伽藍復興事業の一環として，天平創建の姿に甦らせるべく，発掘調査や多くの研究成果に基づいて，綿密な学術復原を行い，平成8年（1996）春の起工式から7年の歳月を経て，平成15年（2003）3月に落慶法要が営まれた．

復原建物の平面図を図8.5-12に，また南立面図および側面図を図8.5-13に示す．意匠の詳細についてはb. に記すとおりであるが，図のように7間4面の身舎に庇を巡らせた桁行9間，梁間4間で，さらに国宝東塔と同じく裳階を巡らせ，外観は身舎と裳階の屋根が重なった華麗な重閣建築である．

(2) 構造的課題と対策　大講堂の桁行，梁間方向の断面を図8.5-14に示す．建物は屋根と軒組および軸部の3層で構成されるが，各部には次のような構造的課題が指摘された．

屋根と軒組　復原した建物は大規模な和様建築であるが，当初の構造形式では二重虹梁や丸桁，三手先などの部材が長期許容応力度を大幅に上回るために，クリープなどによって軒の垂下などの障害が発生すると判断された．

因みに，わが国には千数百年を経過した上代建築が遺存しているが，いずれも屋根の形状が創建当初から相当変化して急勾配になっている．これは後世に屋根勾配を大きくして，小屋裏に跳木などの補強材を多数追加したためである．

しかしながら，薬師寺大講堂の復興に当たっては，上記のような跳木による野屋根構造によらず，創建当初の地垂木および三手先の軒組で形づくられる緩やかな屋根形状の再現が求められた．そのため，次のような前例のない構造対策を採用した．

屋根の構造補強の概要を立体表現したものが図8.5-15である．また図8.5-16に桁行，梁間両方向の復原骨組に太線にて補強架構を組み込んだ状況を示す．

屋根の長期荷重に対する構造補強は木造のトラス架構を二重虹梁や三手先組物の間に設置するとともに，桁行方向にも平行弦の木造トラスを組み込み，白鳳様式の木組とこれらの補強トラスなどが一体となって本瓦の大きな屋根荷重を支持し，さらに小屋組の剛性を高めて耐震性能の向上を図っている．

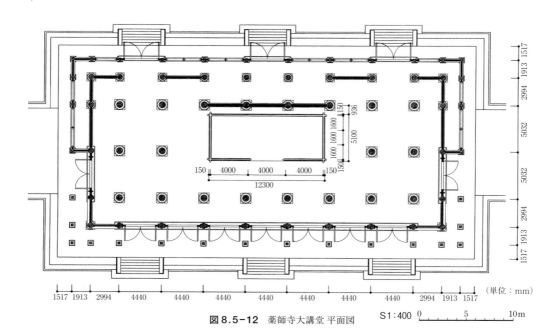

図8.5-12　薬師寺大講堂 平面図　S1:400

8.5 伝統木造建築の再現と新造　527

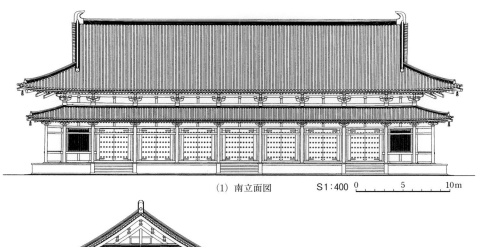

(1) 南立面図　　S1:400

(2) 側面図　　S1:400

図 8.5-13　薬師寺大講堂 南立面図と側面図

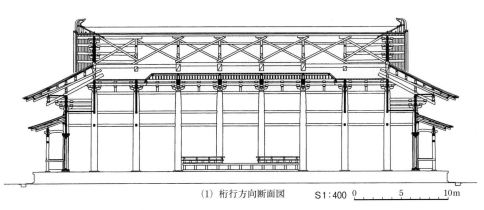

(1) 桁行方向断面図　S1:400

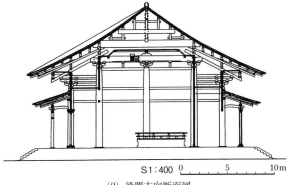

(2) 梁間方向断面図　S1:400

図 8.5-14　薬師寺大講堂 断面図

528　第 8 章　現代の伝統構法

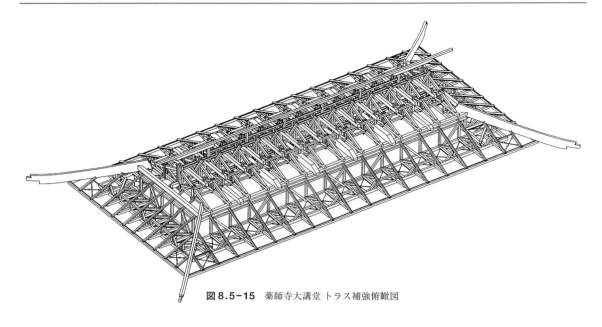

図 8.5-15　薬師寺大講堂 トラス補強俯瞰図

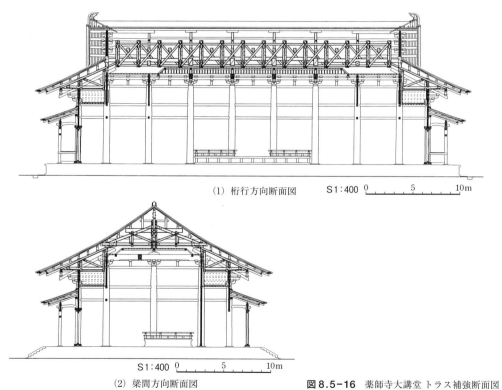

（1）桁行方向断面図　　S1:400

（2）梁間方向断面図　　S1:400

図 8.5-16　薬師寺大講堂 トラス補強断面図

軸部　図 8.5-15 の平面図や図 8.5-16 の断面図より判断して耐震計画上で次の二つの課題が指摘される．
　① 柱径が小さいこと：上代建築の水平抵抗は柱傾斜復元力によるところが大きい．そのため近世社寺などに比べると，柱の長さに比べて柱の径が太く，長さ/径の比は 8：1 ぐらいが多い．しかしながら本建物では裳階柱で 14.5，側柱 11.0，入側柱 12.5 などいずれも 10 を超える．このことは柱傾斜復元力の効果が一

般的な上代建築に比べて小さいことを意味する．

② 壁が少ないこと：南面の裳階の柱列は吹放しで，その背後の側柱9間の内，中央7間は唐戸で他の2面は連子窓で，東西妻面の裳階の南半分も吹放しの開放的な構造である．また，内陣は梁間3間，桁行7間およびその周囲の外陣各一間は柱建ちの大空間で，中央の須弥壇の背後の3間のみ来迎壁が立ち上がっている．北面は中央3間と両翼2間は開放されている．このようにこの建物は壁の少ない大空間建築であり，壁厚も4寸5分と薄い．

③ 偏心を惹起しやすいこと：桁行方向の壁長は南面約5m，北面約15mで3倍の差があり，来迎壁も北側の側柱筋に設置されているので，剛心が北側に大きく偏心し，ねじれ振動を惹起しやすい．

以上を勘案して，次の基本方針の基に耐震計画を行った．

(1) ねじれを生じさせないこと：南北の桁行方向架構に対し，その水平剛性と耐力を等しくすることにより，平面的には壁が偏在するが，架構としては強度や剛性を完全に均衡させて偏心を生じないようにする．

(2) 標準せん断力係数 $C_0=0.2$ の地震力に対して軸部の層間変形角を1/60以下にする．これは伝統的な土壁において壁面に大きな亀裂を生じない条件として定めるものである．

(1) 項の条件を満たすために，図8.5-17に示すように南面中央の7間および東西両妻面の唐戸の部位に門形の鉄骨補強枠EFを設置して，北面の15mの壁量と南面の5mの壁量および7台の鉄骨補強枠と軸部とが同一の強度特性を有するように計画した（図8.5-18）．同様に妻面については梁間方向の総和18mと2台の鉄骨補強枠および軸部と南北両桁行構面の特性とが等しくなるようにした．また，(2)項の条件に対しては，梁間・桁行両方向とも設計用地震力に対して層間変形角を1/60以下になるように図8.5-19のような鋼板パネル補強木造格子壁EWと鉄骨補強枠EFの断面を決定した．なお，この鋼板パネル補強壁については実物大の試験体による載荷実験を行ってその性能を確認した．　　　　　　　　　　[西澤英和]

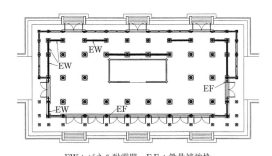

EW：パネル耐震壁，EF：鉄骨補強枠
図8.5-17　薬師寺大講堂 壁配置図

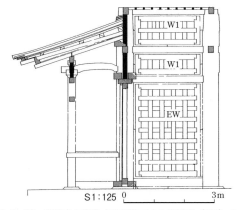

図8.5-19　薬師寺大講堂 木造補強パネル耐震壁（EW）の計画

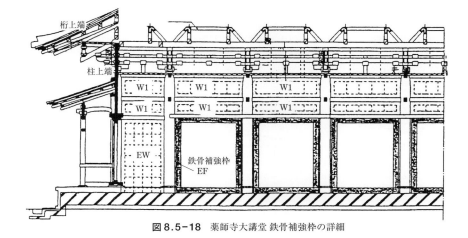

図8.5-18　薬師寺大講堂 鉄骨補強枠の詳細

b．薬師寺復原大講堂の意匠

（1）白鳳の伽藍　奈良時代の7世紀末から8世紀初頭にかけての約40年間を建築史では奈良時代前期と位置づけている．この時期には薬師寺のほかに川原寺，大官大寺（いずれも奈良県高市郡）などが創建されたが，現存する奈良時代前期の建物としては，薬師寺東塔1基を残すのみで，創建当時の建築様式の形態を立体的に伝える唯一の貴重な遺構となっている．

薬師寺伽藍が創建された奈良時代前期は，法隆寺伽藍に代表される飛鳥時代（540〜670）と，唐招提寺金堂などに代表される天平時代（720〜780）の中間にあたるところから，東塔の建築様式はその過度期に位置するものとして，これを白鳳様式（または和銅様式）とよんで，その前後の時期と識別している．

薬師寺様式（白鳳様式）のみがもっている視覚的に優れた点は，その独特の意匠にある．東塔は構造形式上は三重塔であるが，各層に裳階とよばれる浅い軒を架けた，当時としては繊細な木割で構成された張出しが四面を巡っている．すなわち立体的には本建の深い軒と裳階の浅い軒が交互に繰り返し積み上げられ，あたかも六重塔のような外観を呈しており，その立面構成はきわめて緩い屋根勾配と相まって軽快なリズム感を漂わせている．総じて上代寺院建築にみられる意匠上の特徴は，構成部材の木割が太く，その外観は重厚な雰囲気を醸し出している．この点，薬師寺東塔の意匠は現存する奈良時代のどの遺構にもみられない繊細さと優雅さを兼ね備えた卓越した造形美を演出している（図8.5-20）．

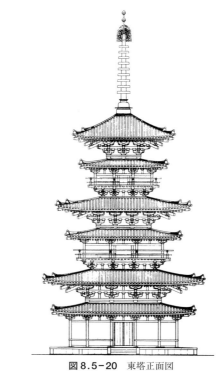

図8.5-20　東塔正面図

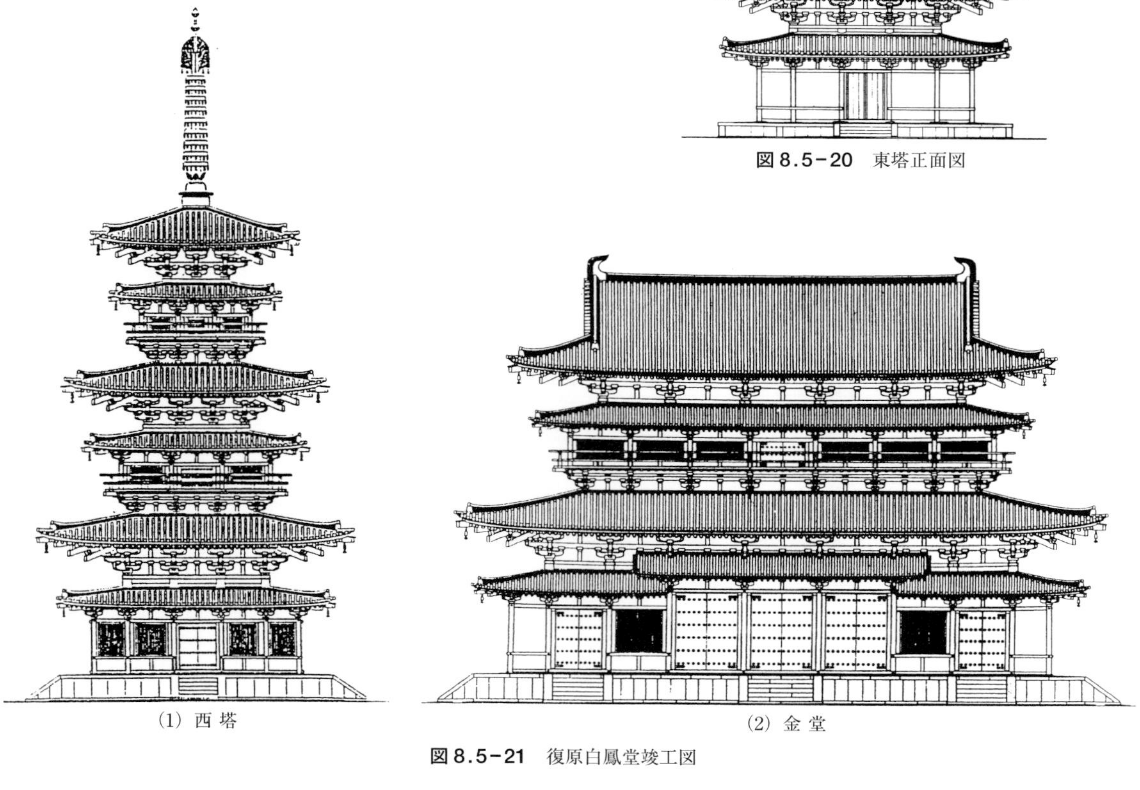

(1) 西塔　　(2) 金堂

図8.5-21　復原白鳳堂竣工図

薬師寺縁起[*1]に記す平城京右京六条二坊の地に創建された主要堂塔の意匠について,「有裳階」とする表現から,白鳳の薬師寺伽藍は当時の南都ではほかに例をみない斬新な意匠の建築群であったことが理解できる(図8.5-21).

(2) 細部の意匠

当初基壇と礎石　意向調査から判明した当初基壇は内部を丹念な版築で築成し,外装を凝灰岩切石の壇上積みに仕上げていた.外装の組成は束石を用いず,地覆石,羽目石,葛石で構成されていた.復原された基壇の広さは葛石の外周での仕上り寸法が,東西径39.92 m(天平尺約135尺),南北径22.91 m(天平尺約77尺)の平面規模を有している.

当初基壇の高さを遺構から推測すると,袖廊の遺構が講堂基壇に接続する部分を作図により礎石天と想定される高さで昇り勾配なりに追跡すると,講堂基壇の高さは回廊基壇天より数十cm高く築かれていたものと考えられる.さらに発掘調査において,当初基壇跡の床面からわずかに検出された凝灰岩敷石の上面と,当初地覆石下端までの高低差は約1.2 mと計測された(文献1).これらの発掘調査にかかわる計測資料に基づき,耐震構法の採用に伴い導入された鉄骨鉄筋コンクリート造り基礎設計の策定段階で,基壇高さの調整が図られた結果,地盤面から復原基壇の葛石上角までの高さは1.3 mと決定した.基壇は南北面に各3か所6級の耳石つき階段を備え,東西面は袖廊基壇が昇り勾配なりに接続する.外周には地覆石外面から約90 cm外側に幅90 cm,内法50 cmの雨落溝が巡る.発掘調査によって創建堂の軒先通りに対応して敷設されたと想定される当初雨落溝の位置が確認されたことに伴い,復原講堂の立面構成を策定するうえで重要な要素となる本建の軒の出(側柱筋石芯より軒先平瓦の先端まで)寸法が約4.44 m(天平尺15尺)と計測された.

復原に使用された石材は,礎石のほか基壇床面と外層および周辺の外構も含め,耐久性を考慮して花崗岩切石が採用された.復原された礎石は,その範を江戸期再建の講堂に唯一使用されていた古式を残す礎石にとった.その形状は奈良県橿原市城殿町に所在する本

---

*1 『七大寺巡礼私記』薬師寺,1140(保安6年)
　　金堂五間四面瓦葺.重閣各有裳階.仍其造様四蓋也.
　　東西両塔,高十一丈五尺,各三重,毎層皆有裳階.
　　講堂一宇,七間四面瓦葺,有裳階,高一丈三尺六寸,長
　　十二丈六尺洹五丈四尺五寸.南面併無扉.

薬師寺金堂跡(7世紀末)に残る礎石に類似のもので,わずかに法面をとった方形の柱座を形成する.大きさは礎石あたり柱径の寸法に対応したもので,一辺が内陣柱で1.1 m,外陣柱で90 cm,裳階柱で60 cmとなっている.

軸部材と柱間の構成　講堂は本建(身舎)と裳階から構成されている.本建は桁行九柱間(40.89 m,天平尺約138尺),梁間四柱間(16.05 m,天平尺約54尺),正面は両端柱間が框付連子窓,上下は内法長押と腰長押を配し白漆喰壁となる.中七柱間は各柱間ごとに鼠走り,楣,方立て,蹴放しで構成された枠組に金箔押し飾り金具付き両開き板扉を吊り込み,上方を白漆喰壁,内法長押と地長押を内外に通す.両側面は前方より第二柱間に正面に準じた扉装置を構え,第一柱間と後方第三,第四柱間および背面の両端柱間と中三柱間は全面白漆喰壁,その他は内法貫下方が開放となる.

柱は円柱,側柱(径59 cm),入側柱(径68 cm)を立て,その上部を細めた胴張りをもっている.この形状は東塔の円柱を範とした胴張りで,飛鳥時代の強い表現から天平時代の穏やかな表現に移る過渡期の形態が現れている.柱を繋ぐ横材は,上代では通常,頭貫が柱頭へ輪薙込みに架け渡すのみとなるが,中世に入ると軸組材の木割が細くなり,柱間の繋材に飛貫,内法貫,腰貫などを多用して,柱を貫き通し軸組を固める手法が用いられた.例えば法隆寺伽藍の慶長修理(17世紀初頭)では貫材が新たに挿入されて軸組の強化が図られた(文献2).こうした先例に倣い,復原講堂にも軸組の強化策にあえて後世の手法を取り入れ,基本設計の中に頭貫のほかに飛貫,胴貫,内法貫,腰貫が軸組構成材に組み込まれた.

裳階は角柱(27×27 cm)を立て,柱頭の三斗組みに木鼻を組み込んだ繋虹梁が他端を本建の側柱に楔締めに差し込み,本建築との一体化が図られている.柱間の構成は南面と両側面の前半部が頭貫と飛貫を通すのみで吹放しとなる.この意匠は薬師寺縁起の講堂に関する記述の中に「南面併扉無」とある.これは裳階柱間についての記述と解釈して,南面は吹放しであったと想定された.また側面前半部は袖廊と接続する出入口が設けられたので,南面と同様に吹放しとした.両側面後方三柱間と背面十一柱間は,隅柱間を白漆喰壁とし,背面は石段と対照に位置する三柱間に楣,方立て,蹴放しで構成される枠組を入れ,飾り金具付き両開き板扉を吊り込む.その他の柱間は框付連子窓を組み込み,上下を白漆喰壁に仕上げ内法長押,腰長

押が内外を通る．木部の化粧面は彩色を施し，連子窓格子は緑青塗り，その他はすべて朱上塗りとなる．

これらの裳階を構成する部材は角柱に象徴されるように，その木割は本建構成材とは対照的に細身の仕上りとなり，視覚的にもきわめて軽快で優雅な雰囲気に充ちた外観を形成している．このほか外観を形成する要素の一つにきわめて視覚に捉えにくい意匠として，柱の内転びの手法が採用されている．この手法は東塔初層の側柱直上の横架材及び裳階垂木下端などに観察される旧当たりの痕跡と継木，埋木などについての復原的考察から，当該柱は当初内転びに立っていたと考えられている．すでに再建をみた金堂，西塔でも，初層の側柱と裳階柱にこの手法が採用されている．講堂も前例に倣い裳階柱で礎石芯を規定より外方へ23 mm，側柱礎石芯で同じく外方へ34 mmずらして内転びの形態に納めた（文献3）．

組物と軒まわりの構成　組物は斗栱三手先組となる．この手法は東塔に倣うもので，天平時代の整備された様式には未だ至っていない．上代寺院建築の組物様式の変遷をたどると，それは飛鳥時代から天平時代に至る過渡期の独自の様式となっている（図8.5-22）．

その組成は大斗，巻斗，肘木（上角に笹繰り，木口より下端に舌），秤肘木，通肘木，尾垂木で構成される．構造は三斗組を二段重ねに組み，二段目手先肘木上の斗を支点とする尾垂木の先端で秤肘木を介して出桁を受ける．斗栱間は柱通り一段目通肘木の上下に間斗束を飾り，二段目通肘木上角より出桁内面上角にかけて，前上りに緩い勾配のついた軒小組天井を張る．尾垂木の木口に青銅製金箔押しの透かし彫り板金具を飾る．

軒まわりは二重繁垂木となる．出桁に架かる断面円型の地垂木は先端上端に断面L形の木負を架け通し，これを支点として上端沿いに断面方型の飛檐垂木を配し，先端に茅負を架構する．化粧垂木の木口の形状にあわせて円型と方型の青銅製金箔押しの透かし彫り板金具を飾る．彩色は化粧木部のすべてを朱上塗りとする．

茅負，木負には両端に上代特有のきわめて緩やかに整形された反り上がりが表現されていて，軒まわりの景観を引き立てる核的な存在となっている．復原の茅負の様式が東塔にみられるような上面に直接瓦繰りを加工する上代方式はとらず，あえて後世方式の裏甲を介して瓦座を載せる分離方式が採用されたのは，瓦下

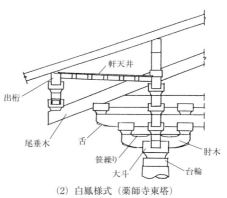

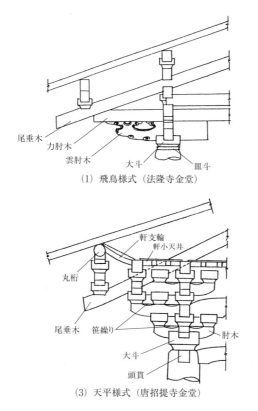

図8.5-22　組物様式の変遷

8.5 伝統木造建築の再現と新造

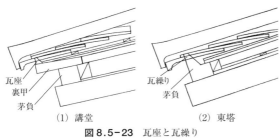

図 8.5-23 瓦座と瓦繰り

図 8.5-24 軒先瓦（宇瓦と鐙瓦）

に漏水を生じた場合にも軒先への排水効果にすぐれ，かつ補修が比較的容易であるとの判断に基づいている（図 8.5-23）．

内部の装飾　平面的には内々陣，内陣，外陣，裳階に区画される．内々陣は桁行五柱間，梁行中央二柱間を占めている．内々陣と内陣の柱は柱頭に三斗を組み，これを支点として梁行に化粧大梁を架け渡し，その中央上端に斗付板蟇股を載せて天井桁を受ける．天井は折上小組天井を張り，その外周をめぐる小天井は位置を下げて支輪下端（二段目通肘木）ぞろいに小組天井を張る．天井化粧裏板には東塔初層天井裏板に残る上代絵様に基づいて彩色復原を行い，折上支輪裏板には極彩色の宝相花唐草紋様を，小組天井裏板は格子四間一花の極彩色宝相花紋様を描く．柱間は背面中央三柱間に来迎壁を立ち上げ，全面を白漆喰壁とし，その他の柱間はすべて胴貫下方が開放となる．来迎壁前方の床面には三柱間に対応して，外装が白色大理石の壇上積み須弥壇（高 85 cm，東西 12.3 m，南北 5.1 m）を築く．内陣は内々陣の両脇に位置し，各桁行一柱間，梁間二柱間を占める．柱間は胴貫下方を開放，二段目通肘木上端ぞろいに小組天井を張り，天井化粧裏板に格子四間一花の極彩色宝相花紋様を画く．外陣は一柱間幅で内々陣と内陣の外周をめぐる．天井はさらに位置を下げて胴貫の上端ぞろいに小組天井を張り，天井化粧裏板は胡粉塗りとなる．内外陣を通じて柱間に頭貫，飛貫，胴貫を桁行と梁行方向に貫き通し，胴貫より上方が白漆喰壁となる．

裳階は柱頭の三斗組に先端の木鼻を組み入れ，他端を本建側柱に固定した繁虹梁が架かる．化粧垂木（断面方形）の上手は昇り勾配に側柱あたりで垂木受けに架かる．天井は胡粉塗り化粧裏となる．化粧垂木の木口には本建の垂木と同様の飾り金具を飾る．

屋根および妻飾り　屋根は本建が入母屋造，周囲に裳階の庇がめぐり，本瓦葺となる．瓦当の紋様は出土の白鳳様式の瓦に倣い，宇瓦（平瓦）は雲紋系の唐草紋様を挟んで，上辺に連珠紋，下辺に鋸歯紋を飾る．

鐙瓦（丸瓦）は複弁蓮花紋のまわりに連珠紋と鋸歯紋を二重にめぐらす（図 8.5-24）．

隅棟，降り棟は熨斗瓦積み，上端を緩やかな反り付きに葺き上げ，先端に外形が裾広がりアーチ型の鬼板を飾る．鬼は全身像を薄肉彫りに仕上げた平面的な表現ながら，上下歯の間から舌を突き出したユーモラスな表情が特徴である（図 8.5-25）．大棟も熨斗瓦積み，上端には軒反りに見合ったきわめて緩やかな反り型が

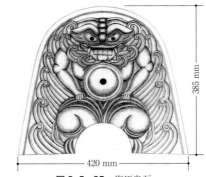

図 8.5-25 復原鬼瓦

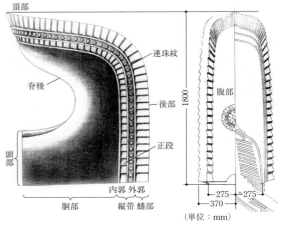

図 8.5-26 復原鴟尾瓦

表現されており，両端に奈良時代前期の様式に復原された青銅製金箔押しの鴟尾（高 1.8 m）を飾る．鴟尾の胴部は無紋とし，基底部から頂部にかけて外郭に鰭，内郭に連珠紋と正段を刻む．内外郭はともに頂部まで伸び，反転して脊稜は緩やかな膨らみをつけた曲面を構成する（図 8.5-26）．

妻飾りは前包み（杈首台）上に杈首組を構え，斗肘木をのせて指桁，指棟木を受け，木口に破風板を飾り，上ば反り型にあわせて登り裏甲を配し，蟆羽瓦（軒先瓦）を葺く．木部化粧面は朱土塗り，前包上に潜戸を設ける．指桁，指棟木の木口に青銅製金箔押し蓮花紋の透し彫り板金具を飾り，破風板拝みに青銅製金箔押し宝相花紋風の透し彫り板金具を飾る． ［山本克巳］

■ 文　献
(1) 奈良国立文化財研究所編・発行『薬師寺講堂の旧基壇発掘調査報告所』1987.
(2) 『法隆寺伽藍の昭和修理工事報告書』
(3) 奈良県文化財保存課『薬師寺東塔修理工事報告書』1956.

8.5.3　大洲城の復元

愛媛県大洲市にある大洲城は，元和 3 年（1617）に米子から移封してきた加藤家 6 万石の居城で，城下街を背にして肱川の流れに向かう形に縄張りされていた．天守は，この加藤家入封以前の建物（図 8.5-27）で，誰によって建てられたか不明だった．その天守は明治 21 年（1888）に取り壊され，天守郭には台所櫓と高欄櫓の 2 棟（ともに重要文化財）が残されていた．その天守の跡地に，平成 16 年（2004）に大洲市によって，天守と続櫓が復元された（図 8.5-28）．

a. 復元大洲城の構造

(1) 復元史料　この天守には，天守雛形（図 8.5-29）とよばれる江戸時代の骨組模型が残されていて，その構造形式が判明する．この模型は，明治時代の古写真と比べてみると，各階の平面的な大きさや高さの比率が大きく異なる．部材の太さに関する縮尺比はつくりやすさを考慮して決められたものらしく，部材個々の太さを正確に表しているものとは考えられない．しかし，梁の架け方や材の上下，継手の位置，丸太と角材の区別，梁に上層柱の載せ方などに関しては，構造的に必要な部材が若干省略されている以外は特に不都合な箇所がないことから，天守の架構方式に倣っている

図 8.5-27　大洲城 北面 明治古写真［大洲市所蔵］

図 8.5-28　大洲城 復元天守（左：台所櫓，右：高欄櫓）

図 8.5-29　大洲城 天守雛形［大洲市所蔵］

ものといえる．これによって吹抜けの位置や階段の取付け具合，各柱の位置なども読み取ることができる．通柱は 1 本のみで建物の中心から，半間北側に寄ったところに建ち，材は 1-2 階と 3-4 階の 2 丁継ぎである．

(2) 復元設計図　古写真を基に平面規模や軒高，階高などを推定し，天守雛形から得られる内部架構方

8.5 伝統木造建築の再現と新造

式に基づき，構造上明らかに不足する部材を補って復元図（図8.5-30・31・32）を作成した．

この復元図によると，外壁まわりの柱を除いた1-2階の内部の柱は，上下同じ位置に建ち，架構が整っている．ところが，通柱を3階床で継いでいることや3階の外壁まわりの柱は半間ごとに建つことから，構造形式がこの階からはっきりと変化していることがみて取れる（図8.5-29・30）．これは1-2階建ての主屋の上に望楼が載る形の，天守としては比較的古い構造形式を踏襲していると推定される．このことは，外部の千鳥破風の配置形式や記録類から元和元年（1615）の一国一城令以前に築造されたものであると推定される

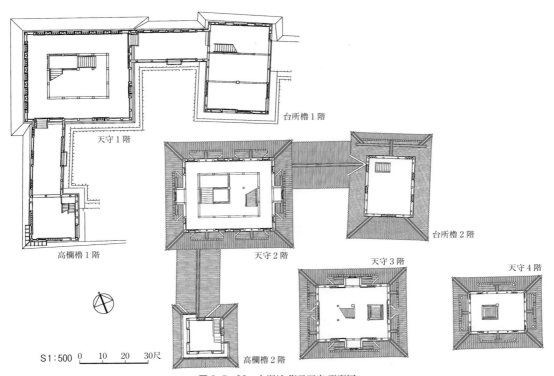

図8.5-30　大洲城 復元天守 平面図

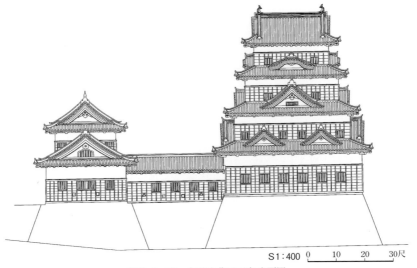

図8.5-31　大洲城 復元天守 立面図

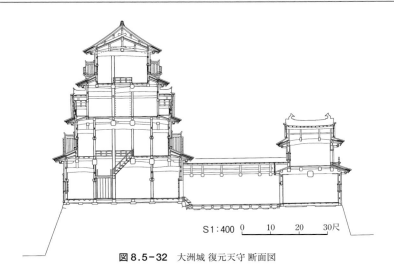

図 8.5-32　大洲城 復元天守 断面図

ことと，何ら矛盾しない．天守雛形は，今後の元和以前の天守復元に際して，架構方式を決める際の参考史料として扱うことができる．

(3) 地業と基礎　石垣は，はらみ出しや割れ石などがあったが，県の史跡に指定されていることを理由に，限られた一部の補修と，崩された天守台の立上り部の積み増し（約70 cm）を許されただけであった．このために上部建物の荷重を石垣に負担させることによって，石垣の安定化を図ることができなかった．また，天守台内部の埋蔵遺跡保護のために，地盤の強度を確保することもできなかった．

そのため，地業は遺跡を避けた位置に現場造成のRC杭（1.20 mφ 6本）を設けることとし，石垣の根石の深さまでは手掘り，それより支持地盤までは機械掘りとした．その杭頭を地中梁で繋ぎRCスラブを載せ，木造の上部構造を受けることにした．

復元史料である天守雛形では，外周土台のすべてと内部の足固め1本以外はすべて失われてしまっていたので，復元設計では土台や大引の配りは，たとえ石垣が崩壊しても外周の土台が垂下することを防ぐように，土台の継手を減らし，かつ，外周へ向かう材すべてをRCスラブから跳ね出すようにした．

土台とスラブの間には，隅柱の浮き上がり防止のため四隅にアンカーボルトを設け，それ以外の箇所は，横ずれ防止としてステンレス鋼製の太柄を適宜設置した．

(4) 用材の樹種　本来の天守は，手近なところで入手できる種々の材を，適宜使い分けて築造された．しかし，この復元に際しては，柱は地元の材を中心に集めようとしたが，雑多な広葉樹材の入手は不可能に近いことから，樹種は主に檜に限った．その上，梁や桁などの大径材や長材，幅広の材などは地元で入手困難であったために，木曽地方を中心する集材となった．土台の栗材と最上層の野屋根材の松梁以外の構造材は，床板を含めてすべて檜材を用いた．外部まわりの木材には椹材を用い，懸魚は樟材とした．

(5) 構造形式　本建物は大径木の柱梁と貫で構成された架構を，外壁の厚い土壁で塗り込めた，上層に行くに従って狭くなる形状の天守と既存の櫓とを繋ぐ渡櫓からなる伝統的な構造である．厚い土壁は建物の初期剛性を確保するとともに，大きな地震エネルギーを吸収するが，壁の耐力が低下した後には，大径木の柱と梁や貫が噛み合った木造フレームによって，粘り強く大きな変形に耐える架構形式である．渡櫓は足固めを用いた口型のフレームであるが，各接点それぞれの回転剛性を高めるような仕口を採用した．天守と同様に石垣の崩落に備えて，足固めによって石垣側の柱を受けるように図った．

(6) 構造解析　この建物の建築確認の手続きとして，建築基準法第3条（適用の除外）の適用を受けることになったが，構造及び防災上の安全性は，法の規定するレベルと同等とし，必要な部材断面の確保や構造上の性能を確認することを目的として構造解析を行った．骨組は歴史的な建築物と同等に，柱梁と貫の半剛節フレームを土壁で固めるという伝統的な方法を基本とし，架構の各接合部には回転剛性を考慮して，解析のためのモデル化を行った．

常時荷重に対しての安全性の確認は当然のこと

し，火災時の安全対策としての燃代設計も行った．短期荷重に対しては，応力算定を数種類の異なった仮定の下に，それぞれ別の解析モデルで応力解析を行い，適切な設計応力を求め，十分な安全性を考慮して断面設計を行った．二次設計として，通常の保有耐力の検討とともに，振動解析による必要保有耐力の検討を行った．

その結果，各部の部材の太さは，同時代と推定される天守を参考にして決めてあったが，断面不足となる部材は生じなかったし，架構上特別な補強の必要は生じなかった．

b. 復元大洲城の意匠

(1) 明治時代の写真ほか　外観の決定には，古写真を根拠とした．ただし，大型コンピューターによる写真解析を試みて，撮影位置の特定を図ったが誤差が大き過ぎて実用に供せなかった．建物は，既存の石垣の大きさと発掘調査により検出した数個の礎石の位置から，柱間1間が6.5尺であることが判明していたことを基に，おおよその判断で建物の各階の規模寸法を決め，復元設計を行った．この図面に基づき，大径木の乾燥期間を確保するために，工事発注前に集材を開始した．

工事着手に先立ち，この設計データを基にCAD（JWW）によるパースを作成し，古写真との整合性を検討した．その結果，各階の規模や階高・軒の出などの各寸法をすべてを古写真に近い値に改めることができた．また，設計の段階では2階の平面寸法が端数がついた数値であった．これは実務に携わる大工にとっては煩雑すぎて実用的ではないと思われていたが，最上層の平面寸法を改めることによりこれも妥当な数値に修正できた．また，瓦の葺き幅が9寸であることも特定でき，この瓦割りに基づき各破風などの詳細寸法も確定できた．

(2) 既存の櫓　既存の櫓は，復元工事のあらゆる面で参考となった．復元天守と続櫓で接続する2棟の既存櫓は安政地震（安政2年/1855）後の地震で崩壊し，江戸末に再建されたものである．したがって，これらの建物は崩壊以前の建物に倣っているうえに，天守の手法を踏襲していると考えられる．この2棟の建物は，他の城に類を見ないほど軒の出が短いことが特徴的で，天守の復元外観を整える上で大いに参考となった．また，1階外壁まわりの貫を芯墨より外へ設けることや，土壁を二重にして間に瓦礫を詰める太鼓

壁などの手法もこれらの櫓に倣った．ただし，木舞竹のための歯刻みを施す手法は，柱が太い天守では断面欠損が大きくなるので採用しなかった．また高欄櫓ほかでは貫と柱の交点に込栓を打っているが，これは楔の打ち締めの際に障碍が出るおそれがあるので採用しなかった．

(3) 同時代の遺構　部材の太さの設定や構造的な細部の納め方については，同じ頃に造られた犬山城・松本城・彦根城・姫路城などの天守を参考とした．また，構造部材の仕上げ，特に丸太材の仕上げは上記の各城においても城主の目が届くころは，丸太といえども釿による削り跡を残さない仕上げ方にしていることから，大洲城でも同等の仕上げを目指した．

昔の通常の丸太材は，柿が荒取りした上で山から搬出した材に，墨を打つことができるように，加工場で大工が釿で削って，面を整える加工を施した．大洲城では丸太材の白太部分を取り除くために，柿削りに代えて，材の曲がりに沿っておおむね八角形になるようにチェーンソーによる荒取りの上，電気鉋掛けを行った．その材に墨打ち仕口加工の上，仕上げの釿掛けの替わりに手鉋を掛けた．これは，丸太材の仕上げとしては，各面の稜線が明瞭に表れる最上の仕上げ方であり，現在の流通や道具類の制限のなかで考えられる伝統的な加工方法である．一般的に文化財建造物の修理で行われる蛤歯の釿で鱗状に削る仕上げ方だけが，伝統的な加工方法であるわけではない．

同時代の建物の，梁が交叉する所での噛み合わせ深さは，一般的に大洲城天守よりもずっと大きい．これは広葉樹の梁材どうしを深く噛み合わせることによって，材相互の狂いを拘束することや水平剛性を高めることを目的としていると思われる．しかし，大洲城天守では，檜は柔らかく狂いの少ない材であることから，逆にその断面欠損による耐力低下を心配して，梁の噛み合わせを浅くした．その一方では，床板を厚くすることで，わずかなりとも水平剛性を高めるように努めた．

(4) 規矩図などの作成　外観のデザインに大きな影響を及ぼす，破風や軒反り・棟の反りなど各部の曲線部分は，当然のことながら，現場にて瓦の納めを踏まえてすべての原寸図を製作し，それに基づいて施工に当たった．

天守2層目の大千鳥破風は，台所櫓の二つの破風の大きさと古写真を基に，その大きさを決めた．その結果，設計図よりもひとまわり大きくなった．すでに骨

組が組み上がっていたために，妻壁の小窓の大きさを調整することができず，わずかにバランスを欠くことになった．2層目屋根の東西面の比翼入母屋は，隅棟から内側で屋根面を大きくねじることによりその大きさを確保した．ほかの小さな千鳥破風は，宇和島城のような置き千鳥にならぬよう，利根丸瓦の納めに注意を払った．

東側の古写真（図8.5-33）には唐破風に下り棟があるようにも見えるが，原寸図を描くことによって，下り棟がなくても納まることが判明したために，通常の下り棟がない唐破風とした（図8.5-34）．なお，妻側の唐破風は平側よりも瓦1枚分幅を小さくしてある．

雛形によると天守の最上層は二重屋根になっている．これは弘前城や丸亀城の天守にも例があるが，どのような理由によるものかは判然としなかった．

古写真の天守の軒の反りが小さいのは，隅木の垂下によるとの推測がなされていた．一般的には古建築の隅軒は垂下が著しいといわれるが，社寺とは違い城の建築のように部材が太く軒の出が小さい建物では，そのようなことはあり得ない．また通常規矩術では，垂木の割付や軒反りの反元は側柱芯からとされるが，それではこの建物のように軒の出が著しく小さい建物では，きわめて不自然になる．一方，既存の2棟の櫓では垂木の割付は側柱の芯に拘っていないが，反元は側柱芯に据えてある．しかしこれらの建物は，戦後解体修理の手が入っていることから，反元に関しては信頼性に欠ける．これらの状況を踏まえたうえで，隅の軒の反りを小さくしての規矩図の作成を行い，その結果は復元天守のとおりである．薙刀反りの曲線は隅だけとし，その型板を軒の平部分の中央で下げることにより緩いＶの字型に据え付けて施工した．

これらの結果，軒の出や軒反りが小さいこと，瓦の葺き幅が通常よりも狭いこと，また完成写真のごとく鯱が小さいのは，すべてこの天守を大きく見せるために，当初この天守を建てた棟梁が意識的に図ったことであると，その設計意図を推察することができた．

[前川 康]

■文　献
(1) 前川 康「大洲城復元と建築基準法」建築雑誌, 2003年2月号, 2003, pp.125-126.
(2) 『大洲城天守閣復元事業報告書』大洲市, 2003
(3) 前川 康「伝統構法による木造天守の復元」土木学会誌, 89(5), 2004, pp.37-40.
(4) 山田憲明「木造天守の構造設計」建築技術, 2006年2月号, 2006, pp.192-195.

8.5.4　永明院五重塔の新造

宮大工（富山・白井大工）の木造伝統構法への思いを込めた原設計に，研究者と設計者が知恵を絞って構造補強を施し，解析技術を駆使して構造の安全性を確認した木造五重塔「永明院五重塔」（富山県氷見市，図8.5-35）を紹介する．木造五重塔は，従来，宮大工の経験と勘に基づいて設計・施工されてきた．また，その耐震性も，経験的，定性的に評価されてきた．一方，木質構造の近年の研究成果を取り入れ，現代の構造解析技術を適用すれば，構造安全性の定量的な評価が可能になっている．

歴史的にみれば，木造五重塔が地震で倒壊した記録はないとされている．しかし，室戸台風（1934）では，大阪の四天王寺五重塔（大阪市天王寺区）が台風で倒

図8.5-33　大洲城 東面 明治古写真［大洲市所蔵］

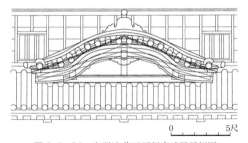

図8.5-34　大洲城 復元平側唐破風詳細図

8.5 伝統木造建築の再現と新造

図 8.5-35 永明院五重塔 [撮影：白井大工]

壊した．五重塔が構造的に安全であるためには，地震とともに風も考えなければならない．永明院五重塔の構造検討（文献 1）では，耐震安全性とともに，耐風安全性の評価も行った．さらに，多雪地域に建てられることから，設計荷重に積雪も考慮した．地震・風・積雪に対して構造解析により安全性を確認した五重塔として，また，宮大工と構造設計者が協力したプロジェクトの成果として，この五重塔は，初めてのモデルケースに位置付けられる．

永明院五重塔の構法的な特徴は，江戸後期の構法を取り入れたものである．宮大工の設計に対して水平耐力を概算した後，宮大工と構造設計者が議論を重ねつつ，構造補強を計画した．構造補強設計にあたっては，伝統構法の構造に付加する形での木または金物による最小限の補強とすること，木の特性である「めり込み」を活かすこと，耐久性とメインテナンスを考慮すること，を基本方針とした．

補強項目は，①貫の追加と板壁の設置，②初重の足元貫の補強，③タイロッドによる耐風補強，④屋根吹上げ風荷重に対する補強，⑤相輪内部の心柱の補強，である．

耐風補強③，④を図 8.5-36 に示す．タイロッドによる耐風補強では，意匠上の配慮から，初重では壁の中を通すようにし，ステンレス鋼材（SUS）を設置して，五重および基礎からのタイロッド間の荷重を伝達するように工夫した．

構造計算による安全性の確認では，設計建物を工作物とみなし，再現期間 200 年の地震・風荷重に対して，層間変形角が 1/30 以下に収まることを目標性能とし

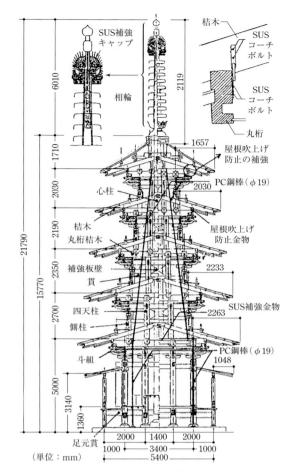

図 8.5-36 永明院五重塔 立断面図
[白井大工の設計図に加筆]

た．さらに，安全余裕を評価するために，再現期間 500 年の荷重に対しても倒壊しないことを確かめた．

この五重塔の重量は，含水率 30% として 483 kN と算定された．構造解析では，①平面並列骨組モデルを用いた弾塑性静的増分解析による耐震・耐風解析，②平面並列骨組モデルと等価な荷重変形関係をもつように曲げせん断型多質点系 Stick モデルに置換した非線形地震応答解析，③立体骨組モデルを用いた耐風解析を行っている．図 8.5-37 に示す平面並列骨組モデルの特徴は，柱-貫接合部，板壁，斗組の力学モデルに，めり込み抵抗（文献 2）を考慮したモデルを用いたことである．柱-貫接合部は，節点の回転を考慮した半剛接合モデルで表している．また，多質点系 Stick モデルは平面並列骨組モデルの荷重変形関係から等価なモデルを構築したもので，心柱と塔身の衝突現象（閂効果）を考慮している．

540　第8章　現代の伝統構法

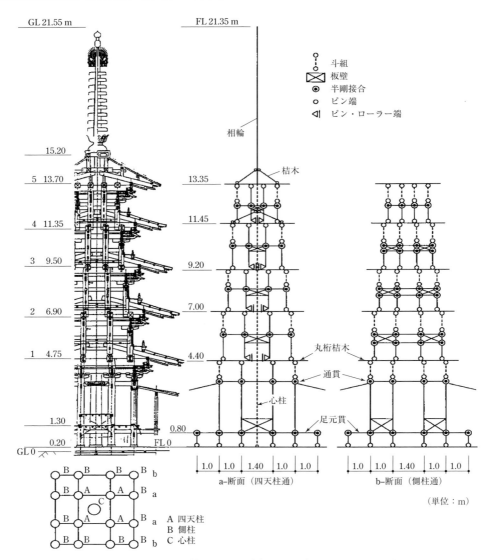

図8.5-37　解析モデル（平面並列骨組モデル）

　立体骨組モデルは，タイロッドの設計荷重を決めるために用いた．伝統木造建物の構造検討では，水平面内剛性が問題になることが多い．この五重塔の構造検討でも，渡腮掛け仕口で組まれた各重の丸桁桔木レベルでの水平面内剛性をチェックするために，仕口部のめり込み応力分布を仮定して平面骨組解析を行った．その結果，十分な剛性を保有していることを確認している．

　構造補強の効果に関する解析結果を示すと，図8.5-38に示すように，もともとの設計に対して，構造補強後の水平耐力は約2倍となった．また，ひずみが小さい線形範囲内では，塔身の変形比は，五重軒の

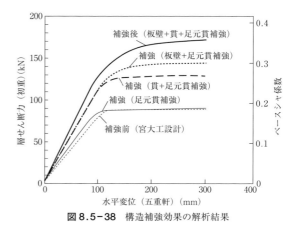

図8.5-38　構造補強効果の解析結果

水平変位で表せば，貫接合部のめり込みに伴う回転が54％，架構のせん断変形，曲げ変形がそれぞれ40％，6％と算定された．この平面並列骨組モデルによる静的増分解析の結果，設計風荷重に対して，層間変形角は約1/130程度以下であり，安全指標を満足した．立体骨組モデルによる耐風解析の結果，斜め方向からの風荷重に対して，四隅に配したタイロッドの設計荷重が240kNと求まり，PC鋼棒の径は19mmとした．

図8.5-38に示す平面並列骨組モデルの固有周期は，1.10秒（並進一次）と求められた．曲げせん断型多質点系Stickモデルによる地震応答解析の結果，設計再現期間の入力地震動（地震ハザード解析によるピーク速度25 kineに基準化した実地震波）に対して，積雪荷重との組合せの有無によらず，層間変形角は約1/50以下に収まり，安全性を確認した．層間変形角の高さ方向分布は，積雪無の場合には二重，積雪有の場合には三重・四重の層間変形角が最も大きい分布を示し，中間層の層間変位が大きくなる傾向を示した．ここで，地震応答解析結果で注目されるのは，相輪の制震効果である．歴史上，地震時に相輪が折れた記録は少なくない．この五重塔の地震応答解析でも，相輪が大きく振れる現象がみられた．相輪の有無をパラメーターとした解析の結果（図8.5-39），相輪ありの場合には，相輪なしの場合に比べて，塔身の層間変形角が小さくなり，制震効果を有する可能性が示唆された．耐風用に設計したタイロッドも，再現期間500年の地震動レベルでは，層間変形角を抑える効果があることを解析的に確認した（文献3）．

竣工時に，設計解析の検証を目的として常時微動を測定した．その結果，固有周期0.55秒で曲げが卓越する振動モードの並進一次固有振動が観測され，設計解析とは差異がみられた．その理由は，設計解析時のひずみレベルとの差，非構造材の効果，設計解析の材端条件の影響によるものと考えられたが，耐震設計で想定したレベルと同程度の地震動を受けた場合には解析結果に近づくと思われる．　　　　[花里利一]

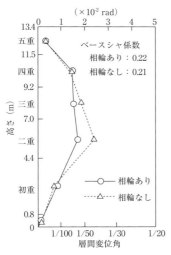

図8.5-39 相輪の有無をパラメーターとした地震応答解析結果（ELCENTRO40NS波 25 kine 入力時）

■文　献
(1) 花里利一・荻原幸夫・稲山正弘・大倉靖彦・三井所清典・坂本 功「木造伝統構法五重塔の設計における構造安全性の検討」日本建築学会技術報告集，7号，1999, pp.33-38.
(2) 稲山正弘「めり込み抵抗接合の設計（貫抵抗）」建築技術，1995年11月号，1995, pp.106-111.
(3) 花里利一・稲山正弘・三井所清典・坂本 功「木造伝統構法五重塔の設計における構造安全性の検討 その7 補強効果の検討および修正モデルによる解析」日本建築学会学術講演梗概集，構造Ⅲ，1999, pp.173-174.

付録　西暦・元号対照表

西暦	元号	西暦	元号	西暦	元号	西暦	元号	西暦	元号	西暦	元号
飛鳥時代		739	11	791	10	843	10	896	8	949	3
645	大化	740	12	792	11	844	11	897	9	950	4
646	2	741	13	793	12	845	12	898	昌泰	951	5
647	3	742	14	**平安時代**		846	13	899	2	952	6
648	4	743	15	794	13	847	14	900	3	953	7
649	5	744	16	795	14	848	嘉祥	901	延喜	954	8
650	白雉	745	17	796	15	849	2	902	2	955	9
651	2	746	18	797	16	850	3	903	3	956	10
652	3	747	19	798	17	851	仁寿	904	4	957	天徳
653	4	748	20	799	18	852	2	905	5	958	2
654	5	749	天平感宝	800	19	853	3	906	6	959	3
⋮			天平勝宝	801	20	854	斉衡	907	7	960	4
686	朱鳥	750	2	802	21	855	2	908	8	961	応和
⋮		751	3	803	22	856	3	909	9	962	2
701	大宝	752	4	804	23	857	天安	910	10	963	3
702	2	753	5	805	24	858	2	911	11	964	康保
703	3	754	6	806	大同	859	貞観	912	12	965	2
704	慶雲	755	7	807	2	860	2	913	13	966	3
705	2	756	8	808	3	861	3	914	14	967	4
706	3	757	天平宝字	809	4	862	4	915	15	968	安和
707	4	758	2	810	弘仁	863	5	916	16	969	2
708	和銅	759	3	811	2	864	6	917	17	970	天禄
709	2	760	4	812	3	865	7	918	18	971	2
奈良時代		761	5	813	4	866	8	919	19	972	3
710	3	762	6	814	5	867	9	920	20	973	天延
711	4	763	7	815	6	868	10	921	21	974	2
712	5	764	8	816	7	869	11	922	22	975	3
713	6	765	天平神護	817	8	870	12	923	延長	976	貞元
714	7	766	2	818	9	871	13	924	2	977	2
715	霊亀	767	神護景雲	819	10	872	14	925	3	978	天元
716	2	768	2	820	11	873	15	926	4	979	2
717	養老	769	3	821	12	874	16	927	5	980	3
718	2	770	宝亀	822	13	875	17	928	6	981	4
719	3	771	2	823	14	876	18	929	7	982	5
720	4	772	3	824	天長	877	元慶	930	8	983	永観
721	5	773	4	825	2	878	2	931	承平	984	2
722	6	774	5	826	3	879	3	932	2	985	寛和
723	7	775	6	827	4	880	4	933	3	986	2
724	神亀	776	7	828	5	881	5	934	4	987	永延
725	2	777	8	829	6	882	6	935	5	988	2
726	3	778	9	830	7	883	7	936	6	989	永祚
727	4	779	10	831	8	884	8	937	7	990	正暦
728	5	780	11	832	9	885	仁和	938	天慶	991	2
729	天平	781	天応	833	10	886	2	939	2	992	3
730	2	782	延暦	834	承和	887	3	940	3	993	4
731	3	783	2	835	2	888	4	941	4	994	5
732	4	784	3	836	3	889	寛平	942	5	995	長徳
733	5	785	4	837	4	890	2	943	6	996	2
734	6	786	5	838	5	891	3	944	7	997	3
735	7	787	6	839	6	892	4	945	8	998	4
736	8	788	7	840	7	893	5	946	9	999	長保
737	9	789	8	841	8	894	6	947	天暦	1000	2
738	10	790	9	842	9	895	7	948	2	1001	3

西暦	元号	西暦	元号	西暦	元号	西暦	元号		西暦	元号	西暦	北朝	南朝
1002	4	1060	3	1118	元永	1176	2		1233	天福	1291	4	
1003	5	1061	4	1119	2	1177	治承		1234	文暦	1292	5	
1004	寛弘	1062	5	1120	保安	1178	2		1235	嘉禎	1293	永仁	
1005	2	1063	6	1121	2	1179	3		1236	2	1294	2	
1006	3	1064	7	1122	3	1180	4		1237	3	1295	3	
1007	4	1065	治暦	1123	4	1181	養和		1238	暦仁	1296	4	
1008	5	1066	2	1124	天治	1182	寿永		1239	延応	1297	5	
1009	6	1067	3	1125	2	1183		2	1240	仁治	1298	6	
1010	7	1068	4	1126	大治	1184	元暦	3	1241	2	1299	正安	
1011	8	1069	延久	1127	2	**鎌倉時代**			1242	3	1300	2	
1012	長和	1070	2	1128	3	1185	文治	4	1243	寛元	1301	3	
1013	2	1071	3	1129	4	1186	2		1244	2	1302	乾元	
1014	3	1072	4	1130	5	1187	3		1245	3	1303	嘉元	
1015	4	1073	5	1131	天承	1188	4		1246	4	1304	2	
1016	5	1074	承保	1132	長承	1189	5		1247	宝治	1305	3	
1017	寛仁	1075	2	1133	2	1190	建久		1248	2	1306	徳治	
1018	2	1076	3	1134	3	1191	2		1249	建長	1307	2	
1019	3	1077	承暦	1135	保延	1192	3		1250	2	1308	延慶	
1020	4	1078	2	1136	2	1193	4		1251	3	1309	2	
1021	治安	1079	3	1137	3	1194	5		1252	4	1310	3	
1022	2	1080	4	1138	4	1195	6		1253	5	1311	応長	
1023	3	1081	永保	1139	5	1196	7		1254	6	1312	正和	
1024	万寿	1082	2	1140	6	1197	8		1255	7	1313	2	
1025	2	1083	3	1141	永治	1198	9		1256	康元	1314	3	
1026	3	1084	応徳	1142	康治	1199	正治		1257	正嘉	1315	4	
1027	4	1085	2	1143	2	1200	2		1258	2	1316	5	
1028	長元	1086	3	1144	天養	1201	建仁		1259	正元	1317	文保	
1029	2	1087	寛治	1145	久安	1202	2		1260	文応	1318	2	
1030	3	1088	2	1146	2	1203	3		1261	弘長	1319	元応	
1031	4	1089	3	1147	3	1204	元久		1262	2	1320	2	
1032	5	1090	4	1148	4	1205	2		1263	3	1321	元亨	
1033	6	1091	5	1149	5	1206	建永		1264	文永	1322	2	
1034	7	1092	6	1150	6	1207	承元		1265	2	1323	3	
1035	8	1093	7	1151	仁平	1208	2		1266	3	1324	正中	
1036	9	1094	嘉保	1152	2	1209	3		1267	4	1325	2	
1037	長暦	1095	2	1153	3	1210	4		1268	5	1326	嘉暦	
1038	2	1096	永長	1154	久寿	1211	建暦		1269	6	1327	2	
1039	3	1097	承徳	1155	2	1212	2		1270	7	1328	3	
1040	長久	1098	2	1156	保元	1213	建保		1271	8	1329	元徳	
1041	2	1099	康和	1157	2	1214	2		1272	9	1330	2	
1042	3	1100	2	1158	3	1215	3		1273	10		**北朝**	**南朝**
1043	4	1101	3	1159	平治	1216	4		1274	11	1331	3	元弘
1044	寛徳	1102	4	1160	永暦	1217	5		1275	建治	1332	正慶	2
1045	2	1103	5	1161	応保	1218	6		1276	2	1333	2	3
1046	永承	1104	長治	1162	2	1219	承久		1277	3	1334	建武	
1047	2	1105	2	1163	長寛	1220	1		1278	弘安	1335	2	
1048	3	1106	嘉承	1164	2	1221	2		1279	2	**南北朝時代**		
1049	4	1107	2	1165	永万	1222	貞応		1280	3	1336	建武3	延元
1050	5	1108	天仁	1166	仁安	1223	2		1281	4	1337	4	2
1051	6	1109	2	1167	2	1224	元仁		1282	5	1338	暦応	3
1052	7	1110	天永	1168	3	1225	嘉禄		1283	6	1339	2	4
1053	天喜	1111	2	1169	嘉応	1226	2		1284	7	1340	3	興国
1054	2	1112	3	1170	2	1227	安貞		1285	8	1341	4	2
1055	3	1113	永久	1171	承安	1228	2		1286	9	1342	康永	3
1056	4	1114	2	1172	2	1229	寛喜		1287	10	1343	2	4
1057	5	1115	3	1173	3	1230	2		1288	正応	1344	3	5
1058	康平	1116	4	1174	4	1231	3		1289	2	1345	貞和	6
1059	2	1117	5	1175	安元	1232	貞永		1290	3	1346	2	正平

西暦	元号		西暦	元号	西暦	元号	西暦	元号	西暦	元号	西暦	元号
1347	3	2	1404	11	1462	3	1520	17	1577	5	1634	11
1348	4	3	1405	12	1463	4	1521	大永	1578	6	1635	12
1349	5	4	1406	13	1464	5	1522	2	1579	7	1636	13
1350	観応	5	1407	14	1465	6	1523	3	1580	8	1637	14
1351	2	6	1408	15	1466	文正	1524	4	1581	9	1638	15
1352	文和	7	1409	16	1467	応仁	1525	5	1582	10	1639	16
1353	2	8	1410	17	1468	2	1526	6	1583	11	1640	17
1354	3	9	1411	18	1469	文明	1527	7	1584	12	1641	18
1355	4	10	1412	19	1470	2	1528	享禄	1585	13	1642	19
1356	延文	11	1413	20	1471	3	1529	2	1586	14	1643	20
1357	2	12	1414	21	1472	4	1530	3	1587	15	1644	正保
1358	3	13	1415	22	1473	5	1531	4	1588	16	1645	2
1359	4	14	1416	23	1474	6	1532	天文	1589	17	1646	3
1360	5	15	1417	24	1475	7	1533	2	1590	18	1647	4
1361	康安	16	1418	25	1476	8	1534	3	1591	19	1648	慶安
1362	貞治	17	1419	26	1477	9	1535	4	1592	文禄	1649	2
1363	2	18	1420	27	1478	10	1536	5	1593	2	1650	3
1364	3	19	1421	28	1479	11	1537	6	1594	3	1651	4
1365	4	20	1422	29	1480	12	1538	7	1595	4	1652	承応
1366	5	21	1423	30	1481	13	1539	8	1596	慶長	1653	2
1367	6	22	1424	31	1482	14	1540	9	1597	2	1654	3
1368	応安	23	1425	32	1483	15	1541	10	1598	3	1655	明暦
1369	2	24	1426	33	1484	16	1542	11	1599	4	1656	2
1370	3	建徳	1427	34	1485	17	1543	12	1600	5	1657	3
1371	4	2	1428	正長	1486	18	1544	13	1601	6	1658	万治
1372	5	文中	1429	永享	1487	長享	1545	14	1602	7	1659	2
1373	6	2	1430	2	1488	2	1546	15	**江戸時代**		1660	3
1374	7	3	1431	3	1489	延徳	1547	16	1603	8	1661	寛文
1375	永和	天授	1432	4	1490	2	1548	17	1604	9	1662	2
1376	2	2	1433	5	1491	3	1549	18	1605	10	1663	3
1377	3	3	1434	6	1492	明応	1550	19	1606	11	1664	4
1378	4	4	1435	7	1493	2	1551	20	1607	12	1665	5
1379	康暦	5	1436	8	1494	3	1552	21	1608	13	1666	6
1380	2	6	1437	9	1495	4	1553	22	1609	14	1667	7
1381	永徳	弘和	1438	10	1496	5	1554	23	1610	15	1668	8
1382	2	2	1439	11	1497	6	1555	弘治	1611	16	1669	9
1383	3	3	1440	12	1498	7	1556	2	1612	17	1670	10
1384	至徳	元中	1441	嘉吉	1499	8	1557	3	1613	18	1671	11
1385	2	2	1442	2	1500	9	1558	永禄	1614	19	1672	12
1386	3	3	1443	3	1501	文亀	1559	2	1615	元和	1673	延宝
1387	嘉慶	4	1444	文安	1502	2	1560	3	1616	2	1674	2
1388	2	5	1445	2	1503	3	1561	4	1617	3	1675	3
1389	康応	6	1446	3	1504	永正	1562	5	1618	4	1676	4
1390	明徳	7	1447	4	1505	2	1563	6	1619	5	1677	5
1391	2	8	1448	5	1506	3	1564	7	1620	6	1678	6
室町時代			1449	宝徳	1507	4	1565	8	1621	7	1679	7
1392	明徳3	9	1450	2	1508	5	1566	9	1622	8	1680	8
1393	4		1451	3	1509	6	1567	10	1623	9	1681	天和
1394	応永		1452	享徳	1510	7	1568	11	1624	寛永	1682	2
1395	2		1453	2	1511	8	1569	12	1625	2	1683	3
1396	3		1454	3	1512	9	1570	元亀	1626	3	1684	貞享
1397	4		1455	康正	1513	10	1571	2	1627	4	1685	2
1398	5		1456	2	1514	11	1572	3	1628	5	1686	3
1399	6		1457	長禄	1515	12	**安土桃山時代**		1629	6	1687	4
1400	7		1458	2	1516	13	1573	天正	1630	7	1688	元禄
1401	8		1459	3	1517	14	1574	2	1631	8	1689	2
1402	9		1460	寛正	1518	15	1575	3	1632	9	1690	3
1403	10		1461	2	1519	16	1576	4	1633	10	1691	4

西暦	元号	西暦	元号	西暦	元号	西暦	元号	西暦	元号	西暦	元号
1692	5	1747	4	1802	2	1857	4	1911	44	1965	40
1693	6	1748	寛延	1803	3	1858	5	1912	大正	1966	41
1694	7	1749	2	1804	文化	1859	6	1913	2	1967	42
1695	8	1750	3	1805	2	1860	万延	1914	3	1968	43
1696	9	1751	宝暦	1806	3	1861	文久	1915	4	1969	44
1697	10	1752	2	1807	4	1862	2	1916	5	1970	45
1698	11	1753	3	1808	5	1863	3	1917	6	1971	46
1699	12	1754	4	1809	6	1864	元治	1918	7	1972	47
1700	13	1755	5	1810	7	1865	慶応	1919	8	1973	48
1701	14	1756	6	1811	8	1866	2	1920	9	1974	49
1702	15	1757	7	1812	9	1867	3	1921	10	1975	50
1703	16	1758	8	1813	10	**近代**		1922	11	1976	51
1704	宝永	1759	9	1814	11	1868	明治	1923	12	1977	52
1705	2	1760	10	1815	12	1869	2	1924	13	1978	53
1706	3	1761	11	1816	13	1870	3	1925	14	1979	54
1707	4	1762	12	1817	14	1871	4	1926	昭和	1980	55
1708	5	1763	13	1818	文政	1872	5	1927	2	1981	56
1709	6	1764	明和	1819	2	1873	6	1928	3	1982	57
1710	7	1765	2	1820	3	1874	7	1929	4	1983	58
1711	正徳	1766	3	1821	4	1875	8	1930	5	1984	59
1712	2	1767	4	1822	5	1876	9	1931	6	1985	60
1713	3	1768	5	1823	6	1877	10	1932	7	1986	61
1714	4	1769	6	1824	7	1878	11	1933	8	1987	62
1715	5	1770	7	1825	8	1879	12	1934	9	1988	63
1716	享保	1771	8	1826	9	1880	13	1935	10	1989	平成
1717	2	1772	安永	1827	10	1881	14	1936	11	1990	2
1718	3	1773	2	1828	11	1882	15	1937	12	1991	3
1719	4	1774	3	1829	12	1883	16	1938	13	1992	4
1720	5	1775	4	1830	天保	1884	17	1939	14	1993	5
1721	6	1776	5	1831	2	1885	18	1940	15	1994	6
1722	7	1777	6	1832	3	1886	19	1941	16	1995	7
1723	8	1778	7	1833	4	1887	20	1942	17	1996	8
1724	9	1779	8	1834	5	1888	21	1943	18	1997	9
1725	10	1780	9	1835	6	1889	22	1944	19	1998	10
1726	11	1781	天明	1836	7	1890	23	**現代**		1999	11
1727	12	1782	2	1837	8	1891	24	1945	20	2000	12
1728	13	1783	3	1838	9	1892	25	1946	21	2001	13
1729	14	1784	4	1839	10	1893	26	1947	22	2002	14
1730	15	1785	5	1840	11	1894	27	1948	23	2003	15
1731	16	1786	6	1841	12	1895	28	1949	24	2004	16
1732	17	1787	7	1842	13	1896	29	1950	25	2005	17
1733	18	1788	8	1843	14	1897	30	1951	26	2006	18
1734	19	1789	寛政	1844	弘化	1898	31	1952	27	2007	19
1735	20	1790	2	1845	2	1899	32	1953	28	2008	20
1736	元文	1791	3	1846	3	1900	33	1954	29	2009	21
1737	2	1792	4	1847	4	1901	34	1955	30	2010	22
1738	3	1793	5	1848	嘉永	1902	35	1956	31	2011	23
1739	4	1794	6	1849	2	1903	36	1957	32	2012	24
1740	5	1795	7	1850	3	1904	37	1958	33	2013	25
1741	寛保	1796	8	1851	4	1905	38	1959	34	2014	26
1742	2	1797	9	1852	5	1906	39	1960	35	2015	27
1743	3	1798	10	1853	6	1907	40	1961	36	2016	28
1744	延享	1799	11	1854	安政	1908	41	1962	37	2017	29
1745	2	1800	12	1855	2	1909	42	1963	38	2018	30
1746	3	1801	享和	1856	3	1910	43	1964	39		

付録　元号・西暦対照表

元号	読み	西暦	元号	読み	西暦	元号	読み	西暦	元号	読み	西暦
安永	あんえい	1772～1781	寛延	かんえん	1748～1751	康応	こうおう	1389～1390	治暦	じりゃく	1065～1069
安元	あんげん	1175～1177	観応	かんおう	1350～1352	弘化	こうか	1844～1848	神亀	じんき	724～729
安政	あんせい	1854～1860	寛喜	かんぎ	1229～1232	康元	こうげん	1256～1257	神護景雲	じんごけいうん	767～770
安貞	あんてい	1227～1229	元慶	がんぎょう	877～885	興国	こうこく	1340～1346			
安和	あんな	968～970	寛元	かんげん	1243～1247	康治	こうじ	1142～1144	大永	だいえい	1521～1528
永延	えいえん	987～989	寛弘	かんこう	1004～1012	弘治	こうじ	1555～1558	大化	たいか	645～650
永観	えいかん	983～985	寛治	かんじ	1087～1094	康正	こうしょう	1455～1457	大治	だいじ	1126～1131
永久	えいきゅう	1113～1118	寛正	かんしょう	1460～1466	弘長	こうちょう	1261～1264	大正	たいしょう	1912～1926
永享	えいきょう	1429～1441	寛政	かんせい	1789～1801	弘仁	こうにん	810～824	大同	だいどう	806～810
永治	えいじ	1141～1142	寛徳	かんとく	1044～1046	康平	こうへい	1058～1065	大宝	たいほう	701～704
永承	えいしょう	1046～1053	寛和	かんな	985～987	康保	こうほう	964～968	長寛	ちょうかん	1163～1165
永正	えいしょう	1504～1521	寛仁	かんにん	1017～1021	康暦	こうりゃく	1379～1381	長久	ちょうきゅう	1040～1044
永祚	えいそ	989～990	寛平	かんぴょう	889～898	康和	こうわ	1099～1104	長享	ちょうきょう	1487～1489
永長	えいちょう	1096～1097	寛文	かんぶん	1661～1673	弘和	こうわ	1381～1384	長元	ちょうげん	1028～1037
永徳	えいとく	1381～1384	寛保	かんぽう	1741～1744				長治	ちょうじ	1104～1106
永仁	えいにん	1293～1299	久安	きゅうあん	1145～1151	斉衡	さいこう	854～857	長承	ちょうしょう	1132～1135
永保	えいほう	1081～1084	久寿	きゅうじゅ	1154～1156	治安	じあん	1021～1024	長徳	ちょうとく	995～999
永万	えいまん	1165～1166	慶雲	きょううん	704～708	治承	じしょう	1177～1181	長保	ちょうほう	999～1004
永暦	えいりゃく	1160～1161	享徳	きょうとく	1452～1455	至徳	しとく	1384～1387	長暦	ちょうりゃく	1037～1040
永禄	えいろく	1558～1570	享保	きょうほう	1716～1736	寿永	じゅえい	1182～1185	長禄	ちょうろく	1457～1460
永和	えいわ	1375～1379	享録	きょうろく	1528～1532	朱鳥	しゅちょう	686～	長和	ちょうわ	1012～1017
延応	えんおう	1239～1240	享和	きょうわ	1801～1804	正安	しょうあん	1299～1302	天安	てんあん	857～859
延喜	えんぎ	901～923	慶安	けいあん	1648～1652	承安	じょうあん	1171～1175	天永	てんえい	1110～1113
延久	えんきゅう	1069～1074	慶応	けいおう	1865～1868	貞永	じょうえい	1232～1233	天延	てんえん	973～976
延享	えんきょう	1744～1748	慶長	けいちょう	1596～1615	正応	しょうおう	1288～1293	天応	てんおう	781～782
延慶	えんきょう	1308～1311	建永	けんえい	1206～1207	承応	じょうおう	1652～1655	天喜	てんぎ	1053～1058
延元	えんげん	1336～1340	元応	げんおう	1319～1321	貞応	じょうおう	1222～1224	天慶	てんぎょう	938～947
延長	えんちょう	923～931	元亀	げんき	1570～1573	正嘉	しょうか	1257～1259	天元	てんげん	978～983
延徳	えんとく	1489～1492	建久	けんきゅう	1190～1199	貞観	じょうがん	859～877	天治	てんじ	1124～1126
延文	えんぶん	1356～1361	元久	げんきゅう	1204～1206	承久	じょうきゅう	1219～1222	天授	てんじゅ	1375～1381
延宝	えんぽう	1673～1681	乾元	けんげん	1302～1303	正慶	しょうきょう	1332～1334	天承	てんしょう	1131～1132
延暦	えんりゃく	782～806	元亨	げんこう	1321～1324	貞享	じょうきょう	1684～1688	天正	てんしょう	1573～1592
応安	おうあん	1368～1375	元弘	げんこう	1331～1334	正元	しょうげん	1259～1260	天長	てんちょう	824～834
応永	おうえい	1394～1428	建治	けんじ	1275～1278	承元	じょうげん	1207～1211	天徳	てんとく	957～961
応長	おうちょう	1311～1312	元治	げんじ	1864～1865	貞元	じょうげん	976～978	天和	てんな	1681～1684
応徳	おうとく	1084～1087	元中	げんちゅう	1384～1392	正治	しょうじ	1199～1201	天仁	てんにん	1108～1110
応仁	おうにん	1467～1469	建長	けんちょう	1249～1256	貞治	じょうじ	1362～1368	天平	てんぴょう	729～749
応保	おうほう	1161～1163	建徳	けんとく	1370～1372	昌泰	しょうたい	898～901	天平感宝	てんぴょうかんぽう	749
応和	おうわ	961～964	元徳	げんとく	1329～1332	正中	しょうちゅう	1324～1326	天平勝宝	てんぴょうしょうほう	749～757
			元和	げんな	1615～1624	正長	しょうちょう	1428～1429	天平神護	てんぴょうじんご	765～767
嘉永	かえい	1848～1854	建仁	けんにん	1201～1204	正徳	しょうとく	1711～1716	天平宝字	てんぴょうほうじ	757～765
嘉応	かおう	1169～1171	元仁	げんにん	1224～1225	承徳	じょうとく	1097～1099	天福	てんぷく	1233～1234
嘉吉	かきつ	1441～1444	元文	げんぶん	1736～1741	正平	しょうへい	1346～1370	天文	てんぶん	1532～1555
嘉慶	かきょう	1387～1389	建保	けんぽう	1213～1219	承平	じょうへい	931～938	天保	てんぽう	1830～1844
嘉元	かげん	1303～1306	建武	けんむ	1334～1338	正保	しょうほう	1644～1648	天明	てんめい	1781～1789
嘉祥	かしょう	848～851	建暦	けんりゃく	1211～1213	承保	じょうほう	1074～1077	天養	てんよう	1144～1145
嘉承	かじょう	1106～1108	元暦	げんりゃく	1184～1185	正暦	しょうりゃく	990～995	天暦	てんりゃく	947～957
嘉禎	かてい	1235～1238	元禄	げんろく	1688～1704	承暦	じょうりゃく	1077～1081	天禄	てんろく	970～973
嘉保	かほう	1094～1096	康安	こうあん	1361～1362	昭和	しょうわ	1926～1989	徳治	とくじ	1306～1308
嘉暦	かりゃく	1326～1329	弘安	こうあん	1278～1288	正和	しょうわ	1312～1317			
嘉録	かろく	1225～1227	康永	こうえい	1342～1345	承和	じょうわ	834～848	仁安	にんあん	1166～1169
寛永	かんえい	1624～1644				貞和	じょうわ	1345～1350	仁治	にんじ	1240～1243

付録　元号・西暦対照表

元号	読み	西暦	元号	読み	西暦	元号	読み	西暦	元号	読み	西暦
仁寿	にんじゅ	851〜854	文正	ぶんしょう	1466〜1467	保延	ほうえん	1135〜1141	明徳	めいとく	1390〜1394
仁和	にんな	885〜889	文政	ぶんせい	1818〜1830	宝亀	ほうき	770〜781	明暦	めいれき	1655〜1658
仁平	にんぺい	1151〜1154	文中	ぶんちゅう	1372〜1375	宝治	ほうじ	1247〜1249	明和	めいわ	1764〜1772
			文和	ぶんな	1352〜1356	宝徳	ほうとく	1449〜1452			
白雉	はくち	650〜654	文保	ぶんぽう	1317〜1319	宝暦	ほうれき	1751〜1764	養老	ようろう	717〜724
文安	ぶんあん	1444〜1449	文明	ぶんめい	1469〜1487	保元	ほうげん	1156〜1159	養和	ようわ	1181〜1182
文永	ぶんえい	1264〜1275	文暦	ぶんりゃく	1234〜1235				暦応	りゃくおう	1338〜1342
文応	ぶんおう	1260〜1261	文禄	ぶんろく	1592〜1596	万延	まんえん	1860〜1861	暦仁	りゃくにん	1238〜1239
文化	ぶんか	1804〜1818	平治	へいじ	1159〜1160	万治	まんじ	1658〜1661	霊亀	れいき	715〜717
文亀	ぶんき	1501〜1504	平成	へいせい	1989〜	万寿	まんじゅ	1024〜1028	和銅	わどう	708〜715
文久	ぶんきゅう	1861〜1864	保安	ほうあん	1120〜1124	明応	めいおう	1492〜1501			
文治	ぶんじ	1185〜1190	宝永	ほうえい	1704〜1711	明治	めいじ	1868〜1912			

事 項 索 引

あ 行

相欠き　226, 357, 358, 362
明障子　342
幄舎　93
上土門　162
揚戸　341
腮　358
足固貫　144
足軽長屋　303
網代壁　339
校木　29, 186, 188
校倉　186, 194
　　──の形骸化　192
校倉造　338
　　──の土台　354
校倉風　189
アーチ構造　451
厚板　441
厚葺き　330
孔式　390
鐙瓦　533
油障子　344
雨仕舞い　344
雨戸　342
雨樋　244
荒壁　337
蟻掛け　360
アンカーボルト　427, 440
安政江戸地震　6
安政東海地震　6

井桁組　132
石置板葺　282
石置屋根　483
石落　322
石垣　318, 354
石瓦葺　334
石場建て　345, 422
『石山寺縁起絵巻』　390
伊勢湾台風　462
板校倉　194
板壁　338, 496
板倉　186, 192, 194
板図　379
板戸　342
板扉　360
板葺　332, 429
板ルーフィング　429

一番垂木　384
一面庇　93
『一遍上人絵伝』　330
『一遍聖絵』　200
糸車　389
田舎間　422
猪子扠首　225
豕扠首　305
遺物　212
入母屋　429
入輪　356, 362
色付壁　337
イロハ組合番付　387
『石清水八幡宮曼荼羅』　200
引頭　374

『上杉本洛中洛外図屏風』　339
宇瓦　533
『宇佐宮上宮仮殿地判指図』　379
宇豆柱　92
薄梁　248
薄葺き　330
埋門　312, 315
打掛け　371
内冠木　312
内壁　428
打越垂木　83, 96
内転び　182
内法制　422
内法長押　27
内法貫　364
内法柱間制　383
内屋根　61
内屋根式　62
打割製材　391
腕木　312
埋楔　358
裏返し　319
裏甲　525
裏目　389
漆塗装の変退色　464
漆塗り　369, 486
　　──の修理　487
上塗り　337

画工　376
枝束　64
X線透視撮影調査　489
海老虹梁　47, 143, 163

海老錠　371
FFT解析　504
絵振板　162
絵巻物　341
LVL　441
縁　308
塩害　464
『延喜式』　368
円弧状アーチ　445
エンジニアード・ウッド　441, 453
鉛直構面　514
　　──の補強　517
檐塔　110, 126
縁長押　27
塩類風化　463

追扠首　226
追回し　383
扇垂木　87
大入れ　357, 362
大壁　320, 399, 402, 496
大ばらし　486
大梁　22
大引　312
大引貫式　215
大疎垂木　94
大面取り　163
大屋根　61
大鋸　376, 392
桶側造り　509
押溝　395
押縁下見　399
押縁下見板張り　320, 429
尾垂木付二手先　77
追掛継ぎ　361
鬼瓦　533
鬼斗　74
斧　390
男梁　152, 159
親柱　316
帯金物　404
折置組　249, 423
折曲金物　440
御大工　374
温度変化　463

か 行

海塩粒子　464

皆折　366
解体　467, 469
解体番付　384, 468
開放形式　389
回（廻）廊　156, 197
蟇股　46
「家屋耐震構造論」　398, 408
抱え仕込み　364
化学的変化　462
鏡柱　312
鑼　392
ガガリ　376
牡蠣殻葺　333
鍵屋　257
丸桁　476
丸桁桔　58, 121, 132
角石　318
角長押　301
角脇石　318
掛障子　344
懸造　37, 353
下弦材　227
架構　40, 42, 46
　　──の力学機構　522
「架構建築耐震構造論」　408
架構構成　522
飾金具　313, 368
錺金具　368
鍛冶　376
頭長押　26
頭貫　22, 146, 154, 525
鎹　366, 427
『春日権現霊験記』　337
春日造　92, 97
仮設　466
刀刻み　320
片刃　392
片庇　18
合掌造　224, 259
花頭窓　313
金物　405
金物工法　440
金輪継ぎ　129
矩折目違い　362
曲尺　384, 389
『矩尺捷逕』　384
鐘吊虹梁　179
鐘吊梁　175, 182, 185
冠木　312
冠木長押　27
冠木門　159
兜造　260
兜屋根　260
壁　319, 337, 408, 428
『壁』　399

壁大工　376
壁付棟持柱　215
壁塗　376
壁パネル　441
鎌　357
框　343
亀腹　128, 353
鴨居　341
茅　229
茅負受け式　58
茅壁　339
茅葺　500
茅葺屋根修理　482
唐居敷　163
空積み　318
唐破風　107, 140
空葺き　326, 482
搦手　167
唐門　140, 158
瓦師　376
瓦積基壇　351
瓦野地　54
瓦博士　376
瓦葺　429
　　──の修理　481
瓦葺工　377
嵌合接合　440
完全鍛着　391
関東地震　6, 10
関東大震災　6, 405, 408
鉋（鐁）　394
閂棒　371
顔料　487

木負　363
祇園造　102
機械プレカット　427, 439
規格化　382
規矩　384
規矩図　537
木砕き　381
菊斗　74
木地　487
疑似立体モデル　502
木摺り　399, 428
木摺漆喰壁　496
基礎　422
基礎修理　471
貴族住宅　286
北伊豆地震　409
基壇　18, 350, 531
亀甲積み　318
木鼻　24
逆蓮　162
行基式丸瓦　326

強制振動実験　503
経蔵　172
京大工頭　374
擬洋風建築　398
京間　422
京呂組　249, 303, 423
切石　318
切石積基壇　351
切妻造　92
切妻屋根　429
切葺き　329
際束式　215
木割　381
木割書　381
キングポストトラス　304, 415
金属瓦葺　334
金属製スペーサー　439
金属腐蝕　464
金鍍金　370
銀鍍金　370

釘　366
潜戸　312
草壁　339
草葺　429
『愚子見記』　207, 381
『矩術新書』　384
『矩術要解』　384
管柱　404, 438
口脇位置　384
クド造　257
組上番付　384
組入天井　152
組手　188
組物　74, 154, 476, 498
組物様式　532
雲斗雲肘木　74
クリープ破壊　465
グルードインロッド　450
枢　371
曲輪　316
榑板葺　483
榑縁　93

軽骨造　434
傾斜　459
傾斜復元力　523
化粧裏板　296
化粧桁　359
化粧木舞　363
化粧材　189, 362
化粧地垂木　296
化粧垂木　22, 54, 380
化粧屋根　61
化粧屋根裏　45, 58, 101

化粧屋根式　61
外陣　22
桁行小屋梁　68
桁行繋梁　68
桁行方向の梁　240
結露　464
毛彫り　369
下屋　228, 231
下屋柱　231
蹴彫り　369
原始住居　219
原初的鉋　395
懸垂　120
懸垂式　120
減衰定数　504
原寸引付図　379
建築基準法　7
『建築構造の知識』　424
『建仁寺派家伝書』　382
間面記法　19

甲穴　395
笄棟　331
光学顕微鏡　490
光学的調査　489
剛構造　493
格子　341
格子シェル　451
格子戸　342
工手学校　398
工匠　375
剛性　515
高性能接合金物　440
構造解析　493
構造金物　440
構造対策　513
構造のブロック化　240
構造補強　11, 506
構造用合板　441, 496, 515
膠着合成梁　445
格天井　148
江濃地震　408
香の図　365
向拝　95
合板　496
合板耐力壁　441
『興福寺西金堂造佛所作物帳』　368
工部大学校造家学科　398
格縁辻金具　368
高麗門　161, 167, 312
高欄架木　362
虹梁　45, 93, 143, 154
虹梁木鼻　358
木瓦葺　332
コキバシラ　233

国衙　374
国分寺塔　378
国宝本殿　90
小組格天井　101
柿葺　333
柿葺修理　482
5間3戸門　170
御作事方　374
『御作事方仕口之図』　399
腰入目違い　360
腰組　173
腰長押　26
腰貫　364
腰屋根　145
鏝絵　376
小天井　146
木葉形鋸　393
向拝柱　349
木羽葺　333
木挽（小引）　376
小普請方　382
小普請方大工棟梁　374
小普請方定棟梁　374
古墳時代　212
小間　422
木舞　337
小舞下地　335
込栓　244, 357
小屋大梁　61
小屋組　45, 246, 361, 403, 501
　　——の修理　477
　　——の復原　480
小屋筋かい　63
小屋束　364
小屋貫　66, 71
小屋梁　8
固有周期　503, 541
固有振動数　505
コロニアル葺　430
転び止め　63
コンクリートブロック積み　418
権現造　104
昆虫被害　464

さ 行

座　375
災害　456
再現　522
彩色　486
　　——の修理　487
材質分析調査　489
在来軸組構法　427
竿車知　361
棹縁天井　501

逆葺き　329
佐賀間　422
左官　376
座具　382
作事方　374
作事方大工棟梁　374
作事惣奉行　374
桜島地震　420
下苧　402
曲尺　389
差鴨居　248, 282, 301
差茅　482
座敷飾り　287, 292, 295
座敷中門　256
指図（差図）　379
指付け　309
指付け技法　364
挿肘木　74, 358
挿物　240
指物　364, 400
指物師　376
扠首　8, 248, 303
扠首組　46
扠首構造　224
扠首尻　226
扠首台　248
茶道口　344
実肘木　74
又柱　231
狭間　322
サーモグラフィー　489
さらし葺き　329
猿　371
三角形不変　406
酸化腐蝕　463
桟唐戸　340
桟瓦　316
桟瓦葺　326
3間1戸門　170
3間3戸門　170
三次元立体モデル　503
三重梁　187
『三代巻』　381
3ヒンジ・アーチ　445
三面庇　18, 100
『山門堂舎記』　38
山廊　146

シェル構造　451
市街地建築物法　7, 283, 405, 320
敷居　341
敷鴨居　293
敷桁　303
色紙窓　344
式台玄関　301

式年造替　354
敷梁　305
四脚門　140, 153, 158, 162
四脚門風　152
地業　472, 536
地形普請　377
軸組　16, 246, 248, 361, 423
軸組構造　188, 195
軸組工法　2
軸摺金具　370
仕口　427, 340, 356
軸部　473
繁垂木　82
時香番付　386
シーザーストラス　452
肉合彫り　369
肉彫り　369
地震　456
地震応答解析　524, 539
地震津波　458
地震被害　10
地震力　514, 523
地隅木　144
『地蔵菩薩霊験記絵』　330
下木　69
下地窓　343
下見板　338, 399
下見板貼壁　496
地垂木　83, 144
地垂木掛け　146
漆喰壁　313, 316, 319
漆喰彫刻　376
漆喰塗　338
湿度　463
尻挟継ぎ　361
七宝　369
四天柱　116, 121, 127
蔀戸　343
地長押　26
芝棟　331
地盤　472
地覆座　348
地覆長押　28
四方下屋　237
四方転び　180, 183
四方差し　244, 282, 365
四面庇　18, 99
砂利敷　16
柔構造　493
自由振動測定　503
集成材　442, 445
集成材建築　446
重層構造　121
重層門　140
住宅改良会　409

住宅金融公庫仕様書　423
『住宅論』　410
修理技法　466
修理職　374
樹脂製スペーサー　439
主殿　294
主殿造　297
樹皮葺き　327
修理大工　375
書院座敷　301
書院造　292
城郭建築　308
城郭の石垣　318
城郭の壁　319
『匠家仕口雛形』　360
『小学校建築図案』　407
『匠家雛形 増補初心伝』　364
定規縁　360
漏斗造　257
障子　341
常時微動　541
常時微動測定　503
上段の間　305
仕様調査　469
正堂　50
庄内地震　406, 408
『匠明』　138, 294, 382
縄文・弥生・古墳時代建築　212
上屋　228
上屋下屋構造　229, 264
上屋柱　231, 303
上屋梁　231, 301, 303, 305
鐘楼　140, 172, 178
鐘楼門　140
職人株　375
白漆喰壁　319
枝割　86, 380
地割　379
真壁　424, 496
　──の下見板張り　320
真壁漆喰　428
新興木構造　444
刃痕　388
震災予防調査会　6, 398, 405, 420, 456
『震災予防調査会報告』　406, 408
心去材　191
神社本殿　90
芯々制　422
心々柱間制　383
浸水深　458
靭性　514
心礎　119, 120, 348
新造　522
真継ぎ　361
寝殿造　292

振動モード　505
心御柱　92
心柱　119, 120, 129
神仏習合　101
神仏判然令　136
『新編拾遺大工規矩尺集』　382
『新編雛形』　382
神明造　91
心持材　191
人力加振　503

吸付蟻　359, 360
水平構面　500, 514
　──の補強　519
水平面内剛性　540
水平力　514
数字組合番付　386
縋破風　98, 100, 109
杉皮葺　328
鋤彫り　369
筋かい(筋違, 筋交)　5, 35, 71, 340, 400,
　405, 407, 423, 515
ストゥーパ　110
隅木　310
隅木入春日造　97, 99
隅扠首　151, 157
角垂木　335
墨斗　389
隅延び　146
角屋　337
住吉造　92
素屋根　466
スレート瓦　430

生活改善同盟会　410
『星光寺縁起絵巻』　333
製材技術　191
静的増分解析　539
性能評価　495
生物被害　462
井籠組　186, 196
赤外線撮像装置　489
赤外線写真　489
赤外線テレビ　489
石材　413
石材崩壊　463
施工図　379
背違貫　222
設計震度　7
接合金物　427
接合部　493
　──のモデル化　495
接着パネル工法　431
折衷様　41
折衷様式　425

事項索引

接道型　262
折版構造　452
セメント瓦　429
迫飼石　319
『善光寺造営図』　379
禅宗様　10, 40, 46, 78, 140, 144, 146, 148, 162, 340, 381, 394
禅宗様組物　79, 83
磚造　126
磚積基壇　351
千年家　222
『扇面法華経冊子』　390
染料　487

草庵　342
造瓦所　377
造京司　374
造宮省　374
総合的有害生物管理　490
造国・所課国制　374
造寺司　374
装飾用金具　368
双刃系　394
層塔　110, 112
層塔式　308
造東大寺司　377
総2階　278
総塗籠　337
総柱構造　29
総柱建物　212, 217
総柱配置　136
『造法華寺金堂所解』　368
僧侶住宅　290
相輪　119
添板　349
殺ぎ　357
側石　399
礎石　17, 345, 472, 531
礎石建（礎石立て）　3, 16, 119, 345, 491
礎石建物　345
外壁　428
礎盤　163, 349
杣　376
杣大鋸木挽棟梁　376

■ た 行

大気汚染　464
大規模木造建築　444
台切　392
大工　374, 375
大工組制度　375
大工職　375
大工道具　5
大虹梁　143, 154

大黒柱　240
大社造　92
『耐震建築問答』　409, 410
「耐震構造」　407
耐震・耐風解析　539
耐震壁　408
耐震補強　11, 523
大塔　131, 137
大斗肘木　75, 154
台風　460
耐風性能　460
台風被害　10
耐風補強　539
大仏様　12, 31, 40, 45, 46, 78, 140, 144, 163, 340, 394
大仏様組物　78
大仏様建築　83
大瓶束　145, 166
耐力　515
耐力パネル　441
台輪　29, 112, 127
台輪留め　112
互組　188
高殿　32
高八方　259
高床　32, 212
卓越周期　503
竹小舞　428
竹簀巻き　331
出桁　312, 316
出桁造　189, 262
多重塔　151, 308
襷筋かい　408
打製石器　388
多層化　258
畳割　383
竪穴　212
竪穴住居　212, 329
竪穴建物　345
縦斧　390
竪瓦　399
建具　340
建具職　376
建地割　378
建登せ柱　43
縦挽鋸　376
谷積み　318
手狭み　96, 166
多宝塔　110, 128
玉石　422
玉垣　198
玉縁式丸瓦　326
玉虫厨子　368
多聞櫓　167
樽形錠　371

垂木　8, 82, 214, 361
垂木構造　221, 225, 264
垂木支持構造　214
垂木鼻先　214
垂壁　516
撓め出し　384
単管組　466
短期水平力　514
鍛金　368
壇正積基壇　351
単倉　186
単層門　140, 158
炭素繊維シート　518
段葺き　329

力板　293, 296
力垂木　85, 227
力貫　338
契蟻　360
地指図　379
治水　460
千鳥破風　104, 109
棕　164
茶室　342
中京間　422
鋳金　368
中門　256
中門造　256
中門廊　294
長　374
超音波調査　489
長期鉛直力　506
彫金　368
張弦梁構造　451
彫刻軒　87
長柱構法　141
長柱方式　121
蝶番　312, 343
庁堂　20
チョウナ梁　231, 238
蝶番金具　370

築地　206
築地回廊　207
築地塀　198, 316
束立て　58
束柱式建物　216
束踏　221
掴蟻　360
突上げ窓　343
築石　318
突付け　356
継手　356, 427
造合　104
造出柱式　215

つし二階　280
土壁　3, 337, 343, 428, 496
　——の修理　484
土塗壁　515
土葺屋根　214
続間座敷　249
繋虹梁　99, 146
繋梁　231, 358
繋肘木　118
津波　458
ツーバイフォー構法　433
谷　257
妻入　223, 262
妻飾り　357
妻壁　270
積重ね構法　141
積重ね方式　121
詰組　381
吊金具　370
吊金物　58
吊構造　452

逓減　176, 178
ディメンションランバー　441
出組　76, 136
手先　19
鉄器　388
鉄骨造　467
鉄骨トラス　509
鉄骨補強枠　529
鉄砲狭間　317
出窓型石落　323
出三斗　76
寺工　376
電子線マイクロアナライザー　490
天守　308
天守雛形　534
天井　357, 501
天井裏の架構　48
天井桁　59, 146
天井桁束立て　59
伝達関数　504
殿堂　20
電動工具　427
転倒復元力　3, 491
天然石材　413

土居桁　312, 476
塔　110, 348
胴飼石　319
銅瓦　334
銅瓦葺　334
東京地震　405
東京大学地震研究所　6
道具　388

胴差し　401, 405
『東大寺殿堂図』　379
当代広間　298
堂内虹梁　60
胴貫　33
銅板　482
銅板パネル補強木造格子壁　529
銅板葺替え　483
『東宝記』　35
棟梁　374, 375
通柱　148, 153, 154, 156, 184, 262, 270,
　309
通肘木　74, 154
通土間　262
土器線刻　212
斗栱　74
木賊葺　333
独立棟持柱　215
塗工　376
土工司　376
斗尻　74
土蔵造　275, 319
塗装の修理　486
土台　94, 301, 309, 354, 401
土台建建物　17
トタン金属板　429
栩葺　128, 333
トップライト　343
鳶　377
飛石　422
扉　315
扉金具　370
戸袋型石落　323
土塀　315, 316
塗膜　487
土間床　212
留め　356
トラス　8, 12
トラス組　304, 479
トラス構造　451
トラス小屋　399
鳥居　159
ドリフトピン　440
土塁　206
トントン葺き　333

な 行

内陣　22
中折筋かい　403
中桁　168
茎式　390
中備　143
中塗壁　337
中塗工　376

中引梁　301, 304
仲間大工　375
流造　92, 93
投げ勾配　384
長押　4, 25, 356, 516
長押隅金具　368
海鼠壁　339
鉛瓦葺　334
並石　422
双倉　186, 188
双堂　50, 102

膠　486
煮黒目　370
二重虹梁　146
二重虹梁蟇股　163
二重小屋構造　61
二重塔婆　136
二重梁　244
二重梁束立て　58
二重門　140, 146
蜻口　342
『日本家屋構造』　365
『日本建築学』　424
『日本建築構造改良法』　406
日本民家集落博物館　347
二面庇　99
荷持柱　299
忍冬唐草文様　368
貫　4, 32, 213, 216, 222, 313, 516
貫穴　213
貫構造　5, 423
布石　422
布基礎　422
布継ぎ　361
布積み　318
塗籠造　320
塗屋造　320

根石　17
根尾谷断層　6
根がらみ　13
ねこ土台構法　439
根太　31, 312, 361
根太天井　282
根継ぎ　475
根巻　472
練積み　318
練塀　316
粘弾性ダンパー　520
『年中行事絵巻』　176, 205, 207, 339
粘土瓦　429
年輪年代　186, 199

農家　219

事 項 索 引　　　555

濃尾地震　6, 398, 405
軒　45
　　——の一体化　84
　　——の修理　475
軒裏　336
軒架構　522
軒唐破風　107, 109
軒反り　83
軒平瓦　326
軒丸瓦　326
鋸　392
野小屋　59, 71
野地　54
野地板　316
熨斗葺き　329
野垂木　55, 84, 144
野面石　318
延び　295
延石　422
登瓦座　327
登梁　232, 279, 301
登廊　203
鑿　391
野屋根　8, 50, 54, 59, 84, 94, 357, 380

は 行

刃痕　388
ハイブリッド構造　452
破壊モード　457
袴腰　174, 175, 260
袴腰型石落　323
秤肘木　74
幕府作事方大棟梁　382, 384
博物館明治村　283
白鳳様式　530
剥落止め　487
羽子板ボルト　427
箱金物　404
箱錠　371
箱目違い　362
階隠し　92
端燕　363
半蔀　341
端喰　340
柱　491
柱傾斜復元力　516, 528
柱座　348
柱筋　31
柱貫接合部のモデル化　494
柱割　383
斜束　64
破損奉行　374
八幡造　51, 104
八脚門　140, 167

発掘遺構　212
八双金具　370
八方　259
鼻咬留　356
鼻栓　244
鼻母屋受け　57
埴輪　212
ハネガイ　227
桔木　8, 56, 71, 299, 525
桔木構造　117
桔木揚力　123
はね出し　281
パネル化　441
パネル式住宅　433
ハーフティンバー　412
浜床　94
歯道　393
嵌合接合　427
貼絵図　379
梁組　72, 361
梁挟み　361
針目覆い　331
バルーン構法　434
半剛接合　493
半剛節ラーメン　4, 13
半繁垂木　83
番匠　374, 375
阪神・淡路大震災　10, 443
版築　206, 208, 350
番付　384, 468

火打材　516
火打梁　132, 500
日吉造　100
飛檐垂木　54, 83, 383
控柱　313
挽板積層材　445
引き戸　341, 342
挽割製材　392
火消人足　377
庇　8, 18, 93
庇柱　20
肘木　498
肘壺　312
引っ掛け瓦　326
一筋雨戸　299
雛留め　363
飛貫　33, 34, 364, 525
非破壊調査　489
兵庫県南部地震　10, 442, 456
標準編成　388
比翼入母屋造　54, 105
平入　223, 263, 270
平唐門　159
平瓦　326

平組　189
平三斗　76, 154
広間型　304
広間型三間取り　234
檜皮師　377
檜皮の繕い葺き　483
檜皮葺　329
　　——の修理　483
檜皮葺工　377

風圧力　514
風蝕　464
葺工　377
葺込み屋根　335
腐朽　465
福井地震　425, 497
複合社殿　104
複廊　163, 200, 207
袋式　390
武家住宅　301
部材の腐朽　473
腐蝕　464
普請方　374
伏図　469
伏屋式竪穴住居　214
二手先　77, 169
二軒半繁垂木　94
『普通日本家屋構造』　425
仏堂　21
物理的変化　462
舟肘木　75, 293, 359
プラットフォーム構法　443
プレカットシステム　439
プレハブ住宅　431
フレミッシュ積み　416
不陸防止　17
風炉先窓　344
分枝式　215
分棟型　244, 257

閉鎖形式　389
塀重門　159
平地式　197
平地式井籠組　194
平面表記方法　19
併用式　121
ペイント塗り　486
　　——の修理　488
壁体　496
壁量規定　497
べた基礎　438
偏心　515

方位番付　385
方形高塔型仏堂　111

宝庫　192
方丈建築　22
宝相華唐草文様　368
防虫　490
宝塔　110, 128, 131
防腐　490
望楼式　308
頬杖　343
補強金物　440
墨池　389
柄　357
柄差し　226, 340
柄指鼻栓　356, 358
細長比　491
保存科学　489
保存環境　490
保存修理　479
掘立　119
掘立柱　2, 16, 92, 316, 345, 491
掘立柱建物　212, 345
掘立柱塀　197
掘込地業　350
彫物師　376
本瓦　326
本瓦葺　326
本繁垂木　83, 380
本様　378

ま 行

前挽大鋸　392
前挽鋸　376
曲家　252, 255
蒔絵　369
巻頭　366
孫庇　95
間仕切壁　403, 405, 408
斗　498
枡形　312
斗組　74
磨製石器　388
股木　388
又下屋　231
町家　262
　──の高層化　278
窓台　400
窓楣　400
間柱　399
疎垂木　83
真葺き　329
丸瓦　326
丸太組　466
円窓　195
回り番付　385
饅頭金物　58

磨大津壁　337
瑞垣　198
三角錫子　410
ミセ　262
三棟造　168, 200, 204, 257
三手先　78, 154
三手先組物　117, 118, 142, 147, 154
三手先斗栱　77

向唐門　159
無肩　391
虫籠窓　275
棟木　313
棟束　213, 221
棟持柱　92, 215
棟持柱構造　219, 228
棟門　140, 158, 312, 315
棟仕舞い　331
棟積茅　331
室戸台風　10, 461, 538

明治三陸津波　458
目板瓦　327
目板葺　332
目違い　361
女梁　152, 159
めり込み　539
めり込み効果　453
めり込み理論　5, 493
面皮　305
面材張り　7
免震装置　515

『蒙古襲来絵詞』　383
燃えしろ設計　448
木工　375
木材含水率　465
木材腐朽菌　465
木質パネル構造設計基準　433
木質プレハブ　431
木質プレハブ住宅　436
木質ラーメン構造　450
木製礎盤　16
木製立体トラス構造　449
木造建造物被害　465
木造軸組構法　438
木造住宅用接合金物　440
木造小中学校　461
木造層塔　121, 498
『木造耐震家屋構造要領』　406
木造仏塔　110
木造宝塔　128
木造モダニズム　447
木工大工　375
木部の空洞化　475

木部の修理　473
木目塗　369
木目のパターン　190
木工寮　374
模型　378
裳階　131, 185, 530
木骨コンクリートブロック造　418
木骨石造　413
木骨煉瓦造　414
モデュール　422
身舎　8, 18, 91
母屋桁　361
身舎隅柱　93
母屋繋ぎ　64
身舎柱　20
身舎庇構造　91
両刃　392
門　140

や 行

薬医門　140, 165, 312, 314
櫓　308
櫓方式　121, 122
櫓門　312
矢狭間　317
墨斗　389
屋弛み　83
雇柄　390
雇鎌　364
雇柄　365
屋根　429, 500
　──の構造補強　526
　──の修理　481
屋根倉式　215
屋根構造　225
屋根下地　335
屋根装飾化　107
屋根野地　55
屋根葺　377
大和葺き　328, 332
弥生時代　212
鐁　394

有肩　391
有裳階　531
床　500
床組　28, 502
床構造　28
床支持形式　215
床束　346, 439

洋小屋　8, 12, 403, 429
養蚕　259
洋風軸組　425

洋風木造建築　398
横斧　390
横木舞　337
吉野葺き　329
与次郎組　260
寄蟻　360
寄棟　429
四つ建て　219
四手先　165
四手先組　136
四手先組物　133, 152
四間取り　235
鎧葺き　329

ら 行

礼堂　21, 102
ラグスクリューボルト　450
『洛中洛外図』　330
ラス下地構法　428
螺鈿　369
ラーメン架構　442
ラーメン構造　450
乱石積基壇　351
乱積み　318

陸羽地震　405, 408

立体トラス　449
律令型　217
略鎌　358, 361
略鎌継ぎ　357
流出　459
両中門造　256
両流造　99
両刃　392
両目違鎌継ぎ　360
臨時建築局　398
『類聚雑要集』　339
ルーター　440

劣化　462
連　374
煉瓦　412
煉瓦壁　414
連子窓　26
連子窓框　357
連棟　103

楼閣　178
楼造　172
楼門　140, 148, 150, 169, 172
六一間　422
六枝掛け　86, 380
陸梁　8

鑪盤博士　376
論治心　384
論治垂木　87, 383

わ

ワイヤラス　428
環金具　370
脇障子　94
脇戸　312
和釘　366
枠組　466
枠組壁構法　434
枠肘木　74
和小屋　8, 12, 71, 264, 361, 399, 429
和小屋組　304
和算　384
綿板　340
渡腮　189, 357
輪垂木　107
輪薙込み　357
和風軸組　425
和様　40, 47, 82
『和洋改良大建築学』　404, 423
藁座　27
割石　318
湾曲集成材　445

建造物名索引

あ 行

青井阿蘇神社楼門　150
(旧)青木家那須別邸　404
青谷上寺地遺跡　212
我妻家住宅　236
秋篠寺本堂　336
阿久遺跡　338
浅草神社本殿・幣殿　105
安代町立田山体育館　448
飛鳥浄御原宮　345
飛鳥寺　198, 326, 350
飛鳥寺金堂　378
飛鳥寺築地塀　207
飛鳥寺東金堂・西金堂　352
飛鳥水落遺跡　16
安土城天守　308
油日神社回廊　205
油日神社楼門　153, 157
荒木家住宅　240
安政度承明門　171
安楽寺八角三重塔　112

飯野八幡宮本殿　479
井岡家住宅　271
伊賀八幡宮随身門　155
(旧)五十嵐家住宅　231, 517
斑鳩宮　346
池上本門寺五重塔　475
石田家住宅　223
石手寺三重塔　116, 118
石手寺二王門　151
石山寺多宝塔　135
石山寺本堂　68
移情閣　418
泉穴師神社摂社住吉神社本殿　107
出雲大社境内遺跡　17
出雲大社本殿　92
出雲ドーム　452
伊勢神宮　16
伊勢神宮外宮正殿　91
伊勢神宮外宮御饌殿　195
伊勢神宮豊受大神宮東宝殿　194
伊勢神宮内宮・外宮　2
石上神宮楼門　151, 157
伊丹廃寺金堂　352
一乗寺三重塔　118, 353
厳島神社回廊　200
厳島神社五重塔　112, 120, 380

厳島神社摂社大元神社本殿　328, 333
厳島神社本社本殿　99
伊藤家住宅　238
今西家住宅　264
入野家住宅　254, 257
岩木山神社楼門　141, 150, 156
(旧)岩崎家住宅　404
(旧)岩澤家住宅　240
(旧)岩科学校校舎　401
石清水八幡宮回廊　200
石清水八幡宮本殿・外殿　104
石清水八幡宮楼門　152

植村邸　405
宇佐神宮本殿　51, 104
宇治上神社本殿　76, 90
宇太水分神社　103
宇太水分神社本殿　99
(旧)生方家住宅　262
海と島の博覧会・ひろしまのメインステージ　452
宇和島城天守　308
宇和島城本丸腰曲輪　316

盈進学園東野高等学校体育館　448
永保寺開山堂・観音堂　35, 87
永明院五重塔の新造　538
江川家住宅　251, 347
(旧)江戸城清水門　312
(旧)江戸城外桜田門　312
(旧)江戸城田安門　312
江戸城天守　308
江戸城本丸御殿　300
恵日山観音寺大宝院五重塔　503
(旧)江向家住宅　260
(旧)恵利家住宅　232
円覚寺舎利殿　10, 35, 338
円教寺金剛堂　86, 386
円教寺食堂　58, 361, 362, 386
円教寺常行堂　59, 69
円教寺大講堂　77
円光寺本堂　34, 65
圓成寺宇賀神本殿　108
圓成寺春日堂・白山堂　98
圓成寺本堂　356, 361, 362
延暦寺根本中堂及び廻廊　333
延暦寺転法輪堂　60

往生極楽院阿弥陀堂　85

近江国庁　352
大阪城大手門　167
大崎八幡宮　474
大崎八幡宮社殿　475, 480
大崎八幡宮本殿・石の間・拝殿　106, 486
大洲城三の丸南隅櫓石落　322
大洲城天守の復元　534
大滝山三重塔　121
大滝神社本殿・拝殿　105
大館樹海ドーム　453
大野神社楼門　151, 154
大神神社摂社大直禰子神社社殿　21, 65
大山祇神社本殿　329
岡寺書院　335
岡寺仁王門　151
小国町民体育館　449
奥山廃寺　348
置戸営林署庁舎　449
愛宕念仏寺本堂　34
小田原城天守閣　378
小田原城雛形　378
乙寶寺三重塔　121
オートポリス・アート・ミュージアム　452
小野家住宅　244
帯広営林支局庁舎　450
小山寺三重塔　116, 475
(旧)オルト住宅　399
(旧)オルト住宅主屋　413
園城寺勧学院客殿　294
園城寺光浄院客殿　294, 483
園城寺鐘楼　182

か 行

海住山寺五重塔　80, 112, 120, 384
海住山寺文殊堂　45, 362
開善寺山門　151
(旧)開智学校本館　399
海龍(竜)王寺五重小塔　378
海龍(竜)王寺西金堂　45, 54
鶴林寺太子堂　21, 24
鶴林寺本堂　42
鹿児島石造倉庫　420
笠森寺観音堂　39, 353
春日神社神門　160
春日大社板蔵　195
春日大社回廊　203
春日大社宝庫　195

建造物名索引　　559

春日大社本社板蔵　333
春日大社本社中門　151, 157
春日大社本社本殿　328
春日大社本殿　83, 97
桂離宮中書院・新御殿　299
金沢城石川門　312, 334
金沢城石川門表門　314
金沢城石川門櫓門　313
上石津ウッディドーム　448
上芳我家住宅　275
賀茂御祖神社本殿　83, 93
賀茂別雷神社本殿　83, 93
賀茂別雷神社塀中門　159
軽井沢聖パウロカトリック教会　447
川崎市立日本民家園　219
川野商店　405
川原寺　350
(旧)寛永寺五重塔　121
勧学院客殿　297
歓喜光寺本堂　387
元興寺北室　59
元興寺極楽坊　326
元興寺極楽坊禅室　48
元興寺極楽坊本堂　33, 34, 66, 504
元興寺五重小塔　378
元興寺僧房　48
元興寺塔跡　351
観心寺金堂　27, 31, 356
願泉寺本堂　520
神谷神社本殿　94

菊家家住宅　226
菊屋家住宅　265
岸記念体育会館　447
喜多方煉瓦蔵　419
北野天満宮本殿・石の間・拝殿・楽の
　　間　106
紀伊國屋書店　447
吉備池廃寺　346
吉備池廃寺金堂　350
吉備津神社本殿　54, 104, 144
久安寺楼門　151, 362
教王護国寺　34
教王護国寺灌頂院　72
教王護国寺(東寺)慶賀門　36, 336
教王護国寺五重塔　120, 121
教王護国寺(東寺)金堂　43, 144
教王護国寺(東寺)大師堂　342
教王護国寺宝蔵　186
教王護国寺蓮花門　168
京都御所安政度承明門　171
玉鳳院開山堂　70
玉鳳院四脚門　160
清水寺三重塔修理　512
清水寺鐘楼　181

清水寺仁王門　37
清水寺本堂　37, 39, 62, 386
切幡寺大塔　135, 137
金峯(峰)山寺二王門　143, 146
金峯(峰)山寺本堂　60

草弽家住宅　252
百済大寺　346
百済大寺金堂　350
(旧)工藤家住宅　255
久能山東照宮　155, 334
九品寺大門　151
熊野神社長床　65, 475
熊本城宇土櫓　310
熊本城長塀　316
熊本城平櫓　327
熊谷家住宅　272
久米寺　198
(旧)グラバー住宅　398
胡桃館遺跡　17, 194
黒丸家住宅　228
桑実寺本堂　386
(旧)群馬県衛生所　400, 403

建長寺唐門　167
建長寺山門　148

光浄院客殿　35, 294, 297, 483
向上寺三重塔　386
高台寺表門　167
高知城土塀　317
広徳寺山門　140, 144
小采家住宅　233
興福寺北円堂　33, 85, 176
興福寺三重塔　112, 123
興福寺中金堂　350, 351
興福寺東金堂　20
興福寺南円堂　327
(旧)神戸居留地十五番館　10, 417, 520
光明寺三門　148
光明寺二王門　142
皇龍寺　352
興臨院本堂　387
小倉家住宅　260
御香宮神宮表門　166
護国院本堂　44
護国寺月光殿　294
古照遺跡　193
木幡神社楼門　152, 157, 158, 362
小林家住宅　223
御霊神社本殿(奈良)　379
金剛院三重塔　116
金剛三昧院多宝塔　135
金剛寺多宝塔　133
金剛寺仁王門　153, 154

金剛寺楼門　153
金剛心院釈迦堂　350
金剛峯寺大塔　131
金剛峯寺大門　144, 146, 149
金剛峯寺不動堂　369
金地院方丈　299

■ さ 行

西園院上土門　162
西園院客殿　328
(旧)西郷従道住宅　400
最勝院五重塔　120, 121
(旧)済生館本館　400
西大寺薬師金堂跡　18
西明寺三重塔　116
西明寺楼門　153, 154
坂野家住宅　519
作田家住宅　244
桜町遺跡　32, 212
(旧)笹浪家住宅　333
(旧)札幌農学校演舞場　400
真山家住宅　281
サーンチー第一塔　110
三内丸山遺跡　2, 338
三百田家住宅　248
三仏寺奥院投入堂　38
三仏寺投入堂　22, 27, 353
三宝院唐門　161
三里塚教会　447

椎名家住宅　237
紫香楽宮　346
慈眼寺庫裏　475
慈光寺開山塔　128, 135
慈照寺観音殿(銀閣)　287
慈照寺銀閣　35
慈照寺東求堂　35, 286, 295
慈照寺東求堂・銀閣　294
閑谷学校講堂　326, 482
慈尊院築地塀　207
四天王寺　10
信濃国分寺三重塔　121
篠津神社表門　313, 314
新発田カトリック教会　447
新発田市立厚生年金体育館　446
(旧)渋谷家住宅　259
嶋崎家住宅　260
石峯寺三重塔　384
十輪院南門　163
十輪院本堂　66
正倉院正倉　29, 49, 186, 338
正倉院正倉中倉　192
浄土寺阿弥陀堂　42, 358
浄土寺浄土堂　25, 31, 33, 45, 47, 49, 144,

340, 358
浄土寺本堂　34, 57, 65, 67
正福寺地蔵堂　35
浄妙寺本堂　369
常楽寺三重塔　112, 116, 380
浄瑠璃寺三重塔　118, 126, 370
浄瑠璃寺本堂　24, 75, 85
青蓮寺阿弥陀堂　227
正蓮寺大日堂　57, 69, 361
丈六寺三門　144, 146
白水阿弥陀堂　31
シルクロード博覧会登大路会場　451
新海三社神社三重塔　121
神宮寺西塔　137
神護寺金堂　51
信州博覧会グローバルドーム　452
新勝寺三重塔　121
真禅院三重塔　121
(旧)真野家住宅　235
新長谷寺本堂　360
新薬師寺鐘楼　175
新薬師寺東門　159
新薬師寺本堂　45, 54, 335
森林記念館　445

瑞花院本堂　58, 69, 326, 358
瑞泉寺山門　148
瑞龍寺山門　140, 148
瑞龍寺仏殿　334
周防国分寺　13
周防国分寺金堂　518
鈴木家住宅　282
住吉神社本殿　104, 359
住吉大社神宮寺　135
住吉大社高蔵　197
住吉大社本殿　92
諏訪大社下社御射山内穂屋　330

成城幼稚園　446
清和文楽館　449
関家住宅　13
石津寺本堂　361
(旧)膳所城城門　314
膳所神社表門　314, 315
摂社天羽槌雄神社　197
セビリア万国博覧会日本政府館　450
善光寺山門(長野)　150
善光寺山門(山梨)　150
善光寺薬師堂　386
前山寺三重塔　121, 123
専修寺如来堂　44, 326, 482
浅草寺二天門　170
千體寺厨子　369
磚積基壇　351
善福院釈迦堂　47

宗源寺四脚門　163
増上寺三解脱門　141, 147
崇福寺鐘鼓楼　184
崇福寺媽姐門　170
相馬中村神社本殿・幣殿・拝殿　107
尊永寺仁王門　154
尊勝寺阿弥陀堂　350

■ た 行

大安寺築地塀　207
大威徳寺多宝塔　135
大官大寺　198
大官大寺講堂跡　368
大官大寺塔跡　350
醍醐寺五重塔　54, 56, 112, 118, 119, 121
(旧)第五十九銀行本店本館　405
太山寺二王門　169
太山寺本堂　34, 41, 59, 65, 360
大善寺本堂　27, 34, 40
大徳寺黄梅院本堂　383
大徳寺山門　140, 146
大報恩寺本堂　34, 58, 59, 62, 64, 359, 380, 384
当(當)麻奥院鐘楼門　184
当(當)麻寺西塔　112, 116, 118, 119
当(當)麻寺東塔　116, 118
当(當)麻寺本堂　17, 28, 31, 61, 64, 347, 359, 360
当(當)麻寺本堂第二次前身堂　68
当(當)麻寺曼荼羅堂　52, 332
太陽の郷スポーツガーデン　448
高木家住宅　279, 282, 401
(旧)高野家住宅　219
高松城北之丸月見櫓　309
高松城北之丸水手御門　314
瀧澤家住宅　270
滝山寺三門　153
竹ノ内家住宅　260
橘寺　349
橘寺築地塀　207
(旧)伊達郡役所　400
自玉手祭来酒解神社神輿庫　194
手向山神社宝庫　186
談山神社十三重塔　126
談山神社拝殿　40
談山神社楼門　152, 158

知恩院三門　140, 144, 146
知恩院大鐘楼　180
中禅寺薬師堂　34
中尊寺金色堂　24, 26, 28, 62, 64, 332, 368
長岳寺庫裏　329

長岳寺鐘楼門　154
長岳寺楼門　183
長弓寺本堂　40, 63
長寿寺本堂　22, 53, 62
長勝寺三門　150, 156
長勝寺御影堂　478
長保寺大門　154
長保寺本堂　34, 41
長命寺三重塔　116

都久夫須麻神社本殿　370
鶴岡八幡宮上宮回廊　206

伝飛鳥板蓋宮　197
天恩寺山門　166
傳香寺本堂　364
天徳寺山門　150, 156
伝法堂　29
天満神社楼門　152

東京駅駅舎　445
(旧)東京音楽学校奏楽堂　404
東京聖十字教会　447
東光寺三門　140
東光寺鐘楼　185
東寺灌頂院　51, 53
東照宮　105
東照宮仮殿鐘楼　182
道成寺仁王門　152
唐招提寺　11
唐招提寺経蔵　186
唐招提寺講堂　24, 26, 385
唐招提寺鼓楼　175
唐招提寺金堂　20, 45, 49, 78, 326, 340, 479, 499
唐招提寺宝庫　186
唐招提寺宝蔵　338
唐招提寺礼堂　384
東大寺開山堂　25, 33, 359, 360, 385
東大寺開山堂内陣　144
東大寺勧進所経庫　186
東大寺金堂修理　506
東大寺鐘楼　179
東大寺大仏殿　144, 348
東大寺転害門　24, 168, 204
東大寺南大門　12, 25, 47, 79, 140, 144, 148, 156, 358
東大寺法華堂　20, 30, 48, 51, 53, 76
東大寺法華堂北門　163
東大寺法華堂経庫　186
東大寺法華堂正堂　45
東大寺法華堂礼堂　47
東大寺本坊経庫　186
東福寺月下門　163
東福寺三門　140, 144, 145, 349, 353

建造物名索引　　　561

東福寺禅堂（選仏場）　42
東福寺六波羅門　159
（旧）東松家住宅　283
（旧）燈明寺三重塔　116
燈明寺本堂　475
（旧）道面家住宅　239
洞爺サンパレスプレイルーム　448
東稜高等学校体育館　451
独楽寺観音閣　172
常呂遺跡　328
土佐神社楼門　150
栃木西明寺三重塔　121
富岡製糸場　415
富沢家住宅　260
（旧）登米高等尋常小学校校舎　401,
　405
登呂遺跡　192
ド・ロ神父記念館　416

な 行

（旧）中込学校校舎　401
中村家住宅　264
中山寺本堂　60
名草神社三重塔　121
名古屋衛戍病院　400, 403
名古屋城表二之門　314
名古屋城旧二之丸東二之門　314
名古屋城天守　308, 334
名古屋城二之丸大手二之門　314
名古屋城本丸御殿　370
那谷寺三重塔　121
難波宮内裏　207
苗村神社西本殿　95, 96
（旧）奈良家住宅　257
南禅寺三門　140, 144, 146
難波長柄豊碕宮　345

新潟県議会旧議事堂　400, 403
（旧）新潟税関庁舎　398, 399
（旧）西川家住宅　279
錦織神社本殿　109
（旧）西田川郡役所　399, 400
西田家住宅　221
仁科神明宮本殿　3
西宮神社大練塀　208
二条城二の丸御殿　298, 370
二条城二の丸東門　316
西脇市立西脇小学校　447
日光東照宮建築　370
日光東照宮五重塔　120, 121, 122
日光東照宮透塀　334
日光東照宮陽明門　152
二条城二の丸西門　315
如意寺阿弥陀堂　356

如意寺三重塔　120
如意寺三重塔初重　112
仁和寺五重塔　116
仁和寺金堂　289

根来寺大門　144, 146, 148
根来寺大塔　81, 131, 138

野嶽家住宅　347
野中寺　349
野原家住宅　232

は 行

波宇志別神社神楽殿　475
羽賀寺本堂　69, 72
白山神社拝殿　376
白山神社本殿　328
羽黒山五重塔　120
箱木家住宅　222, 231
筥崎宮本殿　104
長谷寺登廊　203
長谷寺本堂　37, 62, 354
簾山家住宅　224, 231
八幡神社三重塔　121
八幡神社本殿・拝殿　105
服部家住宅　251
羽馬家住宅　259
浜名惣社神明宮本殿　196
（旧）浜離宮庭園中の御門　159
林家住宅　304
原の辻遺跡　29
飯高寺鐘楼　183
ハンター邸　417
鑁阿寺本堂　34
般若寺十三重塔　126
般若寺楼門　80, 152, 358

東山手十二番館　399
微笑庵前門　160
備中国分寺五重塔　121
姫路城　337
姫路城大天守壁　320
姫路城ちの門　314
姫路城天守　308
姫路城土塀　317
姫路城にの門東方の土塀　317
姫路城ぬの門　312
姫路城菱の門　313
姫路城菱の門東方土塀　317
姫路城水の一門　314
姫路城水の一門北方築地塀　316, 317
姫路城水の二門　314
姫路城ろの門　314
平等院鳳凰堂　5, 24, 26, 31, 36, 56, 64,

　80, 118, 340
平等院鳳凰堂中堂　68, 368
平等院鳳凰堂翼廊　176
平等院鳳凰堂翼廊・尾廊　199
日吉神社三重塔　121
日吉大社西本宮本殿　100, 328
日吉大社摂社宇佐宮本殿　100
日吉大社東本宮本殿　100
平井家住宅　13, 475,
平川家住宅　257
弘前学院外人宣教師館　405, 486
弘前城三の丸追手門　312
弘前八幡宮本殿　333
広瀬家住宅　219

富貴寺大堂　22, 27
（旧）福島県尋常中学校本館　405
福田家住宅　224
藤岡家住宅　272
藤原豊成板殿　26, 332, 346
藤原宮　197
藤原宮回廊　346
二荒山神社神橋　467
仏宮寺釈迦塔　111, 172
仏光寺大殿　25
不動院岩屋堂　353
不動院本堂　67, 69, 358, 384
不動院楼門　142, 146, 150
豊楽寺薬師堂　479
古井家住宅　219
ふるさとの館事務室棟　450

平城宮　186, 198, 207
平城宮跡　197
平城宮跡大極殿　499
平城宮朱雀門　3, 522
平城宮礎石建物　346
平城宮第一次大極殿院　16, 207
平城宮大極殿　350
平城宮内裏　207
平城宮築地塀　207
平城京　198
遍照院三重塔　121

法円坂遺跡　29, 217
方光寺大仏殿　144
豊国廟　106
宝積寺三重塔　116
法道寺食堂　57
宝（寳）塔寺本堂　58, 72
宝福寺三重塔　121
豊平館　399
鳳来寺観音堂　81
法隆寺回廊　198
法隆寺北室院表門　161

法隆寺経蔵　173
法隆寺綱封蔵　29, 186, 188, 192, 370
法隆寺五重塔　11, 23, 26, 112, 117, 119, 121, 351
法隆寺金堂　11, 19, 20, 23, 26, 45, 49, 55, 74, 340, 368
法隆寺金堂・五重塔　332, 352, 357
法隆寺西院大垣　207
法隆寺食堂　45, 348
法隆寺食堂・細殿　50
法隆寺地蔵堂　475
法隆寺聖霊院　34, 57, 67, 363
法隆寺聖霊院厨子　326, 333
法隆寺鐘楼　173
法隆寺大講堂　21, 24, 56, 84, 335
法隆寺中門　141, 142, 145, 147
法隆寺伝法堂　26
法隆寺東院　346
法隆寺東院回廊　200
法隆寺東院舎利殿及び絵殿　24, 31, 55, 338
法隆寺東院鐘楼　174
法隆寺東院伝法堂　19, 286, 346
法隆寺東院夢殿　348
法隆寺東院礼堂　33
法隆寺東大門　27, 167, 204, 385
法隆寺南大門　326
法隆寺東室　48
法隆寺若草伽藍・尼寺廃寺　349
法隆寺聖霊院　353, 360
法輪寺三重塔　351
寶林寺仏殿　364, 479
法華経寺五重塔　120
法華経寺祖師堂　479
細川家住宅　233
法起寺三重塔　112, 117, 119
法勝寺金堂　350
ボードガヤー大塔　111
堀江家住宅　234
堀口家住宅　232
堀家住宅　220
本興寺方丈　475, 517
本田家住宅　227
本門寺五重塔　112, 120
本門寺宝塔　128
本蓮寺中門　160
本蓮寺本堂　58, 69

■ ま 行

丸岡城天守　334
松尾大社本殿　100

松本城板壁　338
松本城天守　308, 310
松山城仕切門内塀　316
松山城土塀　317
松山城二ノ門　314
丸岡城天守　308, 310
丸岡城天守下見板　338
丸亀城大手門　312
客神社本殿　99
マンキャーラ大塔　110
萬福寺鐘楼　184

(旧)三重県庁舎　403
御上神社本殿　101, 348
三河国分寺塔跡　352
三澤家住宅　281
水落遺跡　16, 348
(旧)見付学校校舎　400
三戸部家住宅　232
(旧)宮崎家住宅　329
(旧)宮地家住宅　248
明王院五重塔　112, 120, 121, 362
明王院本堂　24, 31, 41, 47
妙心寺山門　140, 146
妙宣寺五重塔　120
妙法院庫裏　291
妙法寺仁王門　152, 153
弥勒寺本堂　35, 70

鞭崎神社表門　314
室生寺五重塔　112, 119
室生寺金堂　63, 354
室生寺本堂　42
室生寺弥勒堂　62

毛越寺南大門　352
本薬師寺跡　30
本薬師寺金堂跡　347, 531
本薬師寺西塔　348
本薬師寺東塔　349
本山寺三重塔　121
本山寺本堂　67, 87, 380
森江家住宅　225
(旧)森家住宅　269
門西家住宅　246

■ や 行

薬王院本堂　386
薬師寺金堂　351, 352
薬師寺西塔　349
薬師寺大講堂　499, 526

薬師寺築地塀　207
薬師寺東塔　78, 112, 116, 118, 119, 121, 178, 378
薬師寺南門　163
薬師寺本堂　45
八坂神社本殿　102
野中寺金堂　348
八ヶ岳高原音楽堂　449
矢部家住宅　229
山木遺跡　192
山城国分寺　348
山城国分寺塔跡　347, 351
山田家住宅　347
山田寺　352
山田寺跡　199
山田寺回廊　23, 25, 348
山田寺金堂・塔　120, 351
八幡浜市立日土小学校　447

油山寺三重塔　121

永福寺二階堂・薬師堂・阿弥陀堂　352
横須賀造船所　414
吉田家住宅　242
吉野ヶ里遺跡　2, 217
吉野水分神社楼門　152, 157

■ ら 行

羅典神学校　416

利生塔　136
龍岩寺奥院礼堂　39
龍谷大学本館　413
竜(龍)吟庵表門　167
竜(龍)吟庵方丈　22, 35, 290, 293, 359
リンガー住宅　413
輪王寺本堂　74

冷泉家　289
蓮華王院本堂　34

鹿苑寺舎利殿(金閣)　288
鹿苑寺六角堂　85
六所神社本殿・幣殿・拝殿　107

■ わ

若林家住宅　301
渡辺家住宅　333

人 名 索 引

■ あ 行

アレグサンダー, クリストファー　448
安藤忠雄　449
飯塚五郎蔵　446
石井和紘　449
伊藤為吉　406
伊東豊雄　453
入江長八　337, 376
岩井隆次　349
内田青蔵　409
太田博太郎　150
大場　修　262
大森健二　34
オットー, フライ　451
織本道三郎　445

■ か 行

片山東熊　405
鑑真和上　11
木島安史　451
北向道陳　344
北守顕久　495
木村調吉　408
木村徳国　410
草部屋道設　344
黒川哲郎　449
小山秀之進　399
コンドル, ジョサイア　404

■ さ 行

坂倉準三　447
佐久間田之助　425
佐野利器　398, 408
渋谷五郎　424
杉山英男　425, 448
鈴木嘉吉　262
千道安　344
千利休　342, 344
曽禰達蔵　405, 406

■ た 行

平　政隆　381
滝　大吉　404, 407
武田五一　408
辰野金吾　398, 405
田辺平学　409, 444
谷口　忠　409
丹下健三　447
津田宗及　343
土浦亀城　447
豊臣秀吉　144
豊臣秀頼　135

■ な 行

内藤多仲　408
内藤　廣　451
内藤克雄　447

中村達太郎　405, 418
野口　徹　270
野口孫市　408

■ は 行

橋口信助　410
藤島亥治郎　347
平内廷臣　384
平内政信　382
平内吉政　382
堀口甚吉　444

■ ま 行

前川國男　447
松ヶ崎萬長　404
松村正恒　447
三橋四郎　423
村松貞次郎　398

■ や 行

山口半六　404
山田幸一　399
葉　祥栄　449
横河民輔　408
横山　信　424
吉村順三　447

■ ら 行

レーモンド, アントニン　447

資　料　編

——掲載会社目次——
（五十音順）

株式会社 安藤ハザマ ……………………………………………………… 1

株式会社 小西美術工藝社 ………………………………………………… 2

株式会社 さわの道玄 ……………………………………………………… 6

株式会社 たくみ ………………………………………………………… 3

株式会社 西澤工務店 ……………………………………………………… 4

日本セラミックス株式会社 ……………………………………………… 6

松井建設株式会社 ………………………………………………………… 5

「歴史的建造物」と「技術」を未来へ継承する

名古屋城本丸御殿復元（愛知県）

熊本城跡　未申櫓（熊本県）

第1回ものづくり日本大賞内閣総理大臣賞受賞
第7回国土技術開発賞最優秀賞受賞
国土技術開発賞二〇周年記念大賞受賞

大洲城天守（愛媛県）

第2回BCS賞受賞

名古屋城天守閣（愛知県）

安藤ハザマはこれまで、城郭建築や社寺建築、近世近代建築、歴史的土木構造物など数多くの「保存・修復・復元」に取り組んできました。
伝統的な技術はそのままに、現代の安全基準を満足するため先進技術と融合させた施工技術は、高い評価を得ています。
「歴史的建造物」と「技術」を未来へ継承するために安藤ハザマはこれからも歩み続けます。

安藤ハザマの現場見学レポート「ゲンバる」にて名古屋城本丸御殿のレポートを公開中
http://www.ad-hzm.co.jp/genbaru/index.html

漆塗・彩色・丹塗・錺金具・美術工芸品・各種工事

東京本社
東京都港区芝 4-4-5 三田 KM ビル 3F
電話 03-5765-1481 / FAX 03-3455-9250

日光支社
栃木県日光市所野 2829-1
電話 0288-54-1198 / FAX 0288-54-1196

資料編　3

豊かな文化社会を築く
htto://www.takumi-pro.co.jp
株式会社 たくみ

本　社
〒990-0024　山形県山形市あさひ町25-17　Tel:023-633-1551　Fax:023-641-6247

仙台営業所
〒982-0011　宮城県仙台市太白区長町6-16-7　Tel:022-308-4881　Fax:022-308-4882

"伝統を未来へ"
なんでも、いつでも、どこへでも

常念寺本堂新築設計施工

浄観寺庫裡新築設計施工

多賀大社鐘楼新築設計施工

重要文化財新宮神社本殿 解体修理

国宝彦根城天守閣保存修理

県指定慈尊院多宝塔解体修理

市指定大庄屋諏訪家屋敷解体修理

大庄屋諏訪家茶室修理

多賀大社祈祷控殿新築

多賀大社末社新築設計施工

社寺建築 設計施工 古民家・国宝・重要文化財修理

㈱西澤工務店
㈱西澤古建築設計事務所

〒522-0004 滋賀県彦根市鳥居本町1980-2
TEL 0749-23-6185　FAX 0749-26-4767
E-Mail n-sekkei@circus.ocn.ne.jp
ホームページ 西澤工務店 検索 ←クリック

創業 1586

松井建設株式会社

人・仕事・会社を磨き続け、
　建設事業を通じて社会に貢献する。

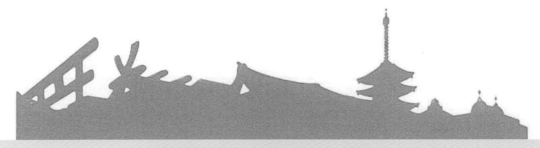

取締役社長　　松 井 隆 弘

本社　〒104-8281　東京都中央区新川 1-17-22
　　　TEL　03-3553-1150　　FAX　03-3553-1320
支店　東京・大阪・名古屋・北陸・東北・九州
ＵＲＬ　https://www.matsui-ken.co.jp/

文化財修理
　漆塗
　　膠塗装
　　　膠彩色

株式会社 さわの道玄

〒604-8232
京都市中京区錦小路通油小路東入る空也町491番地
TEL 075-254-3885　FAX 075-254-3886
E-Mail sawanodougen@ace.odn.ne.jp
URL http://www.sawanodogen.com

天然スレート文化財屋根保存修理

創業100年
日本セラミックス株式会社
東京都中央区日本橋室町1-6-12　周方社ビル7F
TEL 03-3246-1411　FAX 03-3246-1410
http://www.nissera.com

重要文化財　門司港駅本屋葺き替え工事
使用スレート：360×180　四辺ストレートカット

重要文化財　東京駅丸の内駅舎　復原工事

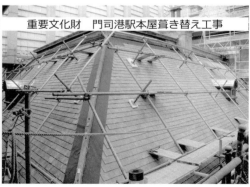
重要文化財　門司港駅本屋葺き替え工事

総編集者略歴

坂本　功（さかもと　いさお）

1943 年　徳島県に生まれる
1971 年　東京大学工学系研究科建築学専門課程修了
同　年　建設省建築研究所研究員
1973 年　東京大学工学部助教授
1989 年　同教授
1995 年　東京大学大学院工学系研究科建築学専攻教授
2006 年　慶應義塾大学理工学部教授
現　在　一般財団法人　日本建築防災協会理事長
　　　　一般財団法人　住まいづくりナビセンター理事長
　　　　東京大学名誉教授
　　　　工学博士

図説　日本木造建築事典
―構法の歴史―　　　　　　　　　　定価はカバーに表示

2018年12月5日　初版第1刷
2020年7月20日　　　第2刷

総編集者　坂　本　　　功
編　集　者　大　野　　　敏
　　　　　　大　橋　好　光
　　　　　　腰　原　幹　雄
　　　　　　後　藤　　　治
　　　　　　清　水　真　一
　　　　　　藤　田　香　織
　　　　　　光　井　　　渉
発　行　者　朝　倉　誠　造
発　行　所　株式会社　朝　倉　書　店

東京都新宿区新小川町 6-29
郵便番号　　162-8707
電　話　03(3260)0141
FAX　03(3260)0180
http://www.asakura.co.jp

〈検印省略〉

ⓒ 2018〈無断複写・転載を禁ず〉　　　　精文堂印刷・牧製本

ISBN 978-4-254-26645-0　C 3552　　　　Printed in Japan

JCOPY <出版者著作権管理機構 委託出版物>
本書の無断複写は著作権法上での例外を除き禁じられています．複写される場合は，
そのつど事前に，出版者著作権管理機構（電話 03-5244-5088, FAX 03-5244-5089,
e-mail: info@jcopy.or.jp）の許諾を得てください．

五十嵐定義・脇山廣三・中島茂壽・辻岡静雄著
エース建築工学シリーズ

エース 鉄 骨 構 造 学

26861-4 C3352　　　　A 5 判 208頁 本体3400円

鋼構造の技術を，根幹となる構造理論に加え，平易に解説。定番の教科書を時代に即して改訂。大学・短大・高専の学生に最適。〔内容〕荷重ならびに応力の算定／材料／許容応力度／接合法／引張材／圧縮材の座屈強さと許容圧縮応力度／他

前京大 松浦邦男・前京大 高橋大弐著
エース建築工学シリーズ

エース 建 築 環 境 工 学 Ⅰ
—日照・光・音—

26862-1 C3352　　　　A 5 判 176頁 本体3200円

建築物内部の快適化を求めて体系的に解説。〔内容〕日照(太陽位置，遮蔽設計，他)／日射(直達日射，日照調整計画，他)／採光と照明(照度の計算，人工照明計画，他)／音環境・建築音響(吸音と遮音・音響材料，室内音響計画，他)

前京大 鉾井修一・近大 池田哲朗・元京工繊大 新田勝通著
エース建築工学シリーズ

エース 建 築 環 境 工 学 Ⅱ
—熱・湿気・換気—

26863-8 C3352　　　　A 5 判 248頁 本体3800円

Ⅰ巻を受けて体系的に解説。〔内容〕Ⅰ編：気象／Ⅱ編：熱(熱環境と温熱感，壁体を通しての熱移動と室温，他)／Ⅲ編：湿気(建物の熱・湿気変動，結露と結露対策，他)／Ⅳ編：換気(換気計算法，室内空気室の時間変化と空間変化，他)

前阪大 中塚　侑・日大 濱原正行・近大 村上雅英・秋田県大 飯島泰男著
エース建築工学シリーズ

エース 建 築 構 造 材 料 学

26865-2 C3352　　　　A 5 判 212頁 本体3200円

設計・施工に不可欠でありながら多種多様であるために理解しにくい建築材料を構造材料に絞り，構造との関連性を含めて簡潔に解説したテキスト〔内容〕Ⅰ編：建築の構造と材料学，Ⅱ編：主要な建築構造材料(コンクリート，鋼材，木質材料)

服部岑生・佐藤　平・荒木兵一郎・水野一郎・戸部栄一・市原　出・日色真帆・笠嶋　泰著
シリーズ〈建築工学〉1

建 築 デ ザ イ ン 計 画

26871-3 C3352　　　　B 5 判 216頁 本体4200円

建築計画を設計のための素養としてでなく，設計の動機付けとなるように配慮。〔内容〕建築計画の状況／建築計画を始めるために／デザイン計画について考える／デザイン計画を進めるために／身近な建築／現代の建築設計／建築計画の研究／他

西川孝夫・北山和宏・藤田香織・隈澤文俊・荒川利治・山村一繁・小寺正孝著
シリーズ〈建築工学〉2

建 築 構 造 の 力 学

26872-0 C3352　　　　B 5 判 144頁 本体3200円

初めて構造力学を学ぶ学生のために，コンピュータの使用にも配慮し，やさしく，わかりやすく解説した教科書。〔内容〕力とつり合い／基本的な構造部材の応力／応力度とひずみ度／骨組の応力と変形／コンピュータによる構造解析／他

前首都大 西川孝夫・明大 荒川利治・工学院大 久田嘉章・早大 曽田五月也・戸田建設 藤堂正喜著
シリーズ〈建築工学〉3

建 築 の 振 動

26873-7 C3352　　　　B 5 判 120頁 本体3200円

建築構造物の揺れの解析について，具体的に，わかりやすく解説。〔内容〕振動解析の基礎／単純な1自由度系構造物の解析／複雑な構造物(多自由度系)の振動／地震応答解析／耐震設計の基礎／付録：シミュレーション・プログラムと解説

西川孝夫・荒川利治・久田嘉章・曽田五月也・藤堂正喜・山村一繁著
シリーズ〈建築工学〉4

建 築 の 振 動 —応用編—

26874-4 C3352　　　　B 5 判 164頁 本体3500円

耐震設計に必須の振動理論を，構造分野を学んだ方を対象に，原理がわかるように丁寧に解説。〔内容〕振動測定とその解析／運動方程式の数値計算法／動的耐震計算／地盤と建物の相互作用／環境振動／地震と地震動／巻末にプログラムを掲載

宇田川光弘・近藤靖史・秋元孝之・長井達夫著
シリーズ〈建築工学〉5

建 築 環 境 工 学
—熱環境と空気環境—

26875-1 C3352　　　　B 5 判 180頁 本体3500円

建築の熱・空気環境をやさしく解説。[内容]気象・気候／日照と日射／温熱・空気環境／計測／伝熱／熱伝導シミュレーション／室温と熱負荷／湿り空気／結露／湿度調整と蒸発冷却／換気・通風／機械換気計画／室内空気の変動と分布／他

九大 小山智幸他著
シリーズ〈建築工学〉6

建 築 材 料 （第3版）

26878-2 C3352　　　　B 5 判 176頁 本体3500円

建築を構成する材料の性質を学ぶ。最新の内容を反映。〔内容〕石材／ガラス／粘土焼成品／鉄鋼／非鉄金属／木材／高分子材料／セメント・せっこう・石灰系材料／コンクリート・調合設計／材料強度と許容応力度／耐久設計／材料試験

萩島　哲編著　太記祐一・黒瀬重幸・大貝　彰・日髙圭一郎・鵤　心治・三島伸雄・佐藤誠治他著
シリーズ〈建築工学〉7

都 市 計 画

26877-5 C3352　　　　B 5 判 152頁 本体3200円

わかりやすく解説した教科書。〔内容〕近代・現代の都市計画・都市デザイン／都市のフィジカルプラン・都市計画マスタープラン／まちづくり／都市の交通と環境／文化と景観／都市の環境計画と緑地・オープンスペース計画／歩行者空間／他

都市大 小林茂雄・千葉工大 望月悦子・明大 上野佳奈子・神大 安田洋介・理科大 朝倉　巧著
シリーズ〈建築工学〉8

光 と 音 の 建 築 環 境 工 学

26879-9 C3352　　　　B 5 判 168頁 本体3200円

建築の光環境と音環境を具体例豊富に解説。心理学・物理学的側面から計画までカバー。〔内容〕光と視野／光の測定／色彩／光源と照明方式／照明計画と照明制御／光環境計画／音と聴覚／吸音／室内音響／遮音／騒音・振動／音環境計画

安田泰幸：画　竹中大工道具館：文

水彩画で綴る 大工道具物語
―竹中大工道具館収蔵品―

68020-1　C3072　　　　　Ａ５判　144頁　本体1600円

大工道具の水彩カラースケッチ約200点に，大工道具の歴史・役割，道具を使う職人のものづくりの精神などエッセイ風の文章を添えて，道具の魅力を印象的に伝える。〔内容〕大工道具の歴史／さまざまな大工道具／建築と木のはなし／他

九大 前田潤滋・九大 山口謙太郎・九大 中原浩之著

建 築 の 構 造 力 学

26636-8　C3052　　　　　Ｂ５判　208頁　本体3800円

わかりやすく解説した教科書。〔内容〕建築の構造と安全性／力の定義と釣り合い／構造解析のモデル／応力とひずみ／断面力と断面の性質／平面骨組の断面力／部材の変形／ひずみエネルギーの諸原理／マトリックス構造解析の基礎／他

近畿大 津田和明・静岡理大 丸田　誠・
横国大 杉本訓祥・福山大 都祭弘幸著

基本から マスターできる 建築構造力学

26647-4　C3052　　　　　Ａ４判　120頁　本体3200円

必修基礎科目の基礎テキスト。数学が苦手な学生にも構造計算が理解できるよう丁寧に解説。〔内容〕建築物の構造／支点と反力／応力度とひずみ度／応力度の算定／静定梁の変形／不静定梁の解法／不静定ラーメンの解法／他

日本建築学会編

図解 火 災 安 全 と 建 築 設 計

26634-4　C3052　　　　　Ｂ５判　144頁　本体5000円

防災設計の基本・考え方から応用まで広範囲に解説。わかりやすいイラストや性能設計事例が多数収載され，火災の仕組みや火災安全のための技術を学ぶ。読者対象：建築を学ぶ学生から建築家・維持管理者・消防関係者・建築行政に携わる人。

山肩邦男・永井興史郎・冨永晃司・伊藤淳志著

新版 建 築 基 礎 工 学

26626-9　C3052　　　　　Ａ５判　244頁　本体3800円

好評を博した「建築基礎工学」の全面改訂版。〔内容〕土の分類と物理的性質／地下水の水理学／土の圧縮性・圧密／せん断強さ・土圧／地表面荷重による地中有効応力／地盤調査／基礎の設計計画／直接基礎の設計／杭基礎の設計／擁壁と山留め

富永　譲・二瓶博厚・遠藤勝勧・坂田充弘・
丸谷芳正著

建 築 製 図

26631-3　C3052　　　　　Ｂ５判　168頁　本体3400円

建築を学ぶ学生のための設計製図テキスト。建築にかかわるさまざまな図面の描き方と，設計のすべてを学ぶ。〔内容〕建築という仕事／製図の基本／スケール感覚／パースを描く／模型を考える／作品研究／作品のコピー／設計のプロセス

前京大 加藤直樹・京大 鉾井修一・前京大 髙橋大弐・
京大 大崎　純著
シリーズ〈科学のことばとしての数学〉

建 築 工 学 の た め の 数 学

11636-6　C3341　　　　　Ａ５判　176頁　本体2900円

大学の建築系学科の学生が限られた数学の時間で習得せねばならない数学の基礎を建築系の例題を交えて解説。また巻末には，ていねいな解答と魅力的なコラムを掲載。〔内容〕常微分方程式／フーリエ変換／ラプラス変換／変分法／確率と統計

柏原士郎・田中直人・吉村英祐・横田隆司・阪田弘一・
木多彩子・飯田　匡・増田敬彦他著

建 築 デ ザ イ ン と 環 境 計 画

26629-0　C3052　　　　　Ｂ５判　208頁　本体4800円

建築物をデザインするには安全・福祉・機能性・文化など環境との接点が課題となる。本書は大量の図・写真を示して読者に役立つ体系を提示。〔内容〕環境要素と建築のデザイン／省エネルギー／環境の管理／高齢者対策／環境工学の基礎

日本建築学会編

都市・建築の 感性デザイン工学

26635-1　C3052　　　　　Ｂ５判　208頁　本体4200円

よりよい都市・建築を設計するには人間の感性を取り込むことが必要である。哲学者・脳科学者・作曲家の参加も得て，感性の概念と都市・建築・社会・環境の各分野を横断的にとらえることで多くの有益な設計上のヒントを得ることができる。

文虫研 三浦定俊・東文研 佐野千絵・九博 木川りか著

文 化 財 保 存 環 境 学 （第2版）

10275-8　C3040　　　　　Ａ５判　224頁　本体3500円

好評テキストの改訂版。学芸員資格取得のための必修授業にも対応し，自主学習にも最適。資格取得後も役立つ知識や情報が満載。〔内容〕温度／湿度／光／空気汚染／生物／衝撃と振動／火災／地震／気象災害／盗難・人的破壊／法規／倫理

くらしき作陽大 馬淵久夫・前東芸大 杉下龍一郎・
九博 三輪嘉六・国士舘大 沢田正昭・
文虫研 三浦定俊編

文 化 財 科 学 の 事 典 （新装版）

10283-3　C3540　　　　　Ａ５判　536頁　本体11000円

近年，急速に進展している文化財科学は，歴史科学と自然科学諸分野の研究が交叉し，行き交う広場の役割を果たしている。この科学の広汎な全貌をコンパクトに平易にまとめた総合事典が本書である。専門家70名による7編に分けられた180項目の解説は，増加する博物館・学芸員にとってハンディで必須の常備事典となるであろう。〔内容〕文化財の保護／材料からみた文化財／文化財保存の科学と技術／文化財の画像観察法／文化財の計測法／古代人間生活の研究法／用語解説／年表

岡野　健・鈴木正治・葉石猛夫・高橋　徹・
秋山俊夫・則元　京・谷田貝光克・増田　稔他編

木材居住環境ハンドブック（普及版）

26630-6 C3052　　　　A 5 判 512頁 本体13000円

木材の特質，木造住宅の居住性，木造建築物，木製調度品などについて，科学的データをもとにその良さ・魅力をあらゆる条件を考慮して解明した。〔内容〕木材の特徴・構造・変位・密度／温熱・湿気環境編／光環境・視覚編（光・視覚の原理，木目と色調，他）／音・振動編（木材の音響特性，吸音と遮音，RC住宅，地震に強い木造住宅，他）／におい編（においの活用，他）／すべり・衝撃・触覚編（住空間と触環境，他）／情緒編（木造住宅の情緒特性，家具，遊具，住み心地，他）

前東大 岡野　健・静岡大 祖父江信夫

木材科学ハンドブック（普及版）

47050-5 C3061　　　　A 5 判 460頁 本体12000円

木材の種類，組織構造，性状，加工，保存，利用から再利用まで網羅的に解説。森林認証や地球環境問題など最近注目される話題についても取り上げた。木材の科学や利用などに関わる研究者，技術者，学生の必携書。〔内容〕木材資源／主要な木材／木材の構造／木材の化学組成と変化／木材の物理的性質／木材の力学的性質／木材の乾燥／木材の加工／木材の劣化と保存処理／木材の改質／製材と木材材料／その他の木材利用／木材のリサイクルとカスケード利用／各種木材の諸性質一覧

前奈良女大 梁瀬度子・和洋女大 中島明子他編

住 ま い の 事 典

63003-9 C3577　　　　B 5 判 632頁 本体22000円

住居を単に建築というハード面からのみとらえずに，居住というソフト面に至るまで幅広く解説。巻末には主要な住居関連資格・職種を掲載。〔内容〕住まいの変遷／住文化／住様式／住居計画／室内環境／住まいの設備環境／インテリアデザイン／住居管理／住居の安全防災計画／エクステリアデザインと町並み景観／コミュニティー／子どもと住環境／高齢者・障害者と住まい／住居経済・住宅問題／環境保全・エコロジー／住宅と消費者問題／住宅関連法規／住教育

日本免震構造協会編

設計者の ため の 免震・制震構造ハンドブック

26642-9 C3052　　　　B 5 判 312頁 本体7400円

2012年に東京スカイツリーが完成し，大都市圏ではビルの高層化・大型化が加速度的に進んでいる。このような状況の中，地震が多い日本においては，高層建築物には耐震だけでなく，免震や制震の技術が今後ますます必要かつ重要になってくるのは明らかである。本書は，建築の設計に携わる方々のために「免震と制震技術」について，共通編，免震編，制震編に分け必要事項を網羅し，図や写真を豊富に用いてわかりやすく，実際的にまとめた。各種特性も多数収載。

前京大 古阪秀三総編集

建 築 生 産 ハ ン ド ブ ッ ク

26628-3 C3052　　　　B 5 判 724頁 本体32000円

建築の企画・設計やマネジメントの領域にまで踏み込んだ新しいハンドブック。設計と生産の相互関係や発注者側からの視点などを重視。コラム付。〔内容〕第 1 部：総説（建築市場／社会のしくみ／システムとプロセス他）第 2 部：生産システム（契約・調達方式／参画者の仕事／施設別生産システム他）第 3 部：プロジェクトマネジメント（PM・CM／業務／技術／契約法務他）第 4 部：設計（プロセス／設計図書／エンジニアリング他）第 5 部：施工（計画／管理／各種工事／特殊施工法他）

工学院大 長澤　泰・日大 神田　順・前東大 大野秀敏・
建築研 坂本雄三・東大 松村秀一・東大 藤井恵介編

建 築 大 百 科 事 典

26633-7 C3552　　　　B 5 判 720頁 本体28000円

「都市再生」を鍵に見開き形式で構成する新視点の総合事典。ユニークかつ魅力的なテーマを満載。〔内容〕安全・防災（日本の地震環境，建築時の労働災害，シェルター他）／ストック再生（建築の寿命，古い建物はどこまで強くなるのか？他）／各種施設（競技場は他に何に使えるか？，オペラ劇場の舞台裏他）／教育（豊かな保育空間をつくる，21世紀のキャンパス計画他）／建築史（ルネサンスとマニエリスム，京都御所他）／文化（場所の記憶—ゲニウス・ロキ，能舞台，路地の形式他）／他

上記価格（税別）は 2020 年 6 月現在